Stromberger/Teichert
Einführung in soziologisches Denken

Peter Stromberger
Will Teichert

Einführung in soziologisches Denken

3. Auflage

Beltz Verlag · Weinheim und Basel

Peter Stromberger, Jahrgang 1932, Dr., Dipl.-Volksw.; wissenschaftlicher Oberrat am Institut für Soziologie an der Universität Hamburg.
Will Teichert, Jahrgang 1941, Dr. phil.; wissenschaftlicher Referent am Hans-Bredow-Institut für Rundfunk und Fernsehen sowie Lehrbeauftragter des Instituts für Soziologie der Universität Hamburg.

Verantwortlich für
Kap. II, III, VI, VII, VIII, IX, XI, XII, XV: Peter Stromberger
Kap. I, IV, V, X, XIII, XIV: Will Teichert

Redaktion: Petra Pfitzer

Die Deutsche Bibliothek – CIP-Einheitsaufnahme

Einführung in soziologisches Denken / Peter Stromberger ;
Will Teichert. – 3. Aufl. – Weinheim ; Basel : Beltz, 1992
ISBN 3-407-54686-6
NE: Stromberger, Peter; Teichert, Will

Lektorat: Peter E. Kalb

1. Auflage 1978
2., völlig neu bearbeitete Auflage 1986
3., unveränderte Auflage 1992

Satz: Verlag politisches Archiv, Landshut
Druck: Druckhaus Beltz, Hemsbach
Umschlaggestaltung: Atelier Warminski, Büdingen
Printed in Germany

ISBN 3 407 54686 6

Inhaltsverzeichnis

D. Unterschiedliche Theorienansätze

Vorwort zur zweiten Auflage

Unser Anliegen ist es, mit diesem Buch dem Studierenden und dem an Soziologie Interessierten den Zugang zu anspruchsvoller theoretischer Literatur zu erleichtern. Deshalb stand auch bei der Neubearbeitung die weitere Verbesserung der Verständlichkeit im Vordergrund. Dazu gehört allerdings, daß der Leser nicht von widersprüchlich definierten Begriffen, unzureichend belegten Behauptungen über die gesellschaftliche Wirklichkeit oder fragwürdigen Daten völlig abgeschirmt wird. Deshalb haben wir, mehr noch als schon bei der ersten Auflage, auf konstruierte Lehrbuchbeispiele verzichtet und statt dessen unsere Überlegungen mit typischen, unveränderten Textstellen und durchaus unzulänglichen, aber realen Untersuchungsergebnissen veranschaulicht. Vor allem bei den Übungsaufgaben wurde, wo immer es möglich war, auf neueres empirisches Material zurückgegriffen. Wir hoffen, damit dem Benutzer die Umsetzung theoretischer Gedanken in Lösungsvorschläge und Erklärungen für aktuelle gesellschaftliche Probleme vor Augen zu führen und ihm zu zeigen, in welcher Form und mit welchen Einschränkungen Sozialwissenschaftler verständnisfördernde Informationen über die Gegenwartsgesellschaft liefern können.

Das erste Kapitel, das die Gewinnung soziologischer Fragestellungen aus gesellschaftspolitischem Problembewußtsein untersucht, wurde einer grundsätzlichen Neubearbeitung unterzogen. Die Argumentation wird jetzt am Beispiel der neueren deutschen Bevölkerungsentwicklung und ihrer, wohl für eine längere Zukunft einschneidenden Konsequenzen entwickelt. Das vierte Kapitel enthält eine erweiterte Darstellung zum soziologischen Begriff des „Alltags“. Die Sozialisationsthematik haben wir, durch den abgedruckten Text Heinz Hartmanns, um den Aspekt der Erwachsenensozialisation erweitert. Bei der Erörterung von Klassen- und Schichtentheorien wurde die Frage nach der sozialen Mobilität stärker berücksichtigt. Gründlich überarbeitet wurden das Kapitel über Karl Poppers Wissenschaftskonzept sowie das 14. Kapitel, wo jetzt auch die Anfänge der Verstehenden Soziologie einbezogen worden sind.

Die Begleittexte sollen vor allem veranschaulichen und verdeutlichen; sie wurden deshalb, je nach dem Charakter des zugehörigen Textkapitels, nach ganz unterschiedlichen Gesichtspunkten ausgewählt. Kam es bei einigen Themen darauf an, den Leser mit dem Argumentationsstil vertraut zu machen, in dem bestimmte, zentrale Theoriekonzepte entwickelt worden sind (z.B. Durkheim 2.2 – Marx 7.2 und 7.3 – Spencer 8.1), so soll in anderen Kapiteln demonstriert werden, wie sie sich mit Alltagserfahrungen verbinden lassen (z.B. Elias 3.3 oder McGee 3.4). Mehrere Texte bezeugen die Bedeutung empirischer Forschungsergebnisse für gesellschaftswissenschaftliche Diagnosen, zeigen aber auch die begrenzte Beweiskraft des verfügbaren Datenmaterials (z.B. Spitz 6.4 – Oevermann 7.5 – Kleining 7.7). Bei der Erörterung unterschiedlicher Wissenschaftsauffassungen lag uns daran, die dennoch bestehenden Gemeinsamkeiten zwischen gegensätzlichen Standpunkten sowie die Kontinuität sozialwissenschatlicher Methodendiskussion herauszustellen (Adorno/-Schelsky im neunten bzw. Popper/Weber im elften Kapitel). Schließlich ging es in etlichen darum, das Grundmaterial für unsere Textinterpretationen vorzustellen (z.B. Davis/Moore 7.1 – Adorno 9.1 und die Begleittexte zum 15. Kapitel).

Da die Begleittexte nicht vorrangig die historische Entwicklung der Soziologie repräsentieren oder das gegenwärtige Spektrum der theoretisch bzw. politisch motivierten Standpunkte dokumentieren sollen, waren Vollständigkeit oder Ausgewogenheit keine zentralen Kriterien für die Auswahl dieser Textauszüge. Dennoch glauben wir, daß neben häufig diskutierten Autoren der Gegenwart oder jüngeren Vergangenheit (Adorno, Dreitzel, Elias, Goffman, Habermas, Luhmann, Popper, Schelsky u.a.) auch „Klassiker der Soziologie" (Marx, Spencer, Durkheim, Simmel, Weber, G.H. Mead, Toennies, Schütz) mit längeren Textbeispielen so zu Wort kommen, daß ihre Bedeutung für die Gegenwartssoziologie verständlich und ihre Zugänglichkeit für den Studierenden deutlich wird.

Hamburg, Sommer 1986 *Peter Stromberger/Will Teichert*

Einleitung

Absicht und Zweck

Wer mit Studenten in einführenden Soziologieseminaren arbeitet, merkt schnell, daß viele Anfänger an diese Wissenschaft wie an eine neue Fremdsprache herangehen, indem sie Fachbegriffe wie Vokabeln lernen. Dieses Verfahren funktioniert auch, denn die Erstsemester weisen sich oft schon nach wenigen Wochen durch ihren Wortschatz als Sozialwissenschaftler aus. Gleichzeitig treten aber beträchtliche Verständigungsschwierigkeiten unter den Studenten auf, wenn die Übungsteilnehmer sich die Lektüreaufgaben teilen und unterschiedliche Texte bearbeiten. Sehr leicht kommt es dann zu dem Verdacht, daß der vom Seminarleiter angebotene, „aufgesetzte“ Lehrstoff irrelevant für die Probleme sei, um deretwillen man sich der Sozialwissenschaft zugewandt hat.
Man machte es sich zu leicht, wollte man die Studenten für ihre Enttäuschung selbst verantwortlich machen und ihnen vorhalten, sie benutzen hier einen Lernstil, der für die Einarbeitung in eine Wissenschaft gänzlich ungeeignet ist. Die aufgetragene Fachlektüre verführt nämlich zu dieser Lernweise, weil die Texte in vieler Hinsicht Wörterbuchcharakter haben. Einführende Lehrbücher informieren oft mehr über die Sprache der Soziologie als über Gesellschaft und soziales Handeln. Dem Leser wird dies allerdings nur selten erklärt, geschweige denn eine Benutzungsanweisung für das erworbene fachsprachliche Wissen vermittelt. Beim Erlernen einer Fremdsprache stellt sich ein solches Problem nicht, denn die Erwartungen des Lernenden sind in erster Linie darauf gerichtet, Texte zu entziffern. Der Lernstoff kann also zunächst von der eigenen Lebenspraxis abgeschirmt bleiben.
Von einer Sozialwissenschaft erwartet man aber von Anfang an mehr. Mögen ihre Begriffe auch noch so sehr wie Vokabeln gelernt werden, man versteht sie doch immer als Rüstzeug für das eigene Handeln, als Bereicherung des Verständnisses der sozialen Umwelt. Deshalb kommt es darauf an, dem Studenten von Anfang an Wege zur Nutzung seines Wissens zu weisen. In den Naturwissenschaften ist dies leichter, weil der Studierende schon bald Einblick in eindeutige Gesetzmäßigkeiten gewinnt, die die Möglichkeiten ihrer Nutzung deutlich erkennen lassen. Der angehende Sozialwissenschaftler muß sich dagegen recht lange im Vorzimmer begrifflicher Analysen aufhalten, obwohl ihm immer wieder versichert wird, daß der eigentliche Gehalt der soziologischen Wissenschaft in ihren Hypothesen liege. Welchen Nutzen Begriffsklärungen für die Hypothesenbildung haben, wird ihm selten erläutert; er soll semantische Bedeutungen ohne pragmatische Benutzungsregeln lernen. Wir meinen, daß dies zwangsläufig zu Enttäuschungen führt, die sich vermeiden lassen, wenn man den Prozeß der Einarbeitung in soziologisches Denken stärker bewußt macht und aufzeigt, in welcher Hinsicht ein soziologisches Lehrbuch andere Aufgaben hat als ein naturwissenschaftliches, vielleicht überhaupt kein „Lehrbuch“ sein kann.
Wir haben deshalb bewußt kein Buch über die Gesellschaft und auch keine Einführung in die Soziologie im üblichen Sinne konzipiert, sondern eher eine Anleitung zum Umgang mit „Lehrbüchern“. Wichtigster Ansporn waren Lernschwierigkeiten, die wir bei unseren

Studenten in vielen Einführungsveranstaltungen erlebten, und vor denen wir sie nicht immer bewahren konnten. Diese Erfahrungen waren für Ihnhalt und Zweck dieses Buches bestimmend: es soll kein Lesebuch, sondern ein Arbeitsinstrument sein, das der Leser am besten nutzt, wenn er während der Lektüre der einzelnen Kapitel zu den beigegebenen Begleittexten und von diesen zu den Aufgaben wechselt. Diesen Empfehlungen entsprechend verwendet, eignet es sich auch zum Selbststudium. Als Zielgruppe haben wir nicht nur Hauptfächler im engen Sinne vor Augen gehabt, sondern auch angehende Sozialkundelehrer sowie Pädagogikstudenten und Nebenfächler. Sie stellen oft die Mehrheit der Kursusteilnehmer im Grundstudium, und ihre Verständnisprobleme sind entsprechend zu berücksichtigen.

Hinweise zum Inhalt

Das Buch gliedert sich in vier Abschnitte, von denen der erste einer wissenschaftstheoretischen Vororientierung dient. In Kapitel I soll deutlich werden, daß die soziologische Forschung zwar von gesellschaftlichen Problemen ausgeht und somit auch von „praktischen Erkenntnisinteressen" bestimmt wird, daß aber das Problemdenken des Wissenschaftlers, vielleicht gegen seinen Willen, von sozialem Engagement oft sehr verschieden ist.
Praxisrelevante Ergebnisse lassen sich durch wissenschaftliche Analyse nur erzielen, wenn wir die unbefriedigenden und insofern „anomalen" gesellschaftlichen Zustände, die wir ändern möchten, als zwangsläufige und in diesem Sinne auch „normale" Folgen bestimmter Umweltbedingungen zu sehen vermögen. Der Soziologe muß das praktische Erkenntnisinteresse in eine andere Denkperspektive überführen. Dabei können auch Probleme aufgegriffen werden, die noch außerhalb der öffentlichen Aufmerksamkeit liegen. Erst durch die wissenschaftliche Arbeit wird dann ein gewisses öffentliches Problembewußtsein geschaffen, werden Umweltbedingungen, die bislang als unstrittig und unveränderbar galten, nun in Frage gestellt.
Durch Kapitel II soll der Leser mit unterschiedlichen Typen und Aufgaben wissenschaftlicher Aussagen vertraut gemacht werden, wobei empirische Sätze im Mittelpunkt der Betrachtung stehen. Zunächst wird der Begriff der Beobachtungsaussage problematisiert und gezeigt, daß selbst konkrete Tatsachenfeststellungen hypothetische und erklärende Komponenten enthalten und dadurch zur unmittelbaren Grundlage der Hypothesenbildung werden können. Die Unterscheidung zwischen empirischen und theoretischen Hypothesen wird im Hinblick auf deren Funktion in Erklärungsketten entwickelt; theoretische Sätze werden als Ableitungen aus axiomatischen Überlegungen charakterisiert. Die Axiome der Erfahrungswissenschaften werden als rechtfertigungsbefürftige, nicht als beliebige Setzungen bestimmt. Wir glauben, daß der Anfänger nur aus dieser Perspektive die Grundbegriffserörterungen verstehen lernt, die in der einführenden Literatur eine so zentrale Rolle spielen.
Im folgenden Abschnitt befassen wir uns mit den Begriffskomplexen und Deutungsmethoden, die es dem Wissenschaftler gestatten, die ihn umgebende Wirklichkeit soziologisch zu sehen. Das Kapitel III bringt eine geraffte Beschreibung des Aufbaus soziologischer Einführungstexte. Sie soll vor allem die wechselseitigen Abhängigkeiten typischer Grundbegriffe beleuchten, aber auch auf die ihnen zugrundeliegenden und oft unausgesprochenen Annahmen über gesamtgesellschaftliche Zusammenhänge hinweisen.
Kapitel IV soll veranschaulichen, wie sich die zuvor erläuterten Begriffsschemata für ein spezifisch soziologisches Verständnis menschlichen Handelns nutzen lassen; es gilt mehr der Begriffsverwendung als der Begriffserklärung. In unserer Lehrtradition steht die Erklärung von Begriffen im Vordergrund. Dabei gerät leicht in Vergessenheit, daß eine Wissenschaft von der

Gesellschaft zwangsläufig auch beansprucht, über die banalen Alltagsereignisse, aus deren Zusammenspiel „Gesellschaft" erst entsteht, etwas zu sagen zu haben. Wenn aber die Begriffe der Soziologie etwas mit Gesellschaft zu tun haben, dann müssen sie auch in einer Beziehung zu den beobachtbaren Vorgängen des Alltagslebens stehen. Wir haben die Erfahrung gemacht, daß es für Studenten außerordentlich aufschlußreich ist, den Versuch zu unternehmen, eigene Beobachtungen oder literarische Beschreibungen soziologisch zu deuten. Bei der Einübung dieser Technik will das vorliegende Kapitel helfen.

Im dritten Abschnitt wird die Ausrichtung soziologischen Denkens anhand einer detaillierteren Behandlung einiger Grundbegriffe präzisiert. Die Kapitel dieses Abschnitts ähneln am ehesten soziologischen Lehrbuchtexten, unterscheiden sich freilich schon dadurch, daß nur eine kleine Auswahl von Begriffen zur Diskussion steht. Die beiden ersten Kapitel sind mikrosoziologischen, die folgenden eher makrosoziologischen Fragestellungen gewidmet. Kapitel V befaßt sich mit dem Begriff „Rolle". In einem sehr weitgefaßten soziologischen Verständnis bezeichnen Rollen Verhaltensmuster ungeachtet ihrer Träger; im vorliegenden Text wird in Distanz zu dieser Konzeption vor allem das Verhältnis von Verhaltensnormen und individueller Interpretation erörtert. Es erscheint uns zweckmäßig, den Begriff der Rolle in einen engen Zusammenhang mit tatsächlich ablaufenden Interaktionsprozessen zu bringen, weil dabei deutlich wird, daß Rollennormen nicht eindeutig definiert sind, sondern Spielraum lassen für die jeweilig individuelle Ausgestaltung. Kapitel VI behandelt den Begriff der „Sozialisation"; er wird problematisiert, indem sein globaler Charakter aufgezeigt wird. Gleichzeitig grenzen wir ihn vom Erziehungsbegriff ab, für den er oft ein modisches Synonym ist.

Das Kapitel VII gilt der Schichtungstheorie bzw. einigen ihrer Schwerpunkte und häufigsten Mißverständnisse. Zunächst wird mit Hilfe des Begriffs „Dialektik von Ursachen und Wirkungen" erklärt, warum es unmöglich ist, *den* Ursprung der Ungleichheit unter den Menschen zu finden. Den zweiten Schwerpunkt bildet die sogenannte funktionalistische Schichtungstheorie, die als eher logischer denn soziologischer Gedankengang dargestellt wird. Dritter Aspekt ist der Marxsche Ausbeutungsbegriff, der unserer Meinung nach in der Lehrbuchliteratur oft zu undifferenziert behandelt wird. Wir versuchen zu zeigen, wie dieser Begriff in den Denkkategorien der politischen Ökonomie in sozialistischen Ländern neue Inhalte gewinnt. Die Darstellung sollte auch dem Nichtökonomen ein präzises Verständnis ermöglichen. Im letzten Teil des Kapitels befassen wir uns mit Klassentheorien; hier kam es uns darauf an, den oft übersehenen Unterschied zwischen beschreibenden Bestandsaufnahmen der Schichten- bzw. Klassenstruktur einer Gesellschaft einerseits und erklärenden oder prognostischen Theorien andererseits herauszustellen. Wir weisen auf den abstrakten Charakter des Begriffs „Stellung im Produktionsprozeß" hin und plädieren dafür, klassentheoretische Ansätze nach der inhaltlichen Ausfüllung dieses Begriffs zu beurteilen.

Kapitel VIII gilt dem Gesellschaftsbegriff und soll verständlich machen, warum er in einführenden Lehrbüchern meist nur sehr summarisch abgehandelt wird. Zunächst beschäftigen wir uns mit den bildhaften Varianten des Begriffs (Gesellschaft als Mechanismus, als Organismus) und ihren Schwächen. Dann wird gezeigt, welche Vorteile der „Systembegriff" durch seine Abstraktheit mit sich bringt; es wird aber auch deutlich, wo die Grenzen der systemtheoretischen Fassung liegen. Fruchtbar erscheint der Gesellschaftsbegriff vor allem als Bestandteil *vor*theoretischer Überlegungen.

Im vierten Teil des Buches werden Überlegungen zu verschiedenen Richtungen und Stilen der Soziologie dargestellt. Die Überzeugung, daß es unüberbrückbar gegensätzliche „Ansätze" in der Gesellschaftswissenschaft gebe, ist nicht nur in der allgemeinen Öffentlichkeit, sondern auch in der Fachwelt weit verbreitet. Auf viele Studenten wirkt dieses „Image" verunsichernd, und sie befürchten, daß sie sich in ihrem Studium unversehens einer verfehlten Richtung verschreiben könnten. Dabei ist es dem Anfänger kaum möglich, die These von der Existenz diametral verschiedener Ansätze zu prüfen, weil ihm die Diskussionsbeiträge in der Fachliteratur oft auch sprachlich verschlossen bleiben. Wir haben uns deshalb bemüht, einige Texte durch einen längeren Kommentar auch für Erstsemester verständlich zu machen.

In den Kapiteln IX bis XII wird der sogenannte Positivismusstreit behandelt. Das Kapitel IX enthält eine Interpretation von Adornos frühem Aufsatz „Soziologie und empirische Forschung" (1957); dieser kann neben einigen Schriften Horkheimers und der von Horkheimer und Adorno gemeinsam verfaßten „Dialektik der Aufklärung" (1947) als wichtiger Ausgangspunkt für den Positivismusstreit gelten.

Die Gegenposition zur „kritischen Theorie" Horkheimers und Adornos erblickt man gemeinhin im Wissenschaftsverständnis des vor allem von Popper konzipierten „kritischen Rationalismus". In einer knappen Darstellung der grundsätzlichen Überlegungen Poppers soll im Kapitel X dieser Denkansatz erläutert werden, der u.a. davon ausgeht, daß jede Erkenntnis notwendig hypothetisch sein muß, da allgemeine Aussagen über die Wirklichkeit mit endgültigem Wahrheitsanspruch nicht zu machen sind.

Im Kapitel XI wird Habermas' Konzept einer Gesellschaftswissenschaft vorgestellt, die, im Gegensatz zum kritischen Rationalismus, normative Argumentationen als zwangsläufigen Bestandteil wissenschaftlichen und als mögliche Form rationalen Denkens begreift. Wir versuchen zu belegen, daß Habermas seinen Ansatz als Erweiterung des üblichen Wissenschaftsverständnisses, daß er wertende Kritik als Ergänzung, nicht aber als Ersatz für empirische Forschung und Theorienkonstruktion betrachtet.

Das Kapitel XII zeigt an zwei Schriften Erich Hahns, wie sich DDR-Soziologen gegen Habermas und andere Vertreter der „Frankfurter Schule" abgrenzen. Es wird deutlich, daß der Begriff „Gesellschaft" bzw. die Kategorie der „materiellen gesellschaftlichen Verhältnisse" von der marxistisch-leninistischen Soziologie durchaus als Abstraktionen und theoretische Konstrukte begriffen werden. Die Interpretation der Klassentheorie ergibt sich für Hahn aus der Stellung des marxistischen Wissenschaftlers zur „Partei der Arbeiterklasse". Deren Begriff ist mit unserem pluralistischen Parteienverständnis prinzipiell unvereinbar, weil die Klassenpartei nicht so sehr als Konfliktgruppe denn als philosophische Institution gesehen wird. Indem Hahn die so verstandene Partei zum Orientierungspunkt für die Soziologie macht, entwickelt er einen der wenigen Ansätze, die sich, freilich eher wissenschaftssoziologisch als wissenschaftstheoretisch, relativ klar abgrenzen lassen.

Im Kapitel XIII werden die grundsätzlichen Überlegungen des verhaltenstheoretischen Reduktionismus erläutert, der in der Bundesrepublik vor allem durch Arbeiten zur Methodologie in den Sozialwissenschaften bekannt geworden ist. „Reduktionisten" wie Opp und Hummell versuchen, soziologische Hypothesen auf grundsätzlichere lernpsychologische Erklärungsmodelle zurückzuführen.

In erklärter Distanz zu einer in der Soziologie oft anzutreffenden Überbewertung der strukturellen Aspekte des sozialen Handelns wird in den Ansätzen der „Verstehenden Soziologie" – Kapitel XIV – der offene, prozessuale Charakter des menschlichen Sozialverhaltens betont; dabei wird insbesondere den Alltagserfahrungen und dem Alltagshandeln eine wesentliche Bedeutung zugemessen.

Die Erörterung unterschiedlicher Ansätze zeigt, daß es in vielen Fällen gar nicht um gegensätzliche Soziologien geht, sondern um ein unterschiedliches Wissenschaftsverständnis schlechthin. Daß sich der Positivismusstreit ausgerechnet in der Soziologie entzündet, ist kein Zufall, aber auch nicht unvermeidlich gewesen, denn die gleichen Streitfragen werden seit langer Zeit auch in anderen Disziplinen diskutiert. Dies bedeutet, daß die Kenntnis der Positionen im Positivismusstreit bei der Klassifizierung von Arbeiten innerhalb der Soziologie nur wenig hilft. Gerade das ist jedoch ein nur allzu verständliches Anliegen des Studenten: er

möchte wissen, wie er ein gelesenes Buch oder einen Autor einordnen und sich damit die Soziologie überschaubar machen kann.
Eine gewisse Hilfe bietet hier ein Schema, das der amerikanische Soziologie Wallace entwickelt hat, und das wir im Kapitel XV erläutern. Wallace' Versuch hat deutliche Grenzen, bietet aber den großen Vorteil, daß er den Benutzer zwingt, sich über konkrete Merkmale soziologischer Arbeiten und ihrer unabhängigen bzw. abhängigen Variablen Klarheit zu verschaffen. Die Darstellung dieses Ansatzes erscheint damit als angemessenes Thema für das Schlußkapitel, von dem aus der Student ja zur Lektüre von Monographien übergehen sollte. Vorschläge dafür findet der Leser am Ende jedes Kapitels; sie sind so bemessen, daß sich innerhalb eines Semesters die Thematik eines Kapitels erarbeiten läßt.

Empfehlungen zur Benutzung

Die Texte der einzelnen Kapitel (Leittexte) sollten, wie bereits erwähnt, im Zusammenspiel mit den abgedruckten Literaturbeispielen (Begleittext) durchgearbeitet werden. Diese dienen vor allem der Veranschaulichung, gelegentlich aber auch der Differenzierung einzelner theoretischer Überlegungen und Begriffe. In anderen Fällen ist der Leittext praktisch die Leseanleitung für das Begleitmaterial. Jedem Kapitel sind eine Reihe von Übungsaufgaben angefügt, die dem Leser eine Selbstkontrolle durch schriftliche Bearbeitung ermöglichen sollen und gleichzeitig Diskussionsvorschläge für Arbeitsgruppen sind. Einige dieser Aufgaben haben sich als Klausurthemen bewährt, andere wurden speziell im Hinblick auf die Begleittexte entworfen, deren Lektüre dann Voraussetzung für die Bearbeitung ist.
Unsere Literaturhinweise sind knapp und bewußt selektiv; wir verstehen sie als Arbeitsvorschläge und nicht als Dokumentation. Der Leser wird auch jetzt noch auswählen müssen. Wo immer es vertretbar erschien, haben wir die Empfehlungen durch Seiten- bzw. Kapitelangaben eingeschränkt. Wer zusätzliche Literaturlisten sucht, kann sie in den von uns genannten Schriften mühelos finden.

A. Vororientierung

I. Vom sozialen zum soziologischen Problem: Zum Beispiel Bevölkerungsrückgang in der Bundesrepublik Deutschland

Beginnen wir mit einer grundsätzlichen Frage:
Wozu ist Wissenschaft, in unserem Fall Sozialwissenschaft, eigentlich nützlich? Was ist das überhaupt, was Sozialwissenschaftler erarbeiten und in Anwendung zu bringen versuchen? Die vielen möglichen Antworten lassen sich vorläufig in zwei Bereiche unterteilen.
Der erste Typ verweist auf den praktischen Nutzen wissenschaftlicher Arbeit für die Gesellschaft und für den Einzelnen. Wissenschaft ist bemüht, Daten und Erkenntnisse bereitzustellen, die dem Fortschritt unserer Zivilisation dienen können, sie liefert Ergebnisse, die es möglich machen sollen, Lebensbedingungen zu verbessern, Fehlentwicklungen zu korrigieren.
Die andere Art von Antworten bezieht sich ausdrücklich auf die Besonderheiten wissenschaftlicher Tätigkeit: Wissenschaft dient der Gewinnung überprüfbarer Theorien. Beide Antworttypen grenzen sich nicht gegenseitig aus, sondern müssen vielmehr zueinander in Beziehung gesetzt werden. Wenn wissenschaftliche Betätigung keinen gesellschaftlichen Nutzen hätte, würde sie von der Gesellschaft auch keine Unterstützung erfahren. Dieses schließt jedoch nicht aus, daß wissenschaftliche Arbeit sehr häufig auch im Vertrauen auf einen noch nicht absehbaren, nicht vorhersagbaren Nutzen unterstützt wird. Andererseits sind die spezifischen Leistungen der einzelnen Wissenschaften nicht denkbar ohne die Entwicklung und Überprüfung von Theorien. In einer Zusammenfassung der beiden Antworttypen läßt sich Wissenschaft – und damit auch die Soziologie – in folgender Weise charakterisieren:
Wissenschaft bzw. Soziologie umfaßt die Erarbeitung gesellschaftlich nutzbaren Wissens durch Theoriebildung und Forschung.
Dabei wird in der Soziologie Wissen auf sehr unterschiedlichen Ebenen erarbeitet. Die Beschäftigung mit den Bedingungen der eigenen Gesellschaft oder anderer Gesellschaften schafft zunächst ein gewisses Repertoire an Tatsachenwissen, z.B. über den Altersaufbau der Bevölkerung, die Siedlungsstrukturen, die Erwerbstätigkeit usw. Gleichzeitig entwickelt sich auch ein begriffliches und theoretisches Grundlagenwissen sowohl über die Definitionen von Grundbegriffen als auch über Annahmen und Theorien zu bestimmten Problembereichen, z.B. zur Funktion der Familie, zu den Ursachen kriminellen Verhaltens u.ä. Zu diesem Grundlagenwissen ist auch die Entwicklung eines gewissen technischen Know-hows zu zählen, also z.B. die Kenntnisse über Regeln und Verfahren der empirischen Sozialforschung. Die Besonderheiten und Schwierigkeiten des theoretischen Wissens werden im Kapitel II „Wissenschaftliche Aussagen" diskutiert. Hier soll es zunächst darum gehen, ob und in welcher Weise die Soziologie in der Lage ist, praxisrelevantes Wissen bereitzustellen. Um mögliche Funktionen angewandter Sozialforschung zu kennzeichnen, wollen wir vorab zwei Fragestellungen verfolgen:

1. Wie unterscheiden sich soziale Probleme von soziologischen Fragestellungen?
2. Wie können soziologische Erkenntnisse für die Praxis nutzbar gemacht werden?

Zur Verdeutlichung unserer Überlegungen gehen wir von einem konkreten gesellschaftlichen Problem aus, das schon seit Jahren publizistisches, politisches und auch sozialwissenschaftliches Interesse gefunden hat: Der *Geburtenrückgang* in der Bundesrepublik Deutschland (Marschalk, 1984: 98–114). Etwa seit Mitte der sechziger Jahre gehen die Geburtenzahlen in der Bundesrepublik Deutschland deutlich zurück. 1974 mußte sogar ein Rückgang der absoluten Bevölkerungszahl festgestellt werden. Seitdem tauchen in der öffentlichen Diskussion immer wieder emotionsgeladene Schlagzeilen und Spekulationen auf, die von den Deutschen als einem „Volk in der Todesspirale" sprechen oder Visionen von einer „vergreisten Bundesrepublik" und einem „Volk von Rentnern" entwerfen.
Ausgangspunkt dieser düsteren Prognosen sind Modellrechnungen des Statistischen Bundesamtes über die Bevölkerungsentwicklung in der Bundesrepublik bis zum Jahre 2070. So heißt es in einem Gutachten des Wissenschaftlichen Beirats beim Bundesministerium für Wirtschaft:

„Realistischerweise wird man sich, was die natürliche Entwicklung der deutschen Bevölkerung angeht, auf einen anhaltenden Rückgang einrichten müssen, zumal Veränderungen im generativen Verhalten sich erst allmählich spürbar auf die Entwicklung der Gesamtbevölkerung auswirken. Bleibt die derzeitige Geburtenhäufigkeit konstant, so würde die Einwohnerzahl bis zur Jahrhundertwende um jahresdurchschnittlich etwa 0,5 % schrumpfen" (Schneider, 1980: 5).

Der Beirat geht in seinem Gutachten von der Annahme aus, daß die gegenwärtige Netto-Reproduktionsrate von 0,65 sich nicht verändert. Die Netto-Reproduktionsrate mißt die Regeneration einer Bevölkerung. Sie drückt dabei aus, in welchem Umfang sich die lebende Generation von Frauen im gebärfähigen Alter über die jeweilige Töchtergeneration „reproduziert"[1]. Entsprechend würde die deutsche Wohnbevölkerung von etwa 58 Millionen im Jahr 1975 auf ca. 39 Millionen im Jahr 2030 sinken (vgl. auch „Bericht über die Bevölkerungspolitik in der Bundesrepublik Deutschland", Bundestagsdrucksache 10/863 v. 5.1.1984).

Entwicklung der deutschen Bevölkerung in der Bundesrepublik Deutschland

	1975	1990	2000	2010	2030
Bevölkerungszahl	58 Mio	55 Mio	52 Mio	48 Mio	39 Mio
Rückgang in %	–	–5,3 %	–10,3 %	–17,2%	–32,7%

Das heißt – immer natürlich unter den genannten Annahmen und unter der Voraussetzung, daß keine Zuwanderungen stattfinden – daß die Bevölkerung in gut vier Jahrzehnten auf den Stand des Jahres 1939 zurückgehen und um ein Drittel geringer sein wird als gegenwärtig. Warum aber ruft dieser Bevölkerungsrückgang, der ähnlich, wenn auch weniger drastisch, in den meisten westlichen Industrieländern zu beobachten ist (vgl. OECD: Demographic Trends 1950–1990) solche Schlagzeilen hervor wie „Sterben die Deutschen aus?". Warum ist der

1 Eine Netto-Reproduktionsrate von 1 bedeutet, daß die Bevölkerungszahl letztlich in etwa konstant bleibt. Die angenommene Rate von 0,65, die die Daten von 1977 wiedergibt, sagt also, daß in etwa 30 Jahren die Töchtergeneration nur zu 65 % der gegenwärtigen Müttergeneration entsprechen wird.

Geburtenrückgang überhaupt ein gesellschaftspolitisches, ein soziales Problem?[2] Offensichtlich deshalb, weil gesellschaftliche Entwicklung und Entwicklung der Bevölkerung in einer Wechselbeziehung gesehen werden (Begleittext 1.1 Malthus). In einer Anfrage der Fraktion der CDU/CSU (am 25.5.1977) an die damalige sozialliberale Regierung heißt es:

„Teilt die Bundesregierung grundsätzlich unsere Auffassung, daß die sich zur Zeit abzeichnende Entwicklung der deutschen Bevölkerung Anlaß zu größten Besorgnissen nicht nur im Hinblick auf Wachstum, Beschäftigung und Gewährleistung unseres Systems der sozialen Sicherung, sondern den weiteren Weg der Bundesrepublik Deutschland und die langfristige Wahrnehmung ihrer nationalen und übernationalen Aufgaben gibt?"

Noch deutlicher formuliert der Bundesausschuß der CDU in einer Entschließung zum „Internationalen Jahr des Kindes" die Problemstellung (Bolte/Kappe/Schmid, 1980: 111):

„In einem Volk, in dem immer weniger Ehen geschlossen und in dem immer weniger Kinder geboren werden, schwindet die tägliche Erfahrung von Gemeinschaft und Solidarität. Eine solche Gesellschaft verliert an Zusammenhalt, an Wärme und Hoffnung auf eine menschenwürdige Zukunft. Die langfristige Gefährdung des Generationenvertrages und menschliche Verarmung bedrohen die Bevölkerung der Bundesrepublik insgesamt
- in der sich in den letzten zehn Jahren die Eheschließungen halbiert und die Ehescheidungen verdoppelt haben,
- in der nur die Hälfte der zur Bevölkerungserhaltung notwendigen Kinder geboren wird,
- in der Kinderreichtum zum sozialen Abstieg führt."

Aber auch von wissenschaftlicher Seite werden zum Sachverhalt der rückläufigen Bevölkerungsentwicklung Sorge und Befürchtungen geäußert. In einer Zusammenfassung verschiedener Analysen zum Bevölkerungsprozeß und zur Bevölkerungsentwicklung in der Bundesrepublik stellt Kaufmann (1975: 210) fest:

„Wie die Ausführungen dieses Bandes zeigen, sind die erwähnten demographischen Phänomene (Geburtenrückgang, W.T.) auch aufgrund wissenschaftlicher Analysen problematisch. Weder eine Fortsetzung des Geburtenrückgangs noch eine Kompensation durch fortgesetzte Einwanderung sind nach übereinstimmender Auffassung der Teilnehmer des Symposions wünschenswert."

Die starke und schnelle Bevölkerungsabnahme in der Bundesrepublik wird sich – so auch die Argumentation des Wissenschaftlichen Beirats des Bundesministeriums für Wirtschaft – auf alle Bereiche des gesellschaftlichen und politischen Lebens auswirken. Es zeigt sich, daß in der Bevölkerungsentwicklung Tendenzen erkennbar sind, die grundsätzliche Lebensziele und politische Leitvorstellungen unmittelbar berühren. Neben vermuteten wirtschaftlichen Problemen (Veränderungen beim Arbeitskräftepotential) und den Gefährdungen der sozialen Sicherheit (der Rentneranteil in der Bevölkerung würde nach diesen Prognosen im Jahre 2020 über 25 % liegen und eine erhebliche finanzielle Belastung für die erwerbstätige Generation bedeuten) spielen bei der Problemformulierung auch kulturelle und nationale Überlegungen eine Rolle. Manchen erscheint die Abnahme der deutschen Bevölkerung deshalb problema-

---

2 Blickt man auf den außereuropäischen Teil der Erde, vor allem auf die Länder der „Dritten Welt", stellt sich ein gänzlich anderes Problem: Die Folgen einer zu starken Bevölkerungsvermehrung. Beide Phänomene (Bevölkerungsexplosion und Bevölkerungsabnahme) haben jedoch dazu geführt, das Bevölkerungsproblem zum Thema politischer Verantwortung zu machen. Zur Zeit werden ca. 90 % der Menschen der Dritten Welt von unterschiedlichen Formen der Bevölkerungspolitik erfaßt (Bolte et al., 1980: 133 ff.)

tisch, weil sie die Erhaltung eines Volkes mit seinen kulturellen Eigenarten bedroht sehen (Schubnell, 1978). Gerade in diesem Zusammenhang gewinnen Schlagzeilen wie „Volk in der Todesspirale" ihre nicht unwesentliche Bedeutung.
Hinter den mit dem Bevölkerungsrückgang verbundenen Befürchtungen stehen also grundsätzlichere Orientierungen und Wertvorstellungen über das, was für eine Gesellschaft als fundamental angesehen wird. Wir wollen solche Orientierungen als *Zielvorstellungen* bezeichnen.
Der Geburtenrückgang kann nun längerfristig zu folgenden strukturellen Veränderungen in der demographischen Struktur führen, die sich vor allem im Altersaufbau der Bevölkerung zeigen:

- Die Zahl der Schüler sinkt bis zum Jahre 2000 auf etwa 60 % des Standes vom Jahr 1975.
- Die Bevölkerung im erwerbsfähigen Alter wird etwa ab 1990 sinken.
- Die gegenwärtige Geburtenentwicklung wird sich im Jahre 2020 in Richtung einer kopflastigen Alterspyramide auswirken: Der Rentneranteil wird doppelt so hoch sein wie der der Kinder. Es wird zum sogenannten „Rentnerberg" kommen (vgl. Graphik „Altersaufbau" und Begleittext 1.2 Marschalk).

Wir setzen für unsere Argumentation nun einmal voraus, daß diese Daten, die eigentlich Prognosedaten sind, als zuverlässig und abgesichert gelten können. Unter dieser Maßgabe nennen wir solche, auf faktische Gegebenheiten sich gründende Aussagen *Tatbestandsfeststellungen*[3].
Angesichts des Geburtenrückgangs werden Folgeprobleme der demographischen Entwicklung erkennbar, die bestimmten Zielen und Wertvorstellungen nicht entsprechen und Anlaß geben, dem Problem mit verschiedenen Maßnahmen zu begegnen. Es läßt sich eine Diskrepanz ausmachen zwischen gesellschaftlichen Zielvorstellungen und der tatsächlichen Bevölkerungsentwicklung. Dieser Widerspruch wird dann zu einem gesellschaftlichen, einem sozialen Problem, wenn wir uns des Zustandes bewußt werden und wenn wir die Vorstellung haben, daß sich die damit verbundenen Probleme grundsätzlich bewältigen lassen. Wir können also zusammenfassend definieren: Ein soziales Problem liegt dann vor, wenn wir uns eines Widerspruchs zwischen gesellschaftlichen Zielvorstellungen und der tatsächlich gegebenen Situation bewußt sind und die Überzeugung haben, daß sich dieser Widerspruch aufheben ließe (Begleittext 1.3 Merton).

Problembewußtsein und Änderungswille führen nun zu den Fragen nach möglichen Ursachen des Problems, um diese und eventuell das Problem selbst zu beheben.

---

3 Eine Tatbestandsfeststellung, die für unser Problem bedeutungsvoll ist: 1984 lebten in der Bundesrepublik nur 36 % der deutschen Bevölkerung in einer Familie (Vater, Mutter, Kinder); entsprechend hoch ist der Anteil der Ein-Personen-Haushalte mit derzeit 30 %, die zu gut Zweidrittel von Frauen gebildet werden.

Altersaufbau der Wohnbevölkerung der Bundesrepublik Deutschland am 31.12.1977

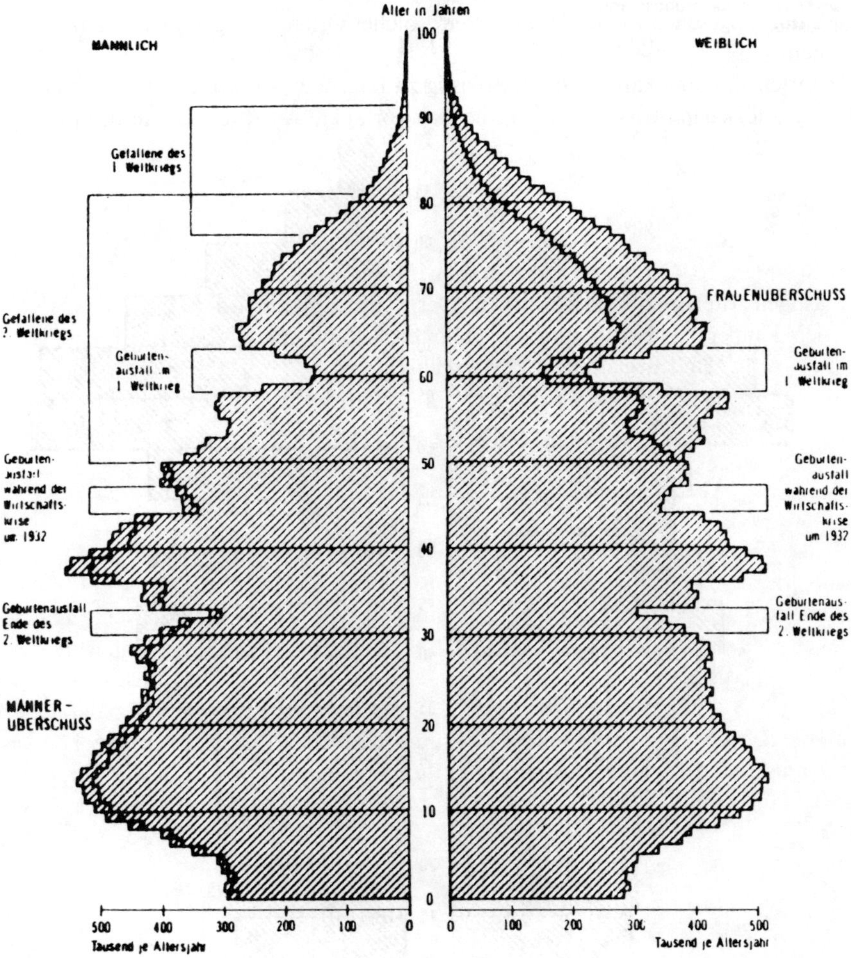

Quelle: Statistisches Jahrbuch für die Bundesrepublik Deutschland, 1979, S. 61.

Altersaufbau der deutschen Bevölkerung im Bundesgebiet 2030

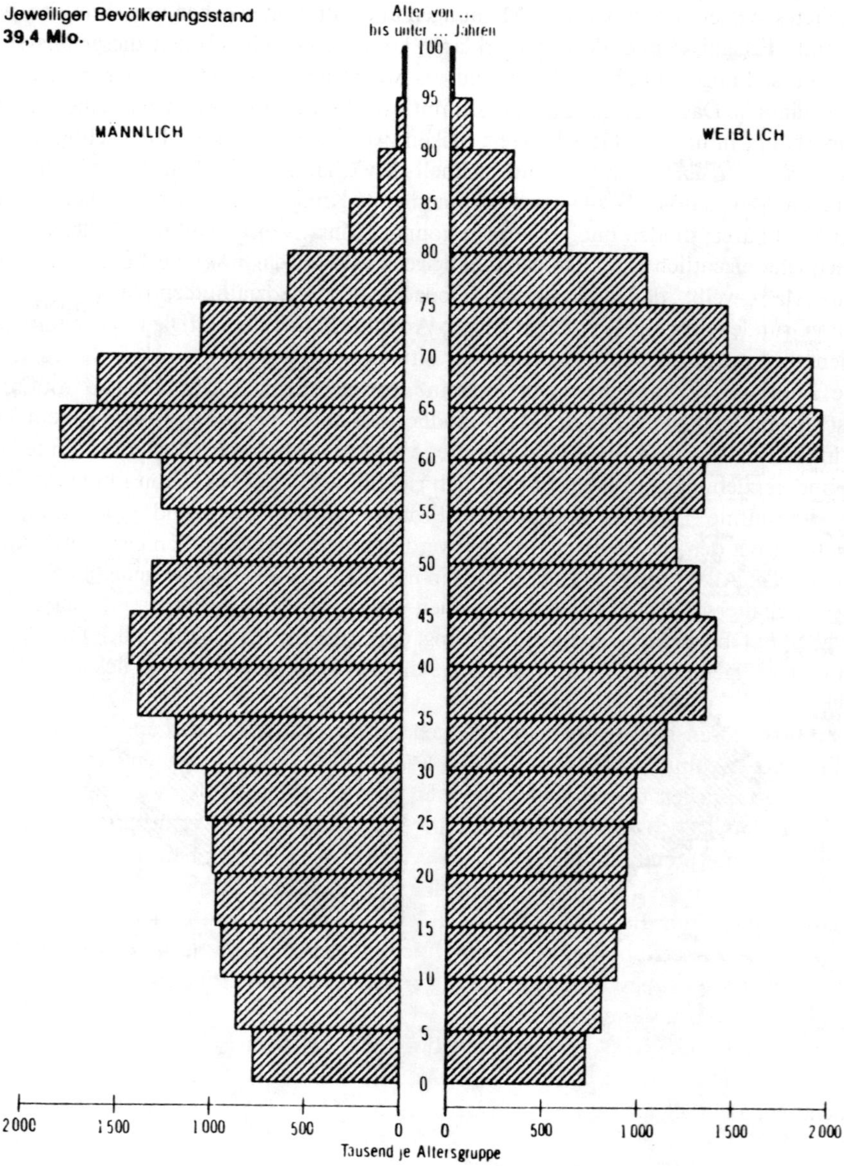

Quelle: Statistisches Bundesamt

1. Die Suche nach den Ursachen

Wenn wir mit einem Problem konfrontiert werden, haben wir in der Regel bereits gewisse Vorstellungen über seine Ursachen. Aus unseren Alltagserfahrungen heraus entwickeln wir Erklärungen für die konkreten Ereignisse in unserer Umwelt. Persönliche Erfahrung, erarbeitetes Wissen, übernommene Meinungen und Intuitionen geben uns Hinweise, wie wir bestimmte Ereignisse und Vorgänge erklären können. Die Gesamtheit dieser unsystematischen Vorstellungen über mögliche und als wesentlich erachtete Ursachen nennen wir Vorverständnis. Das Vorverständnis bestimmt, welche Zusammenhänge in einem Problemfall überhaupt in unseren Gesichtskreis rücken, welche Faktoren wir für wichtig halten.

Dieses *Alltagswissen* gewinnt für uns schnell den Charakter des Selbstverständlichen und Normalen. Man glaubt z.B. zu wissen, wie man seine Kinder zu erziehen hat, damit sich diese in der Welt zurechtfinden und behaupten können. Man „weiß", daß mit Willensstärke und Konsequenz eigentlich jeder Drogenabhängige wieder in das normale Leben zurückfinden könnte. Man „weiß", daß Stadtstreicher, Obdachlose oder Sozialhilfeempfänger ihr Schicksal sich im Grunde selbst zuzuschreiben haben: Arbeitsscheu, Triebhaftigkeit, Disziplinlosigkeit werden als die eigentlichen Ursachen ihrer Situation angesehen.

Diese Form des Alltagswissens findet seine Anwendung auf dem Niveau routinisierter Selbstverständlichkeiten. Die Selbstverständlichkeit aber, mit der wir aus unserem Vorverständnis heraus soziale Tatbestände interpretieren, hat auch ihre Risiken. Bestimmte Formen der Kindererziehung sind nicht nur deshalb richtig, weil „man es schon immer so gemacht hat"; bestimmte Formen jugendlichen Protestes können aufgrund einer traditionalen Einstellung bei den Erziehern mißdeutet werden und dann tatsächlich ernsthafte Konflikte herbeiführen; Alkoholismus ist nicht nur ein individuelles Problem, er gedeiht besonders gut in Gesellschaften, die das Trinken als Zeichen von Geselligkeit, Lebensfreude und Lebensstil propagieren; Obdachlose sind nicht unbedingt ein Opfer eigener Unzulänglichkeiten, sondern auch Opfer allgemeinerer Lebensumstände, die bei Erklärungen mit berücksichtigt werden müßten.

Ein Problem lösen heißt, einen als unangenehm empfundenen Zustand in einen für alle Beteiligten eher zumutbaren zu überführen. Welcher Weg dafür gefunden wird, hängt davon ab, wie die Ursachen des Problems definiert werden. Die jeweils möglichen Formen der Erklärung sind jedoch geprägt von den in einer Gesellschaft verfügbaren Modellen der Wirklichkeitsinterpretation. Diese Modelle vermitteln ein sozial bestimmtes, historisch und regional oft sehr begrenztes, schwer wandelbares Wirklichkeitsbild:

Die Drogensucht zum Beispiel ist für viele Gesellschaften ein sehr ernstes soziales Problem. Man sucht über Gesetzesbestimmungen und Verbote den Drogenkonsum einzuschränken. Oft aber führen diese Lösungsvorschläge zu Folgeproblemen wie Kriminalisierung der Opfer oder Ausprägung illegaler Verteilerringe.

Die scheinbare Sicherheit des Vorverständnisses bietet nicht selten einfache, unmittelbar verständliche Erklärungen für Sachverhalte an, die in Wirklichkeit sehr komplizierte Ursachenbündel haben. Aber die Rückführung auf nur *eine* Ursache wirkt gerade in seiner Einfachheit hilfreich und plausibel:

Den Ärger mit Kindern, die eine gepflegte Rasenfläche zwischen den Wohnblöcken zum Spielplatz gewählt haben, führt man auf die „schlechte Erziehung" durch die Eltern oder auf eine „unsoziale Einstellung" des Hausmeisters zurück – selten aber auf mangelhafte Stadtplanung oder die konventionellen Leitbilder der verantwortlichen Architekten.

Um die Schulschwierigkeiten der Tochter zu beheben, setzt man Belohnungen schon für mäßige Leistungen aus, da die Lernmotivation des Kindes nicht direkt angesprochen werden kann, und man übersieht, daß die Schulmüdigkeit auch mit der „mädchengerechten"

Erziehung zusammenhängt, die auf eigene konservative Leitbilder zurückgeht und die man selbst praktiziert.
Das Vorverständnis kann, und dies sollte hier betont werden, Ursachen benennen und zu Problemlösungen führen, die in keinem Zusammenhang mit den tatsächlichen Ursachen des vorliegenden sozialen Problems stehen. Die Beispiele veranschaulichen überdies, daß unter bestimmten Umständen Probleme erst als Folge falscher Lösungsversuche gegenüber einer bestehenden Schwierigkeit entstehen können.

2. Der Rückgriff auf das Vorverständnis

Für das von uns gewählte soziale Problem der Bevölkerungsentwicklung in der Bundesrepublik könnte das Vorverständnis besagen, daß es zu dem Geburtenrückgang deshalb kommt, weil man verabsäumt hat, über finanzielle Maßnahmen wie Ehestandsdarlehen, erhöhte Kindergelder und Wohnungsförderung die Belastungen abzubauen, die sich für kinderreiche Familien ergeben. So spricht die CDU in ihren „Leitsätzen zur Familienpolitik" (Mai 1976) davon, daß die Verbesserung des Familienlastenausgleiches die Voraussetzung sei für die Überwindung des starken Geburtenrückgangs. Die Leistungen des Kindergeldes sollten in Verbindung mit dem Wohngeld und der Ausbildungsförderung so festgelegt werden, daß eine Familie mit ihrem Gesamteinkommen nicht unter die Sozialhilfeschwelle sinkt, weil sie Kinder hat. In diesen Ausführungen drückt sich die Überzeugung aus, daß man mit Hilfe politischer Maßnahmen das generative Verhalten der Menschen im Sinne einer gesamtgesellschaftlich erwünschten Bevölkerungsentwicklung beeinflussen könne.
Der Rückgriff auf das Vorverständnis kann zu unterschiedlichen Resultaten führen und entscheidet darüber, ob weitere Fragen gestellt werden, ob wissenschaftliche Forschung notwendig wird. Folgende Möglichkeiten sind denkbar:

1. Die Erklärungen aus dem Vorverständnis heraus erscheinen so überzeugend, daß Gewißheit darüber besteht, *was* getan und *wie* es getan werden muß.
2. Es gibt nur sehr vage Vorstellungen über die Ursachen des sozialen Problems und über die Art und Weise möglicher Einflußnahme; man ist unsicher, ob die Erklärungen aus dem Vorverständnis heraus auch nur annähernd richtig sind.
3. Die aus dem Vorverständnis abgeleiteten Erklärungen erscheinen in ihren Grundzügen überzeugend, werden im einzelnen jedoch als präzisierungsbedürftig angesehen.

Zur Verdeutlichung der Konsequenzen, die sich aus den drei Ausprägungen des Vorverständnisses ergeben, wollen wir die genannten drei Möglichkeiten an unserem Beispiel verdeutlichen (vgl. Schaubild 1).

Möglichkeit 1: Die Erklärungen aus dem Vorverständnis heraus gelten als überzeugend. Dies heißt in unserem Fall, man glaubt, daß das generative Verhalten abhängig ist von den ökonomischen Lasten der Kindererziehung (vgl. Wander, 1979: 61–76). Kinder sind für die Familien in einer entwickelten Industriegesellschaft wie der Bundesrepublik weder unter dem Aspekt der „lebenden Alterssicherung" noch als zusätzliche Beiträger zum Familieneinkommen von unmittelbarer Bedeutung. Dagegen fällt die Kostenseite sehr deutlich ins Gewicht. Die Ansprüche an das eigene Leben führen zu einer veränderten Haltung gegenüber der

Schaubild 1

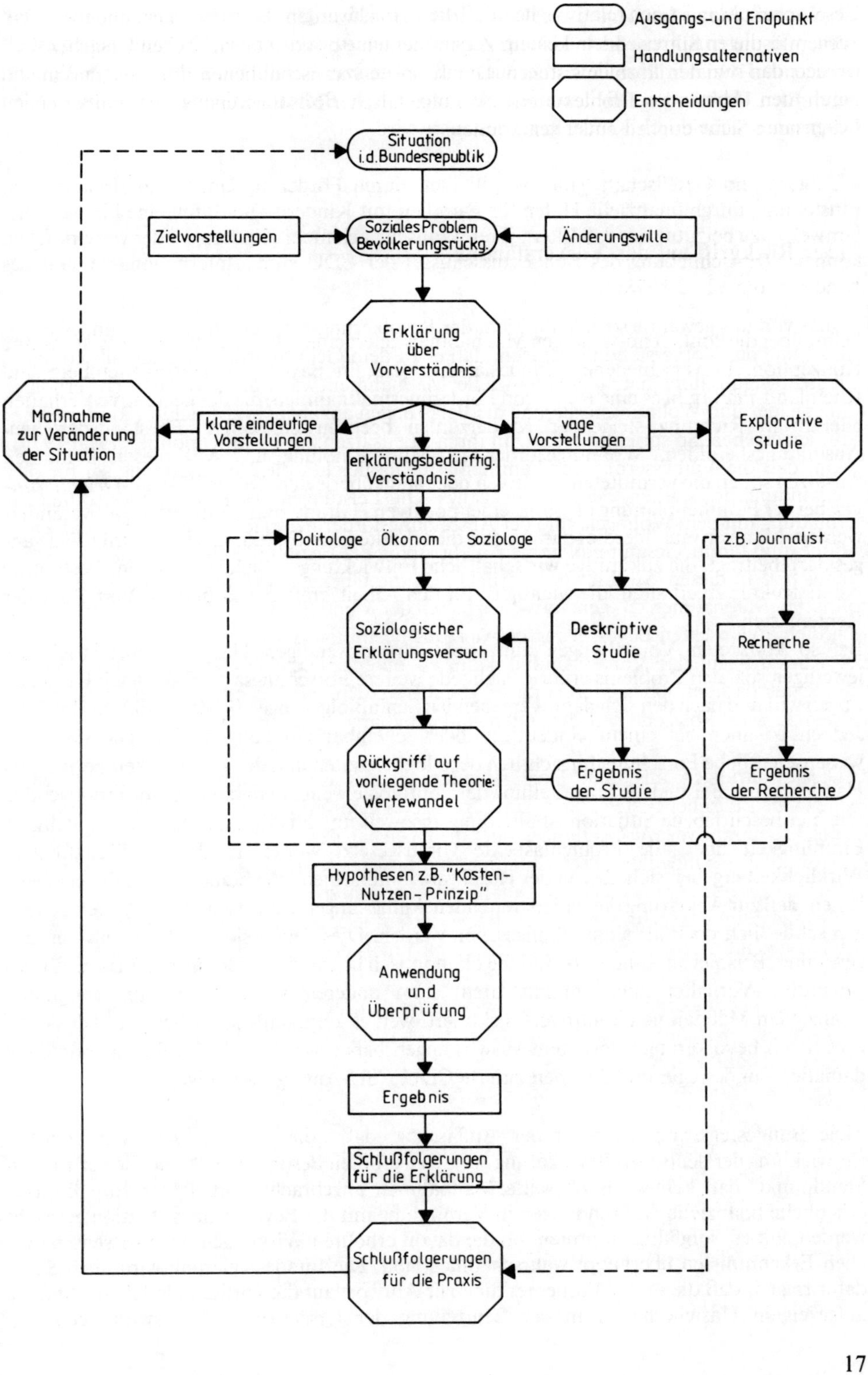
Ausgangs- und Endpunkt
Handlungsalternativen
Entscheidungen
Situation i.d. Bundesrepublik
Zielvorstellungen
Soziales Problem Bevölkerungsrückg.
Änderungswille
Erklärung über Vorverständnis
Maßnahme zur Veränderung der Situation
klare eindeutige Vorstellungen
vage Vorstellungen
Explorative Studie
erklärungsbedürftig. Verständnis
Politologe Ökonom Soziologe
z.B. Journalist
Soziologischer Erklärungsversuch
Deskriptive Studie
Recherche
Rückgriff auf vorliegende Theorie: Wertewandel
Ergebnis der Studie
Ergebnis der Recherche
Hypothesen z.B. "Kosten-Nutzen-Prinzip"
Anwendung und Überprüfung
Ergebnis
Schlußfolgerungen für die Erklärung
Schlußfolgerungen für die Praxis

gewünschten Kinderzahl. Daraus resultiert das Dilemma, daß sich die Menschen zwar im Sinne ihres persönlichen Wohlergehens verhalten, dies aber zum längerfristigen Nachteil der Gesellschaft. Man ist sich relativ sicher, daß dieses Erklärungsmuster richtig ist, und man weiß auch, wie die entsprechenden Lösungsvorschläge auszusehen haben: Es muß sichergestellt werden, daß durch finanzielle Förderungsmaßnahmen zur Familiengründung aufgerufen und durch den Abbau von Belastungen der möglichen Beeinträchtigung der individuellen Lebensansprüche durch Kinder gegengesteuert wird.

„. . . Staat und Gesellschaft (sind) verpflichtet, durch Förderung einer kinderfreundlichen Einstellung, durch finanzielle Hilfen für Familien mit Kindern und durch eine kindgerechte Umwelt dazu beizutragen, daß Eltern ihren Wunsch nach mehr Kindern wieder verwirklichen können“ (Entschließung des Bundesausschusses der CDU zum „Internationalen Jahr des Kindes“ vom 11.12.1978).

Selbst über die konkret notwendigen Maßnahmen liefert eine solche Form des Vorwissens eine Konzeption. In verschiedenen Bundesländern (z.B. in Bayern, Baden-Württemberg und Rheinland-Pfalz) gibt es eine Reihe von Förderungsmaßnahmen, die das generative Verhalten effektiv in Richtung steigender Kinderzahlen beeinflussen sollen: Ehestandsdarlehen, Ausbildungsbeihilfen, Wohnungsförderung, Müttererholung u.ä. Mit diesen konkreten Ansätzen sollen die vermuteten intuitiven oder auch überlegten *Kosten-Nutzen-Orientierungen* bei der Familienplanung im Sinne einer positiven Haltung zum „Kinderhaben“ verändert werden. Man vertraut überdies darauf, daß die erhoffte Einschränkung des Geburtenrückganges dazu beiträgt, die zukünftige wirtschaftliche Entwicklung zu sichern, und eine bestimmte Altersstruktur zu erhalten, die wichtig ist für den Arbeitskräftemarkt und die Verteilung der Rentenlasten.
Bei so konkreten Vorstellungen zum politisch notwendigen Handeln hinsichtlich des jeweiligen sozialen Problems erübrigt sich jede weitere Forschungsarbeit, die nach Ursachen fragen will und nach den sich daraus ergebenden Schlußfolgerungen für das konkrete Handeln. Jedoch ist auch bei einem eindeutigen oder scheinbar eindeutigen „Ursachen-Wissen“ wissenschaftliche Forschung hinsichtlich der Möglichkeiten und der Wirksamkeit politischen Handelns zum Beispiel als Fragestellung der Politologie weiter denkbar oder sogar notwendig. Die hier beschriebene Situation ist allerdings insoweit unrealistisch, als bei den Handelnden Einmütigkeit über alle Problemaspekte vorausgesetzt wurde. In der gesellschaftlichen Wirklichkeit ergeben sich aber in der Regel ganz unterschiedliche Standpunkte, die erwarten lassen, daß zur Abklärung der widerstreitenden Auffassungen wissenschaftliche Untersuchungen schließlich doch als sinnvoll angesehen werden. Dies deutet sich auch in dem von uns gewählten Beispiel an. Einerseits sind die ökonomisch begründeten Erklärungsansätze für das generative Verhalten nicht unumstritten; zum anderen werden auch die genannten finanziellen Maßnahmen kontrovers diskutiert, weil es keinesfalls als sicher gilt, daß sie die erwarteten bevölkerungsrelevanten Auswirkungen haben werden. Und so beantwortete die damalige Bundesregierung die oben zitierte CDU/CSU-Anfrage wie folgt:

„Die Bundesregierung ist nicht der Auffassung, daß „die sich zur Zeit abzeichnende Entwicklung der deutschen Bevölkerung Anlaß zu größten Besorgnissen“ gibt. Sie vertritt den Standpunkt, daß keinesfalls übereilte Maßnahmen angebracht sind. Bevor zum Beispiel erhebliche finanzielle Aufwendungen in Verbindung mit der Bevölkerungssituation gemacht werden, gilt es, sorgfältig zu prüfen, ob die davon erhofften Wirkungen nach wissenschaftlichen Erkenntnissen überhaupt wahrscheinlich sind. Die Bundesregierung wird auch Sorge dafür tragen, daß die in der Vorbemerkung zur Antwort auf die vorliegende Kleine Anfrage aufgezeigten Unsicherheiten in der Beurteilung der Ursachen und Auswirkungen von

Änderungen des generativen Verhaltens gründlich erforscht werden" (Erklärung der Bundesregierung vor dem Deutschen Bundestag am 19.1.1978; in Bulletin, Presse- und Informationsamt der Bundesregierung, 7/1978: 57 ff.).

Möglichkeit 2: Aus dem Vorverständnis ergeben sich nur äußerst vage Vorstellungen. Auf unser Beispiel bezogen könnte es heißen, daß man es zwar für möglich, aber keineswegs sicher hält, daß der Geburtenrückgang in Beziehung steht zur ökonomischen Situation in den Familien. In einem solchen Fall muß erst geprüft werden, ob und in welcher Weise es Zusammenhänge in der vermuteten Richtung gibt. Es muß gefragt werden nach dem Zusammenhang von Einkommen und Kinderzahl; es müßte überprüft werden, ob bei den Entscheidungen für oder gegen Kinder die durch den Lebensstandard bestimmten „Kosten" in Form von Zeit und Geld tatsächlich eine wesentliche Rolle spielen[4]. Wichtig wäre ferner auch festzustellen, ob etwaige Kosten-Nutzen-Erwägungen durch finanzielle Unterstützungsmaßnahmen berührt und in der erhofften Richtung verändert werden.
Der Katalog der Fragen deutet an, daß die Ursachen für Verhalten (in unserem Fall für das generative Verhalten) sich in der Regel nicht auf *ein* Merkmal zurückführen lassen. In Sonderheit darf bei unserem Beispiel nicht übersehen werden, daß die Gründe nicht in allen Bevölkerungsgruppen gleich sind. Finanzielle Förderungen wie Kindergeld sind in Haushalten mit niedrigem Einkommen ein bedeutungsvollerer Faktor als in Haushalten mit relativ hohen Einkommen, in denen überdies beide Ehepartner berufstätig sind. In letzteren wiederum ist die zeitliche Belastung durch ein oder mehrere Kinder der ausschlaggebende Faktor. Entsprechend kommt den finanziellen Maßnahmen eine völlig unterschiedliche Bedeutung für das generative Verhalten zu.
Was durch diese Fragestellungen umrissen wird, sind allenfalls Ansatzpunkte für eine Beschreibung menschlichen Verhaltens. Es werden beobachtbare Zusammenhänge aufgezeigt und registriert, die für sich genommen aber noch keine Erklärung bestimmter Art darstellen. Die vagen Erklärungsansätze besagen allenfalls,

- daß das generative Verhalten nicht ausschließlich auf ein rationales Kosten-Nutzen-Kalkül zurückzuführen ist,
- daß gleiche Maßnahmen je nach sozialem Kontext unterschiedlich bewertet werden,
- daß die Entscheidung für eine bestimmte Kinderzahl oder gegen Kinder keine alleinige Hauptursache hat, sondern von einem Geflecht von Motiven, persönlichen und sozialen Rahmenbedingungen abhängig ist.

Man wird versuchen müssen, Sachverhalte wie Erwerbstätigkeit der Frau, Wohnsituation, konfessionelle Bindung, Haushaltseinkommen u.ä. mit einzubeziehen in den Versuch, die Kinderhäufigkeit in den Familien zu erklären. Entsprechend steht in den Sozialwissenschaften am Anfang einer Untersuchung, die sich auf nur sehr vage Vorstellungen stützen kann, häufig eine allgemeine, der journalistischen Arbeit sehr verwandte Recherche. Das Ziel solcher Erkundungs- oder *Explorationsstudien* ist, mehr über die im Vorverständnis angedeuteten Ursachen zu erfahren, um dann genauer das Problem für eine wissenschaftliche Untersuchung zu formulieren. Ein in der Soziologie häufig beschrittener Weg der Exploration ist das *Gespräch* mit Personen, die mit dem betreffenden Problem bereits Erfahrungen haben:

---

4 Nach Berechnungen des „Deutschen Familienverbandes" muß man – gemäß dem Preisniveau von 1980 – für Erziehung und Ausbildung eines Kindes zwischen 130 000 und 400 000 DM veranschlagen. Arbeiterfamilien geben pro Kind/Monat ca. 380 DM aus, bei Beamten- oder Selbständigenfamilien sind es um DM 500,- (vgl. dazu die z.T. provozierend formulierte „Nachwuchskostenanalyse" von Leggewie, 1983: 95–110).

„So ist zum Beispiel bei einer Expertenbefragung über Faktoren, die die Arbeitsmoral in der Industrie betreffen, vorteilhaft, Vertreter sowohl der Arbeitgeber- als auch der Arbeitnehmerseite zu interviewen. Es ist außerdem erstrebenswert, Personen auf verschiedenen Stufen der Hierarchie zu befragen, Arbeiter, Vorarbeiter, Personalleiter, Vertrauensleute, Schulungsfunktionäre der Gewerkschaft usw., um eine ausgedehnte Perspektive zu bekommen" (Selltiz/Jahoda/Deutsch/Cook, 1972: 69).

Eine andere Möglichkeit besteht darin, durch möglichst genaue *Beobachtung* der Wirklichkeit Aufschlüsse über ein bestimmtes Verhalten zu bekommen, was dann in kontrollierten Untersuchungen überprüft werden kann. Von einer Vielzahl z.T. verblüffend einfacher Forschungstechniken mit dem Ziel, Kenntnisse über Wirklichkeitsbereiche zu erlangen, über die bislang kaum mehr als nur Vermutungen bestanden, berichten u.a. Bungard/Lück (1974) und Dechmann (1978).

Eine weitere Möglichkeit solcher Erkundungsstudien bietet die *Literaturanalyse.* Dabei wird nicht nur die vorhandene Fachliteratur durchgesehen, sondern es werden auch die Veröffentlichungen von Berufsverbänden, Regierungsstellen oder anderen Organisationen berücksichtigt. Selbst eingehende Beschreibungen aus der sogenannten „schönen Literatur" können Anregungen und Vorschläge für die jeweils angesprochene Problemstellung liefern. Solange vage Vermutungen unser Verständnis eines sozialen Problems bestimmen, sind wir darauf angewiesen, alle Möglichkeiten der Verbreiterung unseres Wissens und unserer Erfahrungen zu nutzen. Die Recherchen mit Hilfe von Beobachtung, Expertenbefragung oder Literaturanalyse dienen einzig der *Tatbestandserhebung* und liefern für sich noch keine Erklärungen.

Der Vorteil solcher explorativer Vorgehensweisen liegt nicht zuletzt darin, daß man auf Sachverhalte stoßen kann, die überraschen, weil sie überhaupt nicht mit den Erwartungen übereinstimmen oder bislang nicht bekannt waren, und die sich deshalb um so entscheidender auf die weiteren Forschungsfragen auswirken. Es sollte hervorgehoben werden, daß ein großer Teil sozialwissenschaftlicher Forschungsarbeiten aus eben solchen Tatbestandserhebungen besteht – dies dokumentiert nicht zuletzt der Anteil und der Stellenwert repräsentativer Bevölkerungsumfragen – wobei die festgestellten Verhaltensmerkmale durch theoretische Begriffe allenfalls geordnet und klassifiziert, nicht aber erklärt werden.

„Versucht man einen Bereich menschlichen Handelns zu verstehen, so muß man die rohen Beobachtungen in ein deskriptives System organisieren. In manchen Fällen braucht man bloß jene Kategorien anzuwenden, die zuvor schon von anderen Forschern oder der Gesellschaft selbst entwickelt worden sind, und kann dann mit den weiteren Untersuchungsschritten fortfahren" (Barton/Lazarsfeld, 1979: 53, vgl. zu diesen Überlegungen besonders S. 43–57).

3. Soziologische Erklärungen

Wissenschaftliche, also auch soziologische Erklärungen beginnen mit dem Nachdenken über die hinter den beobachtbaren Tatsachen liegenden wirksamen Zusammenhänge. Was wäre nun das Besondere an einer soziologischen Erklärung? Erstens, daß sich der Soziologe im Gegensatz zum Politologen oder zum Wirtschaftswissenschaftler *nicht* für Gesetzmäßigkeiten in *begrenzten Lebensbereichen* interessiert, und zweitens, daß er, anders als zum Beispiel der Rechtswissenschaftler, nicht nur nach einer *bestimmten Art von Regeln,* etwa den gesetzlich verankerten Ge- und Verboten fragt. Unabhängig vom Lebensbereich und Regeltyp interessiert sich der Soziologe grundsätzlich dafür, wie der Mensch Verhaltensorientierungen gewinnt und wie sich diese als konkrete Handlungen ausprägen. Der französische Soziologe Alain Touraine zum Beispiel beantwortet die Frage „Was ist der Gegenstand der Soziologie?" mit der lapidaren Feststellung „Die sozialen Beziehungen" und erläutert dies wie folgt:

„Die Soziologie befaßt sich also mit den sozialen Beziehungen, allen sozialen Beziehungen, wie groß die Unterschiede zwischen ihnen auch sein mögen – denn der Gegenstand der Soziologie ist keine Sache, sondern eine Operation: Das Sichtbarmachen der Beziehungen hinter den Situationen. Dabei ist minder wichtig, ob es sich um Klassenverhältnisse, um Einflußbeziehungen oder kriegerische Beziehungen handelt. Jede bedeutende Kategorie der sozialen Beziehungen definiert einen Bereich der soziologischen Analyse" (Touraine, 1976: 26; Begleittext 1.4 Berger/Kellner).

Eine soziologische Interpretation des in unserem Beispiel angesprochenen Problems muß also eine Erklärung dafür finden, welche Regeln und welche Beziehungsmuster dem generativen Verhalten der Einzelnen zugrunde liegen.

Möglichkeit 3: Die Annahmen im Erklärungsmodell erscheinen überzeugend, werden jedoch als präzisierungsbedürftig empfunden. Die Überlegung, daß die Präferenzen für eine bestimmte Familiengröße beeinflußt werden von ökonomisch orientierten Kosten-Nutzen-Überlegungen, daß generatives Verhalten abhängig ist von Erwägungen über die Konsequenzen sexuellen Verhaltens für die eigenen projizierten Lebenschancen, erscheint als ein möglicher Erklärungsversuch, der allerdings überprüft und konkretisiert werden muß.
Zur Bedeutung solcher allgemeinen Annahmen schreiben Cohen und Nagel (zit. nach Selltiz/Jahoda u.a., 1972: 46):

„Wir können in keiner Untersuchung einen einzigen Schritt vorwärts kommen, wenn wir nicht mit einer angenommenen Erklärung oder Lösung des Problems, das die Untersuchung auslöste, beginnen. Solche Erklärungen werden uns durch irgendeine Eigenschaft des Untersuchungsobjektes oder durch unsere Kenntnis nahegelegt."

Auf der Grundlage eines allgemeinen Erklärungsmodells wird der Wissenschaftler jetzt *konkrete Behauptungen* formulieren, die wir generell *Hypothesen* nennen. Diese Hypothesen sagen aus, daß in bestimmten Fällen etwas Bestimmtes geschieht, daß bestimmte Personen bestimmte Merkmale und Eigenschaften haben, daß bestimmte Ereignisse zu den Faktoren gehören, die ein anderes Geschehen bedingen. Der Wissenschaftler kann diese Hypothesen im Rückgriff auf den Erklärungsvorrat seiner Wissenschaft entwickeln, er kann sie auch auf eigene theoretische Vorstellungen zurückführen.
In einer Hypothese muß festgelegt werden, zwischen welchen Tatbeständen ein Zusammenhang vermutet wird. Vor allem aber muß ein Verursachungsverhältnis, ein Kausalverhältnis zwischen den einzelnen Merkmalen unterstellt werden. Ein Exempel für ein solches Kausalverhältnis ist die bekannte, wenn auch umstrittene Annahme, daß ein positiver Zusammenhang besteht zwischen Einkommen und Fruchtbarkeit innerhalb von Partnerbeziehungen (vgl. dazu insbesonders Becker, 1960). Becker geht in seinen Überlegungen davon aus, daß jede Entscheidung für oder gegen ein Kind gleichsam wie eine Konsumentscheidung aufgrund einer Kosten-Nutzen-Analyse gehandhabt wird. Wenn ein Paar vor der Überlegung steht „hoher materieller Lebensstandard oder Kinder", dann muß auf der Ebene einer ökonomisch begründeten Rationalität im generativen Verhalten der Nutzen dieser beiden „Güter" gegeneinander abgewogen werden. Das jeweilige Einkommensniveau, das ja wesentlich ist für das materielle Wohlergehen, wird bestimmend für die Bereitschaft zu Ausgaben für den Nachwuchs. Auf das soziale Problem des Geburtenrückgangs gewen-

det, muß eine soziologische Hypothese formuliert werden, die deutlich sagt, von welchen konkreten Einzelfaktoren die Nachwuchsentscheidungen beeinflußt werden. Das *wissenschaftliche* Problem besteht also darin, mögliche Verursachungsverhältnisse zu formulieren.

Die Erklärung, daß im generativen Verhalten ökonomisch rationale Überlegungen dominieren, kann für *verschiedene* Wissenschaften zum Ausgangspunkt von Forschungsarbeiten werden. So kann beispielsweise der Politologe fragen, ob und welche bevölkerungs- und sozialpolitischen Konzepte existieren, worin sich solche Konzepte bei den verschiedenen politischen Parteien unterscheiden, oder welche Zusammenhänge zwischen dem zeitlichen Zusammentreffen des Interesses an bevölkerungspolitischen Konzepten und dem Geburtenrückgang in der Bundesrepublik bestehen (Jürgens, 1975: 172–189, Herlth/Kaufmann, 1982: 3 f.). Es lassen sich aber auch Studien denken über die potentielle Wirksamkeit solcher bevölkerungspolitischen Maßnahmen. Wirtschaftswissenschaftler könnten untersuchen, wie sich konkrete wirtschaftliche Bedingungen (Beschäftigungschancen, Altersversorgung, Arbeitsmöglichkeiten für Frauen, aber auch Kindergeld, Ausbildungsbeihilfen usw.) auf die Fruchtbarkeit innerhalb der Familien auswirken. Eine umfassendere ökonomische Fragestellung könnte den Zusammenhängen von Bevölkerungsentwicklung und wirtschaftlichen Größen wie Volkseinkommen, Konsumgüternachfrage, Wohnungsmarkt u.ä. gelten (Schattat, 1976: 241–255).

Zur Formulierung des *soziologischen* Problems greifen wir auf die Vorstellung der Soziologie über die Bestimmungsgründe sozialer Beziehungen zurück. Diese Vorstellungen können allgemein so umschrieben werden, daß der Soziologe menschliches Verhalten als regelhaft und gesetzmäßig versteht. Dies meint nicht, daß die Menschen wie Marionetten bestimmten Regeln gehorchen müssen. Regelhaftigkeit soll hier eher im Sinne eines eingeschränkten Handlungsspielraums verstanden werden, der das Handeln und die sozialen Beziehungen regelt, aber immer auch noch Spielraum bietet. Für unser Beispiel müssen wir jetzt fragen, welche Art von Regelhaftigkeit die Ursache des Entscheidungsverhaltens bei der Frage „Nachwuchs, ja oder nein?“ ist.

4. Hypothese und Überprüfung

Zur Erklärung generativen Verhaltens lassen sich grundsätzlich zwei soziologische Ansätze verfolgen:

- Zum einen Ansätze, die die Nachwuchsentscheidungen in besonderer Weise auf innerfamiliale oder individuelle Merkmale zurückführen. Solche *mikrosoziologischen Erklärungsmodelle* (Bauer, 1976: 177 ff.) fragen vor allem nach den Kosten-Nutzen-Erwägungen, die sich aus der Geburtenplanung ergeben und nach dem Ausmaß, in welchem Paare oder Einzelne in der Lage sind, rationale Entscheidungen zu treffen. Hier läßt sich auch Forschung einordnen, die danach fragt, was es für Mann und Frau bedeutet, wenn sie Vater und Mutter sind (Geschlechtsrollen und Erwachsenenrollen) (Beck-Gernsheim, 1980: 186–207), oder die den Veränderungen des sozialen Status der Familie gilt, die sich aus der Elternschaft ergeben. Ein Beispiel für eine solche mikrosoziologische Untersuchung ist die Studie von Lengsfeld/Pohl (1979: 113–122). In dieser Untersuchung des Bundesinstituts für Bevölkerungsforschung wurde davon ausgegangen, daß das generative Verhalten entscheidend beeinflußt wird von der Persönlichkeitsstruktur der Frau und dem innerfamiliären Kommunikationsprozeß.

- Im Unterschied zu den mikrosoziologischen Studien wird bei *makrosoziologischen Ansätzen* betont die Einbeziehung sozialstruktureller Daten gefordert. Es scheint unmittelbar einsichtig, daß selbst Variablen wie subjektive Bewertung der Lebenssituation, familiäre Kommunikationsmuster, individuelle Zukunftserwartungen u.ä. abhängig sind von übergeordneten gesamtgesellschaftlichen Zusammenhängen, die über Merkmale wie Beruf, Bildung, Einkommen, Wohnsituation das Verhalten der einzelnen beeinflussen. Entsprechend versuchen Studien dieser Art über Merkmale wie Bildungsgrad, Berufsbedingungen und Einkommen die Bestimmungsgründe für das generative Verhalten zu finden (vgl. Rückert, 1979: 137–154).

Eine der recht allgemein gehaltenen Erklärungen zum Bevölkerungsrückgang stellt fest, daß dies eine generelle Tendenz sei in Industrienationen mit hohem Grad an technischer Ausstattung und sozialer Sicherung. In diesen sogenannten postindustriellen Gesellschaften mit einem relativ hohen Wohlstands- und Bildungsniveau entwickelten sich verstärkt Zielvorstellungen, die vor allem aus individuellen Ansprüchen und ich-bezogenen Wünschen zur „Selbstverwirklichung" bestehen (Inglehart, 1981: 279–316). Dies führe zwangsläufig zu Bruchstellen zwischen den notwendigen Anforderungen einer Gesellschaft (z.B. im Sektor der soziobiologischen Reproduktion) und den subjektiven Interessen des einzelnen. Mit diesem Rückgriff auf die theoretischen Annahmen des Wertewandels in post-industriellen Gesellschaften (Klages/Kmieciak, 1981) wäre nun die Forschungsfrage zu verbinden, *ob* und *welche* Werthaltungen das generative Handeln steuern. Zum Beispiel könnte von folgender Hypothese ausgegangen werden:

„Je ausgeprägter in Paarbeziehungen Lebensziele und Lebensumstände existieren, die der individuellen Selbstverwirklichung gelten, desto negativer sind die Einstellungen gegenüber möglichem Nachwuchs[5].

Wir gehen also von der Überlegung aus, daß eine subjektive Bewertung von *„Nutzen"* und *„Kosten"* von Kindern (gerade auch in psychischer und sozialer Hinsicht) erfolgt, und daß diese Einschätzung, mit Blick auf die individuell gewünschten Lebensumstände, Einfluß hat auf Einstellung und Verhalten bei Nachwuchsentscheidungen. Die in der Hypothese genannte Kausalbeziehung kann aber nur dann gelten, wenn folgende Bedingung erfüllt ist: Es muß eine gewisse Wahl- und Entscheidungsfreiheit hinsichtlich der Familienplanung existieren. Für die Bundesrepublik kann man zweifelsohne davon ausgehen, daß die gesellschaftlichen Normen und die Verfügbarkeit von Empfängnisverhütungsmitteln Wahlfreiheit bei den Nachwuchsentscheidungen zulassen.
Ob der in dieser Hypothese angedeutete Erklärungsansatz und die damit verknüpften Lösungsmöglichkeiten angemessen sind, muß eine Untersuchung ergeben. Es wäre zu überprüfen, ob in Paarbeziehungen bei Nachwuchsfragen tatsächlich individuelle Lebensziele (Autonomieanspruch der Frau) entscheidungsrelevant sind, ob die Paare wirklich postmaterielle Werthaltungen zur Anwendung bringen und ob sie im Sinne eines subjektiven „Kosten-Nutzen-Prinzips" verfahren. Zur Klärung solcher Aspekte müßten wir Paare hinsichtlich ihrer Vorstellungen zur Nachwuchsplanung befragen, Daten erheben zur subjektiven Einschätzung ihrer gegenwärtigen und zukünftigen sozio-ökonomischen Situation, Angaben

5 Dazu auch der Beitrag von Schwarz, dem ehemaligen Direktor des Bundesinstituts für Bevölkerungsforschung, der in einem Beitrag zur bevölkerungsorientierten Familienpolitik in etwas abgewandelter Form solche Annahmen formuliert; in: Frankfurter Allgemeine Zeitung vom 15.5.1984, S. 8.

erbitten zu individuellen Lebenszielen, und Einstellungen ermitteln zu Fragen der Selbstverwirklichung.
Bevor wir jedoch zur konkreten Untersuchung kommen, stellt sich noch ein grundsätzliches Problem: Es ist die Frage nach dem Zusammenhang zwischen einem beobachtbaren Verhalten und den dieses Verhalten verursachenden, nicht beobachtbaren Faktoren. Woran zum Beispiel wäre zu erkennen, daß die Klärung der Nachwuchsfrage ein völlig bewußter, rationaler Entscheidungsprozeß ist? Wie soll festgestellt werden, ob die vermuteten „Kosten" eines oder mehrerer Kinder tatsächlich ausschlaggebend sind für den Wunsch nach Kindern? Mit der obengenannten Hypothese sind also unmittelbar Fragen verknüpft, die der empirischen Überprüfung gelten:

- Wie ist die *unabhängige Variable* „individuelle Lebensziele im Sinne von Selbstverwirklichung" angemessen zu repräsentieren?
- Wie kann die *abhängige Variable* „Nachwuchsentscheidung" angemessen in konkrete Fragestellungen überführt werden?
- Wieviele Paare *(Stichprobe)* sind zu befragen, um repräsentative Aussagen über die Bevölkerung in der Bundesrepublik machen zu können?

Um dies zu klären, müssen die theoretischen Begriffe aus unserer Hypothese übersetzt werden in *Beobachtungskriterien.* Bevor also Beobachter oder Interviewer zum Einsatz kommen, muß feststehen, welche Werthaltungen als Ausdruck post-materieller Zielvorstellungen angesehen werden sollen und wie diese Wertorientierungen von Bedeutung sind für die Nachwuchsentscheidungen. Diese Festlegung der Indikatoren für einen theoretischen Begriff bezeichnet man als Operationalisierung. Es werden die durchzuführenden Beobachtungsoperationen spezifiziert. (Zum Problem der Operationalisierung vgl. Friedrichs, 1973: 73–81; Opp, 1970: 130–135.)
Einen Ansatz der Operationalisierung post-materieller Wertvorstellungen bietet der „Rokeach Terminal Value Survey" (Rokeach, 1968), der versucht, Wertprioritäten zu erheben. Der Fragenkatalog ist wie folgt formuliert (zit. nach Inglehart, 1981: 288 f.).

„Auf der nächsten Seite sind in alphabetischer Reihenfolge 18 Werte aufgeführt. Ihre Aufgabe ist es, sie in der Reihenfolge ihrer Wichtigkeit für Sie selbst als Leitprinzip für Ihr Leben neu zu ordnen. ... Sehen Sie die Liste sorgfältig durch und wählen Sie den Wert aus, der Ihnen am wichtigsten ist. Dann wählen Sie den Wert aus, der Ihnen am zweitwichtigsten ist. ... Verfahren Sie mit den restlichen Werten auf dieselbe Weise.
Arbeiten Sie langsam und denken Sie sorgfältig nach. Falls Sie es sich einmal anders überlegen, können Sie Ihre Antworten auch wieder ändern. ... Das Endergebnis soll Ihre wahre Einstellung zeigen."
Die Fragen gelten folgenden Werten:
„Ein angenehmes Leben (Leben in Wohlstand)
Ein aufregendes Leben (ein anregendes, aktives Leben)
Ein Gefühl, etwas erreicht zu haben (etwas Bleibendes schaffen)
Eine friedliche Welt (Welt ohne Krieg und Konflikt)
Eine Welt voller Schönheit (Schönheit der Natur und der Künste)
Gleichheit (Brüderlichkeit, Chancengleichheit)
Familiäre Geborgenheit (Sorge für die Lieben)
Freiheit (Unabhängigkeit, Entscheidungsfreiheit)
Glück (Zufriedenheit)
Ausgeglichenheit (ohne innere Konflikte)
Reife Liebe (sexuelle und geistige Gemeinschaft)
Nationale Sicherheit (Schutz vor militärischen Angriffen)

Vergnügen (ein vergnügliches und entspanntes Leben)
Erlösung (ein erlöstes ewiges Leben)
Selbstachtung (sich selbst respektieren)
Soziale Anerkennung (von anderen respektiert und bewundert werden)
Wahre Freundschaft (enge Verbundenheit)
Weisheit (eine reife Lebensphilosophie)"

Nach Inglehart ist die Frage, ob sich jemand für materielle oder post-materielle Werte entscheidet, abhängig von seiner ökonomischen Situation. Menschen, die vorwiegend in einer Zeit der wirtschaftlichen und physischen Sicherheit aufgewachsen sind, tendieren eher in Richtung post-materieller Werte. Es wäre hier also weiterzufragen, ob Zielvorstellungen und Nachwuchsentscheidungen zwischen den Generationen Unterschiede erkennen lassen. Dies heißt aber auch, daß neben den Wertvorstellungen zusätzlich sozio-demographische Basisdaten erfragt werden müssen, das heißt Daten zur Herkunftsfamilie, Angaben über den schulischen und beruflichen Werdegang sowie über die gegenwärtige sozio-ökonomische Situation der befragten Paare.

Nach Berücksichtigung der genannten Kriterien könnte jetzt die eigentliche Materialerhebung durchgeführt werden. Die Auswertung der durch Interview oder Beobachtung gewonnenen Daten gibt dann Aufschluß darüber, ob die dem generativen Verhalten zugrunde gelegte Hypothese vom Einfluß post-materieller Werte auf die Nachwuchsentscheidung der realen Situation angemessen ist. Hat sie sich für diese Untersuchung als zutreffend erwiesen, dann wächst unter Soziologen die Überzeugung, daß sie generell in ähnlich strukturierten Gesellschaften wie der Bundesrepublik Deutschland eine brauchbare Erklärung darstellen kann.

Tatsächlich zeigen Untersuchungen, die in etwa der von uns beispielhaft dargestellten Vorgehensweise gefolgt sind, daß sich die Wertprioritäten in der Bundesrepublik verändert haben. Das Hauptmerkmal dieses Wandels liegt in einer längerfristigen Verminderung der Bedeutung, die dem Erreichen eines höheren Sozialstatus und materieller Sicherheit durch harte Arbeit und beruflichen Erfolg beigemessen wird. Es zeigt sich ein Trend zu stärkerer Betonung individueller hedonistischer Ziele und zu mehr Gleichberechtigung in sozialen Beziehungen, gekoppelt mit einem grundlegenden Wandel der Rollenerwartungen der Geschlechter (Kmieciak, 1976: 384–386). Für den Zusammenhang von veränderten Wertvorstellungen, in Sonderheit zur Rolle der Frau und der Geburtenhäufigkeit, geben die Ergebnisse anderer Studien Hinweise (Rückert, 1979: 137–153, Schwarz, 1979: 155–168). Dort wird deutlich, daß in zahlreichen Paarbeziehungen der Wunsch der Frau nach Erwerbstätigkeit und zugleich nach einer verantwortlichen Kindererziehung zu Konfliktsituationen führt, die so gelöst werden, daß man die Nachwuchsentscheidungen aufschiebt und zumeist damit auch aufhebt[6].

---

6 Beispielhaft ein Ergebnis aus dem Mikrozensus 1978: Bei Erwerbslosigkeit der Frau und Monatsnettoeinkommen des Mannes lag die durchschnittliche Kinderzahl (je 100 Ehen) bei 190, bei gleich hohem Verdienst auch der Ehefrau nur bei 84.

Modelle zur Milderung des Zielkonflikts der Frau zwischen Familie und Beruf

	Charakterisierung	*modellfunktionale Maßnahmen*
In dem Spektrum zwischen einem Verhaltensmuster, das je nach der individuellen Biographie zu Lasten der Frau gehen kann:	langjährige Versorgung mehrerer Kinder unter vollständigem Verzicht auf (weitere) Erwerbstätigkeit („Familie als Lebensberuf der Frau")	familiengemäßes Einkommen für den Mann als „Familienernährer";
und einem entgegengesetzten Verhaltensmuster, das bes. in Konkurrenz mit Ansprüchen des Kleinkindes geraten kann:	Kinderhaben bei ununterbrochener gleichzeitiger voller Erwerbstätigkeit	Kinderkrippen; „Tagesmütter"; Karenzurlaub mit Kündigungsschutz;
lassen sich folgende Modelle zur besseren Vereinbarkeit unterschiedlicher Rollenanforderungen unterscheiden:		
Modell 1 a)	kurzfristige Dominanz der Mutterrolle in den ersten 3–4 Lebensjahren der Kinder	Erziehungsgeld, sozialversicherungsrechtl. Schutz, flankierende berufsbegleitende Maßnahmen, evtl. Arbeitsplatzsicherung; Angebot von Ganztagsschulen;
Modell 1 b)	längerfristige Dominanz der Mutterrolle bis etwa zum Ende der Vollzeitschulpflicht der Kinder (klassisches „Drei-Phasen-Modell")	wie zu 1 a); Hilfen zur Vorbereitung auf neuen Berufseintritt bzw. Umschulung; Angebote zum „professionellen außerfamilialen sozialen Engagement";
Modell 2	Aufteilung der Hausfrauen- und Mutteraufgaben (ebenso wie der Erwerbstätigkeit) zwischen Mann und Frau („Rollenteilung")	Halbtagsarbeitsplätze (auch für qualifizierte Tätigkeiten); flexible Arbeitszeiten; allgem. Verkürzung der täglichen Arbeitszeit; Anpassung in der Arbeitsorganisation; Sicherung besserer Aufstiegschancen auch bei Halbtagsarbeit;
Modell 3	Abstriche bei Kinderzahl und Erwerbstätigkeit auf Seiten der Frau (1-Kind-Familie mit Halbtagsarbeit der Mutter)	Teilzeitarbeit; Halbtagsarbeitsplätze; Kleinkinderbetreuungseinrichtungen;

Quelle: Max Wingen: Wirtschaftliche Bedingungen von Leistungen und Leistungsbehinderungen der Familie, in: Helge Pross (Hg.): Familie wohin? (Leistungen, Leistungsdefizite und Leistungswandlungen der Familie in hochindustrialisierten Gesellschaften), Reinbek 1979, S. 236 f.

Dies wären insgesamt Ergebnisse für die soziologische Theorie vom generativen Verhalten. Es sind aber von solchen Daten her auch Schlußfolgerungen für die politische Praxis möglich. Indem ermittelt wurde, auf welche Bedingungen die Nachwuchsentscheidungen möglicherweise zurückgehen, sind Faktoren ausgemacht worden, auf die im Interesse einer Lösung des sozialen Problems ,,Geburtenrückgang" Einfluß genommen werden müßte.
Dem Erklärungsansatz entsprechend wären folgende Faktoren von Bedeutung: Die Wertorientierungen, die zum Beispiel im Sinne der Chancengleichheit für die Frau mit dem Wunsch nach Kindern im Widerspruch stehen; die Aspekte, die für ,,Kosten-Nutzen-Erwägungen" ausschlaggebend sind und die wahrgenommene oder gewünschte Lebensqualität bestimmen. Mögliche politische Konsequenzen müßten in Richtung von Aktivitäten laufen, die über sozialpolitische Maßnahmen eine Vereinbarkeit ermöglichen von Erwerbstätigkeit der Frauen und Familiengründung. Wie nah die hier skizzierten Überlegungen an

aktuellen politischen Diskussionen anschließen, belegen die Ausführungen von Schwarz (Direktor a.D. des Bundesinstituts für Bevölkerungsforschung) in der Frankfurter Allgemeinen Zeitung:

„Eine solche Prognose (Bevölkerungsrückgang, W.T.) kann sich stützen auf eine Vergrößerung der wirtschaftlichen Unabhängigkeit der Frauen vor allem durch verbesserte Beschäftigungschancen, auch in qualifizierten Berufen, die unverkennbare Tendenz zu einer wachsenden Reduzierung der Partnerbeziehungen auf eine hochpersonalisierte Intimgemeinschaft. ... Das sind Zeichen für eine größer gewordene Freiheit zu individuellen Entscheidungen und mehr Gleichheit zwischen den Geschlechtern. Eine starke Reduzierung der Kinderzahl ist hierfür Voraussetzung. Andererseits ist es wohl auch in Zukunft Aufgabe einer Gesellschaft, für einen ausreichenden quantitativen und qualitativen Nachwuchs zu sorgen. Wenn wir uns dazu bekennen, erhebt sich heute allerdings mit bisher unbekannter Schärfe die Frage, wie die individuellen Wünsche ... mit den gesellschaftlichen Erfordernissen in Einklang gebracht werden können. Es gibt dazu keine Patentlösungen. Eine Verbesserung des Familienlastenausgleichs und Maßnahmen, die es Vätern und Müttern in Zukunft besser als heute erlauben, Familientätigkeit und Erwerbstätigkeit miteinander zu verbinden, wären dafür wichtige Signale. Stichworte dazu sind Verkürzung der Arbeitszeit, flexiblere Arbeitszeiten, Teilzeitarbeit für Männer und Frauen, Mutterschaftsurlaub, Erziehungsgeld und Anrechnung der Zeiten der Kindererziehung auf die Altersversorgung“ (Schwarz, 1984, in: Frankfurter Allgemeine Zeitung vom 15.5.1984, S. 8).

Natürlich müssen für das von uns gewählte und in einer begrenzten Form durchdeklinierte Beispiel Einschränkungen gemacht werden. Die verfügbaren Untersuchungen zum generativen Verhalten sind in ihren Ergebnissen sehr viel weniger eindeutig, als wir es mit unserer exemplarisch gemeinten Studie angedeutet haben. Es zeigt sich dort, daß die Entscheidung für oder gegen Kinder von einem ganzen Geflecht von Motivationen und persönlichen wie sozialen Rahmenbedingungen abhängig ist und daß *keine* alleinige Hauptursache auszumachen ist (Jürgens/Pohl, 1975). Überdies wird aus den vorliegenden Daten deutlich, daß die Nachwuchsentscheidungen durchgängig eher *nicht* auf einem bewußt rationalen Kalkül beruhen, sondern auf unbewußt steuernde, nicht reflektierte Motive zurückgehen (Schmid, 1979). Und schließlich bleibt festzustellen, daß die Bevölkerungsentwicklung sich weitgehend der direkten Beeinflussung durch gesellschaftspolitische Maßnahmen entzieht. Da es kein gesichertes Ursachen- und Verfügungswissen gibt, lassen sich auch keine eindeutigen sozialtechnischen Verfahren ausmachen, um das Fruchtbarkarkeitsniveau in kalkulierbarer Weise zu verändern.
Dies alles mögen Gründe dafür sein, daß die Soziologen sich – retrospektiv – eher mit den *Folgen* der Bevölkerungsentwicklung befassen. Wenn man zum Beispiel wie Kaufmann (1975: 59) registrieren kann, daß das Andauern des Bevölkerungsrückgangs mit einem Rückgang der wirtschaftlichen Aktivitäten, der politischen Bedeutung des Gebietes und des Wohlstands der verbleibenden Bevölkerung einhergeht, dann ist man wieder am Ausgangspunkt unserer Überlegungen: Man weiß um ein soziales Problem und man steht vor der Aufgabe soziologischer Analysen, um zumindest Ansatzpunkte zu finden für bevölkerungsrelevante Maßnahmen.

Übungsaufgaben zu Kapitel I

1. Bitte recherchieren Sie die verfügbaren Daten (z.B. aus den Angaben des Statistischen Jahrbuchs) eines aktuellen sozialen Problems in Ihrer persönlichen Umwelt (Probleme der Behinderten, ältere Menschen in der Arbeitswelt oder der Familie, Umweltbelastung und

Sicherung der Arbeitsplätze). Formulieren Sie Erklärungsansätze (Vorverständnis) und entwerfen Sie Ansätze soziologischer Forschung zum ausgewählten Problem.

2. 1935 formulierte ein Autor zum Zusammenhang von Wohlstand und Bevölkerungsentwicklung die Hypothese:

„Die Geburtenhäufigkeit steht um so tiefer, je höher man auf der sozialen Stufenleiter kommt, und sie sinkt um so rascher, je schneller eine Schicht im Einkommen, in der Lebensführung und sozialen Geltung fortschreitet" (Günther, 1935: 138).

1978 ergab sich hinsichtlich der Kinderzahl (je 100 Ehen), differenziert nach dem Monatsnettoeinkommen des Mannes, folgendes Bild:
Unter 1.200 DM: 158 Kinder; 1.200 – 1.800 DM: 169; 1.800 – 2.500 DM: 170; 2.500 DM und mehr: 183. Versuchen Sie, die Widersprüche der Befunde zu erklären und skizzieren Sie Forschungsfragen, um mehr über die Gründe generativen Verhaltens zu erfahren.

3. Die nachfolgende Tabelle gibt Modellrechnungen zur Entwicklung der deutschen Bevölkerung in den kommenden Jahren wieder. Recherchieren Sie die Daten für die Jahre 1983/84 und diskutieren Sie auf dieser Basis die Voraussetzungen der Vorausschätzungen:

Entwicklung der deutschen Bevölkerung (ohne Wanderung) im Bundesgebiet bei zwei Annahmen über die Geburtenhäufigkeit

Stichtag 1.1.	Annahme 1)	Alter von ... bis unter ... Jahren: unter 19		19 – 60		60 u. mehr		Personen im Alter von...bis unter...Jahren: unter 19	60 und mehr	unter 19 und 60 u. mehr	Deutsche Bevölkerung insgesamt
		1000	%	1000	%	1000	%	auf 100 19- bis unter 60jährige			1000
1977	A	15262	26,5	30263	52,6	12063	20,9	50,4	39,9	90,3	57587
	B	15262	26,5	30263	52,6	12063	20,9	50,4	39,9	90,3	57587
1980	A	14106	24,8	31302	55,1	11440	20,1	45,1	36,5	81,6	56848
	B	14106	24,8	31302	55,1	11440	20,1	45,1	36,5	81,6	56848
1985	A	11958	21,5	32195	57,8	11511	20,7	37,1	35,8	72,9	55664
	B	11958	21,5	32195	57,8	11511	20,7	37,1	35,8	72,9	55664
1990	A	10548	19,3	32592	59,7	11493	21,0	32,4	35,3	67,6	54633
	B	10548	19,3	32592	59,7	11493	21,0	32,4	35,3	67,6	54633
1995	A	10562	19,7	31586	59,0	11346	21,2	33,4	35,9	69,4	53493
	B	10705	20,0	31586	58,9	11346	21,2	33,9	35,9	69,8	53637
2000	A	10336	19,9	29617	57,0	11982	23,1	34,9	40,5	75,4	51935
	B	10907	20,8	29617	56,4	11982	22,8	36,8	40,5	77,3	52506
2005	A	9520	19,0	28285	56,6	12209	24,4	33,7	43,2	76,8	50014
	B	10714	20,9	28285	55,2	12209	23,8	37,9	43,2	81,0	51208
2010	A	8434	17,6	27794	58,0	11695	24,4	30,3	42,1	72,4	47922
	B	10465	20,9	27794	55,6	11695	23,4	37,7	42,1	79,7	49953
2015	A	7568	16,5	26669	58,2	11553	25,2	28,4	43,3	71,7	45789
	B	10405	21,3	26876	55,0	11553	23,7	38,7	43,0	81,7	48834
2020	A	7112	16,3	24755	56,8	11736	26,9	28,7	47,4	76,1	43602
	B	10579	22,2	25425	53,3	11736	24,6	41,6	46,2	87,8	47740
2025	A	6798	16,5	22047	53,4	12416	30,1	30,8	56,3	87,2	41262
	B	10803	23,2	23367	50,2	12417	26,7	46,2	53,1	99,4	46587
2030	A	6364	16,4	19547	50,4	12858	33,2	32,6	65,8	98,3	38768
	B	10790	23,8	21736	47,9	12858	28,3	49,6	59,2	108,8	45384
2035	A	5805	16,0	18449	51,0	11939	33,0	31,5	64,7	96,2	36194
	B	10651	24,1	21643	48,9	11940	27,0	49,2	55,2	104,4	44234
2040	A	5274	15,7	17682	52,6	10645	31,7	29,8	60,2	90,0	33601
	B	10589	24,5	21960	50,8	10645	24,6	48,2	48,5	96,7	43194
2045	A	4873	15,7	16559	53,3	9641	31,0	29,4	58,2	87,7	31073
	B	10658	25,2	22064	52,2	9641	22,8	48,4	43,8	92,3	42302
2050	A	4570	15,9	15106	52,7	9013	31,4	30,3	59,7	89,9	28688
	B	10773	25,8	21809	52,4	9013	21,7	49,4	41,3	90,7	41595

1) **Annahmen:**
1. Nur deutsche Bevölkerung. Basis 1.1.1977
2. Keine Wanderungen über die Grenzen des Bundesgebietes.
3. Sterblichkeit: für A und B wie in 5. Koord. Bevölkerungsvorausschätzung. Ab 1980 konstant.
4. Geburtenhäufigkeit:
A: Geburtenkäufigkeit 1976 (NRR = 0,66);
B: Bis 1990 Geburtenhäufigkeit 1976, von 1991 – 2010 Zunahme auf NRR 1,00, danach konstant.

Quelle: Statistisches Bundesamt

Weiterführende Literatur zu Kapitel I

Darstellung sozialer Probleme in Verbindung mit soziologischen Analysen; Systematische Überlegungen

Bellebaum, Alfred/Braun, Hans: Soziale Probleme: Ansätze einer sozialwissenschaftlichen Perspektive. In: Bellebaum, A./Braun, H. (Hrsg.): Reader Soziale Probleme I: Empirische Befunde. Frankfurt/M., Herder & Herder: 1974, S. 1–18.

Merton, Robert F.: Social Problems and Sociological Theory. In: Merton, R.F./Nisbet, R.A. (Hrsg.): Contemporary Social Problems. New York, Hartcourt Brace: ^{3}1971, S. 789 ff.

Darstellungen zu Aspekten angewandter Sozialforschung und zur Verwertung sozialwissenschaftlicher Ergebnisse:

Badura, Bernhard (Hrsg.): Seminar: Angewandte Sozialforschung. Frankfurt/M., Suhrkamp: 1976.

Beck, Ulrich (Hrsg.): Soziologie und Praxis. Soziale Welt, Sonderband 1. Göttingen, Verlag O. Schwartz & Co.: 1982.

Bellebaum, Alfred: Handlungswert der Soziologie. Vermittlungs- und Verwertungsprobleme. Meisenheim am Glan, Verlag Anton Hain: 1977.

Zu den Zusammenhängen von Bevölkerungsentwicklung in der Bundesrepublik mit einzelnen Bereichen wie Wirtschaft, Arbeitsmarkt, Bildungswesen und Alterssicherung:

Bevölkerungsentwicklung und nachwachsende Generation. Bericht eines Arbeitskreises der Gesellschaft für sozialen Fortschritt. Schriftenreihe des Bundesministers für Jugend, Familie und Gesundheit, Bd. 93. Stuttgart, Verlag Kohlhammer: 1980.

Grundlegende Einführung in die Bevölkerungssoziologie:

Bolte, Karl M./Kappe, Dieter/Schmid, Josef: Bevölkerung. Statistik, Theorie, Geschichte und Politik des Bevölkerungsprozesses. Opladen, Leske & Budrich: ^{4}1980.

Begleittext 1.1:

Thomas Robert Malthus: Das Bevölkerungsgesetz, Deutscher Taschenbuch Verlag, München 1977, S. 17–19.

Meiner Ansicht nach kann ich mit Recht zwei Postulate aufstellen.
Erstens: Die Nahrung ist für die Existenz des Menschen notwendig.
Zweitens: Die Leidenschaft zwischen den Geschlechtern ist notwendig und wird in etwa in ihrem gegenwärtigen Zustand bleiben.
Diese beiden Gesetze scheinen, seit wir überhaupt etwas über die Menschheit wissen, festgefügte Bestandteile unserer Natur zu sein. Da wir bisher keinerlei Veränderung an ihnen wahrnehmen konnten, haben wir keinen Anlaß zu der Folgerung, daß sie jemals aufhören, das zu sein, was sie jetzt sind, ohne einen direkten Machterweis jenes Wesens, das das System des Universums erschuf und es gemäß festgefügten Gesetzen zum Vorteil seiner Geschöpfe in seinem vielfältigen Geschehen erhält. ...
Indem ich meine Postulate als gesichert voraussetze, behaupte ich, daß die Vermehrungskraft der Bevölkerung unbegrenzt größer ist als die Kraft der Erde, Unterhaltsmittel für den Menschen hervorzubringen.
Die Bevölkerung wächst, wenn keine Hemmnisse auftreten, in geometrischer Reihe an. Die Unterhaltsmittel nehmen nur in arithmetischer Reihe zu. Schon einige wenige Zahlen werden ausreichen, um die Übermächtigkeit der ersten Kraft im Vergleich zu der zweiten vor Augen zu führen.
Aufgrund jenes Gesetzes unserer Natur, wonach die Nahrung für den Menschen lebensnotwendig ist, müssen die Auswirkungen dieser beiden ungleichen Kräfte im Gleichgewicht gehalten werden.
Dies bedeutet ein ständiges, energisch wirkendes Hemmnis für die Bevölkerungszunahme aufgrund von Unterhaltsschwierigkeiten, die unweigerlich irgendwo auftreten und notwendigerweise von einem beachtlichen Teil der Menschheit empfindlich verspürt werden.
Im Tier- und Pflanzenreich hat die Natur den Lebenssamen mit der verschwenderischen und freigebigsten Hand weit umhergestreut. Dafür hat sie an Lebensraum und an Unterhaltsmitteln, die zur Ernährung nötig sind, gespart. Die Lebenskeime auf unserem Fleckchen Erde würden, falls sie ausreichend Nahrung und Platz zur Ausbreitung hätten, im Lauf einiger Jahrtausende Millionen von Welten anfüllen. Die Not als das übermächtige, alles durchdringende Naturgesetz hält sie aber innerhalb der vorgegebenen Schranken zurück. Die Pflanzen- und Tierarten schrumpfen unter diesem großen, einschränkenden Gesetz zusammen. Auch das Menschengeschlecht vermag ihm durch keinerlei Bestrebungen der Vernunft zu entkommen. Bei Pflanzen und Tieren bestehen seine Auswirkungen in der Vertilgung des Samens, in Krankheit und vorzeitigem Tod, bei den Menschen in Elend und Laster. Das Elend ist eine absolut unausweichliche Folge. Das Laster ist eine sehr wahrscheinliche Folge, und wir konstatieren deshalb sein weitverbreitetes Vorkommen, aber es sollte vielleicht nicht als eine absolut notwendige Folge angesehen werden. Die Tugend fordert von uns, aller Versuchung zum Bösen zu widerstehen.
Die natürliche Ungleichheit, die zwischen den beiden Kräften – der Bevölkerungsvermehrung und der Nahrungserzeugung der Erde – besteht, und das große Gesetz unserer Natur, das die Auswirkungen dieser beiden Kräfte im Gleichgewicht halten muß, bilden die gewaltige, mir unüberwindlich erscheinende Schwierigkeit auf dem Weg zur Vervollkommnungsfähigkeit der Gesellschaft. Alle anderen Gesichtspunkte sind im Vergleich dazu von geringer und untergeordneter Bedeutung. Ich sehe keine Möglichkeit, dem Gewicht dieses Gesetzes, das die gesamte belebte Natur durchdringt, auszuweichen. Weder eine erträumte Gleichheit noch

landwirtschaftliche Maßnahmen von äußerster Reichweite könnten seinen Druck auch nur für ein einziges Jahrhundert zurückdrängen. Deshalb scheint dieses Gesetz auch entschieden gegen die mögliche Existenz einer Gesellschaft zu sprechen, deren sämtliche Mitglieder im Wohlstand, Glück und verhältnismäßiger Muße leben und sich nicht um die Beschaffung von Unterhaltsmitteln für sich und ihre Familien zu sorgen brauchen.
Folglich ist unter der Voraussetzung, daß die Prämissen stimmen, die These wider die Vervollkommnungsfähigkeit des überwiegenden Teils der Menschheit schlüssig.

Begleittext 1.2:

Peter Marschalk: Bevölkerungsgeschichte Deutschlands im 19. und 20. Jahrhundert, Suhrkamp Verlag, Frankfurt 1984 S. 104–106.

Zwischen 1965 und 1980 ist die Bevölkerung der Bundesrepublik insgesamt noch um fast 3 Mio. angewachsen, aber nur ein Sechstel dieses Zuwachses ist auf natürliches Bevölkerungswachstum zurückzuführen. Rückläufige Geborenenzahlen haben auch zur Verminderung der Geborenenüberschüsse geführt. Die natürliche Zuwachsrate, die 1965 noch bei 6,2 ‰ gelegen hatte, verringerte sich auf 1,3 ‰. 1970, war 1972 schon negativ und erreichte ihr erstes Minimum 1975 mit –2,4 ‰; 1980 lag sie noch bei –1,5 ‰. Die bereinigten Geborenenüberschußziffern, die seit 1921 lediglich für kurze Zeit (1938–1940) positiv gewesen waren, haben aufgrund höherer Fruchtbarkeit seit 1956 wieder Wachstumswerte erreicht; 1970 wurden auch sie wieder negativ: Die Fruchtbarkeit ist wieder unter das Bestanderhaltungsniveau gesunken.
Hauptsächlich bedingt durch eine Altersstruktur, die im Vergleich mit der deutschen Bevölkerung jünger, demographisch günstiger war, aber auch durch die höhere Fruchtbarkeit begründet, lagen die Geborenenziffern der ausländischen Bevölkerung im Durchschnitt der Jahre 1967 bis 1980 mit 23 ‰ mehr als doppelt so hoch wie die der deutschen Bevölkerung; ihre Sterbeziffern lagen mit 2,5 ‰ bei einem Viertel des Wertes für die Deutschen, und die Geborenenüberschußziffern der Ausländer blieben daher, obwohl sie seit der Mitte der 1970er Jahre stärker sanken, weiterhin auf hohem Niveau positiv. Betrug der Anteil des Geborenenüberschusses der ausländischen Bevölkerung am natürlichen Zuwachs insgesamt 1965 noch nicht einmal 9 %, war er bis 1970 schon auf mehr als 70 % angestiegen. 1971 konnten die Sterbefallüberschüsse der deutschen Bevölkerung noch von den Geborenenüberschüssen der Ausländer kompensiert werden; seit 1972 reichte das natürliche Wachstum der Ausländer nicht mehr aus, die Verluste der deutschen Bevölkerung auszugleichen. 1975 lag die Geborenenüberschußziffer der deutschen Bevölkerung bei –3,6 ‰. (1980 –2,9 ‰), durch den Beitrag der ausländischen Bevölkerung zum Wachstum (1975 lag deren GÜZ bei 20,2 ‰, 1980 noch bei 16,3 ‰.) sind die natürlichen Zuwachsraten der Bevölkerung in der Bundesrepublik insgesamt nur auf –2,1 ‰. (1980 –1,5 ‰.) gesunken.
Die Veränderung der Sterblichkeit spielte für die Entwicklung des Bevölkerungswachstums in der Bundesrepublik nur eine geringe Rolle. Die Sterbeziffern lagen auf nahezu konstantem Niveau, obwohl der Anstieg der Lebenserwartung, der bis 1960 schon fast zum Stillstand gekommen zu sein schien, im Jahrzehnt von 1970 bis 1980 noch einmal beträchtliche Ausmaße angenommen hat. Dieser Sterblichkeitsrückgang im Jahrzehnt von 1970 bis 1980 betraf die einzelnen Altersklassen wiederum in unterschiedlicher Weise. Am stärksten war der Rückgang der Säuglingssterblichkeit um gut 40 %, und das Absinken der Kindersterblichkeit betrug immerhin noch mehr als 30 %. Die Erwachsenensterblichkeit wie die Sterblichkeit der alten Menschen sank bei den Frauen stärker (um 20 %) als bei den Männern (um 15 %). Nach

den Sterblichkeitsverhältnissen von 1970/72 hatte ein 65jähriger Mann die Chance, 77 Jahre, eine 65jährige Frau 80 Jahre alt zu werden; nach den Verhältnissen von 1978/80 betrug das im Durchschnitt zu erreichende Alter dieses Mannes schon 78 Jahre, das der Frau dieses Alters sogar 81 1/2 Jahre.

Die Zahl der über 65jährigen in der Bundesrepublik hat sich von 4,76 Mio. (1950) über 6,22 Mio. (1961) und 7,99 Mio. (1970) auf 9,55 Mio (1980) erhöht. Ihr Anteil an der Gesamtbevölkerung ist – seit 1970 durch schwächer werdende Geburtsjahrgänge beschleunigt – von 9,3 % im Jahr 1950 auf schließlich 15,5 % (1980) angestiegen. Dabei handelte es sich überwiegend um eine Zunahme an alten Frauen. Kamen noch 1950 auf 100 Männer dieser Altersgruppe lediglich 124 Frauen, war dieses Verhältnis bis 1961 schon auf 150 angestiegen, 1970 betrug es 159 und am Ende des letzten Jahrzehnts sogar 178. Fast 2/3 der über 65jährigen waren 1980 Frauen.

Während die Zunahme der Alten eine Folge der langfristigen Erhöhung der Lebenserwartung darstellt, ist die Abnahme des Anteils der Jugendlichen zwischen 1970 und 1980 um 25 % (bei einem Rückgang der absoluten Zahlen um 3 Mio.) durch den Geburtenrückgang verursacht worden. Sie ist im wesentlichen auf die Veränderung der Fruchtbarkeit seit 1968, in sehr geringem Maße auch auf die schwächere Besetzung der gegen Ende des Zweiten Weltkrieges geborenen Müttergenerationen, die in der ersten Hälfte der 1970er Jahre 25–30 Jahre alt waren, also im Alter immer noch hoher Fruchtbarkeit standen, zurückzuführen.

Die Belastungsquote – das Verhältnis der 0–14jährigen und über 64jährigen zu den 15–64jährigen – die zwischen 1961 und 1970 insgesamt wie für die einzelnen Komponenten der Belastung durch Nachwuchs bzw. durch Alte noch angestiegen ist, nahm zwischen 1970 und 1980 ab, wobei eine erhebliche Verschiebung in der Relation der beiden Komponenten eintrat. Stellte die Altenlastquote 1970 noch gut ein Drittel der gesamten Belastung dar, war ihr Anteil 1980 auf mehr als 45 % angestiegen. Die soziale und ökonomische Belastung, die soziale Folgeproblematik dieser demographischen Änderung, dürfte daher trotz des Rückgangs der Belastungsquote gewachsen sein, ist doch die Versorgung der Alten in der Gesellschaft in viel stärkerem Maße eine Angelegenheit des Gemeinwesens geworden und daher auch besser ökonomisch erfaßbar, als es die immer noch eher auf individueller Ebene geregelte Versorgung der Jugendlichen ist.

Begleittext 1.3:

Robert K. Merton: Social Problems and Sociological Theory, in: Robert K. Merton/Robert Nisbet: Contemporary Social Problems, Harcourt Brace Jovanovich, New York 1971[3], S. 789–801 (Übersetzung v. Brigitte Grönwoldt).

Wohl jeder hat eine globale Vorstellung von dem, was ‚soziale Probleme' sind. Gegebene Schwierigkeiten in einer Gesellschaft, soziale Konflikte und Streitigkeiten, die man gewöhnlich als die ‚sozialen Krisen unserer Zeit' beschreibt, die lebenslange Benachteiligung von Menschen durch soziale Einrichtungen. Kriminalität, heilbare, aber nicht geheilte Krankheiten, der sozial nicht legitimierte Gebrauch von Gewalt – dieses und anderes mehr kann man zu dem zusammenfassen, was gewöhnlich unter dem Begriff ‚soziales Problem' verstanden wird. Dieses allgemeine Verständnis ist nicht sehr weit von dem entfernt, was der Soziologe fachspezifisch unter einem sozialen Problem versteht. Aber gerade weil sich hier alltagssprachliche und fachliche Bedeutung überschneiden, auch wenn sie nicht identisch sind, ist es zweckmäßig zu klären, was die Soziologie unter einem sozialen Problem versteht. Dabei ist zu berücksichtigen, daß nicht alle Soziologen dasselbe unter einem sozialen Problem

verstehen; dennoch gibt es genug Übereinstimmung, um eine gemeinsame Arbeitsgrundlage festzulegen.
Wenn wir versuchen, den Begriff des sozialen Problems soziologisch festzulegen, sind letztlich sechs miteinander verbundene Fragen zu verfolgen: (1) das zentrale Kriterium eines sozialen Problems: eine deutliche Diskrepanz zwischen sozialen Standards und sozialer Wirklichkeit; (2) Überlegungen zum Ursprung sozialer Probleme; (3) die Berücksichtigung der Menschen, die letztlich die großen Probleme in einer Gesellschaft definieren; (4) manifeste und latente soziale Probleme; (5) die soziale Wahrnehmung sozialer Probleme; und schließlich (6) die Art und Weise, in der der Glaube an die Korrigierbarkeit unerwünschter sozialer Situationen in die Definition sozialer Probleme mit eingeht.

Soziale Standards und soziale Wirklichkeit

Der erste und grundlegende Bestandteil eines sozialen Problems besteht aus einer wesentlichen Diskrepanz zwischen umfassend geteilten sozialen Standards und den tatsächlichen Gegebenheiten des sozialen Lebens. Solche Diskrepanzen variieren in Ausdehnung und Grad ihrer ihnen zugesprochenen Bedeutung. Hinsichtlich der sozialen Standards können wir nicht unterstellen, daß sie für alle Gruppen einer Gesellschaft die gleiche Bedeutung haben. Ganz im Gegenteil. Wenn wir uns mit den „Beurteilern sozialer Probleme" befassen, werden wir sehen, daß diese Standards, und alles was mit ihnen verbunden ist, in den verschiedenen sozialen Schichten und Gruppen differieren. Dennoch liefert uns die Betrachtung der Kluft zwischen sozialen Standards und sozialer Wirklichkeit einen nützlichen Ansatz zur Darstellung der sehr unterschiedlichen Formen sozialer Probleme.
Die Differenz zwischen dem, was ist und dem, was die Menschen für erstrebenswert halten, verändert sich in ein- und derselben Gesellschaft zu den verschiedenen Zeiten und ist von Gesellschaft zu Gesellschaft verschieden. Und es ist schwierig, akzeptable Maßstäbe zur Bestimmung dieser Variationen zwischen sozialen Standards und sozialer Wirklichkeit zu finden. Damit meine ich nicht die hinlänglich bekannten Unzulänglichkeiten offizieller Statistiken, die Häufigkeiten verschiedener Formen abweichenden Verhaltens und sozialer Desorganisation registrieren. ... Alle bedeutenden Soziologen sind sich einig darüber, daß die Statistiken über Geisteskrankheiten und Selbstmord, über Verbrechen und Jugendkriminalität, über Prostitution und Ehescheidungen durch alle möglichen Vorurteile beeinflußt werden. ... Über die technischen Mängel der statistischen Erfassung sozialer Probleme hinaus ergeben sich weitere Schwierigkeiten bei der Bildung geeigneter Maßstäbe zur Erfassung der Diskrepanz zwischen sozialen Standards und sozialer Realität.
... Einen solchen Maßstab könnten wir zum Beispiel erhalten, wenn wir sämtliche Mordfälle in einer Gesellschaft registrieren: dies könnte die Kluft anzeigen zwischen der Norm, die den Mord verbietet und den tatsächlichen Gegebenheiten. Aber selbst dieses einfache Beispiel ist nicht so eindeutig. Einige, wahrscheinlich sogar viele, Moralvorstellungen erklären jedes menschliche Leben für unantastbar. Für Menschen, die diesen Grundsatz teilen, wäre die bloße Zahl der Morde ein geeigneter Indikator zur Bestimmung des Ausmaßes dieses sozialen Problems. Da jede ungesetzliche Tötung der Wertvorstellung von der Unverletzbarkeit menschlichen Lebens zuwiderläuft, wäre allein die absolute Anzahl von Morden ausschlaggebend, und zwar unabhängig von der unterschiedlichen Wahrscheinlichkeit von Morden in Bevölkerungen mit deutlich differierender Größe. Für andere Betrachter, die sich mit der Aufstellung standardisierter Vergleiche zur Bestimmung der Größenordnung eines Problems – jeweils bezogen auf verschiedene Gesellschaften – befassen, wäre die absolute Zahl von Mordfällen kein Maßstab. Statt dessen würden sie standardisierte Raten benutzen – etwa die Zahl der Morde pro 100.000 der erwachsenen Bevölkerung. (Anstelle des Beispieles ‚Mord'

könnte jede andere Form abweichenden Verhaltens gesetzt werden, ohne daß sich die Logik der Argumentation verändert: für Personen, die einer Wertvorstellung verpflichtet sind, gibt die absolute Anzahl der Häufigkeit der Verletzung dieses Wertes die Größe oder das Ausmaß des entsprechenden sozialen Problems an; der Soziologe aber sucht nach den Ursachen und Konsequenzen sozialer Probleme, ihm dienen in der Regel die relativen Zahlen – die Raten oder Proportionen – zur Abschätzung des Ausmaßes eines Problemes.)
Überdies genügt die Häufigkeit abweichenden Verhaltens – gleich ob sie in absoluten oder relativen Zahlen ausgedrückt wird – natürlich nicht, um die soziale Bedeutung der Diskrepanz zwischen sozialen Standards und tatsächlichem Verhalten zu erfassen. Soziale Werte und die ihnen zuzuordnenden Standards unterscheiden sich sehr deutlich hinsichtlich ihrer Verbindlichkeit, die ihnen die Menschen zuschreiben. ... Jeder weiß, daß ein kleiner Diebstahl – das Wort selbst kennzeichnet schon die Wichtigkeit – sich deutlich in seiner moralischen und sozialen Konsequenz von einem Mord unterscheidet. ...
Aber wie können diese beiden Formen abweichenden Verhaltens miteinander verglichen werden hinsichtlich ihrer Einstufung als soziale Probleme? Kann ein Mord etwa zehn kleinen Diebstählen gleichgesetzt werden? Oder hundert? Tausend? Wir merken, daß beide Verhaltensweisen so nicht vergleichbar sind und die Frage nach einem Größenvergleich unsinnig ist. Dieses Gefühl ist die Vorstufe zur Erkenntnis der allgemeineren Tatsache, daß wir keinen exakten gemeinsamen Nenner für soziale Probleme haben und keine brauchbaren Verfahren, die Größenordnung der verschiedenen sozialen Probleme zu bestimmen. ...
Wenn wir versuchen, die Größe von sehr verschiedenen Formen sozialer Probleme zu bestimmen, wird eine angemessene Beantwortung der Fragestellung noch schwieriger. Können wir schlußfolgern, daß die annähernd 9000 Morde von 1969 ungefähr ein Fünftel des Problems darstellen, das durch die 56.700 Verkehrstoten im gleichen Jahr gebildet wird? Und wie kann dieses in der Größenordnung verglichen werden mit den drei Millionen arbeitslosen Amerikanern des Jahres 1969, oder den fast 500.000 Patienten in psychiatrischen Kliniken. ... Kurz, es gibt keine stimmige Grundlage für die exakte Durchführung eines Größenvergleichs unterschiedlicher sozialer Probleme. Letztlich liefern die Wertvorstellungen, die die Menschen in ihren unterschiedlichen sozialen Positionen in einer Gesellschaft haben, die ungefähre Vergleichsbasis für die relative Bedeutung, die sozialen Problemen zugesprochen werden kann ... dies führt manchmal zu stark verzerrten Einschätzungen der Bedeutung verschiedener Probleme, auch wenn diese im Licht geltender Werte beurteilt werden.

Begleittext 1.4:

Peter Berger/Hansfried Kellner: Für eine neue Soziologie. Ein Essay über Methode und Profession, Fischer Verlag, Frankfurt 1984, S. 11/12.

Soziologie unterscheidet sich weiter auf hochinteressante Weise von anderen Wissenschaften. Offenkundig unterscheidet sie sich von den Naturwissenschaften: Das physikalische Universum wurde vor der modernen Physik beobachtet, das Leben war vor der modernen Biologie bekannt usw. Doch die Soziologie unterscheidet sich in dieser Hinsicht sogar von den Humanwissenschaften: So war die Wirtschaft als ein Phänomen vor der modernen Wirtschaftswissenschaft bekannt, das politische Ordnungssystem vor der modernen Politikwissenschaft usw. Mehr noch, insofern moderne Betrachtungsweisen dieser Phänomene sich von früheren unterscheiden, dann genau in dem Maße, als sie die soziologische Perspektive im weitesten Sinne übernehmen.

Kern der modernen soziologischen Perspektive bildet die Wahrnehmung der autonomen, häufig verdeckten Dynamik menschlicher Kollektive. „Gesellschaft" ist nichts als ein Name für das, was immer sich „unterhalb" der Kollektivstrukturen, wie sie von so normativen Disziplinen wie Religion, Philosophie und Rechtswesen „offiziell" definiert werden, „abarbeiten" mag. Daraus folgt, daß es einen bestimmten enthüllenden Blickwinkel geben muß, wenn man so etwas wie „Gesellschaft" überhaupt wahrnehmen will. Ferner folgt daraus, daß Soziologie eine Weise der Weltsicht war, sobald sie ihren Untersuchungsgegenstand gefunden hatte, und all die späteren Verfeinerungen dieser besonderen Sicht sind eine Art von Entfaltung dessen, was bereits im ersten Wahrnehmungsakt enthalten war. So prägte Robert Merton in der amerikanischen Soziologie des zwanzigsten Jahrhunderts die Begriffe „manifeste" und „latente Funktionen", um damit die „offiziell definierten" Zwecke einer bestimmten Institution oder eines sozialen Arrangements sowie die „zugrunde liegenden" (und *ipso facto* unerkannten oder unbewußten) Zwecke zu bezeichnen, die Soziologen aufzudecken vermögen. Die „manifeste" Funktion der Erziehung beispielsweise besteht darin, Wissen zu übermitteln, ihre „latente" Funktion darin, Klassenschranken zu errichten und aufrechtzuerhalten. Oder: Krankenhäuser sind „manifest" organisiert, um Krankheiten zu behandeln, doch „latent", um den privilegierten Status der Ärzte zu bewahren und zu stärken usw. Doch um dies feststellen zu können, bedarf es eines ganz besonderen Blickwinkels, der zum eigentlichen Wesen der Soziologie gehört: Unterhalb der sichtbaren Gebäude der menschlichen Welt bestehen verborgene, unsichtbare Interessen- und Machtstrukturen, die darauf warten, von Soziologen aufgedeckt zu werden. Das „Manifeste" ist nur eine Seite der Medaille; das „Latente" ist zu erforschen. Oder mit den einfachsten Worten: *Die Welt ist nicht, was sie zu sein scheint.*

In dieser enthüllenden, aufdeckenden Qualität der Soziologie liegt ihr zutiefst subversiver Charakter. Jede Kollektivordnung ist stets durch offizielle Definitionen legitimiert, und das Aufzeigen, daß diese Definitionen nur von einem Teil der ganzen Geschichte handeln oder, schlimmer noch, dazu dienen, zu verschleiern, was sich wirklich abspielt, diese Aufklärung ist für die „gute Ordnung" zutiefst subversiv. Mit anderen Worten, Soziologie ist vom ersten Augenblick an „subversiv", insofern sie auf die soziale Realität ihre besondere Sichtweise anwendet. Es ist wichtig, hier zu betonen, daß dem so ist, *unabhängig* davon, ob ein bestimmter Soziologe subversiv zu sein *beabsichtigt.*

II. Wissenschaftliche Aussagen

Wir wollen in diesem Kapitel erörtern, welche Arten von Aussagen in wissenschaftlichen Texten vor allem zu finden sind. Auf den ersten Blick bietet die Fachliteratur eine unübersehbare Vielfalt von Überlegungen und keineswegs alle sind als wissenschaftlich zu bezeichnen.

„Die Überzeugung von der entscheidenden lebenswichtigen Bedeutung der *Gruppe,* insbesondere der *Kleingruppe,* gehört heute zu den glaubenshaften Grundüberzeugungen aller etwas naiven Soziologie und Psychologie" (Schelsky, 1977: 362).

Wer ein wissenschaftliches Buch schreibt, stellt nicht nur theoretische Überlegungen an, sondern verfolgt auch praktische Absichten. Er wendet sich an ein bestimmtes Publikum, setzt sich mit anderen Autoren auseinander, zollt Kollegen Anerkennung. Deshalb gibt es in allen wissenschaftlichen Büchern vielerlei „unsachliche" Ausführungen.
Wir wollen uns hier aber nur mit wissenschaftlichen Überlegungen im engeren Sinne beschäftigen. Zu ihnen gehören natürlich auch die Überlegungen, die Wissenschaftler zu den Werken anderer Forscher anstellen; Wissenschaft entwickelt sich ja ganz wesentlich durch die Diskussion vorgelegter Theorieentwürfe und Forschungsergebnisse:

„Im Prinzip bewegt sich auch der Erklärungsansatz, den Hondrich verfolgt, auf derjenigen aussichtsreichen Linie, die wir bereits bei Merton angetroffen haben und die uns bei Davies und Olson wiederbegegnet ist. Er ist jedoch insofern besser ausgebaut, als Hondrich die Lerntheorie, wie auch die auf Leon Festinger zurückgehende „Theorie der kognitiven Dissonanz" einbezieht. ... Diese Vorteile werden nun allerdings durch eine Schwäche im Bereich der Prognosekapazität eingeschränkt ..." (Klages, 1975: 40).

Abgesehen von dieser „internen Kommunikation der Forscher" haben wir es in wissenschaftlichen Texten - neben sprachlichen Festsetzungen (Definitionen) und methodischen Verfahrensregeln – vor allem mit drei Arten von Aussagen bzw. Aussagenkomplexen zu tun, mit Tatsachenbehauptungen, Erklärungen und wertenden Stellungnahmen.
Die „Tatbestände", mit denen sich Sozialwissenschaftler befassen, lassen sich oft nur schwer präzisieren, sei es, weil es um große, heterogene Menschengruppen geht, die sich gar nicht einheitlich charakterisieren lassen, sei es, weil die uns interessierenden Phänomene nicht im eigentlichen Sinne „beobachtbar" sind. Dennoch müssen Tatsachenaussagen (gelegentlich „deskriptive Aussagen" genannt) am Anfang aller problemorientierten Forschungstätigkeit stehen, denn ohne Tatsachenwissen können Probleme überhaupt nicht erkannt werden:

„Nach der EMNID-Untersuchung (1973) war die Wochen-Freizeit der berufstätigen Frauen sogar um sechzehn Stunden kürzer als bei Nur-Hausfrauen und immerhin noch vier Stunden geringer als beim Durchschnitt aller Berufstätigen. Besonders benachteiligt sind berufstätige Frauen mit Kindern. Um allerdings das volle Ausmaß der Benachteiligung berufstätiger

Frauen ermitteln zu können, ist eine Differenzierung nach dem jeweiligen Beruf, der Arbeitsbelastung der übrigen Familienmitglieder, der Wohnsituation und der Belastung durch Nacht-, Sonntags- oder Schichtarbeit erforderlich – wozu aber einschlägige Untersuchungen noch ausstehen" (Prahl, 1977: 68/69).

Erst wenn wir wissen, wie gering die durchschnittliche Freizeit ist, sind wir in der Lage, Freizeitmangel als Problem zu sehen. Um das Problem zu lösen, brauchen wir allerdings mehr als Tatsachenkenntnis, nämlich Einsicht in die Ursachen des Mißstandes. Aussagen über die Ursachen eines Tatbestandes nennt man Erklärungen, und gemeinhin sieht man es als die Hauptaufgabe der Wissenschaft an, Erklärungen zu liefern. Eine Erklärung – wenn auch für ein ganz anderes Problem – will der folgende Textausschnitt geben (Janis in Schramm, 1971: 79):

„Männliche Personen, die auf Darstellungen mit reicher Phantasie ... reagieren, sind leichter zu überreden ... Das Verhältnis zwischen ‚Reichtum der Einbildungskraft' und Überredbarkeit stimmt mit der theoretischen Annahme überein, daß ein wesentlicher Vermittlungsmechanismus beim Prozeß der Einstellungsänderung in der Erwartung von Lohn oder Strafe besteht. ... Menschen mit einem regen Phantasieleben haben eher ... die Möglichkeit, sich die erwarteten Konsequenzen, die ein Überredungsversuch vermittelt, vorzustellen. Wenn diese Hypothese sich als allgemeingültig ... erweist, dann würde das einige wichtige Folgerungen haben. Man würde z.B. erwarten, daß diejenigen ... Politiker am ehesten einen neuen Gesichtspunkt ... annehmen, die in ihren Schriften, Reden und anderen Äußerungen zeigen, daß sie eine rege Phantasie haben."

Ein anderes Beispiel hatten wir schon im ersten Kapitel vorgeführt, ein drittes finden Sie im Begleittext 2.1.(Mackenroth).
Das Objekt von Erklärungen sind Tatbestände. Wir sind jedoch nicht daran interessiert, alles und jedes zu erklären, sondern nur solche Sachverhalte, die gemessen an unseren Zielvorstellungen ein Problem darstellen. Weder der „Numerus clausus", noch der Umfang der Freizeit oder der Rückgang der Geburtenziffer sind für sich genommen interessant. Belangvoll erscheinen sie erst im Hinblick auf unsere Urteilsmaßstäbe. Als problematisch können wir nur das empfinden, was diesen Maßstäben widerspricht. Die Erforschung der Ursachen, die zu den Tatsachen geführt haben, erfolgt deshalb stets vor dem Hintergrund von Werturteilen und Idealvorstellungen. Sozialwissenschaftler haben darüber hinaus besondere Gründe, sich *ausdrücklich* mit Wertvorstellungen zu befassen. Einmal sind Wertmaßstäbe selber ein Ergebnis des gesellschaftlichen Geschehens und fallen schon deshalb in den Interessenbereich des Soziologen, zum anderen muß untersucht werden, wieweit die herrschenden Ideale überhaupt mit den realen Möglichkeiten einer Gesellschaft übereinstimmen. Es ist demnach zu erwarten, daß das Nachdenken über die Angemessenheit menschlicher Handlungsziele breiten Raum in gesellschaftswissenschaftlichen Publikationen einnimmt. Solche Gedankengänge, bei denen es um Normen für unsere Lebensgestaltung geht, werden normative Aussagen genannt. Das folgende Textbeispiel entnehmen wir einem bekannten Buch zur Großstadtsoziologie (Bahrdt, 1969: 131):

„... Die Verwirrung, die der private Fluchtversuch als Massenerscheinung stiftet, lehrt, daß der alte Dualismus nicht überholt ist, daß die Großstadt nur gesunden kann, wenn es gelingt, öffentliche Sphäre und private Sphäre in ihrer Eigengesetzlichkeit und wechselseitigen Bedingtheit neu zu begründen. Hierzu kann der Städtebauer beitragen, indem er öffentliche und private Räume richtig baut, genauer: indem er Räume baut, in denen sich öffentliches und privates Leben entfalten kann. Er wird hierbei freilich berücksichtigen müssen, in welcher Form und in welchem Umfang Privatheit und Öffentlichkeit in der heutigen Gesellschaft sich realisieren lassen."

Deskriptive Aussagen, Erklärungen und normative Aussagen hängen eng miteinander zusammen. Man erhebt Tatsachen nur, wenn man Probleme vermutet oder Erklärungen braucht; man sucht ursächliche Erklärungen im Hinblick auf unbefriedigende Tatsachen; man fällt Urteile über richtiges Handeln aufgrund von Annahmen über das faktisch Mögliche. Die Erarbeitung fundierter normativer Aussagen in der Sozialwissenschaft ist noch wenig geklärt. Bis in die jüngste Vergangenheit hat es eine unfruchtbare Isolation zwischen „empirischer Sozialforschung" und „sozialphilosophischer Reflexion" gegeben. In der aktuellen Diskussion über unterschiedliche theoretische Ansätze versucht man, diese Trennung zu überwinden. Einige Grundgedanken aus dieser für den Anfänger schwer zu verfolgenden Diskussion werden wir noch referieren (Kapitel 11). Ein Beispiel für die sinnvolle Verbindung von Forschungsergebnissen und sozialethischen Überlegungen, das auch dem Neuling in der Soziologie zugänglich ist, scheint uns W.G. Runcimans Arbeit über Ungleichheit und soziale Gerechtigkeit zu sein (Runciman 1972). Man kann sich darüber streiten, ob normative Aussagen in gleichem Maße wie Tatbestandsfeststellungen und Erklärungen Bestandteil der Wissenschaft sind. Zwar diskutiert man heute in allen Wissenschaften über Zielvorstellungen und Gesellschaftsgestaltung, doch sind solche Überlegungen nicht unbedingt ein Bestandteil der fachwissenschaftlichen Theoriebildung.

„Auch biologisches Wissen kann heilen oder töten, und auch der Biologe ist nicht frei von der Verantwortung, was aus seiner Arbeit wird. Wenn er sich jedoch im speziellen Fall nach dieser seiner Verantwortung fragt, so stellt er sich damit keine biologische Frage mehr" (Berger, 1969: 16).

Für den Soziologen stellt sich das Problem etwas anders dar, denn er strebt auch Aussagen über die Konsequenzen gesellschaftlicher Zielsetzungen an, und Sozialwissenschaftler fällen aufgrund solcher Aussagen sehr häufig wertende Urteile über den Sinn von Handlungszielen. Diese Urteile lassen sich aber nicht aus der fachspezifischen Denkperspektive allein herleiten. In welcher Weise die Wertungen des Wissenschaftlers von anderen als fachspezifischen Gesichtspunkten beeinflußt werden, läßt sich nur schwer abschätzen. Deshalb wollen wir in diesem einführenden Buch normative Aussagen nicht weiter behandeln (weiterführende Überlegungen finden Sie bei Prim und Tilman 1975: IX).
Die praktischen Probleme von Tatsachenfeststellungen werden in der soziologischen Methodenlehre behandelt, die sich zu einem selbständigen Gebiet entwickelt hat. Auf sie brauchen wir hier nicht einzugehen, wohl aber auf das Verhältnis zwischen Tatsachenfeststellungen und Erklärungen sowie auf die Frage, unter welchen Gesichtspunkten Fakten überhaupt erhoben werden. Der Anfänger begegnet in der Lehrbuchliteratur immer wieder der Auffassung, Soziologie bestehe in der theoretischen Erklärung gesellschaftlicher Prozesse. Es gibt aber Schwierigkeiten bei der Erarbeitung soziologischer Theorien, weil man nicht ohne weiteres auf Erklärungen kommt, sondern sie in einem vielstufigen und nicht durch klare Regeln geleiteten Prozeß entwickeln muß. Wir können deshalb auch nicht erwarten, in soziologischen Texten etwa nur fertige Erklärungen zu finden. Der größte Teil der Literatur besteht aus Ideenskizzen, begrifflichen Erörterungen und mehr plausiblen als zwingenden Argumenten, die ein Theoretiker braucht, um sich selbst über seine Theorie klar zu werden. Um das Wesentliche an diesem Vorgang zu verdeutlichen, werden wir uns im folgenden auf nur drei Erkenntnisschritte beschränken, die man als Etappen auf dem Weg zu einer wissenschaftlichen Erklärung bezeichnen kann:

1. Tatsachenfeststellungen (deskriptive Aussagen)
2. Die Aufstellung von Erfahrungsgesetzen (empirische Hypothesen)
3. Die Formulierung von erklärenden Aussagen (theoretischen Hypothesen).

Die Unterscheidung zwischen diesen Denkoperationen ist nicht immer leicht, weil sie in der sprachlichen Formulierung miteinander vermischt sein können. Eine Tatsachenbehauptung kann aus mehreren Sätzen bestehen, und ein einziger Satz enthält u.U. ganz verschiedene Aussageformen.

1. Tatsachenfeststellungen

Tatsachenbehauptungen beziehen sich im einfachsten Fall darauf, wie ein Mensch aussieht, wie er sich verhalten hat, vielleicht auch, wie er denkt. Solche beschreibenden Feststellungen kann man natürlich auch über Menschenmassen im Sportstadion, über Katastrophengebiete, über Dampfmaschinen im Museum oder über Messeneuheiten treffen. Es sind immer relativ eindeutige und zutreffende Aussagen über einen Sachverhalt der Realität. Denkt man weiter nach, dann verlieren die klaren Tatsachen freilich manches von ihrer Eindeutigkeit und Objektivität.

1.1. Tatsachenfeststellungen sind nicht objektiv

Zunächst einmal lassen sich über die meisten Sachverhalte zahllose Aussagen machen. Praktisch aber sind wir gar nicht in der Lage, unendlich viele Tatsachen zu erfassen; jede noch so wirklichkeitsgetreue Beschreibung stellt deshalb eine Auswahl dar und enthält nur das, was wir zu beachten gelernt haben, wofür wir Worte finden, was uns interessiert.

Tab. 1: Kraftfahrzeugunfälle und Selbstmord als Todesursachen (Hamburg 1979)

Alter	Frauen Kfz. Unfälle	Frauen Suizid	Männer Kfz. Unfälle	Männer Suizid
Unter 15	6	–	15	1
15–30	14	21	43	57
30–40	8	14	28	53
40–50	11	29	25	66
50–60	12	41	19	43
60–70	11	36	11	44
70–80	20	42	27	39
80–90	15	26	15	13
über 90	1	2	2	2
insgesamt	98	211	185	318

(Zahlen aus Freie und Hansestadt Hamburg, Statistisches Jahrbuch 1981: 52–55)

Daß die in dieser Tabelle wiedergegebenen Tatsachen überhaupt gesammelt werden, liegt daran, daß sie in irgendeiner Weise als belangvoll erscheinen. Nicht anders verfährt man in der wissenschaftlichen Forschung. Wenn sich ein Soziologe beispielsweise die Beschreibung der Sozialstruktur einer Kleinstadt zum Ziel gesetzt hat, wird er nicht nach der Anzahl der

Sackgassen oder Flachdächer fragen, interessiert ihn nicht die Haarfarbe der Bewohner. Er erhebt nur Merkmale, mit denen er meint, die Sozialstruktur am wirkungsvollsten beschreiben zu können. Vielleicht fragt er in diesem Fall nach den beruflichen Positionen der Stadtbewohner und nach den sozialen Beziehungen zwischen Inhabern unterschiedlicher Positionen, oder er versucht, die Sozialstruktur dadurch zu erfassen, daß er feststellt, ob Menschen sich ihre Freunde nur innerhalb bestimmter Gruppen suchen.
Allerdings lassen sich menschliche Beziehungen meist überhaupt nicht als eindeutige Tatsachen erfassen. Wenn wir in ein Büro kommen und dort eine Sachbearbeiterin, Frau X, an der Maschine einen Brief schreiben sehen, dann können wir darüber eine klare Tatbestandsfeststellung treffen. Damit haben wir aber nur den Umgang einer Person mit einer Sache berücksichtigt. Tatsächlich wäre das eine sehr unvollständige Beschreibung der Realität, denn eigentlich müssen wir ja auch die Beziehungen erfassen, aus denen heraus das Briefschreiben erfolgt. Dann aber kommen wir zu einer Vielfalt sehr unterschiedlicher Feststellungen:

Frau X führt eine Anweisung des Bürochefs aus.
Frau X beantwortet die Anfrage eines Kunden.
Frau X hilft einer Kollegin, die mit der Arbeit nicht fertig wird.
Frau X arbeitet für ihre Familie.

Alles das können Tatsachen sein, und deshalb ist es schwer zu sagen, was Frau X „nun wirklich tut".

1.2. Nicht alle Tatsachen sind beobachtbar

Wenn im Alltagsleben von Tatsachen die Rede ist, sind oft beobachtbare, einwandfrei feststellbare Sachverhalte gemeint, wie sie etwa in den folgenden Sätzen beschrieben werden:

Herr Schumann wurde aus der Partei ausgeschlossen.
Fritz ist konfessionslos.
Aurora Rothenburg hat Mitgliederschwund.
In Hamburg nahmen sich 529 Menschen das Leben.
In Italien ist eine Scheidung erst nach mehrjähriger Trennung möglich.

Hier gibt es keine Probleme. Es ist klar, auf wen sich die Aussagen beziehen, und es macht keine grundsätzlichen Schwierigkeiten zu prüfen, ob die Behauptungen zutreffen. Oft ist aber bei Aussagen, die wir über einzelne Sachverhalte machen, von Merkmalen die Rede, die sich keineswegs direkt beobachten lassen. Vergleichen wir unsere Beispiele mit einigen anderen Feststellungen, die ihnen im Aufbau sehr ähneln:

Herr Schumann ist ein Außenseiter.
Fritz befindet sich in einem Konflikt.
Aurora Rothenburg hat eine heterogene Mitgliederschaft.
Hamburg hat einen großen Anteil entwurzelter Menschen.
Italien hat eine mediterrane Kultur.

Wollten wir ermitteln, ob diese Sätze richtig sind, dann könnten wir bestenfalls nach Anzeichen für das Vorhandensein der Merkmale suchen. Dazu müßten wir aber erst festlegen,

woran wir überhaupt erkennen wollen, wann jemand als Außenseiter zu bezeichnen ist, ob ein Konflikt vorliegt usw. In der Fachsprache der Wissenschaftstheorie sind die Sätze „Herr Schumann wurde aus der Partei ausgeschlossen" und „Herr Schumann ist ein Außenseiter" beides Einzelaussagen (singuläre Aussagen), aber von der Bedeutung her würden wir wohl nur den ersten ohne Zögern als Tatsachenfeststellung bezeichnen. Den zweiten könnte man eher als Diagnose (vgl. Zetterberg, 1962) ansehen, der so etwas wie eine Theorie zugrunde liegt. Über die Richtigkeit der Diagnose könnte man nur entscheiden, wenn man sich darüber einigt, woran Außenseitertum sich ablesen läßt. Nun ist die Feststellung, daß jemand ein Außenseiter ist, zwar „theoretisch", aber noch nicht unbedingt wissenschaftlich. Jeder Laie trifft Feststellungen, die man theoretisch nennen kann[1]. Wir sagen von jemandem, er sei ehrgeizig, optimistisch, klug oder freundlich. Belegen läßt sich das jeweils nur mit vereinzelten Beispielen, nicht mit einer erschöpfenden Definition. Wir mögen feststellen: Egon ist erzkonservativ, er will nicht, daß seine Tochter studiert. Den Ausdruck „erzkonservativ" verwenden wir, weil wir glauben, daß Egon nicht nur gegen eine Universitätsausbildung von Mädchen ist, sondern noch andere Ansichten oder Verhaltensweisen zeigt, die „dazu passen". Die Verhaltensmotive von Menschen und vieles andere, was uns an ihnen interessiert, sind nicht beobachtbar. Zwar gibt es zahlreiche „sichtbare" Merkmale, nach denen sich Personen charakterisieren lassen (Haarfarbe, Körpergröße, Stimmhöhe usw.), doch sehen wir die meisten davon als belanglos an und vermögen sie nicht mit anderen, uns interessierenden Eigenschaften in Verbindung zu bringen. Abgesehen davon sind selbst eindeutige Tatbestände, die wir zur Personenbeschreibung benutzen (Alter, Geschlecht, Schulabschluß, Familienstand, Beruf, Konfession – die „demographischen" Merkmale) nicht eigentlich beobachtbar. Wenn wir jemanden als „alt" charakterisieren, dann haben wir uns an äußeren Folgen des Alters orientiert (Falten im Gesicht, weißes oder schütteres Haar usw.), nicht aber am Alter selbst. Auch das Geschlecht lesen wir an eher sekundären Merkmalen ab. Immerhin haben wir hier Merkmale vor uns, deren Vorhandensein wir leicht feststellen können.
Trotzdem können diese Angaben zur Person schnell ihre Eindeutigkeit verlieren, wenn man über sie nachzudenken beginnt. Ob jemand protestantisch ist, läßt sich durch Befragung oder Überprüfung seiner Lohnsteuerkarte ohne weiteres klären. Die Frage dagegen, ob er ein wirklich überzeugter Protestant sei, läßt sich viel schwerer beantworten. *Protestant sein ist nur so lange eine beobachtbare Eigenschaft, wie sie durch Mitgliedschaft, Urkundeneintragungen und ähnliches definiert ist.* Man kann unter Protestanten alle Personen verstehen, die evangelisch getauft und nicht aus der Kirche ausgetreten sind. Solche Begriffsbestimmungen lassen sich aber jederzeit problematisieren.

„Gewöhnlich unterscheidet man heute zwischen der Schicht der *Beobachtungssprache* und der sich darüber aufbauenden Schicht der *theoretischen Sprache.* Eine scharfe Abgrenzung zwischen beiden ist nicht ohne mehr oder weniger willkürliche Festsetzungen möglich. Denn die Gesamtheit dessen, was man in verschiedenen Kontexten „beobachtbar" nennt, bildet ein ganzes Kontinuum, an dessen einem Ende das liegt, was durch unmittelbare Sinneswahrnehmungen konstatiert werden kann, und an dessen anderem Ende sich jene Gegenstände befinden, zu denen wir nur mittels indirekter Beobachtungsverfahren einen Zugang gewinnen, da hierfür komplizierte Meßinstrumente, wie z.B. Spektroskope, Spiegelfernrohre oder Elektronenmikroskope erforderlich sind" (Stegmüller, 1969: 93).

1 "Für sich genommen ist die Bildung von Abstraktionen überhaupt noch kein spezifischer Zug wissenschaftlichen Denkens" (Hahn, 1968: 198).

Daß wir für manche Beobachtungen komplizierte Meßgeräte benötigen, ist vielleicht nicht einmal entscheidend. Wichtiger mag sein, daß das Gemeinte gar nicht direkt beobachtbar ist und daß sprachliche Ausdrücke bzw. die von ihnen bezeichneten Tatbestände ihren Bedeutungsgehalt sehr leicht verändern können. Der Begriff der ‚politischen Linken' bezog sich ursprünglich darauf, daß Abgeordnete bestimmter Parteien links vom Parlamentspräsidenten saßen. Inzwischen hat sich der Begriff mit vielfältigen Assoziationen angereichert und ist zur Sammelbezeichnung für zahlreiche politische Gruppen mit recht unterschiedlichen Auffassungen geworden.
Welche Ausdrücke sich auf beobachtbare Merkmale beziehen, kann also nur der jeweiligen Benutzungsweise entnommen werden. Im strengen Sinne läßt sich überhaupt nicht sagen, was beobachtbar ist (Nagel, 1961: 83). *Tatsachenfeststellungen* sollten wir deshalb eher so charakterisieren: es sind *Aussagen über Merkmale, Tatbestände oder Sachverhalte, die nicht unbedingt beobachtbar sein müssen, für deren Feststellung wir zur Zeit aber unstrittige Kriterien haben.* Werden die Definitionen der Merkmale verändert, dann können die Aussagen den Charakter von Tatsachenfeststellungen verlieren.

1.3. Tatsachenaussagen können erklären

Die Mitteilung, daß Herr Schumann aus der Partei ausgeschlossen wurde, gilt für eine bestimmte Person, von der wir lediglich den Namen erfahren. Dieser aber nützt uns nur dann, wenn wir Herrn Schumann kennen. Andernfalls wäre die Mitteilung in dieser Form nichtssagend; sie würde erst interessant, wenn man mehr über Herrn Schumann erführe. Die einfachste Form einer näheren Beschreibung besteht in der Ergänzung der Eigennamen durch allgemeine Merkmale:

Der *heroinsüchtige* Herr Schumann wurde aus der Partei ausgeschlossen.
Der *Schriftsteller* Fritz ist konfessionslos.
In der *Großstadt* Hamburg nahmen sich 529 Menschen das Leben.
Im *katholischen* Italien sind Scheidungen erst nach mehrjähriger Trennung möglich.

Diese Ergänzungen laufen darauf hinaus, daß den Merkmalsträgern (Herr Schumann, Fritz, Hamburg, Italien) ein zweites Merkmal zugeschrieben wird. Dadurch, daß zwei Merkmale mit ein und demselben Sachverhalt verbunden werden, werden sie aber auch miteinander verknüpft. Grundsätzlich können wir beliebige Eigenschaften, die Herrn Schumann zukommen, in Verbindung bringen:

Der blauäugige Herr Schumann wurde aus der Partei ausgeschlossen.
Der verheiratete Herr Schumann wurde aus der Partei ausgeschlossen.
Herr Schumann, der in Heidelberg studiert hat, wurde aus der Partei ausgeschlossen.

Im allgemeinen formuliert man Sätze wie diese jedoch nicht, denn die in ihnen enthaltenen Merkmale scheinen ursächlich nichts miteinander zu tun zu haben; es wären in diesem Zusammenhang Nonsenssätze. Einleuchtender erscheint dagegen die folgende Behauptung, denn hier könnte zwischen den Merkmalen so etwas wie ein ursächlicher Zusammenhang bestehen:

Herr Schumann, der in der Öffentlichkeit immer wieder abfällige Bemerkungen über den Landesvorsitzenden gemacht hat, wurde aus der Partei ausgeschlossen.

Ereignisse werden erst sinnvoll, wenn sie sich in einen Zusammenhang einordnen lassen. Wir stellen ihn her, indem wir einige Merkmale der Ereignisse auswählen und zueinander in Beziehung setzen (Begleittext 2.2 Durkheim).
In der Tabelle 1 erhielt die Zahl der Selbstmorde in Hamburg dadurch einen Sinn, daß sie der Zahl der im Straßenverkehr getöteten Personen gegenübergestellt wurde. Eine andere Möglichkeit der Sinngebung besteht darin, daß wir Hamburg als Stadt näher charakterisieren, etwa anhand statistischer Daten. Unter den zahlreichen Angaben, die verfügbar sind, würden wir jedoch nur einige auswählen: den Anteil der Ein-Personen-Haushalte vielleicht, oder den Prozentsatz von Arbeitslosen. Dagegen würden wir uns wohl kaum mit Angaben über die Länge der Verkehrswege, die Zahl der Betriebe oder die durchschnittliche Klassenstärke in Realschulen befassen. Wir haben also, wenn wir uns an eine Beschreibung machen, durchaus Vorstellungen, was wichtig ist. Woher wir sie haben, ist uns meist nicht bewußt.
Wenn z.B. in einer Untersuchung festgestellt wird, daß die Medien Hörfunk, Schallplatte und Tonband von den befragten Frauen intensiver genutzt werden als von den Männern, dann ist das eine Tatsachenfeststellung. Gleichzeitig legt die Koppelung der Merkmale „Geschlecht" und „Mediennutzung" nahe, daß zwischen beiden eine sinnvolle Beziehung besteht, in diesem Fall sogar eine – in einem sehr weiten Sinne – ursächliche. Irgendwie scheint angenommen zu werden, daß das Merkmal Geschlecht das Mediennutzungsverhalten beeinflusse. Es ist in diesem Zusammenhang die unabhängige Variable (der die beiden „Werte" männlich und weiblich zukommen können), von der die Mediennutzung abhängt (abhängige Variable). Unklar bleibt noch, warum die Nutzung vom Geschlecht abhängen soll. Deshalb hat man solche Behauptungen auch „Erklärungen mit impliziten Gesetzen" genannt. Ihr Wert ist freilich umstritten, und manche Wissenschaftler halten sie für unsinnig (Opp, 1970: 59), andere betrachten sie als Erklärbarkeitsbehauptungen, also als Vorstufen zu Erklärungen (Stegmüller, 1969: 433–437). Auch Carl G. Hempel, auf dessen Konzeption einer vollständigen, auf Gesetzesaussagen beruhenden Erklärung man sich gerne beruft, urteilt eher vorsichtig und lehnt „unvollständige Erklärungen" nicht grundsätzlich ab (Hempel, 1965: 415–425 und 447–453).
Im übrigen ist festgestellt worden, daß Soziologen sich in empirischen Arbeiten weitgehend auf die demographischen Merkmale beschränkt haben, wenn es darum ging, Personen zu charakterisieren und voneinander abzugrenzen. Ohne daß dies gemeinhin näher begründet wird, sind es eigentlich nur elf Merkmale, die bei Erhebungen als unabhängige Variable erscheinen (Baldamus, 1973: 7–20):

Geschlecht
Alter
Religion
Schulbildung
Familienstand
Wohnsitz
Beruf
Einkommen
Staats- oder Rassenzugehörigkeit
Politische Einstellungen
Soziale Schicht

Ein Grund dafür ist sicher, daß uns diese Merkmale als relativ leicht feststellbar und eindeutig erscheinen. Es muß aber noch mehr mitspielen: die Vorstellung vielleicht, daß hinter ihnen die eigentlichen Ursachen des jeweils untersuchten Verhaltens stehen. Man weiß, daß sich Alter, Schulbildung, Beruf usw. vielfältig auf menschliches Verhalten auswirken *können.*

Deshalb vermutet man bei neuen Untersuchungen ohne weitere Überlegung, daß es vielleicht auch hier so ist und erhebt diese Merkmale zunächst einmal, um zu prüfen, ob sich ein Zusammenhang feststellen läßt.
Allerdings haben nicht alle Tatsachenfeststellungen den Zweck, durch die Merkmalsverknüpfungen bereits Erklärungen anzudeuten:

- Der DKP-Vorsitzende X. ist konfessionslos
- Herr S., der seine ganze Freizeit dem Wahlkampf geopfert hatte, wurde aus der Partei ausgeschlossen.

Jede der beiden Aussagen kann als zusammengesetzter Satz betrachtet werden, der sich in zwei Teilssätze aufgliedern läßt. Die Teile des ersten Satzes könnten durch die Formulierung „das kann man sich denken“ kommentiert sein – sie bilden gewissermaßen auch eine verkürzte Erklärung. Das Beispiel des letzten Satzes dagegen ist zwar ebenfalls eine Tatsachenaussage und in der Struktur nicht wesentlich anders, würde aber nie als Erklärung akzeptiert werden. Die Teilsätze könnten eher durch ein „trotzdem“ verbunden sein; der konstatierte Sachverhalt erscheint paradox und fordert eine Erklärung heraus. Wir müßten mehr über den Merkmalsträger (Herrn S.) wissen, um diese Aussage „verstehen“ zu können. Ähnlich ist es bei der folgenden Gegenüberstellung von zwei – etwas komplexeren – „Beschreibungen“ aus der soziologischen Literatur:

Beispiel 1: Verkürzte Erklärung

„In der betreffenden Nacht war nicht viel los, und der Streifenführer „brauchte“ möglicherweise eine Festnahme. Vielleicht wollte er auch nur sein „Fingerspitzengefühl“ demonstrieren. Jedenfalls wechselte er nach einiger Zeit seine Taktik und entschloß sich zur Festnahme, in der Hoffnung, den Verdacht auf diese Weise konkretisieren zu können“ (Feest, 1973: 167).

Beispiel 2: Paradoxer Sachverhalt; fordert Erklärung

„Umfragen in der BRD haben gezeigt, daß über die 60er Jahre hinweg der Prozentsatz derjenigen Menschen, die glauben, daß „Klassenkampf notwendig“ ist, zugenommen hat. In der gleichen Zeit hat sich aber zunächst – in Verbindung mit dem gewaltigen Wohlstandsaufschwung – ein starker Anstieg der Zufriedenheit mit der ökonomischen Entwicklung eingestellt, der dann zu Beginn der 70er Jahre – scheinbar ohne jeden Grund – rückläufig zu werden begann“ (Klages, 1975: 12).

Tatsachenbeschreibungen werden also zu sehr unterschiedlichen Zwecken formuliert. Nicht einmal für den wissenschaftlichen Bereich übersehen wir alle Möglichkeiten, und es liegen auch kaum Versuche zu einer systematisierenden Typologie vor. Für unsere weiteren Überlegungen interessieren jedoch in erster Linie Aussagen, die auf Erklärungen zielen.

2. Die Aufstellung von Erfahrungsgesetzen

Wir sahen, daß Tatsachenbehauptungen über das rein Faktische hinausgehen können. Indem sie einem Sachverhalt mehrere Merkmale zuschreiben und diese miteinander verknüpfen, leiten sie bereits eine Erklärung ein: der heroinsüchtige Herr Schumann wurde aus der Partei ausgeschlossen. Der Hinweis auf seine Drogenabhängigkeit kann freilich nur dann belangvoll für eine Erklärung sein, wenn wir unterstellen dürfen, daß die Partei grundsätzlich keine drogenkranken und damit vielleicht als abweichend empfundenen Mitglieder bzw. Funktionäre toleriert.

2.1. Erfahrungsgesetze bleiben Vermutungen

Der erste Schritt zu einer Erklärung besteht also in der Überzeugung, daß zwei Tatbestände regelmäßig miteinander verknüpft sind, und ein großer Teil der Forschung ist darauf gerichtet, die Existenz solcher stabilen Merkmalsverbindungen (Korrelationen) aufzuzeigen. Bietet die Beobachtung vieler Einzelfälle das gleiche Bild, dann verallgemeinern wir (Parteifunktionäre, die drogenabhängig sind, werden ausgeschlossen). Damit formulieren wir eine Aussage, die Gültigkeit für alle vergleichbaren Fälle beansprucht.
Denkt man angesichts der relativ großen Zahl von Selbstmorden in Hamburg darüber nach, ob in dieser Stadt vielleicht besonders viele Alleinstehende leben, dann nur deshalb, weil die Selbstmordrate *generell* mit dem Anteil der Alleinstehenden zusammenhängen könnte. Der Franzose Emile Durkheim (1858–1917), einer der Klassiker der Soziologie, schrieb 1897 ein Buch über den Selbstmord, das zu den am meisten zitierten in der Soziologie gehört; es erschien 1974 in deutscher Übersetzung. Durkheim verglich in seiner Untersuchung Selbstmordstatistiken und stieß auf den merkwürdigen Tatbestand, daß Selbstmorde in vorwiegend protestantischen Gebieten deutlich häufiger vorkamen als in katholischen. Da dies für die verschiedensten europäischen Länder und Regionen zutraf, glaubte Durkheim, eine allgemeine Gesetzmäßigkeit gefunden zu haben (Durkheim, 1974: 162–165). Gesetzmäßigkeiten dieser Art nennt man Erfahrungsgesetze, empirische Gesetze oder empirische Hypothesen. *Empirisch* sind sie, weil man zunächst nicht begründen kann, warum der beobachtete Zusammenhang besteht und weil sie beobachtungsnahe Merkmale in Beziehung setzen; als *hypothetisch* müssen sie betrachtet werden, weil eine Gesetzmäßigkeit sich auf eine unbeschränkte Zahl von Fällen bezieht, obwohl man nur eine beschränkte Anzahl untersucht hat.
Eigentlich gibt es keine Rechtfertigung für eine derartige Verallgemeinerung von Beobachtungsresultaten. Wenn in einem bestimmten Zeitraum in protestantischen Gegenden relativ mehr Selbstmorde vorgekommen sind als in katholischen, so heißt das noch lange nicht, daß es immer so sein muß. Eine Berechtigung für die Verallgemeinerung können wir nur aus der Erfahrung mit Zufallsereignissen ziehen. Bei Glücksspielen wie dem Roulette, bei denen dafür gesorgt ist, daß kein Wert bevorzugt eintritt, gewinnt erfahrungsgemäß im Durchschnitt jede Zahl ungefähr so oft wie es ihrem Anteil an der Gesamtmenge der Roulette-Zahlen entspricht. Solche Erkenntnisse überträgt man auf Verhaltensbeobachtungen. Unter bestimmten Bedingungen kann man annehmen, daß das Bild, welches sich aus der Untersuchung einer größeren, aber doch begrenzten Zahl von Fällen ergibt, repräsentativ für alle übrigen ist (Vgl. z.B. Friedrichs, 1973: 123–143).
Die Forschung ist in allen Wissenschaften auf die Untersuchung einer begrenzten Zahl von Fällen beschränkt. Überall muß man auf der Basis von Stichproben auf allgemeine Gesetzmäßigkeiten schließen. Die Verallgemeinerungen, die wir über menschliches Verhalten anstellen können, sind allerdings nie so eindeutig wie im Beispiel des Parteiausschusses. Feststellungen wie die, daß *alle* drogenabhängigen Funktionäre aus einer Partei ausgeschlossen worden sind, werden wir so gut wie nie machen können. Es wäre schon viel, wenn wir herausfänden, daß Ausgeschlossene zu einem auffällig hohen Anteil süchtig sind. Solche Ergebnisse nennt man statistisch oder probabilistisch. Praktisch sind sämtliche Verallgemeinerungen in der Soziologie in diesem Sinne statistische Aussagen.

Streng genommen sind wir in der Soziologie überhaupt nicht berechtigt, Verallgemeinerungen als allgemeine Gesetze zu betrachten. Soziales Handeln läuft ja nicht nach Naturgesetzen ab, sondern gewinnt seine Regelmäßigkeit in erster Linie durch geschichtlich und regional begrenzte Traditionen. Deshalb können wir lediglich erwarten, daß die gefundenen Zusammenhänge innerhalb eines Kulturbereichs bzw. einer Kulturepoche gültig sind. Man nennt die Erfahrungsgesetze der Soziologie deshalb auch *Quasi-Hypothesen.* Wir verallgemeinern Beobachtungsergebnisse zu Aussagen, die so formuliert sind, als besäßen sie universelle Gültigkeit. Wir wissen zwar, daß dies nicht zutrifft, sind aber nicht imstande, den Gültigkeitsbereich der Hypothesen zu spezifizieren. Das ist ein erheblicher Nachteil, schließt aber nicht aus, die Erkenntnis zunächst einmal zu benutzen. Das Erfahrungsgesetz, daß Angehörige der unteren Sozialschichten Leistung und Prestige relativ gering bewerten (Berelson und Steiner, 1972, II: 303), braucht nicht überall und immer gültig zu sein. Solange es gilt, kann und muß es aber beispielsweise bei der Bewertung der Schulleistungen von Unterschichtenkindern berücksichtigt werden. Die Tatsache, daß die gesetzesähnlichen Zusammenhänge, auf die wir in den Sozialwissenschaften stoßen, keine wirklich universelle Gültigkeit haben, muß uns nicht sonderlich beunruhigen, denn in der philosophischen Wissenschaftstheorie ist sogar die Frage, wie man eine Gesetzesaussage exakt definieren und erkennen kann, nicht restlos geklärt (vgl. Stegmüller, 1969: V; Hempel, 1965: 338 ff.; Nagel, 1961: 49 f.).

2.2. Erfahrungsgesetze lassen nicht immer die wahren Ursachen erkennen

Selbst wenn wir aufgrund einer ausreichenden Beobachtungsbasis sicher sind, daß gegenwärtig zwei Tatbestände miteinander zusammenhängen, bleibt noch offen, ob es sich um eine ursächliche Beziehung handelt. Die Verknüpfung kann auch dadurch zustandekommen, daß beide Merkmale von einem dritten abhängen. Sollten wir beispielsweise festgestellt haben, daß Menschen um so eher von Massenmedien erreicht werden, je mehr Schulbildung sie besitzen (Tabelle 2), dann heißt das noch nicht, daß die Länge der Ausbildung die Ursache für den Medienkonsum ist.

Tab. 2: Mehr Schulbildung – mehr Medienkonsum?

An einem durchschnittlichen Werktag wurden (1974) erreicht von den drei Medien Fernsehen, Hörfunk, Tageszeitung: – in % der jeweiligen Gruppe

	von 3 Medien	von 2 Medien	von 1 Medium
Volksschule ohne Lehre	35	42	18
Volksschule mit Lehre	44	41	12
Weiterführende Schule	50	35	13

Quelle: Media-Perspektiven 4/81: 266

Der Personenkreis mit mehr Ausbildung unterscheidet sich ja nicht nur durch dieses eine Merkmal: er verfügt im Durchschnitt vermutlich auch über ein höheres Einkommen und hat damit wahrscheinlich mehr Geld für ein Zeitungsabonnement. Sollte das die eigentliche Ursache sein, dann wäre der Zusammenhang zwischen Ausbildung und Medienkonsum eine „Scheinkorrelation“, weil es nur so scheint, als sei ein Merkmal (hier: die Ausbildung) die Ursache für das andere (die Mediennutzung).

Wie kann man nun feststellen, ob man es mit einer Scheinkorrelation zu tun hat? Eine Möglichkeit kann sich ergeben, wenn ein und derselbe Tatbestand nachweislich mit sehr unterschiedlichen Merkmalen verbunden ist. Es könnte beispielsweise sein, daß Personen mit wenig Medienkontakt nicht nur einen niedrigeren Ausbildungsstand und ein geringeres Einkommen haben, sondern auch älter und zu einem größeren Teil Frauen sind, die möglicherweise weniger Zeitung lesen. Die Zahlen der Tabelle 3 legen Vermutungen dieser Art nahe.

Tab. 3: Haben alte Menschen und Frauen weniger Medienkontakt?

An einem durchschnittlichen Werktag wurden 1974 von Fernsehen, Hörfunk bzw. Tageszeitung erreicht in % der jeweiligen Bevölkerungsgruppe

Alter/Geschlecht	von 3 Medien	von 2 Medien	von 1 Medium
40–49	48	39	11
50–59	43	40	15
60–69	43	41	14
über 70	29	48	16
Männer	46	40	11
Frauen	40	39	17

(Quelle: Media-Perspektiven 4/81: 266)

Welches der Merkmale, mit denen der Medienkonsum korreliert, als Ursache zu betrachten ist, wäre idealerweise durch eine weitere Aufgliederung des Datenmaterials festzustellen. Tabelle 4 veranschaulicht dieses Vorgehen. Wir finden hier kaum Unterschiede im Medienkontakt zwischen Personen mit unterschiedlicher Schulbildung, wenn Gruppen gleichen Alters gegenübergestellt werden. Man spricht bei solchen Aufgliederungen davon, daß ein Merkmal „konstant gehalten" und innerhalb der homogenen Untergruppen (gleiche Schulbildung) geprüft wird, wie sich die Unterschiede im zweiten Merkmal (Alter) auswirken.

Tab.4: Der Medienkontakt variiert mit dem Alter, aber nicht mit der Schulbildung

An einem durchschnittlichen Werktag wurden erreicht in % der jeweiligen Alters- und Ausbildungsgruppe (Beispiel):

	nur Volksschulbildung Zahl der Medien			weiterführende Schule Zahl der Medien		
	3	2	1	3	2	1
40–49 Jahre	50	38	12	49	38	13
50–59 Jahre	47	38	15	47	38	15
60–69 Jahre	44	39	17	43	41	16
über 70 Jahre	31	44	25	31	44	25

Für Tabelle 4 haben wir fiktive Zahlen verwenden müssen, weil der Untersuchungsbericht eine so weitgehende Differenzierung nicht enthält. Aber das dort veröffentlichte Material eröffnet uns noch einen anderen Weg, Scheinkorrelationen auf die Spur zu kommen. Neben den Zahlen für 1974 enthält der Bericht auch die entsprechenden Werte für 1980 (Tabelle 5), und hier zeigt sich, daß der Zusammenhang zwischen Schulbildung und Medienkontakt praktisch aufgelöst ist: die Länge der Schulbildung hat – jedenfalls in der hier erfaßten Abstufung – offensichtlich keine Bedeutung für den Medienkontakt. Das heißt nun auch, daß der 1974 ermittelte Zusammenhang zufälligen Charakter hatte, d.h. auf eine dritte Größe zurückzuführen war. So kann also die Beobachtung über längere Zeiträume (und der hier berücksichtigte ist ja noch sehr kurz) scheinbar erfahrungsgesetzliche Zusammenhänge als nicht stabil entlarven.

Tab. 5: Der Zusammenhang zwischen Schulbildung und Medienkontakt – doch ein Zufallsprodukt?

An einem durchschnittlichen Werktag wurden 1980 von den drei Medien Fernsehen, Hörfunk und Tageszeitung folgende Anteile der jeweiligen Ausbildungs- bzw. Altersgruppe erreicht:

Schulbildung/Alter	von 3 Medien	von 2 Medien	von 1 Medium
Volksschule ohne Lehre	43	39	16
Volksschule mit Lehre	43	42	13
Weiterführende Schule	41	39	18
40–49 Jahre	51	39	9
50–59 Jahre	49	35	11
60–69 Jahre	43	40	17
über 70 Jahre	38	46	13

(Quelle: Media-Perspektiven 4/81: 266)

Das Alter scheint dagegen nach wie vor eine deutliche, wenn auch abgeschwächte Rolle zu spielen: je älter die Bevölkerungsgruppe, desto geringer ist der Anteil von Personen, die von allen drei Medien erreicht werden. Dennoch ist anzunehmen, daß auch hinter diesem Zusammenhang ein anderer Faktor steckt. Letztlich kann keine Erklärung befriedigen, die das untersuchte Verhalten (hier: Medienkonsum) nur mit „demographischen" Merkmalen wie Alter, Geschlecht, Familiengröße oder Einkommen in Beziehung setzt. Mit solchen Merkmalen kann allenfalls erklärt werden, warum ein bestimmtes Verhalten besonders selten bzw. gar nicht auftritt: dann nämlich, wenn solche Sachverhalte als Zwänge verstanden werden können. Wo das Einkommen zu niedrig ist, um sich regelmäßig eine Zeitung kaufen zu können, muß auch erwartet werden, daß der Medienkontakt geringer ist. Wenn Menschen im hohen Alter aufgrund von Sehbehinderungen kaum noch lesen können, *muß* ebenfalls der Medienkonsum eingeschränkter sein. Umgekehrt ist es kaum möglich, mit Hilfe demographischer Merkmale befriedigend zu erklären, warum bestimmte Verhaltensweisen in einer Bevölkerungsgruppe relativ häufig auftreten, denn wir betrachten ja Verhalten als motiviertes Handeln und müssen deshalb in einer Erklärung die Motive berücksichtigen. Den demographischen Merkmalen fehlt aber typischerweise eben dieser Motivcharakter; sie bezeichnen eher „physische" Sachverhalte.

Wollen wir wissen, wodurch Medienkontakte *motiviert* sind, kommt schon eher ein Tatbestand wie „politisches Interesse" in Betracht, und in der Tat scheint Medienkonsum mit einem solchen Sachverhalt in Zusammenhang zu stehen:

Tab. 6: Politisch Interessierte von mehr Medien erreicht?

Publikumsgruppen mit unterschiedlichem politischen Interesse (in %) – 1980 an einem durchschnittlichen Werktag – durch Fernsehen, Hörfunk, Tageszeitung erreicht

Politisches Interesse	Erreicht von		
	3 Medien	2 Medien	1 Medium
stark	45	38	14
mittel	43	42	14
schwach	30	42	24

(Quelle: Media-Perspektiven, 4/81: 266)

Mit etwas Überlegung merkt man freilich schnell, daß auch ein Faktor wie „politisches Interesse" noch keine Erklärung für stärkeren Medienkontakt liefern kann, denn die Motive, die zu Fernsehen, Radiohören oder Zeitunglesen führen, sind zweifellos vielfältiger und keineswegs nur „politisch". Man braucht also eine Konzeption differenzierter Verhaltensmotive und ihres Entstehens, und dazu bedarf es gedanklicher Konstruktionen, „theoretischer" Überlegungen. Auch Durkheims erwähnte Entdeckung, daß Selbstmorde unter Protestanten häufiger waren, könnte, selbst wenn sie heute noch gültig sein sollte, keine ausreichende Erklärungsbasis abgeben.

3. Die Formulierung theoretischer „Gesetze"

3.1 Erklären ist auch ein sozialer Vorgang

Nehmen wir einmal an, Durkheims „Erfahrungsgesetz" ließe sich nach wie vor bestätigen. Dann könnten wir eine relativ hohe Selbstmordrate in einer Stadt mit starkem Protestantenanteil daraus zwar folgern, eine echte Erklärung besäßen wir aber immer noch nicht.

Zu erklärender Tatbestand („explanandum")	In der Stadt X ist die Selbstmordrate überdurchschnittlich hoch
Erklärung („Explanans")	
1. Erfahrungs*gesetz,* das generell gilt	Protestanten haben eine relativ hohe Selbstmordneigung
2. Ausgangsbedingung für die Anwendung des Gesetzes auf den vorliegen Fall (Stadt X)	In der Stadt X ist der Protestantenanteil besonders hoch

Unbefriedigend bleibt diese Argumentation, weil es keinen plausiblen Grund gibt, warum schon die Zugehörigkeit zu einer protestantischen Glaubensgemeinschaft die Selbstmordbereitschaft erhöhen sollte. Wir wissen, daß der Protestantismus den Selbstmord nicht propagiert, und daß sich auch nur ein sehr geringer Anteil aller Protestanten das Leben nimmt. Soweit also Protestanten eine höhere Selbstmordrate zeigen, müssen wir weiterfragen: Warum ist das so? *Zufriedenstellen kann eine Erklärung nur, wenn sie einen Verursachungsprozeß skizziert, den wir verstehen können. Sie muß nicht nur logisch stimmig und in ihren Tatsachenbehauptungen wahr, sondern auch plausibel sein.*

In der Wissenschaftstheorie hat man sich viel über dieses Erfordernis der Plausibilität gestritten. Von manchen Autoren wird geltend gemacht, daß sich Erklärungen nur durch ihren logischen Aufbau charakterisieren lassen: Aussagen über die zu erklärenden Tatbestände würden unter bestimmten Bedingungen, den Randbedingungen, aus allgemeinen Sätzen, den Gesetzeshypothesen, abgeleitet. Dem läßt sich entgegnen, daß die logische Stimmigkeit zwar eine notwendige, aber noch keine hinreichende Voraussetzung ist[2]. Mit dem Wort Erklärung bezeichnen wir nämlich nicht nur eine logische Operation, sondern auch einen sozialen Vorgang: es muß jemand da sein, der etwas erklärt haben möchte und die gebotene Erklärung akzeptieren kann. In manchen wissenschaftstheoretischen Erörterungen wird auch gesagt, die zur Erklärung verwendeten Gesetzesaussagen müßten als wahr akzeptiert werden können (Opp, 1970: 48/49).

3.2. Erklären heißt auch: plausibel machen

Die Selbstmordrate einer Stadt können wir mit dem dort hohen Protestantenanteil nicht befriedigend erklären. Das Erfahrungsgesetz, nach dem Protestanten generell eine größere Selbstmordbereitschaft zeigen als Katholiken, ist selber erklärungsbedürftig. Deshalb begnügte sich auch Emile Durkheim in seiner Untersuchung nicht mit dieser empirischen Verallgemeinerung. Er stellte vielmehr folgende Überlegung an:

Zum Selbstmord neigen Menschen em ehesten in Krisensituationen, und dann um so eher, je weniger eng ihre Bindungen zu anderen Menschen und Gruppen sind. Im festen Zusammenhalt zwischen Menschen – Durkheim nannte ihn Integration – sah er den wirksamsten Schutz gegen Selbstmordabsichten. Die Konfessionszugehörigkeit betrachtete er nur als einen besonderen Fall größerer oder geringerer sozialer Geborgenheit. Seiner Meinung nach gab die katholische Kirche durch ihre verbindlichen Traditionen dem Menschen mehr Halt als der Protestantismus, der den Einzelnen weitgehend auf sich selbst gestellt sein läßt. Durkheims Erklärung für die beobachteten Unterschiede lautete also: Selbstmordbereitschaft hängt mit mangelnder Integration zusammen und da Protestanten als Religionsgemeinschaft weniger Integration aufweisen als Katholiken, muß ihre Selbstmordrate höher sein (Begleittext 2.2 Durkheim).

Eine solche „theoretische" Erklärung hat mehrere Vorteile. Einmal regt sie zum Weiterdenken an, man kann mit ihr möglicherweise die Selbstmordrate anderer Gruppen erklären. Wenn die Theorie, daß mangelnde Integration ein Hauptfaktor für Selbstmordbereitschaft ist, stimmt, und wenn wir annehmen dürfen, daß z.B. Unverheiratete am wenigsten sozial integriert sind, dann müssen auch sie relativ hohe Selbstmordraten aufweisen. Wir können

---

2 „Wenn dieses Allgemeine (auf das der zu erklärende Tatbestand zurückgeführt wird – die Autoren) nicht zugleich etwas Wesentliches, ... eine Notwendigkeit ausdrückt, dann kann die formale Ableitung noch so gelungen sein, eine Erklärung ist nicht möglich" (Hahn, 1968: 209).

also aus der Theorie weitere denkbare empirische Gesetzmäßigkeiten ableiten (deduzieren). Ob sie in der Realität tatsächlich anzutreffen sind, muß allerdings durch Tatsachenerhebungen geprüft werden.
Die theoretische Erklärung hat noch einen weiteren – für unsere Überlegungen entscheidenden – Vorteil: sie macht die höhere Selbstmordrate der Protestanten irgendwie verständlich. Eigentlich ist dies merkwürdig, denn die angeführte Ursache (mangelnde Integration) ist ja etwas wenig Greifbares und Beobachtbares. Aber die Erklärung entspricht unserer Lebenserfahrung: wir alle haben wohl schon einmal erfahren, wieviel Sicherheit uns feste Verhaltensregeln oder die Zugehörigkeit zu einer Gruppengemeinschaft geben können. Wir können es verstehen, daß Menschen, bei denen diese Voraussetzungen fehlen, eher zu Verzweiflungstaten wie Selbstmorden neigen. Wenn wir überzeugt sind, daß Protestanten wirklich weniger soziale Integration aufweisen als Katholiken, dann werden wir uns vermutlich mit Durkheims Erklärung zufriedengeben und nicht etwa weiterfragen: Warum zeigen denn wenig integrierte Personen eine höhere Selbstmordbereitschaft? Diese Frage würden wir nur stellen, wenn wir nicht verstanden hätten, was mit Integration gemeint ist. Schematisch vergröbernd können wir jetzt den Weg zu einer Erklärung folgendermaßen darstellen:

1. *Tatsachenfeststellungen*
   In Norddeutschland ist die Selbstmordrate höher als in Süddeutschland

2. *Erfahrungsgesetze*
   Protestanten haben höhere Selbstmordraten als Katholiken

   Zusätzliche Bedingung (Randbedingung): In Norddeutschland ist der Protestantenanteil höher. Ob diese Bedingung gegeben ist, kann nur aufgrund einer Tatsachenprüfung festgestellt werden.

3. *Theoretische Erklärung*
   Sozial weniger stark integrierte Personen zeigen höhere Selbstmordbereitschaft
   Zusätzliche Bedingung (Randbedingung): Protestanten sind weniger stark integriert als Katholiken.

Irgendwann kommen alle Erklärungsversuche an den Punkt, an dem man sich auf Vertrautes und Bekanntes beziehen muß, und der englische Physiker Campbell hat in diesem Zusammenhang auf eine Paradoxie hingewiesen. Wenn wir einen ganz alltäglichen Vorgang, wie etwa die häufigen Rohrbrüche bei Frost, erklären wollen, dann müssen wir auf eine physikalische Gesetzmäßigkeit hinweisen (daß Wasser bei Absinken der Temperatur auf den Gefrierpunkt sein Volumen vergrößert), die keineswegs jedermann vertraut ist. Wollten wir dann dieses Gesetz erklärt haben, also wissen, warum sich das Wasser ausdehnt, dann müssen wir einen Vorgang *veranschaulichen* und dabei wieder auf Bekanntes zurückgreifen (Begleittext 2.3 Campbell).
Wir haben eine ganze Reihe von Erfahrungen und Vorstellungen, die nicht erklärungsbedürftig erscheinen. Eine Richtung der Psychologie, die man „Lerntheorie" nennt und die auch in der Soziologie Anwendung findet, erklärt beispielsweise soziales Verhalten daraus, daß der Mensch, wie auch andere Lebewesen, nach Belohnungen strebt. Können wir überzeugend darlegen, daß eine Handlung für jemanden belohnenden Charakter trägt, dann haben wir ihr Auftreten verständlich gemacht. Die Frage, warum der Mensch nach Belohnungen strebt, stellen wir nicht. Die Vorstellung, daß Lebewesen das für sie Angenehme suchen, erscheint uns denknotwendig (vgl. Kap. XIII).

3.3 Axiome lassen sich begründen, nicht beweisen

Die Tatsache, daß Erklärungen sich letzten Endes auf Vertrautes und Verständliches beziehen müssen, bedeutet nicht, daß wissenschaftliche Erklärungen jedem Laien einsichtig sein können. Für den Forscher genügt es, wenn eine Erklärung für sein Denken, seinen Erfahrungshorizont verständlich ist. Ein Physiker kann sich vorstellen, warum Transistoren einen elektrischen Strom verstärken. Er weiß, daß sie aufgrund ihres Aufbaus ein bestimmtes „Verhalten" der Elektronen bewirken können, und Elektronen sind etwas ihm völlig Vertrautes. Für den Soziologen ist es das Natürlichste von der Welt, wenn Reibereien in einem Betrieb mit Rollenkonflikten erklärt werden, denn er weiß, daß es Rollen und Rollenkonflikte „gibt", er hat es spätestens in den ersten Studiensemestern gelernt. Genauer gesagt, er hat gelernt, so zu tun, als ob es ‚Rollen' gäbe.
Sehen wir uns einmal einen Satz an, den ein Student in einer Klausur schrieb:

Gehöre ich einer bestimmten Schicht an, so muß ich die schichtspezifischen Statussymbole besitzen, um zu zeigen, daß ich dieser Schicht und keiner anderen angehöre.

Dadurch, daß er schreibt „ich gehöre der Schicht an", „ich besitze Statussymbole", behandelt der Schreiber Schichten und Symbole so, als existierten sie wirklich, obwohl es in der Realität ja nur Menschen oder Gegenstände gibt. Jede Wissenschaft tut aber so, als „gebe" es gewisse Phänomene, die in Wirklichkeit nur in unserer Vorstellung existieren. Derartige Annahmen nennt man auch Axiome. Es sind Voraussetzungen, von denen man wie selbstverständlich ausgeht.
In Annäherung an Logik und Mathematik, von denen der Ausdruck Axiom entlehnt wurde, wird gerne gesagt, Axiome würden einfach vorausgesetzt (postuliert, daher auch: Postulat), sie bedürften keiner Begründung (z.B. Kraft, 1960: 188). Wir meinen, daß diese Auffassung dem Charakter der Axiome in den Erfahrungswissenschaften nicht gerecht wird, denn wenn die Ausgangsvoraussetzungen soziologischen Denkens einsehbar sein sollen, dann können sie nicht willkürlich gesetzt werden. Zwar lassen sich die grundlegenden Annahmen nicht im Rahmen der jeweiligen Wissenschaft beweisen, wohl aber begründen. In welcher Weise das in der Soziologie geschieht, wollen wir im folgenden veranschaulichen. Gerade in dieser Wissenschaft ist der Konstruktion und Begründung der Axiome breiter Raum gegeben, vor allem in der einführenden Literatur.
Bitte lesen Sie jetzt den Begleittext 2.4 (Bellebaum) und fragen Sie sich, was für Gedankengänge er enthält. Sind die einzelnen Begriffe präzise definiert, kann man den Abschnitt als ein Stück Theorie, etwa im Sinne der folgenden Definition betrachten?

(Theorie) „. . . jede wissenschaftliche Wisseneinheit, in der . . . eine Anzahl von Hypothesen über die Beziehungen und Wirkungen von ‚Tatsachen' zusammengefaßt sind" (Hartfiel, 1972: 644).

Zweifellos enthält Bellebaums Text Aussagen über die Realität, Aussagen zudem, die sich nicht auf Einzelfälle beschränken, sondern Allgemeingültigkeit beanspruchen, wie das auch Gesetzesaussagen tun:

Viele Menschen spenden steuerbegünstigt für Verarmte.
Vieles geschieht routinemäßig.
Viele Jugendliche handeln anders als ältere Menschen.

Gleichzeitig sind die Sätze aber äußerst unbestimmt und muten insofern wenig „wissenschaftlich“ an. Es sind Beispiele, die an unsere Lebenserfahrung appellieren, und sie haben offenbar nur die Aufgabe, einen Gedankengang zu veranschaulichen. Wir alle wüßten, so meint der Autor, daß die meisten von uns eigentlich immer so handeln, wie irgendwelche anderen Menschen auch, daß unser Verhalten ein hohes Maß von Gleichförmigkeit zeigt:

„Menschen, die sich in gleichen Situationen befinden, handeln gleich oder doch annähernd gleich. Die Soziologie interessiert sich vorwiegend für solche Handlungsmuster und deren Ursachen“ (Bellebaum, 1972: 15).

Es geht hier offensichtlich darum, das Interessengebiet des Soziologen abzustecken. Es soll gezeigt werden, womit Soziologie sich eigentlich befaßt, von welchen Überlegungen Sozialforscher bei ihrer Gesellschaftsbetrachtung ausgehen.

„(Soziologen) gehen von der seit jeher bekannten Tatsache aus, daß Menschen nicht vereinzelt, ganz auf sich gestellt leben, sondern daß sie in sozialen Beziehungen stehen ... In der Soziologie geht man von der grundsätzlichen Bedeutung sozialer Beziehungen für menschliches Handeln aus ...
Man geht davon aus, daß der zwischenmenschliche Bereich eine relativ eigenständige Wirklichkeit ist, aus der sich – wenn auch nicht alle, so doch immerhin viele – Regelmäßigkeiten im Handeln der Menschen erklären lassen“ (Bellebaum, 1972: 17).

Solche Abgrenzungen des Forschungsgegenstandes sind immer nur Vorüberlegungen und leiten weitere Fragen ein, z.B. die, wie es zu den Verhaltensgleichförmigkeiten kommt. Der Soziologe sucht, wie alle Wissenschaftler, nach den Ursachen der von ihm beobachteten Phänomene. Dabei macht er u.a. zwei grundlegende Annahmen: erstens, daß der Mensch kaum über angeborene Instinkte verfügt und sich statt dessen an gelernten Regeln (Normen) orientiert; zweitens, daß sich Gruppen bilden, in denen Normen entstehen und weitergegeben werden (vgl. Bronfenbrenner, 1976: Kap. 1; Claessens, 1968; Gehlen, 1970).
Auf weite Strecken enthalten Lehrbuchtexte keinerlei präzise Gesetzesaussagen. Es wird an unsere Erfahrung appelliert und durch Beispiele veranschaulicht, daß es so etwas wie Normen und Gruppen *gibt* oder, wie im folgenden Begleittext 2.5(Bellebaum), daß menschliches Zusammenleben Regeln *erfordert.* Und doch handelt es sich hier schon um die ersten Schritte in Richtung auf eine Theorie sozialen Verhaltens: wie ein Mensch handelt, bestimmen die für ihn maßgeblichen Normen; welche das sind, hängt von seiner Mitgliedschaft in bestimmten Gruppen ab. Aus solchen Überlegungen lassen sich dann weitere Gedanken entwickeln, teilweise sogar logisch herleiten. Damit Normen verhaltensleitend werden können, muß der Einzelne sie sich aneignen, es müssen Lernprozesse stattfinden; Soziologen nennen das Sozialisation. Andererseits müssen Normen bereits vorhanden sein, wenn sie im Sozialisationsprozeß vermittelt werden sollen, es muß „Kultur“ geben. Die Ausdrücke sind in ihrer Bedeutung aufeinander bezogen, und man kann einen Begriff meist nur mit Hilfe eines anderen definieren. Diese schrittweise Entfaltung der manchmal in einem einzigen Grundgedanken angelegten vielfältigen Aspekte ist ein wesentliches Merkmal wissenschaftlichen Theoretisierens:

Ausgangsgedanke:
„Das neugeborene Lebewesen ist auf sich allein gestellt nicht lebensfähig. Der unmittelbar nach der Geburt beginnende Prozeß der Menschwerdung wird deshalb *zweite Geburt* genannt ...“

Fortführung des Gedankens
„So gesehen reicht der Begriff zweite Geburt nicht aus. Sie ist nur im zwischenmenschlichen Kontakt möglich, also vermittels jener Menschen, die untereinander und im Verhältnis zum Kind in sozialen Beziehungen stehen. Man spricht vom ‚sozialen Uterus'. Während Tiere im allgemeinen nach der Geburt vergleichsweise rasch auf sich allein gestellt lebensfähig sind, bedürfen neugeborene menschliche Lebewesen noch lange einer Geborgenheit, die der im Mutterschoße vergleichbar ist ... Deshalb heißt die zweite Geburt auch soziale Geburt." (Bellebaum, 1972: 82/83. Hervorhebung d. Autor).

Durch solche, fast literarisch anmutenden Überlegungen werden zunehmend differenziertere Vorstellungen entwickelt, bis schließlich ein Bild vom *Ablauf* sozialer Prozesse entsteht:

„Auf der Grundlage gefühlsmäßiger Bindungen geschieht im Sozialisierungsprozeß der allmähliche *Aufbau der Person.* Das Kind ist hilflos und also auf die Hilfe durch andere Menschen angewiesen. Es ist damit Objekt dieser Menschen und erlebt sich auch als deren Objekt. Diese gebieten nämlich bestimmte Handlungen, reagieren zustimmend lobend und belohnend oder ablehnend, mißbilligend und strafend. Das Kind begreift mit der Zeit, daß dieses Tun erwünscht und jenes Tun unerwünscht ist. An die erwarteten und nicht gebilligten Handlungen heften sich allmählich irgendwelche Bedeutungen. Das zunächst diffuse kindliche Tun geht mit der Zeit in Bedeutungshandeln über, wird mit Sinn und Bedeutung verbunden erlebt. Dabei sieht sich das Kind sozusagen in den Augen anderer Menschen ..." (Bellebaum, 1972: 84).

Der Auschnitt *schildert* den Prozeß der Persönlichkeitsentwicklung eher, als daß er ihn exakt analysiert. Die Überlegungen sind unpräzise aber einleuchtend und sollen anzeigen, was künftig genauer zu erforschen wäre.
Es wäre übrigens ganz falsch zu glauben, man fände solche Passagen nur in gesellschaftswissenschaftlichen Lehrbüchern. Anhand des Begleittextes 2.6(Christen) können Sie sich davon überzeugen, daß Naturwissenschaftler Überlegungen durchaus ähnlichen Charakters anstellen. Auch in diesen Passagen aus einem Lehrbuch der Chemie geht es nicht um die Formulierung von Gesetzmäßigkeiten. Ziel ist es offensichtlich, ein möglichst plastisches Bild einer Realität zu entwerfen, die nicht offen zutageliegt, sondern erst durch die *Beschreibung* in unser Denken Eingang finden kann. Daß es Elementarteilchen, Elektronenwolken, Atome usw. „gibt", gehört zu den Grundüberzeugungen, den Axiomen der Chemie und Physik. Ihre Begründung erfahren solche Annahmen zunächst nur dadurch, daß sie plausibel gemacht werden.
So entsteht das, was wir den „Erfahrungshorizont" eines Wissenschaftlers nennen können. Er bildet die Basis, von der aus Erklärungen verständlich werden. *Theoretische Erklärungen bestehen also letzten Endes darin, Vorgänge der Wirklichkeit auf die in den Axiomen einer Wissenschaft spezifizierten Faktoren zurückzuführen. Voraussetzung ist, daß die Axiome verständlich gemacht sind.*
Die Überlegungen, die der Begründung von Axiomen dienen, kann man als *vortheoretisch* ansehen. Manche Wissenschaftler sprechen hier auch von „begleitenden Texten" und „Modellen", die Hinweise für den Aufbau der eigentlichen Theorien geben (vgl. Homans, 1969: 21–26), andere sprechen von „Paradigmata" (vgl. hier T.S. Kuhns lesenswerte Schrift über die Struktur wissenschaftlicher Revolutionen, 1973).

Übungsaufgaben zu Kapitel II

1. Bitte erörtern Sie den Unterschied zwischen einer „Definition" und einer „Hypothese" und veranschaulichen Sie dies mit Beispielen.

2. Bitte prüfen Sie den folgenden Text daraufhin, wieweit er Tatsachenaussagen und inwieweit er Wortdefinitionen enthält. Versuchen Sie, bei den Tatsachenaussagen danach zu unterscheiden, ob sie sich auf beobachtungsnahe oder beobachtungsferne Sachverhalte beziehen.

„Freie Zeit am Werktag schwankte für die Berufsgruppen zwischen 3,4 Stunden (Landwirte) und 6,4 Stunden (leitende Beamte und Angestellte). Sie darf nicht verwechselt werden mit der „eigentlichen" oder „effektiven" Freizeit, deren Maß eine Reihe von nur schwer erfaßbaren subjektiven Maßstäben unterliegt und die darum lediglich als Meinungsbefragung zu erheben ist .... Als die „effektive oder eigentliche Freizeit" bezeichnen wir das Ergebnis einer Meinungsumfrage, die definiert ist durch den Zusatz „das ist die Zeit, die übrig bleibt, nachdem Sie all Ihre Verpflichtungen für Beruf und Haus erledigt haben und in der Sie tun und lassen können, was Sie wollen (das kann natürlich auch Basteln oder eine Art von Arbeit sein; aber Sie können sie genauso gut unterlassen)." Das gewogene Mittel der angegebenen Stunden effektiver Freizeit beträgt 4,8 am Werktag (1971 = 4,3) .... Ein weiterer Ergebnisvergleich macht deutlich, daß im ganzen die „freie Zeit", nicht aber die „effektive Freizeit" stark angewachsen ist .... Vom Übergang zur Freizeitgesellschaft sind wir nach diesem Ergebnis noch recht weit entfernt" (Blücher, 1974).

3. In einem Forschungsbericht fand sich folgende Feststellung:
   Je höher die Schulbildung der Haushaltsvorstände, desto weniger sehen die Kinder fern.
   a) Ist die Aussage für Sie eine Tatsachenfeststellung oder eine Hypothese?
   b) Entwickeln Sie eine Erklärung für den Befund.
   c) Überlegen Sie dann, ob Sie für Ihre Erklärung des Fernsehverhaltens von Kindern Angaben über die Schulbildung der Eltern noch benötigen.

4. Untersuchungen des Zeitschriftenmarktes belegen, daß politische und naturwissenschaftlich orientierte Zeitschriften ihre Leser eher unter Männern als unter Frauen finden. Dieser Befund dürfte kaum überraschen, denn es ist „bekannt", daß Frauen sich weniger für Politik, Naturwissenschaften und Technik interessieren als Männer. Allerdings bleibt fraglich, wieweit hier wirklich das Geschlecht als „Ursache" betrachtet werden kann. Das gilt um so mehr, als Frauen sich ja in vielen Aspekten ihrer sozialen Lage von Männern unterscheiden. Beispielsweise haben sie, wenn sie überhaupt erwerbstätig sind, ein niedrigeres Durchschnittseinkommen.
   Bitte überlegen Sie, was die folgende Tabelle über den unterschiedlichen Einfluß von Geschlecht und Einkommen auf Lesegewohnheiten besagt. Versuchen Sie dann, eine theoretische Erklärung für die hier beobachtbaren Zusammenhänge zu finden.

Mehr männliche oder mehr weibliche Leser?

Es lesen die Zeitschrift	Der Spiegel	Die Zeit	Bild der Wissenschaft
% der Frauen insgesamt	7.3	2.0	1.1
Einkommen über 2000.–	17.8	7.8	5.2
Einkommen unter 1000.–	5.8	1.3	0.7
% der Männer insgesamt	13.7	2.9	2.1
Einkommen über 2000.–	20.4	5.3	2.6
Einkommen unter 1000.–	10.7	1.5	2.7

Anteil (%) der Frauen und Männer, die im Durchschnitt zu den Lesern der genannten Zeitschriften gerechnet werden. Monatsnettoeinkommen.

(Quelle: Medien-Analyse, 1982: 71/75).

Weiterführende Literatur zu Kapitel II

Als erste, einen knappen Überblick bietende Einführung in wissenschaftstheoretische Fragestellungen dürfte das Buch von Prim und Tilman (1975) geeignet sein. Allerdings sind – zur Erleichterung für den Anfänger – viele der darin verwendeten Beispiele fiktiv und lassen wichtige Probleme soziologischer Theoriebildung nicht deutlich werden. Vertiefende Lektüre ist deshalb unerläßlich und braucht selbst in einer frühen Studienphase nicht gescheut zu werden.

Besonderes Gewicht wird in der wissenschaftstheoretischen Literatur auf die Erörterung von „Erklärungen" und ihrer Struktur gelegt. Dabei beruft man sich vor allem auf Carl G. Hempel, dessen unten erwähnter Text durchaus verständlich und unserer Meinung nach der Sekundärliteratur vorzuziehen ist.

Im Mittelpunkt der Hempelschen Konzeption stehen „Gesetze" (oder gesetzesartige Hypothesen), ohne die ein Erklärungsargument logisch unvollständig bleiben muß. Hempel hat allerdings klar gesehen und betont, daß man sich in vielen Wissenschaften nur in geringem Umfang und in relativ unspezifischer Weise auf „Gesetze" stützen kann. Leider ist diese Einsicht in der methodologischen Literatur der Sozialwissenschaften weitgehend ignoriert worden. Da aber die Erklärungen, auf die man im soziologischen Schrifttum trifft, praktisch nie dem Ideal einer logisch strengen Ableitung des zu erklärenden Sachverhalts entsprechen, empfehlen wir dem Leser dringend, sich in die anregende Diskussion über die verschiedenen Varianten „unvollständiger" Erklärungen (insbesondere über den Typ einer spezifisch „historischen" Erklärung) einzuarbeiten. Die originären Beiträge (etwa von Dray und Nagel) und die sachlich formulierte Kritik (Hempel, Stegmüller) können nach unserer Meinung gerade dem Soziologiestudenten sehr weiterhelfen.

Aussagearten:

Homans, George C.: Theorie der sozialen Gruppe. Opladen, Westdeutscher Verlag: (1950) [2]1970, Kap. II.

Prim, Rolf/Tilman, Heribert: Grundlagen einer kritisch-rationalen Sozialwissenschaft. Heidelberg, Quelle & Meyer: 1975, S. 63–70, 109–147.

Savigny, Eike v.: Grundkurs im wissenschaftlichen Definieren. München, dtv: 1970, S. 9–22.

Standardmodelle wissenschaftlicher Erklärungen

Hempel, Carl G.: Aspekte wissenschaftlicher Erklärung. Berlin, de Gruyter: (1966) ²1977, Kap. II und III.
Stegmüller, Wolfgang: Wissenschaftliche Erklärung und Begründung. Berlin/Heidelberg/New York, Springer: 1969, Kap. I.

Varianten unvollständiger Erklärungen

Dray, William: Laws and Explanation in History. Westport Ct., Greenwood Press: (1957) ²1979.
Gardiner, Patrick: The Nature of Historical Explanation. Oxford, Oxford University Press: (1952) ²1978.
Hempel, Carl G.: Aspekte wissenschaftlicher Erklärung. Berlin, de Gruyter: (1966) ²1977, Kap. IV und VII.
Nagel, Ernest: The Structure of Science. New York, Harcourt, Brace & World: 1961, Kap. XIV und XV.
Stegmüller, Wolfgang: Wissenschaftliche Erklärung und Begründung. Berlin/Heidelberg/New York, Springer: 1969, Kap. IV und V.
Toulmin, Stephen: Der Gebrauch von Argumenten. Kronberg/Ts., Scriptor: 1975.

Abgrenzung von Erfahrungsgesetzen, theoretischen Hypothesen und Axiomen:

Blalock, Hubert M. jun.: Theory Construction. Englewood Cliffs, N.J., Prentice Hall: 1969, S. 10–26.
Dahrendorf, Ralf: Pfade aus Utopia. München: Piper: 1967, S. 336–348.
Kuhn, Thomas S.: Die Struktur wissenschaftlicher Revolutionen. Frankfurt/M., Suhrkamp: (1962) ²1973, Kap. II und V.
Merton, Robert K.: Social Theory and Social Structure. Glencoe, Ill., The Free Press: 1957, S. 87–101, 227–234.
Nagel, Ernest: The Structure of Science. New York, Harcourt, Brace & World: 1961, Kap. I–V.
Opp, Karl-Dieter: Methodologie der Sozialwissenschaften. Reinbek, Rowohlt: 1970, S. 29–61.
Prim, Rudolf/Tilman, Heribert: Grundlagen einer kritisch-rationalen Sozialwissenschaft. Heidelberg, Quelle & Meyer: 1975, S. 43–50.
Stegmüller, Wolfgang: Wissenschaftliche Erklärung und Begründung. Berlin/Heidelberg/New York, Springer: 1969, S. 97–105 und Kap. V.
Zetterberg, Hans L.: On Theory and Verification in Sociology. Totowa, N.J., The Bedminster Press: 1963, S. 1–25.

Begleittext 2.1:

Gerhard Mackenroth: Bevölkerungslehre, aus: Arnold Gehlen und Helmut Schelsky (Hrsg.): *Soziologie,* Diederichs, Düsseldorf 1955, S. 83–84.

Eine große Kinderzahl ist weder rationaler noch weniger rational als eine kleine. Autofahren ist an sich nicht rationaler als Kinderhaben. Diese Kategorie verfängt überhaupt nicht. *Die Erklärung der Nachwuchsbeschränkung muß gesucht werden in der rationalen Verfolgung eines an sich nicht rational zu bestimmenden Lebenszieles.* Wie kommt es zu dieser Hierarchie der Lebenszwecke?

Wir müssen also schon nach einer soziologisch stichhaltigeren Erklärung suchen. *Der Wille zur Kleinhaltung der Familie wurzelt in gewissen Eigentümlichkeiten der Industriegesellschaft, ihren Real- und Idealfaktoren, und er wirkt schichtenspezifisch, d.h. die Wirkungsketten sind in den verschiedenen Sozialschichten andere, und soweit sie sich gegenseitig im Zuge der modernen nivellierten Mittelstandsgesellschaft angleichen, immer noch zeitlich gegeneinander verschoben.* Zwei dieser Wirkungsketten sollen ausführlicher dargelegt werden.

Aufwandsnorm und Aufwandskonkurrenz

Der Aufstiegswille, wie er heute in weiten Bereichen der städtischen Schichten der Industriegesellschaft herrscht, kann sich in den immer unpersönlicher werdenden Verhältnissen nur über das Halten einer ganz bestimmten schichtentypischen Aufwandsnorm verwirklichen. Diese soziale Normierung des Aufwands gilt nur für gewisse sichtbare Teile des Aufwands, die sozial gewertet werden, andere stehen außerhalb dieser Wertung. Z.B. Nahrungsaufwand ist indifferent, aber Kleidung und Wohnung sind konventionell gebunden. In diese Aufwandsnormierung sind die Ausgaben, die eine Familie verursacht, in bestimmter Weise eingefügt:

Die Zahl der Kinder ist indifferent, aber der Aufwand für die vorhandenen Kinder ist stärkstens konventionell gebunden, besonders in Kleidung und Ausbildung. Die für die Kinder gesteckten Berufs- und Ausbildungsziele sind geradezu eine Indikation der sozialen Selbsteinschätzung. Schon in dieser Tatsache liegt ein Antrieb, die Rationalisierung gerade in Richtung auf die Kleinhaltung der Familie zugunsten einer guten Ausbildung für die vorhandenen Kinder voranzutreiben.

Die verschiedenen Sozialschichten sind nun in unseren demokratischen Lebensformen nicht mehr ständisch (von „Stände“) gegeneinander abgesetzt, sondern gerade in den städtischen Verhältnissen der Industriegesellschaft in engstem Kontakt miteinander. Alle Übergänge sind grundsätzlich offen und die Grenzen fließend. Der Aufwand entscheidet über die Einreihung in eine der Sozialschichten; diese sind überhaupt nicht mehr nach ihren Produktionsverhältnissen, sondern nur noch nach ihrem Aufwand gegeneinander abgrenzbar. So entsteht eine alle Schichten durchsäuernde Aufwandskonkurrenz, von ihr geht ein ständiger Druck aus auf die sozial nicht gebundenen und damit rationell noch beschränkbaren Aufwandteile, darunter vor allem die Kinderzahl.

Begleittext 2.2:

Emile Durkheim: *Der Selbstmord.* Luchterhand, Neuwied 1974 (1897), S. 168–174.

Der Selbstmord muß deshalb vorwiegend andere Ursachen haben als allein die Religionszugehörigkeit.

Wir finden sie im Wesen dieser beiden Konfessionen begründet. Beide verbieten eindeutig den Selbstmord. Nicht nur belegen beide ihn mit außerordentlich strengen moralischen Tabus, sie lehren auch, daß jenseits des Grabes ein neues Leben beginnt, in dem die Menschen für ihre bösen Taten bestraft werden; unter diese rechnet der Protestantismus den Selbstmord ebenso wie der Katholizismus. Endlich sind diese Verbote bei beiden Religionen göttlichen Ursprungs; sie werden nicht als logische Folgerung eines vernunftgemäßen Denkens dargestellt, sondern sie stammen von Gott selber. Wenn nun der Protestantismus die Entwicklung des Selbstmords begünstigt, dann liegt das nicht an dessen dogmatisch verschiedener Behandlung. Wenn in diesem einen Punkt die beiden Religionen die gleiche Auffassung haben, dann muß ihre ungleiche Wirkung auf die Selbstmordrate von allgemeineren Merkmalen herrühren, durch die sie sich unterscheiden.

Nun ist aber der einzige wesentliche Unterschied zwischen Katholizismus und Protestantismus der, daß dieser der freien Forschung weit mehr Raum zugesteht als jener. Zwar dadurch, daß der Katholizismus eine idealistische Religion ist, läßt er an Nachdenken und Meditation bereits weit mehr zu als der graeko-lateinische Polytheismus oder der jüdische Monotheismus. Er gibt sich nicht mehr mit gewohnheitsmäßigen Handlungen zufrieden, sondern er erstrebt eine Herrschaft über das Gewissen. An dieses also wendet er sich, und selbst wenn er von der Vernunft blinde Unterwerfung verlangt, so spricht er doch in der Sprache der Vernunft. Es trifft deshalb aber nicht weniger zu, daß der Katholik seinen Glauben als Ganzes, ohne Kritik, empfängt. Er kann ihn nicht einmal der Nachprüfung durch die Geschichte unterziehen, da ihm die Einsicht in die Originaltexte, auf die dieser Glaube aufgebaut ist, versagt wird. Mit großem Geschick wird eine ganze Hierarchie von Autoritäten aufgeboten, die die Tradition garantieren sollen. Jede *Veränderung* schreckt katholisches Denken. In weit höherem Grade ist der Protestant Schöpfer seines eigenen Glaubens. Man gibt ihm die Bibel in die Hand und es wird ihm keine bestimmte Auslegung aufgezwungen. Dieser religiöse Individualismus erklärt sich aus der Eigenart des reformierten Glaubens. Nur in England findet man eine Hierarchie des protestantischen Klerus. Der Priester ist, wie jeder Gläubige, nur sich selbst und seinem Gewissen verantwortlich. Er ist zwar ein besser unterrichteter Führer als der gemeine Gläubige, hat aber keine besondere Autorität, Dogmen zu fixieren. Was aber am deutlichsten diese Freiheit zur Prüfung bezeugt, die von dem Reformatoren gefordert wurde und die nicht nur Idee blieb, ist die wachsende Vielfalt aller möglichen Sekten, die sich so lebhaft von der unteilbaren Einheit der katholischen Kirche abhebt.

Wir kommen also zu dem ersten Ergebnis, daß die Anfälligkeit des Protestantismus gegenüber dem Selbstmord mit dem diese Religion bestimmenden Geist der freien Forschung zusammenhängt. Versuchen wir daher, dieses Verhältnis richtig zu verstehen. Die freie Forschung selbst ist nur die Folge einer anderen Ursache. Als sie auftauchte und die Menschen, nachdem sie lange Zeit ihren Glauben vorgefertigt von der Tradition übernommen hatten, nun das Recht beanspruchten, selbst darüber zu bestimmen, geschah es nicht auf Grund der der freien Forschung innewohnenden Anziehung, die ebenso viel Leid wie Freude birgt, sondern weil die Gläubigen von nun an dieser Freiheit bedürfen. Nun aber kann dieses Bedürfnis selbst nur eine Ursache haben, und die liegt in der Erschütterung der überlieferten Dogmen. Wenn sie sich stets mit dem gleichen Nachdruck aufdrängten, würde man nicht einmal daran denken, sie zu kritisieren. Wenn sie immer dieselbe Autorität gehabt hätten, würde man nicht nach der Quelle ihrer Autorität fragen. Das Nachdenken entwickelt sich erst dann, wenn es notwendig wird, daß es sich entwickelt, das heißt, wenn bestimmte, nicht durchdachte Vorstellungen und Gefühle, die bis dahin das Verhalten ausreichend bestimmten, ihre Wirksamkeit verloren haben. Dann ist es bestrebt, die entstandene Leere auszufüllen, auch wenn es sie nicht geschaffen hat. So wie es einschläft, wenn Gedanken und Handlungen automatisch und gewohnheitsmäßig ablaufen, so wacht es nur auf, wenn sich vertraute Gewohnheiten auflösen. Es beansprucht sein Recht gegenüber der öffentlichen Meinung nur, wenn diese nicht mehr die gleiche Kraft hat, also nicht mehr gleichermaßen von allen geteilt

wird. Wenn das nicht nur zeitweilig und in Form einer vorübergehenden Krise geschieht, sondern chronisch wird, wenn das Bewußtsein des einzelnen sich selbst konstant seine Autonomie bestätigt, dann deswegen, weil es beständig in verschiedenen Richtungen hin- und hergerissen wird und weil sich noch keine neue Meinung als Ersatz für die alte gebildet hat, die nicht mehr herrscht. Wenn sich ein neues Glaubenssystem geformt hätte, das für alle ebenso einleuchtend gewesen wäre wie das alte, dann dächte niemand daran, es zu diskutieren. Es wäre überhaupt nicht zulässig, es zur Diskussion zu stellen. Denn wenn eine ganze Gesellschaft bestimmte Ideen teilt, dann gewinnen diese daraus eine Autorität, die sie sakrosankt macht und jedem Angriff entzieht. Damit sie toleranter sind, ist es nötig, daß sie schon weniger allgemein und unbedingt geworden sind, daß sie durch vorhergehende Kontroversen schon geschwächt sind.
Wenn es also wahr ist, daß freie Kritik, ist sie einmal proklamiert, Spaltungen vervielfacht, dann muß man hinzufügen, daß sie diese voraussetzt und aus ihnen entsteht, denn sie ist nur darum als Prinzip erforderlich und eingesetzt, damit sich latente oder beginnende Spaltungen leichter entwickeln können. Wenn der Protestantismus dem eigenen Denken folglich mehr Raum läßt als der Katholizismus, dann aus dem Grunde, weil er weniger mit allgemeingültigen Glaubensvorstellungen und Gewohnheiten rechnet. Denn es gibt keine Religionsgemeinschaft ohne ein allen gemeinsames Credo, und sie ist um so homogener und stärker, je breiter die Basis dieses Credo ist. Denn sie verbindet nicht die Menschen durch gegenseitigen Austausch von Diensten – ein nur vergängliches Band, das Differenzen einschließt oder sogar voraussetzt, die zu schlichten ihr unmöglich ist. Sie sozialisiert nur, weil sie sie alle an den gleichen Lehrkodex bindet, und die Gemeinschaft ist um so enger, je umfassender und fester gebaut dieser Lehrkodex ist. Je mehr Denken und Handeln religiös bestimmt und folglich der freien Kritik entzogen sind, um so mehr ist die Gottesidee in allen Einzelheiten des Lebens gegenwärtig und lenkt den Willen des einzelnen auf ein einziges und gleichbleibendes Ziel. Umgekehrt, je mehr eine Glaubensgemeinschaft dem Urteil des einzelnen überläßt, desto mehr entfremdet sie sich seinem Leben, desto weniger Zusammenhalt und Vitalität zeichnet sie aus. Wir kommen also zu dem Schluß, daß der Grund für die größere Selbstmordanfälligkeit der Protestanten darin zu suchen ist, daß er als Kirche weniger stark integriert ist als die katholische.

Begleittext 2.3:

Norman Campbell: *What is Science?* New York, Dover 1952 (1921), S. 76–84. (Übersetzung v. Autor)

„. . . Ganz allgemein versteht man unter Erklärung die Übersetzung einer Aussage in eine annehmbare und befriedigendere Form. Wenn beispielsweise jemand uns etwas in einer uns unverständlichen Sprache sagt, in einer Fremdsprache oder im Jargon eines Berufsstandes, mit dem wir nicht vertraut sind, dann werden wir darum bitten, uns das Gesagte zu erklären. Und diese gewünschte Erklärung bekommen wir schon, wenn er nur die Form seiner Aussagen ändert, wenn er sie in einer uns vertrauten Sprache formuliert. In dieser neuen Form ist das Gesagte für uns . . . befriedigender, es ruft jetzt eine ganz eindeutige Gedankenassoziation bei uns hervor; deshalb sagen wir, wir verstünden es. Wenn wir zu jemandem sagen, er möge uns sein Verhalten erklären, dann deshalb, weil wir die Motive, die ihn leiteten, nicht kennen oder nicht zu kennen vorgeben. Wir werden das Gefühl haben, daß er uns eine vollständige Erklärung gegeben hat, wenn er uns zeigt, daß er Motive besaß, die auch unser Verhalten gewöhnlich bestimmen – mit anderen Worten, wenn uns diese Motive vertraut sind.

Aber es ist nicht immer Vertrautheit, die Erklärungen ... charakterisiert. Nicht alle Erklärungen bestehen darin, Unbekanntes auf Bekanntes zurückzuführen. Gerade die Erklärungen, die man gemeinhin von der Wissenschaft erwartet, enthalten Ideen, die keineswegs Allgemeingut sind. Vielleicht möchten wir von einem uns bekannten Wissenschaftler erklärt bekommen, warum es bei Frost Rohrbrüche gibt oder warum der Wandanstrich in einem Zimmer mit Gaslicht schneller verschmutzt als in einem elektrisch beleuchteten. Wir werden zur Antwort bekommen, daß die Rohrbrüche auf die Ausdehnung des Wassers beim Gefrieren zurückzuführen sind und daß das Nachdunkeln der Zimmerwände daher kommt, daß sich das weiße Pigment mit dem im Stadtgas enthaltenen Schwefel zu Substanzen verbindet, die eine dunkle ... Farbe haben. Was hier angeführt wird, ist uns zweifellos weniger vertraut als die Erscheinungen, die damit erklärt werden sollen. Es ist bekannter, daß es bei Frost häufig zu Rohrbrüchen der Wasserleitungen kommt, als daß Wasser sich – im Gegensatz zu den meisten Flüssigkeiten – ausdehnt, wenn es gefriert. Ebenso ist uns geläufiger, daß Wandfarbe allmählich dunkel wird, als daß Bleikarbonat (eines der gängigen weißen Pigmente) durch Schwefel in schwarzes Bleisulfid umgewandelt wird. Warum haben wir dennoch das Gefühl, daß unsere Fragen beantwortet sind? ... Weil die Ereignisse und Veränderungen auf ein allgemeines Gesetz zurückgeführt werden konnten. Wasser dehnt sich beim Gefrieren *stets* aus, obwohl es dabei nicht immer Wasserrohre sprengt, da es sich nicht unbedingt in Rohren oder in einem verschlossenen Gefäß befindet. Bleikarbonat geht mit dem im Stadtgas enthaltenen Schwefel *immer* die gleiche Verbindung ein, auch wenn es nicht als Pigment benutzt wird. Dieses Wissen gibt uns die Sicherheit, daß das von uns Beobachtete kein mysteriöser Einzelfall ist, sondern Resultat allgemeiner und fundamentaler Gesetzmäßigkeiten. Man darf es wohl als einen Grundinstinkt unseres geistigen Wesens ansehen, daß wir allgemeinere Prinzipien auch als befriedigender empfinden; es ist genau dieser Instinkt, der den Menschen ursprünglich zu jenen Forschungen trieb, aus denen sich die Wissenschaft entwickelt hat. Man könnte auch sagen, daß das ... „Ordnen" unserer Erfahrungen durch Gesetzmäßigkeiten zugleich die Erklärung dieser Erfahrungen bildet. Gesetzmäßigkeiten erklären das Erlebte, weil sie es in eine Ordnung bringen und Einzelfälle allgemeinen Prinzipien zuordnen. Eine Erklärung wird um so befriedigender sein, je allgemeingültiger die Prinzipien sind, auf die sie sich beruft ... Die Erklärung für Rohrbrüche empfinden wir dadurch als noch befriedigender, daß die Ausdehnung des Wassers beim Gefrieren auch noch mit weiteren gängigen Erfahrungen übereinstimmt, zum Beispiel damit, daß Eis sich zuerst an der *Oberfläche* und nicht am Boden eines Teiches bildet.

Sicher gibt es auch andere Arten von Erklärungen; aber für unsere Zwecke ist es wichtig zu beobachten, daß Erklärungen im Alltagsleben oft auf diesen beiden Prinzipien beruhen – daß Ideen befriedigender sind, wenn sie entweder vertrauter oder allgemeiner sind. Jedes dieser beiden Kriterien kann zur Grundlage einer Erklärung werden.

Wenn man nun nach dem Wesen der wissenschaftlichen Erklärung von Gesetzen fragt – und damit wollen wir uns in diesem Kapitel befassen – dann erhält man meist die Antwort, daß Gesetze erklärt würden, indem man sie auf noch allgemeinere Gesetze zurückführt. Nach dieser Auffassung ist die Erklärung eines Gesetzes nur die Fortführung der Bildung eines Gesetzes: sie besteht einfach im Fortschreiten vom Spezielleren zum Allgemeineren. Irgendwann hat dieses Vorgehen natürlich ein Ende; man kommt schließlich zu so allgemeinen Gesetzen, daß man sie vorerst keinen noch allgemeineren unterordnen kann. Wenn es (aber) möglich wäre, alle wissenschaftlichen Gesetze einem extrem allgemeinen und universellen Gesetz unterzuordnen, dann wäre nach dieser Auffassung das Ziel der Wissenschaft erreicht.

Ich halte diese Meinung für vollkommen falsch und glaube, daß sie dazu führt, das Wichtigste an der Wissenschaft zu vernachlässigen, ihren Sinn und ihre Entwicklung völlig mißzuverstehen. Ich glaube nicht, daß irgendein Gesetz dadurch erklärt werden kann, daß man es allgemeineren Gesetzen unterordnet ...

... selbst wenn wir ein spezielles auf ein allgemeineres Gesetz zurückführen könnten, böte das keine Erklärung. Man kann die Ausdehnung von Wasserstoff bei Erhitzung nicht damit erklären, daß alle Gase sich bei Erwärmung ausdehnen. Diese Aussage würde uns nur dazu führen zu fragen, warum alle Gase sich ausdehnen. Eine Erklärung aber, die sofort zu einer weiteren Frage gleicher Art führt, ist keine Erklärung.

Was ist eine Theorie?

Wie aber erklärt dann die Wissenschaft Gesetze? Sie erklärt sie mit Hilfe von Theorien, die selbst keine Gesetze sind, wenn auch Gesetzen eng verwandt. ...

Wir kennen eine große Zahl von Gesetzen über die physikalischen Eigenschaften aller Gase. Luft, Grubengas, Wasserstoff und andere Gase unterscheiden sich in ihren chemischen Eigenschaften, im Hinblick auf die allgemeineren Gasgesetze aber sind sie ähnlich. Zwei dieser Gesetze spezifizieren, in welcher Weise sich der Druck, den ein gegebenes Quantum eines Gases auf den Behälter ausübt, in dem es enthalten ist, mit dem Volumen des Gefäßes und der Temperatur des Gases variiert. Das Boyle'sche Gesetz besagt, daß der Druck dem Volumen umgekehrt proportional ist, so daß er sich verdoppelt, wenn das Volumen auf die Hälfte reduziert wird. Das Gay-Lussac'sche Gesetz sagt aus, daß bei konstantem Volumen der Druck proportional zur Temperatur wächst (...). Alle diese Gesetze werden durch eine Lehre „erklärt", die als Dynamische Gastheorie bekannt ist, zu Beginn des vergangenen Jahrhunderts entwickelt wurde und heute allgemein akzeptiert ist. Nach dieser Theorie bestehen Gase aus einer ungeheuren Anzahl winziger Teilchen, Molekülen, die in allen Richtungen hin und her fliegen und dabei miteinander ebenso wie mit den Wänden des jeweiligen Gefäßes zusammenstoßen, die Bewegungsgeschwindigkeit der Moleküle erhöht sich mit steigender Temperatur; ihr Aufprall auf die Wände des Gefäßes macht sich als Druck ... bemerkbar. ...

Wenn man sagt, daß diese Theorie die Gasgesetze erklärt, dann meint man zweierlei. Erstens, daß wir beweisen können, daß die zu erklärenden Gesetze wahr sind, wenn wir annehmen dürfen, daß die Theorie wahr ist. Man nimmt an, daß die Moleküle festen Teilchen wie etwa Murmeln oder Sandkörnern ähneln. Aus den allgemeinen Gesetzen der Dynamik (...) wissen wir, wie sich der Zusammenstoß der Teilchen miteinander und mit den Gefäßwänden auf ihre Bewegungen auswirkt. Aus den gleichen Gesetzen wissen wir, wie groß der Druck auf die Gefäßwände sein wird, der sich aus dem Aufprall einer gegebenen Anzahl von Teilchen gegebener Masse ergibt, die sich mit einer bestimmten Geschwindigkeit bewegen. Wir können zeigen, daß Teilchen, wie sie die Theorie im Auge hat, bei der entsprechenden Geschwindigkeit in der Tat den bei Gasen beobachteten Druck ausüben würden, und daß dieser Druck mit dem Volumen des Gefäßes und der Temperatur in eben der Weise variieren würde, wie es die Gesetze von Boyle und Gay-Lussac besagen. Mit anderen Worten, wir könnten die Gesetze aus der Theorie ableiten.

Zweifellos ist das ein Aspekt, an den wir denken, wenn wir sagen, daß die Theorie die Gesetze erklärt; könnten die Gesetze nicht aus der Theorie abgeleitet werden, dann würde die Theorie sie auch nicht erklären und wäre selbst nicht wahr. Aber das kann nicht alles sein. Denn sonst wäre jede andere Theorie, aus der die Gesetze logisch abgeleitet werden können, in gleichem Maße eine Erklärung und sie wäre ebenso wahr. Die Zahl von „Theorien", aus denen die Gesetze sich ableiten lassen, ist unendlich; es ist nur eine logische Fleißübung, eine Anzahl von Aussagen zu finden, aus denen eine zweite Gruppe von Aussagen folgt; jedermann könnte zwanzig solcher Theorien in wenigen Stunden erfinden. Zum Beispiel die, daß die beiden Feststellungen, wonach (1) der Druck eines Gases mit der Temperatur steigt und (2) ansteigt, wenn das Volumen verringert wird, aus der einen Aussage abgeleitet werden können, daß der Druck mit einem Ansteigen der Temperatur und einer Verringerung des Volumens steigt. Natürlich würde diese Aussage die beiden Gesetze nicht erklären, sondern nur umformulieren. Aber genau das ist es, woraus Deduktionen bestehen; eine Schlußfolgerung aus Voraussetzungen abzuleiten, bedeutet nichts anderes, als die Voraussetzungen in anderen Worten auszudrücken.... Wenn das einzige Kriterium einer Theorie darin bestünde, daß man Gesetze aus ihr ableiten kann, dann gäbe es keinen Unterschied zwischen einer Theorie, die, ohne Neues zu bringen, die Gesetze nur anders formuliert und einer Theorie, die, wie in unserem Beispiel, zweifellos etwas Wesentliches hinzufügt.

Deshalb kann kein Zweifel daran bestehen, daß wir nicht nur an logische Ableitung denken, wenn wir sagen, daß eine Theorie Gesetze erklärt. Die Deduzierbarkeit ist notwendig, aber nicht ausreichend. Was ist sonst noch erforderlich? Ich glaube die beste Antwort ist die, daß eine Theorie, die erklären soll, – erklären muß. Sie muß etwas zu unserem Verständnis hinzufügen, sie muß Ideen enthalten, die für uns annehmbar sind. Der Leser dürfte den Eindruck haben, daß dies für die Erklärung, die die Dynamische Theorie für die Eigenschaften von Gasen liefert, zutrifft. Selbst wenn er nicht wüßte (...), daß sich die Gesetze aus der Theorie ableiten lassen, würde er den Eindruck haben, daß die Idee sich bewegender Teilchen bzw. die Vorstellung, daß die Eigenschaften von Gasen als das Resultat der Bewegung solcher Teilchen aufgefaßt werden können, so etwas wie eine Erklärung dieser Eigenschaften liefert. Sie würde selbst dann eine gewisse Erklärung liefern, wenn sich die Gesetze nicht korrekt ableiten ließen; sie würde dann immer noch eine Erklärung liefern, obwohl es eine falsche Erklärung wäre.

Der Grund für einen solchen Eindruck ist, glaube ich, der folgende: Nur Experimentalphysiker wissen aus Erfahrung etwas über die Gesetzmäßigkeiten von Gasen; im alltäglichen Leben stoßen wir nicht auf sie, und selbst die, die mit diesen Gesetzen vertraut sind, denken außerhalb der Arbeitszeit nicht an sie. Das Verhalten fester Körper andererseits ist jedermann vertraut; wir alle wissen so ungefähr, was passiert, wenn solche Körper aufeinander oder auf eine feste Wand stoßen, selbst dann, wenn wir die genauen dynamischen Gesetze, die dabei im Spiel sind, nicht kennen. Mit Körpern, die in Bewegung sind, haben wir in unserem täglichen Leben ständig zu tun ... Bewegung ist das Vertrauteste, was es in der Welt gibt; was immer passiert, erfolgt durch Bewegung. Deshalb bedeutet es eine Erklärung, wenn wir eine Verbindung zwischen den uns nicht ohne weiteres verständlichen Veränderungen herstellen, denen Gase bei einer Temperatur- oder Volumenänderung unterliegen, und den uns nur allzu vertrauten Veränderungen, die mit der Bewegung und den wechselseitigen Beeinflussungen fester Körper verbunden sind – das Verhalten der Gase wird so für uns verständlicher."

Begleittext 2.4:

Alfred Bellebaum: *Soziologische Grundbegriffe,* Kohlhammer, Stuttgart 1972, S. 15.

Soziale Regelmäßigkeiten. Die Soziologie ist zwar auf die Kenntnis einzelner Tatsachen angewiesen, ihre Hypothesen und Theorien reichen jedoch über den individuellen Fall hinaus. Der Soziologie geht es vorwiegend gar nicht um den einzelnen Fall, sondern um eine Vielzahl gleichgelagerter Fälle.

Schon die tägliche Erfahrung zeigt *typische Handlungsabläufe,* denn vielfach denken und handeln die Menschen nicht einzeln für sich und beliebig. Viele gehen morgens zur Arbeit, zeugen nur als Verheiratete, erstreben ein hohes Gehalt, danken Gott für geschäftlichen Erfolg, spenden steuerbegünstigt für Verarmte, halten sich für auserwählt. Tag für Tag tut man zahlreiche Dinge nicht allein, sondern zusammen mit anderen Menschen und wie andere

Menschen. Über vieles wird nicht eigens nachgedacht, es erscheint selbstverständlich, es geschieht routinemäßig. In anderen Fällen sind die Verhältnisse undurchsichtiger, werden Regelmäßigkeiten erst durch Forschung entdeckt. Dies betrifft beispielsweise menschliches Handeln im Betrieb, genauer das Geflecht gegenseitiger Zu- und Abneigungen.
Soziale Regelmäßigkeiten sind nach Zeit und Ort verschieden. Mitglieder einfacher Gesellschaften handeln vielfach anders als Angehörige einer industriellen Gesellschaft. Das zeigt sich etwa in der Einstellung zu überirdischen Mächten und dem ihnen zugeschriebenen Einfluß. Auch innerhalb einer bestimmten Gesellschaft gibt es bemerkenswerte Unterschiede. So handeln bei uns viele Jugendliche anders als ältere Menschen, sind die Lebenseinstellungen verschieden etwa nach sozialen Schichten, Beruf, Bildungsstand und Konfession. Solche Unterschiede ändern jedoch nichts daran, daß es unabhängig von Zeit und Ort überall irgendwelche sozialen Regelmäßigkeiten gibt. Menschen, die sich in gleichen Situationen befinden, handeln gleich oder doch annähernd gleich. Die Soziologie interessiert sich vorwiegend für solche Handlungsmuster und deren Ursachen.

Begleittext 2.5:

Alfred Bellebaum: *Soziologische Grundbegriffe,* Kohlhammer, Stuttgart 1972, S. 43/44.

Universalität sozialer Normen. Die in den gruppengebundenen sozialen Beziehungen aufweisbaren sozialen Regelmäßigkeiten sind im allgemeinen zugleich Ausdruck gruppenspezifischer Einstellungen, Überzeugungen und Handlungen. Zur Erklärung verweist der Soziologe auf gruppenbezogene soziale Normen.
Praktische Arbeit mit sozialen Gruppen stößt immer auf soziale Normen. Auseinandersetzungen innerhalb und zwischen sozialen Gruppen gründen meistens in unterschiedlichen Vorstellungen über soziale Normen.
Soziale Normen schreiben Handlungsweisen vor. Das ist soweit einsichtig, denkt man etwa an Vorschriften wie: Gutes tun, Vorgesetzte achten, Sünden bereuen und Reiche bestehlen. Sozial nennt der Soziologe die – von ihm gemeinten – Normen zunächst einmal deshalb, weil sich die Gebote in der Regel nicht auf einen, sondern auf mehrere Menschen richten. Das leuchtet ebenfalls ein, denkt man an Verkehrsregeln, Heiratsvorschriften, Eßgewohnheiten, Kontakte mit überirdischen Mächten, Arbeitsanweisungen und Regeln der Kriegsführung. Als sozial lassen sich Normen aber auch deshalb begreifen, weil sie für die menschliche Existenz unerläßlich sind. Will man die Bedeutung sozialer Normen erkennen, sollte man sich vorstellen, was wäre, wenn es sie nicht gäbe. Seine biologische Ausstattung gestattet dem Menschen jedenfalls keine dem tierischen Verhalten vergleichbare Gerichtetheit und Sicherheit des Handelns. Gäbe es keine Entlastung von dieser Hilflosigkeit, wären völlige Instabilität, Beliebigkeit und Unvoraussehbarkeit die Folgen.
Das Wort ‚Folgen' könnte allerdings mißverstanden werden, so als wäre es vorstellbar, daß sie weithin und dauerhaft eintreten. Gerade das ist nicht der Fall. Menschen sind auf Beziehungen mit anderen Menschen angewiesen, und das erfordert irgendwelche Regeln, die dauerhafte Kontakte allererst ermöglichen. Totale Regellosigkeit – ein anderer Ausdruck für völlige Beliebigkeit und Instabilität – ist nur als irreale Möglichkeit vorstellbar. Soziale Normen sind eine *anthropologische Voraussetzung* für Handeln. Sie sind deshalb auch mit Instinkten verglichen und sogar als Instinktersatz bezeichnet worden. Soziale Normen und Instinkte ähneln sich jedenfalls darin, daß beide allererst Spezialisiertheit, Richtung und Stabilität ermöglichen. Soziale Normen korrigieren sozusagen die durch Instinktarmut, Instinktresiduen und Plastizität der Instinkte bedingte Weltoffenheit des Menschen. Er ist zwar instinktmäßig ungesichert und also, biologisch gesehen, weltoffen, aber diese Weltoffenheit

bedeutet eben nicht schlechthin Willkür. Natürlich waren und sind Menschen weltoffen insofern, als etwa das Ausmaß von Inbesitznahme und Gestaltung der Umwelt sowie die Formen der sozialen Beziehungen und deren Sinndeutung fast unbegrenzt erscheinen. Und so gesehen wäre es auch gerechtfertigt, Weltoffenheit mit Willkür gleichzusetzen. Dennoch „(begrenzen) soziale Normen offenbar die Willkür in den Beziehungen der Menschen zueinander" (H. Popitz). Geschähe das nicht, sähen sich die Menschen dauernd einer nahezu unendlich großen Zahl möglicher Handlungen gegenübergestellt. Sie müßten ununterbrochen sämtliche Möglichkeiten in jeder Situation umfassend und immer erneut bedenken.
Das bedeutet schließlich Handlungsunfähigkeit. Soziale Normen bieten also Entlastung von den Folgen biologischer Weltoffenheit. Diese wird immer wieder eingegrenzt – und sie muß es. Nicht die Gesamtheit alles Möglichen wird und ist für die sozialen Beziehungen bedeutsam. Man sagt deshalb auch, daß für menschliches Handeln schon anthropologisch gesehen „Reduktionen von Komplexität (N. Luhmann) unerläßlich sind.

Begleittext 2.6:

Hr. R. Christen: *Grundlagen der organischen Chemie,* Hager, München 1970, S. 18–21.

1. Seit dem Beginn des zwanzigsten Jahrhunderts weiß man, daß das „Atom" keineswegs unteilbar ist, sondern daß es in komplizierter Weise aus verschiedenen „Elementarteilchen" (Protonen, Neutronen, Elektronen) besteht. Schon früh wurden deshalb Modellvorstellungen über den Bau der Atome entwickelt. Der von Rutherford 1911 durchgeführte „Streuversuch" ... führte zum Schluß, daß die schweren Atombestandteile ... zusammen einen äußerst dicht gepackten, kleinen „Atomkern" bilden, um welchen sich die Elektronen als „Elektronenhülle" bewegen ...
2. Nach Bohr kommt das ausgesandte Licht dadurch zustande, daß ein Elektron von einem energiereicheren in einen energieärmeren Zustand übergeht, ... wobei die der Differenz der beiden Zustände entsprechende Energie als Licht frei wird ...
3. Für die Elektronen läßt sich der Aufenthaltsort nur mit einer gewissen Unschärfe, d.h. mit einer gewissen Wahrscheinlichkeit angeben. Eine solche räumliche „Wahrscheinlichkeitsverteilung" kann als eine in bestimmter Weise über das Atom verteilte „Wolke" ... veranschaulicht werden, wobei diese „Ladungswolken" an Stellen größter Aufenthaltswahrscheinlichkeit (d.h. dort wo sich ein Elektron am häufigsten aufhält) ihre größte Dichte besitzen ...
4. Die Quantentheorie (Planck) postuliert für das Licht eine „Doppelnatur"; je nach der Betrachtung ist es als Wellenbewegung oder als korpuskulare Erscheinung aufzufassen. Die bekannten Beugungserscheinungen an Gittern oder an einem Spalt einerseits sowie der lichtelektrische Effekt (auf die Oberfläche bestimmter Metalle auftretendes Licht vermag Elektronen aus dem Metall herauszulösen) andererseits bilden die auffälligsten „Beweise" für diese Doppelnatur.
5. Man fragt sich vielleicht, wie man diese Wellen-Teilchen-Doppelnatur „verstehen" soll. Wenn man unter „Verstehen" ein Zurückführen des Neuen auf etwas Bekanntes meint, d.h. auf etwas, an das man sich auf Grund der Alltagserfahrung gewöhnt hat (das aber ohne diese Gewöhnung ebenso unverständlich ist wie das Neue), so kann man sie nicht verstehen. Naturwissenschaftliches „Verstehen" bedeutet nun aber nichts anderes als das Naturgesetz erkennen, nach welchem bestimmte Erscheinungen stattfinden. In diesem Sinne läßt sich der Welle-Teilchen-Dualismus ebenso als Naturgesetz zur Kenntnis nehmen wie die durch die Gesetze der klassischen Mechanik zu beschreibenden Erscheinungen der Alltagserfahrung.

B. Ansatzpunkte soziologischen Denkens

III. Was sind Grundbegriffe?

Im vorangegangenen Kapitel haben wir dargelegt, daß wissenschaftliche Erklärungen gewöhnlich darauf hinauslaufen, Beobachtbares durch Nichtbeobachtbares zu erklären. Wir stellen beispielsweise fest, daß Menschen sich ähnlich verhalten (Beobachtungstatbestand) und führen es darauf zurück, daß sie sich an den gleichen ungeschriebenen Gesetzen, an sozialen Normen, orientieren (nicht beobachtbar). Ein weiteres Beispiel war Durkheims Selbstmordtheorie. Durkheim entnahm den Statistiken, daß protestantische Bevölkerungsgruppen eine relativ hohe Selbstmordrate aufweisen (Beobachtungstatbestand) und erklärte dies damit, daß die protestantische Kirche in sich weniger integriert sei als die katholische (nicht beobachtbar).

An Textbeispielen versuchten wir dann zu veranschaulichen, durch welchen Typ von Überlegungen man überhaupt dazu kommt, von theoretischen Faktoren wie „Normen" oder „Integration" zu sprechen. Die Ausführungen von Bellebaum zeigten, wie der Wissenschaftler zunächst von alltäglichen Beobachtungen ausgeht und sich dann etwas *ausdenkt,* das zu den beobachteten Erscheinungen geführt haben *könnte.* Bei Bellebaum fanden wir lediglich allgemeingehaltene Gedanken, die für sich genommen zur Erklärung konkreter Ereignisse noch nicht ausreichen, jedoch zur Konstruktion brauchbarer Erklärungen führen können. Was Durkheim mit seiner Selbstmordanalyse anstrebte, war mehr. Im Begleittext 2.2 sahen wir, wie er eine Ursache skizzierte (Integration) und damit im gleichen Zuge eine Erklärung für ein Erfahrungsgesetz konstruierte. Zunächst führte er einige Tatsachen an: daß es im Protestantismus zahlreiche Sekten gebe, daß der einzelne Gläubige die Bibel selbst lesen und deuten dürfe und daß keine Priesterhierarchie existiere, die zur verbindlichen Auslegung der Glaubenssätze befugt ist. Daran knüpfte er eine Reihe von Vermutungen, aufgrund derer die relativ hohe Selbstmordrate der Protestanten schließlich als Ergebnis der geringen Integration des Protestantismus erschien. Er deutete die Denkfreiheit des Individuums im Protestantismus als Belastung, welche die Menschen nur auf sich nehmen konnten, weil sie über keine festen Leitbilder mehr verfügten:

„Als ... die Menschen, nachdem sie lange Zeit ihren Glauben vorgefertigt von der Tradition übernommen hatten, nun das Recht beanspruchten, selber darüber zu bestimmen, geschah es nicht aufgrund der der freien Forschung innewohnenden Anziehung, die ebensoviel Leid wie Freude bringt. ... Das Nachdenken entwickelt sich erst dann, wenn es notwendig wird, ... das heißt, wenn bestimmte, nicht durchdachte Vorstellungen und Gefühle, die bis dahin das Verhalten ausreichend bestimmten, ihre Wirksamkeit verloren haben" (Durkheim, 1974: 169/70).

Feste Leitbilder aber konnten nach Durkheims Auffassung nur in einer festgefügten Gemeinschaft entstehen; wo sie fehlten, mußte dies als Beleg für den mangelnden Zusammenhalt der Gemeinschaft gewertet werden, die damit auch dem einzelnen Mitglied nur wenig Halt zu geben vermag:

„Je mehr Denken und Handeln ... der freien Kritik entzogen sind, um so mehr ist die Gottesidee in allen Einzelheiten des Lebens gegenwärtig und lenkt den Willen des einzelnen auf ein einziges und gleichbleibendes Ziel. Umgekehrt, je mehr eine Glaubensgemeinschaft dem Urteil des einzelnen überläßt, desto mehr entfremdet sie sich seinem Leben, desto weniger Zusammenhalt und Vitalität zeichnet sie aus. Wir kommen also zu dem Schluß, daß der Grund für die größere Selbstmordanfälligkeit des Protestantismus darin zu suchen ist, daß er als Kirche weniger stark integriert ist als die katholische" (Durkheim, 1974: 171).

Im Grunde sind dies natürlich nichts weiter als unbewiesene Vermutungen. Für Durkheim bedurften sie auch gar keines Beweises; sie erschienen ihm sogar so plausibel, daß er sie als Argumente für die von ihm gewählte Erklärung ansah.
Die theoretischen Ideen der Wissenschaftler haben allerdings nicht nur die Aufgabe, plausible Erklärungen für bereits festgestellte Tatbestände zu liefern, sondern sollen auch helfen, neue und bisher unbekannte Gesetzmäßigkeiten zu entdecken. Diese liegen typischerweise nicht so offen zutage wie der durch Statistiken belegte Zusammenhang zwischen Konfession und Selbstmordrate. Erst mit Hilfe theoretischer Überlegungen gelingt es im allgemeinen, diejenigen Tatbestände herauszuarbeiten, zwischen denen sich gesetzesartige Beziehungen herstellen lassen. Nehmen wir zum Beispiel die folgende Gesetzmäßigkeit:

„Je mehr das Kind mit seinen Eltern oder anderen Erwachsenen verkehrt und je weniger mit Gleichaltrigen, um so wahrscheinlicher kommt es bei ihm zu Aufstiegsmobilität ..." (Berelson und Steiner, 1972, II: 292).

In diesem Beispiel besteht die *theoretische Überlegung* in der Annahme, daß die Chancen eines Kindes hinsichtlich der Aufstiegsmobilität durch die Erfahrungen innerhalb der Familie beeinflußt werden. Erst aufgrund solcher Überlegungen beobachtet man *Tatbestände* wie die Kontakthäufigkeit zwischen Kindern und Erwachsenen einerseits und Kindern untereinander andererseits, und erst aufgrund dieser gezielten Beobachtungen konnte die oben zitierte *Gesetzmäßigkeit* gefunden werden. Die theoretischen Ideen leiten also auch unsere Wahrnehmung. Wie kam z.B. Durkheim darauf, den Protestantismus als wenig integrierte Religionsgemeinschaft zu beschreiben? Warum war ihm die Vielfalt der Sekten und die begrenzte Autorität der Geistlichkeit überhaupt aufgefallen? Zweifellos nur deshalb, weil er die straffe Organisation und den Zusammenhalt einer Gruppe als wichtige Faktoren für das Verhalten von Individuen betrachtete.

1. Begriffe als Modellbausteine

Wenn theoretische Ideen uns helfen sollen, den Gesetzmäßigkeiten der Wirklichkeit auf die Spur zu kommen, dann müssen sie bereits ein, wenn auch vereinfachtes Bild von dieser, im einzelnen noch zu erforschenden Wirklichkeit sein. Gesetzmäßigkeiten lassen sich als Hypothesen aus diesem „Modell" nur deshalb ableiten und entwickeln, weil sie bereits in ihm enthalten sind (Begleittext 3.1 Steinbuch). Angelsächsische Wissenschaftler sprechen manchmal von „hypotheses-generating models"; dieser Ausdruck bringt zur Anschauung, daß da etwas ist, was – einem Generator ähnlich – Ideen liefert. Soll ein solches „hypotheses-generating model" wie eine Ideenquelle wirken, dann muß es freilich anders geartet sein als Modelle vom Typ Märklineisenbahn, Matchbox-Autos u.ä.. Solche Spielzeug-Miniaturen sind maßstabsgetreue Abbilder, wie auch die Modelle, mit denen Architekten demonstrieren, wie spätere Gebäude aussehen werden. Manchmal können derartige Abbilder sogar helfen,

zerstörte Häuser wieder nachzubauen (die Warschauer Altstadt nach den Bildern Canalettos), aber sie helfen nicht, Häuser zu „erfinden". Sie sind nur verkleinerte Wiedergaben von bereits Erfundenem oder Vorhandenem.
Modelle, die helfen können, etwas neu zu entwickeln, wie Hypothesen z.B., dürfen nicht maßstabsgetreu sein, sondern müssen eher den Charakter einer Skizze haben – sie müssen aus anderem Holz geschnitzt sein als das aus ihnen Entwickelte (Begleittext 3.2 Simmel). Nun sind alle Ergebnisse wissenschaftlichen Denkens, Modelle wie auch Hypothesen, zunächst gedanklich-sprachliche Gebilde und erscheinen insoweit gleich. Sie können sich jedoch prinzipiell in ihren Begriffsinhalten unterscheiden, und es ist unsere These, daß jene Begriffe in der Soziologie, die man gewöhnlich Grundbegriffe nennt und die dem Anfänger in der einführenden Literatur begegnen, diesem Bereich der Modelle zugehören. Typischerweise tauchen sie in den eigentlichen Hypothesen gar nicht auf (vgl. auch den zitierten Text von Homans, 1969: 21–26). Hierzu ein Beispiel:

„Der Terminus ‚soziale Position' bezeichnet jeden Ort in einem Feld sozialer Beziehungen, wobei der Begriff so weit gefaßt werden soll, daß er nicht nur die Positionen ‚Studienrat' und ‚3. Vorsitzender XY-Partei', sondern auch die ‚Vater', ‚Deutscher', und ‚Skatspieler' umgreift. Positionen sind etwas prinzipiell unabhängig vom Einzelnen Denkbares. Sowenig das Amt des Bürgermeisters oder der Lehrstuhl des Professors zu bestehen aufhören, wenn sie vakant werden, sind die Positionen des Herrn Schmidt an seine Persönlichkeit und selbst Existenz gebunden. Der Einzelne kann nicht nur, sondern muß in der Regel eine Mehrzahl von Positionen einnehmen."

In diesem Ausschnitt aus Dahrendorfs bekanntem Aufsatz „Homo Sociologicus" (Dahrendorf, 1967: 141/42) werden keine Gesetzesaussagen formuliert. Der Autor skizziert vielmehr ein Gedankenbild: Gesellschaft als Geflecht von Positionen – Personen als Inhaber von Positionen. Damit definiert er gleichzeitig den Ausdruck „soziale Position", der zweifellos den Grundbegriffen der Soziologie zuzurechnen ist. Aber das Zitat war unvollständig, denn der letzte Satz geht weiter:

„... Der Einzelne kann nicht nur, sondern muß in der Regel eine Mehrzahl von Positionen einnehmen, und es läßt sich vermuten, daß die Zahl der auf Einzelne entfallenden Positionen mit der Komplexität von Gesellschaften wächst."

Diese Aussage ist mehr als nur ein Gedankenbild, sie enthält eine Hypothese: die Vermutung über die gesetzesartige Verknüpfung zweier gesellschaftlicher Tatbestände, der gesellschaftlichen Komplexität und der Zahl der von einer Person typischerweise eingenommenen Positionen. Es geht gar nicht um soziale Positionen an sich, sondern um deren Zahl. Der Begriff „soziale Position" gehört in den Modellbereich, er regt an zum Nachdenken über speziellere Tatbestände, wie eben die Anzahl der Positionen, die man in einer Gesellschaft einnehmen kann. Solche spezielleren Merkmale sind es dann, auf die sich die Hypothesen der eigentlichen Theorie beziehen.
Wenn wir hier von Modellen gesprochen haben, dann mag der Eindruck entstanden sein, es handele sich dabei um abgerundete Vorstellungen, die womöglich das gesamte gesellschaftliche Geschehen erfassen. Tatsächlich sind aber die Modellvorstellungen der Soziologen äußerst fragmentarisch und im allgemeinen auch gar nicht ausdrücklich formuliert. Sie lassen sich bestenfalls aufgrund der in der Soziologie verwendeten Begriffe (Grundbegriffe) rekonstruieren. Welche Termini zu diesen Grundbegriffen gehören, ist nicht ohne weiteres zu sagen. Zwar wird in der Fachliteratur und in Lehrveranstaltungen mit großer Selbstverständlichkeit von Grundbegriffen gesprochen, doch sind sie niemals inhaltlich abgegrenzt worden, und man

wird auch in den Fachlexika vergeblich nach einem Stichwort „Grundbegriffe“ suchen. Das hat seinen guten Grund: würde man nämlich die Grundbegriffe einer Wissenschaft sozusagen offiziell fixieren, dann würde man zugleich den Rahmen vorschreiben, in dem sich das theoretische Denken fortan zu bewegen hätte. Um uns klarzumachen, welcher Art die verwendeten Grundbegriffe und damit auch die typischen Modellvorstellungen der Soziologen sind, müssen wir uns mit Beispielen begnügen. Dafür dürften sich besonders die Begriffe eignen, die in einführenden Lehrbüchern behandelt werden. Wir wollen deshalb an dieser Stelle einen knappen Überblick über das Spektrum der in dieser Literatur erörterten Begriffe geben.

2. Was steht in soziologischen Lehrbüchern?

Sieht man sich die Inhaltsverzeichnisse verschiedener Einführungstexte an, dann merkt man bald, daß sich die Bücher in den behandelten Themen, ja oft sogr in der Reihenfolge der Darstellung stark ähneln. Im Eingangskapitel, das regelmäßig der Frage gewidmet ist, wozu Soziologie eigentlich da sei („Soziologie als Wissenschaft“, „Was ist Soziologie?“, „Sociology as a Science“, „The Field of Sociology“), geben die Lehrbuchautoren meist kurze Hinweise auf die gesellschaftliche Rolle der Soziologie und nehmen Abgrenzungen zu den Nachbarwissenschaften Psychologie, Volkswirtschaftslehre, Anthropologie, Geschichtsschreibung und Rechtswissenschaft vor.
Die auf diese Einleitung folgenden Hauptkapitel gelten im wesentlichen sechs Themen:

- der Prägung der menschlichen Persönlichkeit durch die Kultur;
- den Positionen, die das Individuum in der Gesellschaft einnimmt;
- den sozialen Gruppen, denen die Individuen angehören;
- dem sogenannten Funktions- und Institutionszusammenhang der Gesellschaft;
- der sozialen Schichtung
- dem sozialen Wandel.

2.1 Die Prägung der menschlichen Persönlichkeit durch die Kultur

Hier wird dargelegt, daß menschliches Verhalten Gesetzmäßigkeiten aufweise, die jedoch nicht auf angeborene, allen Menschen gemeinsame Instinkte zurückzuführen seien, sondern auf Lernprozesse. Es wird argumentiert, daß sich, wo immer Menschen miteinander leben, in Familien, Betrieben, Gemeinden oder Nationen, mehr oder weniger stabile Verhaltensformen herausbilden, die der einzelne zu befolgen lernt und die sein Denken bestimmen. Für die Gesamtheit solcher Verhaltensvorschriften und -gewohnheiten wird der Begriff der *Kultur,* für die Vorschriften im engeren Sinne der Begriff *soziale Normen* eingeführt. Die Vorgänge, durch die der einzelne Mensch die kulturspezifischen Gewohnheiten und Normen lernt, werden *Sozialisation* (vgl. Kap. VI) und deren Ergebnis als *soziale* bzw. *kulturelle Persönlichkeit* charakterisiert. Verhalten, das den kulturellen Normen widerspricht und zu abwehrenden Reaktionen der Umwelt führt, wird als *abweichend* oder *deviant* gekennzeichnet. Der einzelne unterliegt einer *sozialen Kontrolle* durch seine Mitmenschen; für die Belohnungen konformen und die Bestrafungen abweichenden Verhaltens wird der Begriff *Sanktionen* benutzt (Begleittext 3.3 Elias).

Die Kapitel, in denen diese Gedankengänge ausgeführt werden, tragen Überschriften wie „Sozio-kulturelle Persönlichkeit", „Kultur und Gesellschaft", „Soziale Norm", „Sozialisierung", „Culture: the Most Fundamental Idea", „Socialization and Personality Development", „Soziale Kontrolle", „Social Control and Deviation". In neueren Theoriediskussionen ist gelegentlich behauptet worden, daß eine Soziologie, die sich auf das Normensystem der Gesellschaft konzentriert, dazu tendiere, die Stabilisierung und damit die Unveränderlichkeit gesellschaftlicher Verhältnisse in den Mittelpunkt zu stellen und die Frage möglicher und notwendiger Veränderungen zu vernachlässigen (vgl. Kapitel XII und Dahrendorf, 1967). Dazu mag die oft recht schablonenhafte Behandlung sozialer Normen in zeitgenössischen Texten Anlaß geben. Oftmals ist auch der Prozeß der Sozialisation als Vorgang charakterisiert worden, in dem lediglich die Befolgung der gesellschaftlichen Konventionen eingeübt wird. Ein Blick auf ältere soziologische Literatur kann demgegenüber zeigen, wie differenziert und überzeugend die Bedeutung des jeweiligen sozialen Normengefüges von den „Vätern" der heutigen Soziologie schon vor langer Zeit erfaßt worden ist. So hat beispielsweise Ferdinand Tönnies (1855–1936) mit Bezug auf das Naturrechtsdenken gezeigt, wie das Rechtssystem – und damit ein wesentlicher Faktor aller aktiven, auf Veränderung gerichteten Gesellschaftsgestaltung – durch vorrechtliche, geistige und moralische Grundannahmen bzw. Denkperspektiven (hier: die „rationalistische" im Gegensatz zu einer „gemeinschaftlichen" Naturrechtphilosophie) bestimmt *und* eingeengt wird. Hier wird deutlich, warum der Begriff der sozialen Normen zum Kern der soziologischen „Grundbegriffe" gehören muß (Begleittext 3.4 Tönnies).

2.2 Die Positionen des Individuums in der Gesellschaft

In den diesem Thema geltenden Kapiteln wird daran erinnert, daß jeder Mensch aufgrund seiner vielfältigen Beziehungen zu anderen Personen unterschiedlich gearteten Erwartungen an sein Verhalten begegnet, denen er sich nicht ohne weiteres entziehen kann. Für den Soziologen bekleidet das Individuum insofern zahlreiche „Positionen": der Briefträger ist nicht nur Postzusteller, sondern auch Kollege, Ehemann, Mieter. Welche Verhaltenskriterien für ihn zu einem gegebenen Zeitpunkt relevant sind, hängt davon ab, wo er sich befindet und mit wem er zu tun hat.

Zur Erfassung solcher Zusammenhänge dienen vor allem die Begriffe Position, Rolle und Status in vielfältigen Differenzierungen und in Verbindung mit ergänzenden Konstruktionen (Rollenerwartungen, Positionssegmente, Statusdiskrepanz usw.). In der jüngeren Literatur erscheint der Rollenbegriff erheblich modifiziert; Gesellschaft wird nicht mehr als ein festes Netzwerk aufeinander abgestimmter Positionen verstanden, deren Inhaber von ihrer sozialen Umwelt eindeutige Handlungsanweisungen erhalten. Jeder Mensch wird nämlich anders beeinflußt von dem Bild, das er von sich als Individuum hat. Dieses Selbstbild ist sowohl vom Spektrum der eingenommenen Positionen als auch von der individuellen Lebensgeschichte eines Menschen („Biographie") bestimmt. Wer eine Rolle übernimmt, kann sie nur ausfüllen, indem er sie für sich abwandelt und eine Balance zwischen widersprüchlichen Erwartungen an die eigene Person herzustellen versucht („Identität"). So kann „Rollentheorie" auch nicht heißen, daß der Soziologe anzugeben vermag, wie sich eine Person in einer gegebenen Situation tatsächlich verhalten wird. Weder wissen wir genug über die verschiedenen Rollen, die das Verhalten einer bestimmten Person beeinflussen und die sich ständig wandeln, noch kann konkretes Verhalten nur als Rollenverhalten verstanden werden (vgl. Kapitel V).

2.3 Die sozialen Gruppen, denen Individuen angehören

Dieses Thema wird häufig in engem Zusammenhang mit den Begriffen der Rolle und der Position behandelt. Man geht davon aus, daß die vom einzelnen eingenommenen Positionen nicht isoliert, sondern im allgemeinen an soziale Gruppen und Organisationen gebunden sind, die in den verschiedensten Formen (u.a. *formelle* und *informelle* Gruppen, *Primärgruppen* und *Sekundärgruppen*) und in allen Lebensbereichen zu finden sind (Familien, Freundesgruppen, Betriebe, Vereine, Parteien, Behörden). Als besonders typisch wird es angesehen, daß Menschen gleichzeitig mehreren Gruppen angehören: man ist Betriebskrankenschwester in einer Fabrik, Mutter und Ehefrau in einer Familie und Tennisspielerin in einem Club.
In Kapiteln mit Überschriften wie „Soziale Gruppe“, „Group Behavior“, „Merkmale der Gruppe“, „Primary and Secondary Groups“ werden die verschiedenen Gruppen nach ihrem Aufbau und den für sie typischen Sozialbeziehungen beschrieben.
Während in den Kapiteln über Kultur, soziale Rollen und Gruppen vor allem die Eingliederung des einzelnen in die Gesellschaft behandelt wird, gelten die weiteren Überlegungen, die wir in soziologischen Einführungstexten finden, mehr der Gesellschaft als ganzer. Man findet zwar in vielen Lehrbüchern kein eigenes Kapitel über „Gesellschaft“, wohl aber eine ganze Reihe von Abschnitten, die sich mit verschiedenen Aspekten des gesamtgesellschaftlichen Zusammenhanges, der Struktur und der Entwicklung von Gesellschaften befassen. Am ausführlichsten beschäftigen sich die Lehrbuchautoren mit den sogenannten Institutions- und Funktionszusammenhängen. Die betreffenden Kapitel heißen „Soziales Handeln und Institutionen“, „Major Institutions“, „Das Institutionengefüge“, „The Structure and Functions of Social Institutions“ usw.

2.4 Der Funktions- und Institutionszusammenhang der Gesellschaft

Um sich zunächst den Begriff der Funktion klarzumachen (vgl. auch Kapitel VIII, Abschnitt 6), geht man am besten von einem einfachen Beispiel aus, etwa einem Seminar an der Universität. Offiziell hat es die Aufgabe, den Teilnehmern Wissen und Denkfähigkeiten zu vermitteln; das ist – jedenfalls auf den ersten Blick – seine *Funktion.* Es ist aber ohne weiteres einzusehen, daß eine Lehrveranstaltung noch zahlreiche andere „Funktionen“ haben kann: sie dient Studenten beispielsweise dazu, Kommilitonen kennenzulernen, sie bietet die Möglichkeit, Geltungsbedürfnisse zu befriedigen oder Aggressionen abzureagieren. Statt von dem Nutzen für die Teilnehmer auszugehen, kann man aber auch überlegen, welchen Nutzen das Seminar für andere Menschen hat, die nicht daran teilnehmen. Man kann dann etwa sagen, die Veranstaltung trägt dazu bei, daß genügend (oder auch zu viele) Ärzte für Krankenhäuser, genügend Verwaltungsjuristen für staatliche Behörden und genügend Betriebswirte oder Ingenieure für Wirtschaftsunternehmen zur Verfügung stehen. Die Lehrveranstaltung hat nicht nur Funktionen für die einzelnen Teilnehmer, sondern auch und gerade für die gesellschaftliche Umwelt, und es sind vor allem diese *gesellschaftlichen Funktionen,* die den Soziologen interessieren. Es ist ja keineswegs selbstverständlich, daß es überhaupt zu so etwas wie einem gesellschaftlichen Zusammenhalt zwischen Millionen von Menschen kommt. Alles, was dazu nötig ist, geschieht durch individuelles Handeln bzw. durch die Kooperation von Individuen, aber dieses Handeln erfolgt selten in der Absicht, etwas für die Gesellschaft zu tun und sie funktionsfähig zu erhalten. Man studiert nicht, um den Arbeitsmarkt zu versorgen und heiratet nicht aus bevölkerungspolitischen Motiven. Dennoch tragen Menschen durch ihr ichbezogenes Handeln zur Erhaltung der Gesellschaft bei. Wie es dazu kommt, versucht der Soziologe zu ermitteln, indem er individuelles Handeln und die Vorgänge in

einzelnen Gruppen auf ihre objektiven gesellschaftlichen Konsequenzen hin untersucht. Man unterscheidet dabei zwischen den Absichten, die Menschen mit ihrem Handeln verbinden, den *manifesten Funktionen,* und den oftmals für den gesellschaftlichen Zusammenhalt viel wichtigeren unbeabsichtigten Konsequenzen oder *latenten Funktionen* (Begleittext 3.5 McGee, Begleittext I.4, Berger/Kellner und Kap. VIII).
Im allgemeinen wird davon ausgegangen, daß es mindestens fünf Voraussetzungen für den Zusammenhalt und Bestand von Gesellschaften gibt, fünf unerläßliche Funktionen, die erfüllt sein müssen. Im Hinblick auf sie ist dann zu fragen, welche Gruppen und welche Sozialbeziehungen diese Funktionen in einer gegebenen Gesellschaft sicherstellen. Die fünf Funktionen werden etwa folgendermaßen beschrieben:

Reproduktion der Bevölkerung

Ohne Bevölkerungsbasis kann es keine Gesellschaft geben, es muß also für Nachwuchs gesorgt sein. Das bedeutet nicht, daß die Bevölkerung konstant bleiben oder ständig wachsen muß. Im Gegenteil, die Bevölkerungsexplosion, die wir zur Zeit in vielen Gebieten der Erde erleben, bedroht geradezu den Bestand zahlreicher Gesellschaften. Andererseits kann aber auch eine drastische Bevölkerungsschrumpfung erhebliche Probleme mit sich bringen (z.B. Schwierigkeiten in der Versorgung der Rentner, weil die Zahl der Erwerbstätigen immer kleiner wird). Es wird darauf hingewiesen, daß es in sämtlichen Gesellschaften Einrichtungen gegeben hat, die gewährleisten sollen, daß genügend, aber auch nicht zu viele Kinder geboren werden. In vorindustriellen Gesellschaften erfüllten vor allem traditionelle Heiratsbeschränkungen und Verwandtschaftsregelungen eine solche Funktion, in modernen Gesellschaften stehen gezielte staatliche Maßnahmen und individuelle Familienplanung zur Steuerung der Bevölkerungsentwicklung im Vordergrund (Jungverheiratetendarlehen, Kindergeld, Steuererleichterungen für kinderreiche Familien, Propagierung empfängnisverhütender Techniken; vgl. Kapitel I in diesem Buch).

Produktion und Verteilung von Gütern

Ebenso, wie zu einer Gesellschaft Menschen gehören, muß auch für deren Versorung mit Nahrungsmitteln und anderen, auf der jeweiligen Entwicklungsstufe lebensnotwendigen Gütern gesorgt sein. Dementsprechend muß es sowohl Anreize geben, die die einzelnen Mitglieder zu wirtschaftlich produktiver Arbeit motivieren (Berufserfolg als Lebensziel, Pflicht zur Ausbildung, leistungsabhängige Einkommensverteilung), als auch Einrichtungen, die die Produktion und Verteilung der erzeugten Güter ermöglichen (Produktionsstätten, Transportmittel, Handelsorganisationen, Wirtschaftsrecht, Informationsdienste).

Erziehung des Nachwuchses (Sozialisation)

In allen Gesellschaften müssen neue Mitglieder mit den geltenden Wertvorstellungen und Normen vertraut gemacht werden. Sie müssen lernen, sie anzuwenden und sich mit ihnen auseinanderzusetzen. Das kann über spezielle Einrichtungen (Schulen) erfolgen oder informell z.B. im Rahmen der Familie, in Freundesgruppen oder durch Massenmedien (vgl. Kapitel VI).

Aufrechterhaltung von Ordnung

Eine Gesellschaft, deren Zusammenhalt durch ein Normengefüge und durch stabilisierte Verhaltensmuster zustandekommt, kann nur Bestand haben, wenn das Normensystem wirksam gegen Verletzungen geschützt wird und Konflikte in geregelter Form ausgetragen werden. Alle Gesellschaften haben Vorkehrungen dafür getroffen, daß ihre Struktur sich nicht beliebig verändern kann. Nirgendwo verläßt man sich nur auf gute Erziehung und Einsicht, überall gibt es Kontrollorgane (Polizei, Militär, Gerichte und Rechtswesen, feste Vertragsformen).

Entwicklung von Zielvorstellungen und Normen

Wo es Werte und Normen gibt, die an die jeweils nachfolgenden Generationen vermittelt werden, muß es auch Instanzen und Vorgänge geben, durch die diese Zielvorstellungen und Verhaltensregeln erst einmal entwickelt werden. Anders ausgedrückt, in allen Gesellschaften werden neben materiellen Gütern auch Wert- und Normvorstellungen „produziert". Als „Produzenten" solcher ideeller Gehalte betrachtet man etwa Philosophen, Künstler und Regionsstifter, aber auch – als überpersönlichen Zusammenhang – das Gesamtsystem der Publizistik in der modernen Gesellschaft (manche Autoren sprechen davon, daß moderne Gesellschaften wesentlich durch eine „Medienkultur" geprägt seien; vgl. etwa Altheide/Snow, 1979). Bisher haben die Lehrbuchautoren diesen Aspekt allerdings vorwiegend am Beispiel der sozialen Funktionen der Religion abgehandelt (vgl. etwa Woessner, 1971: 187–189).

Es soll mit der Aufstellung solcher Funktionsvoraussetzungen nicht gesagt werden, daß eine Gesellschaft in ihrem momentanen Zustand verharren muß. Ebenso, wie die Bevölkerung wachsen oder schrumpfen kann, kann sich die Güterversorung verbessern oder verschlechtern, können sich die Normen und die Erziehungsinhalte wandeln, kann die Ordnung nach innen und die Unabhängigkeit nach außen mehr oder weniger stark sein, ohne daß die Gesellschaft deshalb zerbricht. *Aus den fünf Voraussetzungen läßt sich nur ableiten, daß es gesellschaftliche Einrichtungen und Gruppen geben muß, die einen Beitrag zu einer oder mehreren dieser Funktionen leisten.* Bei Naturvölkern, bei denen es Betriebe, Schulen, Kirchen, Behörden usw. als besondere Organisationen nicht gibt, fallen sämtliche Funktionen der dort einzigen Gruppe, der Familie, zu. In modernen Gesellschaften finden wir dagegen eine mehr oder weniger weitgehende Spezialisierung sozialer Gruppen auf einzelne Funktionen. So kann man etwa sagen, daß sich die Funktionen der Familie weitgehend auf die Reproduktion der Bevölkerung und auf einen Anteil an der Sozialisation des Nachwuchses beschränken, während die ursprünglich auch von der Familieneinheit wahrgenommene Funktion der Güterproduktion größtenteils von anderen sozialen Gebilden (Betrieben) übernommen worden ist. Niemals geht die Spezialisierung allerdings so weit, daß es Gruppen gibt, die nur eine einzige Funktion erfüllen. Eine Zuordnung von Funktionen zu sozialen Gruppen ist also nur in groben Zügen möglich. Diese Zuordnung erfolgt keineswegs systematisch, sondern in der Regel nur durch Beschreibung verschiedener Gruppen und mit Hilfe illustrierender Beispiele. Die in Lehrbüchern übliche Form läßt sich an dem folgenden Schema veranschaulichen (nach Young und Mack, 1959: 134).

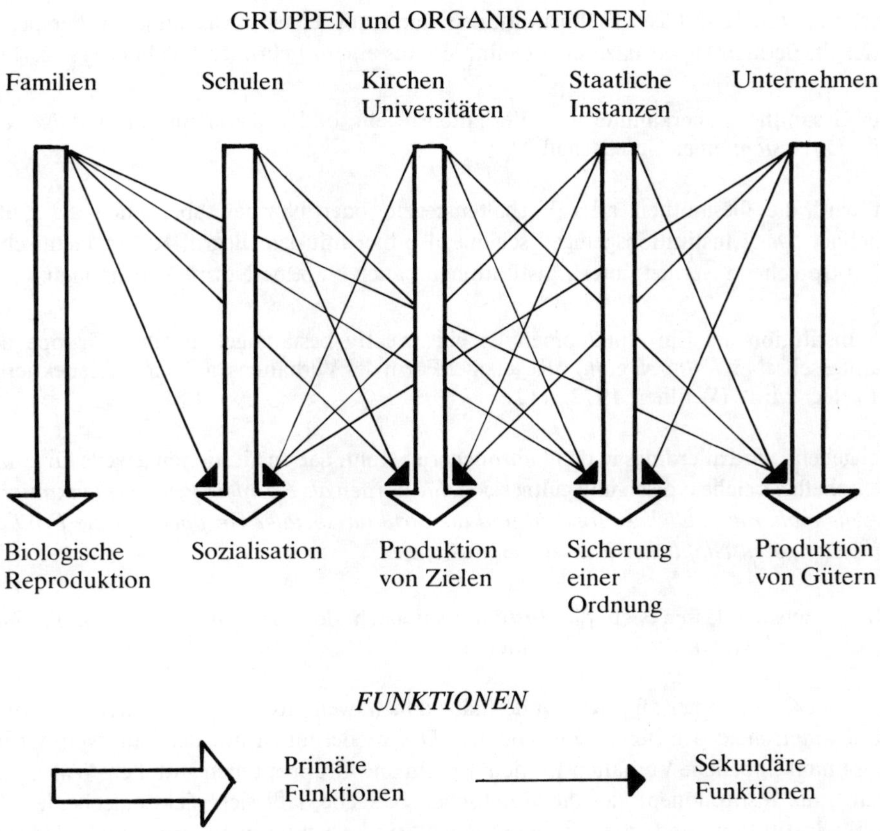

Wie immer die Spezialisierung von Gruppen auf verschiedene gesellschaftliche Funktionen erfolgt, sie bringt Unterschiede der handlungsleitenden Normen dieser Gruppen, der Aktivitäten und der Beziehungen zwischen den Mitgliedern mit sich. Erst dadurch ist es überhaupt möglich, Gruppen wie Familie, Betrieb, Kirche, Behörde usw. soziologisch voneinander zu unterscheiden. Um diese Unterschiede zu erfassen, wird der Begriff der *Institution* eingeführt. Damit sind im allgemeinen nicht die Gruppen selbst gemeint, sondern Gruppentypen und charakteristische Beziehungsformen. Wir können vom institutionellen Bereich „Wirtschaft" sprechen, weil es hier Gruppen gibt (Betriebe, Gewerkschaften, Innungen), die sich in anderen Gesellschaftsbereichen nicht finden. Die „Wirtschaft" ist aber selbst keine Gruppe, man kann ihr nicht als Mitglied angehören. Dagegen kann man Gewerkschaftsmitglied oder Betriebsangehöriger sein. *Gewerkschaften und Betriebe sind Organisationen, die in ihrem Aufbau und ihrem Funktionieren von den Gebräuchen, Organisationsprinzipien und Machtverhältnissen bestimmt sind, die sich im Bereich der Institution Wirtschaft herausgebildet haben.*

INSTITUTIONEN	*ORGANISATIONEN*
Wirtschaft	Betriebe, Innungen, Gewerkschaft
Staat	Behörden, Kabinett
Wissenschaft	Forschungsinstitute, Hochschulverband

Manchmal wird die Idee der Institutionen auch aus einer etwas anderen Perspektive entwickelt. Betrachten wir dazu eine Definition aus einem Lehrbuch (Wallner, 1972: 111):

„Die Gesamtheit anerkannter ... Verhaltensregeln bildet das *Institutionsgefüge* oder *Institutionssystem* einer Gesellschaft."

Nun wird die Gesamtheit aller Verhaltensregeln oder Normen aber auch als Kultur bezeichnet. Das „Institutionsgefüge" scheint also hier mit dem Begriff Kultur identisch zu sein; entsprechend werden unter „Institutionen" auch einzelne Normen verstanden:

„Die Institution als Einzelphänomen ist eine relativ beständige, in einer Gruppe oder Gesamtgesellschaft *kulturell gültige* Regel oder Form des Verhaltens, auf deren Respektierung Wert gelegt wird" (Wallner, 1972: 112).

Durchgehend wird allerdings in den Lehrbüchern betont, daß Institutionen jeweils für einzele Gesellschaftsbereiche typisch und gültig seien. *Sie werden als Normen oder Normenkomplexe angesehen, die menschliches Handeln und die Struktur sozialer Gruppen auf die Erfüllung bestimmter gesellschaftlicher Funktionen ausrichten.*

„Am einfachsten lassen sich die *Institutionen* nach den Bereichen *Gesellschaft, Staat, Wirtschaft* und *Kultur* gliedern" (Wallner, 1972: 112).

Eine solche Gliederung ist freilich nur deshalb einfach, weil uns Staat, Wirtschaft und Kultur als klar unterscheidbare Bereiche erscheinen. Das wiederum ist nur der Fall, weil wir hier jeweils unterschiedliche Verhaltensformen, Regeln und Gruppentypen antreffen. Was „zuerst da war", die Institutionen oder die Gesellschaftsbereiche, läßt sich nicht entscheiden. Die Begriffe „Institution" und „Gesellschaftsbereich" sind Abstraktionen, gedankliche Hilfsmittel zur Aufgliederung der als Ganzes wahrgenommenen Wirklichkeit. Wir können von Betrieben im Unterschied zu Familien oder Kirchengemeinden sprechen, weil sich im wirtschaftlichen Bereich dieser besondere Gruppentyp entwickelt hat; andererseits nehmen wir die Wirtschaft als Institution nur wahr, weil wir hier auf andere Beziehungsformen stoßen als im familiären oder religiösen Bereich.
In den meisten Lehrbuchtexten werden vier Arten von Institutionen beschrieben: familiäre, wirtschaftliche, politische und religiöse. Man könnte ohne weiteres noch die schulischen, die wissenschaftlichen und die künstlerischen Institutionen hinzufügen. Man darf auch nicht übersehen, daß in jedem dieser Bereiche unterschiedliche Gruppentypen anzutreffen sind (z.B. sowohl Betriebe als auch Innungen, Gewerkschaften und überbetriebliche Unternehmensverbände im Bereich Wirtschaft; Behörden, Parlamente, Parteien, Gerichte usw. innerhalb der politischen Institutionen; Kirchen, Bischofskonferenzen und Ordensgemeinschaften im religiösen Bereich). Deshalb werden Institutionen von manchen Autoren noch weiter differenziert. Man spricht dann nicht nur von der Institution Wissenschaft, sondern von den Institutionen Fachzeitschrift, Forschungsinstitut, wissenschaftliche Gesellschaft, Universität, Professur usw.
Jede Typologie von Institutionen ist in gewissem Sinne ein willkürlicher Akt. Hebt man, wie es in den Einführungstexten gewöhnlich geschieht, nur die familiären, wirtschaftlichen, politischen und religiösen Institutionen hervor, dann offenbar deshalb, weil man sie für besonders wichtige Bestandteile der Gesellschaft hält. Insofern kann man sagen, daß der jeweilige Katalog von Institutionen, den wir in einem Lehrbuch finden, die Auffassungen des Autors von den wesentlichen Elementen des gesamtgesellschaftlichen Prozesses widerspiegelt.

2.5 Soziale Schichtung

Ein weiterer Abschnitt, der sich in fast allen Lehrbüchern findet, und der sich, ebenso wie die Ausführungen zu Institutionen und Funktionen, global mit der Gesellschaft befaßt, ist der sozialen Ungleichheit (Sozialschichtung, Stratifikation) gewidmet. Es geht um den Sachverhalt, daß Menschen in unterschiedlichem Umfang an gesellschaftlichem Reichtum, gesellschaftlicher Macht und sozialem Ansehen teilhaben. Wir werden uns mit diesem Thema in einem besonderen Kapitel befassen (vgl. Kap. VII) und wollen hier nur darauf aufmerksam machen, daß es in den üblichen Einführungstexten in sehr unterschiedlichen Zusammenhängen behandelt wird. Manchmal werden Klassen bzw. Schichten als Typen sozialer Gruppen oder Kategorien behandelt (The Ages – The Sexes – The Minorities – The Classes: Broom/Selznick/Darroch, 1981). Ein anderes Mal erscheint Schichtung als Grunddimension sozialer Beziehungen (Austausch – Sozialer Status – Macht – Klasse – Organisation: Conrad/Streeck, 1976), in wieder anderen Publikationen wird Schichtung als Institutionstyp oder als Prozeßdimension thematisiert (Die sozialen Basis-Prozesse – Anpassung – Integrative Prozesse – Prozesse der Differenzierung: Woessner, 1971), und in einigen wenigen Texten taucht das Thema in den Kapitelüberschriften überhaupt nicht auf (Scheuch/Kutsch, 1972). Man kann schon daraus schließen, daß Schichtung und Ungleichheit als so komplexe und mit so zahlreichen anderen gesellschaftlichen Erscheinungen verbundene Tatbestände aufgefaßt werden, daß auch ihre begriffliche Einordnung erhebliche Schwierigkeiten macht.

2.6 Sozialer Wandel

Nicht alle, aber doch die meisten einführenden Lehrbücher enthalten Überlegungen zum Phänomen des sozialen Wandels und versuchen, die Vielfalt seiner Aspekte zu ordnen. Der Begriff des Wandels ist umfassend gedacht und kann sich auf alle irgendwie belangvollen Veränderungen in der Gesellschaft beziehen:

„Auf die Frage: Was wandelt sich? können wir kurz antworten: Werte und Normen, soziale Institutionen, d.h. Verhaltensmuster, Rollen und verfestigte „überlebenswichtige" Beziehungen, die Verteilung von Rechten, Besitztümern und Belohnungen in der Gesellschaft, die Art und Weise der Leistungserbringung in unseren Großorganisationen und die Verteilung von Macht und Einfluß auf Personen, Gruppen, Parteien und Verbände" (Bosetzki/Fischer/Tiefensee, 1973: 76).

Hier geht es nicht um Besonderheiten einzelner Gesellschaften oder bestimmter Epochen: alle Gesellschaften befinden sich so gesehen ständig im Wandel (vgl. auch Begleittext 12.2). Will man von einer derartig allgemeinen Orientierung zu ausreichend bestimmten Aussagen über konkrete Gesellschaften kommen, muß man schon weiter differenzieren und etwa fragen, welcher Art die Ursachen sind, die für die jeweils beobachteten Veränderungen den Ausschlag geben. Dabei dürfte eine starre Unterscheidung nach „Ursachen" und „Inhalten" des sozialen Wandels kaum sinnvoll sein. Beispielsweise ist wachsende Arbeitsteilung in Form einer immer größeren Zahl von Spezialberufen sicher eine der *Ursachen* für Veränderungen auf vielen Gebieten des sozialen Lebens, gleichzeitig aber auch ein wesentliches *Merkmal* der veränderten Gesellschaftsstruktur (vgl. auch Kap. VII).

Eine mögliche Unterscheidung von Ursachen sozialen Wandels ist die zwischen technologischen Veränderungen und einem Wandel des Wertesystems. Eine noch feinere Differenzierung wird möglich, wenn man den Wandel bzw. seine Ursachen nach den Lebensbereichen

unterscheidet, von denen er ausgeht – beispielsweise danach, ob neue wissenschaftliche Erkenntnisse den wesentlichen Anstoß gegeben haben (Mikroprozessorelektronik), ob die zu untersuchenden Veränderungen ihren Schwerpunkt in gewandelten Organisationsformen oder einem höheren Differenzierungsgrad der Bevölkerung (Ausweitung der Schulabschlüsse, verstärkte Urbanisierung) haben oder ob sie in einem Umbruch des Wertesystems begründet sind (Umweltbewußtsein, Wahrnehmung des „Nord-Süd-Gefälles"). Da alle diese Veränderungen ihrerseits wieder gesellschaftlich belangvolle „Ursachen" haben können, ist in solchen Untersuchungen niemals an „letzte" oder „eigentliche" Ursachen gedacht. Im übrigen haben Ursachentypologien in diesem Problembereich eher den Charakter eines unabgeschlossenen Kataloges als einer wirklichen Systematik. Diese erforderte eine *dynamische* Theorie, die die Wechselwirkungen zwischen verschiedenen Arten von Faktoren präzise berücksichtigt. Eine derartige Theorie ist aber kaum zu erwarten, denn das Ineinandergreifen von Wirkungsfaktoren im gesellschaftlichen Bereich kann nicht als System von Naturgesetzen verstanden werden. Es muß vielmehr als Entwicklung begriffen werden, die durch die Auseinandersetzung des Menschen mit den jeweils gegebenen Sachverhalten seiner Umwelt bestimmt wird.
Deshalb können auch die Begriffskataloge sozialer Prozesse, wie wir sie vor allem in älteren Lehrbüchern finden (eine kurze Erläuterung gibt Wallner, 1972: 131–134), nicht wesentlich weiterhelfen. Die infragestehenden Begriffe wie z.B. Assimilation, Akkulturation, Sukkzession usw. sind insofern nur als Hilfsbegriffe zu verwenden, als sie sozialen Wandel „überhistorisch" bezeichnen, die Besonderheiten einer gegebenen Situation nicht berücksichtigen. Sie zielen auf formale Differenzierung der Verlaufsformen sozialen Wandels und helfen, ihn deskriptiv zu erfassen. Das den Sozialwissenschaftler eigentlich Interessierende sind aber die Inhalte der Assimilation, z.B. die besonderen Bevölkerungsgruppen, die sich in einem Sukkzessionsprozeß verdrängen bzw. ablösen, und die historischen Ausgangsereignisse, die diese Prozesse in Gang gesetzt haben.

Die Schwierigkeit, sozialen Wandel „direkt" *und* konkret darzustellen, wird bei der Betrachtung von Max Webers Überlegungen zur „Auflösung der Hausgemeinschaft" deutlich (Begleittext 3.6 Weber). Weber beschreibt hier das Verschwinden großer Hausgemeinschaften und die Entstehung der Kleinfamilie. Er tut dies, indem er einerseits Aussagen über Hausgemeinschaften früherer Zeit formuliert und andererseits Feststellungen über die moderne Familie trifft. Verbunden werden beide durch Hinweise auf verursachende Bedingungen und gesetzesartige Zusammenhänge, die zu diesen Veränderungen geführt haben können. Es wird aber nicht eigentlich ein Wandlungsprozeß skizziert, und dies ist wohl auch aus mindestens zwei Gründen unmöglich. Erstens sind die zur Erklärung der Veränderungen angeführten Sachverhalte keine punktuellen Ereignisse, sondern ihrerseits Zusammenfassungen von „Entwicklungen". Sie sind zwar dynamisch, lassen sich aber kaum zu ausreichend präzisen Aussagen über den Ablauf von Prozessen verbinden. Zweitens sind die Familientypen, von denen hier die Rede ist, keine Einheiten in Raum und Zeit, keine Gegenständlichkeiten, an denen sich Verwandlungen unmittelbar aufzeigen lassen, sondern immer wieder neu zu konstruierende Abstraktionen.

An einem Organismus können Veränderungen unmittelbar beobachtet und dynamisch dargestellt werden (etwa mithilfe von Zeitraffer, Zeitlupe, Verlaufsgesetzen). Selbst die Wandlungen *einer* Familie über einen längeren Zeitraum hinweg ließen sich u.U. noch in ähnlicher Weise darstellen. Betrachten wir aber typische „Haushalts*strukturen*" aus verschiedenen Epochen, dann vergleichen wir Abstraktionen. Dabei können wir Veränderungen konstatieren (hier: in der typischen Struktur von Familienhaushalten), diese aber nicht als Wandlungsprozeß beschreiben.

Abgesehen von einigen wenigen und, wie wir meinen, besonders lesenswerten, allerdings nicht einfachen Texten mit prinzipiell anderer Grundkonzeption oder eigenem Begriffsrahmen (z.B. Toennies, 1981/1931; Elias, 1971; Seibel, 1980), ist mit den bisher genannten Themen, Kultur und Person, Rolle und Status, Gruppen und Organisationen, Institutionen und Funktionen, soziale Schichtung und Mobilität, sozialer Wandel und soziale Prozesse der übliche Rahmen allgemeiner soziologischer Überlegungen und der dabei in Einführungstexten verwendeten Begriffe im wesentlichen abgesteckt. Soweit die Bücher noch weitere Kapitel enthalten, sind sie spezielleren Fragen (Bevölkerung, Siedlungsstruktur, Beziehungen zwischen verschiedenen Rassen, Kriminalität) oder, in Ausnahmefällen, wissenschaftstheoretischen Überlegungen gewidmet (z.B. Woessner, 1971).

Zusammenfassung

Die in den Einführungstexten entwickelten Grundgedanken lassen sich in fünf Thesen formulieren:

1. Der Mensch ist ein *kulturelles* Wesen, sein Verhalten ist durch gelernte Motive und Regeln bestimmt; die Gesellschaft wacht über die Einhaltung der Normen.
   Verwendete Begriffe: Kultur, Werte, Normen, Sozialisation, soziale Persönlichkeit, abweichendes Verhalten, soziale Kontrolle, Sanktionen.

2. Der Mensch ist ein *soziales* Wesen, er ist Mitglied verschiedener Gruppen, in denen er unterschiedliche Positionen einnimmt und in denen unterschiedliches Verhalten von ihm erwartet wird.
   Verwendete Begriffe: Position, Status, Rolle, Gruppe, Bezugsgruppe, primäre und sekundäre Gruppen, Rollenkonflikt, Gruppenkonflikt.

3. Soziale Gruppen sind auf unterschiedliche Funktionen spezialisiert und variieren dementsprechend in ihrer Struktur und in den Beziehungen der Mitglieder zueinander.
   Verwendete Begriffe: Gesellschaftsbereiche, latente und manifeste Funktionen, Institutionen.

4. In allen Gesellschaften finden wir eine ungleiche Verteilung der produzierten Güter, der Macht und des sozialen Ansehens; überall bilden sich aufgrund dieser Unterschiede mehr oder weniger voneinander isolierte Bevölkerungsgruppen.
   Verwendete Begriffe: Stratifikation, Stände, Kasten, Klassen, Schichten, Privilegien, Macht, Prestige, soziale Distanz, soziale Mobilität.

5. Alle Gesellschaften befinden sich in einem ständigen Wandel ihres Normensystems, ihres Rollengefüges, ihrer Gruppenstruktur, ihrer Institutionen und ihres Schichtungssystems.
   Verwendete Begriffe: sozialer Wandel, endogene und exogene Ursachen.

Diese Zusammenstellung ist nur exemplarisch und berücksichtigt keineswegs alle Termini, die man als Grundbegriffe betrachten könnte (übergangen haben wir beispielsweise die Begriffe der *Identität* und der *Situation).* Es kam hier nur darauf an, das übliche Spektrum der grundlegenden Begriffe vorzustellen, damit deutlicher wird, wie uns die Grundbegriffe dazu verhelfen können, die soziologisch belangvollen Seiten der Realität zu erfassen.

3. Die Grundbegriffe als Beobachtungswerkzeug

McGee stellt das zweite Kapitel seines Buches (1972) unter die Überschrift „Culture – The Most Fundamental Idea". Der Begriff Kultur umfaßt eine Idee, die wir vom Werden und Funktionieren einer Gesellschaft haben. Aus einer solchen Vorstellung ergeben sich die spezielleren Komponenten des Kulturzusammenhanges – Normen, Rollen, Sozialisation usw.. Wenn der Autor dann im vierten Kapitel das Ineinandergreifen dieser Elemente bespricht, dann tut er es unter der guten Überschrift „The Organization of Society – One View." *Eine* mögliche Perspektive, sich den Zusammenhang „Gesellschaft" vorzustellen, ein Blickpunkt, von dem aus man weiterdenken – weiter beobachten kann! Es gibt andere Perspektiven, andere notwendige Modelle gesellschaftlicher Prozesse, wie beispielsweise die Vorstellung von der Gesellschaft als Klassenkampf. Je nachdem, welchen Blickpunkt man wählt, wird man in seiner Wahrnehmung vorprogrammiert. Wenn man beispielsweise menschliches Verhalten als normengeleitet versteht, wird man Verhaltensleitbilder, Sozialisationsvorgänge und Instanzen der sozialen Kontrolle erwarten und nach ihnen suchen. Hat man sich angewöhnt, Individuen als Träger unterschiedlicher Rollen zu denken, dann – und nur dann – wird man auch Rollenkonflikte erkennen.

Die Blickrichtung steht fest, wo immer man Daten erhebt. Polizeiakten berücksichtigen stets die gleichen Personenmerkmale wie z.B. Vorstrafen, Größe, Augenfarbe, Narben usw.. Daß diese Merkmale registriert werden, während andere unbeachtet bleiben, hängt mit dem Zweck einer solchen Akte zusammen. Dient sie der Verbrechensbekämpfung, dann braucht man unveränderliche Merkmale, mit denen eine Person leicht zu identifizieren ist (Augenfarbe, Narben). Man möchte auch etwas über die Tatmotive und über künftig zu erwartende Delikte wissen und nimmt vielleicht an, daß Vorstrafen darüber Hinweise geben könnten.

Ebenso haben auch die vom Soziologen beachteten Merkmale mit den Zielsetzungen seiner Arbeit zu tun. Versucht er, eine Person zu beschreiben, dann interessiert er sich für deren soziale Lebenswelt, er mag fragen: Kommt dieser Mensch aus einer wirtschaftlich benachteiligten Familie, was für einen Beruf hatte sein Vater, wie waren die Beziehungen zu Eltern und Geschwistern? Oder etwa – hat er selbst Familie, aus welchem Milieu kommt die Frau, welche Stellung bekleidet er im Betrieb, wie sind die Beziehungen zu Kollegen, läßt der Beruf Zeit für das Privatleben, gibt es neben der Familie und dem Betrieb noch andere Gruppen, denen er angehört, welche hat für ihn die größte Bedeutung?

Eine literarische Beschreibung mag wieder ganz anders aussehen und vieles enthalten, was der Soziologe übersieht:

„Es ist derselbe Max, nur unrasiert. Ein aus dem Grabe auferstandener Max ... Er begrüßt mich mit dem gleichen Lächeln, nur ist es jetzt viel schwächer geworden und braucht länger, ehe es verblaßt. Es ist wie das Licht eines sehr hellen Sterns, eines Sterns, der zum letztenmal blinkt, ehe er für immer erlischt. Und der sprießige Bart! Zweifellos ist er es, der den leidenden Blick noch eindringlicher als bisher hervorhebt. Der Bart scheint den Ausdruck völligen Angewidertseins, der wie ein schlechter Heiligenschein um seinen Mund spielte, gemildert zu haben. Der Ekel ist in Müdigkeit und diese in reines Leid hinweggeschmolzen" (Miller, 1957: 118).

Hier werden Eigenschaften beschrieben, die im Vokabular eines Soziologen gar nicht vorkommen. Dagegen fehlt alles, was ihn brennend interessieren würde und wofür er auch Begriffe hätte. Wie kommt es zu der offensichtlich resignierenden Haltung von Max? Gehört er irgendwelchen Gruppen an oder ist er isoliert? Welcher Schicht ist er zuzurechnen? Ist seine Einstellung auf Konflikte mit ganz bestimmten Rollenpartnern zurückzuführen oder auf die Klassenstruktur der Gesellschaft, in der er lebt?

Eine soziologische Fallbeschreibung liest sich deshalb meist anders als eine literarische Schilderung. Der Wissenschaftler hebt durch auswählende Beschreibung der Realität das heraus, was für seine Erklärungsweise belangvoll ist.

Als Soziologen können wir Erklärungen oft erst dann finden, wenn wir das zu Erklärende durch eine besondere Art der Beschreibung soziologisch zu sehen vermögen. Dadurch, daß wir beispielsweise eine Schlägerei als Gruppenkonflikt betrachten, haben wir so gut wie nichts *erklärt.* Trotzdem hat schon die Benennungsweise ihren Nutzen. Denn wenn man eine Schlägerei als sozialen Konflikt sieht statt als individuelle, physische Aggression, lenkt man seine Aufmerksamkeit auf Ursachen, die auch für andere soziale Konflikte maßgebend sind. Freilich darf man sich „soziologische Beschreibung" nicht als mechanisches Verfahren vorstellen, bei dem wir einem vorgegebenen Katalog von Grundbegriffen ein passendes Deutungsinstrument für jede beliebige Alltagssituation entnehmen können. Ob sich ein Begriff aus den vorhandenen soziologischen Denkmodellen auf ein konkretes Ereignis anwenden läßt oder ob ein Begriff (bzw. ein ganzer Komplex von Begriffen) für eine neu erkannte Sozialdimension erst zu entwickeln ist, muß vorab herausgefunden werden. Dabei kann der Forscher nur probierend vorgehen, und dieses Verfahren läßt sich höchstens andeutungsweise beschreiben. Vielleicht hilft folgende Vorstellung: Der Sachverhalt, der soziologisch erfaßt werden soll, wird „in Gedanken" und gewissermaßen „experimentell" in unterschiedlichen Begrifflichkeiten formuliert („angesprochen"). Das Ergebnis – die sprachliche Spiegelung unseres – ebenfalls noch durchaus vorläufigen – Wirklichkeitsbildes muß dann im Hinblick auf seine Angemessenheit betrachtet werden, ohne daß wir die Kriterien in dieser Phase schon zu präzisieren vermöchten. Dechmann (1978: 146–148) spricht von „sensibilisierender Begriffsverwendung":

„Begriffe werden aus der Literatur und aus bisherigen empirischen Arbeiten zusammengestellt. Kriterium ist dabei der abgeschätzte Erklärungs- oder Beschreibungsgehalt für den Bereich, der neu untersucht werden soll. Anschließend fragt man: Inwieweit erfassen die gefundenen Begriffe Ähnliches oder Unterschiedliches? Wie lassen sich die Begriffe verknüpfen? . . .
Diese Begriffssuche und -analyse vor der Erhebung soll für den Forscher zum nützlichen Instrument seiner Wahrnehmung werden. . . . Vielleicht paßt ein bestimmter Begriff überhaupt nicht. Dann sucht er einen besseren oder einen neuen. Der adäquate Begriff kann aus der sozialwissenschaftlichen Literatur stammen, aber ebenso aus Belletristik oder aus dem Kontext selber" (146/147).

Übungsaufgaben zu Kapitel III

1. Bitte versuchen Sie, die Begriffe Norm, Kultur und abweichendes Verhalten zu definieren. Überlegen Sie dann, ob die drei Definitionen voneinander unabhängig sind oder ob zur Bestimmung eines Begriffs (z.B. abweichendes Verhalten) die beiden anderen vorausgesetzt werden müssen.

2. Sie kommen in ein Restaurant und sehen sechs Gäste an einem Tisch miteinander im Gespräch. Welche Informationen brauchten Sie um entscheiden zu können, ob diese sechs Personen eine „Gruppe" bilden?

3. Rüstungswettlauf, Umweltzerstörung, Arbeitslosigkeit, Bevölkerungsschrumpfung in den Industrieländern, Bevölkerungsdruck und Armut in der Dritten Welt, Diskriminierung der

Frau, leere Staatskassen – unsere Lebensumwelt ist voller gesellschaftlicher Probleme, und die Liste der Beispiele ließe sich unschwer verlängern.
Bitte wählen Sie einen solchen Problembereich aus und stellen Sie folgende Überlegungen an: (1) Lassen sich die Schwierigkeiten auf Defizite in der Wahrnehmung bestimmter gesellschaftlicher „Funktionen" zurückführen? (2) Welche Institutionen sind für diese Funktionsdefizite mit verantwortlich? (3) Inwiefern sind die untersuchten Probleme mit „sozialem Wandel" verbunden?

4. Die Zahlen der Abiturienten und Studierenden sind in den letzten Jahrzehnten erheblich gewachsen, die Bildungschancen haben sich offenbar verbessert. Gelegentlich ist diese Entwicklung allerdings auf Profitinteressen der privatkapitalistischen Wirtschaft zurückgeführt worden: der eigentliche Grund für die „Bildungsförderung" sei, daß mehr qualifizierte Arbeitskräfte benötigt würden. Untersuchen Sie mit Hilfe der von McGee (Begleittext 3.5) aufgestellten Kriterien, wieweit es sich bei einer solchen Interpretation um eine „funktionalistische" Erklärung handelt.

Weiterführende Literatur zu Kapitel III

Ohne Anspruch auf Vollständigkeit nennen wir hier nur einige der Texte zur Einführung in die allgemeine Soziologie, von denen der Anfänger nach eigener Prüfung und Wahl einen durcharbeiten sollte.

Arbeitsgruppe Soziologie: Denkweisen und Grundbegriffe der Soziologie. Frankfurt, Campus: 1978.

Bellebaum, Alfred: Soziologische Grundbegriffe – Eine Einführung für Soziale Berufe. Stuttgart, Kohlhammer: (1972) ²1980.

Berger, Peter L./Berger, Brigitte: Wir und die Gesellschaft. Reinbek, Rowohlt: 1976.

Bosetzky, Horst/Fischer, Klaus-Diester/Tiefensee, Hans-Joachim: Soziologie – Eine Einführung für Angehörige des öffentlichen Dienstes. Herford, Maximilian Verlag: (1973) ²1975.

Conrad, Wolfgang/Streeck, Wolfgang (Hrsg.): Soziologie. Reinbek, Rowohlt: 1976.

Dechmann, Birgit/Ryffel, Christian: Soziologie im Alltag. Weinheim, Beltz: 1981.

Deichsel, Alexander: Soziologie, Gütersloh, Bertelsmann: 1982.

Reimann, Horst (Hrsg.): Basale Soziologie: Hauptprobleme. München, Goldmann: 1975.

Wallner, Ernst M.: Soziologie. Heidelberg, Quelle & Meyer: (1973) ²1979.

Zwei wichtige und sehr bekannte, im besten Sinne des Wortes weiterführende Texte und ein neuer Sammelband mit zahlreichen Beiträgen zur Gruppenforschung.

Homans, George C.: Theorie der sozialen Gruppe. Opladen, Westdeutscher Verlag: 1950.

Merton, Robert K.: Manifest und Latent Functions. In: Merton, R.K.: Social Theory and Social Structure. Glencoe, Ill., The Free Press: 1957, S. 19–84; gekürzte deutsche Fassung in: Hartmann, Heinz (Hrsg.): Moderne amerikanische Soziologie. Stuttgart, Deutscher Taschenbuch Verlag: ²1973, S. 119–150.

Neidhardt, Friedhelm (Hrsg.): Gruppensoziologie. Opladen, Westdeutscher Verlag: 1983.

Begleittext 3.1:

Karl Steinbuch: Kurskorrektur. Deutscher Taschenbuchverlag: München 1974, S. 15–17.

Das menschliche Bewußtsein bleibt immer weiter hinter der wachsenden Komplexität der Realität zurück. Von G.W. Leibniz wurde gesagt, er hätte noch eine vollständige Übersicht über das gesamte Wissen seiner Zeit – des 17. Jahrhunderts – gehabt. Vergleichbares kann sicher von keinem unserer Zeitgenossen mehr behauptet werden, für ein einzelnes Gehirn sind nur noch winzige Teile des heutigen Wissens übersehbar. Kennzeichnend hierfür ist die verbreitete Klage über die Spezialisierung unseres Wissens und das Überangebot an Informationen, die „Informationslawine".

Um mit dem begrenzten Gehirn der übergroßen Komplexität noch einigermaßen gerecht zu werden, entwickelte die menschliche Art eine bemerkenswerte Denktechnik: das Denken in Modellen. Diese ist aus zwei verschiedenen Gründen interessant: Einerseits zeigt sie die Raffinesse des menschlichen Gehirns, sich mit Problemen auseinanderzusetzen, die es eigentlich überfordern, und andererseits werden durch diese Denktechnik Tür und Tor geöffnet für die unbewußte Verhaltenssteuerung, die Manipulation. In unserer Zeit kommt die Lüge ja meist nicht mehr als Negation der Wahrheit, sondern als falsches Denkmodell. ...

Manche Denkmodelle beziehen sich auf konkrete, beobachtbare Sachverhalte der Außenwelt, andere beziehen sich auf höchst abstrakte gedankliche Operationen. Manche Denkmodelle entstammen dem vorwissenschaftlichen Denken, wie z.B. die „Vorsehung", andere sind das Ergebnis wissenschaftlichen Denkens, wie z.B. der „genetische Code".

Der erwachsene Mensch hat viele Eindrücke von der Außenwelt aufgenommen. Auch wenn er sie nicht wahrnimmt, existiert die Außenwelt als ihr unvollkommenes Abbild in ihm. Ohne daß er die Objekte materiell vor sich hat, kann er Aussagen über sie machen, z.B. ein Haus beschreiben, oder angeben, wie sie auf bestimmte Eingriffe reagieren, z.B. das Auto, wenn er auf das Bremspedal drückt. An den inneren Modellen kann man also probieren, was man tun muß, um bestimmte Wirkungen zu erzielen. Diese inneren Modelle haben sich im Laufe des Lebens durch Lernvorgänge, praktische Problemlösungen und durch gesellschaftliche Kommunikation gebildet.

Eine wichtige Voraussetzung des Denkens in Modellen ist, daß die Modelle die realen Sachverhalte möglichst exakt abbilden. Die Erkenntnistheorie versucht zu zeigen, wie aus der wahrgenommenen Realität Denkmodelle entstehen können oder sollen.

Die Naturwissenschaften benutzen vielerlei Modelle: Atommodelle, Molekülmodelle, Entwicklungsmodelle, Verhaltensmodelle usw. ... Die Ökonomen sprechen von Marktmodellen, die Soziologen von Gesellschaftsmodellen, und philosophische Haltungen sind durch bestimmte Modellvorstellungen geprägt (von denen vermutet wurde, daß sie vielfach bis auf das archaische Erbe des Menschen zurückgehen). ...

Modelle unterscheiden sich in irgendwelchen Merkmalen von ihren Originalen – sonst wären sie nicht deren *Modelle;* aber sie haben auch manches mit ihnen gemeinsam – sonst wären sie nicht *deren* Modelle. Weshalb bevorzugt das menschliche Gehirn Modelle gegenüber den Originalen? Dies kann so begründet werden: Die Anwendung von Modellen ist meist ökonomischer als die Anwendung der Originale bzw. deren informationeller Kopien.

Dazu kommt noch ein zweiter Gesichtspunkt: Wenn das Bewußtsein über einen bestimmten Vorrat an Denkmodellen verfügt, so versucht es, auch neu aufkommende Erfahrungen mit Hilfe dieser schon verfügbaren Denkmodelle zu verstehen. Typisch hierfür sind die neu aufkommenden Erfahrungen mit der Elektrizität im 19. Jahrhundert: Man versuchte, sie auf mechanische Denkmodelle zurückzuführen. Heutzutage benutzt man oft ganz andere Denkmodelle: So versucht man meist, mechanische Zusammenhänge in elektrischen Ersatzschaltungen abzubilden.

Begleittext 3.2:

Georg Simmel: Schriften zur Soziologie. Hrsg. von H.J. Dahme/O. Rammstedt. Suhrkamp Verlag : Frankfurt 1983 (1917), S. 39–41.

Jede Wissenschaft zieht aus der Totalität oder der erlebten Unmittelbarkeit der Erscheinungen *eine Reihe oder eine Seite unter Führung je eines bestimmten Begriffes* heraus, und nicht weniger als alle andern handelt die Soziologie legitim, wenn sie die individuellen Existenzen zerlegt und nach einem nur ihr eigenen Begriff wieder neu zusammenfaßt, und also fragt: Was geschieht mit den Menschen, nach welchen Regeln bewegen sie sich, nicht insofern sie die Ganzheit ihrer erfaßbaren Einzelexistenzen entfalten, sondern sofern sie vermöge ihrer Wechselwirkung Gruppen bilden und durch diese Gruppenexistenz bestimmt werden? So darf sie die Geschichte der Ehe behandeln, ohne das Zusammenleben einzelner Paare zu analysieren, das Prinzip der Ämterorganisation, ohne einen Tag auf dem Büro zu schildern, die Gesetze und Resultate des Klassenkampfes ergründen, ohne auf den Verlauf eines Streiks oder die Verhandlungen über einen Lohntarif einzugehen. Gewiß sind die Gegenstände solcher Fragen durch Abstraktionsprozesse zustande gekommen; aber damit unterscheiden sie sich nicht von den Wissenschaften wie Logik oder theoretische Nationalökonomie, die gleichfalls unter der Anleitung durch bestimmte Begriffe – dort des Erkennens, hier der Wirtschaft – zusammenhängende Gebilde aus der Wirklichkeit zustande bringen, und Gesetze und Evolutionen an ihnen entdecken, während diese Gebilde als isolierte Erfahrbarkeiten gar nicht bestehen.

Steht so die Soziologie auf einer Abstraktion aus der vollen Wirklichkeit – hier unter *Führung des Begriffs Gesellschaft* vollzogen – und ist dennoch der Vorwurf der Irrealität hinfällig, der von der behaupteten alleinigen Realität der Individuen herkam, so schützt diese Einsicht sie auch vor der Überspannung, die ich zuvor als eine nicht geringere Gefährdung ihres Bestandes als einer Wissenschaft erwähnte. Da der Mensch in jedem Augenblick seines Seins und Tuns durch die Tatsache, daß er ein gesellschaftliches Wesen ist, bestimmt sei, so schienen alle Wissenschaften vom Menschen sich in die Wissenschaft vom gesellschaftlichen Leben zurückzuschmelzen: alle Gegenstände jener Wissenschaften seien nur einzelne, besonders geformte Kanäle, durch die das gesellschaftliche Leben, einziger Träger aller Kraft und alles Sinnes, rinne. Ich zeigte, daß damit nichts anderes erlangt sei, als ein neuer, gemeinschaftlicher Name für all die Erkenntnisse, die in ihren besonderen Inhalten und Benennungen, Richtungen und Methoden ganz ungestört und selbstgesetzlich weiterbestehen werden. Ist dies also auch eine irrige Dehnung der Vorstellung von der Gesellschaft und der Soziologie, so liegt ihr doch eine an sich bedeutsame und folgenreiche Tatsache zugrunde. Die Einsicht: der Mensch sei in seinem ganzen Wesen und allen Äußerungen dadurch bestimmt, daß er in Wechselwirkung mit andern Menschen lebt – muß allerdings zu einer neuen *Betrachtungsweise* in allen sogenannten Geisteswissenschaften führen.

Die großen Inhalte des geschichtlichen Lebens: die Sprache wie die Religion, die Staatenbildung wie die materielle Kultur wußte man noch im 18. Jahrhundert wesentlich nur auf die „Erfindung“ einzelner Persönlichkeiten zurückzuführen, und wo Verstand und Interessen des Einzelmenschen dazu nicht auszureichen schienen, blieb nur der Appell an transzendente Mächte übrig – zu denen übrigens das „Genie“ jener einzelner Erfinder eine

Mittelstufe bildete: denn mit dem Geniebegriff drückte man eigentlich nur aus, daß die bekannten und begreiflichen Kräfte des Individuums zu der Produktion der Erscheinung nicht zulangten. So war die Sprache entweder die Erfindung Einzelner oder ein göttliches Geschenk, die Religion – als geschichtliches Ereignis – die Erfindung schlauer Priester oder göttlicher Wille, die sittlichen Gesetze entweder von Heroen der Masse eingeprägt oder von Gott verliehen, oder von der „Natur" – einer nicht weniger mystischen Hypostasierung – den Menschen mitgegeben. Aus dieser ungenügenden Alternative hat der Gesichtspunkt der gesellschaftlichen Produktion erlöst. All jene Gebilde erzeugen sich in den Wechselbeziehungen der Menschen, oder manchmal auch *sind* sie derartige Wechselbeziehungen, die also aus dem für sich betrachteten Individuum freilich nicht herleitbar sind. Neben jene beiden Möglichkeiten ist eben nun die dritte gestellt: die Produktion von Erscheinungen durch das gesellschaftliche Leben, und zwar im zweifachen Sinne, durch das Nebeneinander wechselwirkender Individuen, das *in* jedem erzeugt, was doch *aus* ihm allein nicht erklärbar ist, und durch das Nacheinander der Generationen, deren Vererbungen und Überlieferungen mit dem Eigenerwerb des Einzelnen unlösbar verschmelzen und es bewirken, daß der gesellschaftliche Mensch, im Unterschied gegen alles untermenschliche Leben, nicht nur Nachkomme, sondern Erbe ist. Durch das Bewußtwerden der sozialen Produktionsart, die sich zwischen die rein individuelle und die transzendente einschiebt, ist eine genetische Methode in alle Geisteswissenschaften gekommen, ein neues Werkzeug zur Lösung ihrer Probleme – mögen diese den Staat oder die Kirchenorganisation, die Sprache oder die sittliche Verfassung betreffen. Die Soziologie ist nicht nur eine Wissenschaft mit eigenen, gegen alle andern Wissenschaften arbeitsteilig abgegrenzten Objekten, sondern sie ist eben auch eine *Methode* der historischen und der Geisteswissenschaften überhaupt geworden. Um sie auszunutzen, brauchen diese Wisenschaften ihren Standort durchaus nicht zu verlassen, sie brauchen nicht, wie *jene* phantastische Überspannung des Soziologiebegriffes forderte, zu Teilen der Soziologie zu werden. Diese vielmehr akklimatisiert sich jedem besonderen Forschungsgebiet, dem nationalökonomischen wie dem kulturgeschichtlichen, dem ethischen wie dem theologischen. Damit aber verhält sie sich nicht wesentlich anders als seinerzeit die Induktion, die als neues Forschungsprinzip in alle möglichen Problemgruppen eindrang und den darin feststehenden Aufgaben zu neuen Lösungen verhalf. So wenig aber daraufhin Induktion eine besondere Wissenschaft ist oder gar eine allbefassende, so wenig ist es, auf *diese* Momente hin, die Soziologie. Soweit sie sich darauf stützt, daß der Mensch als Gesellschaftswesen verstanden werden muß, und daß die Gesellschaft der Träger alles historischen Geschehens ist, enthält sie kein *Objekt,* das nicht schon in einer der bestehenden Wissenschaften behandelt würde, sondern nur einen neuen Weg für alle diese, eine Methode der Wissenschaft, die gerade wegen ihrer Anwendbarkeit auf die Gesamtheit der Probleme nicht eine Wissenschaft mit eigenem Inhalt ist.

Begleittext 3.3:

Norbert Elias: Über den Prozeß der Zivilisation Bd. 1. Suhrkamp Verlag: Frankfurt 1976 (1969), S. 170–174.

Über den Gebrauch der Gabel beim Essen.

Wozu dient eigentlich die Gabel? Sie dient dazu, die zerkleinerten Speisen zum Munde zu führen. Warum brauchen wir eine Gabel dazu? Warum nehmen wir nicht die Finger? Weil es „kannibalisch" ist, wie 1859 der „Mann im Clubfenster", der ungenannte Verfasser der

„Habits of Good Society" sagt. Warum ist es kannibalisch, mit den Fingern zu essen? Das ist keine Frage, es ist selbstverständlich kannibalisch, barbarisch, unzivilisiert, wie immer man es nennt.
Aber das ist ja gerade die Frage: Warum ist es denn zivilisierter mit der Gabel zu essen? Weil es unhygienisch ist, die Finger zum Essen zu gebrauchen. – Das klingt einleuchtend. Es ist für unser Empfinden unhygienisch, wenn verschiedene Menschen mit ihren Fingern auf die gleiche Platte langen, weil eine gewisse Gefahr besteht, man könne sich durch Berührung mit anderen eine Krankheit holen. Jeder von uns scheint zu fürchten, daß die anderen krank sind. Aber irgend etwas stimmt an dieser Erklärung nicht. Wir essen ja heute gar nicht mehr aus gemeinsamen Schüsseln. Jeder führt seine Speisen vom eigenen Teller zum Mund. Sie von dort, von dem eigenen Teller mit den Fingern aufzunehmen, kann nicht „unhygienischer" sein, als Kuchen, Brot, Schokolade oder was immer sonst mit den eigenen Fingern zum Munde zu führen.
Wozu braucht man also eigentlich eine Gabel? Warum ist es „barbarisch" und „unzivilisiert" Speisen vom eigenen Teller mit der Hand zum Munde zu führen?
Weil es ein peinliches Gefühl ist, sich die Finger schmutzig zu machen oder wenigstens mit schmutzigen und fettigen Fingern in Gesellschaft gesehen zu werden. Mit Krankheitsgefahren, mit den sog. „rationalen Gründen" hat die Ausschaltung des Essens mit den Händen vom eigenen Teller recht wenig zu tun. Hier, in der Beobachtung unserer Empfindung gegenüber dem Gabelritual, zeigt sich mit ganz besonderer Deutlichkeit: Die primäre Instanz für unsere Entscheidung zwischen „zivilisiertem" und „unzivilisiertem" Verhalten bei Tisch ist unser Peinlichkeitsgefühl. Die Gabel ist nichts anderes als die Inkarnation eines bestimmten Affekt- und Peinlichkeitsstandards. Als Hintergrund der Wandlung, die sich in der Eßtechnik vom Mittelalter zur Neuzeit hin vollzieht, taucht wieder die gleiche Erscheinung auf, die auch in der Analyse anderer Inkarnate dieser Art zutage trat: eine Wandlung des Trieb- und Affekthaushalts.
Verhaltensweisen, die im Mittelalter nicht im mindesten als peinlich empfunden wurden, werden mehr und mehr mit Unlustempfindungen belegt. Der Peinlichkeitsstandard kommt in entsprechenden, gesellschaftlichen Verboten zum Ausdruck. Diese Tabus sind, soweit sich sehen läßt, nichts anderes als Ritual oder Institution gewordenes Unlust-, Peinlichkeits-, Ekel-, Angst- oder Schamgefühl, das gesellschaftlich unter ganz bestimmten Umständen herangezüchtet worden ist, und das sich dann immer wieder reproduziert, nicht allein, aber doch vor allem auch deswegen, weil es sich in einem bestimmten Ritual, in bestimmten Umgangsformen institutionell verfestigt hat.
Diese Beispiele zeigen – ganz gewiß nur in einem schmalen Ausschnitt und in relativ zufällig herausgegriffenen Äußerungen Einzelner – wie in einer Phase der Entwicklung, in der die Benutzung der Gabel noch nicht selbstverständlich war, das Peinlichkeitsempfinden, das sich zunächst in einem engen Kreis herausgebildet hat, langsam ausgebreitet wird. „Es ist sehr indezent" heißt es bei Courtin 1672 (Beispiel G), „etwas Fettiges, eine Soße oder einen Sirup mit den Fingern anzufassen; das zwingt uns, abgesehen von allem anderen, zu zwei oder drei weiteren undezenten Handlungen; es zwingt z.B. dazu, sich häufig die Hände an der Serviette zu säubern und die Serviette zu beschmutzen, wie einen Wischlappen in der Küche, so daß denen, die sehen, wie man sie an den Mund führt, übel ums Herz wird. Oder man muß die Hände am Brot reinigen, was ebenfalls sehr wenig proper ist. (N.B. Die französischen Begriffe „propre" und „malpropre", wie sie Courtin gebraucht und in einem eigenen Kapitel erklärt, decken sich weniger mit unserem Begriff ‚sauber' und ‚unsauber', als mit dem früher häufiger gebrauchten ‚proper'.) Schließlich bleibt noch die Möglichkeit, sich die Finger abzulecken, und das ist der Gipfel der „impropreté'."
Die „Civilité" von La Salle aus dem Jahre 1729 (Beispiel J), die das Verhalten von oben in

weitere Kreise trägt, sagt zwar auf der einen Seite: „Wenn deine Finger sehr fettig sind, wisch sie zuerst an einem Stück Brot ab." Und das zeigt, wie wenig allgemein selbst zu dieser Zeit noch der Peinlichkeitsstandard war, den Courtin bereits Jahrzehnte früher repräsentiert.
Auf der anderen Seite übernimmt La Salle ziemlich wörtlich die Vorschrift Courtins: „Die „Bien-séance" gestattet nicht etwas Fettiges, eine Soße oder einen Sirup mit den Fingern anzufassen." Und er nennt unter den „incivilités", zu denen das zwingt, neben dem Schmutzigmachen der Serviette, genau wie Courtin, auch das Abwischen der Hände am Brot und das Ablecken der Finger.
Man sieht, alles ist hier noch im Werden. Der neue Standard ist nicht mit einem Mal da. Bestimmte Verhaltensweisen werden mit Verboten belegt, nicht weil sie ungesund sind, sondern weil sie zu einem peinlichen Anblick, zu peinlichen Assoziationen führen; und von den Vorbild gebenden Kreisen her wird durch viele Instanzen und Institutionen allmählich die Scham darüber, einen solchen Anblick zu bieten, die zunächst fehlt, und die Angst, solche Assoziationen auszulösen, in weiteren Kreisen erweckt. Sind sie aber einmal erweckt und durch bestimmte Ritualien, wie das Gabelritual, allgemein in der Gesellschaft verfestigt, dann reproduzieren sie sich immer wieder von neuem, solange die Struktur der menschlichen Beziehungen sich nicht grundlegend ändert. Die jeweils ältere Generation, für die ein solcher Standard des Verhaltens selbstverständlich geworden ist, drängt die Kinder, die solche Gefühle, die diesen Standard nicht mit auf die Welt bringen, bald heftiger, bald milder, sich ihm entsprechend zu beherrschen und ihre Triebe, ihre Neigungen zurückzuhalten. Wenn ein Kind nach etwas Klebrigem, Feuchtem, Fettigem mit den Fingern greift, sagt man ihm: „Du darfst das nicht, so etwas tut man nicht". Und die Unlust, die derart von den Erwachsenen diesem Verhalten gegenüber erzeugt wird, stellt sich schließlich gewohnheitsmäßig ein, ohne daß sie ein andrer Mensch auslöst.
Zum guten Teil aber wird das Verhalten und Triebleben des Kindes nun dadurch, daß ein bestimmter Gebrauch von Messer und Gabel in der Erwachsenengesellschaft völlig durchgesetzt ist, also durch das Beispiel der umgebenden Welt, auch ohne Worte in die gleiche Form und die gleiche Richtung gezwungen. Es wird nun, da sich dem Druck oder Zwang einzelner Erwachsener der Druck und das Beispiel der ganzen umgebenden Welt zugesellt, von den meisten Aufwachsenden relativ frühzeitig vergessen oder verdrängt, daß ihre Scham und Peinlichkeitsgefühle, ihre Lust- und Unlustempfindungen durch Druck und Zwang von außen modelliert und auf einen bestimmten Standard gebracht wurden. Alles das erscheint ihnen als ihr Persönlichstes, als etwas „Inneres", ihnen gleichsam von Natur mit auf den Weg Gegebenes.
Während es in den Äußerungen Courtins und La Salles noch ganz unmittelbar sichtbar wird, daß zunächst auch die Erwachsenen aus Rücksicht aufeinander, aus „Höflichkeit" nicht mehr mit den Fingern essen sollen, nämlich um anderen einen peinlichen Anblick zu ersparen, und sich selbst die Scham, mit „gesoßten" Händen von anderen gesehen zu werden, ist es später mehr und mehr ein innerer Automatismus, der Abdruck der Gesellschaft im Innern, das Überich, das dem Einzelnen verbietet, anders als mit der Gabel zu essen. Der gesellschaftliche Standard, in den der Einzelne zunächst von außen, durch Fremdzwang, eingepaßt worden ist, reproduziert sich schließlich in ihm mehr oder weniger reibungslos durch Selbstzwang, der bis zu einem gewissen Grade arbeitet, auch wenn er es in seinem Bewußtsein nicht wünscht.
Auf diese Weise vollzieht sich also der geschichtlich-gesellschaftliche Prozeß von Jahrhunderten, in dessen Verlauf der Standard der Scham- und Peinlichkeitsgefühle langsam vorrückt, in dem einzelnen Menschen in abgekürzter Form von neuem. Wenn man darauf aus wäre, wiederkehrende Prozesse als Gesetz auszudrücken, könnte man in Parallele zu dem biogenetischen von einem soziogenetischen und psychogenetischen Grundgesetz sprechen.

Begleittext 3.4:

Ferdinand Tönnies: Einführung in die Soziologie. Enke Verlag: Stuttgart 1981 (1931), S. 212–222.

§ 41. Eine höchst merkwürdige und bedeutende Erscheinung auf diesem Gebiet ist *das Naturrecht,* eine besondere Art des vielfachen, sonst dem besonderen Berufsstande der Rechtsgelehrten anheim fallenden Denkens über Recht und Rechte, eine philosophische Art, die das allgemeine und notwendige in diesem Gebiet sucht. Die Lehre des Naturrechtes, wie sie heute außerhalb der katholischen Theologie ausschließlich gedacht zu werden pflegt, hat aus dem theologischen und scholastischen Naturrecht und gegen dieses sich entwickelt. *Tröltsch* nennt dies moderne das profane Naturrecht – richtig, insofern es die geistlichen Fesseln zerbrochen hat; richtiger nennen wir es das rationale, insofern es als solches die ihm ursprünglich von der griechischen Philosophie und der römischen Jurisprudenz her innewohnende Richtung wiederaufgenommen hat. Die entscheidende Neuerung in diesem Sinne geht nicht, wie man es immer wieder darstellt, auf *Grotius* zurück, dessen Bearbeitung des Völkerrechts freilich Epoche gemacht hat, sondern auf *Hobbes:* er hat dieser Lehre, in der sich das von seiner Zeit her angewachsene gesellschaftliche Denken krystallisiert hat, ihre klassische Gestalt gegeben. Sie geht davon aus, daß *von Natur jeder Mensch, der Möglichkeit und Tendenz nach, Feind aller anderen sei, und zwar aufgrund gegenseitiger Furcht und gegenseitigen Mißtrauens. Darum müsse der natürliche Zustand der Menschen als ein allgemeiner Krieg, ein Krieg gegen alle, gedacht werden.*

§ 42. *Man kann im Gegensatz zum gesellschaftlichen oder rationalistischen Naturrecht die Idee eines gemeinschaftlichen Naturrechts darzustellen unternehmen:* es gilt zu prüfen, ob eine andere Grundlage für den Begriff einer Ursache des Rechtes gedacht werden kann außer derjenigen, die individuelle *Personen als isolierte einander gegenüberstellt,* d.h. als solche, die keine gemeinsamen Rechte miteinander gemein haben, außer solchen, die auf ihren eigenen Verträgen und Vereinbarungen beruhen. In der Tat steht es dem Denkenden frei, die Voraussetzung zu machen, *daß die Menschen, ob man sie als Gleiche oder als Ungleiche betrachte, von Natur einander freundlich gesinnt seien: nicht der Krieg aller gegen alle, sondern der Friede aller mit allen sei der natürliche Zustand.* In Wahrheit war eine solche Voraussetzung der mittelalterlichen Denkweise, die Hobbes und seine Nachfolger zu überwinden meinten, immanent. Sie wurde regelmäßig angeknüpft an die aristotelische These, daß der Mensch von Natur ein politisches, d.h. zum Leben in der Polis bestimmtes Wesen sei, wofür man die lateinische Fassung einsetzte, er sei ein soziales Lebewesen *(animal sociale).* Hobbes bekämpft diese Ansicht ausdrücklich: in der Schrift, die am tiefsten auf die Weltliteratur gewirkt hat *(De Cive)* versucht er, jenen Satz eingehend zu widerlegen, indem er lehrt, daß der Mensch im Verkehr mit anderen nichts suche *als Vorteil oder Ehre.* Freilich bedürfe einer des anderen Hilfe, aber wer immer es vermöge, strebe eher danach, über andere zu herrschen als mit ihnen sich zu verbünden: nur die gegenseitige Furcht sei der Ursprung großer und dauerhafter Gesellschaften, und die Ursache der gegenseitigen Furcht sei teils in der natürlichen Gleichheit, teils in der gegenseitigen Neigung, sich zu kränken, gelegen. Es ist aber bemerkenswert, daß in der späteren großen Darstellung seiner Theorie (im *Leviathan)* er auf diese Begründung nicht zurückgekommen ist, sondern in konsequenter Verfolgung seiner psychologischen Lehren neben den drei Hauptursachen des Streites, nämlich: 1. Wettbewerb, 2. Mißtrauen, 3. Eitelkeit auch drei Affekte gelten läßt, die zum Frieden geneigt machen, nämlich a) Todesfurcht, b) Verlangen nach gemächlichem Leben und den Dingen, die dafür nötig sind, c) Hoffnung, durch Fleiß solche zu erlangen. Auch hier sucht er einen wahrscheinlichen Übergang aus den Stande der Natur in den Staat, *ohne doch ein natürliches Wohlwollen des Menschen für den Menschen anzunehmen:* der Mensch wird als schlechthin *egoistisch* vorausgesetzt. Man kann nun *die entgegengesetzte Hypothese des natürlichen Altruismus zugrunde legen und von dieser aus ein Recht entwickeln.*

Es stünde also seinem Wesen nach das gemeinschaftliche Naturrecht, wie das gesellschaftliche, unter den Begriffen einer als gültig anerkannten Vernünftigkeit oder Weisheit, die ihre Forderungen stellte, indem sie die wie auch immer zu motivierende Selbstbeherrschung und Selbstüberwindung zugunsten einer Idee verlangt, die auch in Gemeinschaft als im letzten Grunde dem eigenen wahren Wohl und Heil dienend erkannt würde.

Diese Idee erscheint in Anwendung auf das Handeln, insbesondere auf die friedliche Ordnung der Verhältnisse von Menschen zu Menschen und von Menschen zu Sachen, als die Idee der Gerechtigkeit, die von dem Gedanken des Naturrechts unlösbar ist. Sie ist nach der *Aristotelischen* Unterscheidung für *das gesellschaftliche Naturrecht die Gerechtigkeit des Tausches, die Ehrlichkeit,* die auch im griechischen Sprachgebrauch davon umfaßt wird: *kommutative Gerechtigkeit.* Hingegen *im gemeinschaftlichen Naturrecht ist die distributive Gerechtigkeit vorwaltend, die Gerechtigkeit der Verteilung innerhalb der Einigkeit des gemeinsamen Besitzes und Genusses.* Der Wahlspruch: *„Jedem das Seine"* bedeutet dort, daß jedes Mitglied der Gesellschaft das behalten soll, was es erworben hat, es sei denn, daß es nachweislich auf unehrliche Weise erworben sei. Es bedeutet hier – für die austeilende Gerechtigkeit – daß jedes Mitglied einer Gemeinschaft für sich nur erwerben kann und soll, was ihm als dem Recht und der Billigkeit gemäß zugewiesen wird.

Charakteristisch für den Unterschied der einen und anderen Idee des Naturrechts ist also das Verhältnis moralischer Begriffe zu ihnen, wie es eben in der verschiedenen Geltung des Begriffes der Gerechtigkeit zutage tritt. Während *die Gerechtigkeit des Tausches* gleichsam von außen an die gesellschaftlichen Verhältnisse herantritt, so daß ihr die Bedingungen der übereinstimmenden Willen und der richtigen Einsicht des Nutzens der Verträge, also Verneinung der Tendenzen zur Gewalt und zur Täuschung genügen – so bezieht sich hingegen *die verteilende Gerechtigkeit* auf die Gegenstände selber, ist gleichsam Vorbedingung des Lebens der Gemeinschaft. Diesem Unterschiede entspricht das Verhältnis der Moral zum Rechte überhaupt in der einen und der anderen Idee. *Die Idee des gesellschaftlichen Naturrechts hat mit der Moral weiter nichts zu schaffen als daß sie dieser überläßt, von ihren Normen aus die Handlungsweisen der Subjekte, auch die der Richter, sofern diese gerecht sein sollen, zu beurteilen. Das Recht selber will nicht moralisch sein. Es will nur nützlich, also zweckmäßig sein.* Der Zweck ist ein friedliches, d.i. nicht gewaltsames, er ist nicht ein gutes, d.h. von Wohlwollen und dem Wunsche gegenseitiger Hilfe erfülltes Zusammenleben. Solches aber fordert die Idee des gemeinschaftlichen Naturrechts. Sie verschmilzt die Moral mit dem Rechte, ordnet aber notwendigerweise das Recht der Moral unter. Es wird hier zum Organ eines Geistes der Selbstbeherrschung und Bescheidung des einzelnen Menschen, daher der Erziehung zur Fähigkeit solcher und der Übung im Gebrauche der Tugenden, die ein gutes Zusammenleben erfordert.

Begleittext 3.5:

Reece McGee: Soziologie, die uns angeht. Bertelsmann: Gütersloh 1976, S. 258–264.

Merkmale der funktionalistischen Perspektive. Der Funktionalismus unterscheidet sich durch eine gewisse ihm eigene Betrachtungsweise, die in seinen Voraussetzungen und einer besonderen Art taulogischen Denkens begründet liegt, von anderen Erklärungssystemen. In seinem grundlegenden Erklärungsansatz geht er davon aus, daß Strukturen – physische wie soziale – nichts anderes als Eigenschaften oder Verhalten sind. Folglich wird die Struktur des Flügels eines Vogels als Merkmal der Verhaltensweise des Fliegens betrachtet. Oder, um ein Beispiel aus den Sozialwissenschaften zu benutzen, die soziale Organisation einer Luftlandedivision (ihre Gliederung) ist eine Funktion der speziellen Aufgabe, für die derartige Einheiten entworfen sind: mit dem Fallschirm über umkämpftem Gebiet abgesetzt zu werden. Sie ist demzufolge anders organisiert oder strukturiert als eine reguläre Infanteriedivision.

Die folgenden logischen *Annahmen* beschreiben diesen Standpunkt.

1. Wir untersuchen soziale Erscheinungen, um sie zu *verstehen,* um sie sowohl emotional zu begreifen als auch zu messen und zu beschreiben.
2. Soziales Verhalten zeigt sich in *sozialen Systemen,* in „geschlossenen Kreisläufen" der Interaktion, in denen alle „Einzelteile" zueinander passen und untereinander verbunden sind. Keine Betätigung oder Verhaltensweise steht isoliert und bedeutungslos da, und jede Tätigkeit in einem Bereich des Systems steht zu dem übrigen System in Beziehung.
3. Deshalb kann die *Bedeutung* jedes beliebigen Ereignisses in einem solchen System nur vom Standpunkt seiner Beziehung zu anderen Ereignissen und Zusammenhängen in dem System und der Auswirkungen auf sie verstanden werden.
4. Die volle Einsicht in die Bedeutung eines Ereignisses wird nur dann erlangt, wenn es von beiden Beziehungen aus erläutert wird, seiner *Bestimmtheit* durch das System, in dem es auftritt (das Blut wird vom Herzen in Zirkulation gebracht, indem es durch den Körper gepumpt wird), und seiner *Mitwirkung* am Fortbestehen des Systems (die Blutzirkulation ermöglicht es den Nährstoffen, die Zellen zu erreichen, und sie ermöglicht zugleich den Abtransport der Abfallprodukte; beide Funktionen sind wichtig für das Überleben). *Gesellschaftlich* funktionale Ereignisse sind demzufolge gleichzeitig vom System hervorgerufen wie das System erhaltend; die Gesellschaft bringt sie hervor, und sie vollbringen Leistungen, die für die Aufrechterhaltung der Gesellschaft grundlegend sind. Bevor nicht erkannt ist, wie ein Ereignis diesen Anforderungen entspricht, kann es in seinem funktionalen Zusammenhang nicht als völlig geklärt gelten.
5. Soziales Verhalten ist größtenteils, wenn nicht sogar gänzlich, funktionaler Art.

Es ist wichtig zu bedenken, daß es sich hierbei um Annahmen handelt. Wir übernehmen diese Annahmen über das Wesen der sozialen Realität, wenn wir die Dinge aus einer funktionalen Perspektive betrachten. *Aber es handelt sich nicht um Tatsachenfeststellungen über die Welt oder über Zusammenhänge in ihr; diese Annahmen bilden einfach eine Möglichkeit, Tatsachen zu definieren und zu interpretieren. Wir nehmen sie als erwiesen an und benutzen sie als Regeln für die Interpretation unserer Beobachtungen.* Wenn wir also, um die letzte Annahme als Beispiel zu benutzen, ein soziales Ereignis untersuchen, unterstellen wir, daß es irgeneine Aufgabe oder einen Zweck für die Gesellschaft hat, und wir bemühen uns, diese Aufgaben zu bestimmen. Aus der funktionalen Perspektive stellt sich uns niemals die Frage, *ob* ein gewöhnliches soziales Ereignis auftreten könnte, ohne irgendeinen gesellschaftlichen Zweck zu erfüllen. Es ist wichtig, diesen Ausgangspunkt zu verstehen, denn wenn wir davon ausgehen, daß ein Ereignis irgendeine soziale Funktion hat, und versuchen, sie zu entdecken, dann werden wir fast ohne Ausnahme dabei Erfolg haben. *Irgendeine* Funktion kann also vernünftigerweise beinahe jedem Ereignis zugeschrieben werden. Dagegen ist die Frage viel schwerer zu beantworten, *ob* ein Ereignis einer bestimmten Funktion dient. Sie erfordert ein Beweismaterial, das manchmal schwer zu erbringen ist. Die Knopfreihe am äußeren Ärmelaufschlag eines Männerjacketts ist hier ein anschauliches Beispiel. Die Knöpfe dienen keinem offensichtlichen Zweck. Sie sind nicht einmal dekorativ, weil sie gewöhnlich die gleiche Farbe haben wie der Jackenstoff und folglich schwer zu erkennen sind. Weil es üblich ist, Knöpfe am Ärmel zu tragen, gehen wir jedoch davon aus, daß es einen Grund dafür geben muß. Diese Annahme bildet den Ausgangspunkt für eine Reihe von Hypothesen (Schmuck, Erhaltung der Tradition, Unterstützung der Knopfindustrie usw.). Aber der Wert der funktionalistischen Position liegt in ihrer Art von Hypothesen, die aufgrund ihrer Annahmen erzeugt werden. Durch die Benutzung dieser Annahmen sind wir in der Lage, Aussagen über diese Welt oder mögliche Erklärungen von Ereignissen in dieser Welt zu entdecken, die auf eine andere Weise wohl nicht hätten hervorgebracht werden können.

Äußerst problematisch ist diejenige der fünf Annahmen, nach der soziales Verhalten als funktional hingestellt wird. *Diese Annahme verlangt Vermutungen über Tatsachen, die nicht widerlegt werden können.* (Wie kann man *beweisen,* daß die Knöpfe auf dem Jackettärmel *keinen* Zweck und keine Bedeutung irgendeiner Art haben?) Diese Annahme ist für die funktionalistische Position von entscheidender Bedeutung. Dies läßt sich noch besser verdeutlichen, wenn wir die Logik der Argumentation begreifen, die dahintersteht. Alles, was in einer Gesellschaft gewohnt oder gebräuchlich ist, *muß* für die Gesellschaft nützlich sein, sonst würde man es nicht ständig ausüben. Die Tatsache, daß ein kultureller Gegenstand oder Gebrauch über einen gewissen Zeitraum existiert, ist der „Beweis" dafür, daß er einen Zweck hat. Sonst würde er aussterben. Dies ist natürlich ein tautologisches Argument und nicht die Feststellung eines Faktums; es hilft jedoch Fakten zu verstehen.

Aber selbst Tätigkeiten oder Gegenstände, die einer Gesellschaft insgesamt zu nützlichen Zwecken dienen, können nichtsdestoweniger für einzelne Gruppen innerhalb dieser Gesellschaft negative Folgen haben. Man nennt dann dieses negative Ergebnis eine „Dysfunktion". Die weitverbreitete Ablehnung von „Hippies" in unserer Kultur mag für die Gesamtgesellschaft eine gewisse positive Bedeutung haben. Sie kann überkommene Werte erneut bestätigen, von der Inflation bis zum Vietnamkonflikt für alles mögliche den Sündenbock liefern und anderes mehr. Aber diese Ablehnung dürfte für die Sündenböcke selbst, die doch im ganzen gesehen relativ harmlose Leute sind, recht qualvoll (dysfunktional) sein. Es ist vernunftmäßig schwer zu erfassen, warum eine Gruppe junger Leute, die sich in entlegene ländliche Gebiete zurückziehen, um mit steinzeitlichen Methoden Ackerbau zu betreiben, als gefährlich für das Wohl des Landes angesehen wird, weil sie ihre Haare wachsen lassen und gelegentlich miteinander schlafen. Aber der offensichtliche Nutzen des Hippiehasses kann vor allem in Nordamerika kaum geleugnet werden.

Manifeste und latente Funktionen. Es gibt zwei verschiedene Möglichkeiten, soziale Ereignisse oder Verhaltensweisen als funktional zu interpretieren, und diese Unterscheidung stellt für Analysen ein wesentliches Werkzeug dar. *Manifeste Funktionen* beziehen sich auf die Motivation oder die beabsichtigten Folgen sozialer Handlungen. Sie unterscheiden sich von *latenten Funktionen,* die sich auf die tatsächlichen oder objektiven Folgen einer sozialen Handlung beziehen. Unsere Ziele und unsere Ergebnisse weichen manchmal voneinander ab. Das bedeutet, daß die tatsächlichen Auswirkungen sozialen Verhaltens sich häufig von den Auswirkungen unterscheiden, die wir durch unser Verhalten zu erreichen suchen. Aus der funktionalistischen Perspektive kann der *wahre* Zweck einer Handlung oder eines Verhaltens die unbeabsichtigte (und manchmal unbekannte) Auswirkung dieser Handlung sein, ohne Rücksicht darauf, warum die handelnde Person oder Gruppe meint, diese Handlung auszuführen. Die manifeste Funktion einer Handlung oder Verhaltensweise ist die mit ihr beabsichtigte Folge, das Ergebnis also, das durch sie erzielt werden sollte. Stellen sich zusätzlich zu den beabsichtigten Ergebnissen weitere ein, dann werden diese weiteren unbeabsichtigten Folgen des Verhaltens als latente Funktionen bezeichnet, wenn sich nachweisen läßt, daß sie für das System, das sie hervorbrachte, irgendeinen Zweck erfüllen. Bei Individuen ist die Suche nach latenten Funktionen ein wichtiger Abschnitt der klinischen psychologischen Untersuchung; bei Gruppen können funktionalistische Interpretationen Fakten aufdecken, die sonst unentdeckt geblieben wären.

Die Unterscheidung von manifesten und latenten Momenten im Funktionalismus soll als Hauptzweck dem Beobachter erlauben, einen Blick unter die Oberfläche der bewußten Intentionen von Verhaltensweisen zu werfen und herauszufinden, warum sogar anscheinend irrationale soziale Erscheinungen nützlich sind *(Irrational* bedeutet hier einfach „ungeeignet, das erklärte Ziel zu erreichen".). Bei der Suche nach latenten Funktionen in Verhaltensweisen, die anscheinend nicht erreichen, was sie erreichen sollen, kann vielleicht der wahre Grund für das untersuchte Verhalten herausgefunden werden. In der Psychotherapie wird so verfahren, um die Beschaffenheit der Probleme des Patienten zu verstehen. . . . In der Soziologie werden Gebräuche oder herkömmliche Verhaltensweisen untersucht, um Einblicke in die Arbeitsweise der sozialen Ordnung zu erhalten. Durkheims Vorstellungen von den Funktionen der Religion in der Gesellschaft *(„Die grundlegenden Formen religiösen Lebens")* sind hierfür ein ausgezeichnetes Beispiel.

Die Tragweite dieses Ansatzes ergibt sich daraus, daß sowohl individuelle als auch gemeinschaftliche Handlungen aus Gründen unternommen werden können, die den Handelnden nicht bewußt sind (auch wenn ihre Handlungen die Ergebnisse hervorbringen, die den wahren Gründen entsprechen, aus denen sie ursprünglich unternommen wurden). Hierzu haben wir weiter oben ein einfaches Beispiel in bezug auf das Verhalten vieler Menschen beim Versenden von Briefen betrachtet. Obwohl wir uns weismachen, daß wir die Klappe des Briefkastens anheben, um sicherzustellen, daß unser Brief auch wirklich heruntergefallen ist, ist es doch eine Tatsache, daß eingeworfene Briefe nur selten an der Klappe haftenbleiben; dies läßt uns vermuten, daß unsere Überprüfung einem anderen Zweck dient, wahrscheinlich der Behebung eines allgemeinen Angstzustandes. Wenn wir auch durchaus verstehen, wie dieser Ansatz auf der individuellen Ebene funktioniert, sind wir doch meist wenig vertraut mit dem Begriff von latenter sozialer Funktion gemeinschaftlichen Verhaltens, und doch läßt sich der Sinn dieses Begriffs recht überzeugend darlegen. Ein Beispiel aus der persönlichen Erfahrung des Autors soll diesem Nachweis dienen.

Vor Jahren beobachtete ich während meines Wehrdienstes im Staate Mississippi eine Reihe einfacher sozialer Handlungen. Als ich viele Jahre später über diese Handlungen nachdachte, erkannte ich, daß sie im Detail die soziale Funktion der physischen Rassentrennung darstellten, wie sie damals im Süden praktiziert wurde. Ich saß im Bahnhof einer Kleinstadt in Mississippi und hatte zwei oder drei Stunden Wartezeit bis zu meinem Zug. Das Bahnhofsgebäude stimmte mit dem üblichen architektonischen Stil in dieser Gegend überein. Es verfügte über zwei Warteräume, die mit „Weiß" und „Farbig" ausgeschildert waren; sie hatten beide ihren eigenen offenen Bahnsteigbereich und waren durch das Büro des Bahnhofsvorstehers und den Fahrkartenschalter, die für beide Räume zuständig waren, miteinander verbunden. An der Außenwand des Büros des Stationsvorstehers, zwischen den Bahnsteigen, waren Seite an Seite zwei Trinkwasserspender an der Wand angebracht, über denen an Haken kleine emaillierte Schilder mit der Aufschrift „Weiß" und „Farbig" befestigt waren. Ich bemerkte, kurz nachdem ich mich hinsetzte, daß zu dem „Trinkwasserspender für Farbige" keine Leitung führte, er konnte also gar nicht betätigt werden. Ich wußte, weil ich es selbst ausprobiert hatte, daß der „Trinkwasserspender für Weiße" funktionierte.

Als Nordstaatler zum ersten Mal im Süden, bestätigte dieser Zustand meine Vorurteile hinsichtlich des Schicksals der Schwarzen in Mississippi und der gemeinen Bösartigkeit der Weißen im Süden. Der Leser wird sich meine Verwirrung vorstellen können, als ich etwa eine halbe Stunde nach meiner Ankunft sah, wie der weiße Stationsvorsteher sein Büro verließ, zu den Trinkwasserspendern ging und die Schilder austauschte. In den nächsten paar Stunden wiederholte sich dieser Vorgang etwa alle 30 Minuten, so daß der eine funktionierende Trinkwasserspender für jeweils eine halbe Stunde „weiß" und dann „farbig" war.

Ich schäme mich nicht, zuzugeben, daß ich viele Jahre beträchtliche soziologische Schulung benötigte, um die Handlung des Bahnhofsvorstehers völlig zu verstehen. Denn lag nicht den getrennten Essens-, Trink- und sanitären Einrichtungen die Absicht einer physischen Rassentrennung zugrunde, die durch die Einbildung legitimiert war, daß Schwarze krankheitsanfälliger, weniger reinlichkeitsliebend und anderes mehr sind? Setzte der Bahnhofsvorsteher nicht seine Anstellung – wenn nicht noch mehr – aufs Spiel, indem er diese Glaubenssätze mißachtete und es den Angehörigen beider Rassen ermöglichte, vom gleichen Wasserspender zu trinken? Die Antwort auf beide Fragen lautet zweifellos nein. Beobachtungen des Kastensystems in den Südstaaten, auch in seiner ursprünglichen Reinheit (oder Unreinheit) von vor 70 Jahren, zeigen, daß es sogar gegen überaus enge physische Beziehungen zwischen den Rassen keine Einwände gab (wie es durch Ammen- und andere Dienste bezeugt wird, die von Schwarzen ausgeübt wurden), solange der *schwarze Partner der Interaktion eindeutig als untergeordnet gekennzeichnet war.*

Folglich bestand die latente soziale Funktion der physischen Rassentrennung nicht im Verhindern der physischen Annäherung oder der Krankheitsübertragung; vielmehr ging es um die Verhinderung gleichwertigen Zugangs zu Möglichkeiten, die einen Wettbewerb unter mehr oder weniger gleichen Voraussetzungen herbeiführen würden und die Möglichkeit schwarzen Erfolges auf Kosten des weißen Erfolges ermöglicht hätten. Der Zweck, zwei Trinkwasserspender Seite an Seite zu haben, bestand nicht darin, Angehörige anderer Rassen am Gebrauch desselben Spenders zu hindern, sondern sie daran zu hindern, es zur gleichen Zeit zu versuchen, was bedeuten könnte, daß ein Weißer auf einen Schwarzen warten müßte. Der Stationsvorsteher in Mississippi erfaßte eindeutig dieses Prinzip, auch wenn er es wahrscheinlich nicht hätte artikulieren können und sich wohl auch in der Tat nicht dieses Prinzips bewußt war.

Diese Beobachtung der sozialen Funktion der Rassentrennung hat sich anscheinend bis vor kurzem auch für andere Bereiche des Lebens in den Südstaaten bewahrheitet. Eine deutliche Veranschaulichung dafür findet man in den verschiedenen Formen der Rassentrennung, wie sie von Filmtheatern und Autokinos praktiziert werden. Einige Jahre nach den oben erwähnen Ereignissen war ich wiederum im Süden stationiert (dieses Mal in Alabama), und ich war einmal mehr fasziniert von dem, was mir als eine merkwürdige Abwandlung der lokalen Gebräuche in bezug auf das Rassenverhältnis erschien.

Angeblich war die Rassentrennung im Interesse des Wohlbefindens und der Gesundheitspflege der Weißen unerläßlich, und deshalb wurden normale Filmtheater unerbittlich in zwei separate Sitzbereiche geteilt. Autokinos behielten dagegen zwar separate Kartenschalter und Eingänge bei, erlaubten den Besuchern jedoch, dort zu parken, wo sie wollten, sobald sie einmal innerhalb der Umzäunung waren. Zu jener Zeit erschien mir diese Praxis einfach nur als ein weiteres Beispiel für den Wahnsinn der Südstaatler in der Rassenfrage.

Heute scheint sie mir der Trinkwasser-Episode sehr ähnlich zu sein. D.h. es war die Funktion der Rassentrennung, eine direkte, persönliche und konkurrenzartige Konfrontation zu verhindern, in der Weiße sich den Schwarzen gegenüber als unterlegen erweisen könnten. An Trinkwasserspendern und in Filmtheatern, also dort, wo man sich direkt begegnen könnte, wurden die Rassen physisch getrennt, aber in Autokinos, in denen die Menschen isoliert, eingeschlossen und in ihre Autos verpackt sind, waren solche Vorkehrungen nicht notwendig. Der „Drive-in"-Charakter der Kinos sorgte für die nötige physische Trennung.

Indem wir die Unterscheidung zwischen latenten und manifesten Funktionen sozialen Verhaltens anwenden, sind wir in der Lage, unsere Aufmerksamkeit über die Frage hinaus auszudehnen, ob eine gegebene Handlung den angekündigten Zweck erfüllt, und können „Zwecke" sozialen Verhaltens entdecken, die vielleicht sogar den Handelnden selbst völlig unbewußt sind. Dies ist besonders wertvoll, wenn allgemein verbreitete soziale Praktiken unfähig zu sein scheinen, das Ziel zu erreichen, das sich die Handelnden gesteckt haben. Wenn solche Handlungen auftreten, legt der funktionalistische Bezugsrahmen den Soziologen nahe, zu fragen, was diese Handlungen tatsächlich bewirken, um die Handelnden zur Beibehaltung zu motivieren. Offensichtlich sind die Antworten auf solche Fragen immer hypothetischer Natur; wie im Falle der beiden Rassenbeispiele muß die Bestätigung der Hypothesen von der Konzipierung weiterer Prüfungsbedingungen und von weiterer Datenerhebung abhängen. Als Mittel zur Bildung von Hypothesen ist kein anderer Ansatz dem Funktionalismus ebenbürtig; er befähigt uns, provisorische Erklärung(en) von Zusammenhängen zu entwickeln, die andernfalls nicht erschlossen werden könnten. Aber wie bereits oben bemerkt, ist der logische Aufbau des Funktionalismus grundlegend zirkulär. Während funktionalistische Hypothesen durch das Sammeln weiterer Beobachtungen illustriert und unterstützt werden können, kann man sie doch niemals beweisen.

Begleittext 3.6:

Max Weber: Wirtschaft und Gesellschaft Bd. I/1. Kiepenheuer & Witsch: Köln 1964 (1921), S. 293–295.

§ 6. Die Auflösung der Hausgemeinschaft:

Die inneren und äußeren Motive, welche das Schrumpfen der straffen Hausgewalt bedingen, steigern sich im Verlauf der Kulturentwicklung. Von innen her wirkt die Entfaltung und Differenzierung der Fähigkeien und Bedürfnisse in Verbindung mit der quantitativen Zunahme der ökonomischen Mittel. Denn mit Vervielfältigung der Lebensmöglichkeiten erträgt schon an sich der Einzelne die Bindung an feste undifferenzierte Lebensformen, welche die Gemeinschaft vorschreibt, immer schwerer und begehrt zunehmend, sein Leben individuell zu gestalten und den Ertrag seiner individuellen Fähigkeiten nach Belieben zu genießen. Von außen her wird die Zersetzung gefördert durch Eingriffe konkurrierender sozialer Gebilde: z.B. auch rein fiskalischer Interessen an intensiverer Ausnutzung der individuellen Steuerkraft. . . . Die normale Folge jener Zersetzungstendenzen ist zunächst die Zunahme der *Teilung* der Hausgemeinschaften im Erbfall oder bei Heirat von Kindern. Die historische Entwicklung hat, nachdem in der Frühzeit, also bei relativ werkzeuglosem Ackerbau, die Arbeitskumulation das einzige ertragssteigernde Mittel gewesen war, und der Umfang der Hausgemeinschaften eine Periode der Zunahme durchgemacht hatte, mit der Entwicklung des individualisierten Erwerbs im ganzen seine stetige Abnahme herbeigeführt, bis heute die Familie von Eltern und Kindern ihr normales Ausmaß bildet. Dahin wirkte die grundstürzende Änderung der funktionellen Stellung der Hausgemeinschaft, welche derart verschoben ist, daß für den Einzelnen zunehmend weniger Anlaß besteht, sich einem kommunistischen großen Haushalt zu fügen. Abgesehen davon, daß die Sicherheitsgarantie für ihn nicht mehr durch Haus und Sippe, sondern durch den anstaltsmäßigen Verband der politischen Gewalt geleistet wird, haben „Haus" und „Beruf" sich auch örtlich geschieden und ist der Haushalt nicht mehr Stätte gemeinsamer Produktion, sondern Ort gemeinsamen Konsums. Der Einzelne empfängt ferner seine gesamte Schulung für das Leben, auch das rein persönliche, zunehmend von außerhalb des Hauses und durch Mittel, welche nicht das Haus, sondern „Betriebe" aller Art: Schule, Buchhandel, Theater, Konzertsaal, Vereine, Versammlungen, ihm liefern. Er kann die Hausgemeinschaft nicht mehr als die Trägerin derjenigen objektiven Kulturgüter anerkennen, in deren Dienst er sich stellt, und es ist nicht eine als sozialpsychische „Stufe" auftretende Zunahme des „Subjektivismus", sondern der die

Zunahme bedingende *objektive* Sachverhalt, welcher jene Verkleinerung der Hausgemeinschaften begünstigt. Dabei ist nicht zu übersehen, daß es auch Hemmungen dieser Entwicklung gibt und zwar gerade auf den „höchsten" Stufen der ökonomischen Skala. Auf agrarischem Gebiet ist die Möglichkeit freier Teilung des Bodens an technisch-ökonomische Bedingungen geknüpft: ein mit wertvollen Baulichkeiten belastetes in sich abgerundetes Gut, selbst ein großes Bauerngut, kann nur mit Verlusten geteilt werden. Die Teilung wird technisch erleichtert durch Gemengelage von Äckern und Dorfsiedelung, erschwert durch isolierte Lage. Einzelhöfe und größere kapitalintensive Besitzungen neigen daher zur Einzelerbfolge, der kleine, im Gemenge liegende arbeitsintensive bewirtschaftete Besitz zur immer weiteren Zersplitterung, um so mehr als der erstere ein weit geeigneteres Objekt für die Belastung mit Tributrechten an den beweglichen Besitz in Gestalt unserer zur Vermögensanlage geeigneten Dauerhypotheken und Pfandbriefe ist, die ihn zugunsten der Gläubiger zusammenschmieden. Der große Besitz ferner lockt, einfach weil er Besitz und als solcher Träger einer sozialen Position ist, schon an sich zur Zusammenhaltung in der Familie, im Gegensatz zu dem kleinbäuerlichen Boden, der bloße Arbeitsstätte ist. Das seigneuriale Niveau der Lebensführung, welches seinen Stil in festgefügten Konventionen findet, begünstigt das subjektive Ertragen großer Hausgemeinschaften, welche, in der Weiträumigkeit etwa eines Schlosses und bei der auf diesem Unterbau sich von selbst einstellenden „inneren Distanz" auch zwischen den nächsten Angehörigen, den Einzelnen nicht in dem Maße in der vom ihm beanspruchten Freiheitssphäre beengt, wie ein an Personenzahl ebensogroßer, räumlich aber begrenzterer und des adligen Distanzgefühls entbehrender bürgerlicher Haushalt es gegenüber seinen, in ihren Lebensinteressen meist weit mehr differenzierten, Insassen tut. Außerhalb jener seigneurialen Lebensformen ist die große Hausgemeinschaft heute nur etwa auf dem Boden insentivster ideeller Gemeinschaft einer sei es religiösen oder etwa sozialethischen oder auch künstlerischen Sekte eine adäquate Lebensform – entsprechend Klöstern und klosterartigen Gemeinschaften der Vergangenheit.

Auch dort wo die Hauseinheit äußerlich ungetrennt erhalten bleibt, schreitet im Verlauf der Kulturentwicklung der *innere* Zersetzungsprozeß des Hauskommunismus durch die zunehmende „Rechenhaftigkeit" unaufhaltsam fort. Wir betrachten hier die Art der Wirkung dieses Motivs noch etwas näher.

In den großen kapitalistischen Hausgemeinschaften der mittelalterlichen Städte (z.B. Florenz) hat schon jeder Einzele sein „Konto". Er hat ein Taschengeld (danari borsinghi) zur freien Verfügung. Für bestimmte Ausgaben (z.B. Logierbesuch, den der Einzelne einlädt) sind Maxima vorgeschrieben. Im übrigen wird mit ihm abgerechnet, wie in jedem modernen Handelsgeschäft unter den Teilhabern. Er hat Kapitalanteile „innerhalb" der Gemeinschaft und Vermögen („fuori della compagnia"), welches er zwar in ihren Händen läßt und welches sie ihm verzinst, das aber nicht als Kapital gerechnet wird und daher nicht am Gewinn teilnimmt. An die Stelle der „geborenen" Teilnahme am Gemeinschaftshandeln des Hauses mit seinen Vorteilen und Pflichten ist also eine rationale Vergesellschaftung getreten. Der Einzelne wird in die Hausgemeinschaft zwar „hineingeboren", aber er ist als Kind schon potentieller „Kommis" und „Kompagnon" des rational geordneten Erwerbsgeschäfts, welches durch die Gemeinschaft getragen wird. Es liegt offen zutage, daß eine solche Behandlung erst auf dem Boden reiner *Geldwirtschaft* möglich wurde und daß deren Entfaltung also die führende Rolle bei dieser inneren Zersetzung spielt. Die Geldwirtschaft ergibt einerseits die objektive *Berechenbarkeit* der individuellen Erwerbsleistungen der Einzelnen und ihres Verbrauchs und eröffnet ihnen nach der anderen Seite – durch die Entfaltung des geldvermittelten „indirekten Tauschs" – überhaupt erst die Möglichkeit, individuelle Befürfnisse frei zu befriedigen.

IV. Interpretation von Alltagsvorgängen

1. Grundformen ‚gesellschaftlicher' Erfahrungen

Wenn wir den Wagenheber zum Radwechsel an unserem Auto benutzen, wenn wir ein Telefongespräch von einer öffentlichen Fernsprechzelle aus führen wollen, wenn wir ein Farbband an unserer Schreibmaschine wechseln, dann wissen wir genau, was wir zu tun haben, was wir beachten müssen und welche Absicht wir mit unserem Tun verfolgen. Daneben führen wir aber auch täglich Handlungen aus, über deren Zweck wir nur wenig wissen, die wir zwar beherrschen, ausführen und die wir dennoch kaum bemerken. Daß uns viele alltägliche Handlungen kaum zum Bewußtsein kommen, zeigen besonders anschaulich die sogenannten „Zeit-Budget-Studien". Diese Studien erheben bei ausgewählten Personen den genauen Tagesablauf (vgl. Graphik: Auszug aus einer Tagesablauf-Studie zur Mediennutzung, GFK 1984). In solchen Untersuchungen wird nach den Aktivitäten der Betroffenen gefragt, nach Zeitpunkt und Zeitaufwand dieser Handlungen, nach Gesprächs- und Handlungspartnern und nach den Orten der Aktivitäten. Dabei wurde festgestellt, daß für vertraute Beschäftigungen wie Lesen, Radio hören, Spazierengehen, Ausruhen und für sporadische Tätigkeiten wie Einkaufen, Gespräche mit dem Wohnungsnachbarn u.ä. nur ein geringes Erinnerungsvermögen besteht. Handlungen, die nach Zeitaufwand und Tageszeit variabel sind, werden nebenbei erledigt und schnell vergessen.
Andere Routinetätigkeiten, die durch die Notwendigkeit des Familien- oder Berufslebens vorgegeben sind, werden zwar gut erinnert – dennoch schenkt man auch ihnen im allgemeinen nur wenig Aufmerksamkeit. Wir vollziehen Handlungen und nutzen Gelegenheiten unserer Umwelt wie selbstverständlich. Das allmorgendliche Aufstehen, das Frühstück in seiner Zusammensetzung und seinem Ablauf, der Weg zum Arbeitsplatz, der Umgang mit Kollegen und Freunden, die Versorgung der Kinder, die Feierabend-Gewohnheiten des Zeitungslesens oder „Fernsehens", der Besuch des Stammlokals: dieses alles sind eingeübte Handlungen, die wir sicher, routiniert, ohne weitere große Überlegungen ausführen. Diese täglichen Erfahrungen und Handlungen sind eine unablässige Kette von Routineereignissen. Wir handeln in der Erfahrung, daß unsere Mitmenschen dieselben Dinge wie wir für selbstverständlich halten. Wir zahlen an einer Kinokasse eine Geldsumme von bestimmter Höhe in der sicheren Annahme, daß uns wenig später ein Film vorgeführt wird; wir steigen in einen Zug mit der Richtungsanzeige ‚Köln' in der Gewißheit, daß dieser Zug tatsächlich nach Köln fährt.
In unzähligen, sich täglich wiederholenden Situationen sind wir ohne große Anstrengungen und Überlegungen in der Lage, mit anderen gemeinsam zu handeln. Es gibt ein im reibungslosen Ablauf der Alltagsgeschäfte kaum ausgesprochenes Verständnis darüber, was vom Gegenüber erwartet wird. In den flüchtigen Kontakten mit dem Schalterbeamten im Postamt, in den Begegnungen mit dem Taxifahrer, in den schnell vergessenen Gesprächen mit der Verkäuferin im Warenhaus wird etwas deutlich, was wir im allgemeinen nur sehr unklar mit dem Wort „Gesellschaft" umschreiben können: ein irgendwie uns sinnvoll erscheinender Zusammenhang von gemeinsamen, sich immer wiederholenden Handlungsabläufen (Berger/Luckmann, 1971: 44–46; vgl. auch Luhmann, 1968).

TAGESABLAUF von gestern

____

(Wochentag Tag, Monat)

Wochentag und Datum notieren

VII: Y X 0 1 2 3 4 5 6 7 8 9 | VIII: Y X 0 1 2 3 4 5 6 7 8 9 | IX: Y

Bereich	Gruppe	Tätigkeit / Sender	Nr.	UHRZEIT ➧ 5.00	6.00	7.00	8.00	9.00	10.00	11.00
		Schlafen	9							
		Anziehen / Körperpflege	10							
TÄTIGKEITEN	Im eigenen Haushalt	Essen	11							
		Haus- / Berufsarbeit	12							
		Freie Zeit, Sonstiges	13							
	außerhalb des eigenen Haushalts	Autofahren	14							
		Einkaufen	15							
		Essen	16							
		Berufsarbeit	17							
		Freie Zeit, Sonstiges	18							
				5.00	6.00	7.00	8.00	9.00	10.00	11.00
RADIOHÖREN IM/AUSSER HAUS (auch Autoradio)	Sender Freies Berlin	SFB1	19							
		SFB2	20							
		SFB3	21							
	RIAS Berlin	RIAS I / RIAS II	22							
	Radio Bremen	Hansawelle	23							
		2. Programm	24							
	Norddt. Rundfunk	NDR1 Landesprogramm Radio Niedersachsen	25							
		NDR1 Landesprogramm Hamburg Welle	26							
		NDR1 Landesprogramm Welle Nord	27							
		NDR2 / 2. Programm	28							
		NDR3 / 3. Programm	29							
	Westdeutscher Rundfunk	WDR1	30							
		WDR2	31							
		WDR3	32							
		WDR4	33							
	RTL Radio Luxemburg		34							
	Hessicher Rundfunk	hr1 / 1. Programm	35							
		hr2 / 2. Programm	36							
		hr3 Die Servicewelle aus Frankfurt	37							
	Saarländischer Rundfunk	SR1 Europawelle Saar	38							
		SR2 Studiowelle Saar	39							
		SR3 Saarlandwelle	40							
	Südwestfunk Baden-Baden	SWF1 / 1. Programm	41							
		SWF2 / 2. Programm	42							
		SWF3 Radiodienst	43							
	Süddeutscher Rundfunk	Südfunk 1 Stuttgart / 1. Programm	44							
		Südfunk 2 Stuttgart / 2. Programm	45							
		Radio 3 Südfunk Stuttgart	46							
		Südfunk 4 Kurpfalz-Radio / Radio Stuttgart	47							
	Bayrischer Rundfunk	Bayern 1 / 1. Programm	48							
		Bayern 2 / 2. Programm	49							
		Bayern 3 Die Servicewelle von Radio München	50							
		Bayern 4 Klassik	51							
	Deutschlandfunk		52							
	Deutsche Welle / Deutsches Programm		53							
	DDR-Sender	Stimme der DDR/Radio DDR1/DDR2/Berliner Rundf./Radio Berlin internat.	54							
	Schweizer Radio	D RS1 / D RS2 / D RS3 / Radio 24	55							
	Österr. Rundf.	Österreich I / ö II / Österreich regional (ör) / ö 3 Österreich III	56							
	Südtirol. Rundf.	Radio Rosengarten / Radio M1 / Radio Brenner / Radio Tirol	57							
	Militärsender	AFN / BFBS / Radio CAE / FFB	58							
	Sonstige Radiosender		59							
	Schallplatten / Tonband / Kassetten hören		60							
				5.00	6.00	7.00	8.00	9.00	10.00	11.00
FERNSEHEN		1. Programm ARD	61							
		2. Programm ZDF	62							
		3. Programme	63							
		Andere ausländische TV-Programme	64							
		Videokassetten (-Recorder) sehen	65							
		Telespiele über TV-Gerät spielen	66							

UHRZEIT ➧ 5.00 6.00 7.00 8.00 9.00 10.00 11.00

Y X 0 1 2 3 4 5 6 7 8 9 | Y X 0 1 2 3 4 5 6 7 8 9 | Y X

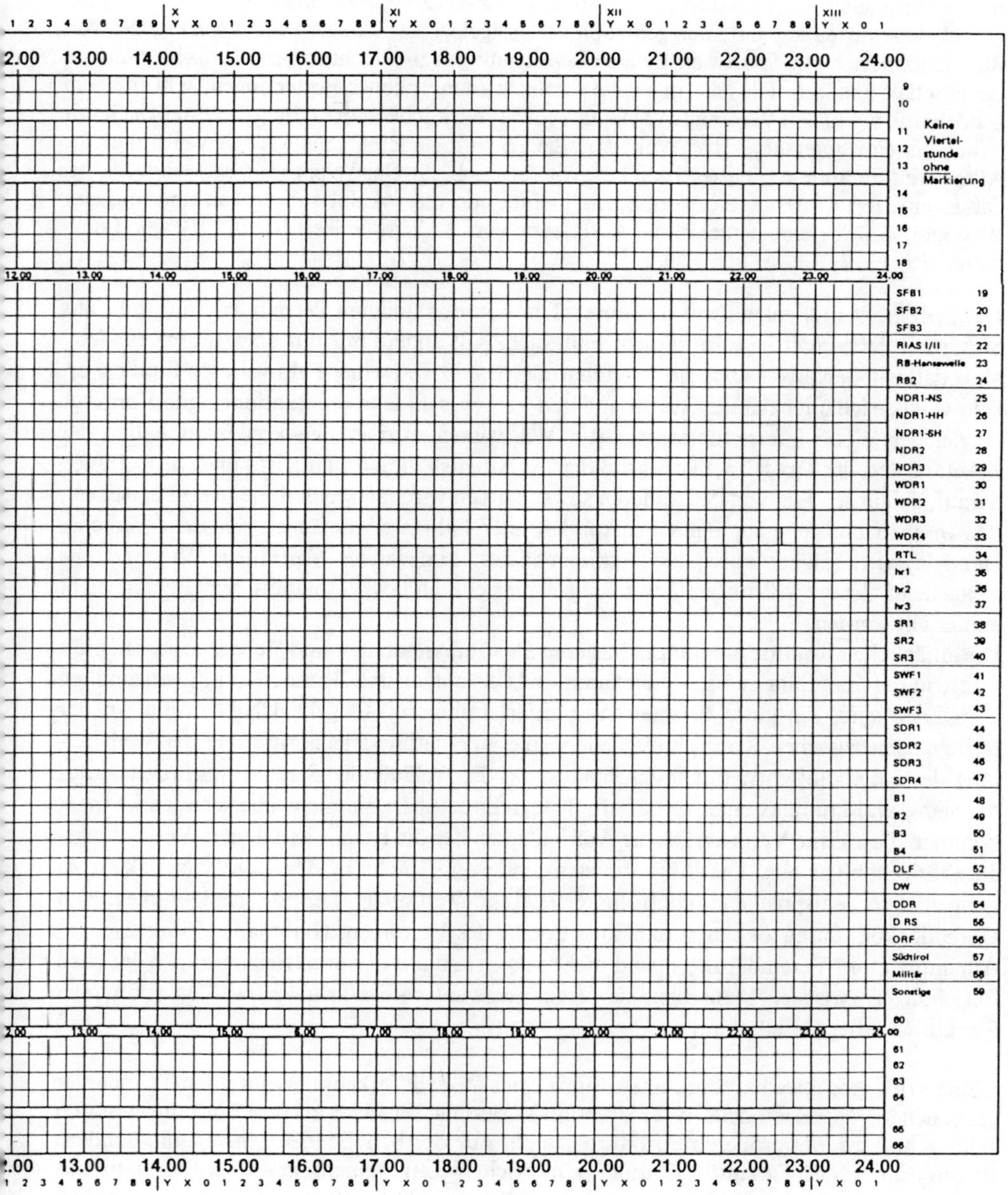

X XI XII XIII
2.00 13.00 14.00 15.00 16.00 17.00 18.00 19.00 20.00 21.00 22.00 23.00 24.00
9
10
11 Keine Viertel-
12 stunde
13 ohne Markierung
14
15
16
17
18
SFB1 19
SFB2 20
SFB3 21
RIAS I/II 22
RB-Hansewelle 23
RB2 24
NDR1-NS 25
NDR1-HH 26
NDR1-SH 27
NDR2 28
NDR3 29
WDR1 30
WDR2 31
WDR3 32
WDR4 33
RTL 34
hr1 35
hr2 36
hr3 37
SR1 38
SR2 39
SR3 40
SWF1 41
SWF2 42
SWF3 43
SDR1 44
SDR2 45
SDR3 46
SDR4 47
B1 48
B2 49
B3 50
B4 51
DLF 52
DW 53
DDR 54
DRS 55
ORF 56
Südtirol 57
Militär 58
Sonstige 59
60
61
62
63
64
65
66

Die Routinehandlungen des Alltags sind unsere eigentliche Erfahrung von sozialer Ordnung, von Gesellschaft:

„Ich erfahre die Wirklichkeit der Alltagswelt als eine Wirklichkeitsordnung. Ihre Phänomene sind vorarrangiert nach Mustern, die unabhängig davon zu sein scheinen, wie ich sie erfahre. ... Ich lebe an einem Ort, der geographisch festgelegt ist. Ich verwende Werkzeuge, von Büchsenöffnern bis zu Sportwagen, deren Bezeichnungen zum technischen Wortschatz meiner Gesellschaft gehören. Ich lebe in einem Geflecht menschlicher Beziehungen, von meinem Schachklub bis zu den Vereinigten Staaten.... Die Wirklichkeit der Alltagswelt stellt sich mir ferner als eine intersubjektive Welt dar, die ich mit anderen teile ... ich weiß, daß die Alltagswelt für andere ebenso wirklich ist wie für mich.... Das Wichtigste, was ich weiß, ist, daß es eine fortwährende Korrespondenz meiner und ihrer Auffassungen von und in dieser Welt gibt, daß wir eine gemeinsame Auffassung von ... Wirklichkeit haben" (Berger/Luckmann, 1971[2]: 24 f.).

Die Selbstverständlichkeit, mit der unser Tun von den anderen verstanden wird, gibt uns Sicherheit. Sicherheit heißt in diesem Fall auch, daß andere mit mir abgestimmt handeln, ohne daß ich Genaueres über die Vereinbarungen weiß. In meiner Fahrweise im Straßenverkehr verlasse ich mich darauf, daß die anderen Verkehrsteilnehmer Situationen und Vorgänge in gleicher Weise interpretieren wie ich. Wir wissen, was in den konkreten Fällen der Paketaufgabe, der Taxifahrt, der Begrüßung von Arbeitskollegen zu tun ist – und wir vertrauen darauf, daß unser Tun von den anderen so verstanden wird, als wenn diese sich in derselben, d.h. in eben unserer Lage eines Postkunden oder Fahrgastes befänden. Unser alltägliches Handeln wird geleitet durch ein routinemäßiges, unbewußtes Vertrauen. Wir sind uns weitgehend sicher, daß unsere Erwartungen hinsichtlich des Verhaltens der anderen nicht enttäuscht werden.

Die alltäglichen Routinehandlungen basieren also auf Annahmen und Vereinbarungen, die – während der Handlung selbst – unbekannt und unsichtbar und dennoch unmißverständlich vorhanden sind. Ein gutes Beispiel dafür zitiert Luhmann. Es geht dabei um die Art der Beziehungen zwischen Kongreßmitgliedern und Verwaltungsangehörigen bei der Vorbereitung des amerikanischen Bundeshaushaltes. Da die Abläufe der Staatsverwaltung überaus schwierig und komplex sind, so daß die Kongreßmitglieder sie nicht überschauen können, kommen diese ohne Vertrauen in die Aufrichtigkeit der die Details kennenden Verwaltungsangehörigen nicht aus. Die Abgeordneten sind somit nicht in der Lage, die Fakten zu kontrollieren, entsprechend kontrollieren sie ihr Vertrauen. Leiseste Andeutungen von Unredlichkeit führen zu einem radikalen Entzug des Vertrauens (Luhmann, 1968: 27).

Annahmen und Vereinbarungen sind nicht nur Grundlage der unmittelbaren, persönlichen Beziehungen zwischen Menschen, sie regeln auch unsere Erfahrungen mit den anonymen Strukturen einer Gesellschaft:

„Eine Vorlesung etwa hat Struktur im Sinne eines für den Verkehr der einzelnen Teilnehmer geltenden Verhaltensmodells in der Situation Vorlesung. Was aber in einer Vorlesung vor sich geht, gehört zu viel größeren Strukturen, nicht nur der betreffenden Universität, sondern letzten Endes der Gesamtinstitution ‚Unterrichtswesen', einem gewaltigen System aus direkten und indirekten Beziehungen zwischen zahllosen Individuen, die einander persönlich fast immer unbekannt sind" (Berger, 1974: 13).

Aus dem Zitat lassen sich zwei Typen von Beziehungen ableiten, die in Alltagssituationen relevant werden:

- die direkten, persönlichen Beziehungen; in diesem Fall die Beziehungen zwischen Studenten und zwischen Studenten und Dozent in der unmittelbaren Vorlesungssituation;

- die indirekten, unpersönlichen Beziehungen; in diesem Beispiel u.a. die Beziehungen zwischen Studenten und Universitätsverwaltung oder zwischen Dozent und Lehrkörper der Universität.

In beiden Typen von Beziehungen handeln wir täglich auf der Grundlage von Vereinbarungen, über die wir verfügen, ohne daß uns recht bewußt ist, daß wir sie lernen mußten (Garfinkel, 1973: 189–210). Wir versuchen im folgenden, dies für beide Fälle an Beispielen zu verdeutlichen.

Vereinbarungen, die das persönliche Miteinander regeln, lassen sich illustrieren an dem Verhalten eines Neulings in einem Betrieb oder in einer Behörde. Der Neuling steht in den ersten Tagen seiner Anstellung vor einer Fülle kleiner Probleme, die für die langjährigen Mitarbeiter dieser Organisation belanglos sind. So steht er z.B. vor der Frage, wie er sich mit seinen zukünftigen Arbeitskollegen bekannt machen soll. Er muß überlegen, welche Schlußfolgerungen er aus der Art und Weise, wie diese sich ihm vorstellen, zu ziehen hat. Wie soll er sich verhalten, wenn er auf Mitarbeiter trifft, von denen er weiß, daß sie ihm unterstellt sind? Wie anders muß er sich gegenüber seinen Vorgesetzten geben? Wie hat er sich zu verhalten, wenn er seine Arbeitskollegen auf einer informellen Geburtstagsfeier in einem der Büroräume trifft?

Für die unterschiedlichen Verhaltensweisen gegenüber Untergebenen, Vorgesetzten und Gleichgestellten gelten bei den verschiedenen Anlässen unterschiedliche Vereinbarungen, die allerdings nirgendwo niedergelegt und einsehbar sind. Der Betroffene muß diese Vereinbarungen über Beobachtung und Erfahrung lernen. Das Beispiel soll verdeutlichen, was ganz allgemein für menschliches Verhalten gilt. Jeder einzelne muß lernen, sich so zu geben, daß seine verschiedenartigen Partner in der Lage sind, ihn zu verstehen, ihm zu vertrauen, mit ihm gemeinsam zu handeln. Gleichzeitig aber auch muß er sich so darstellen können, daß ihn die anderen in seinen individuellen Besonderheiten kennenlernen und akzeptieren (vgl. Krappmann, 1969: 7–9).

Nach einigen Wochen wird sich der Neuling entsprechend eingelebt haben. Die anfangs problematischen Handlungsabläufe sind ihm jetzt wie selbstverständlich. Er hat seinen Part in den unterschiedlichen Situationen mehr oder minder gut gelernt. Sein Verhalten gegenüber den Kollegen ist weitgehend Routine. Dieses alles ist geschehen ohne *explizite* Regeln. Es lag kein Drehbuch vor, das ihm genaue Handlungsanweisungen gab. Dennoch ist erkennbar geworden, daß sich hinter dem aktuellen Verhalten allgemeinere, von den Beteiligten unbewußt eingehaltene Vereinbarungen verbergen.

In welchem Ausmaß unbewußt befolgte Vereinbarungen unsere Routinehandlungen bestimmen, hat Harold Garfinkel in vielen Versuchen sehr anschaulich nachgewiesen. Der verblüffend einfache Trick seiner Experimente bestand darin, daß er im alltäglichen Miteinander von Personen einem der Beteiligten die Anweisung gab, eben das *nicht* zu tun, was von den anderen „ganz natürlich" erwartet wurde. (Einige allgemeinere Überlegungen zu den Arbeiten von Garfinkel gibt Legnaro, 1974: 630–636.) So sollten sich Studenten zu Hause so verhalten, als seien sie Gäste und nicht die Kinder ihrer Eltern. Das Ergebnis waren Verwirrung oder gar feindselige Reaktionen seitens der Betroffenen. In anderen Fällen ließ er ritualisierte Formen alltäglicher Höflichkeit durchbrechen:

Beispiel 1: „Mein Freund sagte zu mir: ‚Beeile dich oder wir kommen zu spät!' Ich fragte ihn, was er mit ‚zu spät' meine und von welchem Blickwinkel aus er von ‚zu spät' sprechen wolle. Ein Ausdruck von Verwirrung und Zynismus lag auf seinem Gesicht: ‚Warum stellst du mir solche blöde Fragen? Eine solche Feststellung brauche ich wohl nicht zu erklären? Was stimmt denn heute mit dir nicht? Warum sollte ich mich aufhalten, solch eine Feststellung zu analysieren? Jeder versteht meine Darlegungen, und du solltest keine Ausnahme machen'."

Beispiel 2: (Versuchsperson): „Wie stehts?“ (Experimentator): „Wie steht es mit was? Meiner Gesundheit, meinen Geldangelegenheiten, meinen Aufgaben für die Hochschule, meinem Seelenfrieden, meinem . . .“ (Versuchsperson, rot im Gesicht und plötzlich außer Kontrolle): „Hör zu! Ich unternahm gerade den Versuch, höflich zu sein. Offen gesprochen kümmert es mich einen Dreck, wie es mit dir steht.“
(Garfinkel, 1973: 207; Vgl. Begleittext 4.1)

Die Versuche von Garfinkel verweisen recht einprägsam auf solche, dem täglichen Handeln zu Grunde liegenden Muster, die den Ablauf der Handlungen leiten, ohne daß sie in das Blickfeld unserer Aufmerksamkeit rücken. Wenn wir täglich unsere zwischenmenschlichen Beziehungen neu festlegen müßten, uns täglich neu zu orientieren hätten, wäre ein geregeltes Miteinander kaum denkbar; in Erweiterung dieses Gedankens könnte man auch sagen, wäre Gesellschaft nicht möglich. Gerade aus unseren täglichen Erfahrungen können wir ablesen, daß Gesellschaft zum großen Teil eben aus Routine oder, wissenschaftlicher ausgedrückt, aus unbewußten *regelgeleitetem* Handeln besteht, auch wenn wir uns die Sinnhaftigkeit dieser Muster kaum noch vergegenwärtigen können.
Dieses gilt auch für indirekte, unpersönliche Beziehungen, für Erfahrungen mit den nur mittelbar erlebten gesamtgesellschaftlichen Zusammenhängen. Der Neuling im Betrieb wird seine Tätigkeit anders betrachten, wenn er seine Arbeit als Partikel eines umfassenden Produktionssystems sieht. Seine Erfahrungen mit Mitarbeitern beziehen sich nicht nur auf die Individuen Herr A. und Frau B. – gleichzeitig erfährt er auch Herrn A. als Vertreter des Arbeitgebers und Frau B. als Vertreterin der Gewerkschaften. Beide sind also Vertreter von machtvollen Gruppen, die einen Teil des Hintergrundes seiner Tätigkeit und seines Lebens ausmachen und beides entscheidend mitbestimmen.
Wenn wir, um ein anderes Beispiel zu geben, im Vertrauen auf den Routineablauf der städtischen Nahverkehrsmittel die U-Bahn benutzen, setzen wir uns in Beziehung zu Handlungen, die uns unsichtbar bleiben, nämlich den Entscheidungen unbekannter Menschen im technischen Apparat des von uns genutzten Verkehrssystems. Wir stehen in Beziehungen zu Menschen, die wir nie treffen und kennenlernen werden, wir handeln im Vertrauen auf anonyme Entscheidungen und Vereinbarungen.
Zusammenfassend können wir unsere Alltagserfahrungen auf zwei grundsätzliche Erlebnisbereiche eingrenzen:

a) wir handeln täglich innerhalb unmittelbarer, persönlicher Beziehungen, deren Art und Weise wir durch unser Verhalten in der Handlungssituation selbst mit beeinflussen können,
b) wir handeln täglich innerhalb globaler Beziehungsgeflechte, ohne daß uns immer bewußt würde, daß es hinter der unmittelbar erlebten Welt noch andere machtvolle Zusammenhänge gibt, die uns zumeist unbekannt bleiben und die dennoch direkten Einfluß auf unser Handeln haben.

Unsere Erfahrung von Gesellschaft setzt sich aus Erlebnissen in diesen Bereichen zusammen. Wir können das, was wir täglich erleben, sinnvoll nur dann interpretieren, wenn wir beide Aspekte zusammen sehen, wenn wir sie zueinander in Beziehung setzen:

„Zunächst, zuerst und immerfort bewohnen wir die Mikrowelt unserer unmittelbaren Erfahrung mit anderen in Vis-a-vis-Beziehungen. Darüberhinaus bewohnen wir . . . eine Makrowelt, die aus viel größeren Strukturen besteht und uns in Beziehungen zu anderen bringt, die meistens abstrakt, anonym und entfernt bleiben. Beide Welten sind wesentlich für unsere Gesellschaftserfahrung und . . . die Sinnhaftigkeit der einen ist von der anderen abhängig. Die Mikrowelt mit allem, was in ihr vor sich geht, bekommt Sinn nur, wenn wir sie vor dem Hintergrund der Makrowelt sehen, die sie umstellt. Umgekehrt wäre die Makrowelt wenig wirklich für uns, wenn sie sich uns nicht immer wieder als Vis-a-vis-Situation in der Mikrowelt darstellte" (Berger/Berger, 1974: 14).

Aber es ist auch noch etwas anderes deutlich geworden: wenn wir ‚Gesellschaft' erfahren, dann geschieht dies in Sonderheit in konkreten Alltagssituationen. Auf ‚Gesellschaft' treffen wir bei unseren Einkäufen im Warenhaus, bei familiären Auseinandersetzungen um das Urlaubsgeld, bei Bewerbungen um eine Stellung. Unser Alltag ist „voll von Gesellschaft". Es gehört mit zu den Aufgaben der Soziologie zu analysieren, wie die Menschen täglich miteinander umgehen, wie sie ihre Alltagswelt gestalten und interpretieren.

2. Zum Begriff des „Alltags"

Wenn wir die Annahme ernst nehmen, daß die Alltagswelt Grundzüge menschlicher Gesellschaftserfahrung aufweist, dann wird die systematische Erfassung alltäglichen Tuns zu einem wichtigen Bestandteil soziologischer Forschung (Goffman, 1971: 222 f.). Gegenwärtig scheint der Begriff der Alltagswelt, blickt man auf die jüngere soziologische Literatur, geradezu „Karriere" gemacht zu haben (vgl. beispielhaft dazu den Sammelband von Hammerich/ Klein, 1978). Allerdings ist mit der Ausweitung dieses Forschungsbereiches gleichzeitig auch vermittelt worden, wieviele unterschiedliche Bedeutungsebenen für den Begriff „Alltag" existieren.
Im Sinne und zum Ziele der Veranschaulichung dieser verschiedenen Bedeutungen hat Norbert Elias Alltagsbegriffe mit ihren implizierten Gegenbegriffen aufgelistet (1978: 26):

Typen zeitgenössischer Alltagsbegriffe mit den implizierten Gegenbegriffen – Eine Auslese

1. Alltag	Festtag (Feiertag
2. Alltag = Routine	außergewöhnliche, nicht-routinierte Gesellschaftsbereiche
3. Alltag = Arbeitstag (besonders der Arbeiter)	bürgerliche Lebensbereiche, d.h. der Menschen, die von Profiten, die im Luxus, also eigentlich ohne zu arbeiten, leben
4. Alltag = Leben der Masse der Völker	Leben der Hochgestellten und Mächtigen (Könige, Prinzen und Prinzessinen, Präsidenten, Mitglieder der Regierung, Parteiführer, Parlamentsmitglieder, Wirtschaftsführer)
5. Alltag = Ereignisbereich des täglichen Lebens	alles das, was die traditionelle politische Geschichtsschreibung als das einzig Relevante ansieht und als „große" Ereignisse begreift, an der Geschichte also die Haupt- und Staatsaktionen
6. Alltag = Privatleben (Familie, Liebe, Kinder)	öffentliches oder berufliches Leben
7. Alltag = Sphäre des natürlichen, spontanen, unreflektierten, wahren Erlebens und Denkens	Sphäre des reflektierten, künstlichen, unspontanen, besonders auch des wissenschaftlichen Erlebens und Denkens

8. Alltag (Alltagsbewußtsein) = Inbegriff des ideologischen, naiven, undurchdachten und falschen Erlebens und Denkens	richtiges, echtes, wahres Bewußtsein

Diese Auflistung, von Elias selbst als unvollständig beschrieben, ist um weitere Nuancierungen ergänzt worden (Bergmann, 1981: 54).

9. Alltag = Sphäre des Handelns und Erlebens, die allen anderen Sphären zugrunde liegt	Sonder- oder Zweckwelten, in der bestimmte Handlungslogiken gelten
10. Alltag = Welt des „Jedermann", in der alle Gesellschaftsmitglieder Handlungskompetenz besitzen	Bereiche mit spezifischer Handlungskompetenz
11. Alltag = Sphäre, die jeweils subjektiv bzw. gruppenspezifisch ausgeprägt ist	Institutionen/Organisationen
12. Alltag = Alltäglichkeit im Sinne einer in allen Sonderwelten anzutreffenden Handlungs- und Wissensform	Wissenschaftliches, technisches, wirtschaftliches Handeln und Wissen

Dieser Differenzierung des Alltagsbegriffs entspricht gleichsam zwangsläufig die Unterscheidung verschiedener „Soziologien des Alltags". Kurt Hammerich und Michael Klein kennzeichnen fünf Formen (Hammerich/Klein, 1978: 7).

- Soziologie des Alltags kann heißen, die bisher an organisierten Sozialsystemen (Organisationen/Institutionen) gewonnenen Kategorien auf einen Gegenstandsbereich anzuwenden, der informeller und weniger stark definiert ist.

- Soziologie des Alltags läßt sich aber auch dadurch definieren, daß sie einen gesonderten Sozialbereich zum Gegenstand hat. Alltag würde hier zu „einem Synonym für Privatheit oder zum Sammelbegriff des Freizeit- bzw. Reproduktionsbereiches".

- Soziologie des Alltags kann zudem meinen, daß man das tagtägliche Gewohnheitshandeln („Lebensführung und Lebensperspektive") des sog. kleinen Mannes zum Gegenstandsbereich der Soziologie macht.

- Soziologie des Alltags kann weiterhin heißen, „die Fundierung soziologischen Wissens im sog. Alltagswissen, über das jedes Gesellschaftsmitglied angeblich verfügen soll, zu suchen". Dies meint, die Erforschung des Alltags und seiner Regeln sei deshalb bedeutungsvoll, weil ja auch das soziologische Wissen in diesem Alltagswissen seine Basis habe.

- Soziologie des Alltags kann schließlich verstanden werden als „die Basiswissenschaft für die Analyse jeglicher Verstehensvorgänge überhaupt". Hier wird der Begriff „Alltag" im phänomenologischen Sinn von Lebenswelt benutzt (vgl. dazu auch Kapitel XIV).

In einer weitaus größeren Schlichtheit als es die vorangestellten Differenzierungen eigentlich erlauben, wollen wir in einer ersten systematisierenden Annäherung an den Begriff mit „Alltagswelt" die konkrete Erlebniserfahrung von Handelnden bezeichnen.

„Der Handelnde muß in der stets vorgegebenen Alltagswelt seine *eigene* Welt ausmachen. Das verlangt nach Sinnkonstruktion, nach „sinnhaftem Aufbau" ... Alltag soll dann heißen: Dieses stets vorgegebene soziale Konstrukt einer bereits vielfältig vorkonstituierten Welt in ihrer stets konkreten Geschichte" (Grathoff, 1978: 68).

Wenn wir aber die Bedeutung der Alltagswelt auch nur hinlänglich beschreiben wollen, ergibt sich als zentrales Problem die Schwierigkeit, alltägliches Handeln zu deuten. Wie müssen sozialwissenschaftliche Fragen zur Analyse von Alltagswelt aussehen?

„Wir müssen erkennen, daß die Aktivität des Menschen darin besteht, daß sie einen ständigen Fluß von Situationen begegnen, in denen sie handeln müssen, und daß ihr Handeln auf der Grundlage dessen aufgebaut ist, was sie wahrnehmen, wie sie das Wahrgenommene einschätzen und interpretieren und welche Art geplanter Handlungslinien sie entwerfen. Dieser Prozeß wird *nicht* (Hervorhebung vom Verf.) eingefangen, wenn man die Handlung irgendeiner Art von Faktoren zuschreibt (z.B. Motiven, Bedürfnis-Dispositionen, Rollenerfordernissen, sozialen Erwartungen oder sozialen Regeln), von denen man annimmt, daß sie die Handlung auslösen.... Man muß den Definitionsprozeß des Handelnden erschließen, um sein Handeln zu verstehen" (Blumer, 1973: 80).

Wenn es um die Analyse menschlicher Alltagshandlungen geht, ist es wichtig hervorzuheben, daß eben auch die Gewohnheitshandlungen des „kleinen Mannes" immer bestimmte Ziele und Zwecke haben. Der Sozialwissenschaftler kann das Verhalten seiner Mitmenschen beobachten, kann es akribisch beschreiben und bleibt dennoch weitgehend im unklaren über die Erfahrungen und Motive, die zu diesem Verhalten geführt haben und die dieses Verhalten begleiten. Verdeutlichen wir diese Überlegungen an einem Ereignis, das so oder ähnlich oft zu beobachten ist: Wir treffen in einer beliebigen Situation auf eine Person, die sehr heftig und unkontrolliert gestikuliert, die sehr laut und schnell spricht, vielleicht sogar schreit, deren Gesicht gerötet ist (die Beschreibung ließe sich in vielen Details vervollständigen). Unser allgemeines Urteil ist sehr schnell gefällt. Hier ist jemand zornig. Dies ist vorerst auch alles, was festgestellt werden kann. Über den aktuellen Anlaß, der zu diesem Zornesausbruch führte, wissen wir ebenso wenig, wie über die Absicht, die der Zürnende mit seinem auffälligen Verhalten verfolgt. Was wir aktuell über Beobachtung und Beschreibung erfassen können, ist der konkrete Handlungsablauf, den wir in einer Interpretation der Gesten, der Mimik, des sprachlichen Ausdrucks, als ‚Zorn' deuten. Wenn wir aber den *Sinn* des Handelns verstehen wollen, dann brauchen wir mehr als nur diese Beobachtungsdaten. (Als Beispiel für die Schwierigkeiten des Verstehens einer menschlichen Handlung siehe Begleittext 4.2 Schütz). Handeln soll, so haben wir oben gesagt, als ein bewußtes, auf ein Ziel gerichtetes Verhalten verstanden werden. Fächert man diese grundsätzliche Überlegung in einzelne Punkte auf, ergeben sich für jedes beobachtbare Tun folgende Konsequenzen:

1. Jedes Handeln steht in einem sinnvollen Zusammenhang mit anderen Erlebnissen des Handelnden, z.B. ist und handelt man als Mitglied einer Familie auch dann, wenn man in außerfamiliären Situationen steht (Fahrt zum Arbeitsplatz, Diskussion im Kollegenkreis u.ä.).

2. Jedes Handeln drückt etwas aus, was von den Handlungspartnern in bestimmter Weise gedeutet werden kann: jede Handlung wird zu einer Geste, jeder weiß, daß er in einer bestimmten Weise gesehen wird; jeder weiß, daß das, was er tut, immer als ein Hinweis darauf verstanden wird, was er zu tun beabsichtigt.

3. Der Handelnde ist durch seine Handlung selbst auch festgelegt. Eine Fülle von Beispielen solcher bewußt und unbewußt erlebter Festlegungen bringt Erving Goffman in seiner Analyse ritueller Elemente in der sozialen Interaktion (vgl. Goffman, 1971: 10–53).

Wenn wir also alltägliche Handlungsabläufe interpretieren wollen, müssen die genannten Aspekte berücksichtigt werden. Welche Schwierigkeiten sich hier insbesondere der soziologischen Fachsprache stellen, läßt sich etwas überspitzt an einem Beispiel, das die Soziologen Scheuch und Kutsch (Scheuch/Kutsch, 1972: 26) verwenden, zeigen: der Streit zwischen zwei Ehepartnern wird in der soziologischen Begrifflichkeit zu einer „typischen Ausdrucksform eines Konfliktes in Dyaden mit funktional diffuser Zielsetzung". Wenn wir in unserem Beispiel von den aktuellen Problemen eines Neulings im Betrieb als von „Habitualisierungsprozessen innerhalb der beruflichen Sozialisation" (Zirwas, 1972: 26–46) gesprochen hätten, wäre unseren Verständnismöglichkeiten gleichfalls wenig Hilfe zuteil geworden. Die abstrakten Begriffe der Sozialwissenschaft können als eine Art Kurzschrift für die Beschreibung komplexer Vorgänge im sozialen Leben gesehen werden; sie können sich aber auch für das Verständnis dieser Vorgänge als hinderlich, zumindest aber als von nur begrenztem Nutzen erweisen. Zur Bedeutung der Benennung einer Sache oder eines Tatbestandes für das Verhalten gibt der Sprachwissenschaftler Benjamin Lee Whorf einige sehr anschauliche Beispiele (vgl. Whorf, 1973: 152–154).
Für eine soziologische Analyse des alltäglichen Verhaltens ist es notwendig, konkretes, individuelles Verhalten als Rohmaterial für eine Deutung zu verwenden. Dabei wirkt es wie zwangsläufig, daß menschliches Verhalten, so anschaulich es sich auch vollzieht, gänzlich hinter abstrakten Begriffen zu verschwinden droht:

„Bekannt ist die Verwunderung: ‚Kann denn ein Frauenarzt noch Frauen schön finden?' – wo er doch in der Rolle Arzt eine für andere Menschen attraktive Körperrundung als Zellulargewebe anschaut, oder mit Arztblick eine leichte Verkrümmung der Fibula registriert!" (Scheuch/Kutsch, 1972: 27).

Der angesprochene Konflikt zwischen Wissenschaftssprache und Alltagserlebnissen ist also nicht spezifisch für die Soziologie. Er gilt auch für andere Wissenschaftsbereiche. Der Ursprung dieses Problems liegt in der Notwendigkeit, daß ein Wissenschaftler nicht nur das Einmalige analysieren will, sondern über das Einmalige hinaus versuchen muß, zu Verallgemeinerungen vorzudringen. Er will versuchen, zu Aussagen (in unserem Fall soziologischen Aussagen) zu gelangen, die es ihm ermöglichen, Handlungen miteinander zu vergleichen, Vereinbarungen zu entdecken, wie wir sie eingangs als Hintergrund alltäglichen Handelns beschrieben haben; er will ermitteln, welche Vereinbarungen typisch für welche Menschen, Bevölkerungsschichten oder Gesellschaften sind. Sozialwissenschaftler wollen über die Beobachtung und Beschreibung alltäglichen Tuns zu systematischen Feststellungen kommen über die Regelmäßigkeit von sozialen Prozessen (Begleittext 4.3 Becker).

3. Lebensgeschichtliche Erzählungen: Material für Alltagssoziologie

Soziologische Begriffe und Analysen erweisen sich, wie gesagt, vor allem für den Nicht-Wissenschaftler häufig als Zumutungen, da sie offensichtlich das, was in einer konkreten Situation an Individualität und persönlichem Erleben deutlich wurde, vernachlässigen und verkürzt wiedergeben in Abstraktionen. Die Begriffe müssen dem Außenstehenden inhaltsleer

erscheinen, wenn er sie nicht mit konkreten, beobachtbaren Vorgängen in Verbindung bringen kann. Wir versuchen im nachfolgenden Text mit Hilfe einer lebensgeschichtlichen Erzählung soziologische Begriffe in einen deutenden Zusammenhang zu „realen" Vorgängen zu bringen. Dieser hier sehr begrenzte Anspruch einer Verknüpfung von Lebensgeschichte und Rekonstruktion sozialer Sinnstrukturen ist in der Soziologie unter dem Schlagwort „Biographische Methode" zu einem eigenständigen Forschungsansatz entwickelt worden (vgl. dazu exemplarisch Kohli/Robert, 1984; Kohli, 1981; Baacke/Schulz, 1979). Der biographische Ansatz versucht über die differenzierte Auswertung erzählter Lebensgeschichten die sich dort widerspiegelnden subjektiven Erfahrungen und Handlungsentwürfe ins Zentrum soziologischer Analyse zu rücken. Nicht, um jetzt die Subjektivität zum Ausgangspunkt soziologischer Begriffe zu machen, sondern um die *soziale* Struktur des Individuellen angemessen ernst zu nehmen (Bude, 1984: 11).
Wir wählen für unsere Interpretation einer erzählten Biographie einen Textabschnitt aus dem Lebensbericht von Ursula Trauberg, die diesen Bericht – auf Anregung des Schriftstellers Martin Walser – im Gefängnis schrieb. Sie verbüßte eine Haftstrafe wegen der Tötung eines Menschen (Begleittext 4.4 Trauberg). Da es sich hierbei natürlich nicht um einen didaktisch konzipierten Text handelt, werden wir nicht immer zu einer befriedigenden Bindung von soziologischem Begriff und Lebensbericht kommen. Dafür bieten die Aufzeichnungen der Ursula Trauberg den Vorteil einer subjektiven Schilderung, d.h. sie enthalten noch die sinnhaften Aspekte ihres Handelns, ihre Ziele und Absichten, die – wie wir bereits betont haben – beim Gebrauch analytischer Begriffe sehr leicht verdeckt werden könnten.
Für den Soziologen ist menschliches Handeln weitgehend durch gelernte Wertvorstellungen und Normen bestimmt. Wir können also zunächst fragen, ob wir an unserem Material die Wirksamkeit solcher sozialen Orientierungen aufspüren können:

„... es war alles so ruhig und gemütlich, wie ich mir ein Familienleben immer vorgestellt habe."
„Die Nichte ... besuchte die Handelsschule und lernte Abend für Abend, ich bewunderte ihre Ausdauer und ihren Ehrgeiz, ohne mich davon anstecken zu lassen."
„Wenn man so zusieht, sieht das ziemlich gefährlich aus."
„Wir konnten die jungen Männer noch einmal bewundern ... als sie ... ihre Maschinen knattern ließen. ... Es waren zwei Brüder ... und ein Italiener, der die gewagteste Aufführung geboten hatte."
„(Sie) ... boten mir an, meinen Mut ... zu beweisen."

Ruhe und Gemütlichkeit, Ausdauer und Ehrgeiz, Mut zu gefährlichen Unternehmungen, dies sind offenbar bewundernswerte Eigenschaften. Sie erschienen als Maßstäbe, denen man eigentlich gerecht werden möchte. Allerdings sind sie noch zu allgemein, als daß sie für Ursula direkte Verhaltensrichtlinien abgäben: „Ich bewunderte ihren Ehrgeiz, ohne mich davon anstecken zu lassen." Die in allgemeinen Wertvorstellungen verborgenen Handlungsregeln gelten zumeist nicht für alle Menschen in gleicher Verbindlichkeit, sondern jeweils nur für die Inhaber bestimmter ‚Positionen'. Als Positionen bezeichnen wir langdauernde, sich häufig wiederholende Beziehungen, die in organisierte Sozialgebilde eingebettet sind. Für solche Positionen gibt es normative Regeln, die typisch sind für die jeweilige Position und verpflichtend für den jeweiligen Positionsinhaber. Wir müssen also bei der Untersuchung unserer literarischen Vorlage fragen, welche Positionen die Personen, über die berichtet wird, innehaben, und ob sich ihre Handlungen aus den Handlungsanweisungen, die für diese Positionen gelten, erklären lassen. Welche Angaben werden über „Positionen" von Ursula Trauberg gemacht?

„Den ganzen Winter über blieb ich zu Hause . . . Marianne, die Nichte von Frau Starke, lernte Abend für Abend . . . "
„Mit Erni und noch einigen Mädels machten wir . . . die Kirmes unsicher . . ."
„. . . und ich war nun bei den Steilwandfahrern."
„Ich sagte weder Frau Starke noch meiner Chefin etwas."
„. . . am zweiten Nachmittag sahen mich Herbert und Sigrid."
„Ich wollte nicht riskieren, daß sie mich dem Jugendamt auslieferten, denn sie fühlten sich für mich Küken, wie sie sagten, verantwortlich."

Die Informationen über Ursulas Positionen sind in diesem Textausschnitt sehr indirekt, wir müssen sie erst aus den Benennungen der anderen Personen erraten (überdies steht uns hier nur eine kurze Passage zu Verfügung, so daß manche verfügbare Information der Biographie nicht berücksichtigt werden kann). Ursula blieb den Winter über zu Hause – zu Hause, d.h. bei Frau Starke, ihrer Zimmerwirtin und deren Nichte. Sie nimmt also die Position einer Untermieterin an. Des weiteren werden die Namen Herbert und Sigrid genannt. Aus der Verwendung der Vornamen können wir folgern, daß es sich entweder um ein freundschaftliches oder verwandtschaftliches Verhältnis handelt. Aus dem weiteren Zusammenhang des Buches wissen wir, daß es Ursulas älterer Bruder und dessen Frau sind – „nahe Verwandte" also, denen gegenüber Ursula ebenfalls eine Position einnimmt. Sie ist in der Position der jüngeren, in diesem Fall der noch minderjährigen Schwester. Wir können an der Beschreibung der Reaktion von Herbert und Sigrid während der Vorführung bei den Steilwandfahrern sehen, daß sie von Ursula erwarten, daß sie Verhaltensvorschriften, die an die Position „minderjährige Schwester" geknüpft sind, auch erfüllt. Erwartungen und Verhaltensvorschriften dieser Art nennen wir in der Soziologie „Rollenerwartungen": Ursula soll eine bestimmte familiäre Rolle spielen.
Weiter ist von Erni und noch einigen Mädchen die Rede, also von Gleichaltrigen, mit denen Ursula ihre Freizeit verbringt. Offensichtlich handelt es sich um eine Gruppe von Freundinnen, die sich, wie noch deutlich wird, an ganz anderen Verhaltensmaßstäben orientieren als etwa Frau Starke, Sigrid, Herbert oder Ursulas Chefin. Daß Ursula von ihrer „Chefin" spricht, zeigt, daß sie berufstätig ist und zwar als Arbeitnehmerin. Ihrer Position in der Arbeitswelt entsprechend muß sie bestimmten Erwartungen und Anforderungen gerecht werden, hat sie eine bestimmte Berufsrolle zu spielen.
In einem sehr viel anonymeren Verhältnis steht Ursula zum Jugendamt und es mag etwas hergesucht klingen, hier von Position oder Rolle zu sprechen. Immerhin aber stellt diese Behörde für sie einen Handlungspartner dar, der legitimiert ist, ihr bestimmte Verhaltensweisen vorzuschreiben oder zu untersagen. Weil Ursula noch minderjährig ist, sind eine Reihe von den vom Jugendamt überwachten Normen für sie verbindlich. Schließlich sind da noch die Steilwandfahrer, bei denen Ursula jetzt „ist" und die hier im Zentrum der Ausführungen stehen. Ursula probiert etwas aus – es ist jedoch keineswegs eindeutig, ob sie hier die Möglichkeit einer alternativen Berufsrolle erprobt, oder ob sie den Verhaltenserwartungen, die an ihre Position als jüngere, minderjährige Schwester geknüpft sind, zu entkommen sucht. Die Positionen, die ein Mensch einnimmt, oder die Rollen, die er innerhalb dieser Postionen zu spielen hat, verlangen nun von dem Positionsinhaber bestimmte Handlungen.

Ursula gehört einer Freundesgruppe an:
„Im Frühling . . . schockierte ich einige Leute meiner Umgebung."
„Mit Erni und noch einigen Mädels machten wir am Abend die Kirmes unsicher."
„. . . so begannen wir, mit den drei Männern zu flirten und schafften die Verabredung."
„. . . boten mir an, meinen Mut . . . zu beweisen."
Ursula ist bei den Steilwandfahrern:
„Zunächst hatte ich mich mit der Familie bekanntgemacht."

„. . . ich zog . . . ein schwarzes Hemd, mit weißem Totenkopf darauf, eine enge schwarze Hose und schwarze Stiefel an."
„Etwas komisch war es nur, vor der Vorstellung mit draußen zu stehen und als Attraktion angekündigt zu werden, lächelnd winkte ich bekannten Gesichtern zu."
„. . . ich setzte mich zu ihm auf die Maschine, und los ging es. Ich hielt mich gut fest und preßte krampfhaft die Schenkel zusammen, wie man es mir vorher gesagt hatte."
„. . . (ich) wurde dann schon so mutig, daß ich während der Fahrt beide Hände ausstreckte und freihändig saß."

Ursula ist eben nicht nur Mitglied einer Gruppe von Freundinnen, sie ist nicht nur bei den Steilwandfahrern, sondern sie gehört auch zu einer Familie, sie ist Untermieterin, Angestellte und Minderjährige. Auch aus diesen Positionen werden ihr bestimmte Verhaltenserwartungen entgegengebracht. Während ihr Verhalten von Freundinnen und Steilwandfahrern anerkannt wird

„Nach der Vorstellung wurde ich begeistert von meinen Bekannten empfangen."
„Die Besitzer wollten mich mitnehmen, sie versprachen mir einen eigenen Wohnwagen und viel Geld."

stößt das gleiche Verhalten bei den Handlungspartnern in den anderen Positionen auf Mißbilligung. Es widerspricht offensichtlich deren Vorstellungen vom Verhalten eines minderjährigen Familienmitgliedes oder deren Vorstellungen von einem „normalen" Beruf. Die anderen forderten von Ursula, daß sie den Verhaltensregeln, die für ihre Position als „minderjährige Schwester", „Untermieterin", „Arbeitnehmerin" gelten, entspricht. Ein gewisses Maß an Abweichung vom üblichen mag erlaubt sein, aber mit der Entscheidung „Steilwandfahrerin zu werden" ist die Toleranzgrenze überschritten. Familienangehörige und Chefin ziehen ihre Anerkennung zurück und erklären Ursulas Verhalten für vom Normalen, von der Norm, abweichend. Aus der Mißbilligung werden *Sanktionen.* Man macht Ursula Vorwürfe, es kommt offenbar zu Drohungen, die das Mädchen von ihrem Vorhaben abbringen:

„Herbert guckte mich mit finsterer Miene an."
„Frau Starke konnte es gar nicht fassen und war sehr aufgeregt und besorgt."
„Am nächsten Morgen nahm mich Frau Reiter vor."
„Der höheren Gewalt mußte ich mich fügen."
„Ich nahm an keiner Vorstellung mehr teil, nur noch als wehmütige Zuschauerin."

Daß ihr Verhalten von der Norm abweicht, wird Ursula nicht erst durch das Handeln ihrer Umwelt deutlich gemacht. Sie selber kennt die Verhaltenserwartungen der anderen und versucht sich darauf einzustellen:

„Ich sagte weder Frau Starke noch meiner Chefin etwas, arbeitete vormittags und ging am Nachmittag in die Vorstellung."

Der Druck, bestimmte Rollen zu spielen und beizubehalten, wirkt sowohl von außen als auch von innen auf Ursula Trauberg ein. Dies erklärt zum Teil auch, warum Ursula den Forderungen ihrer Umwelt verhältnismäßig schnell nachgibt: Die Verhaltensregeln, die aus ihren Positionen sich ergeben, stehen ihr nicht nur *gegenüber,* sie sind auch ein Teil ihrer eigenen Orientierung, sie hat sie, so heißt das entsprechende Schlüsselwort in der Soziologie, *internalisiert.*

4. Lebenswelt vs. soziologische Konstrukte

Was leistet eine solche Interpretation einer literarischen Vorlage? Zunächst hilft sie uns, ein Geschehen, das hier als einmaliges Ereignis im Leben eines Individuums geschildert wird, als einen völlig normalen Vorgang zu sehen, wie er täglich abläuft. Vom Einmaligen entkleidet kann dieser Vorgang in der theoretischen Sprache des Soziologen etwa so beschrieben werden:

Ein junges Mädchen gehört einer informellen Gruppe an, in der es für ein Verhalten Anerkennung findet, das von seiten anderer Beziehungspartner abgelehnt und mit Sanktionen bedroht wird. Dieser Rollenkonflikt findet eine vorläufige Lösung dadurch, daß das Mädchen sich konform zu den Erwartungen derjenigen Beziehungspartner verhält, die über die größeren Sanktionsmöglichkeiten verfügen. Es bleibt in diesem Zusammenhang unklar, ob es sich um eine Unterwerfung unter äußerem Druck handelt oder inwieweit eine Orientierung an internalisierten Normen dieses Nachgeben beeinflußt haben.

Dies ist nur eine Skizze des möglichen Zusammenhanges. Ob es sich wirklich so abgespielt hat, ist keineswegs sicher. Wir wissen ja nicht, ob es die erhoffte Anerkennung der Freundinnen war, die Ursula zu dem Intermezzo bei den Schaustellern bewog. Wir können auch nicht überprüfen, ob sie sich wirklich nur dem Druck der Erwachsenen beugte, oder vielleicht schon die Lust an der Arbeit bei den Steilwandfahrern verloren hatte. Außerdem handelt es sich um ein vergangenes, abgeschlossenes Einzelergebnis, das wir nicht mehr rekonstruieren können. Das Entscheidende jedoch ist für uns hier eine andere Frage. Wir hatten vor der Textinterpretation betont, daß eine angemessene Deutung beobachtbaren Verhaltens nur dann gegeben sei, wenn auch die Absichten und Ziele der Handelnden berücksichtigt werden. Die Verkürzung des Lebensberichtes von Ursula Trauberg auf die abstrakten soziologischen Begriffe macht deutlich, daß die vom Wissenschaftler entworfene Abstraktion der Komplexität des Einzelereignisses nicht ganz gerecht werden kann. Andererseits lassen sich Einzelereignisse nur dann erklären, wenn sie sich verallgemeinern lassen (vgl. Kap. II: Wissenschaftliche Aussagen). Dabei gehen notwendigerweise individuelle Eigenheiten, situationsspezifische Nuancen u.ä. verloren. Die grundsätzliche Schwierigkeit wird dort zu einem ernsthaften Problem, wo die wissenschaftliche Sprache sich verselbständigt und der Soziologe diesen Widerspruch nicht mehr wahrnimmt. Dann reduziert sich das vielfältig motivierte menschliche Handeln zu der vereinfachenden Vorstellung, jedes Verhalten folge „institutionalisierten Mustern" und werde nahezu gänzlich durch allgemeingültige Normen geformt. Abstraktionen dieser Art sind in der Soziologie nicht selten, hier nur ein Beispiel:

„Ein Mensch besitzt also eine Position und wirkt darin, das nennen wir dann eine ‚Rolle'. Menschen besitzen ein Gefüge und wirken darin, das ist dann eine ‚Gruppe'. Zwischen Positionen in einem Gefüge liegen Bahnen, zwischen Rollen in einer Gruppe bestehen ‚soziale Beziehungen'."

Die Tendenz, zu vergessen, daß die soziologischen Begriffe nur Hilfsmittel sind, die keineswegs hinlänglich menschliches Verhalten erfassen, kann in einer solchen Ausdrucksweise sehr schnell Realität werden. Der Soziologe verwendet mit seinen Fachbegriffen eine Sprache, die von anderen Überlegungen und Zielvorstellungen ausgehend, das beobachtete Handeln zu analysieren und zu katalogisieren sucht. Um verallgemeinern zu können, um nicht in der Unmenge singulärer Ereignisse zu ersticken, konstruieren die Sozialwissenschaftler Regeln sozialen Verhaltens, die in Begriffen wie „Rolle", „Sanktionen", „Gruppe" zusammengefaßt sind. Diese erdachten Konstrukte sind in unserer Alltagswelt nicht erlebbar, sie sind ein Hilfsmittel, die unüberschaubare Wirklichkeit nach Gesichtspunkten zu ordnen, die *nicht* zum Denken des jeweils Handelnden gehören:

„Was soziologische Perspektive ist, verraten am ehesten Allerweltsredensarten wie: ‚das Spiel durchschauen', ‚hinter die Kulissen sehen' usw., mit anderen Worten: sich von niemandem und nichts etwas vormachen lassen" (Berger, 1969: 41 f.).

Die Notwendigkeit einer über das singuläre Ereignis hinausgehenden Perspektive, die erst Verallgemeinerungen und Erklärungen erlaubt, läßt sich an dem folgenden vom amerikanischen Sozialwissenschaftler George Homans gebrachten Beispiel verdeutlichen (Arensberg/Kimball, zit. aus Homans, 1950: 193).

„Der Raum ist niedrig und viereckig. In der linken Wand ist die geschlossene Tür, daneben ein offener Kamin aus Steinen, an dem auch gekocht werden kann. Um den Kamin stehen Stühle und Bänke. An der hinteren Wand steht ein Tisch, rechts davon hängt, über einem kleinen Schrank, ein farbiges Bild. ... An der rechten Wand steht ein Buffet mit Küchengeräten und Steingut. Auf einer Seite daneben ist eine Tür, auf der anderen eine Treppe, die ins obere Stockwerk führt. Durch das Fenster über dem Tisch sieht man in der Morgendämmerung einen Karren.
Eine Frau kommt durch die Tür zur Rechten in den Raum. Sie geht zum Kamin, scharrt die noch glühende Asche zusammen, legt neues Holz dazu und facht das Feuer wieder an. ... Ein Mann in den mittleren Jahren und zwei jüngere Männer kommen herein, wechseln ein paar Worte mit der Frau, holen Stühle heran und setzen sich an den Tisch. ... Die Frau setzt sich nicht dazu, sondern wartet im Stehen, ob die Männer noch mehr zu essen und trinken haben möchten.
... Inzwischen ist ein junges Mädchen hinzugekommen, aber die beiden Frauen setzen sich erst an den Tisch, nachdem die Männer fort sind."

Dieses Protokoll einer Beobachtung enthält zwar nichts ausdrücklich Soziologisches, wohl aber sehr viele Informationen, an die soziologische Überlegungen anknüpfen könnten. Offensichtlich haben die Frauen im Hause andere Aufgaben als die Männer, es scheint auch, daß eine deutliche Distanz zwischen den Geschlechtern besteht. Aber so, wie sie uns vorliegt, ist diese Schilderung ein Einzelfall, von dem wir nicht wissen, ob er typisch ist für das hier beschriebene Familienleben der irischen Bauern. Wenn wir mehr über Geschlechterrollen und Arbeitsteilung in der irischen Agrargesellschaft wissen wollen, müssen wir viele Bauernfamilien beobachten, in dem Bemühen, eine typische Reihe typischer Handlungsvollzüge zu erstellen. Dabei werden beobachtbare Verhaltensabläufe unter Konzepte wie „rollenspezifisches Verhalten" gebracht, die der wissenschaftliche Beobachter aus einer Idee, aus einer Überlegung abgeleitet hat, wie er etwas zusammenfassen kann.
Die Bedeutung der Interpretation von alltäglichen Routinehandlungen, die Bedeutung der Analyse auch biographischer Texte für die soziologische Arbeit läßt sich in folgenden Punkten zusammenfassen:

1. Das alltägliche, routinierte Handeln geschieht auf der Grundlage allgemeiner, zumeist unbewußter Vereinbarungen. Diese Vereinbarungen und Annahmen werden von den Handelnden „verstanden" und interpretiert.
2. Der sozialwissenschaftliche Beobachter ist nicht an den Einzelereignissen interessiert, sondern an den ihnen zugrundeliegenden allgemeinen Regeln und Gesetzen. Er analysiert und kategorisiert das Alltagsverhalten auf der Basis wissenschaftlicher Ideen, die Verallgemeinerungen erlauben.
3. Der Soziologe sollte sich immer des Problems bewußt sein, daß sich die verallgemeinernde wissenschaftliche Aussage und das damit zu erklärende Verhalten so weit voneinander entfernen können, daß die wissenschaftlichen Aussagen nur begrenzt verwendungsfähig sind für eine Interpretation konkreten Handelns.

4. Eine Soziologie des Alltags befaßt sich vor allem mit der Frage, wie es gelingt, über die Unzahl tagtäglicher Gewohnheitshandlungen soziale Ordnung herzustellen und zu erhalten. Sie nimmt überdies alle Forschungsansätze sehr ernst – ein Beispiel ist die „biographische Methode" – die versuchen, die individuellen subjektiven Aspekte lebensgeschichtlicher Abläufe so zu rekonstruieren, daß Lebenswelt und soziologische Deutung sinnvoll aufeinander bezogen bleiben (Begleittext 4.5 Brose).

Übungsaufgaben zu Kapitel IV

1. Versuchen Sie – nach dem im Text aufgeführten Beispielen von Garfinkel – in Ihrem privaten Bekanntenkreis ritualisierte Formen alltäglichen „miteinander umgehens" zu durchbrechen. Diskutieren Sie anschließend mit den Betroffenen darüber, welche unbewußten Regeln durch Ihr Verhalten verletzt wurden.
2. Versuchen Sie eine erste Interpretation der folgenden Ausschnitte aus einer lebensgeschichtlichen Erzählung von Herr D., der – als 24jähriger Mechaniker – in einer deutschen Großstadt Zeitarbeit macht, d.h. häufig Firma und Arbeitsplatz wechseln muß (vgl. dazu auch den Begleittext 4.5):

„Interviewer: Sie haben gesagt, die Zeit ist abgelaufen – was meinen Sie damit?

Herr D.: Ja, ich sag' mir, die Zeit ist vorbei. Die Zeit, die ich verlebt hab', kommt nicht zurück. Insofern – ich seh' diese Vergangenheit insofern als fest abgelaufen – auf der einen Seite, nach dem Zeitrechnungssystem, daß ich sag', das war eben, zu dem und dem Zeitpunkt. Das war letztes Jahr. Das war dann – und auf der anderen Seite sage ich mir, könnte natürlich genau dasselbe wiederkommen. Aber dann unter anderen Voraussetzungen. Ja, also ich hab' noch nie erlebt, daß genau das gleiche wiedergekommen ist...

Interviewer: Die Zeit „ist abgelaufen". Was ist das für 'ne Zeit, die abgelaufen ist?

Herr D.: Mmh jaa. Irgendwie doch 'ne Zeit, 'ne Zeit ... in der ich Energie aufgebracht habe. 'Ne gewisse Energiezeit. Wo ich mir doch sage, daß die Zeit insofern abgelaufen ist, daß ich in der Zeit älter geworden bin. Das spielt auch 'ne Rolle, daß ich in der Zeit älter geworden bin. Daß – daran merke ich , ich mein': gut. Man könnte vom zeitlosen Denken, könnte ich ausgehen und sagen, sagen wir 'mal: Der Mensch wird nie älter. Wenn ich diesen Zeitstandpunkt hätte ... Es gibt aber auch 'nen anderen Standpunkt irgendwo. Wenn man sagt: Der Mensch wird nie älter. Die Zeit verändert sich eigentlich kaum. Ja – und solche Zeitpunkte gibts aber auch nur, wo die Voraussetzungen, die wirtschaftlichen Voraussetzungen, die, permanent gleich sind. Wo sich irgendwie keine Veränderungen bilden. Wenn man jetzt hier sagt: Die Krise, dann merkt man doch den Unterschied. Vor einem Jahr, da war das wesentlich anders. Da hatte ich viel mehr Möglichkeiten. Oder: Vor zwei Jahren war es noch besser. Und daran kann man das auch z.B. messen – daß ich doch sag', daß diese Zeit abgelaufen ist. Und diese Zeit, in der ich auch Erfahrungswerte gesammelt habe. Die ich für mich wichtig finde."

Bitte versuchen Sie, aus dem Text abzuleiten und zu belegen, welche verschiedenen Sinndeutungen Herr D. für seine Zeit-Erfahrungen anführt.

3. Versuchen Sie einmal Alltagsunterhaltungen am Arbeitsplatz, in Geschäften u.ä. zu protokollieren (als Gedächtnisprotokolle) und prüfen Sie anschließend, welche unausgesprochenen Regeln und Vereinbarungen in diesen Gewohnheitshandlungen zum Tragen gekommen sind.

Weiterführende Literatur zu Kapitel IV

Grundsätzliche Abhandlungen zur soziologischen Analyse von Alltagswirklichkeit:

Bergmann, Werner: Lebenswelt, Lebenswelt des Alltags oder Alltagswelt? Ein grundbegriffliches Problem „alltagstheoretischer" Ansätze. In: Kölner Zeitschrift für Soziologie und Sozialpsychologie Jg. 33, H.1 (1981), S. 50–72.

Hammerich, Kurt/Klein, Michael: Alltag und Soziologie. In: Materialien zur Soziologie des Alltags. Kölner Zeitschrift für Soziologie und Sozialpsychologie, Sonderheft 20 (1978), S. 7–21.

Schütz, Alfred: Wissenschaftliche Interpretation und Alltagsverständnis menschlichen Handelns. In: Schütz, Alfred: Gesammelte Aufsätze I. Das Problem der sozialen Wirklichkeit. Den Haag, Martinus Nijhoff: 1971, S. 3–38.

Zimmermann, Don H./Pollner, Melvin: Die Alltagswelt als Phänomen. In: Weingarten, Elmar/Sack, Fritz/Schenkein, Jim (Hrsg.): Ethnomethodologie. Beiträge zu einer Soziologie des Alltagshandelns. Frankfurt/M., Suhrkamp: 1976, S. 64–104.

Beispiele für soziologische Interpretationen von Alltagshandeln:

Adato, Albert: Alltägliche Ereignisse – ungewöhnlich erfahren. Eine vergleichende Untersuchung von Erfahrungen des Abschiednehmens. In: Weingarten, E./Sack, F./Schenkein, J. (Hrsg.): Ethnomethodologie. Beiträge zu einer Soziologie des Alltagshandelns. Frankfurt/M., Suhrkamp: 1976, S. 179–202.

Bude, Heinz: Rekonstruktion von Lebenskonstruktionen – Eine Antwort auf die Frage, was die Biographieforschung bringt. In: Kohli, Martin/Robert, Günther (Hrsg.): Biographie und soziale Wirklichkeit. Neue Beiträge und Forschungsperspektiven. Stuttgart, Metzler: 1984, S. 7–28.

Goffman, Erving: Interaktionsrituale. Über Verhalten indirekter Kommunikation. Frankfurt/M., Suhrkamp: 1971.

Hermanns, Harry: Ingenieurleben – Der Berufsverlauf von Ingenieuren in biographischer Perspektive. In: Kohli, M./Robert, G. (Hrsg.): Biographie und soziale Wirklichkeit. Neue Beiträge und Forschungsperspektiven. Stuttgart, Metzler: 1984, S. 164–191.

Thurn, Hans-Peter: Literatur und Alltag im 20. Jahrhundert. In: Hammrich, K./Klein, M. (Hrsg.): Materialien zur Soziologie des Alltags. Kölner Zeitschrift für Soziologie und Sozialpsychologie, Sonderheft 20 (1978), S. 325–352.

Watzlawick, Paul/Beavin, Janet, H./Jackson, Don D.: Kommunikationsstrukturen im Theaterstück „Wer hat Angst vor Virginia Woolf?" In: Menschliche Kommunikation. Former, Störungen, Paradoxien. Bern, Huber: 1971, S. 138–169.

Begleittext 4.1:

Harold Garfinkel: Studien über die Routinegrundlagen von Alltagshandeln[1]. Aus: Heinz Steinert: Symbolische Interaktion. Klett: Stuttgart 1973, S. 280–283.

Die Studien, die in diesem Papier berichtet werden, versuchen, einige Erwartungen zu entdecken, die alltäglichen Szenen ihren vertrauten Charakter „ohne besondere Vorkommnisse" geben, und diese Erwartungen mit den stabilen sozialen Strukturen der alltäglichen Aktivitäten in Verbindung zu bringen. Als Vorgangsweise ziehe ich es vor, mit bekannten Szenen zu beginnen und zu fragen, was getan werden kann, um Unruhe zu stiften. Die Operationen, die man durchführen müßte, um die sinnlosen Züge der wahrgenommenen Umgebung zu vermehren; um Verwunderung, Überraschung und Konfusion zu erzeugen und aufrechtzuerhalten; um sozial strukturierte Affekte von Angst, Scham, Schuld und Entrüstung zu erzeugen; und um desorganisierte Interaktion herbeizuführen; die für all das notwendigen Vorgehensweisen also sollten uns darüber belehren, wie die Strukturen des Alltagshandelns gewöhnlich und gewohnheitsmäßig hergestellt und aufrechterhalten werden.
Ein Wort der Einschränkung: Trotz des relativ standardisierten Vorgehens sind meine Studien nicht eigentlich experimentell. Sie sind Demonstrationen, entworfen, in Herbert Spiegelbergs Worten, als „Hilfen für eine träge Phantasie". Meiner Erfahrung nach erzeugen sie Reflexionen, in denen die Fremdheit einer hartnäckig vertrauten Welt entdeckt werden kann.

Einige wesentliche Züge gemeinsamer Verständnisse

Verschiedene Überlegungen verlangen, daß geteilte Verständnisse unmöglich in einem abgemessenen Betrag von Übereinstimmung zwischen Leuten über bestimmte Themen bestehen können. Selbst bei begrenzter Zahl und begrenztem Umfang und unter Vernachlässigung der praktischen Meßschwierigkeiten bleibt die Vorstellung, daß wir es mit einer bestimmten Menge von Übereinstimmungen zu tun haben, grundsätzlich falsch. Das kann wie folgt demonstriert werden. Studenten wurden gebeten, alltägliche Gespräche aufzuzeichnen und dabei links aufzuschreiben, was tatsächlich gesagt wurde, und rechts, was sie und ihre Partner als Gesprächsthemen verstanden hatten. Ein Student berichtet das folgende Gespräch mit seiner Frau.

Er: Dana hat es heute geschafft, eine Münze in die Parkuhr zu stecken, ohne daß er hochgehoben wurde.	Als ich heute Nachmittag unseren Sohn Dana aus dem Kindergarten heimbrachte, schaffte er es, hoch genug hinaufzulangen, um eine Münze in die Parkuhr zu stecken, als wir bei einer parkten, während er bisher immer hochgehoben werden mußte, um so weit hinaufzureichen.

1 Auszug (S. 37–42, 66–75) aus: Garfinkel, H., Studies of the Routine Grounds of Everyday Activities. In: Studies in Ethnomethodology, Englewood Cliffs (Prentice-Hall), 1967, 35–75.

Sie: Hast du ihn in das Schallplattengeschäft mitgenommen?	Nachdem er eine Münze in die Uhr steckte, mußt du angehalten haben, als du ihn mit dir hattest. Ich weiß, daß du entweder auf dem Hin- oder auf dem Rückweg im Schallplattengeschäft warst. War es auf dem Rückweg, so daß er bei dir war, oder war es auf dem Hinweg und dann noch woanders auf dem Rückweg?
Er: Nein, zum Schuster.	Nein, im Schallplattengeschäft war ich auf dem Hinweg, auf dem Rückweg bin ich mit ihm zum Schuster gegangen.
Sie: Wozu?	Ich kann mir einen Grund denken, warum du zum Schuster gegangen bist. Was war tatsächlich der Grund?
Er: Ich habe Schuhbänder für meine Schuhe gekauft.	Du wirst dich erinnern, daß mir ein Schuhband an einem meiner braunen Oxfords gerissen ist, daher bin ich stehengeblieben, um neue Schuhbänder zu kaufen.
Sie: Deine hohen Schuhe hätten dringend neue Absätze nötig.	Mir fällt etwas ein, was du dabei auch gleich erledigen hättest können. Du hättest deine schwarzen Schuhe mitnehmen können, die dringend neue Absätze brauchen. Du solltest sie möglichst bald hinbringen.

Eine Untersuchung des Gesprächs zeigt folgendes:
a) Es gab darin eine Reihe von Dingen, über die die Partner sprachen, ohne daß sie sie erwähnten. b) Vieles von dem, was die Partner verstanden, verstanden sie auf der Basis nicht des tatsächlich Gesprochenen, sondern des unausgesprochen gelassenen. c) Viele Dinge wurden dadurch verstanden, daß die zeitliche Folge der Äußerungen als dokumentarische Evidenz einer sich entwickelnden Konversation und nicht nur als eine Abfolge von Worten genommen wurde. d) Die Dinge, die die beiden gleich verstanden, wurden nur in einem und durch einen Prozeß der ,,Verständnisarbeit" verstanden, in dem ein linguistisches Ereignis als ,,Dokument von" einem zugrundeliegenden Muster von Sachverhalten verstanden wurde als ,,Hinweis darauf" oder ,,dafür stehend"; von Sachverhalten, die jeder der beiden bereits als die Dinge vermutete, über die der andere in seiner Äußerung etwas sagen wollte. Das zugrundeliegende Muster wurde nicht nur aus der Folge von individuellen dokumentarischen Belegen abgeleitet, sondern die dokumentarischen Belege wurden auch umgekehrt auf der Basis dessen interpretiert, was ,,man wußte" oder vorwegnehmend über das zugrunde liegende Muster wissen konnte. Die beiden – Belege und Vorwegnahmen – erhellen sich gegenseitig. e) Beim Auffassen der Äußerungen als Ereignisse-in-der-Konservation bezogen sich beide Partner auf die Geschichte und die Zukunftsaussichten der Interaktion, die von beiden als gemeinsamer Raster von Interpretation und Ausdruck benutzt und auch beim anderen unterstellt wurden. f) Jeder wartete auf weitere Äußerungen, um zu hören, worüber bisher gesprochen worden war, und jeder schien auch bereit, zu warten.
Gemeinsame Verständnisse würden aus einem bestimmten Ausmaß von Übereinstimmungen bestehen, wenn diese gemeinsamen Verständnisse aus Ereignissen bestünden, die bestimmten Punkten der physikalischen Zeit, wie sie unsere Uhren messen, zugeordnet sind, d.h. Ereignissen in der Standard-Zeit. Die obigen Ergebnisse, in denen die in dem Gespräch gewechselten Worte als Ereignisse-in-einer-Konversation behandelt wurden, legen es nahe,

daß zumindest ein weiterer Zeit-Parameter nötig ist: die Rolle der Zeit als konstitutiv für „den Gegenstand des Gesprächs" als einen sich entwickelnden und in dem Handlungsablauf, der ihn produziert, entwickelten Sachverhalt. Beide Partner kannten ja den Prozeß und das Produkt *von innerhalb* dieser Entwicklung, jeder vom eigenen Standpunkt und von dem des anderen.

Das Gespräch macht noch einige weitere Dinge deutlich. 1. Viele seiner Ausdrücke sind so, daß ihr Sinn vom Hörer nur entschieden werden kann, wenn er einiges über die Biographie und Absichten des Sprechers weiß oder annimmt, einiges über die Randbedingungen der Äußerung, den vorherigen Ablauf des Gesprächs, oder die spezielle Beziehung von tatsächlicher und möglicher Interaktion, die zwischen Sprecher und Hörer besteht. Die Ausdrücke haben keinen Sinn, der über die wechselnden Gelegenheiten ihres Gebrauchs identisch bliebe. 2. Die Ereignisse, über die gesprochen wurde, waren auf eine besondere Art ungenau. Sie umfassen keinen klar abgegrenzten Satz möglicher Absichten und haben darüber hinaus als wesentlich beabsichtigte und sanktionierte Eigenheit einen begleitenden „Rand" von Absichten, die offen sind, sowohl was interne Beziehungen, Beziehungen zu anderen Ereignissen, als auch was Beziehungen zu vergangenen und zukünftigen Möglichkeiten betrifft. 3. Damit ein Ausdruck sinnvoll ist, muße jeder der beiden Sprecher als Hörer seiner eigenen wie der Produktionen des anderen von einem solchen Ausdruck wie von jeder in dem Austausch zustandegebrachten Mitteilung annehmen, daß die gegenwärtige Bedeutung des Gesagten dadurch zu klären gewesen wäre, daß man auf das gewartet hätte, was der Sprecher selbst oder der andere zu einem späteren Zeitpunkt gesagt haben könnte. Viele Ausdrücke haben daher die Eigenschaft, erst im weiteren Verlauf des Gesprächs zunehmend verstanden und verständlich zu werden. 4. Man muß wohl kaum darauf hinweisen, daß der Sinn der Ausdrücke vom Platz des Ausdrucks in der Reihenfolge, vom expressiven Charakter des verwendeten Worts und von der Wichtigkeit des dargestellten Ereignisses für den Sprecher abhing.

Begleittext 4.2:

Alfred Schütz: Der sinnhafte Aufbau der sozialen Welt. Springer: Wien 1960², S. 120–124.

Als Beispiel für das „Verstehen einer menschlichen Handlung" ohne Kundgabefunktion wählen wir die Tätigkeit eines Holzfällers:

Verstehen, daß Holz gefällt wird, kann

1. bedeuten, daß der Blick bloß auf den „äußeren Hergang" gelenkt wird, also auf die Axt, die in den Stamm einschlägt, auf die hierdurch bewirkte Zerkleinerung des Holzes usw.. Sofern der Beobachter nur diesen äußeren Hergang in den Blick faßt, ist weder ein Rekurs auf „Fremdseelisches", noch überhaupt auf ein alter ego gegeben. Der Vorgang bleibt prinzipiell derselbe, ob er durch unmittelbare menschliche Tätigkeit oder durch eine Maschine oder durch eine „Naturkraft" bewirkt wird. Freilich erfolgt eine Sinngebung, also ein Verstehensakt im weitesten Wortgebrauch bereits dadurch, daß der Beobachter diesen Vorgang in den Gesamtzusammenhang seiner Erfahrung einreiht und ihn etwa mit dem Worte „Holzfällen" benennt. Aber dieses „Verstehen" ist nichts anderes als eine Selbstauslegung der eigenen Erlebnisse des Beobachters von dem wahrgenommenen Vorgang. . . In unserem Falle nimmt aber der Beobachter sozusagen noch *gar nicht den Holzfäller* wahr, sondern nur, *daß Holz gefällt wird,* und als „Holzfällen" „versteht" er den wahrgenommenen Ablauf. Wesentlich ist,

daß schon diese Ausdeutung des Vorgangs von dem Gesamtzusammenhang der vorrätigen Erfahrung des Beobachters im jeweiligen Jetzt und So der Deutung bestimmt wird. Wer noch nie erfahren hat, wie Papier bereitet wird, wird nicht in der Lage sein, die Vorgänge, die zur Papierbereitung führen, in den Gesamtzusammenhang seiner Erfahrung einzuordnen, weil es ihm an dem hierzu erforderlichen Deutungsschema fehlt. Er wird auch nicht imstande sein, das Urteil zu fällen: Hier wird Papier bereitet. Dies gilt aber, wie wir festgestellt haben, ganz allgemein für jede Einordnung von Erlebnissen in den Erfahrungszusammenhang.

Verstehen, daß Holz gefällt wird, kann 2. auch bedeuten, daß Veränderungen an einem Ding der Außenwelt, genannt fremder Leib, wahrgenommen werden, wobei zwar der fremde Leib als beseelt und das alter ego implizite als Erlebnisse überhaupt erlebend interpretiert wird, ohne daß aber danach gefragt werden würde, ob und welche besonderen Erlebnisse im fremden Dauerablauf diesen besonderen Bewegungen des fremden Leibes entsprechen, also auch nicht, ob überhaupt ein „Handeln“ (ein Verhalten nach Entwurf) vorliegt und welche „Motive“ diesem Handeln zugehören mögen. Wie immer der Beobachter die Bewegungen des fremden Leibes deutet, er vollzieht auch hier nichts anderes, als eine Selbstauslegung seiner eigenen Wahrnehmung vom fremden Leib, d.h. er stellt erstens fest, daß dieses Ding der Außenwelt der Leib eines alter ego sei, zweitens, daß und wie es sich verändere.

Verstehen, daß jemand Holz fällt, kann aber auch 3. heißen, daß nicht der „äußere Hergang“ in den Blick gefaßt, sondern daß die Aufmerksamkeit auf die Erlebnisse des Holzfällers als *handelnden* Menschen gerichtet wird. Die Fragestellung lautet dann nicht: „Welche Abläufe gehen in der Außenwelt vor sich?“, sondern: „Welche Erlebnisse erlebt der Andere in ihrem Vollziehen?“ Handelt er überhaupt aus spontaner Aktivität nach vorangegangenem Entwurf? Wenn dies der Fall ist, worum willen vollzieht er dieses Handeln? Welches ist sein Um-zu-Motiv? In welchem Sinnzusammenhang steht dieses sein Handeln für *ihn?* usw.. Diese Fragen zielen aber weder auf die Faktizität des Herganges als solche, noch auf die Leibesbewegungen als solche ab. Vielmehr werden faktischer Hergang und Leibesbewegungen als Anzeichen einer Erlebnisserie in der Dauer des Beobachteten erfaßt. Der Blick des Beobachters ist nicht auf die Anzeichen selbst gerichtet, sondern auf das, wofür sie Anzeichen sind, also auf den Erlebnisprozeß des Beobachteten selbst. *(Echtes Fremdverstehen.)*

Wir wollen nun in Kürze ähnliche Aufschichtungen im Verstehen eines Kundgebens von Zeichen aufweisen und wählen als Beispiele das Verstehen eines Menschen, der Worte der deutschen Sprache ausspricht. Der Beobachter kann seinen Blick richten:

1. auf die Leibesbewegungen des Sprechenden: dann vollzieht er eine Selbstinterpretation seines eigenen Erlebens aufgrund des Erfahrungszusammenhanges seines jeweiligen Jetzt und So. Er stellt zunächst fest, daß sein Gegenüber ein Nebenmensch ist (nicht ein Schemen auf einer Tonfilmleinwand), weiters, daß die von diesem vollzogenen Leibesbewegungen als Handeln zu interpretieren sind.

2. auf die akustische Wahrnehmung des Lautes allein. Hier liegt ebenfalls nur eine Selbstinterpretation der eigenen Wahrnehmung vor, wenn der Angesprochene feststellt, daß die wahrgenommenen Laute von dem Sprechenden herrühren (nicht etwa von einer Sprechmaschine).

3. auf die spezifische Artikulation des akustisch Wahrgenommenen. Der Beobachter stellt fest, daß die vom Sprechenden durch sein Handeln (oder aber auch: von einer Sprechmaschine) hervorgebrachten Laute eine bestimmte Artikulation aufweisen. Damit stellt er fest, daß der von ihm Beobachtete (oder unter anderen Umständen der Sprechapparat, welcher diese Laute hervorbringt) *spricht* und nicht etwa einen „Schrei ausstößt“ oder „singt“ und deutet so die

wahrgenommenen Laute als Worte einer Sprache. Aufgrund seiner Erfahrung ordnet daher der Beobachter die wahrgenommenen Laute einem bestimmten Schema, etwa dem der deutschen Sprache zu, innerhalb dessen der Wortlaut „Zeichen für", nämlich Zeichen für eine bestimmte Wortbedeutung ist. Diese Zuordnung zum Gesamtschema der deutschen Sprache kann sich auch vollziehen, ohne daß der Blick auf die Wortbedeutung selbst gerichtet werden würde, und zwar aufgrund von Kriterien, welche dem Deutenden im Jetzt und So seines Erfahrungszusammenhanges ebenfalls gegeben sind. Wenn ich mich z.B. in ein fremdes Land begebe, dessen Sprache ich nicht verstehe, so kann ich nicht nur die Deutung vollziehen, daß zwei von mir beobachtete Personen miteinander sprechen, sondern darüber hinaus, daß sie sich der Sprache des betreffenden Landes bedienen. Ich vollziehe also wohl die Deutung, daß die von mir beobachteten Sprechenden Nebenmenschen seien, nicht etwa Figuren eines auf eine Leinwand projizierten Films, daß sie artikulierte Laute, und zwar Worte sprechen, ich kann weiters die Feststellung vollziehen, daß diese „Worte" genannten Lautgebilde „Zeichen für" in einem bestimmten übergeordneten Schema sind, ja ich kann auch von diesem Schema selbst aussagen, welcher allgemeinen Form es sei, nämlich Sprache, und zwar z.B. ungarische Sprache, ohne daß ich doch imstande wäre, die Wortbedeutungen selbst in den Blick zu bekommen.

Alle diese Deutungen sind durchaus Akte der Selbstauslegung eigener Erlebnisse des Beobachters und noch keineswegs auf die Erfassung der Erlebnisse des Beobachteten gerichtet. Der Beobachter „versteht" ferner:

4. das Wort als Zeichen für die Wortbedeutung. Auch dann vollzieht er nur einen Akt der Selbstauslegung, indem er das Zeichen einem vorerfahrenen Zeichensystem (Deutungsschema), etwa der deutschen Sprache, zuordnet. Der Beobachter verbindet zufolge seiner Kenntnis der deutschen Sprache mit dem Wortzeichen „Tisch" die Vorstellung eines bestimmten Gerätes von annäherungsweise angebbarer Beschaffenheit und bestimmtem Verwendungszwecke. Dabei ist es prinzipiell irrelevant, ob dieses Wort von einem Nebenmenschen oder einer Sprechmaschine oder einem Papagei ausgesprochen wird, ob es der Beobachter geschrieben, gedruckt, in Holz- oder Eisenbuchstaben, wann und wo und in welchem Zusammenhang immer wahrnimmt. Das Wort als Zeichen für die Wortbedeutung allein verbleibt also noch immer ausschließlich Gegenstand der Selbstinterpretation des Deutenden, solange nur die Interpretation des objektiven Zeichens innerhalb eines objektiven Zeichensystems vollzogen und nicht gefragt wird, was für einen (wenn auch nicht wesentlich) okkasionellen Sinn der Zeichensetzende mit seiner Zeichensetzung meint, wofür also das Zeichen, *für den, der es gebraucht,* Zeichen ist. Wenn wir sagen, alle diese Deutungen seien Selbstinterpretationen des Deutenden, so darf dabei nicht übersehen werden, daß zu dem Gesamterfahrungszusammenhang des Deutenden, aus welchem heraus diese Deutung vollzogen wird, auch alles Vorwissen von dem beobachteten alter ego gehört.

Der Beobachter kann aber auch die Wendung zum echten Fremdverstehen vollziehen, indem er:

5. auf die Wortbedeutungen als Anzeichen für Bewußtseinsvorgänge des Sprechenden, als gesetzten Sinn also, hinsieht. Und zwar kann er danach fragen, a) was der Sprechende damit meint, was er sagt, und b) was der Sprechende damit meint, daß er es jetzt und hier und dem Angesprochenen gegenüber sagt (kundgibt). Diese Fragen zielen auf Bewußtseinserlebnisse des alter ego, also auf echtes Fremdverstehen. Das eine Mal wird nach dem Sinnzusammenhang gefragt, in welchem das kundgegebene Zeichen für den Kundgebenden steht, das andere Mal nach dem Motiv des Kundgebens selbst. Die vorgenommene Analyse zeigt aber in voller Deutlichkeit, daß eben diese letzten Fragen erst gestellt werden können, sobald das Ich das

vernommene Wort (als von einem alter ego kundgegeben) in Selbstauslegung erfaßt hat, *daß also alles echte Fremdverstehen auf Akten der Selbstauslegung des Verstehenden fundiert ist.*

Mit „Fremdverstehen" bezeichnet man aber darüber hinaus – und das ist der eigentliche Sinn dieses Terminus – die Deutung der Bewußtseinsabläufe des alter ego, welche wir signitiv vermittels der äußeren Abläufe erfahren haben. Jeder solchen Deutung geht eine sich in Selbstauslegung vollziehende Deutung der Signa voraus, in denen sich die Bewußtseinsabläufe des alter ego manifestieren. Aber mit der Vollziehung der Selbstauslegung begnügt sich der Deutende nicht. Er weiß – dies allerdings aus dem Gesamtzusammenhang seiner Erfahrung – daß dem Sinnzusammenhang, in welchem *für ihn* die Signa und das durch sie Repräsentierte stehen, auch ein spezifischer Sinnzusammenhang *im fremden Bewußtsein* entspricht, und auf eben diesen sieht er hin, wenn er z.B. fragt: Was geht in dem Bewußtsein des Holzfällers vor? Welchen Sinn verbindet er mit seiner Tätigkeit? Oder korrekter: In welcher Weise vollzieht er die Zuwendung zu seinem Bewußtseinserlebnis spontaner Aktivität? Weiter: Was meint derjenige, der mich anspricht, damit, daß er dies tut, daß er also überhaupt mit mir spricht, und zwar jetzt, hier, so? Um wessen willen tut er dies (Um-zu-Motiv) und welche Veranlassung gibt er hierfür an (echtes Weil-Motiv)? Was bedeuten ferner die von ihm ausgesprochenen Worte in seinem Mund und bei dieser Gelegenheit? – Alle diese Fragestellungen zielen nach dem Sinnzusammenhang, in welchem das zu deutende Erlebnis für das alter ego steht, nach der Konstitution der Erlebnisse dieses alter ego in ihrem phasenweisen Aufbau und nach der monothetischen Rückwendung, die es auf diese seine Erlebnisse vollzieht.

Begleittext 4.3:

Howard Becker: Typologisches Verstehen. Aus: L. Bühl (Hrsg.): Verstehende Soziologie. Nymphenburger Verlagsbuchhandlung: München 1972, S. 220–224.

Es ist tatsächlich gesagt worden, der Wissenschaftler sei an dem Einmaligen *an sich* nicht interessiert. Um Jock Elliot gründlich zu kennen, muß ich auf ihn als Gesamtpersönlichkeit eingehen, die ich in keiner anderen Form jemals wiederfinden werde. Man muß auf ihn sowohl gefühlsmäßig wie verstandesmäßig eingehen; ja, es ist auch immer das Moment des Bewertens, des Lobes oder Tadels unausweichlich dabei im Spiele. Aber für den Wissenschaftler *als* Wissenschaftler braucht Jock Elliot in seiner letzten Wesenhaftigkeit – gleichsam mit dem Auge eines Sterblichen betrachtet – überhaupt nicht bekannt zu sein und noch weniger nach moralischen Maßstäben beurteilt werden. Es mag durchaus genug sein, wenn er an einem bestimmten Ort in der statistischen Häufigkeitskurve von Körpergröße oder Gewicht eingeordnet wird. Oder aber er stellt vielleicht einfach einen guten Typ des *homo europaeus* dar. Um es noch anders zu sagen: Joch Elliot hat vielleicht ein Gebiß, dessen Zahnabdruck Gegenstand fesselnden Studiums sein mag. Es gibt eine ganze Reihe von Dingen, die mit seiner Person zusammenhängen, für die sich der Wissenschaftler, der notwendigerweise in gewissem Grade ein Spezialist ist, beruflich interessiert – aber nicht deshalb, weil diese Dinge mit Jock Elliot als *diesem* und keinem anderen identifiziert würden. Sein „So-und-nicht-anders-Sein" ist nicht der Gegenstand wissenschaftlichen Bemühens. Und hier muß eine Warnungstafel aufgestellt werden. *Interesse an Einmaligem ist an und für sich eine lohnende Sache.* Es ist nicht beabsichtigt, ein solches Interesse herabzusetzen, wenn auch abgelehnt wird, es als Wissenschaft zu bezeichnen. Das Leben, so wie es von uns als ganzheitlichen menschlichen Wesen gelebt wird, erhält vermutlich seinen endgültigen Sinn erst als ein Gefüge aus unbeschreibbaren, nicht mitteilbaren, bedeutungsvollen Wesensbeziehungen mit anderen, jetzt lebenden oder in einer Vergangenheit beheimateten Personen, die vielleicht „wirklicher" ist als die Gegenwart. Jedoch so eindringlich uns letzte Letztheiten bewußt sein mögen, ist doch die Vertiefung in sie keine Rechtfertigung für eine spezialisierte *wissenschaftliche* Tätigkeit. Der Wissenschaftler befaßt sich notwendigerweise mit dem Allgemeinen, nicht mit dem Einmaligen.

Man nehme nur einen beliebigen Gegenstand, der zu Tausenden in Massenherstellung verfertigt wird – einen Grand-Rapids-Serien-Stuhl, sagen wir einmal. Im Streben nach der Verwirklichung des Ideals der vollständigen Beschreibung des Einmaligen würde es durchaus gerechtfertigt sein, eine Abhandlung über die Struktur des Kosmos einzuschalten. Eine vollständige Beschreibung würde genau das erfordern. Zunächst würde der Beobachter über die äußerliche Beschaffenheit des Holzes hinaus vorstoßen müssen, hinaus über seinen Wuchs, den Boden und das Klima, dem es sein Entstehen verdankt, bis zu seinen grundlegenden Zelleneigenschaften und von dort zur atomischen Struktur der Elemente, aus denen es sich zusammensetzt. Danach wäre die Periodentafel auszuschlachten, denn ein jedes Element kann nur in Verbindung mit seinem Ort innerhalb der „Familie" der Elemente völlig beschrieben werden, und siehe da, die atomischen und subatomischen „Sonnensysteme" tauchen vor uns auf, während wir „einander mit wilder Ahnung" anschauen. Aber das ist noch nicht das Ende. Bei der Analyse der Unberechenbarkeiten der Elektronen, Protonen und all der anderen „onen" erheben sich Fragen der Quanten-Theorie und der Beschaffenheit des Lichtes, und damit sind wir an den Grenzen des Universums angelangt, „wo die drei grauen Schwestern hausen, die zu dritt nur ein Auge und einen Zahn haben".

Von hier aus wollen wir zu den „Grand Rapids" zurückkehren. Zahlreiche Sondergeschichtsdarstellungen wären mit einer jeden Phase dieser phantastisch unmöglichen Aufgabe der vollständigen Beschreibung verbunden. Es besteht z.B. kein triftiger Grund, weshalb nicht, wenn uns das Ziel: „*Alle* Fakten" von ferne winkt, die Lebensabläufe der Schar von Arbeitern, die an der Fertigung dieses Stuhles beteiligt waren, berücksichtigt werden sollten. Auch die Genealogie ist eine verlockende Wissenschaft; warum also nicht bis auf Karl den Großen zurückgehen, oder wenigstens so weit, wie die Dokumente in den heraldischen Archiven reichen? Ferner würde eine vollständige Beschreibung ohne Begrenzung dessen, „wie es eigentlich gewesen", zu Fragen danach führen, wie es dazu kam, daß gerade dieser betreffende Stuhl Gegenstand der Betrachtung wurde und warum gerade dieser Beschreiber zu einer bestimmten Zeit und an einem bestimmten Orte mit ihm in Berührung kam und zu keiner anderen, bzw. an keinem anderen. Was für eine hübsche Fülle von interessanten Einzelheiten für einen Mann, der „vorgefaßte Beschränkungen" seines Forschungsbereichs ablehnt und der deshalb *behauptet,* er sammle ganz einfach *alle* Tatsachen und ließe sie für sich sprechen! Doch Sarkasmus beiseite: Dies alles gehört ganz eindeutig in den Bereich des Einmaligen, und ebenso eindeutig steht fest, daß wenig, wenn überhaupt irgend etwas von einer solchen unbegrenzten Beschreibung des „wie es eigentlich gewesen" von wissenschaftlichem Belang ist.

Es liegt natürlich auf der Hand, daß es gewisse Aspekte eines solchen Stuhles gibt, die herausgehoben und von einem spezifisch wissenschaftlichen Standpunkt aus betrachtet werden können. Mit Bezug auf die oben gegebene Definition wissenschaftlicher Tätigkeit: Unter dem gegenwärtigen Gesichtspunkt, je nach dem Zweck des Wissenschaftlers, gibt es bestimmte Dinge an diesem Stuhl, die als identisch mit anderen Aspekten anderer Stühle angesehen werden können. Es sind nicht genau dieselben und werden es auch niemals sein, aber für seine augenblicklichen Zwecke kann der Wissenschaftler die äußere Form des Stuhles Nr. 2002 als die gleiche aller Stühle in der 2000er Serie ansehen. Eine genaue Untersuchung wird zeigen, daß die äußere Form weit davon entfernt ist, in allen Fällen „dieselbe" zu sein, daß zwischen Stuhl und Stuhl bestimmbare Unterschiede unausweichlich vorhanden sind.

Wenn aber die vorliegenden Zwecke genügend allgemeiner Natur sind, so kann man mit ziemlicher Sicherheit sagen, daß Stuhl 2002 derselbe wie 2003 ist, obwohl er es in seinem letzten und endgültigen Sinne nicht ist und es auch nicht sein kann.
Viele werden diese Voraussetzungen billigen, sofern es sich um leblose Dinge handelt, sie machen aber geheime Vorbehalte, gelinde gesagt, wenn menschliches Verhalten unter die Lupe genommen wird. Man muß zugeben, daß einige dieser Vorbehalte gerechtfertigt sind; eine Vernachlässigung des von den Handelnden „subjektiv gemeinten Sinnes" durch den Soziologen, der lieber phantasiereichen Analogien folgt, welche Gesellschaften mit Sonnensystemen, Organismen oder Atomballungen vergleichen, hat dem „positivistischen" Soziologen oft wohlverdiente Kritik eingebracht. Aber es gibt solche und solche Soziologen, und in den Forschungen von vielen der einsichtsvolleren und sachlichen Arbeiten (deren Zahl glücklicherweise im Steigen begriffen ist) werden die sinnvollen Aspekte sozialen Verhaltens nicht übersehen. Diese Soziologen würden zugeben, daß bestimmte Aspekte des sinnvollen Verhaltens Jock Elliots zu Studienzwecken ausgesondert werden können, daß es für die vorliegenden Zwecke möglich ist, zu sagen, daß das, was Jock Elliot im Augenblick tut, dasselbe ist wie das, was zu gleicher Zeit Abie Rosenblum auf der anderen Seite der Erde tut, oder vor zwei Tagen, oder vor zwei Jahren, oder vor zwei Jahrhunderten tat – unter typischen Verhältnissen. Wenn der idiographische Historiker sagt: „Jedes menschliche Wesen ist einmalig, und die sozialen Verhältnisse, unter denen es sich entwickelt hat, sind einmalig, und die Geschichte wiederholt sich nie in einem endgültigen Sinne", so kann der moderne Soziologe antworten: „Ich bin ganz derselben Meinung. Gewiß wiederholt sich die Geschichte nicht. Und doch kann es für bestimmte Zwecke, die nicht die des idiographischen Historikers sind, durchaus berechtigt sein, zu sagen, daß bestimmte Ereignisse mit bestimmten anderen Ereignissen auf einen Nenner gebracht werden können. Jeder von uns mag seine Rolle als Candide spielen, jeder in seinem eigenen Garten und jeder auf seine eigene Weise."
Das Dilemma des Besonderen und Allgemeinen läuft also schließlich auf eine Frage des Zweckes hinaus. Was ist die wesentliche Absicht? Wenn man in vollem Umfange die charakteristische Art der Kultur des schottischen Grenzlandes verstehen will, so muß man sich in die Volksweisen, die Literatur, die Dichtung, die Kunst – und vieles mehr – dieser Kultur vertiefen. Dadurch erwirbt man sich Empfänglichkeit und Kenntnisse, die es einem ermöglichen, anderen weniger empfänglichen oder weniger gebildeten Menschen eine Ahnung dessen zu vermitteln, was es hieß und noch heute heißt, als ein Sproß des „umstrittenen Landes nördlich der Cheviots" aufzuwachsen, im Angesicht der „drei Gipfel vor safrangelbem Himmel hinter rötlichblauer Ebene" geboren zu sein. Ganz gewiß gelangt man dahin, in einem letzten und unveränderlichen Sinne einiges über das schottische Grenzland zu *erfahren*, das man keinem Menschen direkt mitteilen kann; nur aus den Feinheiten des Stils, aus den Obertönen des geschriebenen Wortes kann der Leser die Tatsache heraus spüren, daß man beim Kennenlernen des Grenzlandes selbst den hartnäckigen „Räubern und Plünderern" ähnlich geworden ist, die einstmals die nordhumbrischen Viezüchter zu ewiger Wachsamkeit zwangen. Es besteht keine Notwendigkeit, solch ein Vertiefen ins Besondere und ein solches davon Gefesseltwerden zu rechtfertigen; das einzige, wogegen gerechtfertigte Einwände erhoben werden können, ist die manchmal anzutreffende Annahme des idiographischen Historikers, besonders, wenn er vom Wert des Biographischen überzeugt ist, daß wir es niemals mit etwas anderem als dem Einmaligen zu tun haben. Auf eine so deutliche Herausforderung gehört eine ebenso deutliche Antwort: „Wir als Soziologen können uns mit dem Allgemeinen befassen, weil, wenn Sie so wollen, *wir das Allgemeine konstruieren.* Sie als idiographischer Historiker möchten sich mit Wissen über das schottische Grenzland sättigen und anderen die Einsichten vermitteln, die Sie dabei gewonnen haben; wir wollen in der Lage sein, vorauszubestimmen im Rahmen der konstruktiven Typologie."

Die Möglichkeit der Vorausbestimmung ist in vieler Hinsicht begrenzt, und doch ist das letzte Kriterium wissenschaftlicher Verallgemeinerung, in der Soziologie wenigstens, ob das Ziel die Vorausbestimmung der Wiederkehr sozialer Erscheinungen ist oder nicht. Das jeweilige Problem muß ineinandergreifen mit dem Problem der Vorausbestimmung, was unter bestimmten Umständen geschehen kann. Es gibt viele andere gültige Interessen, und es ist nicht nötig, die Rolle des Wissenschaftlers oder des Soziologen, soweit er Wissenschaftler ist, über Gebühr zu verherrlichen. Die wissenschaftliche Rolle ist nur eine unter vielen, und der Mensch ist wahrlich arm, der – soweit es die wesentlichen Quellen seiner Person betrifft – lediglich Wissenschaftler ist und sein kann. Wenn ich deshalb feststelle, daß der Zweck der Vorausbestimmung das spezifische Kriterium wissenschaftlicher Tätigkeit ist, so behaupte ich damit *nicht,* daß Wissenschaftler sein mehr hieße als etwa Dichter, oder idiographischer Historiker, oder sonst ein Anhänger des Einmaligen zu sein. Es ist keine Frage des entweder-oder. Müssen wir zwischen Weber und Ranke wählen? Zwischen Adam Smith und Walter Scott? Zwischen Darwin und Shakespeare?

Begleittext 4.4:

Ursula Trauberg: Vorleben. Rowohlt: Hamburg 1970, S. 63–64.

Den ganzen Winter über blieb ich abends zu Hause, es war alles so ruhig und gemütlich, wie ich mir ein Familienleben immer vorgestellt hatte. Marianne, die Nichte von Frau Starke, besuchte die Handelsschule und lernte Abend für Abend, ich bewunderte ihre Ausdauer und ihren Ehrgeiz, ohne mich davon anstecken zu lassen. Im Frühling, als die erste Kirmes abgehalten wurde, schockierte ich einige Leute meiner Umgebung. Mit Erni und noch einigen Mädels machten wir am Abend die Kirmes unsicher, wie wir es nannten und besahen uns u.a. auch die Steilwandfahrer. Die jungen Burschen gefielen uns, und wenn man so zusieht, sieht das auch ziemlich gefährlich aus. Wir waren in der vorletzten Vorstellung, die an diesem Abend stattfand, und konnten anschließend die jungen Männer noch einmal bewundern, als sie heraustraten, ihre Maschinen knattern ließen und für die nächste Vorstellung warben. Eine von uns sagte, ob die wohl anbeißen? – Warum nicht, versuchen wir es, und so begannen wir mit den drei Männern zu flirten und schafften eine Verabredung nach der Vorstellung. Es waren zwei Brüder, die Söhne des Besitzers, und ein Italiener, der die gewagteste Aufführung geboten hatte. In bester Stimmung sagte ich dann, auf so einem Motorrad würde ich jederzeit mitfahren, ich meine als Sozius in einer Vorstellung. Ein allgemeines Geplänkel entstand, du traust dich nicht, du schneidest nur auf usw., und die Brüder boten mir an, meinen Mut anderentags zu beweisen. Es machte sich gut, daß ich Frühdienst hatte, und ich stellte mich am Nachmittag zur ersten Vorstellung zur Verfügung. Aufgeregt war ich nicht, es war aber ein wunderbares kribbelndes Gefühl in mir, und ich konnte den Beginn kaum erwarten. Ich hatte schon immer für Zirkus- und Jahrmarktleute geschwärmt, und meine Wünsche gingen von der Kassiererin – so wie das die Männer taten, Auf- und Abspringen während der Fahrt – über Trapezkünstlerin zur Dompteuse. Ich hatte Selma beneidet, die einmal sechs Monate mit einem Jahrmarkt unterwegs war, und ihre Schwester hatte sogar einen Dompteur vom Zirkus Busch geheiratet, ein Bruder von ihr arbeitete sich bei demselben Zirkus vom Tierpfleger zum Dompteur hoch, und ich war nun bei den Steilwandfahrern. Zunächst hatte ich mich mit der Familie bekannt gemacht, dann ging ich mit in Enricos, des Italieners, Wohnwagen und zog von ihm ein schwarzes Hemd, mit weißem Totenkopf darauf, eine enge schwarze Hose und schwarze Stiefel an. Enrico ging genauso gekleidet, während die Brüder rot trugen, ohne Totenkopf. Mich konnte es auch nicht bange machen, daß einer der Brüder gerade erst neun

Monate mit gebrochenem Rückgrat im Krankenhaus gelegen hatte; er war aber mit dem Auto an der Wand abgestürzt. Etwas komisch war es nur, vor der Vorstellung mit draußen zu stehen und als Attraktion angekündigt zu werden, lächelnd winkte ich bekannten Gesichtern zu. Endlich war es soweit, die Motorräder wurden hineingeschoben, alles von innen dicht gemacht. Enrico, der Italiener, schlug das Kreuz, ich setzte mich zu ihm auf die Maschine und los ging es. Ich hielt mich gut fest und preßte krampfhaft die Schenkel zusammen, wie man es mir vorher gesagt hatte. Sehen konnte ich nichts, die Gesichter flogen nur so an mir vorbei. Enrico fuhr nicht nur oben an der Wand im Kreis, sondern von oben nach unten, wieder rauf und wieder runter. Darauf war ich gar nicht gefaßt, aber ich hielt mich eisern, blieb mir auch nichts anderes übrig. Als er anhielt, taumelte ich vom Motorrad, alles drehte sich noch, und die beiden Brüder hielten mich fest. Applaus erklang und das eigentliche Programm begann. Nach der Vorstellung wurde ich begeistert von meinen Bekannten empfangen. An den folgenden Vorstellungen nahm ich auch teil und wurde dann schon so mutig, daß ich während der Fahrt beide Arme ausstreckte und freihändig saß. Die Besitzer wollten mich mitnehmen, sie versprachen mir einen eigenen Wohnwagen und viel Geld. Ich sagte weder Frau Starke noch meiner Chefin etwas, arbeitete vormittags und ging am Nachmittag in die Vorstellung. Doch schon am zweiten Nachmittag sahen mich Herbert und Sigrid, sie lösten Karten, und Herbert guckte mich mit finsterer Miene an. Erni erzählte mir dann, als ich oben an ihnen vorüberfuhr, sind sie wieder gegangen, im Gesicht weiß wie die Wand. Abends wußte es Frau Starke, sie konnte es gar nicht fassen und war sehr aufgeregt und besorgt. Ganz außer sich geriet sie, als ich ihr mitteilte, ich würde bei den Reiters aufhören zu arbeiten und für ganz dort mitfahren. Alles gute Zureden von ihrer Seite half nichts, und sie war ratlos. Am nächsten Morgen nahm mich Frau Reiter vor, die wußte es mittlerweise auch. Sie schimpfte sogar auf ihren Mann, sagte zu ihm: und du Dackel bewunderst sie auch noch! Mittags, als ich Schluß hatte, ging sie mit mir zu Frau Starke, und da Frau Reiter eine sehr energische Frau war, schaffte sie es nicht nur, mich von meinem Vorhaben, mit der Truppe zu ziehen, abzubringen, sondern ich nahm an keiner einzigen Vorstellung mehr teil; nur noch als wehmütige Zuschauerin. Gerne verzichtete ich nicht, aber der höheren Gewalt mußte ich mich fügen, wollte ich nicht riskieren, daß sie mich dem Jugendamt auslieferten, denn sie fühlten sich für mich Küken, wie sie mich nannten, verantwortlich. Indessen bot sich zum Trost ein kleiner, bescheidener Ersatz an, der letzten Endes einige Wochen Kummer einbrachte. Ich lernte einen Mann kennen, eine großen, schlanken Jugoslawen.

Begleittext 4.5:

Hanns-Georg Brose: Arbeit auf Zeit – Biographie auf Zeit? Aus: Kohli, M./Robert G. (Hrsg.): Biographie und soziale Wirklichkeit. J.B. Metzler: Stuttgart 1984, S. 202–205.

Herr Danner (der Name ist geändert) ist ein 24jähriger Mechaniker, der seit zwei Jahren Zeitarbeit macht. Er ist ledig und wohnt bei seinen Eltern in einer westdeutschen Großstadt. Auch schon während der Zeit nach Abschluß seiner Lehre (1977) und vor der Anstellung bei einem Zeitarbeitsunternehmen hat Herr Danner häufiger die Firma und den Arbeitsplatz gewechselt. In einem Gesprächsteil, bei dem die Situation in der Herkunftsfamilie und die Jugend des Interviewten thematisiert werden, erinnert sich der Interviewte daran, daß er damals – in den sechziger Jahren – zu Hause das Gefühl relativen Mangels erlebt habe. „Wir konnten damals nicht jeden Sonntag Braten essen.“ Erwähnt wird die 67er Krise und die schwierige berufliche Situation des Vaters, der als selbständiger Versicherungsvertreter arbeitet. Seine Schulfreunde seien damals im Urlaub ins Ausland gefahren, was für seine

Familie nicht möglich gewesen sei. Heute denkt er gerne an diese Zeit zurück, da er sich dies heute leisten könne. So ist er in der letzten Zeit in England und in den USA gewesen. Der Interviewer nimmt diese Schilderung auf und bietet eine kontrastierende Verknüpfung des gegenwärtig ‚mobilen' Verhaltens mit dem in der Jugend vielleicht als „Enge" empfundenen Familienmilieus an. Dies wird von dem Interviewten, erst zögernd, dann emphatisch aufgenommen, und das Thema wird ‚weiterentwickelt'. Zunächst wird „Enge vs Abwechslung" am Beispiel der Erfahrungen während der Schulzeit und der Lehre skizziert: Während in der Schule ein immer wiederkehrender, starrer zeitlicher Rhythmus vorgeherrscht habe, sei schon in der Lehrzeit ein Moment der Abwechslung – zwischen körperlicher und geistiger Arbeit – angenehm gewesen. Auch habe es die Möglichkeit gegeben, sich der dauernden Kontrolle eines autoritären Lehrmeisters im Betrieb zeitweise zu entziehen. Die Person des Lehrmeisters ist der Anknüpfungspunkt für eine Erzählung: Dieser Lehrmeister hat nämlich einen Herzinfarkt bekommen, als die Firma, in der der Interviewte als Auszubildender beschäftigt war, wegen ökonomischer Schwierigkeiten ihre Ausbildungsabteilung schloß. Für den Herrn Danner hatte das zur Folge, daß er nach Abschluß der Lehre nicht, wie er offensichtlich erwartet und erhofft hatte, übernommen wurde. Hier wird nun das „Wechsel"-thema wieder aufgenommen und auf den Punkt gebracht.

„Und das war eigentlich die *Haupt*ursache – wenn Sie sagen: mit der Abwechslung, der abwechslungsreichen Arbeit – die Hauptursache dafür kam eigentlich – ich bin gar nicht'n Freund gewesen, vom vielen Wechseln. Das kam eigentlich nur aus der Entwicklung. Daß wir damals nicht übernommen worden sind. Sonst wär ich vielleicht heute noch bei der Firma. Das kam aus der Entwicklung. Ich hab gesagt – ich hab' einfach durchgeblickt – un hab' gesagt: nee, man muß ja eigentlich nicht gleich so sich entscheiden, auf's Leben festlegen. Man kann sich ja erst noch mal'n bißchen was ankucken."

Der Interviewer unternimmt einen Versuch, das „Wechselmotiv" in einen anderen Kontext zu stellen, und verweist auf die Schwester von Herrn Danner, über die dieser berichtet hatte, daß sie auf das Gymnasium gegangen und dann ziemlich viel „herumgekommen" sei: Ob das Beispiel der älteren Schwester vielleicht eine Rolle gespielt habe? Den Vergleich mit der Schwester bezieht Herr Danner auf die unterschiedliche Schulausbildung:

„Ich bin eigentlich gar nicht gern auf die Schule gegangen, von Anfang an nicht ... weil ich wußt', daß das mit Arbeit verbunden ist ... Ich war also etwas anders eingestellt. Und die Denkungsweise irgendwie damals, allgemein gesehen, war doch anders als heute. Heute kriegt der kleine Bub und das kleine Mädchen eingeimpft, Du mußt Dich in das Leistungsprinzip jetzt einarbeiten. Sonst wirst Du später nix, sonst fällst Du später ab. Sonst kriegst Du später keine Arbeit, und so. Und das wird dem schon irgendwie so plausibel gemacht. Das war damals irgendwie nich so. Durch das Wirtschaftswunder ...
... man hat uns immer gesagt: Lern' nen Beruf. Das war das einzigste, was uns aus der Schule immer gesagt worden ist. Lern 'n Beruf. ... So wurde uns das damals dogmatisch irgendwie eingedrillt. Daß man son System da irgendwie einlegt? Und das hat sich dann natürlich vollkommen als falsch erwiesen. Wir ham ja grade mal's Gegenteil erlebt auch. Und deswegen also, ich bin praktisch von diesem Script – ich will's mal als 'n Script bzeichnen, enttäuscht worden, 1977, als die uns nach der Ausbildung rausgeschmissen haben.
Das war dann schon mal irgendwo ne Frustration. Das hat dieses Weltbild irgendwie vollkommen kaputtgehauen. Dieser permanente Aufbau: also erst Geselle sein, im Betrieb weiterarbeiten, im Betrieb aufsteigen, also dieses Denken, ja, (Ja) Und ähm, das hat das natürlich vollkommen zerstört. Mir war das also vollkommen klar, das war abgehackt, diese Thematik." (Können Sie mir da noch mal 'n bißchen erläutern, was da in Ihnen so vorgegangen ist?)

„Ja, der Vorgang war einfach, daß, wie ich schon eingangs sagte, mit dieser vorprogrammierten Einstellung, die ich noch durch die Schule mitbekommen hatte, auch in die Ausbildung reingegangen, daß ich mir also gedacht hab', daß ich nach der Ausbildung hier in der Firma weiterarbeite. Und auch mit den Maschinen, mit denen ich vertraut worden bin, vertraut worden bin, vertraut gemacht worden bin, mit dem gesamten Arbeitsbereich. Und daß das also alles weiterläuft. Erst als die Krise aufgetreten ist, wurd mir klar, daß das also auch Schwierigkeiten geben kann. Nachdem schon anderweitig Ausgelernte weggeschickt worden sind. Und, ich wußt natürlich nich, damals, das war mir damals noch nicht bewußt, als ich da '77 aufgehört hab', daß ich dann so viel wechseln werde.... Das hat teilweise nicht nur an mir gelegen, sondern an den Umständen, daß ich dort gegangen bin und, äh, ich hab überall selbst gekündigt, auch, und, äh, ich hab mir später dann auch gesagt, ich kann mich nirgendwo, es hat gar keinen Zweck, das gibt es gar nicht mehr das Bild, das Beispiel, ich weiß nicht, ob Sie die Familie Hesselbach kennen. (Hhm) So was, so 'n Familienbetrieb, das gibt's gar nicht mehr. Das ist völlig – das kann man völlig vergessen. Und, sone Idylle, das geht gar nicht. Das war also irgendwie 'ne falsche Vorstellung, und, äh, das wird auch gar nicht praktiziert. In sonem Beruf, 'nem metallverarbeitenden Beruf gibt's das gar nicht. Das war eigentlich der Grund. Das hat sich eigentlich mehr oder weniger so ergeben, ohne bewußte Vorlenkung. Ich hab' mir also nicht gesagt ich will jetzt da nur soundsolange arbeiten, sondern ich hab' mir erst gesagt, nachdem ich 'ne Weile dort geschafft habe, das ist 'ne Sache, die nicht von Dauer ist, die ich nicht von Dauer, die ich nich dauernd machen will."

Die bisherige Schilderung bezieht sich auf Herrn Danners Betriebswechsel, bevor er Zeitarbeitnehmer wurde. Insgesamt hat er es in eineinhalb Jahren in 5 verschiedenen Betrieben „probiert". Zwischenzeitlich war er bei der Bundeswehr. Den Entschluß, beim Zeitarbeitsunternehmen als „Leiharbeiter" – das ist die übliche Kennzeichnung – anzufangen, beschreibt er folgendermaßen:

„... bevor ich bei dem Zeitarbeitsunternehmen angefangen habe, hab' ich bei (Firmennamen) gearbeitet. Und da war, von der ganzen Arbeitsweise her, – ne riesige Maschinenhalle – und da war so ein, ich möchte mal sagen: bedingtes Arbeitsklima, wenig Kontakt, viel Zeitdruck, viel Arbeitsdruck – da hab' ich gedacht, wenn Du unter diesen Voraussetzungen schaffst, wirst Du sowieso nicht mehr warm, und da kannst Du auch gleich als Leiharbeiter gehen, da kannste sowieso hingehen als Leihkraft, dann siehst Du das mit mehr Abstand.
Und dieses Familiendenken: natürlich, so idyllisch hab ich mir das mal vorgestellt, daß man sich da in sone Firma einarbeitet, wie so'n Teilhaber, als Teilhaber, als Rädchen, als was vorkommt, daß man ne Aufgabe hat: das ist eben der von der Abteilung. Aber: heutzutage ist eben die Austauschbarkeit der Leute vorgegeben. Es gab früher Stellen, die aufgrund der schlechten Arbeitsvorbereitung, wie soll ich das erklären, sich als unersetzliche Posten gefühlt haben. Aufgrund ihres Durchblicks. Heute ist alles so rationalisiert. Heute geht alles hundertprozentig nach DIN."

Wir haben uns bewußt nicht darauf beschränkt, nur die für Herrn Danners Weg zur Zeitarbeit „entscheidenden" Aussagen zu zitieren, um wenigstens andeutungsweise die Bedingungen der Textproduktion im Interview wiederzugeben. Darin besteht nämlich ein wesentlicher Teil der Validierungsmöglichkeiten von Herrn Danners Darstellung, die hier über weite Strecken den Charakter von Selbstinterpretationen hat, in die aber immer wieder Erzählungen eingebaut sind. So z.B. die „Geschichte" vom autoritären Meister, die dann zum ‚Ursprung' des Wechselmotivs überleitet.
Im folgenden können wir uns nur auf die für unseren Zusammenhang wichtigsten Konturen des Textes beziehen, keineswegs eine extensive Textauslegung vornehmen.
Daß Herr Danner zum Wechsler wurde, war nicht intendiert. Es waren äußere Umstände, die dazu veranlaßt haben. Er hat aber in der Folgezeit versucht, das Beste daraus zu machen. So

auch stellt er seinen Übergang zur Zeitarbeit dar: Wenn schon, denn schon. Das Argument, Herr Danner mache aus der Not eine Tugend, muß an der Massivität und Härte der sozialen Realität abprallen, die als Konditionen Herrn Danners berufsbiographische Entwicklung wesentlich geprägt haben. Es würde aber auch dem ernstzunehmenden Selbstverständnis von Herrn Danner nicht gerecht, der sich keineswegs als „Opfer" verstanden wissen will: Ja, die Arbeitsbedingungen waren nicht akzeptabel, aber: gekündigt hat *er*.

Einige der Formulierungen deuten darauf hin, daß die Loslösung von seinen, offensichtlich in früher Jugend geprägten Vorstellungen (s. den Hinweis auf die Fernsehserie: Familie Hesselbach), nämlich Betriebsfamilie und innerbetrieblicher Aufstieg, ihm emotional zu schaffen macht. Die verschiedenen Arbeitssituationen, die er in der Folge durchlebt, erweisen sich als einzige „Frustration". Entweder die Arbeitsbedingungen – insbesondere die Arbeitsumgebung wird häufig erwähnt – stimmen nicht, der Arbeitsdruck ist zu groß, oder die Arbeit ist monoton.

Affektive Distanzierung ist der coping-Mechanismus, den er zur Bewältigung dieser Problematik bemüht. Ob ihm diese Bewältigung tatsächlich gelingt, können wir von dem hier vorliegenden Text her nicht einschätzen. Der Hinweis auf den Distanzierungsmechanismus ist aber insofern bedeutsam, als er zeigt, daß Herrn Danners Involvierung in betrieblichen Situationen nicht nur zeitlich befristet ist, sondern daß er auch die Erlebnisintensität zu steuern versucht. Man kann das als Enttäuschungsabwicklung deuten: Das Script hat sich als falsch erwiesen – aber ein neues gibt es noch nicht.

C. Perspektiven soziologischer Analyse

V. Rolle

1. Die Schwierigkeit, sich selbst darzustellen

„Alice und die Raupe sahen sich eine Zeitlang schweigend an: endlich nahm die Raupe die Wasserpfeife aus dem Mund, sprach Alice mit müder, schleppender Stimme an.
‚Wer bist denn Du?‘ sagte sie.
Als Anfang einer Unterhaltung war das nicht ermutigend. Alice erwiderte recht zaghaft: ‚Ich – ich weiß es selbst kaum, nach alldem – das heißt, wer ich war, heute früh beim Aufstehen, das weiß ich schon, aber ich muß seither wohl mehrere Male vertauscht worden sein.‘
‚Wie meinst Du das?‘ fragte die Raupe streng. ‚Erkläre Dich!‘
‚Ich fürchte, ich kann mich nicht erklären‘, sagte Alice, ‚denn ich bin gar nicht ich, sehen Sie.‘
‚Ich sehe es nicht‘, sagte die Raupe.
‚Leider kann ich es nicht besser ausdrücken‘, antwortete Alice sehr höflich, ‚denn erstens begreife ich es selbst nicht; und außerdem ist es sehr verwirrend, an einem Tag so viele verschiedene Größen zu haben.‘
‚Gar nicht‘, sagte die Raupe.
‚Nun, vielleicht haben Sie diese Erfahrung noch nicht gemacht‘, sagte Alice. ‚Aber wenn Sie sich einmal verpuppen – und das tun Sie ja eines Tages, wie Sie wissen, und danach zu einem Schmetterling werden, das wird doch auch gewiß für Sie etwas sonderbar sein oder nicht?‘
‚Keineswegs‘, sagte die Raupe.
‚Nun, vielleicht empfinden Sie da anders‘, sagte Alice; ‚ich weiß nur: für mich wäre das sehr sonderbar.‘
‚Für Dich!‘ sagte die Raupe. ‚Wer bist denn Du?‘
Und damit waren sie wieder zum Anfang ihrer Unterhaltung zurückgekehrt. Alice war etwas ungehalten darüber, daß die Raupe so überaus kurz angebunden war, richtete sich empor und sagte in sehr ernstem Ton: ‚Ich finde, Sie sollten mir zuerst einmal sagen, wer Sie sind‘ “ (Carroll, 1963: 48).

Es ist ein erstaunlicher Tatbestand, daß wir, die wir auch täglich „vertauscht“ werden wie Alice, nicht die gleiche Verwirrung zeigen wie dieses Mädchen: Wir handeln in unseren alltäglichen Situationen als Ehepartner, als Sohn oder Tochter, als Verkehrsteilnehmer, als Freund, als Vorgesetzter oder Untergebener, als Handwerker oder Büroangestellter. Wir wechseln zwischen diesen verschiedenen „Größen“, ohne daß wir ernsthaft in Verwirrung gerieten. Trotz der zahlreichen Gestalten, die wir im Laufe eines Tages annehmen, haben wir eine durchgängige Vorstellung von dem, was wir sind. Wie und wodurch wissen wir eigentlich, in welcher „Größe“ oder „Gestalt“ wir zu handeln haben?
Erste Hinweise, aus welcher Richtung wir für diese Frage eine Antwort bekommen können, geben uns eigene Erfahrungen mit den Zwangsläufigkeiten im Zustand des „Alleinseins“. Wenn wir z.B. allein in einem fremden Land sind oder durch irgendwelche Umstände gezwungen wurden, uns für einige Zeit aus dem Berufs- oder öffentlichen Leben zurückzuziehen, dann haben wir es plötzlich mit recht ungewohnten Schwierigkeiten zu tun. Wir stehen vor dem Problem, den Tag eigenverantwortlich einzuteilen. Wir müssen festlegen, wann wir

essen wollen und was. Wir müssen entscheiden, wann geruht werden soll und wann wir aktiv sein wollen. Wir müssen die Beziehungen zu anderen Menschen immer erst schaffen, und sind voller Unsicherheit, wie wir die anderen ansprechen sollen und in welcher Eigenschaft? Glücklicherweise sind wir in der Regel nicht in solchen Ausnahmesituationen, sondern in einem ständigen, engen Kontakt zu anderen Menschen. Wenn wir uns beschreiben wollen, wenn wir, wie Alice, gefragt werden, wer wir seien, dann können wir uns über diese Beziehungen zu anderen Menschen bestimmen.

Ein Vater ist ein Vater nur durch seine Kinder. Er kann sich als Ehemann nur bezeichnen, wenn er mit einer Ehefrau zusammenlebt. Ein Lehrer ist erst dann ein Lehrer, wenn er Schüler hat. Alle Bestimmungen unserer Person erfordern die Beziehung zu den anderen. Dieser Aspekt wird, beabsichtigt oder unbeabsichtigt, auch in der Textstelle von Carroll angesprochen, als Alice zum Schluß fragt: „Ich finde, Sie sollten mir erst einmal sagen, wer Sie sind." Erst über die Beziehung zum Gegenüber könnte das Mädchen etwas über sich selbst erfahren. Wenn zwei oder mehrere Personen miteinander in einer Beziehung stehen, erfährt jeder Beteiligte etwas über sich und über die anderen erst durch das gemeinsame Handeln.

> „Sie bekommt nicht, was sie von ihm will,
> also findet sie ihn kleinlich.
> Sie kann ihm nicht geben, was er von ihr will,
> also findet sie ihn gierig.
> Er bekommt nicht, was er von ihr will,
> also findet er sie kleinlich
> und
> er kann ihr nicht geben, was sie von ihm will,
> also findet er sie gierig" (Laing, 1969: 56).

Menschliches Verhalten ist durchgängig bezogen auf die anderen. Wir handeln nie innerhalb eines sozialen Vakuums. Um die Art und Weise dieses ständigen Bezugs unseres Handelns auf andere zu verdeutlichen, greift man im alltäglichen Sprachgebrauch auf das Bild vom Theater zurück. Unsere Welt wird als eine Bühne gesehen, auf der wir unsere Rollen spielen. Ein Beispiel gibt folgende Episode:

„Auf alle Fälle aber war er darauf bedacht, niemandem aufzufallen. Als erstes mußte er allen, die möglicherweise seine Gefährten während der Ferien sein würden, klarmachen, daß sie ihn überhaupt nichts angingen. Er starrte durch sie hindurch, um sie herum, über sie hinweg – den Blick im Raum verloren. Der Strand hätte menschenleer sein können. Wurde zufällig ein Ball in seine Nähe geworfen, schien er überrascht; dann ließ er ein amüsiertes Lächeln über sein Gesicht huschen (Preedy, der Freundliche), sah sich um, verblüfft darüber, daß tatsächlich Leute am Strand waren, und warf den Ball mit einem nach innen gerichteten Lächeln – nicht etwa mit einem, das den Leuten zugedacht wäre – zurück und nahm heiter seine absichtslose Betrachtung des leeren Raumes wieder auf.
Aber jetzt war es an der Zeit, eine kleine Schaustellung zu inszenieren, die Schaustellung Preedys, des Geistmenschen. Durch geschickte Manöver gab er jedem, der hinschauen wollte, Gelegenheit, den Titel seines Buches zu bemerken – einer spanischen Homer-Übersetzung, also klassisch, aber nicht gewagt und zudem kosmopolitisch – baute dann aus seinem Bademantel und seiner Tasche einen sauberen, sandsicheren Schutzwall (Preedy, der Methodische und Vernünftige), erhob sich langsam und räkelte sich (Preedy, die Raubkatze!) und schleuderte die Sandalen von sich (trotz allem: Preedy, der Sorglose!) (Sansom, 1956, zit. nach Goffman, 1973: 8 f.).

So wie Preedy den „Freundlichen", den „Methodischen" oder den „Sorglosen" spielt, so spielen wir in unseren alltäglichen Handlungen unsere Rollen als „liebevolle Tochter",

„verstehender Freund“ oder „eifriger Mitarbeiter“. Aber ganz so einfach wie in diesem Bild läßt sich menschliches Verhalten nicht eingrenzen. Da bleibt als erstes die Frage offen, was Preedy nun *wirklich* ist. Ist er freundlich, geistvoll, sorglos – oder ist alles tatsächlich nur *gespielt?* Zweitens wissen wir nichts über die Reaktionen der übrigen Strandgäste. Preedy zeigt ein bestimmtes Verhalten, um von seinen Mitmenschen entsprechend eingeschätzt zu werden. Dies mag in einigen Fällen zu seiner Zufriedenheit gelingen – es kann aber auch mißlingen: Sein Handeln als „Vernünftiger“ kann interpretiert werden als „pedantisch“. Der Trick mit dem Buch kann als „Angeberei“ angesehen werden.
Kurz, trotz aller Darstellungskünste können wir nie sicher sein, daß unser Tun auch so verstanden wird, wie es gemeint ist. Und noch eine andere Überlegung ist wichtig: Man kann zwar in gewissen Situationen sein Verhalten inszenieren. In einigen Bereichen jedoch ist man von vornherein festgelegt, z.B. in der Tatsache, daß man ein Mann oder eine Frau ist. Es gibt „Rollen“, die uns zugewiesen werden, für die es, unabhängig von unseren Interpretationen, unmißverständliche Darstellungsmuster gibt. Deutlich wird dies – auch heute noch – z.B. in den Erfahrungen von Frauen, die ohne männliche Begleitung Lokale oder andere öffentliche Plätze besuchen; oder in Erfahrungen weiblicher Auszubildender, die versuchen, eine bisher typische männliche Berufsausbildung zu erlangen. Es wird hier ersichtlich, daß „Rolle“ mehr ist als nur ein erklärendes Bild; daß wir in „Rollen“ handeln, ist auch vorwissenschaftliche Erfahrung eines jeden einzelnen (Begleittext 5.1 Rilke).
Wenn wir Näheres über das „rollenhafte“ Handeln der Menschen in Erfahrung bringen wollen, müssen wir uns zunächst intensiver damit befassen, *wie* Menschen miteinander umgehen. Um zu veranschaulichen, welche Aspekte berücksichtigt werden sollten, wenn wir die Interaktion von zwei Menschen beschreiben, wollen wir eine Situation eines direkten Zusammentreffens etwas detaillierter betrachten. Wir nehmen als Beispiel ein Gespräch zwischen Lehrer und Schüler. Schüler und Lehrer spielen in dieser Gesprächssituation ihre Rollen – aber welche? Und wie?
Wenn wir das Handeln der beiden Interaktionspartner unter dem Blickwinkel eines ganz allgemein am Lehrer- und Schülerverhalten Interessierten beschreiben, kann die Schilderung noch recht übersichtlich bleiben. Wir fragen dann ausschließlich nach dem, was wir für typisches Lehrer- bzw. Schülerhandeln halten. Tatsächlich aber geschieht in einer solchen Interaktion sehr viel mehr. Obwohl nur zwei „Darsteller“ in diesem „Stück“ agieren, sind noch andere Akteure anwesend. Wenn der Lehrer z.B. als Repräsentant des Kollegiums oder aller Fachlehrer für Mathematik oder Klassenlehrer spricht, werden die Vertreter dieser Gruppierungen gleichsam mit auf die Bühne gerufen. Ähnliches gilt für den Part des Schülers. Je nachdem, ob dieser als Klassensprecher, also als Vertreter seiner Klassenkameraden spricht oder als Spielführer der Fußball-Schulmannschaft oder als Mitglied des Schulchores, müßten die Mitglieder dieser Gruppen mit auf die imaginäre Bühne.
Damit ist das mögliche Ensemble für dieses kleine Stück noch immer nicht vollständig. Für gewisse Gesprächsthemen greifen die beiden „Hauptdarsteller“ auf sehr viel weitreichendere Beziehungen zurück. Das Thema „Schulzeugnis“ oder „Versetzung“ wird vom Schüler unter Berücksichtigung der Erwartungen seiner Eltern oder Verwandten behandelt. In seinen Antworten werden sich Elemente aufzeigen lassen, die aus Gesprächen mit seinem Vater oder seiner Mutter stammen. Bei anderen Themen mögen andere Beziehungen wichtiger werden, vielleicht zu Freunden, vielleicht auch zu fiktiven Personen aus Romanen, Filmen oder Fernsehspielen.
Aber nicht nur die Beziehungen der „Darsteller“ zu realen und imaginären Personen und Ereignissen sind für den Interaktionsverlauf von Bedeutung. Jeder „Darsteller“ entwickelt während des Gesprächs auch ein Bewußtsein von seinem eigenen aktuellen Handeln. Er kann, während er spricht, seine vollzogenen und seine beabsichtigten Handlungen überdenken. Dem

Lehrer mag es passiert sein, daß er eine Antwort zu heftig und laut gegeben hat, aufgrund des weiteren Verhaltens des Schülers tut es ihm nun leid. Er versucht, den möglichen Eindruck der Heftigkeit und Härte zu beseitigen. Diesem Ziel und den vorausgegangenen Ereignissen entsprechend wird er jetzt seine Fragen und Antworten verändern.

2. Versuche, den anderen zu verstehen

Um das Bild noch realistischer und verwirrender zu machen: Wesentlich für das tatsächliche Interaktionsgeschehen ist auch, wie sich die Partner gegenseitig einschätzen. Aus Informationen, die Schüler und Lehrer bereits vor dem Gespräch voneinander hatten und aus der Art und Weise des „miteinander umgehens" während des Gespräches, formulieren beide still ihr Bild vom anderen. Diese Einschätzungen sind nie ganz eindeutig und festgelegt. Sie sind ständig in Bewegung, wechseln in ihren Nuancierungen, sind in gleicher Weise unruhig wie der Interaktionsprozeß selber.
Und auch dieser Aspekt der Selbst- und Fremdeinschätzung läßt sich nicht ohne zusätzliche Differenzierungen darstellen. Der Lehrer hat sich ein Bild vom Schüler gemacht und er hat konkrete Vorstellungen von seiner eigenen Person. Hinzu kommt, daß er sich auch ein Bild davon macht, wie der Schüler ihn einschätzt:

„Ich muß aufmerksam verfolgen, was der Schüler sagt. Ich darf meine Gedanken nicht abschweifen lassen, und ich muß versuchen auf seine Mitteilungen eingestellt zu bleiben. Ich darf meinen Gesprächspartner nicht unterbrechen. Und ich darf mich vor allem nicht mit eigenen Urteilen oder Meinungen einschalten, nicht nur, weil ich damit sein Widerstreben hervorrufen könnte, sondern auch weil dadurch meine Aufmerksamkeit von dem, was er mir mitteilen möchte, abgelenkt würde. Ich muß versuchen, meine Ablenkungsimpulse und gefühlsmäßigen Reaktionen zu kontrollieren". (Dieses Beispiel eines inneren Monologs aus Berger/Kellner, 1984: 26)

Die Vielschichtigkeit der Selbst- und Fremdeinschätzung läßt sich anschaulich wiedergeben mit den folgenden Zeilen von Laing (1969: 83):

Jack fürchtet Jill
Jill fürchtet Jack

Jack fürchtet Jill mehr
  wenn Jack glaubt
  daß Jill glaubt
daß Jack Jill fürchtet

Da Jack fürchtet
  Jill könne glauben
  Jack fürchte sich
gibt Jack vor, daß
  Jack Jill nicht fürchtet
damit Jill Jack mehr fürchte

und da Jill fürchtet
  Jack könne glauben
  Jill fürchte sich
gibt Jill vor, daß
  Jill Jack nicht fürchtet

So versucht Jack, Jill Furcht zu machen
  indem er Jill nicht fürchtet
und versucht Jill, Jack Furcht zu machen
  indem sie Jack nicht fürchtet

Jill fürchtet Jack mehr
  wenn Jill glaubt
  daß Jack glaubt
daß Jill Jack fürchtet.

Diese vielfältigen und verwickelten Aspekte der Einschätzung des Gegenübers führen wieder zu konkreten Handlungsweisen, die nicht erklärt werden könnten, wenn wir diesen Prozeß außer acht gelassen hätten. Ralph Turner (1966: 151–159) nennt den Vorgang der Fremdeinschätzung „Übernahme der Rolle des anderen" und macht dabei zwei grundsätzliche Unterscheidungen. Wir können (a) versuchen, die Haltung unseres Gegenübers ausschließlich auf unsere eigenen Absichten zu beziehen, und wir können (b) seine Haltung so einnehmen, als müßte eine ganz andere außenstehende Person berücksichtigt werden (eine differenzierte Darstellung des Role-taking-Konzepts bei Herzog, 1980: 240–261).
Wenn wir in diesem Zusammenhang uns noch einmal das „Preedy-Beispiel" in Erinnerung rufen, lassen sich diese Gedanken etwas verdeutlichen. Wenn Preedy den „Geistvollen" oder die „Raubkatze" spielt, übernimmt er während seines Spiels die Haltungen der anderen, seiner potentiellen Zuschauer, und entlang dieser Einschätzung ihrer Reaktionen inszeniert er sein Verhalten. Es wäre aber auch eine andere, von uns hier unter (b) genannte Möglichkeit denkbar. Preedy würde sein Verhalten nicht nach der Einschätzung der Haltung seiner Strandgefährten richten, sondern nach erlebten Urteilen seiner Eltern, die nicht anwesend sind. Wenn wir einige Ratschläge seiner Eltern wie z.B. „Setze dich nie der prallen Sonne aus", „Sieh zu, daß du recht schnell Freunde findest" u.ä.m. als Richtschnur für Preedys Verhalten nähmen, müßte er andere Darbietungen zeigen.
Die Notwendigkeit, innerhalb eines Interaktionsverlaufs die „Rolle des Gegenübers" zu berücksichtigen, kann nach Turner von drei Standpunkten aus erfolgen:

- Man versucht, die Handlungen des anderen vom eigenen Standpunkt aus zu beurteilen: „Als Lehrer muß ich dir sagen, daß...".
- Man versucht, die Handlungen des anderen dadurch zu verstehen, daß man dessen Haltung einnimmt: „Ich, in deiner Lage als Schüler der Klasse XY, würde folgendes tun...".
- Man versucht, die Handlungen und die Haltung des anderen von der Person Dritter, Nichtanwesender, aus zu beurteilen: „Deine Eltern würden dein Verhalten sicher nicht billigen, und deshalb sage ich dir...".

Viele der von uns angesprochenen Aspekte während einer Interaktion sind den Handelnden in dieser Deutlichkeit in der Situation selbst sicher nicht bewußt. Vieles läuft wie selbstverständlich ab. Es ist auch nicht unser Ziel, die Komplexität zwischenmenschlicher Handlungsabläufe erschöpfend darzustellen. Wir wollen nur ausdrücklich darauf verweisen, daß die alltagsübliche Benutzung des Ausdrucks „Er/Sie spielt eine Rolle" zu pauschal ist. Der Begriff des „Rollenhandelns" führt bei einer zu strikten Anwendung dazu, die Vielfältigkeit menschlichen Verhaltens eher zu vereinfachen als hinreichend zu charakterisieren.
Nun gilt, wie wir schon wiederholt gesagt haben, die besondere Aufmerksamkeit der Soziologen nicht so sehr den konkreten Handlungen des einzelnen als vielmehr allgemeinen sozialen Strukturen. Entsprechend wird bei der Betrachtung zwischenmenschlicher Handlungen davon ausgegangen, daß auch Interaktionen strukturiert sind, daß sie Regeln unterliegen,

die es ermöglichen, im Einmaligen Allgemeines aufzuweisen. So verstanden meint *Rolle* das soziale Prägen menschlicher Aktivität. Dieses Verständnis von „Rolle“ ist logisch verknüpft mit dem der zwangsläufigen Regelhaftigkeit. Es ist also ein wesentlicher Bestandteil der Struktur von Gesellschaft, daß die Individuen so sozialisiert werden, daß sie weitgehend ohne nachzudenken, den sozial vorgeschriebenen Mustern folgen, daß sie ihre „Rollen spielen“. Die Soziologie nun versucht, diese Rollen zu analysieren und ihren „konstruierten“ Charakter aufzudecken.

Wenn Uta Gerhardt (1971: 15) in ihrer Einleitung zu dem Buch über den Rollenbegriff in der Soziologie sagt, daß „Rolle“ nicht nur ein Instrument sei für eine „ordnende Erfassung der Welt“, sondern beinhalte auch konkrete Alltagserfahrungen eines jeden einzelnen, dann meint sie dennoch *auch*, daß „Rolle“ ein Instrument der Analyse ist.

Einige Probleme, „Rolle“ als Analyseinstrument zu gebrauchen, lassen sich veranschaulichen, wenn wir nur zwei Merkmale der Interaktionsbeziehung „Lehrer – Schüler“ berücksichtigen. In gewisser Vernachlässigung unserer vorangestellten Überlegungen, was alles tatsächlich bei einem solchen Gespräch geschehen kann, vereinfachen wir die Handlungsmöglichkeiten des Lehrers auf die Rollen „Lehrer“ und „Mann“. Wir können annehmen, daß es für sein Handeln als „Lehrer“ wie als „Mann“ gewisse allgemein zu erwartende Verhaltensregeln gibt. Aus den beiden Rollen ergeben sich drei Handlungsalternativen: Der Lehrer kann in der genannten Gesprächssituation als *nur Lehrer* handeln, als *nur Mann* oder als *männlicher Lehrer.* Beim Schüler konzentrieren wir uns entsprechend auf die Eigenschaften „Schüler“ und „Mädchen“. Aufgeschlüsselt nach Verhaltensmöglichkeiten heißt dies: Sie handelt evtl. als *nur Schülerin,* als *nur Mädchen* oder als *weibliche Schülerin.* Wir finden hier bereits neue Kombinationen, z.B. kann der Lehrer als *nur Lehrer* handeln und die Schülerin als *nur Mädchen,* oder der Lehrer als *nur Mann* und die Schülerin als *weiblicher Schüler.*

In Wirklichkeit werden wir eine so eindeutige Rollenverteilung kaum antreffen. Die verschiedenen Kombinationsmöglichkeiten folgen in ein- und derselben Gesprächssituation dicht aufeinander oder sie überlagern sich und verlangen von den Beteiligten andere Darstellungen und Rollenspiele. Zudem geschieht alles in einem Wechselspiel der Beteiligten. Die Wahl der Kombination ist abhängig von dem, was gesagt wird und von wem, in welchem Zusammenhang und wie es gesagt wird. Wir könnten die Reihe der Merkmale beliebig fortsetzen. Zu den Aspekten „Beruf“ und „Geschlecht“ lassen sich andere setzen wie „Alter“, oder „Einkommen“, oder „Rasse“. Die Kombinationsvielfalt wird immer größer, schließlich aber auch unübersichtlicher.

Unsere Überlegungen bis zu diesem Punkt lassen sich etwa so zusammenfassen: Die pauschale Beurteilung menschlichen Handelns als „rollenhaft“ ist nur begrenzt sinnvoll, weil wir durch den Gebrauch dieses so plausiblen Bildes im Grunde keine Klarheit über die Art und Weise des geregelten menschlichen Miteinanders gewinnen. Wenn wir davon sprechen, daß jemand in seiner Lehrerrolle und jemand anders in seiner Schülerrolle handelt, sagen wir nicht mehr, als daß wir annehmen, daß es für beide gewisse Verhaltensregeln gibt und daß diese für die Betroffenen irgendwie verpflichtend sind. Wir wissen vorerst nichts darüber, wie diese Regeln genau aussehen und wie sie von den Akteuren interpretiert, d.h. gespielt werden.

Auf der anderen Seite ist deutlich geworden, daß wir die verwirrenden vielfältigen Aspekte zwischenmenschlichen Handelns nicht in den Griff bekommen, wenn wir keine ordnenden Begriffe benutzen. Das Konzept der „Rolle“ wird in der Soziologie als ein solcher Ordnungs-Begriff benutzt. Wir wollen in den folgenden Ausführungen darstellen, wie sich der soziologische Begriff von der Alltagsformulierung unterscheidet und in welcher Weise mit seiner Hilfe versucht werden kann, Interaktionen zu analysieren.

3. Vertrautheit und Fremdheit

Das menschliche Verhalten zeigt einen wesentlichen Unterschied zum Verhalten eines eine Rolle verkörpernden Schauspielers. Der Schauspieler spielt die Rolle des „Verzweifelten", des „Liebhabers", des „Zweifelnden". Beim menschlichen Rollenverhalten ist dies nicht so klar. In gewissen Situationen kann es geschehen, daß wir tatsächlich die Rolle des Liebhabers bzw. der Liebhaberin nur spielen, bei anderen Gelegenheiten *sind* wir es. Und es gibt noch eine weitere Unstimmigkeit in diesem Bild, das mit dem Titel von Goffmans Buch „Wir alle spielen Theater" (1978) so plastisch und populär gezeichnet wurde. Wir sind – wie es oben ausgeführt wurde – nicht auf *eine* Rolle hin festgelegt, so wie der Schauspieler, dessen Aufgabe es z.B. wäre, den Hamlet zu verkörpern. Wir müssen in den verschiedenen Lebenssituationen immer wieder neu entscheiden, welche Rolle bzw. welche Aspekte einer Rolle wir spielen wollen und *wie* wir sie gestalten sollen.

Um diese Überlegungen noch etwas anschaulicher zu machen, wollen wir den Gedankengang mit dem Beispiel der Lehrer-Schüler-Interaktion fortsetzen. Wenn der Lehrer und die Schülerin miteinander ein Gespräch führen wollen, stehen sie von Beginn an vor der Aufgabe, miteinander zu handeln. Sie können die von uns aufgezählten zahlreichen „Wenn" und „Aber" nicht sämtlich berücksichtigen. Sie müssen handeln und sie können es nur deshalb, weil sie ihr Spiel, also ihr Gespräch nicht völlig neu erfinden müssen (Begleittext 5.2 Berger/Luckmann). Es gibt bereits gewisse Abgrenzungen für ihr Verhalten. Diese Abgrenzungen oder Spielregeln ergeben sich zunächst einfach aus der Tatsache, daß er ein Lehrer ist und ein Mann – und sie eine Schülerin und ein Mädchen.

Welche Rollenattribute von den beiden Beteiligten hervorgehoben werden, liegt zum Teil an äußeren Gegebenheiten der Interaktionssituation, zum Teil in den Interpretationsakten der beiden Gesprächsteilnehmer. Der Lehrer wird sich kaum so verhalten, als sei er auf einem Kegelabend, die Schülerin nicht so, als bewege sie sich in einer Discothek. Für die Begegnung „Lehrer – Schüler" existieren gewissermaßen „Vereinbarungen", ihnen gemäß kann einer von dem anderen ein ganz bestimmtes Verhalten erwarten, auf das er sich wiederum einstellen kann. Die Schülerin wird in erster Linie davon ausgehen, daß ihr ein *Lehrer* gegenübersteht, wenn es z.B. um das Thema „Versetzung" geht. Dem Lehrer ist klar, daß ihm hier eine *Schülerin* die Fragen stellt.

Wenn wir also davon sprechen, daß jemand eine „Rolle" spielt, dann bezeichnen wir damit *nicht* sein tatsächliches Verhalten, sondern wir drücken damit aus, daß es Verhaltens*erwartungen* gibt, die den jeweiligen Akteur binden. Diese bindenden Verhaltenserwartungen sind für jedes Handeln eine notwendige Grundlage. Wir müssen nicht völlig neu erfinden, wie wir uns in der Rolle des „Mannes" oder der „Frau" zu geben haben – es gibt dafür bereits Regeln, die als Erwartungen an uns herangetragen werden. Wenn die Schülerin den Lehrer nach ihren Versetzungschancen fragt, dann ist in dieser Frage bereits die Erwartung, daß ihr Gesprächspartner als Lehrer darauf eine kompetente Antwort geben kann.

Ein gutes Beispiel für die Verbindlichkeit solcher Erwartungen sind z.B. die Regeln für das Verhalten der Ehefrauen von sudanesischen Arabern (Goffman, 1974: 283).

„Von einer Ehefrau wird – besonders in der Öffentlichkeit – in Gegenwart ihres Mannes ein genau reglementiertes Verhalten erwartet. Sich ganz den Wünschen ihres Mannes unterwerfend, . . . soll die Frau weder mit ihrem Mann streiten noch ihm widersprechen, sie soll auch nicht neben ihm auf demselben Angareb sitzen, insbesondere nicht, wenn Gäste anwesend sind. Auf der Straße soll die Frau immer einige Schritte hinter ihrem Mann zurückbleiben. Sie soll ferner nicht mit ihrem Mann zusammen essen. Jede Zärtlichkeitsäußerung zwischen Ehegatten im Beisein anderer Personen gilt als äußerst anstößig."

Die Intensität von Verhaltenserwartungen ist natürlich sehr unterschiedlich, je nach Situation. Dahrendorf (1965: 28 f.) unterscheidet drei Formen von derartigen Rollenerwartungen:

Kann-Erwartungen
Soll-Erwartungen
Muß-Erwartungen

- *Kann-Erwartungen,* damit sind Verhaltensanforderungen angesprochen, die relativ unverbindlich sind, aber bei Erfüllung dem Handelnden Anerkennung und Achtung bringen. Auf die Schüler-Lehrer-Interaktion bezogen, wäre dies etwa die Übernahme von Zusatzaufgaben, die nur auf freiwilliger Basis geschieht, aber gewissermaßen als vertrauensbildende Maßnahme positive Reaktionen der Umwelt (entweder bei den Schülern oder im Lehrerkollegium) garantiert.
- *Soll-Erwartungen* kennzeichnen bereits verbindliche Verhaltensregeln, z.B. als Fachlehrer oder als Klassensprecher, die – bei Mißachtung – Konsequenzen hätten. Wir sprechen in diesem Fall von negativen Sanktionen.
- *Muß-Erwartungen* schließlich umreißen unmißverständliche Pflichten, wie sie sich zum Beispiel für den Lehrer aus dem geltenden Beamtenrecht ergeben.

Wir leben also nicht in der Situation eines sozialen Robinson Crusoe, der sein Verhalten zu anderen Menschen täglich neu bestimmen müßte. Wir leben mit anderen Menschen zusammen und haben für den Umgang miteinander gemeinsame Regeln. Wir erfahren unsere Umwelt von vornherein als eine in vielen Belangen festgelegte Welt. Das Verhalten der anderen zeigt eine beobachtbare, immer wieder erlebte Gleichmäßigkeit; wir lernen und haben gelernt, daß es in gewissen Situationen ein *typisches* Verhalten gibt. Es ist typisch, daß man in Kirchen die Stimme dämpft. Es ist typisch, daß wir auf einer Tanzveranstaltung gewünschte Partner ansprechen können. Es ist typisch, daß ein solches „Anprechen", wird es auf offener Straße vollzogen, ein hohes Risiko eingeht, abgelehnt zu werden. Auch für die Situation Lehrer-Schüler gibt es typische Regeln, auf die sich die hier Beteiligten verlassen können.
Der Schüler muß sein „Schülerverhalten" nicht neu erfinden. Er weiß aus Beobachtungen und Erfahrungen, wie man sich in einer solchen Gesprächssituation grundsätzlich verhält. Er kann die Darstellung seines Schülerverhaltens individuell gestalten, aber gewisse Regeln sind durch seine Lage als Schüler und durch die Position des Lehrers bereits festgelegt. Damit die Menschen überhaupt gemeinsam und miteinander handeln können, müssen sie auf solche Typisierungen von Situationen und Interaktionspartnern zurückgreifen. Sie müssen diese Typisierungen in ihrem eigenen Verhalten überdies so zum Ausdruck bringen, daß ihre Partner sie erkennen und verstehen können (Begleittext 5.2, Berger/Luckmann).
In welchen Umfang uns typisiertes Verhalten Sicherheit gibt, erleben wir besonders eindringlich bei einem Urlaub in Ländern, die grundsätzlich andere Verhaltenstypisierungen kennen oder uns vertrauten Verhaltensweisen andere Deutungen geben. So ist es z.B. für einen Touristen in der Türkei verwirrend, daß die in westeuropäischen Ländern gebräuchliche verneinende Kopfbewegung hier die entgegengesetzte Bedeutung hat. Das Kopfschütteln ist Ausdruck der Bejahung und wird in der Regel mit einem leisen Schnalzlaut begleitet.
Unter „Rollen" können wir also die Annahmen oder Erwartungen verstehen, die darauf gerichtet sind, daß sich der jeweilige Interaktionspartner typisch verhalten werde. Typisches Verhalten gibt es jedoch in den unterschiedlichsten Formen und Ausprägungen. Wenn wir unbekannte, uns fremde Menschen treffen, werden wir bei einem gemeinsamen Handeln auf gröbere und allgemeinere Einschätzungen zurückgreifen, wie z.B. „er ist Spanier" oder „sie

ist eine Farbige", als wenn wir auf einen vertrauten Freund treffen. In diesem Fall haben wir sehr genaue, eng umrissene Erwartungen. In beiden Situationen jedoch gibt uns die mögliche Orientierung an solchen Typisierungen Leitlinien in die Hand für das eigene Verhalten.
Um die unterschiedlichen Ausprägungen der Verhaltenserwartungen zu erfassen, ist es notwendig, den soziologischen Begriff der „Rolle" zu differenzieren. Unser Ausgangspunkt war, daß wir unter „Rolle" ein erwartetes, typisches Verhalten beschreiben wollten. Nun ist der Unterschied zwischen den Erwartungen, die sich auf eine „Schülerrolle" beziehen, zu den Erwartungen, die einer „Geschlechtsrolle" gelten, leicht erkennbar. Im ersten Fall beziehen sie sich auf ein Verhalten, daß nur für einen bestimmten Abschnitt im Leben typisch ist. Im zweiten Fall umschreiben sie ein Merkmal, das für den gesamten Lebensweg eines Menschen von Bedeutung ist. Es kann dem Soziologen nicht genügen, darauf zu verweisen, daß es einen Unterschied gibt zwischen den verschiedenen Rollen eines einzelnen. Es muß ihm auch um das *Wie* dieser Unterschiede gehen. Wir wollen deshalb zwei Versuche vorstellen, die sozialen Rollen der Menschen zu ordnen und zu klassifizieren. Das erste Schema wurde von Uta Gerhardt (1971) entwickelt. Der zweite Klassifikationsvorschlag kommt von Hans-Peter Dreitzel (1972).

4. Ein Klassifikationsversuch (Uta Gerhardt)

Uta Gerhardt bezieht die unterschiedlichen Rollenbegriffe auf den jeweiligen Erlebnishintergrund des Handelnden, z.B. als Käufer in einer Boutique oder als Sohn/Tochter berufstätiger Eltern oder als Angestellte in einem Büro. Sie unterscheidet dabei grundsätzlich drei Formen von Zusammenhängen oder Erlebniswelten:

- Wenig dauerhafte, punktuelle Begegnungen oder Beziehungen von Menschen, wie etwa die Begegnung von Sitznachbarn in einem Verkehrsflugzeug oder Eisenbahnabteil. Bei derart lockeren, augenblicksgebundenen Zusammenhängen spricht Uta Gerhardt von der Wahrnehmung von „Situationsrollen".
- Längerfristige, bereits geordnete und organisierte Zusammenhänge, wie die Zugehörigkeit zu einem Verein, zu einer Berufsorganisation u.ä.. Hier kommt es zu sich regelmäßig wiederholenden Beziehungen innerhalb einer geordneten sozialen Umwelt. Beziehungen dieser Art realisieren sich in sogenannten „Positionsrollen";
- Merkmale ganz allgemeiner Art, z.B. Merkmale wie „Mann", „Frau" oder die Eingebundenheit in einen Zusammenhang wie „Eltern-Kind-Verhältnis". Merkmale und Zusammenhänge dieser Art faßt Uta Gerhardt mit der Bezeichnung „Status".

Status, Positition und Situation sind Gegebenheiten, die das Verhalten des einzelnen in unterschiedlicher Weise bestimmen. Sie führen in jeweils spezifischer Ausprägung zu Verhaltensvorschriften, die als Erwartungen an das Individuum herangetragen werden.

4.1 Situationsrollen

Situationen haben sehr lange Zeit in der Soziologie als Zusammenkünfte von Menschen gegolten, die nur wenig standardisiert und normiert sind. Insbesondere durch die Arbeiten von Goffman und Garfinkel wurde aber deutlich, daß auch die zufälligen Zusammenkünfte, z.B. in der Öffentlichkeit, Regeln zeigen, die das Handeln der Beteiligten leiten. Ein Beispiel für die Reglementierung des Verhaltens auf Straßen gibt Goffman, in dem er aus Becketts Roman ‚Molloy' zitiert:

„Aber nach ein paar Schritten hörte ich, wie jemand mich anrief. Ich hob den Kopf und sah einen Polizisten. ... ‚Was machen Sie da?' fragte er. Diese Frage war mir nichts Neues, ich verstand sie sofort. ‚Ich ruhe mich aus', sagte ich. ‚Sie ruhen sich aus', sagte er. ‚Ich ruhe mich aus', sagte ich. ‚Wollen Sie wohl auf meine Frage antworten', schrie er. ... Ich begriff schließlich, daß meine Art mich auszuruhen, meine Stellung während des Ausruhens, nämlich rittlings über meinem Fahrrad, die Arme auf der Lenkstange, den Kopf auf den Armen, ein Attentat auf irgendetwas, woran ich mich nicht mehr erinnere, die Ordnung oder die guten Sitten, darstellte..." (Goffman, 1971: 63).

Goffman leitet aus seinen Beobachtungen die Überlegung ab, daß es eine Regel für das Verhalten auf Straßen und öffentlichen Plätzen ist, so zu tun, als habe man ein Ziel. Still stehende Menschen oder ruhende Menschen wie Molloy, fallen auf, wirken irgendwie verdächtig. Es gebe für Verhalten in der Öffentlichkeit die Norm, sagt Goffman, die es verbietet, *keinen* Zweck zu verfolgen. Ein anderes Beispiel, wie sich in punktuellen Begegnungen Normen für Verhalten entwickeln, die den Beteiligten gewisse Situationsrollen zuordnen, gibt unser Text der Ursula Trauberg, den wir bereits in dem vorangegangenen Kapitel gelesen haben (Begleittext 4.4). Umschreiben wir noch einmal die Ausgangslage. Das Verhalten von Ursula findet unter bestimmten Voraussetzungen statt. Nach einem ruhigen Winter, den sie vor allem in der Familie verbrachte, besucht sie die Kirmes, den Jahrmarkt.

Bevor Ursula und ihre Freundinnen in die Jahrmarkt-Situation eintreten, gibt es die äußeren Bedingungen dieser Situation nur als mehr oder weniger frei interpretierbare Umweltdaten. Kirmes kann für einige Menschen einen Ort bedeuten, der nur zu sinnloser Geldverschwendung verleitet. Für andere ist der Jahrmarkt lediglich eine Quelle der Lärmbelästigung. Die Umwelt bietet ganz allgemeine Daten an, die erst durch die Benutzung und persönliche Deutung sich zu einer „sozialen Situation" gruppieren. Die Konstellation „Kirmes – Frühling – Mädchen – Steilwandfahrer" animiert nicht jedes Mädchen zu einem Flirt. Hier wird Kirmes als ein Ort gedeutet, der die Aufnahme von Sozialkontakten erleichtert – weil die Umwelt von den Mädchen in eben diesem Sinne interpretiert wird. Die Soziologen sprechen auch von der ‚Definition der Situation' (Begleittext 5.3 Mollenhauer).

Die Definition der Situation durch Ursula allein würde jedoch den Interaktionsablauf, so wie er hier geschildet ist, nicht garantieren. Wenn die Steilwandfahrer das Flirtangebot des Mädchens ignoriert hätten, wäre der Fortgang der Ereignisse anders gewesen. Für den Bestand einer Situation, der erst ein gezieltes Handeln erlaubt, ist es unerläßlich, daß alle Beteiligten zu einer gemeinsamen Deutung kommen. Versuchen wir zu verfolgen, wie dies in unserem Beispiel geschieht.

Die Mädchen haben eine Initiative gezeigt, die Konsequenzen haben wird. Ihre einmal gezeigte Aktivität fordert eine Fortsetzung des Handelns. Dabei ergeben sich für die Beteiligten neue Bedingungen oder „Rollenanweisungen", die aus dem Zusammenspiel aller entstanden sind. Zitieren wir noch einmal die zentrale Textstelle:

„In bester Stimmung sagte ich dann, auf so einem Motorrad würde ich jederzeit mitfahren, ich meine als Sozius in einer Vorstellung. Ein allgemeines Geplänkel entstand, du traust dich nicht, du schneidest nur auf usw., und die Brüder boten mir an, meinen Mut zu beweisen."

Schematisch ließe sich die Situation so wiedergeben:

1. Person A (Ursula) präsentiert sich den Personen B–C (Freundinnen, Steilwandfahrer): „Ich würde mitfahren".
2. Die Personen B-C akzeptieren die Initiative von A (Geplänkel) und fordern sie zu einem eindeutigeren Verhalten heraus: „Du traust dich nicht".
3. A nimmt die Verhaltenserwartungen der anderen ernst und antwortet mit eindeutigerem, d.h. auf diese Erwartungen abgestimmten Verhalten: „Ich stellte mich zur Verfügung."
4. A's eindeutigeres Verhalten hat in sich bereits wieder eine Erwartung; die Erwartung, daß die anderen ihr Möglichkeiten geben, das angekündigte Verhalten zu realisieren. Die Personen B–C entsprechen diesen Erwartungen: „Die Brüder boten mir an..."

Ihre Interpretation der Umweltdaten, ihre Empfindungen („In bester Stimmung") veranlassen Ursula, sich zu exponieren. Damit gibt sie den Anstoß zu einem Handlungszusammenhang, in dem eine zunächst unverbindliche Absichtserklärung so zu einem Handlungsziel verändert wird, daß ein Rücktritt nicht mehr ohne weiteres möglich ist. Der situative Handlungszusammenhang, der sich zunächst durch ein zufälliges Treffen verschiedener Personen ergeben hat, erhält durch die Beteiligung aller einen für diese verpflichtenden Charakter. Sämtliche Teilnehmer haben durch ihre Äußerungen etwas in die Situation investiert. Dadurch werden Erwartungen an die anderen Beteiligten ausgesprochen. Die Erwartungen gelten in diesem Fall der Erfüllung des Handlungsangebotes von Ursula.
Die Beteiligten hätten natürlich selbst die Initiative ergreifen und *gegen* Ursulas Vorschlag eine andere Situationsdefinition durchsetzen können. Sie hätten sich auch einfach entfernen können. Verzichten sie, wie in unserem Beispiel, auf diese Alternativen, dann verringern sich die Möglichkeiten, die Situationsdefinition aufzuheben. Alle machen mit, sie glauben an ein wechselseitiges Einverständnis in der Situationsdeutung. Sie sehen in dieser Deutung die Handlungsgrundlagen der anderen Beteiligten. Sie drücken entsprechend dieser Interpretation ihre Erwartungen aus. Sie spielen ihre *Situationsrollen.*
Wie aus den Beispielen „Molloy" und „Ursula" ersichtlich ist, haben die Situationsrollen einen unterschiedlichen Grad von Allgemeinheit. Die Regeln des Verhaltens in der Öffentlichkeit (Molloy) sind sehr allgemein. Die Verhaltenserwartungen in der Episode mit den Steilwandfahrern sind spezifisch. Für beide gilt jedoch, daß sie punktuelle, kurzfristige Zusammentreffen von Menschen regeln.

4.2 Positionsrollen

Positionen lassen sich allgemein als Regelsysteme beschreiben, die nicht, wie die Situationsrollen, nur für Augenblicke menschlichen Miteinanders gelten, sondern das Verhalten in bestimmten Bereichen langfristiger festlegen. Zur Veranschaulichung des Positionsbegriffes kann man auf unsere Vorstellungen von einem Amt, das jemand ausübt, zurückgreifen. Wenn wir von einem Amt (z.B. Bürgermeister) sprechen, dann verbinden wir damit die Erfahrung, daß es gewisse Rechte und Pflichten in sich vereint, die unabhängig vom jeweiligen Amtsinhaber existieren. Mit Einschränkungen kann dieses Bild auch für die Beschreibung der Handlungsrichtlinien gelten, die für eine „soziale Position" gelten. Der jeweilige Positionsinhaber hat bestimmte Richtlinien für sein Verhalten zu beachten. Der Lehrer hat in seiner Position als Lehrer ebenso Vorschriften zu beachten wie der Schüler in seiner Position als Schüler.
Positionen werden als Bestandteile von Organisationen gesehen, d.h. die Position des Lehrers ist gebunden an die Formen des Ausbildungssystems, ebenso die Position des Schülers. Die

Situationen dagegen, so wie wir sie eben beschrieben haben, waren nicht fest verbunden mit irgendwelchen Organisationen. Positionen sind wichtige Bestandteile organisatorisch verfestigter Beziehungsgefüge. Die Positionen stehen für Rechte, Pflichten, ganz allgemein für Vorschriften, die es zu beachten gilt. Diese Richtlinien regeln die Handlungsabläufe zwischen Positionsinhabern, die gleiche Positionen bekleiden; sie regeln auch die Kontakte zwischen Positionsinhabern unterschiedlicher Ebenen innerhalb des gleichen organisatorischen Gefüges. Für die Interaktion zwischen Schüler und Lehrer existieren Regeln, die den Positionsinhabern unterschiedliche Handlungsmöglichkeiten geben. Die Herrschafts- und Machtbefugnisse des Lehrers sind deutlich umfangreicher als die des Schülers. Der Lehrer darf anordnen, Aufträge erteilen, bestrafen u.ä.. Darüber hinaus wird seine Position in dieser Gesellschaft mit einem bestimmten Ansehen ausgestattet: der Lehrer ist ein studierter Mann, man kann ihn um Rat fragen usw.. Ausdruck dieses Ansehens ist auch die finanzielle Honorierung.
Faßt man die Regeln, die Machtmöglichkeiten und das Ansehen einer Position zusammen, dann hat man den Gesamtkomplex von Erwartungen, die dem Inhaber dieser Position entgegengebracht werden und die man als „Positions-Rollen" beschreiben kann. Die Positions-Rollen bilden die äußeren Markierungspunkte innerhalb derer sich die Positionsinhaber bewegen können.
Der soziologische Begriff von Positions-Rollen soll das Verhalten von Individuen in verschiedenen Positionen überschaubar machen und helfen, das Beziehungsfeld zwischen den Menschen zu analysieren. Dazu ist es notwendig, den noch sehr umfassenden Begriff ‚Position' weiter zu differenzieren. Der Lehrer-Rolle läßt sich nicht nur *eine* Position zuordnen, sondern mehrere, z.B.: Beratungslehrer, Klassenlehrer, Vertrauenslehrer. Das gleiche gilt für die Rolle eines Handwerkers, für die Rolle eines Piloten usw.. Wir müssen also zwischen verschiedenen Positions-Rollen unterscheiden, die sich alle auf eine Position beziehen lassen, die aber unterschiedliche Handlungsanweisungen verkörpern. Uta Gerhardt unterscheidet die Positions-Rollen nach der Konkretheit bzw. Allgemeinheit ihrer Handlungsrichtlinien. Die Regeln für „Lehrer" sind weniger konkret als die für „Hauptschullehrer". Dessen Handlungsrichtlinien wiederum sind allgemeiner als die für die Position des Klassenlehrers. Die folgende graphische Figur soll die Unterscheidung von Positions-Rollen nach der Allgemeinheit der mit ihnen verbundenen Verhaltensvorschriften verdeutlichen (wir folgen dabei einem Vorschlag von Uta Gerhardt, 1971: 247).

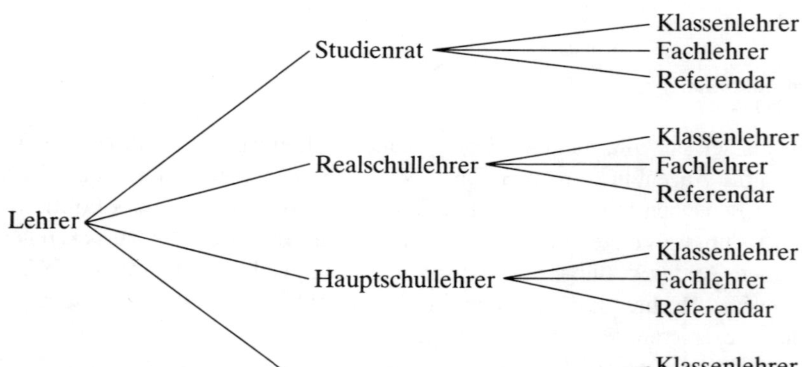

Die schematische Darstellung verdeutlicht, daß sich die Positions-Rollen in Richtung immer speziellerer und konkreterer Handlungsanweisungen bzw. -erwartungen ordnen lassen. Im konkreten Handeln allerdings werden Elemente der verschiedenen Positionen gleichzeitig aktualisiert. In ein- und derselben Gesprächssituation mit dem Schüler kann der Realschullehrer Aspekte seiner Eigenschaft als Klassenlehrer, als Lehrer allgemein oder als Fachlehrer zur Geltung bringen.
Und es sind noch andere Handlungsmöglichkeiten denkbar, z.B. als „Mann" oder als „Mann in einem bestimmten Alter". Damit werden wir auf ein drittes Merkmal von Rollenausprägungen verwiesen: auf ‚Status-Rollen'.

4.3 Status-Rollen

Zu unterscheiden von Situations- und Positions-Rollen sind Status und Status-Rollen. Ralph Linton war der Soziologe, der diesen Begriff in der jetzt üblichen Form in die soziologische Fachsprache einführte, und zwar als Ausdruck dafür, daß die Menschen innerhalb einer Gesellschaft aufgrund *unveränderlicher* Merkmale einen bestimmten Platz einnehmen (Linton, 1973: 311–319). Die Tatsache, daß man als Mann oder Frau in eine westeuropäische oder mediterrane Gesellschaft geboren wird, daß man weiße oder schwarze Hautfarbe hat u.ä., legt aufgrund der Vorstellungen in der jeweiligen Gesellschaft bereits weitgehend fest, welche Teilnahmemöglichkeiten an den Rechten und Funktionen in dieser Gesellschaft einem eröffnet werden.

„Einige ererbte Positionen erfordern einen Austausch von Leistungen zwischen jeweils ganz bestimmten Personen (ich kann mir die Mutter nicht aussuchen, die meine Bedürfnisse am besten stillt, wie sie sich ihrerseits nicht das Kind suchen kann, das seinen Kindespflichten besser nachkommt), während andere (weiblich, Neger, geborener Amerikaner) das Verhältnis zwischen bestimmten Status-Gruppen der Bevölkerung zu regeln suchen. Die erstgenannten bringen stärkere Einschränkungen mit sich als die letztgenannten, aber beide engen das Gebiet erheblich ein, innerhalb dessen man sich nach eigenem Wollen und nach eigener Verhandlungsmacht über eine Kombination von Leistungen einigen kann" (Goode, 1973: 351).

Nach Uta Gerhardt gibt es zwei Gesichtspunkte, nach denen sich der soziale Status bestimmen läßt:

- Status-Merkmale werden vom Individuum nicht erworben, sondern sind ihm zugeschrieben. Hautfarbe, Geschlecht, Alter, Zugehörigkeit zu einer Familie usw. legen bis zu einem gewissen Grade fest, welche Chancen ein Mensch hat. Sie kennzeichnen Voraussetzungen für die Teilhabemöglichkeiten, die eine Gesellschaft ihm bietet.
- Die Status-Merkmale unterliegen bestimmten dauerhafteren Bewertungen. Diese Bewertungen sind gewissermaßen der „Aufhänger" für die Zuweisung von Chancen etwa der Ausbildung, des Prestige- und Gelderwerbs im Rahmen einer ungleichen Verteilung von Gütern und Leistungen innerhalb der Gesellschaft. Das Ergebnis der Bewertung der Status-Merkmale sind also die Zugangschancen zu den Gütern einer Gesellschaft. Der Geschlechtsstatus umreißt beispielsweise feststellbare Verfügungschancen über Ausbildung, Einkommen und Macht (vgl. dazu die Studie von Napp-Peters, 1983: 321–334). Für Gesellschaften mit ausgeprägten rassischen Vorurteilen entscheidet die Hautfarbe (der Rasse-Status) über Ausbildungschancen und Bürgerrechte. In der Bundesrepublik etwa legt der Alters-Status (Volljährigkeit) die Möglichkeiten fest für selbständige, verantwortungsvolle Entscheidungen.

Es können u.a. folgende Arten des Status unterschieden werden:

Geschlechts-Status
Alters-Status
Rassen-Status
Familien-Status
Schicht-Status
Staatsbürgerlicher Status
Nation-Status.

Die Zuweisungen durch Geschlechts-Status und Alters-Status oder Rassen-Status sind bereits knapp angesprochen worden. Die Bedeutung des Familien-Status ist in den westlichen Industrienationen gering. Die Zugehörigkeit zu Verwandtschaftsverbänden, entweder mütterlicher- oder väterlicherseits, hat dagegen ausschlaggebende Bedeutung für die Lebenschancen in vielen sogenannten primitiven Gesellschaften. Die Schichtzugehörigkeit der Herkunftsfamilie legt zunächst den Schicht-Status fest, der jedoch durch entsprechende Schul- und Berufsausbildung verändert werden kann. Deshalb fragen die Soziologen zur Bestimmung des Schicht-Status nach dem Einkommen, nach der Schulbildung und nach dem Berufsprestige der betreffenden Personen. Die Zugehörigkeit zu einer Berufsgruppe – im Mittelalter zu einer Zunft, in Indien zu einem durch die Kastenzugehörigkeit bestimmten Beruf – entscheidet also ebenso über die Lebenschancen wie, zumindest in vielen Gesellschaften, der Rasse-Status. Die Bedeutung des Staatsbürger-Status läßt sich dadurch verdeutlichen, daß in Gemeinwesen den Mitgliedern für gewisse Vergehen etwa die bürgerlichen Ehrenrechte abgesprochen werden oder ihnen gewisse Staatsbürgerrechte durch Unmündigkeitserklärungen entzogen werden können. Der Besitz der Staatsangehörigkeit legt den Nation-Status fest. Und es ist uns allen gemeinsam die Erfahrung, daß die Zuschreibung „Deutscher" bereits ohne eigenes Zutun Folgen hat, wenn wir z.B. im Ausland auf Menschen treffen und uns mit ihnen über unsere jüngere Geschichte unterhalten müssen. Die Verteilung von Verfügungschancen via Alters- und Geschlechts-Status gilt für alle Gesellschaften, – dauerhafte Festlegungen bezüglich des Familien-Status gibt es dagegen nur in einigen Gesellschaften.
Status-Rollen lassen sich nicht scharf voneinander trennen. Alters-, Geschlechts- und Rasse-Status beeinflussen den Status der Staatsbürgerschaft und umgekehrt. Welche Status-Rollen aufeinander bezogen werden müssen, darüber entscheidet die Gesellschaftsform, in der das jeweilige Individuum lebt. „Zum Beispiel", so schreibt Erving Goffman, „gibt es in einem gewichtigen Sinn nur ein vollständig ungeniertes und aktzeptables männliches Wesen in Amerika: Ein junger, verheirateter, weißer, städtischer, nordstaatlicher, heterosexueller, protestantischer Vater mit Collegebildung, vollbeschäftigt, von gutem Aussehen, normal in Gewicht und Größe und mit Erfolgen im Sport" (Goffman, 1972: 158).
Dieses „Musterexemplar" eines akzeptierten, mit allen Verfügungs- und Teilhabechancen versehenen Amerikaners ist die Aggregation unterschiedlicher Status-Rollen: Männlich, Amerikaner, weiße Rasse, Erwachsener, Protestant, Erwerbstätiger, Mittel- oder Oberschicht (ausgewiesen durch die Collegebildung). Das Zitat von Goffman macht eines recht deutlich: Die einzelnen Status wirken aufeinander bezogen kumulativ. Je ausgeprägter ein Mensch über positiv bewertete Status ausgewiesen ist, desto umfassender sind seine Teilhabechancen an den Prestige- und Machtangeboten der Gesellschaft. Dieser Bezug der Status-Rollen untereinander kann auch kompensatorisch wirken. Das heißt gesellschaftlich negativ bewertete Status-Rollen können durch andere positiv bewertete Status-Rollen ausgeglichen werden.
Die Status-Rolle gibt dem einzelnen Hinweise darüber, wie er sich etwa als Deutscher, als Protestant oder als Jugendlicher zu verhalten hat. Aber, wie wir bereits eingangs dieses

Kapitels hervorgehoben haben, wird niemand als „nur Deutscher" oder „nur Jugendlicher" agieren. Er handelt in Situationen, in denen Aspekte seiner sämtlichen Rollen angesprochen werden. Er handelt – wiederum bezogen auf unser Beispiel – als „deutscher Lehrer im Alter von..." und er handelt bezogen auf eine Schülerin. Im aktuellen Verhalten werden Status-, Positions- und Situations-Rollen miteinander kombiniert.

„Status-Rollen werden realisiert in Positionen oder Situationen; sie enthalten spezifizierende Regeln für das Verhalten der Interaktionspartner in Positionen oder Situationen. Status-Rollen definieren einen Teil jener Normen, die die Positions-Rollen und Situations-Rollen konstituieren. Status-Rollen stehen also nicht neben den anderen Rollentypen, sondern sie prägen und durchdringen diese in entscheidendem Maße" (Gerhardt, 1971: 275).

4.4 Rollenkonflikt

In Berücksichtigung der vorangegangenen Klassifikation verschiedener Dimensionen sozialer Rollen könnte eine schematische Aufgliederung für die Rollen des Lehrers aus unserem Beispiel folgendermaßen aussehen:

Status-Rollen	*Situations-Rollen*	*Positions-Rollen*
Mittelschicht	Pausen-Aufsicht	Lehrer
Protestant	Arbeitsgruppen-Besprechung	Studienrat
Mann		Klassenlehrer
Erwachsener		Fachlehrer: Deutsch
Deutscher		
Weißer		

Die Gleichzeitigkeit verschiedener Status-, Positions- und Situations-Rollen verdeutlicht, worin die eigentliche Leistung des individuellen Handelns liegt. Alle hier aufgezeigten Rollen repräsentieren Erwartungen an den Handelnden, sich in bestimmter Weise zu verhalten. Dem Handelnden obliegen damit zwei Aufgaben: er muß sich entscheiden, *welche* Rollen er jeweilig spielen will und *wie* er sie spielen will. Es ist leicht vorstellbar, daß z.B. die Verhaltensanforderungen, die unserem Lehrer aus seiner Rolle als Fachlehrer erwachsen, in Konflikt geraten mit seiner Situations-Rolle als Vertrauter der Schülerin. Oder aber es stehen Verhaltenserwartungen aus seiner Status-Rolle als ‚Mann' im Widerspruch zu seiner Positions-Rolle als ‚Lehrer'. Wenn wir die drei Rollentypen in eine zweidimensionale Tabelle bringen, lassen sich generell sechs Konfliktmöglichkeiten nennen:

	Situations-Rolle	Positions-Rolle	Status-Rolle
Situations-Rolle	X	X	X
Positions-Rolle		X	X
Status-Rolle			X

Natürlich ist diese Darstellung eine Vereinfachung. Tatsächlich sprechen wir ja nicht von *einer* Positions-, Status- oder Situations-Rolle, sondern von mehreren. Während des konkreten Handelns werden also mehrere Rollen des gleichen Typs angesprochen. Auch die Darstellung jeweils eines Rollenkonfliktes wird der Wirklichkeit nicht gerecht: ein Konflikt zwischen Positions- und Status-Rolle kann z.B. in ein- und demselben Gespräch überlagert werden durch einen Widerspruch zwischen zwei Positions-Rollen.
In welcher Weise diese Konflikte gelöst werden, wie verbindlich die Handlungsanweisungen der verschiedenen Rollen verstanden werden, hängt davon ab, in welchem Ausmaß die handelnde Person sich mit ihren Rollen identifiziert. Ein Lehrer, der sich ausschließlich als „wissenschaftlich orientierter Fachlehrer" versteht, wird auf die Sorgen der Schülerin anders reagieren als jemand, der seine Kompetenz als Lehrer der Situations-Rolle „Vertraut mit den Problemen der Schülerin" unterordnet (Zu ‚Rollenkonflikt' vgl. auch Holm, 1970^2: 78–89; Begleittext 5.4 Dahrendorf).

5. Ein zweiter Klassifikationsversuch (Hans Peter Dreitzel)

Die Art und Weise der Darstellung und Ausgestaltung einer Rolle ist Hinweis dafür, wie der Betreffende über die Regeln oder Verhaltenserwartungen zu verfügen vermag. Dazu ein Beispiel von Goffman (1973^2: 113):

„Die Magd – ihr Name war Adele, wie ich herausfand – und die beiden Serviermädchen benahmen sich wie Schauspieler in einem Stück. Sie fegten in die Küche, als träten sie von der Bühne in die Kulissen, das Tablett hoch erhoben und einen gespannt hochmütigen Ausdruck noch im Gesicht; dann entspannten sie sich einen Augenblick im Eifer des Aufpackens neuer Schüsseln und glitten wieder von dannen, die Miene für den nächsten Auftritt fertig. Die Köchin und ich blieben wie Kulissenschieber zwischen den Resten stehen, und als hätten wir Einblicke in eine andere Welt gewonnen, horchten wir beinahe auf den Applaus des unsichtbaren Publikums."

Identifikation mit der Rolle und Art und Weise der *Ausgestaltung der Rolle* sind für Dreitzel's Klassifikations-Ansatz zwei von vier wichtigen Komponenten, die sozialen Rollen zu typologisieren. Die beiden anderen entscheidenden Elemente zur Unterscheidung der sozialen Rollen sind die *Art* und die *Herkunft* der Verhaltenserwartungen, die sich mit den Rollen verbinden.
Eine Möglichkeit, Verhaltensregeln nach ihrer *Art* zu unterscheiden, haben wir bei Uta Gerhardt kennengelernt. Ihr leitender Gesichtspunkt war die Frage, wie verfestigt die Rollen in einem Gesellschaftssystem sind. Während verschiedene Situations-Rollen der Ausgestaltung viel Freiraum lassen, zeigen *Positions-* und *Status-Rollen* deutlich verbindlichere, zwingendere Verhaltensanweisungen. Nach dem Grad der Verbindlichkeit oder Institutionalisierung unterscheidet auch Dreitzel die Art der Verhaltenserwartungen. Nur verwendet er andere Begriffe. Er unterscheidet zwischen

- *Gestaltungsnormen,* d.h. Normen, die er situationsbezogenen Rollen wie „Nachbar" oder „Liebhaber" zuordnet.
- *Qualitätsnormen,* d.h. Normen, die der Bewältigung gesellschaftlich festgelegter Aufgaben dienen, z.B. als Beamter, als Arzt.
- *Vollzugsnormen,* d.h. Normen, die sehr strenge Vorschriften repräsentieren und weitestgehend „Gehorsam" verlangen, z.B. für Soldaten oder Strafgefangene.

Auch bei der Frage nach der *Herkunft* der Normen geht Dreitzel davon aus, wie weit die Verhaltensregeln sich verfestigt haben. Er unterscheidet dabei zwischen Interaktionsnormen, Herrschaftsnormen und kulturellen Normen. Die Differenzierung zwischen *Art* und *Herkunft* der Normen geschieht deshalb, weil er die *Art* der Normen abhängig sieht von der Möglichkeit, diese Verhaltensvorschriften individuell auszugestalten, während die unterschiedliche *Herkunft* der Normen Auskunft darüber gibt, in welcher Weise diese Anweisungen verlangen, daß man sich mit ihnen identifiziert. Dreitzels Schema zur analytischen Unterscheidung der verschiedenen sozialen Rollen sieht folgendermaßen aus:

Klassifikationsschema für soziale Rollen

zunehmende Identifikation ←

Art der Normen \ Herkunft der Normen	*Kulturelle Normen* personbezogen	*Herrschaftsnormen* organisationsbezogen	*Interaktionsnormen* situationsbezogen
Vollzugsnormen Gehorsam gegenüber Regeln	*Sozialisierungsrollen* Kind, Patient	*Ausführungsrollen* Soldat, Strafgefangener	*Spiel-Rollen* Verkehrsteilnehmer, Fußballspieler
Qualitätsnormen Bewältigung von Aufgaben	*Helfer-Rollen* Eltern, Doktorvater, Seelsorger	*Arbeitsrollen* Postbeamter, Arbeiter, Vereinsvorsitzender	*Bewältigungsrollen* Prüfling, Diskussionsleiter
Gestaltungsnormen Stil der Wertrealisierung	*Beziehungsrollen* Ehemann, Liebhaber, charismatischer Führer	*Leistungsrollen* Politiker, Schauspieler, Wissenschaftler	*Kontaktrollen* Nachbar, Gastgeber

↑ abnehmende Ich-Leistungen

„Die Tabelle zeigt, wie die Identifikation des Rollenspielers mit seiner Rolle von den situationsbezogenen über die organisationsbezogenen Rollen zunimmt: die personbezogenen Rollen sind weitgehend internalisiert (verinnerlicht). Die Dimension der zunehmenden Identifikation bezeichnet also das Verhältnis Person – Rolle, die Dimension der abnehmenden Ich-Leistungen bezeichnet den Zwangscharakter der sozialen Normen. Aus beiden ergibt sich die Verfügbarkeit der sozialen Rollen: sie ist bei den Sozialisierungsrollen am geringsten und bei den Kontaktrollen am größten“ (Dreitzel, 1972: 140).

6. Zusammenfassung

Wenn wir die bislang referierten Überlegungen von Uta Gerhardt und Hans Peter Dreitzel zusammenfassen, können wir sagen, daß der soziologische Gebrauch des Begriffes „Rolle" zweierlei deutlich macht:

- Die Soziologen verstehen unter „Rolle" nicht ein tatsächliches, unmittelbar beobachtbares Verhalten, so wie es der alltägliche Gebrauch dieses Bildes suggeriert, sondern sie bezeichnen damit einen angenommenen Komplex von Verhaltenserwartungen, die für den Handelnden unterschiedlich verpflichtenden Charakter haben.
- „Rollen" unterscheiden sich im Grad der Konkretheit bzw. der Allgemeinheit von Verhaltenserwartungen. Dieser Gesichtspunkt ist entscheidend sowohl für die Unterscheidung von Uta Gerhardt in Situations-, Positions- und Status-Rollen, als auch für die Unterteilung von Hans Peter Dreitzel in *Art* und *Herkunft* der Normen.

Wir können an diese Zusammenfassung noch ein drittes Merkmal anschließen. Bei allen Darstellungen des „rollenhaften" Handelns der Individuen wurde gesagt, daß die Individuen über die Gestaltung von ‚Rollen' in konkreten Handlungen selbständig zu entscheiden haben. Damit ist der einzelne nicht ausschließlich Vollstrecker konkreter Regieanweisungen, die ihm von der „Gesellschaft" oder von einer Organisation gegeben werden, sondern er kann selber zu Rolleninterpretationen und Rollenkombinationen finden, die ihn als Individuum unverwechselbar machen. Die Darstellung der *eigenen* Person in „Rollen" kann nicht isoliert geschehen, sondern ist immer bezogen auf die anderen, auf unsere Mitmenschen. Wenn wir, wie Alice, sagen wollen, wer wir sind, dann können wir es nur, wenn wir uns in Abgrenzung zu unseren Mitmenschen bestimmen. Und wir bestimmen uns nur in Form von Typisierungen, d.h. Verallgemeinerungen, die wir ‚Rolle' nennen können.
Die Fachbegriffe der Soziologie sind Ausdruck bestimmter Auffassungen vom Wesen des Menschen. In unserem Fall verkörpert der Begriff der ‚Rolle' eine Interpretation menschlichen Handelns als regelhaft, als organisiert in erkennbaren und vorhersagbaren Mustern. Deshalb soll zum Schluß noch einmal gefragt werden: Wie nützlich ist die Rede vom „rollenhaften Handeln"? Was wissen wir eigentlich mehr, wenn wir sagen, der Lehrer „spielt eine Rolle"? Der Vorteil der Benutzung eines solchen Begriffs liegt darin, daß wir zahllose einzelne Handlungen zusammenfassen und strukturieren können nach dem unterschiedlichen Allgemeinheitsgrad der Verhaltenserwartungen. Es läßt sich erkennbar machen, in welchem Maße sich diese Verhaltensregeln verselbständigt haben, wie sie in einer Gesellschaft bewertet werden, welche Konsequenzen sie für das individuelle Verhalten haben. Und dies verweist wiederum darauf, daß Soziologen stärker an der allgemeinen Struktur menschlichen Handelns interessiert sind, als an den Nuancen individuellen Verhaltens.
Eine Gefahr bei der Verwendung dieser Begriffe liegt darin, daß das, was hier als ein theoretisches Konstrukt dargestellt wird, sich verselbständigt. Dann verändert sich die erst nur theoretisch-analytische Vorstellung, daß man menschliches Verhalten als „rollenhaftes" Verhalten beschreiben könne, leicht zu der Überzeugung, daß man den Menschen tatsächlich über Rollen und Normen vollständig erfaßt. Ein Beispiel für dieses Risiko gibt die Diskussion über den „Homo Sociologicus" von Ralf Dahrendorf in der Bundesrepublik (vgl. Tenbruck, 1961: 1–40).
Das generelle Problem aller Versuche, menschliches Verhalten über das Handeln in Rollen zu erklären liegt darin, daß wir allgemein nur sehr wenig darüber wissen, *wie* die Menschen in ihrem alltäglichen Tun mit Statuszuschreibungen, Positionsrollen und Situationsdefinitionen fertig werden; *wie* es ihnen gelingt, sich typisch zu verhalten und trotzdem Individualität zu verkörpern; *wie* sie es möglich machen, daß vielfältiges individuelles Verhalten sich

zusammenfügt in einem gemeinsamen Handeln vieler Menschen. Das soziologische Bild vom rollenhaften Handeln läuft leicht Gefahr, ein zu statisches Gleichnis zu geben von den zahlreichen Entscheidungsabläufen und Handlungsalternativen zwischenmenschlichen Verhaltens.

Übungsaufgaben zu Kapitel V

1. Notieren Sie bitte für sich und eine Bezugsperson im Anschluß an eine gemeinsame Interaktionssituation welche Situations-, Positions- und Statusrollen in diesem Kontakt aktualisiert wurden.
2. Beschreiben Sie einen Fall, in dem Sie vor dem Problem standen, verschiedene miteinander im Widerspruch stehende Rollen zu spielen. Wie haben Sie sich in dieser Situation verhalten bzw. den Konflikt gelöst?
3. Diskutieren Sie bitte kritisch folgendes Dahrendorf-Zitat: „Soziologische Theorien beruhen auf der Annahme, daß soziale Rollen mit menschlichem Verhalten gleichgesetzt werden können" (Dahrendorf, 1965: 77).
4. Erläutern Sie anhand von Beispielen sozialer Rollen Ihres Privat- und Berufslebens, worin die von Dreitzel genannten unterschiedlichen „Ich-Leistungen" und „Identifikations-Anforderungen" verschiedener Rollen bestehen.

Weiterführende Literatur zu Kapitel V

Umfassende Erläuterungen zum Stand der Rollentheorie:

Dahrendorf, Ralf: Homo Sociologicus. Ein Versuch zur Geschichte, Bedeutung und Kritik der Kategorie der sozialen Rolle. Köln/Opladen, Westdeutscher Verlag: ^{5}1965.

Dreitzel, Hans-Peter: Die Inszenierung des Verhaltens I – Zum Verhältnis von sozialer Rolle und Interaktionssituation. In: Dreitzel, H.-P.: Die gesellschaftlichen Leiden und das Leiden an der Gesellschaft. Vorstudien zu einer Pathologie des Rollenverhaltens. Stuttgart, Enke: 1972, S. 95–156.

Gerhardt, Uta: Das Schicksal des Rollenapriori in Deutschland. In: Gerhardt, Uta: Rollenanalyse als kritische Soziologie. Neuwied, Luchterhand: 1971, S. 40–62.

Thomas, Edwin J./Biddle, Bruce J.: The Nature and History of Role Theory. In: Biddle, Bruce J./Thomas, Edwin J. (Hrsg.): Role Theory: Concepts and Research. New York, Wiley & Sons: 1966, S. 3–20.

Texte, die sehr anschaulich Aspekte des Rollenhandelns erläutern:

Goffman, Erving: Wir alle spielen Theater. Die Selbstdarstellung im Alltag. München, Piper: ^{2}1973, S. 19–72.

Holm, Kurt: Der Intra-Rollenkonflikt des Werkmeisters. In: Claessens, Dieter (Hrsg.): Rolle und Macht. München, Piper: ^{2}1970, S. 78–89.

McCall, George/Simmons, J.L.: Identität und Interaktion – Untersuchungen über zwischenmenschliche Beziehungen im Alltagsleben. Düsseldorf, Schwann: 1974, S. 181–212.

Strauss, Anselm: Spiegel und Masken. Die Suche nach Identität. Frankfurt/M., Suhrkamp: 1968, S. 45–94.

Begleittext 5.1:

Rainer Maria Rilke: Die Aufzeichnungen des Malte Laurids Brigge. Deutscher Taschenbuch Verlag: München 1962, S. 73–77.

Ich lernte damals den Einfluß kennen, der unmittelbar von einer bestimmten Tracht ausgehen kann. Kaum hatte ich einen dieser Anzüge angelegt, mußte ich mir eingestehen, daß er mich in seine Macht bekam; daß er mir meine Bewegungen, meinen Gesichtsausdruck, ja sogar meine Einfälle vorschrieb; meine Hand, über die die Spitzenmanschette fiel und wieder fiel, war durchaus nicht meine gewöhnliche Hand; sie bewegte sich wie ein Akteur, ja, ich möchte sagen, sie sah sich selber zu, so übertrieben das auch klingt. Diese Verstellungen gingen indessen nie so weit, daß ich mich mir selber entfremdet fühlte; im Gegenteil, je vielfältiger ich mich abwandelte, desto überzeugter wurde ich von mir selbst. Ich wurde kühner und kühner; ich warf mich immer höher; denn meine Geschicklichkeit im Auffangen war über allen Zweifel. Ich merkte nicht die Versuchung in dieser rasch wachsenden Sicherheit. Zu meinem Verhängnis fehlte nur noch, daß der letzte Schrank, den ich bisher meinte nicht öffnen zu können, eines Tages nachgab, um mir, statt bestimmter Trachten, allerhand vages Maskenzeug auszuliefern, dessen phantastisches Ungefähr mir das Blut in die Wangen trieb. Es läßt sich nicht aufzählen, was da alles war. Außer einer Bautta, deren ich mich entsinne, gab es Dominos in verschiedenen Farben, es gab Frauenröcke, die hell läuteten von den Münzen, mit denen sie benäht waren; es gab Pierrots, die mir albern vorkamen, und faltige, türkische Hosen und persische Mützen, aus denen kleine Kampfersäckchen herausglitten, und Kronreifen mit dummen, ausdruckslosen Steinen. Dies alles verachtete ich ein wenig; es war von so dürftiger Unwirklichkeit und hing so abgebalgt und armselig da und schlappte willenlos zusammen, wenn man es herauszerrte ans Licht. Was mich aber in eine Art von Rausch versetzte, das waren die geräumigen Mäntel, die Tücher, die Schals, die Schleier, alle diese nachgiebigen, großen, unverwendeten Stoffe, die weich und schmeichelnd waren oder so gleitend, daß man sie kaum zu fassen bekam, oder so leicht, daß sie ein Wind an einem vorbeiflogen, oder einfach schwer mit ihrer ganzen Last. In ihnen erst sah ich wirklich freie und unendlich bewegliche Möglichkeiten: eine Sklavin zu sein, die verkauft wird, oder Jeanne d'Arc zu sein oder ein alter König oder ein Zauberer; das alles hatte man jetzt in der Hand, besonders da auch Masken da waren, große drohende oder erstaunte Gesichter mit echten Bärten und vollen oder hochgezogenen Augenbrauen. Ich hatte nie Masken gesehen vorher, aber ich sah sofort ein, daß es Masken geben müsse. Ich mußte lachen, als mir einfiel, daß wir einen Hund hatten, der sich ausnahm, als trüge er eine. Ich stellte mir seine herzlichen Augen vor, die immer wie von hinten hineinsahen in das behaarte Gesicht. Ich lachte noch, während ich mich verkleidete, und ich vergaß darüber völlig, was ich eigentlich vorstellen wollte. Nun, es war neu und spannend, das erst nachträglich vor dem Spiegel zu entscheiden. Das Gesicht, das ich vorband, roch eigentümlich hohl, es legte sich fest über meines, aber ich konnte bequem durchsehen, und ich wählte erst, als die Maske schon saß, allerhand Tücher, die ich in der Art eines Turbans um den Kopf wand, so daß der Rand der Maske, der unten in einen riesigen gelben Mantel hineinreichte, auch oben und seitlich fast ganz verdeckt war. Schließlich, als ich nicht mehr konnte, hielt ich mich für hinreichend vermummt. Ich ergriff noch einen großen Stab, den ich, soweit der Arm reichte, neben mir hergehen ließ, und schleppte mich so, nicht ohne Mühe, aber, wie mir vorkam, voller Würde, in das Fremdenzimmer hinein auf den Spiegel zu.

Das war nun wirklich großartig, über alle Erwartung. Der Spiegel gab es auch augenblicklich wider, es war zu überzeugend. Es wäre gar nicht nötig gewesen, sich viel zu bewegen; diese Erscheinung war vollkommen, auch wenn sie nichts tat. Aber es galt zu erfahren, was ich eigentlich sei, und so drehte ich mich ein wenig und erhob schließlich die beiden Arme; große, gleichsam beschwörende Bewegungen, das war, wie ich schon merkte, das einzig Richtige. Doch gerade in diesem feierlichen Moment vernahm ich, gedämpft durch meine Vermummung, ganz in meiner Nähe einen vielfach zusammengesetzten Lärm; sehr erschreckt, verlor ich das Wesen da drüben aus den Augen und war arg verstimmt, zu gewahren, daß ich einen kleinen runden Tisch umgeworfen hatte mit weiß der Himmel was für, wahrscheinlich sehr zerbrechlichen Gegenständen. Ich bückte mich, so gut ich konnte und fand meine schlimmste Erwartung bestätigt; es sah aus, als sei alles entzwei. Die beiden überflüssigen, grün-violetten Porzellanpapageien waren natürlich, jeder auf eine andere boshafte Art, zerschlagen. Eine Dose, aus der Bonbons rollten, die aussahen wie seidig eingepuppte Insekten, hatte ihren Deckel weit von sich geworfen, man sah nur eine Hälfte, die andere war überhaupt fort. Das Ärgerlichste aber war ein in tausend winzige Scherben zerschellter Flacon, aus dem der Rest irgendeiner alten Essenz herausgespritzt war, der nun einen Fleck von sehr widerlicher Physiognomie auf dem klaren Parkett bildete. Ich trocknete ihn schnell mit irgendwas auf, das an mir herunterhing, aber er wurde nur schwärzer und unangenehmer. Ich war recht verzweifelt. Ich erhob mich und suchte nach irgendeinem Gegenstand, mit dem ich das alles gutmachen konnte. Aber es fand sich keiner. Auch war ich so behindert im Sehen und in jeder Bewegung, daß die Wut in mir aufstieg gegen meinen unsinnigen Zustand, den ich nicht mehr begriff. Ich zerrte an allem, aber es schloß sich nur noch enger an. Die Schnüre des Mantels würgten mich, und das Zeug auf meinem Kopfe drückte, als käme immer noch mehr hinzu. Dabei war die Luft trübe geworden und wie beschlagen mit dem ältlichen Dunst der verschütteten Flüssigkeit.

Heiß und zornig stürzte ich vor den Spiegel und sah mühsam durch die Maske durch, wie meine Hände arbeiteten. Aber darauf hatte er nur gewartet. Der Augenblick der Vergeltung war für ihn gekommen. Während ich in maßlos zunehmender Beklemmung mich anstrengte, mich irgendwie aus meiner Vermummung hinauszuzwängen, nötigte er mich, ich weiß nicht womit, aufzusehen und diktierte mir ein Bild, nein, eine Wirklichkeit, eine fremde, unbegreifliche monströse Wirklichkeit, mit der ich durchtränkt wurde gegen meinen Willen: denn jetzt war er der Stärkere, und ich war der Spiegel. Ich starrte diesen großen, schrecklichen Unbekannten vor mir an, und es schien mir ungeheuerlich, mit ihm allein zu sein. Aber in demselben Moment, da ich dies dachte, geschah das Äußerste: ich verlor allen Sinn, ich fiel einfach aus. Eine Sekunde lang hatte ich eine unbeschreibliche, wehe und vergebliche Sehnsucht nach mir, dann war nur noch er; es war nichts außer ihm.

Ich rannte davon, aber nun war er es, der rannte. Er stieß überall an, er kannte das Haus nicht, er wußte nicht wohin; er geriet eine Treppe hinunter, er fiel auf dem Gange über eine Person her, die sich schreiend freimachte. Eine Tür ging auf, es traten mehrere Menschen heraus: Ach, das war gut, sie zu kennen. Da war Sieversen, die gute Sieversen, und das Hausmädchen und der Silberdiener: nun mußte es sich entscheiden. Aber sie sprangen nicht herzu und retteten; ihre Grausamkeit war ohne Grenzen. Sie standen da und lachten, mein Gott, sie konnten dastehn und lachen. Ich weinte, aber die Maske ließ die Tränen nicht hinaus, sie rannen innen über mein Gesicht und trockneten gleich und rannen wieder und trockneten. Und endlich kniete ich hin vor ihnen, wie nie ein Mensch gekniet hat; ich kniete und hob meine Hände zu ihnen und flehte: „Herausnehmen, wenn es noch geht, und behalten", aber sie hörten es nicht: ich hatte keine Stimme mehr.

Sieversen erzählte bis an ihr Ende, wie ich umgesunken wäre und wie sie immer noch weitergelacht hätten in der Meinung, das gehöre dazu. Sie waren es so gewöhnt bei mir. Aber dann wäre ich doch immerzu liegengeblieben und hätte nicht geantwortet. Und der Schrecken, als sie endlich entdeckten, daß ich ohne Besinnung sei und dalag wie ein Stück in allen den Tüchern, rein wie ein Stück.

Begleittext 5.2:

Peter L. Berger/Thomas Luckmann: Gesellschaftliche Konstruktion der Wirklichkeit. Fischer: Frankfurt 1971, S. 33–34.

Die Wirklichkeit der Alltagswelt verfügt über Typisierungen, mit deren Hilfe ich den Anderen erfassen und behandeln kann. Ich sehe etwa „einen Kerl" in ihm, „einen typischen Europäer", „eine joviale Type" und so weiter. Solche Typisierungen wirken unausgesetzt auf meine Reaktionen – so, wenn ich zum Beispiel beschließe, ihn zuerst auszuführen, bevor ich ihm mein Geschäftsangebot mache. Mein Vis-à-vis-Verhalten wird von solchen Typisierungen geleitet, solange es nicht dadurch problematisch wird, daß der Andere sie über den Haufen wirft. So kann mich etwa der Augenschein lehren, daß er, obwohl „ein Kerl", „ein typischer Europäer" und „ein Käufer", sich als selbstgerechter Moralist aufspielt und das, was ich für Jovialität hielt, tatsächlich ein Ausdruck seiner Geringschätzigkeit für Amerikaner und amerikanische Firmenvertreter im besondern ist. Meine Typisierungen müssen also revidiert und modifiziert werden, das heißt: ich muß den Abend mit ihm anders einrichten. Wenn Typisierungen jedoch nicht auf diese oder ähnliche Weise in Frage gestellt werden, so halten sie sich bis auf weiteres und bestimmen mein Verhalten in der jeweiligen Situation. Vorgegebene Typisierungen für eine Vis-à-vis-Situation sind natürlich reziprok. Der Andere nimmt auch mich „typisch" wahr, „einen Kerl", einen typischen Amerikaner", „einen Burschen, der sich beliebt machen will". Seine Typisierungen sind so anfällig für mein Dazwischenkommen wie meine für seines. Mit anderen Worten: unser beider Bestand an Typisierungen tritt in der Vis-à-vis-Situation in eine fortwährende „Verhandlung" ein. Auch für diese Verhandlung hat die Alltagswelt höchstwahrscheinlich eine Schablone bereit – beispielsweise bei Käufer und Verkäufer. Meine Kontakte in der Alltagswelt sind demnach fast immer im doppelten Sinne „typisch": Ich erfasse den Anderen als Typus und befinde mich mit ihm in einer Kontaktsituation, die ebenfalls typisch ist.

Die Typen gesellschaftlicher Interaktion werden in steigendem Maße anonymer, je weiter die Interaktion von der Vis-à-vis-Situation entfernt ist. Eine gewisse Anonymität steht natürlich am Anfang jeder Typisierung. Wenn ich meinen Freund Henry in die Kategorie X einreihe (zum Beispiel Engländer), so sehe ich mindestens gewisse Züge seines Verhaltens als durch seine Typuszugehörigkeit bedingt: seine Vorliebe für gewisse Speisen und ihre Zubereitung ist typisch für Engländer, ebenso seine Manieren und gewisse Gefühlsreaktionen beziehungsweise deren Fehlen. Das bedeutet, daß, was typisch für meinen Freund Henry ist, auch auf beliebige Engländer zutrifft. Mit Hilfe „anonymer" Eigenschaften erfasse ich also die entsprechenden meines Freundes. Solange er mir jedoch von Angesicht zu Angesicht in der ganzen Fülle seines Ausdrucksvermögens gegenübersteht, bricht er selbst ständig durch die Gitter des anonymen Engländers und behauptet sich als einzigartiges und daher atypisches Individuum – mein Freund Henry. Die Anonymität des Typischen wird durch diese Art der Individualisierung offenbar weniger gefährdet, wenn die Vis-à-vis-Situation der Vergangenheit angehört (mein Freund Henry, der Engländer, den ich als Studenten kannte) oder wenn sie oberflächlich und vorübergehend war (der Engländer, mit dem ich mich im Zuge unterhalten habe) oder schließlich, wenn sie niemals stattgefunden hat (mein Konkurrent in England).

Begleittext 5.3:

Klaus Mollenhauer: Theorien zum Erziehungsprozeß. Juventa: München 1972, S. 122–128.

Der symbolische Interaktionismus verwendet für diese auf die Situation gerichtete strukturierende Aktivität des Individuums den Ausdruck „Definition der Situation". Der Ausdruck ist allerdings mißverständlich, da er vermuten lassen könnte, es werde behauptet, daß das Individuum in einem nicht nur bewußten, sondern auch verbal explizierten kommunikativen Akt die Situation zuerst definiere und dann entsprechend handele. Eine solche idealistisch-rationalistische Annahme wäre gewiß leicht als unzutreffend zu erweisen. Im Verhalten eines 3jährigen Kindes in einem familiären Konflikt werden wir vermutlich nur selten dergleichen beobachten können. „Definition" heißt denn auch nicht die spezielle intellektuelle Tätigkeit des Definierens im Zusammenhang rationaler verbaler Erörterungen, sondern die bewußte oder unbewußte Strukturierung der Bedeutungs-Komponenten der Situation gemäß den erworbenen kognitiven und Beziehungs-Schemata. ...

Da von jedem der Interaktions-Partner je andere Situationsdefinitionen vorgenommen werden können – in pädagogischen Kommunikationen wird das vermutlich sogar die Regel sein – ist es nicht unabdingbar, daß in einer Situation nur *eine* Definition gilt. So können zum Beispiel Konfliktsituationen dadurch beschrieben werden, daß in ihnen divergierende Situationsdefinitionen aufeinandertreffen, infolgedessen Ereignisse unterschiedlich als sinnvoll interpretiert werden, Elemente der Situation vom einen als bedeutsam, vom anderen dagegen als irrelevant wahrgenommen werden. Die durch das Verlangen einer Schüler-Gruppe nach Mitentscheidung über die Lernziele entstandene Situation; die Reglementierung eines Lehrlings wegen politischer Tätigkeit im Betrieb; die Situation eines Obdachlosen-Kindes in der Grundschule unter der Ankündigung, in eine Sonderschule überwiesen zu werden; die Einweisung eines Jugendlichen in ein Erziehungsheim: diese Situationen implizieren jeweils ein Bündel von Situationsdefinitionen der verschiedenen Beteiligten, die nicht kongruent sind und gerade in diesem Sachverhalt ihr pädagogisches Problem haben. Kompliziert werden solche Konstellationen jeweils dadurch, daß die Definition der Anwendungsfall jener erworbenen kognitiven und Beziehungs-Schemata ist und insofern die Komponenten der Individualgenese, des sozialen Erfahrungsfeldes und der institutionellen Merkmale der Situation selbst enthält. Da Erziehung aber nichts anderes ist als Strukturierung von Situationen, also auch Umgang mit den Situationsdefinitionen aller an der pädagogischen Kommunikation Beteiligten, muß die Analyse solcher zwischen dem im pädagogischen Feld interagierenden Individuen wirksamen Situationsdefinitionen als der erste praktische Schritt eines jeden pädagogischen Handelns überhaupt werden. Gleiches gilt für die Forschung: Erst die Ermittlung der Situationsdefinition der Betroffenen kann uns Einblick in die Relevanz der wissenschaftlichen Fragestellungen verschaffen; das gilt allerdings nur, sofern die Forschung an den Problemen des Handlungsfeldes und nicht nur an abstrakter Theorie interessiert ist...

Das Problem der interpersonellen Kontrolle, d.h. der wechselseitigen Beeinflussung der Interaktions-Partner, kann so formuliert werden als die Frage nach der erfolgreichen Beeinflussung der Situationsdefinition des jeweils anderen. Das geschieht dadurch, daß alter dazu gebracht wird, die Bedeutungskomponenten der Situation so zu strukturieren, daß sie mit der Situationsdefinition von ego kongruent sind. Auf der Ebene der symbolischen Kommunikation entstehen so Gewohnheiten ... die sichern, daß die Individuen soziale Fälle oder Situationen nach einem konstanten Schlüssel dekodieren, Situationsdefinitionen also nicht beliebig vorgenommen werden, sondern nach Maßgabe eines „herrschenden Interesses". ...

Ein Beispiel berichtet Watzlawick:

„Unter den während des Krieges in England stationierten amerikanischen Soldaten war die Ansicht weit verbreitet, die englischen Mädchen seien sexuell überaus leicht zugänglich. Merkwürdigerweise behaupteten die Mädchen ihrerseits, die amerikanischen Soldaten seien übertrieben stürmisch. Eine Untersuchung, an der u.a. Margaret Mead teilnahm, führte zu einer interessanten Lösung dieses Widerspruchs. Es stellte sich heraus, daß das Paarungsverhalten (courtship pattern) – vom Kennenlernen der Partner bis zum Geschlechtsverkehr – in England wie in Amerika ungefähr dreißig verschiedene Verhaltensformen durchläuft, daß aber die Reihenfolge dieser Verhaltensformen in den beiden Kulturbereichen verschieden ist. Während z.B. das Küssen in Amerika relativ früh kommt, etwa auf Stufe 5, tritt es im typischen Paarungsverhalten der Engländer relativ spät auf, etwa auf Stufe 25. Praktisch bedeutet dies, daß eine Engländerin, die von einem Soldaten geküßt wurde, sich nicht nur um ein Großteil des für sie intuitiv ‚richtigen' Paarungsverhaltens (Stufe 5–24) betrogen fühlte, sondern zu entscheiden hatte, ob sie die Beziehung an diesem Punkt abbrechen oder sich dem Partner sexuell hingeben sollte. Entschied sie sich für letztere Alternative, so fand sich der Amerikaner einem Verhalten gegenüber, das für ihn durchaus nicht in dieses Frühstadium der Beziehung paßte und nur als schamlos zu bezeichnen war."

Dieses Beispiel weist darauf hin, wie kompliziert Situationsdefinitionen werden, wenn die verwendeten Symbole keine geteilte Bedeutung mehr haben. Wie diffizil der Vorgang des Definierens und Um-Definierens ist, wird dann deutlich, wenn man sich vergegenwärtigt, was die Partner tun müßten, um bei einem Verhalten zu einem Konsens zu kommen, das so stark wie das sexuelle sich an nichtverbalen Kommunikationsmitteln orientiert, immer vorausgesetzt, daß die nicht expliziten Regeln, denen das Verhalten der Partner folgt, nicht kongruent sind.

Nicht in dieser offensichtlichen Weise ins Auge fallend, aber dennoch von der gleichen Form, sind Situationen und ihre Definitionsprobleme, wenn Kinder verschiedener Subkulturen zusammentreffen, wenn bürgerliche Erwachsene mit jugendlichen Banden zu tun haben, wenn psychoanalytisch orientierte Lehrer mit stark leistungsorientierten Eltern sich auseinandersetzen müssen, ja selbst wenn stark geschlechtsrollengebundene Situationsdefinitionen von Ehepartnern in familialen Situationen aufeinandertreffen. Solche Andeutungen machen hoffentlich plausibel, in welche Vielzahl von Fragen sich eine zureichende Beantwortung des Problems der Situationsdefinition im Zusammenhang pädagogischer Kommunikationen aufsplittert:

- Welche verbalen Kommunikationsmittel werden verwendet?
- Welche Sachverhalte werden, bzw. in welchen Kommunikationsakten wird reichhaltig verbalisiert, in welchen weniger reichhaltig?
- Welche nicht-verbalen Gesten werden zur Strukturierung der Situation verwendet?
- Worauf richtet sich die Aufmerksamkeit und die Interaktionshäufung unter den Interaktionspartnern?
- Mit welchen Mitteln und in welcher Richtung versuchen die Interaktionspartner, die Situationsdefinition des anderen zu beeinflussen? Und so weiter.

Der Begriff Situationsdefinition leistet mithin zweierlei: Er erlaubt, das Individuum und sein Handeln im Rahmen der gesellschaftlichen Determinanten zu interpretieren, unter deren Zwang es leben muß – er unterschlägt dabei andererseits aber nicht, daß alles Handeln des Individuums eine intentionale Komponente hat, daß es selbst Daten fortwährend interpretiert und das aus solcher Interpretation folgende Handeln verantworten kann, daß das Individuum zugleich Objekt und Subjekt seiner Verhältnisse ist. Dies ist es allerdings in je verschiedenen Ausprägungen, die großenteils von den objektiven Merkmalen der Situation abhängen, d.h.

davon, wie groß der *explizite* Definitionsspielraum ist, der dem Individuum verbleibt, und wie groß der Anteil verdrängter, nur noch projektiver Definitionsgehalte ist, die nicht mehr handlungsrelevant werden können.

Begleittext 5.4:

Ralf Dahrendorf: Homo Sociologicus. Ein Versuch zur Geschichte, Bedeutung und Kritik der sozialen Rolle. Westdeutscher Verlag: Köln/Opladen ^{5}1965, S. 59–61.

Ein für die Untersuchung der Sozialstruktur von Gesellschaften besonders wichtiger Bereich der Rollenanalyse liegt in der Ermittlung von Erwartungskonflikten innerhalb sozialer Rollen *(intra-role conflict).* J. Ben-David hat unter diesem Gesichtspunkt die Rolle des Arztes in der bürokratisierten Medizin mit dem doppelten Erwartungshorizont des Dienstes am Patienten und der Erfüllung administrativer Verpflichtungen untersucht. Ähnliche Konflikte charakterisieren die Mehrzahl akademischer Posititonen, die nicht mehr „freie Berufe" sind. In diesen Fällen kennen verschiedene Bezugsgruppen – Klienten und übergeordnete Behörden – widersprüchliche Erwartungen, die den Träger der Position vor eine unlösbare Aufgabe stellen und daher einerseits zu einem sozialen Strukturwandel zwingen, andererseits aber, solange ein solcher Wandel nicht eintritt, jeden Träger der Position zum „Gesetzesbrecher" machen bzw. von den Bezugsgruppen keineswegs beabsichtigte Verhaltensweisen hervorbringen (bei Ärzten zumeist die Vernachlässigung der Patienten, deren Sanktionen weniger einschneidend sind als die der Behörden). Viele Probleme des Sozialverhaltens lassen sich durch ihr Verständnis als Erwartungskonflikt innerhalb von Rollen erklären.
Die Untersuchung von Konflikten innerhalb von Rollen ist erst durch die Unterscheidung von Rollensegmenten möglich geworden; älter ist die Beschäftigung mit Konflikten, die dort auftreten, wo auf eine Person mehrere Rollen mit widersprechenden Erwartungen entfallen. Solche Konflikte zwischen Rollen *(inter-role conflict)* sind strukturell vor allem dann wichtig, wenn sie nicht auf der zufälligen Wahl von Individuen, sondern auf Gesetzlichkeiten der Positionszuordnung beruhen. Der Einzelne, der die Rollen als Mitglied zweier einander bekämpfender Parteien nicht zu vereinen vermag, kann aus einer von beiden austreten; der Parlamentarier aber, der gleichzeitig einen Beruf ausüben soll, oder der Sohn eines Arbeiters, der als Rechtsanwalt den Erwartungen seiner neuen, höheren Schicht nachkommen soll, hat keine Wahl und steht nichtsdestoweniger in einem Konflikt. Das bekannteste Problem, das mit diesen Begriffen einer Lösung nähergeführt worden ist, ist das der reduzierten Bedeutung der Familie in der industriellen Gesellschaft. N. Smelser hat in seiner Studie über die Baumwollindustrie zur Zeit der Industrialisierung in England gezeigt, wie die Verlagerung der Produktion vom Haus in die Fabrik mit der Trennung von Familien- und Berufsrollen zu einem Konflikt der Erwartungen dieser beiden Sphären geführt hat. Der Vater, der zuvor Arbeit und Erziehung seiner Kinder vereinen konnte, muß diese nun trennen und eine der beiden Funktionen einschränken. Der Konflikt zwischen Berufs- und Familienrollen und seine allmähliche Lösung durch Reduzierung der Erwartungen familiärer Positionen läßt sich an historischem Material im einzelnen belegen und kann als Paradigma für viele andere Prozesse der gesellschaftlichen Teilung der Arbeit gelten.
Bei Problemen des Konfliktes von Erwartungen innerhalb von und zwischen Rollen, die auf einen Einzelnen fallen, ist die Brauchbarkeit des Rollenbegriffes offenkundig; doch erstreckt diese sich auf ein sehr viel weiteres Feld. Man denke etwa an das Problem der Erklärung des industriellen Konfliktes. Warum stehen Unternehmer und Arbeiter in einem Konflikt? Ist es, weil zwischen diesen Menschengruppen ein Gegensatz besteht? Sind Arbeiter und Unterneh-

mer als Personen unversöhnliche Gegner? Diese Annahme wäre offenbar wenig plausibel; doch steht sie zumindest implizit hinter vielen Erörterungen dieses Themas. Mit den hier entwickelten Kategorien können wir solche Vermutungen durch einleuchtendere Annahmen ersetzen. Arbeiter und Unternehmer sind die Träger zweier Rollen, die (unter anderem) durch widersprüchliche Rollenerwartungen definiert sind. Der Gegensatz zwischen ihnen ist strukturell gegeben, d.h. er ist von den Gefühlen und Vorstellungen der Rollenspieler prinzipiell unabhängig. Der Konflikt zwischen Arbeitern und Unternehmern besteht nur, insoweit die Herren A, B, C Träger der Position „Unternehmer“ und die Herren X, Y, Z Träger der Position „Arbeiter“ sind. In anderen Positionen – z.B. als Mitglieder eines Fußballklubs – können A, B, C und X, Y, Z gute Freunde sein. Alle soziologischen Aussagen über ihr Verhältnis lassen sie als Menschen unberührt; sie sind Aussagen über den Menschen als Träger von Positionen und Spieler von Rollen.

VI. Sozialisation

1. Der Begriff und seine Voraussetzungen

Der Ausdruck „Sozialisation" bezeichnet in sehr allgemeiner Weise das Hineinwachsen des Menschen in seine Gesellschaft, die Aneignung all der Kenntnisse und Fertigkeiten, der Wertmaßstäbe und Verhaltensregeln, die er braucht, um sich in der gesellschaftlichen Umwelt zurechtzufinden. Dieser Vorgang, auch „Vergesellschaftung" genannt, hat sein Schwergewicht während der Kindheit und des Jugendalters, wiederholt sich aber im Prinzip, wann immer jemand sich in einer neuer Position eingewöhnen muß:

Wer kennt sie nicht, Annoncen wie diese: „Für die Fabrikation unserer weltweit bekannten Produkte suchen wir noch weibliche Mitarbeiterinnen für leichte Anlernarbeiten in sitzender Tätigkeit. Vorkenntnisse sind nicht erforderlich. Gute Verdienstmöglichkeiten, sofort voller Tariflohn während der Anlernzeit, angenehmes Betriebsklima..." etc.
Solcherart informiert und „vorbereitet" betritt die Berufsanfängerin den Industriebetrieb, durchläuft die ärztlichen Tauglichkeitsuntersuchungen, die Eignungsteststelle und nur wenn sie Glück hat, „landet" sie dann in einer eigens für Berufsanfängerinnen eingerichteten kleinen, überschaubaren Anlernwerkstatt.
In der Regel jedoch kommt die ‚Neue' in einer Fertigungshalle auf einen nicht tempogebundenen Arbeitsplatz; wird eingewiesen, wird langsam angelernt. Natürlich versteht sie eigene Arbeitsposition und die Arbeitspositionen ihrer Kolleginnen nicht so, wie wir sie in nackter funktionaler Rationalität im vorangegangenen Abschnitt offenzulegen versuchten.
Die ‚Neue' ist umgeben von maschinellen Aggregaten, deren Bedeutung sie nicht kennt, von fremden Menschen, die diese Maschinen in – wie es ihr scheint – „wahnsinnigem" Tempo bedienen, ggf. sich dabei sogar noch unterhalten!
Der Zaghaftigkeit einer so fremden, unpersönlichen Umwelt gegenüber folgt oft Verzagtheit. Die erste Leistung besteht oft darin, nicht die Nerven zu verlieren. Oft kommt es aber auch schon zum ersten Konflikt, zum Realitätsschock:
„Das schaffe ich nie!"
Die ersten Arbeitstage sind gar nicht so selten zugleich die letzten.
In der Regel jedoch steht die ‚Neue' diese Konfliktsituation durch, allmählich merkt sie Fortschritte in ihrer Fertigkeit, eines Tages erlebt sie, daß sie „es geschafft" hat, zum ersten Mal kann sie Akkordverdienst abrechnen (Zirwas, 1972: 35).

Lehrbuchdefinitionen und Stichwortartikel in Fachwörterbüchern charakterisieren Sozialisation auch als Integration des Menschen in das bestehende Rollensystem (z.B. Hartfiel, 1972: 603). Solche Formulierungen deuten auf den abstrakten Charakter des Sozialisationsbegriffes hin. Integration in ein Rollensystem ist nichts, was sich unmittelbar beobachten läßt. Man kann nicht ohne weiteres sehen, wie sich jemand die Denk- und Verhaltensweisen seiner Umwelt aneignet, sondern nur feststellen, daß er es getan hat. Wenn wir davon überzeugt sind, daß jeder Mensch einen Sozialisationsprozeß durchläuft, dann in erster Linie deshalb, weil der Gedanke einfach naheliegt. Wir *beobachten,* daß menschliches Verhalten zwar eine ungeheure

Vielfalt aufweist, daß sich aber fast jeder in einer für sein jeweiliges Milieu typischen Weise verhält. Daraus *schließen* wir, daß Verhalten im wesentlichen gelernt, nicht angeboren ist. Schon in der Antike war die Erkenntnis, daß andere Länder andere Sitten haben, offenbar weit verbreitet. Die Ägypter, so berichtet Herodot im 5. Jahrhundert v. Chr., haben

„entsprechend dem Himmel, der bei ihnen anders ist, und dem Flusse, der ein anderes natürliches Gepräge hat als die sonstigen Flüsse, sich Sitten und Gebäuche gegeben, die in fast allen Stücken im Gegensatz zu denen der übrigen Menschheit stehen. Bei ihnen gehen die Frauen auf den Markt und treiben Handel, während die Männer zu Hause bleiben und am Webstuhl sitzen. Während alle anderen beim Weben den Einschlag nach oben stoßen, stoßen ihn die Ägypter nach unten. Die Lasten tragen die Männer auf dem Kopf, die Frauen auf den Schultern. Die Frauen urinieren stehend, die Männer sitzend. Den Abort haben sie im Hause, das Essen nehmen sie außerhalb des Hauses auf der Straße ein, wobei sie als Erklärung geben, man müsse, was zwar häßlich, aber unumgänglich ist, im Verborgenen erledigen, was aber nicht häßlich ist, solle man in aller Öffentlichkeit tun. Keine Frau übt ein Priesteramt aus weder für eine männliche noch für eine weibliche Gottheit, die Männer aber für alle Götter und Göttinnen. Den Unterhalt der Eltern zu bestreiten, beruht für die Söhne ganz auf Freiwilligkeit, und es wird kein Zwang ausgeübt. Dagegen besteht keine Freiwilligkeit, vielmehr voller Zwang für die Töchter" (Herodot, 1959: 83–84).

Nicht weniger alt scheint die Überzeugung zu sein, daß es dem prägenden Einfluß der Umwelt zu verdanken ist, wenn sich überall junge Menschen zu charakteristischen Vertretern ihrer Gesellschaft entwickeln. Platon scheute nicht davor zurück, im Interesse der von ihm für wünschbar gehaltenen Charakterprägung in seinem Dialog „Der Staat" einer umfassenden Zensur das Wort zu reden:

„Nun weißt du, daß der Anfang überall das wichtigste ist, zumal bei jungen zarten Geschöpfen. In der Kindheit wird die Form umrissen und eingedrückt, die sie haben sollen."
„Allerdings."
„Können wir es daher ohne weiteres zulassen, daß die Kinder beliebige Geschichten von beliebigen Märchendichtern zu hören bekommen? Auf die Gefahr hin, daß sie die entgegengesetzten Anschauungen in ihre Seele aufnehmen, als wir bei den Erwachsenen zu finden wünschen?"
„Ganz und gar nicht können wir das zulassen."
„Wir müssen die Dichter also beaufsichtigen, müssen die guten Geschichten auswählen, die schlechten ausscheiden. Die ausgewählten geben wir den Ammen und Müttern und legen ihnen ans Herz, sie ihren Kindern zu erzählen und dadurch weit mehr für die Pflege ihrer Seele zu tun, als sie mit ihren Händen für die leibliche Pflege tun. Von den Geschichten, die man heute erzählt, müssen wir die meisten verbieten" (Kröner-Ausgabe von 1939, S. 61).

Welche Vielfalt kultureller Formen – und damit Sozialisationsprozesse – es wirklich gibt, haben aber erst die Berichte aus der modernen Völkerkunde (Ethnologie) gezeigt. Besonders reizvoll sind Ergebnisse, die die Amerikanerin Margaret Mead in den Jahren 1925–1933 von ihren Forschungsreisen zu Naturvölkern der Südsee mitbrachte. Bei einem Vergleich dreier Gesellschaften auf Neuguinea zeigte sich, daß nicht nur Sitten und Brauchtum, sondern auch das Temperament jedes einzelnen Menschen zutiefst von seiner Kultur geprägt und daß selbst Eigenschaften wie „Männlichkeit" und „Fraulichkeit" in hohem Maße sozialer Natur sind. Gemessen an unserer eigenen Kultur waren bei einem der von Margaret Mead untersuchten Stämme, den Tschambuli, die Rollen von Mann und Frau geradezu vertauscht. Die Frauen zogen zum Fischen aus und ernährten die Familie, die „typisch fraulichen" Interessen gingen ihnen ab. Die Männer dagegen blieben im Dorf und widmeten sich der Herstellung von

Kostümen und Masken, der Malerei, dem Tanz und der Gestaltung von Festlichkeiten. Bei den benachbarten Arapesh und Mundugumur fand die Ethnologin eine andere Form der Rollenverteilung und nur sehr geringe Temperamentsunterschiede zwischen Mann und Frau. Bei den Ararpesh zeigten die Männer und Frauen einen gleichermaßen sanften und eher ängstlichen Charakter (vgl. Mead, 1970: 53–55), bei den kannibalistischen Mundugumur erschienen beide Geschlechter in ihrem Wesen maskulin, ehrgeizig und aggressiv. Während die Kinder bei den Arapesh liebevoll umsorgt und allen Kümmernissen ferngehalten wurden, galten sie den Mundugumur als Ärgernis und wurden mit betonter Gleichgültigkeit behandelt. Margaret Mead glaubte, daß diese Bedingungen der Sozialisation der Kinder wesentlich zum Charakter der beiden Stämme beitragen (Begleittext 6.1 Mead). Die Gültigkeit der Forschungsergebnisse Margaret Meads ist jetzt von einem neuseeländischen Anthropologen gründlicher Kritik unterzogen worden (vgl. Freeman, 1983 und den Kurzbericht im Spiegel, Heft 7/1983: „Mythos zerstört"). Gerade weil hier ein seltener Fall der Überprüfung empirischer Untersuchungsergebnisse vorliegt, scheint uns Meads Text unverändert aktuell.

Während die Völkerkundler die Vielfalt gesellschaftlicher, den Einzelnen prägender Organisationsformen beschrieben haben, untersuchen Humanbiologen die Merkmale der körperlichen Konstitution, die den Menschen einerseits auf Kultur angewiesen sein lassen, ihn andererseits aber auch befähigen, sich das kulturelle Erbe anzueignen und es weiterzuentwickeln. Als besonders wichtig gelten die biologisch bedingte Fähigkeit zu Spracherwerb und begrifflichem Denken, die Freiheit von starrem Instinktverhalten sowie der aufrechte Gang (Freisetzung der Arme und Hände von Fortbewegungsfunktionen) und der besondere Bau der Hand (abgewinkelte Daumenstellung), die den Menschen zum Werkzeuggebrauch zu prädisponieren scheinen.

Von speziellem Interesse für unser Thema ist eine These des Schweizer Zoologen Adolf Portmann. Danach wird der Mensch eigentlich ein Jahr zu früh geboren („physiologische Frühgeburt"), so daß Reifungsvorgänge, die sich bei Tieren in der Isolierung des Mutterleibes vollziehen, bei ihm von Anfang an sozialen Einflüssen unterliegen. Portmann führt in diesem Zusammenhang an, daß der Mensch zum Zeitpunkt seiner Geburt in seiner *Hilflosigkeit* den Jungen niedrig entwickelter Säugetiere (Mäuse, Eichhörnchen) ähnelt, die der Biologe aufgrund ihrer Abhängigkeit von der Brutpflege durch die Eltern als „Nesthocker" anspricht. Gleichzeitig hat der Mensch aber vom ersten Tag an geöffnete Augen, wie die Neugeborenen der entwicklungsgeschichtlich späten Säuger (Pferde), kann also sehen und *Umwelteindrücke aufnehmen* (vgl. Portmann, 1969: 62–65). In einer Hinsicht sei der neugeborene Mensch sogar den jungen Tieren gegenüber begünstigt: Während beispielsweise das Affenbaby seine Arme und Beine schon bald benutzen muß, um sich am Muttertier festzuklammern, sind Hände und Füße des menschlichen Säuglings von lebensnotwendigen Funktionen entlastet, sie sind frei, um in ungebundenem Spiel und im Betasten der gegenständlichen Umwelt einen Orientierungssinn aufbauen zu helfen, der dem Tier möglicherweise für immer verschlossen bleibt. So ist der Mensch „Nesthocker" und „Nestflüchter" zugleich – ein „hilfloser Nestflüchter", angewiesen auf ständige Pflege und Betreuung, aber in der Entwicklung seiner Sinnesorgane fortgeschritten und voller Aufnahmebereitschaft („Weltoffenheit").

Dies sind alles Belege dafür, daß menschliches Verhalten in wesentlichen Zügen und in seiner konkreten Ausprägung als gelernt gelten muß. Es sind Einsichten, die eine soziologische Verhaltensforschung rechtfertigen. Sie bilden die Voraussetzung für die soziologische Betrachtung, sagen aber noch nichts über Sozialisation als gesellschaftlichen Prozeß und können nicht selber schon zur Soziologie gerechnet werden.

Möglicherweise wird es überhaupt niemals gelingen, den Vorgang der Sozialisation als ganzen darzustellen; Sozialisation ist nämlich nicht nur ein abstrakter, sondern auch ein *globaler*

Begriff. Er bezeichnet ja einen Vorgang (Herausbildung eines kulturspezifischen Persönlichkeitstyps im Individuum), der aus unendlich vielen Einzelereignissen zusammengesetzt ist. Er zieht sich über mehrere Jahrzehnte eines Menschenlebens hin, und nach Meinung mancher Autoren kommt er überhaupt niemals zu einem Abschluß, weil es immer wieder Einschnitte in unserem Leben gibt, die fundamentale Neuorientierungen verlangen (Eheschließung, Berufswechsel, Pensionierung, Umzug in ein Altersheim):

„... grundsätzlich (kann) jedes Erlernen einer neuen sozialen Rolle bzw. jede Eingliederung in eine neue Gruppe als Sozialisation bezeichnet werden. Insofern ist die Sozialisation ein Prozeß, der das gesamte Leben hindurch andauert" (Fuchs u.a. (Hrsg.), 1973: 622).

Wie immer man sich zu einer solchen Ausweitung des Begriffes stellen mag, der Sozialisationsprozeß ist kein festgefügter Einzelvorgang, sondern ein zeitlich ausgedehnter Komplex von Ereignissen, deren Ineinandergreifen sich vorläufig nicht präzise erfassen läßt. Abhandlungen zum Thema Sozialisation bestehen deshalb auch nicht aus Schilderungen des Gesamtprozesses, sondern aus Erörterungen ausgewählter Aspekte.

2. Die Fragestellungen der Sozialisationstheorie

Der amerikanische Soziologe Orville G. Brim (1960) hat die Fragestellungen, die mit dem Thema Sozialisation verbunden sind, folgendermaßen umrissen:

1. Frage: Was untersucht die Sozialisationstheorie?
Sie fragt nach den Unterschieden in den Motiven und Verhaltensweisen der Menschen (dabei kann mit „Verhalten" eine konkrete Handlung in einer ganz bestimmten Situation, typisches Verhalten in wiederkehrenden Situationen oder der ganze Persönlichkeitstyp von Menschen in einer Gesellschaft gemeint sein). Die Sozialisationstheorie will wissen, wie ein Mensch lernt, sich am Arbeitsplatz oder auf einer Parteiversammlung ganz selbstverständlich anders zu verhalten als in der Familie. Es wird untersucht, wie es zu rollengemäßem und situationsspezifischem Verhalten kommt. Außerdem soll ermittelt werden, wieso verschiedene Menschen den sozialen Anforderungen in unterschiedlichem Maße entsprechen, wieso der eine zum strengen Konformisten, der andere aber zum Individualisten, zum gesellschaftlichen Neuerer, zum Psychopathen oder zum Kriminellen werden kann. Bei dieser ersten Frage geht es also um die *Ergebnisse des Sozialisationsprozesses,* um die „abhängigen Variablen".

2. Frage: Auf welche gesellschaftlichen Ursachen werden die Sozialisationsergebnisse zurückgeführt?
Bei der Beantwortung dieser Frage konzentriert sich die Soziologie auf die gesellschaftlichen Einflüsse, denen der Einzelne bei der Sozialisation unterliegt, insbesondere auf das familiäre Milieu des heranwachsenden Kindes („unabhängige Variable"). Als unmittelbar wichtig werden vor allem die Familienstruktur und die im häuslichen Milieu vorherrschenden Verhaltensgewohnheiten betrachtet. Sind beispielsweise die Eltern geschieden, fehlt also die „Position" des Vaters, dann werden den Kindern höchstwahrscheinlich auch eine Reihe von Sozialerfahrungen fehlen, die man typischerweise im Umgang mit dem Vater erwirbt. Ist es in einer Familie nicht üblich, strittige Fragen durch Diskussion zu lösen, dann werden die Kinder im Regelfall auch weniger Geschick in der Kommunikation mit Mitschülern, Kommilitonen und Kollegen zeigen, wird es ihnen schwerer fallen, eigene Gefühle und

Meinungen differenziert zu äußern und zu begründen. Deshalb ist gerade dem Sprachstil in Familien unterschiedlicher Sozialschichten von den Sozialisationstheoretikern besondere Aufmerksamkeit gezollt worden.
Familienstruktur, Erziehungsverhalten und Kommunikationsstile kommen freilich nicht von ungefähr, sondern hängen fraglos auch mit den materiellen Lebensbedingungen der Familien zusammen, sind vielleicht sogar weitgehend durch sie bedingt. Gerade deshalb müssen aber diese „objektiven" gesellschaftlichen Faktoren (Arbeitsbedingungen, Einkommen usw.) hier als mittelbare betrachtet werden, die sich über das Elternverhalten auf den Sozialisationsprozeß der Kinder auswirken.
Im übrigen ist die Familie natürlich nur eine der zahlreichen Sozialisationsinstanzen unserer Gesellschaft, wenn auch diejenige, durch die der Mensch seine grundlegende Einführung in die Gesellschaft erfährt („Primärsozialisation"). Schon als Kind unterliegt er aber dem prägenden Einfluß weiterer und oftmals konkurrierender Instanzen (Massenmedien, Schule – „sekundäre Sozialisation"), und mit zunehmendem Alter muß sich in der modernen Gesellschaft mit ihrem hochspezialisierten Berufssystem das Schwergewicht auf außerfamiliäre Einrichtungen (Studium, Beruf) verlagern. Man unterscheidet deshalb die „tertiäre" bzw. „Erwachsenensozialisation" als besondere Bereiche (Begleittext 6.3 Hartmann). Umgekehrt spricht man von einem „Funktionsverlust der Familie" (vgl. etwa König, 1978: V): sie vermag dem jungen Menschen kaum mehr die wesentlichen Fähigkeiten zur Übernahme qualifizierter Positionen zu vermitteln.

3. Frage: Wodurch wirken sich die unterschiedlichen Milieubedingungen aus?
Galten die ersten beiden Überlegungen den Ergebnissen und den Ursachen der Sozialisation, so betrachtet Brim als dritte Frage die nach den verbindenden Mechanismen, den „intervenierenden Variablen". Um rollen- und situationsspezifischen Anforderungen gerecht werden zu können, ist dreierlei erforderlich: der Einzelne muß *wissen,* was von ihm verlangt wird bzw. gerechterweise verlangt werden kann; er muß *fähig* sein, diesen Anforderungen zu entsprechen bzw. sich mit ihnen auseinanderzusetzen; er muß schließlich *motiviert* sein, entsprechend zu handeln. Für die Sozialisation entscheidend sind also Lernprozesse, die zum Erwerb von Wissen, Fähigkeiten und Motivationen führen.
Wir werden uns im folgenden nicht streng an die Einteilung Brims halten, die wir hier nur als einen möglichen Orientierungsrahmen referiert haben. Insbesondere soll nicht weiter auf die Lernmechanismen selbst eingegangen werden; sie haben in der psychologischen Lerntheorie eingehende Behandlung gefunden. Man unterscheidet dort gewöhnlich Lernen durch Nachahmung, Lernen am Erfolg, Lernen nach dem Prinzip des bedingten Reflexes (Konditionierung) und Lernen auf dem Wege der Identifikation. Übersichten und Literaturhinweise finden sich in den Fachwörterbüchern (z.B. Hartfiel, 1982: Stichwort „Lerntheorien"; Hofstätter, 1957: Stichworte „bedingter Reflex", „Lernen am Erfolg", „Lerntheorie") und der einführenden Literatur (z.B. Gottschalch u.a., 1971: 59 ff.).

3. Sozialisationsinhalte

Grundsätzlich könnte man, wie wir es zu Anfang dieses Kapitels auch getan hatten, alles zu den Inhalten der Sozialisation rechnen, was der Mensch überhaupt von seiner gesellschaftlichen Umwelt übernimmt. Die Beherrschung eines Musikinstrumentes gehörte dann ebenso dazu wie die Kenntnis physikalischer Gesetze, die im Elternhaus gelernten Manieren und der Sprachstil, den man sich angeeignet hat. Faßt man den Sozialisationsbegriff so weit, dann lassen sich die Inhalte nach Kenntnissen, Fertigkeiten, theoretischen Ideen und moralisch-wertenden Überzeugungen gliedern:

Faktenwissen (Kenntnisse)

Kind	z.B. der eigene Name, die Uhrzeiten
Schüler	z.B. Geschichtszahlen, englische Vokabeln
Student	z.B. Gesetzesparagraphen, Statistiken

Fertigkeiten (Fähigkeiten)

Kind	z.B. Radfahren
Schüler	z.B. Multiplizieren
Student	z.B. juristische Urteilsbegründung abfassen

Theoretische Ideen

Kind	z.B. Wer einen roten Kopf bekommt, der lügt
Schüler	z.B. Erhitzt man Metalle, dann dehnen sie sich aus
Student	z.B. Kriminelles Verhalten entsteht durch falsche Erziehung

Moralische (normative) Überzeugungen

Kind	z.B. Ein Junge weint nicht
Schüler	z.B. Man verpetzt nicht seine Klassenkameraden
Student	z.B. Die vom Gericht verhängte Strafe soll keine Rache sein, sondern als Erziehungsmaßnahme wirken

Schließt Sozialisation aber, so wie es hier dargestellt wurde, *alles* Lernen ein, dann ist sie nur ein anderer Name für Erziehung oder Ausbildung. In der Tat werden diese Ausdrücke auch oft unterschiedslos gebraucht; man faßt Sozialisation dann als bewußte, gezielte Tätigkeit auf und spricht etwa davon, daß man Schüler oder Studenten „sozialisiere". Manchmal wird auch gesagt „Sozialisation" sei als Obergriff aufzufassen:

„Gegenüber dem Begriff ‚Erziehung' ist S. als Oberbegriff aufzufassen, denn er umschreibt neben den von speziellen Personen und Institutionen formal und intentional vorgenommenen pädagogischen Prozessen auch alle sonstigen Mechanismen der Beeinflussung und Persönlichkeitsbildung" (Hartfiel, 1982: 701/702).

Soll „Sozialisation" als Oberbegriff dienen, dann braucht man allerdings für die Vorgänge, die über Erziehung im engeren Sinne hinausgehen, einen besonderen Begriff. Gelegentlich ist versucht worden, den Ausdruck „Enkulturation" hierfür zu verwenden, doch hat sich bisher keine klare Unterscheidung eingebürgert (Begleittext 6.2 Wurzbacher). Vorwiegend wird das Wort „Sozialisation" in der Fachliteraratur *nicht* als Oberbegriff verwendet, sondern als Bezeichnung für jene ungeplanten, aber persönlichkeitsprägenden Vorgänge, die sich nicht sinnvoll als Erziehung und vor allem nicht als Ausbildung charakterisieren lassen. Sie sind es ja auch, die den Soziologen am meisten interessieren. Die Erkenntnis, daß der Mensch durch seine Umwelt geformt werden kann, ist keine besondere Leistung der Sozialwissenschaft; alle Erziehung fußt auf dieser Voraussetzung. Ein Denkgewinn durch soziologische Betrachtungsweise kann nur erzielt werden, wenn prägende Einflüsse entdeckt werden, wo man keine vermutet, oder wenn wir als Soziologen zeigen können, daß Erziehung noch andere als die beabsichtigten Effekte hat. Das läßt sich beispielsweise dadurch veranschaulichen, daß man sich vor Augen hält, welche wichtigen Funktionen Schulbesuch und Studium neben ihren reinen Ausbildungsaufgaben noch erfüllen.

Medizin studieren bedeutet zunächst, Kenntnisse und Fertigkeiten auf Gebieten wie Anatomie und Physiologie, innere Medizin und Chirurgie, Neurologie und Pharmakologie zu erwerben. Das setzt jedoch nicht nur *geistige* Aufnahmefähigkeit, sondern auch eine ganze Reihe *sozialer* Fähigkeiten und Kenntnisse voraus. Der Student muß lernen, welche Bücher und welche Veranstaltungen ihm den größten Nutzen bringen; er braucht Informationen über die Prüfungsmethoden der verschiedenen Professoren; er muß sich mit den herrschenden Gewohnheiten des studentischen Lebens vertraut machen, muß wissen, welche Interessen die verschiedenen studentischen Gruppen vertreten und wen man in welchen Lokalen trifft. Durch den dauernden sozialen Umgang im Milieu der Universität eignet sich der Student Ziele, Denkweisen und Gewohnheiten an, die er mit zahlreichen Kommilitonen seines Faches teilt. Er lernt, das typische Verhalten von Studenten und Dozenten, Bibliothekarinnen und Verwaltungspersonal vorauszusehen. Dadurch wird er fähig, sich in dem sozialen Gebilde Universität zurechtzufinden, mit anderen zu kooperieren, Entscheidungen zu treffen und Konflikte auszutragen.

Was bei der Betrachtung der Sozialisation und ihrer Inhalte im Vordergrund steht, sind nicht so sehr Sachwissen und Können als vielmehr die Regeln und Gepflogenheiten des menschlichen Zusammenlebens, die Ziele, für die ein Mensch seine Fähigkeiten einzusetzen lernt und die allgemeinen Leistungsmotivationen, die seine Aktivität bestimmen. Ein Medizinstudium eröffnet verschiedene Berufsmöglichkeiten: man kann es zum erfolgreichen Modearzt bringen, zum Vertrauensarzt bei einer Behörde, zum wissenschaftlich forschenden Mediziner in der pharmazeutischen Industrie, zum einflußreichen Funktionär einer Standesorganisation oder zum Kritiker des medizinischen Establishments. Neben der Aneignung medizinischen Wissens hat sich der Student also auch für eine Berufsalternative zu entscheiden. Das „lernt" er nicht aufgrund des medizinischen Curriculums, wohl aber – wenn die Entscheidung nicht schon vor dem Eintritt in die Universität gefallen ist – im Zusammenhang der mit dem medizinischen Studium verbundenen menschlichen Kontakte. Spätestens als Medizinalpraktikant oder Assistenzarzt erfährt der junge Mediziner auch, wie man sich in der Hierarchie eines Krankenhauses, zwischen Chefarzt, Oberärzten, Stationsschwestern und Pflegern zu bewegen hat, was von der Krankenhausbürokratie und dem System der Krankenversicherung, von Apotheken und Arzneimittelvertretern zu halten ist oder wie man mit schwierigen Patienten bzw. deren Angehörigen fertig wird (Begleittext 6.3 Hartmann). Was Sozialisation vermittelt, ist die Fähigkeit zum Umgang mit Personen, die einem in ganz bestimmten Situationen typischerweise gegenübertreten (Chefarzt bei der Visite, Patient in der Sprechstunde), und Definitionen des Sozialisationsprozesses, wie wir sie in Fachlexika finden, nennen deshalb als Inhalte bzw. Folgen der Sozialisation vor allem „Wert*orientierungen*", „Verhaltens*muster*", „Verhaltens*standards*", „Überzeugungen" und „Einstellungen" (vgl. Fuchs u.a., 1973; Hartfiel, 1982; Schoeck, 1982). Zu den durch Sozialisation erworbenen Einstellungen rechnet man auch die Leistungsmotivation, zu den Verhaltensmustern im weiteren Sinne auch das Sprachverhalten.

4. Sozialisationsinstanzen

Wie wir im vorangegangenen Abschnitt betont haben, ist Sozialisation im Unterschied zur Erziehung und Ausbildung normalerweise ein ungeplanter Vorgang. Planvoller Sozialisation begegnen wir eigentlich nur in Extremsituationen wie beispielsweise der „Umerziehung" (Gehirnwäsche) von Häftlingen oder Kriegsgefangenen. Für gewöhnlich gibt es keine Personen, die ausdrücklich mit Sozialisation beauftragt sind und die klar umrissene Sozialisationsabsichten verfolgen. Andererseits meinen wir aber mit Sozialisation Vorgänge, bei denen der Einfluß der Umwelt auf das Individuum ungleich viel größer ist als die Rückwirkungen, die vom Einzelnen auf die Gesellschaft ausgehen. Sozialisation bezeichnet also ein asymmetrisches Verhältnis, keine gleichgewichtige Wechselwirkung. Deshalb ist es durchaus sinnvoll zu fragen, durch wen Sozialisation bewirkt wird.

Im Prinzip könnten alle Menschen und Gruppen, denen sich der Einzelne anzupassen hat, als Sozialisationsinstanzen betrachtet werden, doch rechnet man vor allem diejenigen Einflußquellen dazu, denen das Individuum besonders intensiv und über einen längeren Zeitraum in seiner Kindheit und Jugend ausgesetzt ist – die Familie, die Schule und die Instanzen der Berufsausbildung. Nicht alle Einflüsse verlaufen allerdings über persönliche Kontakte, in modernen Gesellschaften erfüllen beispielsweise auch die Massenmedien Sozialisationsfunktionen. Das größte Gewicht wird nach wie vor der Familie zugeschrieben, selbst dort, wo sie einen Teil ihrer Bildungsaufgaben an andere Einrichtungen abgegeben hat. Die Familie ist die erste soziale Umwelt überhaupt, in allen anderen Beziehungen tritt der Heranwachsende bereits als ein von seinem familiären Milieu geprägtes Individuum auf. Die Familie ist der Ort, an dem das Kind Sprache und damit auch Ansprechbarkeit erwirbt. Erst so wird es für außerfamiliäre Einflüsse aufnahmebereit. Mit den von den Eltern übernommenen Begriffen und Sprechgewohnheiten lernt es die ersten präziseren Bedeutungen von Geboten und Verboten und gewinnt eine Grundlage für den sozialen Umgang – für das Eingehen auf die Wünsche anderer und für das Aufzeigen eigener Absichten.

Die Übernahme von Sprech-, Denk- und Verhaltensgewohnheiten durch das Kind scheint auf den ersten Blick weitgehend „automatisch" und fast ohne bewußtes Zutun der Eltern zu erfolgen, es beruht offenbar auf einem ausgeprägten Nachahmungsbedürfnis. Man darf aber nicht übersehen, daß die Eltern, gewollt oder ungewollt, über ungeheure Druckmittel verfügen. Das Neugeborene ist ihnen gegenüber völlig hilflos und auf sie zur Befriedigung seiner elementarsten Lebensbedürfnisse angewiesen. Zwar verfügt es auch über gewisse Machtmittel – es kann beispielsweise schreien und dadurch die Eltern stören oder beunruhigen; die Versuchung ist groß, dem Baby durch Verabreichung von Nahrung oder durch Beschäftigung mit ihm (Schaukeln in der Wiege) Zufriedenheit zu verschaffen, und das mag vom Kind auch als Möglichkeit der Beeinflussung der Umwelt realisiert werden. Andererseits wird das Schreien in vielen Gesellschaften als etwas Normales und für das Kind Notwendiges empfunden. Man kümmert sich nicht weiter darum und nährt das Baby nicht, wenn es schreit, sondern wenn „die Essenszeit gekommen ist". So wird das Kind bereits in den ersten Wochen seines Daseins aufgrund seiner physischen Abhängigkeit in traditionelle soziale Gewohnheiten eingepaßt.

Aber die Eltern verfügen nicht nur aufgrund der physischen Hilflosigkeit des Kindes über Beeinflussungsmittel. Als noch entscheidender sehen viele Sozialisationstheoretiker das offenbar angeborene Bedürfnis nach liebevoller Zuwendung und Zärtlichkeit (Begleittext 6.4, Spitz). Solche Liebesbezeugungen erhält das Kind, wenn es sich den Wünschen der Mutter entsprechend verhält. Emotionale Zuwendung und „Liebesentzug" sollte man sich nicht als planvolle Erziehungstechnik der Mutter vorstellen, sie erfolgen weitgehend spontan und unwillkürlich. „Liebesentzug" bedeutet nichts weiter, als daß die Mutter Kummer,

Unzufriedenheit, Angst oder Gereizheit zeigt, wenn das Kind etwas tut, das ihren Vorstellungen zuwiderläuft. Umgekehrt ergibt sich die liebevolle Zuwendung automatisch aus der Freude der Mutter am *„richtigen"* Verhalten ihres Kindes. Nicht nur die Reaktionen der Mutter, sondern auch die ihnen zugrundeliegenden Erwartungen an das Kind dürfen als vorwiegend unbewußt und aus der jeweiligen Situation resultierend angesehen werden. Dennoch tragen sie sozialen Charakter, denn was die Mutter erfreut oder bekümmert, hängt von den Maßstäben ab, die für ihr soziales Milieu und ihre Rolle als Mutter typisch sind. Es sind Erwartungen, die nicht nur eine Mutter, sondern viele Frauen an ihre Kinder stellen, denen also allgemein akzeptierte Maßstäbe zugrundeliegen müssen.

Im Familienalltag handelt es sich zunächst um recht banale und manchmal auch starre „Regeln", beispielsweise darüber, wie man bei Tisch essen oder wem man die Hand geben soll, welche Worte man benutzen oder was man im Zimmer herumliegen lassen darf. Mit zunehmendem Alter und differenzierteren Kommunikationsmöglichkeiten kommen vermutlich folgenreichere Elterneinflüsse zum Tragen, vor allem die Auffassungen darüber, wofür und für wen sich ein Kind interessieren sollte: welche und wieviele Fernsehsendungen es sich ansehen darf, ob und was für Turnunterricht es nehmen sollte und welche anderen Kinder als Freunde infrage kommen. Wir müssen annehmen, daß hier Weichen für die langfristige Persönlichkeitsbildung gestellt werden, und wohl auch deshalb hat sich die soziologische Analyse mehr auf diese langfristigen Einflüsse konzentriert als auf eine detaillierte Beschreibung des alltäglichen Lebens in der Familie.

Unwillkürlich denkt man bei solchen Fragen allerdings auch an „Erziehung",von der wir Sozialisation ja gerade abgrenzen wollten. Aber vergleichen wir einmal die Tätigkeit des Lehrers mit der Beziehung zwischen Eltern und Kindern! Der Lehrer stützt sich beim Unterricht auf didaktische Methoden, Lehrpläne und schriftliches Unterrichtsmaterial. Die zeitlich festgelegte Schulstunde ist ein planvolles Unterfangen mit relativ klar umrissenen Lernzielen; für den Lehrer wie für die Schüler bedeutet sie *Arbeit.* Auch Eltern heißen „Erziehungsberechtigte", aber sie erziehen doch auf ganz andere Weise als der Schulpädagoge: ziemlich ungeplant, weitgehend ohne festumrissene Lernziele und vor allem nebenher. Man schafft sich keine Kinder an, um zu erziehen, und wenn wir den typischen Tagesablauf einer Familie beobachten, werden wir nur in flüchtigen Episoden Anklänge an so etwas wie Schulstunden finden, Erziehung in der Familie ist kein Tagesordnungspunkt. Freilich nehmen Eltern sich auch Zeit, ihren Kindern etwas beizubringen: sie helfen bei den Schularbeiten, üben mit den Kindern Schwimmen, zeigen ihnen, wie man die Zeit auf einer Uhr abliest oder halten sie bei den ersten Fahrversuchen auf dem Fahrrad fest. Diese Beispiele bezeichnen jedoch allesamt keine Vorgänge, für die wir den besonderen Ausdruck Sozialisation benötigen. Eltern sind hier eher wie Lehrer tätig, und diese Aufgaben könnten ebenso gut oder besser in Kursen oder Schulen wahrgenommen werden. Es gibt Schwimmschulen für Babies und Ganztagsschulen, wo die Kinder ihre Hausaufgaben unter Aufsicht erledigen können. Manches wird gar von technischen Hilfsmitteln geleistet: Radfahren beispielsweise wird heute vielfach mit Hilfe kleiner Stützräder gelernt, die rechts und links neben dem Hinterrad angebracht sind.

Normalerweise haben Eltern zuviel anderes zu tun, als nur ihren Kindern etwas beizubringen: sie müssen die Wohnung in Ordnung halten, Reparaturen ausführen, Rechnungen bezahlen, Briefe beantworten, Besuche machen oder eine Party vorbereiten. Vieles geschieht auch mit den Kindern gemeinsam: man setzt sich mit Appetit an den Eßtisch, hat Spaß am Fernsehprogramm oder geht zusammen spazieren. Das meiste hat sich zu problemlosen Gewohnheiten verfestigt, auf die man sogar stolz sein mag. Andererseits gibt es auch fast täglich kleinere oder größere Konflikte. Das Kind soll früher ins Bett als es möchte, der Vater hat keine Lust, schon wieder die Schwiegereltern zu besuchen, die Mutter findet, man brauche noch kein neues Auto. All diesem ist allerdings eines gemeinsam, das für die Sozialisation sehr bedeutungsvoll ist: es wird begleitet von einem Strom kommentierender Meinungsäußerungen, ja es besteht weitgehend aus Kommunikation. Man spricht darüber, wer bei der geplanten Party zusammenpassen würde, schimpft über den Handwerker und stöhnt über die Rechnungen, die zu bezahlen sind. Das Fernsehspiel wird für spannend befunden; den Kindern werden Gründe genannt, warum sie früher ins Bett müssen als Erwachsene; man diskutiert darüber, wie eine gepflegte Wohnung auszusehen hat oder wie oft man Verwandte besuchen muß. Immer geht es darum, was richtig oder falsch, was erstrebenswert oder nicht der Mühe wert ist, wie man sich verhalten und was man meinen soll: es geht um Maßstäbe der Bewertung.

Das Kind wächst also hinein in eine Welt voller Gewohnheiten und Erwartungen, in der es für sein Handeln Zustimmung und Anerkennung oder Mißbilligung und Ablehnung erntet. Wie immer man sich zu den Erwartungen und Forderungen seiner Umwelt stellt, man ist ihnen ausgesetzt. Im besten Fall kann man wählen zwischen Anpassung und Widerstand mit all ihren Folgen, aber um eine Entscheidung kommt man nicht herum. Sozialisation, so können wir auch sagen, das ist die Summe von Gewohnheiten und Verhaltensmaßstäben, die man sich *in Konfrontation* mit der jeweiligen sozialen Umwelt aneignet (vgl. die literarische Schilderung dieses Vorganges bei Simone de Beauvoir, 1968). Diese Definition hätte den Vorteil, zu berücksichtigen, daß man sich seiner Umwelt nicht nur integrieren, sondern auch entfremden kann (vgl. dazu Rudolph, 1972). Das gilt sowohl für die Familie als auch für alle anderen Sozialisationsinstanzen.

Wir wollen hier keine systematische Behandlung der verschiedenen Sozialisationsinstanzen außer der Familie vornehmen und wir haben uns ja auch bei der Betrachtung der Familie darauf beschränkt, ihre Sozialisationsfunktionen als Nebeneffekt der familiären Beziehungen zu skizzieren. Wir sind beispielsweise nicht einmal auf die sicherlich für die Sozialisationswirkungen sehr bedeutungsvolle Rollenstruktur der Familie eingegangen. Ihre Analyse erfolgt in einem besonderen Teilgebiet, der Familiensoziologie (vgl. etwa König, 1978; Zigann, 1977). Hier soll nur noch ein Gesichtspunkt erwähnt werden, der für die Beurteilung von Sozialisationsinstanzen generell wichtig ist.

Wenn wir die Familie als die erste soziale Umwelt des Kindes bezeichnen konnten, so darf man die zweite Instanz in den mehr oder weniger altersgleichen Spielkameraden sehen, die in der angelsächsischen Soziologie gerne unter dem Ausdruck „peer-groups" zusammengefaßt werden. Das Wort „peers" weist darauf hin, daß es sich um – zunächst durch ihr Alter – *Gleichgestellte* handelt und macht damit auf eine wichtige Differenzierung aufmerksam, den Unterschied zwischen einer Sozialisation durch Übergeordnete, durch *Autoritätspersonen* (Eltern, Lehrer, Vorgesetzte) und der Sozialisation durch Personen, mit denen man prinzipiell auf gleicher Stufe steht (gleichaltrige Geschwister, Schulkameraden, Kommilitonen, Kollegen). Diese Unterscheidung ist wichtig, weil die Sozialisation durch Gleichgestellte besondere Funktionen erfüllen kann (vgl. hierzu auch Davis, 1949: 215–218). Die Verhaltenserwartungen, welche die Eltern dem Kind entgegenbringen, sind ja in vieler Hinsicht den primären biologischen Bedürfnissen und ihrer Spontaneität entgegengesetzt. Die Anpassung erfolgt zunächst nur unter Druck, und insofern enthält Sozialisation immer autoritäre Elemente, ist mit Zwang und Sanktionen verbunden. Gegenüber den Instanzen, die solche disziplinierenden Sanktionen anwenden müssen, finden sich nun die zu Sozialisierenden (Sozialisanden) in einer gemeinsamen Lage, die als verbindend angesehen werden kann. Man vermag sich gegenseitig gegen die übergeordneten Autoritäten zu helfen, indem man dem Anderen Schutz gewährt, ihn deckt, wenn er sich über Normen hinwegsetzt und sich unerlaubter Mittel bedient (z.B. bei Klassenarbeiten in der Schule). Was man hier in der Gemeinschaft Gleichgestellter lernt, sind Techniken, aber auch moralische Maßstäbe der

Kooperation, und man spricht deshalb auch von einer Kooperationsmoral im Gegensatz zur Zwangsmoral, die dem Einzelenen von Autoritätspersonen vermittelt wird.
Das Begriffspaar Zwangsmoral/Kooperationsmoral erinnert daran, daß der Sozialisationsprozeß weder konfliktfrei verlaufen noch lediglich Anpassung an Bestehendes erzeugen kann. Durch die Sozialisation werden Menschen zu typischen Mitgliedern ihrer Gesellschaft. Das aber bedeutet zweierlei: Anpassung und Persönlichkeitsbildung. Bisher haben wir den ersten Aspekt betont, jetzt wollen wir uns dem zweiten zuwenden.

5. Sozialisation als Persönlichkeitsbildung

Wir haben betont, daß sich der Einzelne während der Sozialisation Reaktionsweisen und Einstellungen gegenüber seiner *Umwelt* aneignet. Tatsächlich gilt unser Denken aber nicht nur unseren Mitmenschen, sondern ganz wesentlich unserer *eigenen Person.* Manche Sozialwissenschaftler sehen deshalb das Entstehen eines Selbstbildes als wichtigsten Bestandteil des Sozialisationsprozesses. Wir brauchen ein solches Selbstbild, um uns überhaupt entscheiden zu können, welchen Umwelterwartungen wir uns anpassen wollen. In der frühesten Kindheitsphase ist die Frage noch nicht aktuell. Doch spätestens, wenn das Kind in einen Kreis von Spiel- oder Schulkameraden tritt, sieht es sich konfligierenden Erwartungen ausgesetzt. Um bei seinen Freunden Anerkennung zu finden, muß es manches tun, was seinen Eltern mißfällt. Wo man es nicht allen recht machen kann, muß man sich gegen die eine oder andere Seite entscheiden, und Maßstab für eine solche Entscheidung kann nur das Bild sein, das man von sich selbst hat. Um eine Verhaltensweise oder eine Meinung als einem selbst gemäß zu empfinden, muß man eine Vorstellung haben, wer man ist oder sein möchte. Diese ist nicht angeboren, sondern entsteht als Teil des Sozialisationsprozesses, und zwar vermutlich sowohl durch Handlungen, durch die man sich mehr und mehr festlegt, als auch durch die Art und Weise, wie man von seiner Umwelt betrachtet wird. Im vierten Kapitel haben wir diesen Prozeß an Ursulas Episode als Steilwandfahrerin veranschaulicht. Dort wurde deutlich, daß ein Mensch nie derselbe bleibt – weder für andere noch für sich selbst. Sozialisation ist ein prinzipiell unabgeschlossener Vorgang. In Amerika hat man oft mit Studenten einen Versuch gemacht, den man das „Spiel der zwanzig Fragen“ nennt (vgl. Kuhn und McPartland, 1954). Jede Versuchsperson erhält ein Blatt Papier mit zwanzig Zeilen, die alle mit den Worten beginnen „Ich bin...“. Diese Satzanfänge sollen zu einer vollständigen Aussage ergänzt werden. Vorwiegend hat man dabei Sätze etwa folgender Art erhalten:

Ich bin ein Mädchen.
Ich bin Student.
Ich bin Farmerssohn.
Ich bin Protestant.
Ich bin Sozialist.
Ich bin Angehöriger der Mittelschicht.

Die Studenten haben sich also dadurch näher charakterisiert, daß sie sich einer größeren Bevölkerungsgruppe zuordnen; sie identifizieren sich mit dem Milieu, dem sie von anderen zugerechnet werden. Wir haben gelegentlich den gleichen Versuch mit unseren Studenten durchgeführt und dabei etwas andere Ergebnisse erzielt. Unsere Seminarteilnehmer schrieben sich eher Eigenschaften folgender Art zu:

Ich bin ein ruhiger Mensch.
Ich bin ein unordentlicher Typ.

Ich bin ein Faulpelz.
Ich bin ein sensibler Mensch.

Das klingt individualistischer, weniger gruppenbezogen. Dennoch sind auch diese Selbstcharakterisierungen umweltbedingt; nur derjenige kann sich solche Eigenschaften zuschreiben, der die Bedeutung dieser Begriffe und ihre Anwendung gelernt hat. Das geschieht zunächst dadurch, daß wir selbst von anderen Menschen als ordentlich oder unordentlich, robust oder sensibel, maskulin oder feminin angesprochen werden. Derartige, erste Erfahrungen gehen allem Nachdenken über uns selbst voraus, gleichgültig ob wir später diese uns zugeschriebenen Eigenschaften bestätigen. Jeder Mensch wird vom ersten Tag seines Lebens an von seiner Umwelt nach allgemeinen, auf zahlreiche Personen zutreffenden Merkmalen charakterisiert. Deshalb kann er sich selbst auch nur mit Hilfe von Begriffen denken, die er übernommen hat; er sieht sich aus der Perspektive der Anderen.
Gerade dadurch erwerben wir aber auch Unabhängigkeit und die Fähigkeit zu autonomem Handeln. Nachdem wir uns nämlich von außen kommende Denkkategorien und Maßstäbe angeeignet haben, besitzen wir auch Rückhalt gegenüber neu an uns herangetragenen Erwartungen. Wenn jemand sagt, „das kann man doch mit mir nicht machen", dann lehnt er ein Ansinnen oder eine Behandlung als seiner Kategorie von Menschen inadäquat ab. Der Sozialisationsprozeß führt also nicht nur zu Konformität, sondern auch zum Widerstand gegen Konformitätsdruck. Freilich gilt das nur unter der Voraussetzung, daß der Einzelne auch ein stabiles Selbstbild besitzt. Sozialwissenschaftler stellen sich die Entwicklung stabiler Persönlichkeiten als Ablauf von Phasen vor, wie sie vor allem von dem amerikanischen Sozialpsychologen George Herbert Mead in den 20er Jahren unseres Jahrhunderts beschrieben wurden:

1. In der *Ausgangssituation* kennt der neugeborene Mensch keine Regeln und keine Wünsche anderer Personen, auf die Rücksicht zu nehmen wäre; er hat nur selbst Bedürfnisse und den ungehemmten Drang zu ihrer Befriedigung. Ja, er realisiert noch nicht einmal, daß seine Mutter eine andere Person ist als er selbst. Eine Anpassung erfolgt nur gegenüber psysischem Zwang.
2. Erst die Erkenntnis, daß andere Menschen existieren, schafft die Voraussetzung für „soziales" Handeln und die Entstehung eines Selbstbewußtseins. In dieser Phase lernt das Kind, daß „es" gewisse Dinge tun oder unterlassen muß, weil seine Mutter es von ihm verlangt, also *eine ganz bestimmte Person;* das Kind paßt sich hier individuellen Wünschen an.
3. In einer dritten Phase schließlich kann man von moralischem Verhalten sprechen. Jetzt reift die Einsicht heran, daß nicht nur die eigene, sondern *alle Mütter* (und später vielleicht: alle Menschen, die man kennt) die gleichen Arten von Verhaltensforderungen stellen. Hatte sich das Kind zunächst an einer bedeutungsvollen Bezugsperson orientiert, so beginnt es sich jetzt an Kategorien von Personen („generalized other") auszurichten (vgl. Begleittext 6.5, Mead). Gleichzeitig lernt es, daß die Verhaltensvorschriften nicht nur für seine eigene, sondern für alle Personen seines Alters, seines Geschlechts, seiner Wohngegend usw. gelten. Es lernt mehr und mehr, in allgemeinen Kategorien zu denken und erfaßt damit auch den Sinn von Regeln, die frei von individueller Willkür sind und erst damit ihr moralisches Gewicht bekommen. Sie sind nicht nur Vorschriften, an die man sich zu halten hat, sondern auch Rechte, auf die man sich berufen kann.

Der Schweizer Kinderpsychologe Jean Piaget hat die zunehmende Wichtigkeit und Bedeutung, die allgemeine Regeln für das heranwachsende Kind gewinnen, sehr anschaulich aus der Beobachtung des Spielverhaltens von Kindern verschiedener Altersstufen darstellen

können (vgl. Begleittext 6.6, Piaget). In der neuesten Forschung wird darüber hinaus berücksichtigt, daß niemand nur nach allgemeinen Kategorien eingeordnet, sondern daß jeder Mensch auch als besonderes Individuum gewertet wird, daß Allgemeinmaßstäbe von ihm selbst für seine besondere Individualität („Identität") interpretiert werden müssen (vgl. Krappmann, 1971: 7–9).
Bis hierhin haben wir den Sozialisationsprozeß als vorwiegend problemlos und als im Prinzip für alle Menschen gleich verlaufend dargestellt. In Wirklichkeit unterscheiden Menschen sich aber wesentlich im Grad ihres Selbstbewußtseins und im Ausmaß der Fähigkeiten, die sie durch die Sozialisation erwerben. Viele soziale und individuelle Probleme, Lernschwierigkeiten in der Schule, Anpassungsprobleme in der Ehe, politisches Desinteresse, psychische Krankheiten oder kriminelles Verhalten werden u.a. auf qualitativ unterschiedliche Sozialisation, auf Sozialisationsmängel zurückgeführt. Wie man diese Frage bisher in der Soziologie behandelt hat, soll jetzt noch kurz skizziert werden.

6. Sozialisationsmängel und schichtenspezifische Sozialisation

Wer im familiären Sozialisationsprozeß eine der möglichen Ursachen für gesellschaftliches Fehlverhalten sucht, will herausfinden, unter welchen Milieubedingungen es zu einem Eltern-Kind-Verhältnis kommt, durch das die Entwicklung selbständig handelnder, aber gleichzeitig auf die soziale Umwelt Rücksicht nehmender Persönlichkeiten beeinträchtigt wird. Bisher wissen wir über die unterschiedlichen Milieubedingungen und die sich daraus ergebenden Familienbeziehungen noch sehr wenig. Nur unter extrem günstigen oder ungünstigen Konstellationen läßt sich der „Erfolg" der Sozialisation einigermaßen sicher voraussagen. Die vorliegenden Untersuchungen unterscheiden dementsprechend im wesentlichen nur nach den zwei Kategorien „Arbeiterschicht" („Unterschicht") und „Mittelschicht". Mit „Arbeiterschicht" sind oft nur ungelernte Arbeiter und ihre Familien gemeint, mit „Mittelschicht" gelegentlich nur Akademikerfamilien oder Selbständige der oberen Einkommensgruppen, in anderen Fällen aber auch die mittlere und untere Schicht von Angestellten und Beamten. Dadurch sind die Daten, die wir besitzen, vielfach nicht vergleichbar, und es lassen sich nur Tendenzunterschiede zwischen den Extremgruppen innerhalb der Arbeiterschaft einerseits und der oberen, akademisch gebildeten Mittelschicht andererseits aufzeigen. Die insgesamt größere Gruppe der Facharbeiter, Angestellten und nichtakademischen Beamten wird kaum erfaßt.
Die nachteiligen Sozialisationsbedingungen für Kinder der Unterschicht werden – in großen Zügen – folgendermaßen charakterisiert (vgl. auch die Zusammenfassung bei Gottschalch u.a., 1971):

1. Die Kinder erfahren seltener liebevolle Zuwendung und Zärtlichkeit, sie stoßen eher auf feindselige Reaktionen der Eltern (Spott, Schimpfen, Schläge). Die Eltern beschränken sich im wesentlichen darauf, die physischen Bedürfnisse der Kinder zu befriedigen, die emotionalen werden vernachlässigt.
2. In Arbeiterfamilien wird von allem darauf geachtet, daß *äußere* Verhaltensgebote, die auf Unterordnung gerichtet sind (Ordnung, Sauberkeit) genau eingehalten werden. Die Eltern bewerten das Verhalten des Kindes, nicht die ihm zugrundeliegenden Motive. Sie reagieren damit unter Umständen auf Handlungen, die aus den gleichen Motiven erfolgen, ganz unterschiedlich. Anordnungen werden auch seltener begründet und erklärt, als es in Familien der Mittelschicht üblich ist. Das Bestrafen verbotener Handlungen geschieht

häufig unsystematisch und ist von der momentanen Stimmung der Eltern abhängig. Das Kind kann somit Strafen nicht ohne weiteres durch sein eigenes Verhalten vermeiden. Damit wird auch die Bereitschaft zur Selbstkontrolle durch die elterliche Erziehung nicht gefördert. Zudem lernt das Kind auch nur, sich in bereits bekannten Situationen „richtig" zu verhalten; es ahmt Handlungsvollzüge mehr oder weniger nach.

Als eigentliche Funktion des Sozialisationsprozesses wird aber gerade die Heranbildung von Persönlichkeiten angesehen, die in neuen und unerwarteten Situationen so handeln können, daß andere sie verstehen. Dazu bedarf es nach Ansicht der Sozialisationstheoretiker vor allem der Fähigkeit, *spezifische* Situationen nach *allgemeinen* Maßstäben zu beurteilen und daraus das angemessene Verhalten abzuleiten. Diese Fähigkeit entsteht nur, wo – wie vor allem in den Mittelschichten – das Hauptgewicht auf die Motive und nicht auf das äußere Verhalten gelegt wird.

Freilich setzt eine derartige Eltern-Kind-Beziehung auch differenzierte Fähigkeiten zu sprachlicher Kommunikation voraus, die in Unterschichtenfamilien seltener vorhanden sind. Die Sozialisationstheorie hat gerade in jüngster Zeit den milieuspezifischen Sprachstilen (Sprachcodes) besonderes Gewicht beigemessen, ohne bislang allerdings über Unterschiede zwischen global abgegrenzten Schichten hinauszukommen. Einen ersten Überblick über diese Forschungsrichtung findet man bei Bernstein (1959), weiterführende Ergebnisse und Kritik bei Övermann (1972) und Niepold (1970), empirische Belege zur Bedeutung der Schichtzugehörigkeit für die Entwicklung der Intelligenz und für die Schulzeugnisse enthält der Begleittext 6.7, Bronfenbrenner).

Bei aller Vorläufigkeit haben die bisherigen Forschungsergebnisse wichtige Einsichten geliefert. Erhebliche Mängel ergeben sich in der Sozialisationsforschung freilich aus den Schwierigkeiten der Materialerhebung. Es ist beispielsweise kaum möglich, Familien über Jahre hinweg zu beobachten und Schritt für Schritt die Sozialisationsergebnisse zu verfolgen. Vorläufig sind wir darauf beschränkt, Verhaltensmuster, die in bestimmten Bevölkerungsgruppen häufiger auftreten (fehlende Leistungsmotivation, delinquentes Verhalten usw.) mit Merkmalen des Sozialisationsmilieus in Verbindung zu bringen, die für diese Gruppen typisch sind. Unsere Informationen über solche Herkunfts- bzw. Sozialisationsbedingungen sind vorläufig noch rudimentär und beruhen fast ausschließlich auf Befragungen von Eltern (meist nur von Müttern; nur wenige Untersuchungen stützen sich auf Erhebungen unter Kindern. Vgl. Gottschalch u.a., 1971: 95). Wieweit die bei Interviewuntersuchungen gewonnenen Angaben den tatsächlichen Beziehungen in den Familien entsprechen, läßt sich auf dem gegenwärtigen Forschungsstand noch nicht abschätzen. Im übrigen sei daran erinnert, daß milieuspezifische Sozialisationsdefizite natürlich nicht als einzige Ursache für die Probleme der Lebensbewältigung (z.B. Lernschwierigkeiten in der Schule) betrachtet werden können. Das hat die soziologische Analyse auch immer berücksichtigt. So soll etwa das Konzept der Schule als einer „Mittelklasseninstitution" (Lütgens schon 1959) festhalten, daß es zu einem Mißerfolg in der Schule letztlich erst dann kommen kann, wenn auch die Lehrer ein Kind als „ungeeignet" einstufen (vgl. hierzu auch Rodax/Spitz, 1978: 28–31).

Übungsaufgaben zu Kapitel VI

1. Bitte versuchen Sie, eine begriffliche Abgrenzung zwischen „Sozialisation" und „Erziehung" zu geben.
2. Was kann man aus der folgenden Tabelle über die Sozialisation ausländischer Familien in die Gesellschaft der Bundesrepublik ablesen?

Regelmäßig genutzte Programmsparten im Hörfunk (Angaben in Prozent):

Rundfunksendungen in deutscher Sprache hören	Griechen	Italiener	Jugosl.	Spanier	Türken	Deutsche
Nachrichten	37	36	44	37	18	84
Politik und Wirtschaft	16	12	22	17	6	33
Sport	25	31	36	24	20	32
Musik	52	48	52	51	28	75
Sendungen in der Heimatsprache:	57	39	5	51	64	

Quelle: Darkow/Eckhardt, 1982: 468

3. Wieweit ist Ihr Studium ein Sozialisationsprozeß? Beziehen Sie sich bei der Behandlung dieser Frage auf Meads Überlegungen zur Funktion von Symbolen und Spielregeln (Begleittext 6.5 Mead).
4. Die Erwerbstätigkeit von Frauen hat in den letzten Jahrzehnten stark zugenommen – auch unter den Verheirateten. So waren 1982 in Hamburg fast 60% aller verheirateten Frauen, die ein Kind hatten, und 47% der Mütter mit zwei Kindern erwerbstätig (Altersgruppe 35 bis 45 Jahre – nach unveröffentlichtem Material des Statistischen Landesamtes).

   Auch der Anteil der Studentinnen an der Gesamtheit der Studierenden ist in einer ganzen Reihe von Studienfächern erheblich gestiegen:

Anteil weiblicher Studierender an der Universität Hamburg

Im Studienfach	Winter 1963/64	1982/83
Mathematik	14%	28%
Chemie	13%	37%
Rechtswissenschaft	10%	40%
Theologie	12%	42%

(Quelle: Statistisches Landesamt Hamburg, Statistische Berichte, Serie B, 1964 und 1983).

Im Besuch weiterführender Allgemeinschulen haben die Mädchen die Jungen inzwischen überrundet: Für das Schuljahr 1983/84 weist das Statistische Bundesamt 994000 Schülerinnen und 967000 Schüler an den Gymnasien aus (Statistisches Bundesamt, Serie VII C – 2 – 57, Mai 1984).

Bitte überlegen Sie, wieweit die Veränderungen mit Wandlungen der Sozialisationsbedingungen zusammenhängen könnten. Berücksichtigen Sie dabei Bronfenbrenners „Parameter der sozialen Ökologie menschlicher Entwicklung" (Begleittext 6.7).
Woran kann man Grenzen dieses Fortschritts erkennen?

Weiterführende Literatur zu Kapitel VI:

Das zuerst genannte fesselnd geschriebene Buch vermittelt wichtige Einsichten in die psychische Dynamik der Persönlichkeitsentwicklung und zeigt die Bedeutung des sozialen Milieus für die Charakterbildung.

Erikson, Erik H.: Kindheit und Gesellschaft. Stuttgart, Klett: (1950) ²1982.

Drei grundsätzliche Erörterungen zum Begriff der Sozialisation:

Berger, Peter L./Luckmann, Thomas: Die gesellschaftliche Konstruktion der Wirklichkeit. Frankfurt, Fischer: (1970) ²1982, Kap. III.
Kob, Janpeter: Soziologische Theorie der Erziehung. Stuttgart, Kohlhammer: 1976, S. 9–28.
Wrong, Dennis H.: The Oversocialized Conception of Man in Modern Sociology. In: American Sociological Review Jg. 26 (1961), S. 183–193; deutsch in: Mühlfeld, C./Schmid, M., 1973 S. 281–291 und Steinert, H., 1973, S. 227–242.

Forschungsergebnisse und die Darstellung einer empirischen Untersuchung über milieuspezifische Sozialisationseinflüsse:

Bronfenbrenner, Urie: Sozialisation and Class Through Time and Space. In: Maccoby, Eleanor E./Newcomb, Theodore/Hartley, Eugene L. (Hrsg.): Readings in Social Psychology. New York, Holt, Rinehart & Winston: 1958, S. 400–425.
Bronfenbrenner, Urie: Two Worlds of Childhood, US and USSR. London, Allen & Unwin: 1971.
Rudolph, Hilge: Soziale Wahrnehmung und Erziehungsstile. Weinheim, Beltz: 1976, Teil II.

Beispiele für die sozialisationstheoretische Analyse von Ausbildungsvorgängen im Erwachsenenalter:

Burkhart, Gunter: Strukturtheoretische Vorüberlegungen zur Analyse universitärer Sozialisationsprozesse. In: Kölner Zeitschrift für Soziologie und Sozialpsychologie (1982), S. 444–468.
(Erst für einen späteren Studienabschnitt zu empfehlen.)
Deichsel, Alexander u.a.: Politische Sozialisation von Studenten. Stuttgart, Enke: 1974.
Kohli, Martin: Studium und berufliche Laufbahn. Stuttgart, Enke: 1973.
Lüscher, Kurt: Berufliche Sozialisation. In: Luckmann, Thomas/Sprondel, Walter M. (Hrsg.): Berufssoziologie. Köln, Kiepenheuer & Witsch: 1972, S. 219–238.

Detailliertere Darstellungen der Sozialisationsproblematik in einführenden Texten. Der zuletzt genannte Beitrag ist aus betont gesellschaftskritischer Perspektive geschrieben.

Berger, Peter L./Berger, Brigitte: Individuum & Co. Stuttgart, Deutsche Verlagsanstalt: 1973, Kap. III.
Broom, Leonhard/Selznick, Philip/Broom Darroch, Dorothy: Sociology. New York, Harper & Row: ⁷1981, Kap. IV.
Davis, Kingsley: Human Society. New York, Macmillan: 1960, Kap. VIII.
Gottschalch, Wilfried/Neumann-Schönwetter, Marina/Soukup, Gunther: Sozialisationsforschung. Frankfurt/M., Fischer: 1972.

Standardtexte der Sozialisationstheorie. Vor allem die beiden ersten Titel empfehlen sich erst in einem späteren Studienabschnitt.

Claessens, Dieter: Familie und Wertsystem. Berlin, Dunker & Humblot: [4]1979.
Parsons, Talcott/Bales, Robert F.: Family, Socialization and Interaction Process. London, Routledge & Kegan Paul: 1956, Kap. I, II, VI.
Wurzbacher, Gerhard (Hrsg.): Beiträge zu Begriff und Theorie der Sozialisation. Stuttgart, Enke: (1963) [2]1968.
Wurzbacher, Gerhard (Hrsg.): Die Familie als Sozialisationsfaktor. Stuttgart, Enke: (1968) [2]1977.

Begleittext 6.1:

Margaret Mead: Geschlecht und Temperament in drei primitiven Gesellschaften, Deutscher Taschenburg Verlag: München 1970, S. 181–182.

In dieser von Konflikten erfüllten Umgebung erblickt das Mundugumor-Kind das Licht der Welt. Wenn es nicht ein adoptiertes Kind ist, das zum Saugen verlockt werden muß, damit sich bei der Adoptivmutter Milch einstellt, beginnt seine Vorbereitung für eine lieblose Welt schon gleich nach der Geburt. Die Neugeborenen liegen in einem eng- und grobgeflochtenen Tragkorb, den die Frauen an Bändern von der Stirn hängend tragen, so wie die Arapesh ihre Flechttaschen tragen. (Und wie die Arapesh die gleiche Bezeichnung für Mutterleib wie für die Tasche haben, so bezeichnen die Mundugumor den Mutterleib mit dem gleichen Wort wie den Tragkorb.) Aber während das Kindernetz der Arapesh elastisch ist, sich an den Körper des Kindes anschmiegt, ihn dabei mit leichtem Druck in die vorgeburtliche Form preßt und in seiner Leichtigkeit keine Trennwand zwischen dem Kind und dem warmen Körper der Mutter bildet, ist der Korb der Mundugumor rauh und steif und undurchsichtig. Das Kind muß sich der unnachgiebigen Form des Korbes anpassen und dabei mit angepreßten Ärmchen ganz ausgestreckt liegen. Die dicken Korbwände lassen die Körperwärme der Mutter nicht durch, und das Kind sieht nichts als den engen Spalt am Ende des Korbes, durch den ein Lichtstrahl fällt. Die Frauen nehmen ihre Kleinen nur auf weite Wanderungen mit, und da ihre Wege – zu ihrem Fisch*barad* oder den Sagopalmen – meistens nur kurz sind, lassen sie sie meist in der Hütte aufgehängt zu Hause. Schreit ein Säugling, so wird er nicht sofort an die Brust genommen; eine in der Nähe befindliche Person wendet die traditionelle Methode zur Beschwichtigung eines unruhigen Kindes an: ohne es anzuschauen oder zu berühren, fährt die Mutter oder eine andere Person mit den Fingernägeln an der Außenwand des Korbes entlang und verursacht ein hartes, kratzendes Geräusch. Die Kinder werden daran gewöhnt, auf dieses Geräusch zu reagieren und sich mit diesem dürftigen Entgegenkommen auf ihr Weinen, das doch eigentlich dem Bedürfnis nach Wärme, Wasser oder Nahrung entspringt, zufriedenzugeben.

Erst wenn das Weinen gar nicht aufhört, wird das Kind endlich genährt. Die Mundugumor-Frauen halten die Säuglinge im Stehen an die Brust, wobei sie das Kind mit der einen Hand in einer Lage halten, die den Arm der Mutter ermüdet und dem Kind nicht gestattet, seine Arme zu bewegen. Da ist nichts von der Tändelei, dem sinnlichen Vergnügen, mit dem eine Arapesh-Mutter ihr Kind nährt. Dieses darf auch nicht mir der Mutter oder dem eigenen Körper spielen und dadurch das Stillen verlängern. Es darf nur so viel Nahrung zu sich nehmen, daß es nicht mehr schreit und sich in seinen Korb zurücklegen läßt. Sobald es auch nur einen Moment zu trinken aufhört, muß es in sein Gefängnis zurück. Die Kinder entwickeln daher eine ausgesprochen zielbewußte kämpferische Haltung, lassen die Brust nicht los und saugen die Milch so schnell und kräftig wie möglich in sich hinein. In ihrer Hast verschlucken sie sich oft; das macht die Mutter böse und das Kind aufgebracht, so daß der weitere Vorgang des Säugens unter Ärger und Kampf vor sich geht, statt das Gefühl der Wärme und Geborgenheit zu erzeugen.

Sobald ein Kind sitzen und deshalb in seinem Körbchen nicht mehr allein gelassen werden kann, muß es darin mitgenommen werden; sonst turnt das Kind darin herum und läuft Gefahr, herauszufallen – und das würde natürlich wieder Mühe machen. Alle Krankheiten und Unfälle verbittern und erzürnen die Mutter selbst bei kleinen Kindern so, als würde ihre Persönlichkeit angetastet und beleidigt. Im Falle eines Todes ist die ganze Gemeinde verärgert. Ein krankes Kind versorgen zu müssen, macht die Mutter verdrießlich.

Wie nicht anders zu erwarten, bleiben nur die kräftigsten Kinder am Leben. Kinder, die die wenigen Minuten an der Brust nicht zu nutzen verstehen und nicht genug Milch saugen, um die nächsten Stunden auszuhalten, kommen um; ihnen fehlt völlig das liebevolle, besorgte Zureden, wie es schwächlichen Kindern bei den Arapesh zuteil wird.

Begleittext 6.2:

Gerhard Wurzbacher: Sozialisation – Enkulturation – Personalisation. Aus: G. Wurzbacher (Hrsg.). Beiträge zu Begriff und Theorie der Sozialisation, Enke: Stuttgart 1963, S. 11–14.

Die Folgerung einer begrifflichen Ausdifferenzierung und Unterscheidung von Sozialisation, Enkulturation und Personalisation

Als Folgerung aus der bisherigen Untersuchung wird zur besseren Erkenntnis und Erforschung der aus der Umgangssprache übernommenen und häufig zu vage gebrauchten Begriffe Kultur, Gesellschaft, Person sowie ihrer Wechselwirkung und Integration eine definitorische Einschränkung des Begriffes der Sozialisation und zugleich damit seine Ergänzung durch den bereits gebräuchlichen, aber begrifflich nicht scharf genug von ihm unterschiedenen der *Enkulturation* und vor allem durch den der *Personalisation* vorgeschlagen. Bei dieser begrifflichen Ausdifferenzierung handelt es sich um die theorethisch-analytische Aufgliederung eines einheitlichen Zusammenhangs: Gesellschaft, Kultur und Person sind korrelative Größen, keine ist ohne die anderen denkbar, jede entsteht in und gegenüber den anderen. Diese Begriffe bezeichnen einen spannungsvollen einheitlichen Prozeß. Indem wir jedoch die analytischen Hilfsbegriffe der Sozialisation, Enkulturation und Personalisation aufstellen, gewinnen wir unter jeweils verschiedenen Aspekten gründlichere Einsicht in die Wechselwirkung und Integration von Person, Kultur, Gesellschaft. Wir können nunmehr komplexe sozialkulturelle Einzelphänomene wie z.B. die Familie, die Religion, die Schule einer bestimmten Gesellschaft schärfer ausdifferenzieren und sie nach den sie kennzeichnenden Sozialisations-, Enkulturations- und Personalisationsvorgängen abfragen. Wir können außerdem im Sinne einer operativen Soziologie und in Hilfsstellung für die Sozialarbeit oder die Pädagogik genauer den einzelnen Lebensablauf erkunden und ihn nach den soziokulturellen wie den personalen Entwicklungsphasen und -faktoren untersuchen.

Was bedeuten und was erfassen diese Komponenten im einzelnen in dem Feld der Wechselwirkung und Integration von Gesellschaft, Kultur und Person?

Sozialisation oder Vergesellschaftung sollte danach, dem Sprachsinne wie einem verbreiteten Gebrauch folgend, den Dahrendorf in seinem Bild des Homo Sociologicus wieder aufnahm und mit dieser Bezeichnung zusätzlich betonte, als Vorgang der Führung, Betreuung und Prägung des Menschen durch die Verhaltenserwartungen und Verhaltenskontrollen seiner Beziehungspartner – auch in ihrer durch ihn zum Leitbild oder „Über-Ich" verinnerlichten Form – verstanden werden. Die Gesellschaft tritt hier über ihre verschiedenen sozialen Gebilde (Wirkungszusammenhänge), über deren Rollen und Rollenträger dominant, fordernd, belohnend und strafend mit unvermeidlichem Anpassungszwang der Person gegenüber. Sie zwingt ihn, sich funktional dem jeweiligen sozialen Wirkungsganzen ein- und unterzuordnen, eine zugewiesene Position anzunehmen und auch seinerseits Rollenträger und -partner zu werden. Wir möchten das Adjektiv „unvermeidlich" ausdrücklich betonen, um anzudeuten, daß in jedem sozialen Gebilde als einem Kooperationszusammenhang im Interesse seiner Ziel- und Wertverwirklichung und Selbsterhaltung eine solche Ein- und Unterordnungsforderung gestellt werden muß, will es nicht früher oder später auseinanderbrechen. Durch diese spezifische Akzentuierung des Sozialisationsbegriffes ist gegenüber den häufigen ebenfalls monistischen individualkausalen Erklärungen des Verhältnisses Individuum – Gesellschaft, die besonders in der Vergangenheit im Bereich der Politik, der Wirtschaft und des Rechtes (Vertragstheorie, Liberalismus usw.) wie der Pädagogik, Theologie und Philosophie verbreitet waren, die aber auch in der Gegenwart als Überschätzung der individuellen Urteilsfähigkeit, Unabhängigkeit, Leistungsfähigkeit oder Verantwortlichkeit anzutreffen sind, sehr deutlich auf unübersehbare Gruppenprägungen und -abhängigkeiten auch der heutigen Menschen hingewiesen. Ohne ihre Kenntnis und Berücksichtigung geraten Pädagogik, Theologie, Politik oder Wirtschaftsführung zu leicht in den Bereich wirklichkeitsfremder Forderungen und Maßnahmen.

Diese Feststellung geht aus der Analyse eines Teiles oder bestimmter Komponenten der Beziehungen hervor, die zwischen der Gruppe und ihren Mitgliedern bestehen. Sie möchte auf keinen Fall dahingehend mißverstanden werden, als befände sich der Mensch nur in funktionaler Gliedhaftigkeit innerhalb eines übergeordneten Organismus der Gruppe und Gesellschaft. Der soziale Begriff „Mit-Glied" ist nicht mit dem biologischen des „Gliedes" gleichzusetzen: er beinhaltet immer nur eine partiell-funktionale und individuell mitbestimmte Zugehörigkeit. Hinter ihm steht die Vorstellung, daß die sozialen Beziehungen, aus denen sich Gruppe und Gesellschaft aufbauen, durch den einzelnen mitgetragen und mitgestaltet werden.

Diese Feststellung ist weiterhin nicht in dem Sinne mißzudeuten, daß etwa eine maximale Vergesellschaftung im Sinne totalitärer Systeme als idealer Fall der Sozialisation des Menschen angesehen würde. Sie soll nur die nüchterne Einsicht in die Abhängigkeit verstärken, die dem Menschen als sozialem Wesen anhaftet und eingeprägt wird. Wie stark sie wirkt, haben amerikanische Testversuche über abweichendes Verhalten einzelner nachgewiesen. Sie zeigten das große Unbehagen und die große Unsicherheit auf, die den einzelnen Abweichenden befällt, wenn sein Urteil – oder erst recht sein Verhalten – nicht mit dem in der Gruppe üblichen übereinstimmt. Unsere deutschen Erfahrungen über die nationalsozialistischen Gleichschaltungserfolge unter dem Einfluß der contrainte sociale schildert A. Rüstow in seiner gründlichen Faktorenanalyse der nationalsozialistischen Machtergreifung. Hinter dieser Einsicht steht bei Rüstow wie auch in diesem Zusammenhang nicht die zynische oder resignative Einsicht von der absoluten Manipulierbarkeit und der kollektiven Determiniertheit des Menschen, sondern von der Mitverantwortlichkeit des Menschen für die Freiheit des Mitmenschen.

Gegenüber einer seit Marx auch unter Nichtmarxisten oft anzutreffenden Überschätzung und Überbetonung dieser Gruppenabhängigkeit des Menschen wiederum ist es wichtig, zu erkennen und zu betonen, daß der Mensch sich selbst als Mitglied und Mitträger solcher sozialer Gebilde verstehen lernt. Indem er die Rollenerwartungen und -kontrollen seiner Beziehungspartner auf die sachlichen Anforderungen des Kooperationsgefüges hin untersucht, interpretiert und verinnerlicht, wird er fähig, personale Abhängigkeiten auf die Ebene personunabhängiger sachlicher kultureller Gesetzlichkeiten zu heben. Er erhält damit zugleich kritische Maßstäbe, an denen er – in unterschiedlicher und wechselnder Bewußtheit und Klarheit – die Forderungen seiner Partner wie aber auch seine eigenen zu messen vermag. So gewinnt er aus den immanenten Verallgemeinerungstendenzen sozialer Wirkungszusammenhänge die übergeordnete Ebene kultureller Wert-, Leistungs- und Sachzusammenhänge. Die religiöse Ebene dieser kulturellen Emanzipation von sozialen Abhängigkeiten betont in der christlichen – besonders der protestantischen – Form in extremer und damit besonders illustrativer Weise den so ermöglichten Freiheitsspielraum der Person gegenüber dem Sozialen durch die Bindung an einem transzendentalen Maßstab.

Es wird hierbei deutlich, daß *Enkulturation* (kulturelle Bildung) etwas anderes ist als

Sozialisation (soziale Prägung) und nicht synonym mit ihm gebraucht werden sollte. War Sozialisation Eingliederung des Menschen in die soziale Gruppe, so bedeutet Enkulturation eine gruppen- wie personspezifische Aneignung und Verinnerlichung von Erfahrungen, „Gütern", Maßstäben und Symbolen der Kultur zur Erhaltung, Entfaltung und Sinndeutung der eigenen wie der Gruppenexistenz. Hierbei stehen sich die *Kultur* in ihrer zwingenden *Breite* und Herausforderung und die *Person* in angeregter, folgender und lernender Aktivität gegenüber.
Auf dieser Voraussetzung wird dann *Personalisation* (individuelle Gestaltung und Entfaltung) als Selbstformung und -steuerung der eigenen Triebstrukturen wie als sinngebende, koordinierende und verantwortliche gestaltende Rückwirkung des Individuums auf die Faktoren Gesellschaft und Kultur möglich. Personalisation bedeutet somit Ausbildung und Anwendung der menschlichen Fähigkeit zur Integration des sozialen und kulturellen *Pluralismus.*

Begleittext 6.3:

Heinz Hartmann: Die Sozialisation von Erwachsenen als soziales und soziologisches Problem. Aus: O. Brim/S. Wheeler: Erwachsenen-Sozialisation. Sozialisation nach Abschluß der Kindheit. Stuttgart: Enke 1974, S. 138–141, 142–146, 147–151.

Der klassischen Sozialisationstheorie lag dieser Gedanke natürlich ebenso fern. Sie zeigt genau die Fixierung auf Kontrolle und zwangshafte Durchsetzung des Sozialisationsanspruches, den neuere Kritiker an ihr hervorheben. Auch bei Brim wird an zentraler Stelle darauf hingewiesen, daß die Sozialisatoren normative Vorstellungen über die Rolle des Sozialisanden haben und „ihn für korrekte oder unkorrekte Handlungen belohnen bzw. bestrafen". Diese Idee der Kontrolle mit Hilfe von positiven und negativen Sanktionen ist für den integrationsorientierten Soziologen eine Denknotwendigkeit, weil nur über diesen Mechanismus die Haltbarkeit eines einseitigen Sozialisationsverhältnisses garantiert werden kann. Als Beispiel bietet sich insbesondere die funktionalistische Sozialisationstheorie, auf die speziell der von Dahrendorf früh geäußerte Vorwurf zutrifft: „Für Gesellschaft und Soziologie ist der Prozeß der Sozialisierung stets ein Prozeß der Entpersönlichung, in dem die absolute Individualität und Freiheit des Einzelnen in der Kontrolle und Allgemeinheit sozialer Rollen aufgehoben wird. Der zum *homo sociologicus* gewordene Mensch ist den Gesetzen der Gesellschaft schutzlos ausgeliefert. . .".
Aber auch außerhalb der Schule soziologischen Denkens, die auf Integrationsbetrachtungen eingeschworen war, hatte man gebannt auf die Bedeutung von Sanktionen für den Sozialisationserfolg gestarrt. So vermerkt Clausen, daß in der klassischen Auseinandersetzung mit Sozialisationsproblemen erheblich mehr Aufmerksamkeit auf die Anwendung von Sanktionen, insbesondere in der Familie, verwendet worden ist als auf Sozialisationsinhalte und „beiläufige Gelegenheiten" für die Übermittlung gesellschaftlich erwünschter Verhaltensmuster. Und Danzinger erwähnt kritisch, daß bis in die Anfänge der 70er Jahre hinein die Tendenz beibehalten worden sei, Sozialisationsergebnisse als das Produkt der sanktionsbedingten Verstärkungen zu erklären, die das Individuum im Laufe seines Lebensweges immer wieder erfahren habe. Gegenüber dieser Neigung zu einer mehr oder weniger behavioristischen Deutung des Sozialisationserfolgs hebt er hervor, daß der Rückgriff auf den Mechanismus der Verstäkrung sich weitgehend auf Experimente im Laboratorium, zudem mit Tieren, stütze und zu fragen sei, inwieweit aus solchen Unterlagen heraus Verallgemeinerungen für konkrete Sozialisationsprozesse gewonnen werden dürften. Er kritisiert die dem Verstärkungsmodell

zugrunde liegende Annahme, daß der Sozialisand als passiver Organismus zu betrachten sei, der der Kontrolle des Sozialisators schlechthin unterworfen sei. „Dieses Modell unterstellt, daß der Lernprozeß einzig von der spezifischen Verstärkung ausgewählter Verhaltensakte abhängig sei. Im letzten Jahrzehnt haben jedoch eine sehr große Zahl von experimentellen Studien bewiesen, was jeder andere längst wußte, nämlich, daß man von dem anderen auf der Grundlage eigener Beobachtung lernt und daß im allgemeinen eine Änderung menschlichen Verhaltens zustande kommen kann, ohne daß notwendigerweise eine direkte Erfahrung von Belohnung oder Bestrafung vorliegt. Wir besitzen überwältigendes Beweismaterial dafür, daß Kinder auch komplexes Handeln durch kognitive Vorgänge lernen, die sich eher auf Beobachtung stützen als darauf, daß ihnen die Eltern mit Hilfe von äußerlichen Sanktionen ein entsprechendes Verhalten antrainieren".

Der Gesellschaftsbezogenheit des klassischen Sozialisationsdenkens, mit seinem bevorzugten Interesse an Integration, Status quo, Kontrollen, steht zur Seite die Vorstellung, daß sich die Sozialisation in der Begegnung zweier Personen vollziehe. Mit einer extremen Unbestimmtheit in der letzten Ableitung aller Sozialisation verbindet sich also eine außerordentlich zugespitzte Personalisierung in der Erklärung des Sozialisationsergebnisses. Auch Brim spricht von Sozialisationsverhältnissen als „interpersonalen Beziehungen", von Personen und ihren Erwartungen an den Sozialisanden, und meint an einer Stelle: „Man könnte sich das Ganze als eine Reihe von Zweierbeziehungen vorstellen, nicht als Gesellschaft". Wenn er von anderen Autoren Konzepte übernimmt, die die Sozialisationsinstanz zunächst als Institution erscheinen lassen, wie im Konzept des *reference set,* erliegt er alsbald der für ihn und die hinter ihm stehende Tradition bezeichnenden Neigung, solche Institutionen zu personalisieren. Das gilt nicht nur für die Primär-, sondern auch für die Sekundärsozialisation. „Für den Erwachsenen ist die Quelle des erworbenen Materials viel rascher zu identifizieren. Es ist im allgemeinen völlig klar, wer ‚sie' sind".

Diese Ausrichtung der Analyse auf die Person oder Personen ist natürlich immer in dem Sinne akzeptabel, daß letzten Endes in Sozialisation immer individuelles Handeln involviert ist. Die von Brim betriebene, und auch von modernen Autoren noch geteilte Personalisierung der Sozialisationsbetrachtung ist jedoch exklusiver und deswegen mit besonderen Nachteilen besetzt. Wie angedeutet, beschränkt sich die personalistische Deutung weitgehend auf die persönliche Begegnung von Sozialisator und Sozialisanden. Diese Konzentration auf das Zweierverhältnis, auf die Dyade, bedeutet gerade nicht, daß die Beschäftigung mit Sozialisation bis zur Suche nach den machtvollen Urhebern und herrschaftlichen Interpreten weitergetrieben werden kann, die uns heute gedanklich und politisch so sehr beschäftigen. Im Gegenteil liegt in der dyadischen Deutung eine gefährliche Blindheit gegenüber denjenigen Instanzen, die dem Sozialisator ihre Sozialprogramme und Rollenerwartungen zur Vermittlung zuspielen und dem Sozialisanden seine Lernbereitschaft und gegebenenfalls auch inhaltliche Gegenvorstellungen einbilden. Speziell vernachlässigt wird natürlich das wichtige Thema einer Sozialisation durch Massenkommunikation. Die starke Vernachlässigung der unpersönlichen Sozialisation in der klassischen Sozialisationstheorie mochte vertretbar sein, als die Vermittlung sozialer Strukturen durch Bild, Ton, gedruckte Nachricht historisch erhebliche geringere Bedeutung hatte als heute. Das enorme Wachstum der Massenkommunikation, die inzwischen teilweise bestätigte Vermutung erheblicher Sozialisationswirkungen der Massenmedien, wie schließlich auch die Vermutung, daß die Sozialisation durch Massenmedien nicht nach den gleichen Regeln abläuft wie persönliche Sozialisation, lassen jedoch eine ähnlich nonchalante Einstellung gegenüber dem unpersönlichen Sozialisationsverhältnis gerade in diesem Bereich nicht mehr zu. Der inzwischen weit fortgeschrittene Versuch, in der Auseinandersetzung mit den Massenmedien eine eigene Theorie unpersönlicher Sozialisation zu entwickeln und gleichzeitig klassische Lehren über persönliche

Sozialisationsbeziehungen damit zu verschränken (Meinungsführerschaft unter Lesern und Zuschauern, Meinungsmanipulation durch Redakteure, Intendanten, Eigentümer) bilden eines der wichtigsten Indizien für Fortschritte in der Sozialisationstheorie...

Eine kritische Würdigung der traditionellen Sozialisationstheorie, wie sie uns in den Arbeiten von Brim und Wheeler entgegentritt, ... muß sich vor allem auch mit den klassischen Vorstellungen zum Inhalt des Sozialisationsprozesses und seiner Struktur auseinandersetzen. Im Hinblick auf den Inhalt können wir von der prägnanten Formulierung Brims ausgehen, „daß sich das Schwergewicht im Sozialisationsprozeß [im Verlaufe des Lebens] von der Motivation zu Fähigkeiten und Kenntnissen verlagert, beziehungsweise von Werten zu Verhalten". Diese Feststellung bietet Anlaß zu einem ausführlichen Kommentar, der zunächst das Verhältnis von Wissen zu Werten, dann den Rollencharakter und Verhaltensbezug sowie schließlich das Verhältnis von Sozialisation und Lernprozeß behandeln soll. Die uns hier entgegentretende Unterstellung ist zunächst einmal, „daß der Erwachsene die an die verschiedenen Rollen gebundenen Werte kennt... und daß ihm nur noch gesagt werden muß, was zu tun ist". Brim verdeutlicht seine Annahme am Beispiel des Rekruten, dessen Ausbildungsprogramm darauf beschränkt bleiben dürfe, ihm beizubringen, wie er mit seiner Waffe umgehen muß, um seinen Feind zu verletzen oder zu töten. Das Beispiel selbst verrät, daß Brim von einer sehr speziellen Vorstellung von Erwachsenensozialisation ausgeht; er hat offensichtlich vor allem technisches Training, verfahrensorientierte Schulung im Auge. Wenn man jedoch das Konzept der Erwachsenensozialisation ernst nimmt, und den Prozeß über den gesamten Lebenszyklus gestreckt sieht, ergibt sich sehr schnell, daß diese inhaltliche Ausrichtung erheblich zu kurz greift. Schon eine Auffächerung der verschiedenen Sozialisationsprozesse, die sich an die familiale Sozialisation anschließen können, legt nahe, von einem einfachen Schulungskonzept abzugehen. Frey beispielsweise unterscheidet bei der Sozialisation von Erwachsenen je nach Phase im Lebenszyklus wechselnde Schwerpunkte, die bei jungen Erwachsenen auf „Initiationsrollen", d.h. der Einführung in Spielgruppen, Schulen, Ausbildung usw., bei im Lebenszyklus weiter Fortgeschrittenen auf „Erwachsenenrollen" in Beruf, Ehe, Familie, Öffentlichkeit usw., unter Älteren schließlich bei „Rückzugsrollen" und „Repräsentationsrollen" liegen. Schon der erste Eindruck lehrt, daß es bei der Einführung in solche Rollen nicht durchgängig darum gehen kann, dem Sozialisanden in erster Linie eine neue Technik beizubringen...

Die Vorstellungen über die Dominanz der Wissenvermittlung scheinen die Einstellung einer Zeit zu spiegeln, in der man in der Erwachsenensozialisation vor allem eine Nothilfe gegen die wachsende Veraltung konkreter Wissensstoffe sah. Inzwischen hat sich die Revision des alten und das Wachstum des neuen Wissens weiter beschleunigt. Das bedeutet, daß auch wissensbezogene Maßnahmen der Fort- und Weiterbildung, soweit sie die Vermittlung konkreter Informationen zum Inhalt haben, mit der faktischen Umsetzung des Wissens nicht mehr Schritt halten können. Die neue Funktion der Erwachsenensozialisation kann angesichts dieser praktischen Verhältnisse nur darin liegen, den einzelnen auf eigene „Wissensinitiativen" zu verpflichten, und ihm das „Lernen des Lernens" beizubringen. In diesem Zusammenhang werden Wissensorientierung und intellektuelle Zucht gesteigert, und letzten Endes Wertvorstellungen hinter dem Wissen stärker propagiert als spezielle Wissensstoffe selbst. Die wachsende Veraltung des Wissens kann nur durch die systematische Glorifizierung von Wissen, Rationalität, Wissenschaft aufgefangen werden. Im gleichen Maß, in dem sich diese Erkenntnis durchsetzt, verlieren wir das Verständnis für die Befangenheit mit der Verbreitung einzelner Informationen und den Sinn dafür, daß verfahrensorientierte Unterweisung und spezieller *Know-how* zum zentralen Inhalt der Erwachsenensozialisation gemacht werden.

Gegenläufig zu der abnehmenden Bedeutung von Einzelinformationen wie überhaupt der Orientierung auf Wissensstoffe beobachten wir in der Erwachsenensozialisation eine

Bedeutungssteigerung der Wertvorstellungen. Die besondere Berücksichtigung von Normen, Leitbildern und Glaubensvorstellungen wird teilweise jetzt erst erkannt; wir haben hier eine alte Tradition vor uns, deren Verbreitung und Tiefgang uns in zähen analytischen Bemühungen erst bewußt gemacht werden mußte. Sehr deutliche Spuren finden sich dabei selbst in den Sozialisationsbereichen, deren Wissensorientiertheit lange Zeit kaum angezweifelt wurde. Ein Beispiel bietet die Sozialisation im Beruf. Lehrlingsausbildung und berufliche Fortbildung erweisen sich bei genauerem Hinsehen als hochgradig durchsetzt mit ideologischen Inhalten. Für die Lehrlingsausbildung kann eine Inhaltsanalyse von Ausbildungsmaterial und Sozialisationsprogrammen relativ deutlich enthüllen, wie stark es den Sozialisatoren hier neben der Vermittlung von beruflichem Wissen auf die Ausbildung ganz bestimmter Charaktermuster, auf die Identifikation mit Eigentum und Betrieb, auf die Erziehung zur Übernahme von bestehenden Autoritätsverhältnissen ankommt.

Aber auch die Fortbildung der sogenannten Führungskräfte in der Wirtschaft bietet eine Fundgrube für Hinweise auf ideologische Standortgebung und Bewußtseinsbildung zugunsten kapitalistischer Überzeugungen und elitärer Wertvorstellungen. Erst recht ausgeprägt ist der Wertbezug in der Erwachsenensozialisation der sozialistisch-kommunistischen Länder. Zwar liegt auch dort ein Hauptziel der beruflichen Erwachsenenbildung in der Schaffung günstiger Voraussetzungen für die wissenschaftlich-technische Revolution durch Steigerung der beruflichen Qualifikation. Auf der anderen Seite wird jedoch Bewußtseinsformung mindestens ebenso ernst genommen. „Der einzelne soll die Produktion nicht nur technisch beherrschen, sondern die ideologisch-politische Funktion dieser Revolution [der Produktion] erkennen und emotional befürworten". Während in der BRD die Wertorientierung der beruflichen Sozialisation gerne herabgespielt wird, wird in der DDR also der Problemlösungsfunktion der Erwachsenenbildung ganz offiziell die ideologische Indoktrination an die Seite gestellt. Das von Brim vorgeschlagene Modell der Erwachsenensozialisation, das von der Dominanz der Wissensorientierung bestimmt wird, ist in solchen Situationen nicht nur von eingeschränktem Nutzen, sondern geradezu irreführend. Das gilt nicht nur hinsichtlich der amtlich ideologisierten Situationen, sondern im Gesamtbereich der beruflichen Sozialisation, zumindest insoweit sie in Organisationen abgewickelt wird, die auch den praktischen Nutzen der Sozialisation verwerten wollen. In allen diesen Organisationen verbindet sich mit der speziellen Wissensinstruktion eine allgemeine Verpflichtung auf die Organisationsziele. Die Förderung der Identifikation des Sozialisanden mit der Organisation, seine soziale Indienstnahme hat als Sozialisationsaufgabe den gleichen Rang wie die Vermittlung von Fakten und Fertigkeiten. Das besondere Interesse dieser Sozialisatoren an der Produktion von Loyalität, von Anhänglichkeit an die Organisation und ihre Ziele ist inzwischen von Claus Offe in seiner Entwicklung und Bedeutung historisch erklärt worden und von Dieter Grunow terminologisch akzentuiert worden: Grunow unterscheidet zwischen Sozialisation und Ausbildung in Organisationen und versteht unter Ausbildung die Vermittlung kognitiver Strukturen, während er unter Sozialisation allein die Vermittlung von Gruppenorientierung verstanden wissen will.

In der Deutung von Sozialisation als Erziehung zur Gruppenorientierung steckt eine These, die zumindest bedacht werden müßte. Sozialisation wird hier eben nicht mehr als Wissensvermittlung verstanden, sondern ganz und gar als ein Prozeß der Festlegung auf soziale Identitäten, damit aber vorwiegend als Einführung und Verhaftung in gruppenspezifische Normen und Werte. Soweit die Evidenz aus den Sozialisationsanstrengungen der selbst auf Verwertung ausgehenden Organisationen diese These stützt, stehen wir also vor der Entscheidung, der Vermittlung von Werten eindeutigen Vorrang vor der Vermittlung von Wissen auch in der Erwachsenensozialisation zu geben. Damit wäre das Schema von Brim auf den Kopf gestellt. Wahrscheinlich wäre es auch angezeigt, Sozialisationsprogramme mit anderen Ansätzen und in anderen Bereichen auf eine mögliche Vorherrschaft der Wertorientierung zu prüfen. Soweit beispielsweise Erwachsenenbildung vom Staat veranlaßt und gefördert wird, soll sie neben anderen Zielen auch der Befähigung des Bürgers zur verantwortlichen Mitarbeit in den verschiedenen Bereichen des öffentlichen Lebens dienen und in diesem Zusammenhang den Abbau von politischen Vorurteilen und eine Vorbereitung auf das politische Leben in einer gemeinsamen Ordnung Europas herbeiführen. In diesem Programm, das nach der gegenwärtigen Planung unter anderem in Nordrhein-Westfalen öffentlich ausgerufen werden soll, steht eindeutig die Beeinflussung der Wertorientierung von Erwachsenen zur Debatte. Gleiches gilt von anderen Sozialisationsprogrammen, die sich als Erziehung zum Anspruch auf und zur Ausübung von verantwortlicher Beteiligung an Entscheidungsprozessen verstehen. Neben der Sozialisation im Dienst von Partizipation dürfte vor allem auch die Sozialisation, die auf die Emanzipation des einzelnen ausgeht, Anlaß zur Kritik, wenn nicht Revision der Brimschen Vorstellungen von Werten versus Wissen geben.

Zweifel sind am Platz selbst gegenüber der Kennzeichnung von Sozialisation in Begriffen des Rollenlernens. Mit den Worten Habermas' ist zwar zuzugeben, daß „das Rollenmodell ... den Vorzug [hat], einen Objektbereich zu konstruieren, der im engeren Sinne soziologisch ist: Verhalten begreifen wir unter diesem Gesichtspunkt nicht als Äußerung einer bestimmten Persönlichkeitsstruktur, sondern als Vorgang in einem System sozialen Handelns". Trotz dieser grundsätzlichen Anerkennung läßt jedoch auch Habermas den Rollenbegriff nicht uneingeschränkt gelten; und seine Einwände bezeichnen klar die Richtung der erforderlichen Revision. „Das übliche Rollenkonzept eignet sich für die begriffliche Formulierung des einen Aspekts: nämlich des Sozialisationsvorgangs als einer Individuierung nicht ebenso gut wie für die Formulierung des anderen Aspekts: des Individuierungsvorgangs als Sozialisation". Habermas geht jedoch in seiner Kritik nicht weit genug... Mit einer Gleichsetzung von Sozialisation und Rollenlernen wird begrifflich die Möglichkeit abgeschnitten, daß der einzelne sich von Rollenerwartungen nur teilweise bestimmen läßt und erst recht, daß die Sozialisation sich außerhalb von Rollenmustern vollzieht. Gerade gegenüber der Erwachsenensozialisation aber sollte man die Vermutung wachhalten, daß sie sich nicht an dem bestehenden Fundus von sozialen Erwartungen orientiert, sondern Möglichkeiten relativer Eigenständigkeit aufzeigt und zur Entfernung von herkömmlichen Mustern anhält...

In der systematischen Vernachlässigung der Chance zur Verselbständigung, ja einer als Erziehung zur sozialen Selbständigkeit angelegten Sozialisation sehen wir einen entscheidenden Nachteil des Rollenbegriffs. Die Individuierung, von der Habermas spricht, ist unter den gegenwärtigen Verhältnissen eher auf der Ebene der Sekundär- als der Primärsozialisation zu erwarten. Dort müßten also in erster Linie auch begriffliche Vorkehrungen gegen eine mangelhafte Berücksichtigung dieser Individuierungen getroffen werden; und obwohl auch die Erwachsenensozialisation über weite Strecken hinweg als Einführung in soziale Rollen verstanden werden kann, scheinen die Anzeichen für den Anspruch auf Selbständigkeit und, in der Tat, die Hilfestellung der Gesellschaft bei der Herstellung solcher Selbständigkeit mittels Sozialisation so gewichtig, daß auf eine Deutung der Erwachsenensozialisation mit Hilfe des Rollenbegriffes nach Möglichkeit verzichtet werden sollte. Eine Ausnahme von dieser Empfehlung wäre lediglich unter der Voraussetzung möglich, daß im Rahmen eines allgemeinen Rollenbegriffes unterschieden wird zwischen autonomen und heteronomen Rollen. Heteronome Rollen bezeichnen Fremderwartungen, also soziale Erwartungen, die von Bezugspersonen und -gruppen an uns herangetragen werden und mit unterschiedlichen Graden der Verbindlichkeit durchgesetzt werden. Autonome Rollen dagegen sollen diejenigen Muster von Haltungen und Verhaltensweisen genannt werden, die der einzele für sich erwählt und unter Widerstand gegen oder mit Billigung von gesellschaftlichen Kontrollinstanzen ausspielt, beziehungsweise eigene Muster, die er im Zuge seines eigenen Einflusses für andere verbindlich zu machen sucht...

Diese Überlegungen werfen einen Schatten auch auf die Deutung des Sozialisationsprozesses als Lernprozeß. Brim hatte in späteren Veröffentlichungen diese Interpretation noch zugespitzt: „Nach meiner Ansicht handelt es sich bei Sozialisation um den Prozeß, durch den man lernt, seine verschiedenen Rollen angemessen zu spielen. Diese Gleichsetzung von Sozialisation und Lernprozeß ist heute noch weit verbreitet, hat jedoch ihre Anhänger in die verschiedensten Schwierigkeiten gestürzt. Als Minimum mußte geklärt werden, worin denn wohl die kennzeichnende Eigenart dieses Lernvorgangs gegenüber anderen Arten von Lernprozessen, d.h. außerhalb der Sozialisation, zu suchen sei. Schwieriger wurden die Probleme, als man innerhalb der Sozialisation empirisch Prozesse entdecken mußte, die nicht ohne weiteres als Lernen beschrieben werden konnten. Bezeichnenderweise kam es zu solchen Beobachtungen zuerst in Sozialisationsbereichen, die von der klassischen Theorie vernachlässigt oder ganz unberücksichtigt gelassen worden waren. So bemerkt Ronneberger im Bereich der Massenmedien, daß sich „der Sozialisationsfunktion ... eine allgemeine *soziale Orientierungsfunktion* vor- oder zuordnen [läßt], wobei es offenbleiben mag, ob und inwieweit sie sich von der Sozialisationsfunktion abgrenzen läßt, beziehungsweise ob wir es mit einer Ausfächerung eines übergreifenden funktionalen Komplexes zu tun haben". Ronneberger sieht also durchaus, daß die Inhalte der Massenkommunikation nicht nur Gegenstand des Lernens, sondern auch von Orientierungsversuchen sein können. Gegenüber den hier verbreiteten Meinungen und Informationen reagiert der Sozialisand nicht ohne weiteres durch Verinnerlichung und Speicherung der Inhalte, sondern anders: er gewichtet, vergleicht, wählt aus.

Begleittext 6.4:

René Spitz: Vom Säugling zum Kleinkind. Klett: Stuttgart ²1969, S. 45 ff., 290 ff.

Schließlich erforderte unsere Methode die Untersuchung großer Gruppen von Säuglingen unter Bedingungen, die ein möglichst hohes Maß an Konstanz der Umwelt gewährleisteten. Zu diesem Zweck wählten wir in erster Linie zwei Anstalten, deren eine wir als „Säuglingsheim", die andere als „Findelhaus" bezeichnen wollen.

Beschreibung der Institutionen

Die beiden Anstalten waren einander in gewissen wichtigen Aspekten ähnlich. Beide lagen außerhalb der Stadt, in großen, geräumigen Gärten. In beiden wurden die Gebote der Hygiene und der Asepsis sorgfältig eingehalten. In beiden wurden die Neugeborenen von Geburt an von den älteren Säuglingen (und diese wiederum von den Kleinkindern) getrennt und in einer besonderen Neugeborenen-Abteilung untergebracht, in die Besucher nur eingelassen wurden, nachdem sie sich die Hände gewaschen und frisch sterilisierte Kittel angezogen hatten. Nach zwei oder drei Monaten wurden die Neugeborenen in die Abteilung der älteren Säuglinge verlegt und in einem großen Raum untergebracht, der in eine Anzahl von Einzelzellen unterteilt war....

... Im ganzen hatte das Findelhaus in bezug auf die Auswahl der aufgenommenen Kinder einen geringen Vorteil vor dem Säuglingsheim. Das Säuglingsheim war eine Anstalt des Strafvollzugs, in der straffällige Mädchen, die bei der Einlieferung schwanger waren, abgesondert wurden. Sie brachten ihre Kinder in einem nahe gelegenen geburtshilflichen

Krankenhaus zur Welt. Nach dem Wochenbett wurden ihre Kinder von Geburt an bis zum Ende des ersten Lebensjahres in dem Säuglingsheim versorgt. Angesichts der Tatsache, daß die Mütter meistens straffällige Minderjährige waren, in gewissem Maß sozial fehlangepaßt, manchmal debil, manchmal psychisch geschädigt, psychopathisch oder kriminell, stellten Erbanlagen und Herkunft, von den Kindern her gesehen, eine negative Auslese dar.

Im Findelhaus gab es diese negative Auslese nicht. Die Kinder stellten einen Querschnitt der von der Fürsorge abhängigen Kinder in einer Großstadt dar; ein Teil von ihnen unterschied sich in der Herkunft nicht sehr von den Kindern im Säuglingsheim, aber ein wesentlicher Teil der Kinder stammte von sozial gut angepaßten, normalen Müttern, die nur nicht in der Lage waren, sich und ihre Kinder zu erhalten.

Der grundlegende Unterschied zwischen dem Säuglingsheim und dem Findelhaus liegt im Bereich der Sorge für die Kinder. Das Säuglingsheim, in dem ständig vierzig bis sechzig Kinder zugleich untergebracht sind, wurde von einer Oberschwester und ihren Helferinnen betrieben; ihre Pflichten bestanden darin, die Mütter in einfacher und wirksamer Hygiene und Kinderpflege zu unterweisen und sie zu beaufsichtigen und zu beraten. Jedes Kind wurde von seiner eigenen Mutter gefüttert, gepflegt und versorgt. Wenn aus irgendeinem Grund eine Mutter von ihrem Kind getrennt werden mußte, trat die Mutter eines anderen Kindes an ihre Stelle oder aber ein schwangeres Mädchen, das auf diese Weise die für die Pflege ihres eigenen zukünftigen Kindes nötige Erfahrung erwerben konnte. Jedes Kind in dem Säuglingsheim hatte auf diese Weise die ganze Zeit die Fürsorge seiner eigenen Mutter oder wenigstens einer Ersatzmutter, ausgewählt von der sehr fähigen Oberschwester, die versuchte, eine Stellvertreterin zu finden, die das Kind gern hatte.

Die Kinder in dem Säuglingsheim hatten immer mindestens ein Spielzeug, meistens sogar mehrere. In ihrem Blickfeld lag nicht nur die freundliche Landschaft vor den Fenstern; man hatte außerdem die Zwischenwände so niedrig gehalten, daß jedes Kind durch die Glasscheiben in mehrere Nachbarabteile schauen konnte. Die älteren Kinder beobachteten diese mit begierigem Interesse, versuchten an dem teilzunehmen, was sich außerhalb ihrer Abteile abspielte und waren auch sichtlich fasziniert von der eiligen Geschäftigkeit der Mütter, die ihre Kinder in dem Gang herumtrugen oder sie in den Abteilen versorgten, fütterten, mit ihnen spielten und mit den Kindern auf dem Arm miteinander schwatzten.

Das Findelhaus war eine Einrichtung, wie sie vor etwa fünfzig Jahren allgemein für Waisenkinder üblich war. Seine Mittel waren unzureichend, aber es besaß ein weiträumiges, hübsch gelegenes Gebäude. Die dort untergebrachten Kleinkinder gehörten zwei Kategorien an: Die einen waren Kinder verheirateter Frauen, die aus dem einen oder anderen Grund nicht in der Lage waren, für den Unterhalt ihrer Familie zu sorgen und die für die Pflege ihrer Kinder einen bescheidenen Betrag zahlten. Die andere Kategorie bestand aus Kindern lediger Mütter. Diese Mütter wurden unter der Bedingung aufgenommen, daß sie während der ersten drei Monate ihres Aufenthaltes ihr eigenes und ein fremdes Kind nähren und beim Zubereiten und Verteilen der Nahrung für die älteren Kinder helfen würden. . . .

Nach dem dritten Monat wurden Mutter und Kind getrennt. Die Säuglinge blieben in dem Findelhaus, in dem sie körperlich in jeder Hinsicht angemessen versorgt wurden. Ernährung, Hygiene, ärztliche und medikamentöse Versorgung usw. waren so gut wie in irgendeiner anderen von uns beobachteten Anstalt oder sogar besser.

Aber da eine einzige Schwester acht Kinder zu versorgen hatte (offiziell; in Wirklichkeit waren bis zu zwölf Kinder der Obhut einer Schwester anvertraut), mußten sie psychisch verhungern. Drastisch ausgedrückt, sie bekamen etwa ein Zehntel der normalen affektiven Zufuhr, die sie in der üblichen Mutter-Kind-Beziehung bekommen hätten.

Nach der Trennung von ihren Müttern durchliefen diese Kinder zunächst die Stadien des fortschreitenden Verfalls, wie er für den partiellen Entzug charakteristisch ist, den wir vorher

beschrieben haben. Die Symptome der anaklitischen Depression folgten rasch aufeinander, und alsbald, nach der relativ kurzen Zeit von drei Monaten, zeigte sich ein neues klinisches Bild: Die Verlangsamung der Motorik kam voll zum Ausdruck; die Kinder wurden völlig passiv; sie lagen in ihren Bettchen auf dem Rücken. Sie erreichten nicht das Stadium motorischer Beherrschung, das notwenig ist, um sich in die Bauchlage zu drehen. Der Gesichtsausdruck wurde leer und oft schwachsinnig, die Koordination der Augen ließ nach. Wenn nach einiger Zeit die Mobilität wieder auflebte, geschah es bei manchen Kindern in Form des „spasmus nutans"; bei anderen zeigten sich seltsame Bewegungen der Finger, die an athetotische Bewegungen erinnern (Spitz, 1945 a).
In unserem Test zeigten diese Kinder ein fortschreitendes Absinken des Entwicklungsquotienten. Am Ende des zweiten Lebensjahres betrug ihr Entwicklungsquotient im Durchschnitt 45 % der Norm. Das entspricht der Stufe eines Idioten. Wir haben diese Kinder in größeren Abständen bis zum Alter von vier Jahren weiterbeobachtet (Spitz, 1946 a). Abb. 18 zeigt, daß die Kinder bis zu diesem Zeitpunkt mit wenigen Ausnahmen weder sitzen, stehen, laufen noch sprechen konnten.

Entwicklungsdaten

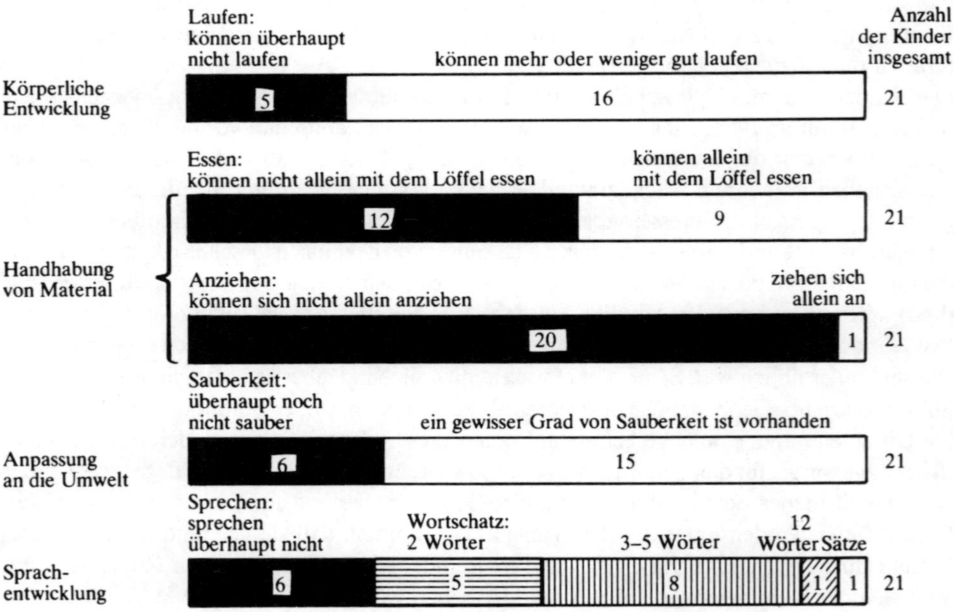

Abb. 18: Der zunehmende Verfall und die gesteigerte Infektionsanfälligkeit dieser Kinder führte zu einem erschreckend hohen Prozentsatz von Marasmus und Todesfällen.

Diese Sterblichkeitsziffern heben sich noch erschütternder heraus, wenn man sie mit denen in anderen Heimen vergleicht. Im Säuglingsheim haben wir z.B. durchschnittlich 55 Kinder pro Jahr beobachtet. Wir haben also in einem Zeitraum von vier Jahren 220 Kinder beobachtet, davon 186 von Geburt an während über sechs Monaten, und von diesen wieder mehr als die Hälfte während des ganzen ersten Lebensjahres. Unter all diesen Kindern registrierten wir zwei Todesfälle durch interkurrente Erkrankungen. Von den Kindern aus

dem Säuglingsheim, deren Ergebnisse wir noch innerhalb von sechs Monaten verfolgen konnten, nachdem sie die Anstalt verlassen hatten, starben noch zwei weitere. Das zeigt überzeugend, daß der Heimaufenthalt selbst keine hohe Säuglingssterblichkeit hervorruft, sondern daß ein spezifischer Faktor innerhalb des Heims verantwortlich ist. Zwischen dem Säuglingsheim und dem Findelhaus besteht ein Hauptunterschied: im Säuglingsheim wurden die Säuglinge bemuttert, im Findelhaus nicht.
Ich habe in den vorangehenden Kapiteln die Tatsache umrissen, daß die mütterliche Fürsorge dem Kind im Rahmen der Objektbeziehungen die Gelegenheit zu affektiv bedeutsamen Handlungen bietet. Das Fehlen dieser mütterlichen Fürsorge kommt einem emotionellen Verhungern gleich. Wir haben gesehen, daß dieses einen fortschreitenden Verfall herbeiführt, der sich auf die ganze Person des Kindes erstreckt. Dieser Verfall manifestiert sich zuerst in einer Stockung in der psychischen Entwicklung des Kindes; dann setzen psychische Funktionsstörungen ein, mit denen somatische Veränderungen einhergehen. Im nächsten Stadium führt dies zu gesteigerter Infektionsanfälligkeit und schließlich, wenn der Mangel an affektiver Zufuhr bis ins zweite Lebensjahr hinein andauert, zu einer auffallenden Erhöhung der Sterblichkeitsquote.

Begleittext 6.5:

Georg Herbert Mead: Geist, Identität und Gesellschaft. Suhrkamp: Frankfurt 1968, S. 188/189, 192–198.

Unsere Symbole sind stets Allgemeinbegriffe. Man kann nichts sagen, was absolut partikulär wäre; was sinnvoll gesagt wird, ist allgemein. Man sagt etwas, das bei allen anderen eine ganz bestimmte Reaktion auslöst, vorausgesetzt, daß das Symbol in der Erfahrung aller anderen ebenso wie für uns existiert. Es gibt die Sprache der Worte und die Sprache der Gesten, vielleicht auch die Sprache des Mienenspiels. Man kann Sorge oder Freude zeigen und dadurch bestimmte Reaktionen auslösen. Einige primitive Völker können komplizierte Gespräche ausschließlich mit Hilfe des Mienenspiels abwickeln. Sogar in diesem Fall wird die mitteilende Person in ihrem Mienenspiel ebenso beeinflußt, wie sie es von anderen erwartet. Denken setzt immer ein Symbol voraus, das im anderen die gleiche Reaktion wie im Denkenden hervorruft. Ein solches Symbol ist ein Allgemeines; es ist allgemein in seiner Natur. Wir nehmen immer an, daß das von uns verwendete Symbol in der anderen Person die gleiche Reaktion auslöst, vorausgesetzt, daß es ein Teil ihres Verhaltensmechanismus ist. Sagt eine Person etwas, so sagt sie zu sich selbst, was sie zu den anderen sagt; andernfalls wüßte sie nicht, worüber sie spricht. . . .
Spiel in diesem Sinne, insbesondere in dem Stadium, das den organisierten Wettkämpfen vorausgeht, ist nachahmendes Spiel. Ein Kind spielt „Mutter", „Lehrer", „Polizist"; wir sagen, daß es verschiedene Rollen einnimmt. Beim sogenannten Spiel der Tiere stoßen wir auf etwas Ähnliches: eine Katze spielt mit ihren Kätzchen, Hunde spielen miteinander. Zwei miteinander spielende Hunde greifen an und verteidigen sich in einem Prozeß, der im Falle der Verwirklichung zu einem tatsächlichen Kampf führen würde. Es gibt eine Kombination von Reaktionen, die die Tiefe der Bisse kontrolliert. In einer solchen Situation nimmt jedoch der Hund keine definitive Rolle in dem Sinne ein, wie ein Kind absichtlich die Rolle eines anderen spielt. Wir nützen diese Tendenz der Kinder bei unserer Arbeit im Kindergarten, wo die von den Kindern eingenommenen Rollen die Grundlage für ihre Ausbildung darstellen. Wenn ein Kind eine Rolle einnimmt, hat es in sich selbst den Reiz, der diese bestimmte Reaktion oder Gruppe von Reaktionen auslöst. Es kann natürlich so wie der Hund weglaufen,

wenn es gejagt wird, oder kann sich wie der Hund im Spiel umdrehen und zurückschlagen. Doch ist das nicht das gleiche wie nachahmendes Spiel. Kinder rotten sich zusammen, um „Indianer“ zu spielen. Das bedeutet, daß das Kind eine ganze Gruppe von Reizen in sich hat, die in ihm selbst die gleichen Reaktionen wie in anderen auslösen und die einem Indianer entsprechen. Während der Spielperiode nützt das Kind seine eigenen Reaktionen auf diese Reize, um eine Identität zu entwickeln. Die Reaktion, zu der es neigt, organisiert diese Reize, auf die es reagiert. Es spielt zum Beispiel, daß es sich etwas anbietet, und kauft es; es gibt sich selbst einen Brief und trägt ihn fort; es spricht sich selbst an – als Elternteil, als Lehrer; es verhaftet sich selbst – als Polizist. Es hat in sich Reize, die in ihm selbst die gleiche Reaktion auslösen wie in anderen. Es nimmt diese Reaktion und organisiert sie zu einem Ganzen. Das ist die einfachste Art und Weise, wie man sich selbst gegenüber ein anderer sein kann. Sie impliziert eine zeitliche Situation. Das Kind sagt etwas in einer Eigenschaft und reagiert in einer anderen, worauf dann seine Reaktion in der zweiten Eigenschaft ein Reiz für es selbst in der ersteren Rolle ist, und so geht der Austausch weiter. So entwickelt sich in ihm und in seiner anderen, antwortenden Identität eine organisierte Struktur. Beide Identitäten pflegen einen Dialog mit Hilfe von Gesten.

Wenn wir ein solches Spiel mit der Situation in einem organisierten Spiel, einem Wettkampf vergleichen, erkennen wir den entscheidenden Unterschied: Das spielende Kind muß hier bereit sein, die Haltung aller in das Spiel eingeschalteten Personen zu übernehmen, und diese verschiedenen Rollen müssen eine definitive Beziehung zueinander haben. Nehmen wir ein so einfaches organisiertes Spiel wie das Versteckspiel: alle mit Ausnahme der einen sich versteckenden Person sind Jäger. Das Kind benötigt nicht mehr Haltungen als die der gesuchten Person und der suchenden Person. Spielt ein Kind im ersteren Sinn, so spielt es einfach vor sich hin, ohne daß dabei eine grundlegende Organisation erreicht würde. In diesem frühen Stadium wechselt es von einer Rolle zur anderen je nach Laune. In einem Wettspiel mit mehreren Personen aber muß das Kind, das eine Rolle übernimmt, die Rolle aller anderen Kinder übernehmen können. Macht es beim Baseball einen bestimmten Wurf, so muß es die Reaktionen jeder betroffenen Position in seiner eigenen Position angelegt haben. Es muß wissen, was alle anderen tun werden, um sein eigenes Spiel erfolgreich spielen zu können. Es muß alle diese Rollen einnehmen. Sie müssen zwar nicht alle gleichzeitig im Bewußtsein präsent sein, doch muß es zu gewissen Zeitpunkten drei oder vier verschiedene Spieler in der eigenen Haltung präsent haben, beispielsweise den Werfer, den Fänger usw.. Diese Reaktionen müssen in gewissem Ausmaß in der eigenen Handlung präsent sein. Im Wettspiel gibt es also Reaktionen der anderen, die so organisiert sind, daß die Haltung des einen Spielers die passende Haltung des anderen auslöst.

Diese Organisation ist in der Form von Spielregeln niedergelegt. Kinder interessieren sich sehr für Regeln. Sie schaffen sich spontan ihre eigenen Regeln, um Schwierigkeiten zu vermeiden. Ein Teil der Freude am Wettspiel besteht darin, diese Regeln zu begreifen. Die Regeln sind also eine Gruppe von Reaktionen, die eine bestimmte Haltung auslösen. Man kann eine bestimmte Reaktion von anderen fordern, wenn man selbst eine bestimmte Haltung einnimmt. Alle diese Reaktionen sind auch in einem selbst. Hier haben wir also eine organisierte Gruppe von Reaktionen, die komplizierter ist als die Rollen des einfachen Spiels, wo es nur eine Folge von Reaktionen gibt, die nacheinander ablaufen. In diesem frühen Stadium hat das Kind noch keine voll entwickelte Identität. Es reagiert zwar recht intelligent auf die unmittelbar einwirkenden Reize, sie sind aber nicht organisiert. Es organisiert sein Leben noch nicht auf die von uns gewünschte Weise, nämlich als ein Ganzes. Es gibt nur eine Gruppe von Reaktionen in Form des Spiels. Das Kind reagiert auf einen bestimmten Reiz, die in anderen hervorgerufene Reaktion liegt in ihm selbst, aber es hat noch keine ganze Identität. Im Wettspiel muß es diese Rollen organisieren, sonst kann es nicht daran teilnehmen. Das Wettspiel repräsentiert im Leben des Kindes den Übergang von der spielerischen Übernahme der Rolle anderer zur organisierten Rolle, die für das Identitätsbewußtsein im vollen Wortsinn entscheidend ist.

Spiel, Wettkampf und der (das) verallgemeinerte Andere

Wir sprachen von den gesellschaftlichen Voraussetzungen, unter denen sich die Identität als ein Objekt entwickelt. Zusätzlich zur Sprache fanden wir zwei Beispiele, eines im Spiel, das andere im Wettkampf. Ich möchte nun meine Darstellung dieser Punkte zusammenfassen und erweitern. Ich behandelte sie im Hinblick auf das Kind. Wir können natürlich auch auf die Haltungen der primitiveren Völker verweisen, aus denen sich unsere Zivilisation entwickelt hat. Ein auffallendes Beispiel für Spiele, die sich von Wettkämpfen unterscheiden, haben wir in den Mythen und in mancherlei Spielen primitiver Völker, insbesondere in religiösen Schauspielen. Die reine Spielhaltung, wie wir sie bei kleinen Kindern fanden, gibt es hier natürlich nicht, da die Teilnehmer Erwachsene sind und die Beziehung der Spielprozesse zu dem von ihnen interpretierten Inhalt unzweifelhaft auch den primitivsten Völkern mehr oder weniger bewußt ist. Bei der Interpretation solcher Rituale tritt eine Organisation des Spieles zutage, die vielleicht mit dem verglichen werden könnte, was im Kindergarten geschieht, wenn die Spiele kleiner Kinder zu einer definitiven Struktur oder Beziehung geordnet werden. Zumindest etwas Ähnliches findet man im Spiel der primitiven Völker. Diese Art von Tätigkeit gehört natürlich nicht zum Alltagsleben der Menschen in ihrer Beschäftigung mit den sie umgebenden Objekten – hier haben sie ein mehr oder weniger definitiv entwickeltes Bewußtsein – sondern zu ihrer Haltung gegenüber den sie umgebenden Kräften, gegenüber der Natur, von der sie abhängig sind. In der Haltung gegenüber dieser Natur, die vage und unbestimmt ist, zeigen sie eine viel primitivere Reaktion; und diese Reaktion findet ihren Ausdruck in der Übernahme der Rolle eines anderen, in der spielerischen Darstellung ihrer Götter und Helden, im Ablauf bestimmter Riten, die symbolisieren, was diese Wesen angeblich tun. Der Prozeß entwickelt sich natürlich zu einer mehr oder weniger definitiven Technik und wird kontrolliert. Und doch können wir sagen, daß er aus einer Situation hervorgeht, die derjenigen ähnelt, wo kleine Kinder einen Elternteil, einen Lehrer spielen – vage Personen in ihrer Umwelt, die sie beeinflussen und von denen sie abhängig sind. Es sind von ihnen angenommene Persönlichkeiten, von ihnen gespielte Rollen, die die Entwicklung ihrer eigenen Persönlichkeit kontrollieren. Genau auf dieses Ergebnis arbeitet der Kindergarten hin. Er nimmt die Merkmale dieser verschiedenen Wesen und bringt sie in eine solche organisierte gesellschaftliche Beziehung zueinander, daß sie den Charakter des kleinen Kindes formen. Gerade die Einführung einer Organisation von außen her weist darauf hin, daß es der kindlichen Erfahrung in dieser Periode an einer Organisation mangelt. Dieser Situation des kleinen Kindes und der primitiven Völker steht die Wettkampfsituation gegenüber.

Der grundlegende Unterschied zwischen dem Spiel und dem Wettkampf liegt darin, daß in letzerem das Kind die Haltung aller anderen Beteiligten in sich haben muß. Die vom Teilnehmer angenommenen Haltungen der Mitspieler organisieren sich zu einer gewissen Einheit, und diese Organisation kontrolliert wieder die Reaktion des Einzelnen. Wir brachten das Beispiel eines Baseballspielers. Jeder seiner eigenen Handlungen wird von den Annahmen über die voraussichtlichen Handlungen der anderen Spieler bestimmt. Sein Tun und Lassen wird durch den Umstand kontrolliert, daß er gleichzeitig auch jedes andere Mitglied der Mannschaft ist, zumindest insoweit, als diese Haltungen seine eigenen spezifischen Haltungen beeinflussen. Wir stoßen damit auf ein „anderes", das eine Organisation der Haltungen all jener Personen ist, die in den gleichen Prozeß eingeschaltet sind.

Die organisierte Gemeinschaft oder gesellschaftliche Gruppe, die dem Einzelnen seine einheitliche Identität gibt, kann „der (das) verallgemeinerte Andere" genannt werden. Die

Haltung dieses verallgemeinerten Anderen ist die der ganzen Gemeinschaft. So ist zum Beispiel bei einer gesellschaftlichen Gruppe wie einer Spielmannschaft eben dieses Team der verallgemeinerte Andere, insoweit es – als organisierter Prozeß oder gesellschaftliche Tätigkeit – in die Erfahrung jedes einzelnen Mitgliedes eintritt.

Damit ein menschliches Wesen eine Identität im vollen Sinn des Wortes entwickelt, genügt es nicht, daß es einfach die Haltungen anderer Menschen gegenüber sich selbst und untereinander innerhalb des menschlichen gesellschaftlichen Prozesses einnimmt und diesen Prozeß als Ganzen nur in dieser Hinsicht in seine individuelle Erfahrung hereinbringt: es muß ebenso, wie es die Haltungen anderer Individuen zu sich selbst und untereinander einnimmt, auch ihre Haltungen gegenüber den verschiedenen Phasen oder Aspekten der gemeinsamen gesellschaftlichen Tätigkeit oder der gesellschaftlichen Aufgaben übernehmen, in die sie, als Mitglieder eine organisierten Gesellschaft oder gesellschaftlichen Gruppe, alle einbezogen sind; und es muß dann, indem es diese individuellen Haltungen der organisierten Gesellschaft oder gesellschaftlichen Gruppe als Ganzer verallgemeinert, im Hinblick auf verschiedene gesellschaftliche Projekte, die es zum jeweiligen Zeitpunkt verwirklicht, oder auf die verschiedenen längeren Phasen des allgemeinen gesellschaftlichen Prozesses handeln, die sein Leben ausmachen und dessen spezifische Manifestationen diese Projekte sind. Dieses Hereinholen der weitgespannten Tätigkeit des jeweiligen gesellschaftlichen Ganzen oder der organisierten Gesellschaft in den Erfahrungsbereich eines jeden in dieses Ganze eingeschalteten oder eingeschlossenen Individuums ist die entscheidende Basis oder Voraussetzung für die volle Entwicklung der Identität des Einzelnen: nur insoweit er die Haltungen der organisierten gesellschaftlichen Gruppe, zu der er gehört, gegenüber den organisierten, auf Zusammenarbeit beruhenden gesellschaftlichen Tätigkeiten, mit denen sich diese Gruppe befaßt, annimmt, kann er eine vollständige Identität entwickeln und die, die er entwickelt hat, besitzen.

Andererseits sind die komplexen, auf Zusammenarbeit beruhenden Prozesse, Tätigkeiten und institutionellen Funktionen der organisierten menschlichen Gesellschaft ebenfalls nur insoweit möglich, als jedes von ihnen betroffene oder zu dieser Gesellschaft gehörige Individuum fähig ist, die allgemeinen Haltungen aller anderen Individuen im Hinblick auf diese Prozesse, Tätigkeiten und institutionellen Funktionen und auf das dadurch geschaffene organisierte gesellschaftliche Ganze der Wechselbeziehungen zwischen Erfahrungen einzunehmen und sein eigenes Verhalten dementsprechend zu lenken.

Begleittext 6.6:

Jean Piaget: Das moralische Urteil beim Kinde. Walter: Freiburg 1954, S. 25–48.

Die Praxis der Regel

Die ersten zwei Stadien

Es ist unnötig, sich lange mit dem ersten Stadium zu befassen, da es unseren Gegenstand nicht unmittelbar betrifft. Indessen ist es für uns von Bedeutung zu erfahren, ob die Regeln, die sich vor jeder Zusammenarbeit zwischen den Kindern herausbilden können, von der gleichen Art wie die sozialen Regeln sind.

Geben wir einem Kinde (von 3 Jahren und 4 Monaten) etwa zehn Murmeln und stellen wir seine Reaktionen fest:

Jacqueline betrachtet neugierig die Murmeln, die sie in den Händen hat und welche sie zum ersten Male sieht, dann läßt sie sie auf den Teppich fallen. Darauf legt sie sie auf einen Sessel in eine Vertiefung. „Sind das keine Tiere?“ – *„Aber nein“.* – „Sind es Kugeln?“ *„Ja.“* Sie legt sich wieder auf den Teppich, nimmt sie dann und läßt sie einzeln aus einer gewissen Höhe fallen. Sie setzt sich mit gespreizten Beinen auf den Teppich und wirft die Murmeln um einige Zentimeter nach vorn. Dann hebt sie sie wieder auf, um sie auf den Sessel und in dieselbe Vertiefung wie vorher zurückzulegen. (Der Sessel ist mit Knöpfen besetzt, welche Unebenheiten im Stoff verursachen.) Dann sammelt sie sie alle und läßt sie zuerst zusammen und dann eine nach der anderen fallen. Dann legt sie sie wieder auf den Sessel, zuerst an denselben Platz, dann in andere Löcher. Dann schichtet sie sie zu einer Pyramide. *„Was sind denn das, Murmeln?"* – „Was glaubst Du wohl. . .?" – Sie legt sie wieder auf die Erde, dann wieder auf den Sessel, in die gleichen Löcher. – Wir gehen auf den Balkon: Sie läßt die Murmeln von oben herunterfallen, um sie springen zu lassen.

An den folgenden Tagen legt Jacqueline von neuem die Murmeln auf die Sessel und Stühle und in ihren Kochtopf, um das Essen zu bereiten. Oder sie wiederholt die soeben beschriebenen Handlungen.

Hierzu sind drei Punkte zu bemerken. Zunächst das Fehlen von Zusammenhang und Richtung in den aufeinanderfolgenden Tätigkeiten. Gewiß sucht das Kind vor allem das Wesen der Murmeln zu erkennen und seine motorischen Schemata dieser für es neuen Erscheinung anzupassen. Daher stellt es auch nacheinander allerlei Versuche an: werfen, einen Haufen, eine Pyramide bilden, ein Nest machen, fallen lassen, springen lassen usw.. Nur bleibt das Spiel, wenn die ersten Augenblicke des Staunens vergangen sind, ohne Zusammenhang oder vielmehr dem Einfall des Augenblicks unterworfen. Am Tage, wo gekocht wird, sind die Murmeln ein Nahrungsmittel, das im Kessel gekocht wird, am Tage, wo man sich für das Einteilen und Ordnen interessiert, werden die Murmeln in Häufchen in den Löchern des Sessels verteilt usw.. In der Art und Weise des Spiels im allgemeinen gibt es also keine Regeln.

Zweitens ist jedoch das Bestehen gewisser Regelmäßigkeiten im einzelnen festzustellen. Es ist in der Tat auffallend, wie rasch die besonderen Tätigkeiten des Kindes schematisiert und sogar zum Ritus werden. Die Anhäufung der Murmeln in einer Vertiefung des Sessels ist am Anfang nur ein einfacher Versuch, wird aber sofort zu einem mit der Wahrnehmung der Kugeln verbundenen motorischen Schema. Nach einigen Tagen ist es nichts als ein Ritus, der noch mit Interesse, jedoch ohne neue Anpassungsversuche ausgeführt wird.

Drittens ist es wesentlich, den Symbolismus festzustellen, der sich sofort an alle motorischen Schemata des Kindes anlehnt. Diese Symbole werden sicherlich mehr gespielt als gedacht, jedoch enthalten sie ein bestimmtes Maß Phantasie: Die Murmeln sind Nahrungsmittel zum Kochen, Eier in einem Nest usw.. . .

. . . In Nachfolgendem führen wir eine Beobachtung an, die zeigt, wie sehr die individuellen Riten und Symbole von den Regeln und Zeichen noch entfernt sind, sich indessen aber diesen Gegebenheiten in dem Maße nähern, wie sich zwischen den Kindern eine Zusammenarbeit herausbildet.

Jacqueline spielt (nach den vorherigen Beobachtungen) mit Jacques (2 Jahre, 11 Monate, 15 Tage), der zum ersten Male Murmeln sieht. 1. Jacques nimmt die Murmeln und läßt sie nacheinander von oben hinunterfallen. Dann hebt er sie auf und geht fort. 2. Jacques legt sie auf die Erde in eine Vertiefung und sagt: *„Ich mache ein kleines Nest"*. Jacqueline nimmt eine und legt sie auf die Erde, sie ahmt nach. 3. Jacques nimmt ebenfalls eine Murmel, vergräbt sie in der Erde und macht ein Sandhäufchen darauf. Er gräbt sie aus und beginnt immer wieder von neuem. Dann nimmt er zwei zugleich und vergräbt sie, dann drei, vier, fünf bis sechs zugleich, indem er jedesmal systematisch eine Murmel mehr nimmt. Jacqueline ahmt ihn nach: sie legt zuerst eine Murmel auf die Erde, häuft Sand darüber, dann wahllos zwei oder drei, ohne ein festes System in der Weiterführung anzunehmen. 4. Jacques tut alle Murmeln auf einen Haufen, legt dann einen Gummiball daneben und sagt: *„Das ist die Kugelmama, und das sind die Kugelkinder."* 5. Er tut sie aufs neue auf einen Haufen und bedeckt sie mit Erde, indem er die Bodenfläche glättet. Jacqueline ahmt ihn nach, jedoch nur mit einer einzigen Murmel, die sie bedeckt, ohne die Erde zu glätten. Sie fügt hinzu: *„Sie ist verloren"*, gräbt sie dann wieder aus und beginnt von neuem.

An diesem Beispiel sieht man deutlich, wie alles, was individueller Einfall oder Symbolismus ist, außerhalb der Mitteilung bleibt: sobald die Partie zu einem Phantasie-Spiel wird, folgt jeder seinen Lieblingsvorstellungen, ohne sich um die der anderen zu kümmern. Ebenso läßt sich beobachten, wie die nacheinander angewendeten ritualisierten Schemata jeder einheitlichen Gesamtrichtung entbehren. Sobald jedoch eine gegenseitige Nachahmung erfolgt (Ende von 2, 3 ganz), haben wir es mit einer beginnenden Regel zu tun: jeder versucht die Murmeln zu vergraben wie es der andere tut und eine gemeinsame Progression zu verwirklichen, was übrigens mehr oder weniger gelingt. Dieser letztere Umstand führt uns zum Stadium des Egozentrismus hinüber, in dessen Verlauf das Kind die Regeln von einem anderen erlernt, sie indessen seiner eigenen Phantasie nach anwendet.

Schließen wir also diese Analyse des ersten Stadiums ab, indem wir abermals feststellen, daß es vor dem gemeinsamen Spiel keine eigentlichen Regeln geben kann. Es bestehen zwar schon Regelmäßigkeiten und ritualisierte Schemata, doch können solche Riten als das Werk des Individuums allein nicht jene Unterwerfung unter etwas dem Ich „Überlegenes" bewirken, die für das Auftreten der Regel charakteristisch ist.

Das zweite Stadium ist dasjenige des *Egozentrismus.* Wir wenden hier bei der Erforschung der Praxis der Regeln einen Begriff an, der uns zuvor bei der Darstellung des intellektuellen Verhaltens des Kindes gedient hat. Tatsächlich haben wir es in beiden Fällen mit einer ähnlichen Erscheinung zu tun. Der Egozentrismus bildet eine Zwischenstufe zwischen dem vergesellschafteten und dem rein individuellen Verhalten. Durch Nachahmung und Sprache sowie dank der Gesamtheit der Denkinhalte der Erwachsenen, die auf das kindliche Denken einen Druck ausüben, sobald ein sprachlicher Austausch möglich ist, beginnt das Kind vom Ende des ersten Lebensjahres an, sich in gewissem Sinn zu vergesellschaften...

...Wenn wir uns auf das Murmelspiel beschränken: das Kind von 3 bis 5 Jahren, kommt je nach seinen zufälligen Begegnungen darauf, daß man zu diesem Spiel ein Viereck ziehen, die Murmeln in das Viereck legen und sie darauf hinauszubefördern versuchen muß, indem man sie mit einer anderen Murmel trifft und von einer vorher gezogenen Linie ausgeht usw.. Indem das Kind so, das was es beobachtet, nachahmt und ehrlich der Meinung ist, wie alle anderen zu spielen, denkt es jedoch zuerst nur daran, seine neuen Kenntnisse für sich allein zu verwerten. Es spielt allein mit einem sozialen Stoff; darin besteht der Egozentrismus.

Analysieren wir die Tatsachen: Mar (6 Jahre) nimmt die Murmeln die wir ihm anbieten an sich, schichtet sie zu einem Haufen, ohne sich die Mühe zu machen, ein Viereck zu ziehen und beginnt gegen die aufgeschichteten Murmeln zu stoßen. Er nimmt die angestoßenen Murmeln weg und legt sie beiseite oder legt sie sofort wieder an dieselbe Stelle, ohne jede Regelmäßigkeit. „Spielst Du immer so?" – *„Auf der Straße macht man ein Viereck."* – „Na, dann spiele doch wie auf der Straße." – *„Ich mache ein Viereck!"* – (Er zeichnet es, legt die Murmeln hinein und fängt wieder an zu spielen.) Wir spielen mit ihm und ahmen jede seiner Gesten nach. „Wer hat gewonnen?" – *„Wir haben alle beide gewonnen."* – „Aber wer hat am meisten gewonnen?" – Mar versteht nicht. – ...

... Beobachten wir jetzt, wie zwei Kinder, die gewöhnlich miteinander spielen und im selben Haus wohnen, sich verhalten, wenn sie zusammen sind. Es handelt sich um zwei Knaben, von denen der eine – Mae – ein sehr repräsentatives Beispiel für dieses Stadium ist und der andere, Wid, auf der Grenze zwischen dem gegenwärtigen und dem folgenden Stadium steht. Die Analyse dieser beiden Fälle wird daher um so beweiskräftiger sein, als es sich nicht um einfache Anfänger handelt.

Mae (6 Jahre) und Wid (7 Jahre) erklären, daß sie ständig zusammen spielen. Mae sagt uns, sie hätten beide noch gestern gespielt. Wir prüfen zuerst Mae allein. Er schichtet seine

Murmeln auf, ohne sie zu zählen und wirft seine „cassine" in den Haufen. Dann legt er vier Murmeln dicht nebeneinander und setzt eine fünfte darauf (Pyramide). Mae leugnet, daß man je ein Viereck macht, berichtigt sich dann und behauptet, er mache immer eins. „Wie stellt ihr es an, Du und Wid, um zu wissen, wer anfängt?" – *„Einer von beiden wirft seine ‚cassine', der andere versucht, sie zu treffen. Trifft er sie, so fängt er an."* Man zeigt uns dann, worin das Spiel besteht: er wirft eine „cassine" ohne die Entfernung oder die Spielweise zu berücksichtigen und als es ihm gelingt, eine Murmel aus dem Viereck herauszubefördern, legt er sie sofort wieder zurück. Das Spiel kommt so zu keinem Ende. „Geht das die ganze Zeit so weiter?" – *„Man nimmt eine weg, damit es anders wird."* Er nimmt eine Murmel aus dem Viereck fort, jedoch nicht die, die er getroffen hat. *„Das ist erst aus, wenn nur noch eine drin ist."* Er zielt noch zwei Mal. – *„Noch ein Schuß, dann nimmt man wieder eine weg."* Dann sagt er: *„Alle drei Schüsse nimmt man eine weg."* Tatsächlich nimmt Mae immer nach drei Schüssen eine Murmel heraus, ohne Rücksicht darauf, ob er getroffen oder gefehlt hat, was eine ganz neue Regel darstellt und in nichts dem üblichen Spiel entspricht, wie wir es in Neuchatel oder in Genf beobachtet haben. Es ist also eine von ihm aus dem Stegreif erfundene Regel, an die er sich jedoch zu erinnern glaubt, weil sie eine vage Ähnlichkeit mit dem hat, was in Wirklichkeit geschieht, wenn der Spieler die von ihm getroffene Murmel wegnimmt. Dieses Spiel Maes ist demnach für das zweite Stadium typisch: ein egozentrisches Spiel, in dem „gewinnen" nicht den Sieg über die anderen davontragen heißt, sondern für sich allein spielen.

Wid, den wir jetzt befragen und der bei der Befragung Maes nicht anwesend war, beginnt damit, daß er ein Viereck zeichnet. Er legt vier Murmeln in die Ecken und eine in die Mitte (erinnern wir uns an den Vorgang bei Mae, der wahrscheinlich eine Abweichung hiervon darstellt). Wid weiß nicht, was man tun muß, um zu wissen, wer anfängt und erklärt, er verstehe nichts von der Art zu spielen, die uns Mae als die ihnen beiden geläufige bezeichnet hatte – zu versuchen, die „cassine" des Partners zu treffen. Wid wirft dann seine „cassine" in Richtung des Vierecks, befördert eine Murmel hinaus und steckt sie in seine Tasche. Wir kommen an die Reihe zu spielen und treffen nichts. Er spielt wieder und trifft nacheinander alle Murmeln, die er jedesmal behält. Außerdem erklärt er, daß man, wenn man eine Murmel hinausbefördert hat, das Recht habe, sofort noch einmal zu spielen. Nachdem er alle gewonnen hat, sagt er: *„Ich habe gewonnen."* Wid gehört also dem dritten Stadium an, was diese Erklärung als Ganzes anbetrifft, doch wird es sich in folgendem zeigen, daß er, wenn sie zusammen spielen, überhaupt nicht darauf achtet, wie Mae vorgeht. Wid befindet sich demnach auf der Grenze des egozentrischen Stadiums und des Stadiums der Zusammenarbeit. Nun lassen wir Mae zurückkommen, und die beiden Kinder beginnen zusammen zu spielen. Mae zeichnet ein Viereck, und Wid legt die Murmeln nach seinem üblichen Schema hin. Mae fängt an (er spielt „roulette", während Wid am häufigsten „piquette" spielt) und befördert vier Murmeln hinaus. *„Jetzt kann ich viermal spielen"*, erklärt Mae dazu. Dies ist gegen die Regeln, aber Wid findet diese Erklärung ganz natürlich. Die Spiele folgen so aufeinander, aber die Murmeln werden von einem oder dem anderen ohne jede Regel in das Viereck gelegt (nach der Regel macht jeder seine „Einlage"), die getroffenen Murmeln werden bald sofort wieder in das Viereck gelegt, bald von dem, der sie gewonnen hat, behalten. Jeder spielt von wo aus es ihm paßt, ohne daß sein Partner ihn überwacht und jeder „wirft" so oft er will. (Es kommt daher häufig vor, daß Mae und Wid zu gleicher Zeit spielen.)

Wir schicken jetzt Wid fort und bitten Mae, uns das Spiel ein letztes Mal zu erklären. Mae legt willkürlich sechzehn Murmeln in das Viereck. „Warum so viel?" – *„Damit man gewinnt."* – „Wieviel legst Du zu Hause mit Wid hinein?" – *„Ich lege fünf hinein, aber wenn ich allein bin, nehme ich viele."* Mae beginnt nun zu spielen und befördert eine Murmel hinaus, die er beiseite legt. Wir tun dasselbe. Das Spiel geht weiter, jeder spielt einmal der Reihe nach ohne

Rücksicht auf die hinausbeförderten Murmeln (dies läuft dem bisherigen Vorgehen Maes zuwider). Dann legt Mae fünf Murmeln in das Viereck wie Wid. Dieses Mal legen wir fünf Murmeln in das Viereck auf die Weise, wie Mae es zu Beginn der Befragung gemacht hatte (vier Murmeln dicht nebeneinander und eine darauf), aber es scheint, daß Mae diese Art zu spielen vergessen hat. Schließlich spielt Mae, indem er wie zuvor immer nach drei Würfen eine Murmel fortnimmt und sagt uns: *„Das mache ich, damit es mal aufhört."*

Wir haben dieses Beispiel vollständig angeführt um zu zeigen, wie wenig sich zwei Kinder der gleichen Schulklasse, die im selben Hause wohnen und gewöhnlich miteinander spielen, in diesem Alter noch verstehen. Nicht nur, daß sie uns ganz verschiedenartige Regeln angeben (was noch während des ganzen dritten Stadiums der Fall sein wird), sondern sie überwachen sich auch nicht gegenseitig, wenn sie zusammen spielen und vereinheitlichen ihre jeweiligen Regeln nicht einmal während der Dauer des Spiels. Dies kommt daher, daß in Wirklichkeit keiner gegen den anderen gewinnen will. Jeder sucht einfach sich selbst zu amüsieren, die Murmeln im Viereck zu treffen, d.h. nach seinem eigenen Standpunkt zu „gewinnen". Man erkennt die Charakteristik dieses Stadiums. Das Kind spielt für sich. Sein Interesse besteht keineswegs darin, wie dies später der Fall sein wird, mit seinen Kameraden zu wetteifern und sich an gemeinsame Regeln zu halten, um zu sehen, wer die anderen besiegen wird. . .

Das dritte Stadium

. . . Um das 7. und 8. Lebensjahr entwickelt sich das Bedürfnis nach gegenseitigem Verstehen beim Spiele (wie übrigens auch in den Unterhaltungen zwischen den Kindern). Dieses Verständigungsbedürfnis ist für das dritte Stadium bezeichnend. Als Kriterium für das Einsetzen dieses Stadiums greifen wir den Augenblick heraus, wo das Kind mit dem Wort „gewinnen" die Tatsache bezeichnet, daß es die anderen besiegt, also mehr Murmeln als die anderen erbeutet und somit aufhört zu behaupten, es habe gewonnen, wenn es nur eine Murmel aus dem Viereck herausgebracht hat, ungeachtet dessen, was die Partner taten. In Wirklichkeit mißt das Kind, und selbst ein älteres, der Tatsache, daß es eine oder zwei Murmeln mehr als seine Gegner hinausbekommt, niemals eine große Bedeutung bei; der bloße Wettkampf bildet also nicht den einzigen Antrieb zum Spiel. Indem es gewinnen will, bemüht sich das Kind vor allem, mit seinen Gegnern zu kämpfen, indem es die gemeinsamen Regeln beachtet. Damit hört die eigentliche Freude am Spiel auf, motorisch und egozentrisch zu sein, um sozial zu werden. Die Handlungen einer Murmelpartie und die Murmelpartie selbst entsprechen nun den Worten eines Gesprächs: die gegenseitige Einschätzung der vorhandenen Kräfte führt dank der Beachtung der gemeinsamen Regeln zu einem von allen anerkannten Schluß. . .

Untersuchen wir einige Beispiele des dritten Stadiums, in dem wir zum besseren Verständnis seiner eigentlichen Züge die Antworten zweier Schulkameraden aus derselben Klasse, die gewöhnlich zusammen spielen, gegenüberstellen. – Die Kinder wurden natürlich zur Vermeidung jeder gegenseitigen Beeinflussung einzeln befragt, doch stellen wir hinterher ihre Antworten gegenüber.

Ben (10 Jahre) und Nus (11 Jahre, in der Schule ein Jahr zurückgeblieben) sind beide in der vierten Elementarklasse und spielen beide oft Murmeln. Sie kommen überein, das Viereck als notwendig zu erachten. Nus erklärt, man lege immer vier Murmeln in das Viereck und zwar entweder in die vier Ecken oder drei in die Mitte und eine obendrauf (Pyramide). Dagegen sagt uns Ben, daß man zwei bis zehn Murmeln hineinlegt (nicht weniger als zwei, nicht mehr als zehn).

Um zu wissen wer anfängt, wird nach Nus eine „coche" genannte Linie gezogen und jeder versucht, in ihre Nähe zu treffen. Wer ihr am nächsten kommt, spielt als erster und wer darüber hinaus trifft, als letzter. Ben dagegen weiß nichts von der „coche". *„Man fängt an, wie man will."* – „Gibt es nichts, damit man weiß, wer zuerst spielen muß?" – *„Nein."* – „Macht man es nicht mir der ‚coche'?" – *„Doch manchmal."* – „Was ist die ‚coche'?" – (Kann es nicht erklären.) – Dagegen behauptet Ben, man tue den ersten „Wurf" zwei oder drei Schritte vom Viereck entfernt. Ein einziger Schritt ist nicht genug und *„vier gehen auch nicht"*. Nus weiß nichts von der Regel und betrachtet die Entfernung als eine Sache des Übereinkommens. Auch in bezug auf die Art des „Werfens" ist Nus sehr großzügig. Nach ihm kann man „piquette" oder „roulette" spielen, aber *„wenn man ‚piquette' spielt, müssen alle genauso spielen. Wenn einer sagt, daß man ‚roulette' spielt, dann spielen alle so"*. Nus zieht „roulette" vor, weil *„das besser geht"*: „piquette" ist schwieriger. Ben dagegen hält „piquette" in allen Fällen für obligatorisch. Übrigens kennt er den Ausdruck „roulette" gar nicht und als wir ihm zeigen, was dies ist, sagt er: *„Das ist ‚frouillé'"* (geschwindelt).
Nach Nus muß jeder während der ganzen Partie von der „coche" aus spielen. Ist man, nachdem man nach dem Viereck geschossen hat, irgendwo angekommen, muß man also wieder auf die „coche" zurückkommen, um die folgenden „Würfe" zu machen. Ben dagegen, der hierin die allgemein übliche Art vertritt ist der Meinung, man zielt nur beim ersten Mal von der „coche" aus: nachher *„muß man von da aus spielen, wo man ist"*.
Nus und Ben stimmen hierin überein, daß die aus dem Viereck herausgerollten Murmeln demjenigen gehören, der sie getroffen hat. Dies ist neben der Aufzeichnung des Vierecks selbst der einzige Punkt, hinsichtlich dessen diese beiden Kinder uns übereinstimmende Ergebnisse liefern.
Als wir zu spielen anfangen, stelle ich es so an, daß ich im Viereck bleibe (die „cornaline" mit der ich spiele, bleibt innerhalb der Umgrenzung): *„Sie sind erledigt!"* ruft Ben begeistert. *„Sie können nicht mehr spielen, bis ich Sie herausbringe!"* Nus kennt diese Regeln nicht. Ebenso ruft Ben, als wir ungeschickt spielen und die Kugel uns aus der Hand rollt „fan coup", um uns zu verhindern, „coup passé" zu sagen und gleich wieder zu spielen. Nus kennt diese Finessen nicht.
In einem gewissen Moment gelingt es Ben, unsere „cornaline" zu treffen. Er schließt daraus, daß er abermals spielen kann (als ob er eine der Murmeln innerhalb des Vierecks berührt hätte). Nus zieht unter den gleichen Umständen nicht dieselben Schlüsse (nach ihm spielt jeder, wenn er an die Reihe kommt), folgert jedoch daraus, daß er in der darauffolgenden Partie als erster spielen kann.
Andererseits kennt Ben, der der Meinung ist, jeder beginne von der Stelle aus, auf die ihn der vergangene Wurf gestellt hatte, die Regel, die es dem Spieler gestattet, seinen Platz mit den Worten „du mien" oder „empan" zu wechseln, während Nus, der diese Worte wohl gehört hat, ihre Bedeutung nicht kennt.
Diese beiden wahllos aus einer Klasse 10jähriger Schüler herausgegriffenen Fälle zeigen uns unmittelbar die zwei für dieses dritte Stadium charakteristischen Züge. 1. Es besteht ein allgemeiner Wille, feste und allen Spielern gemeinsame Regeln aufzufinden, z.B. die Art, wie Nus uns erklärt, daß, wenn einer der Spieler „piquette" spiele, *„alle ebenso spielen müssen"*. 2. Trotzdem bestehen zwischen den Auskünften der Kinder bedeutende Unterschiede...
... Man sieht so, worin das dritte Stadium besteht. Das Hauptinteresse des Kindes ist kein psycho-motorisches mehr: es ist ein soziales Interesse. Mit anderen Worten, das Herausholen einer Murmel aus dem Viereck durch einen geschickten Wurf bildet nicht mehr das eigentliche Ziel. Es handelt sich von nun an nicht mehr nur darum, mit den Kameraden zu spielen, sondern außerdem und vor allem, die Partie mittels einer systematischen Gesamtheit von

Regeln, welche in den angewandten Mitteln völlige Gegenseitigkeit garantiert, zu organisieren. Das Spiel ist also sozial geworden...
... Ebenso gelangt das Kind des dritten Stadiums hinsichtlich der Spielregeln zu augenblicklichen kollektiven Koordinierungen (eine nach allen Regeln gespielte Partie kann in dieser Hinsicht mit einer gutgeführten Diskussion verglichen werden), hat jedoch noch kein Interesse an der Gesetzgebung des Spiels als solches, an prinzipiellen Erörterungen, die es allein dazu führen, das Spiel in seinem ganzen Umfang zu beherrschen (die juristisch-moralischen Diskussionen des vierten Stadiums sind in dieser Hinsicht dem logisch-formalen Denken vergleichbar).

Das vierte Stadium

Mit durchschnittlich 10 bis 12 Jahren entwickelt sich dieses letztere Interesse. Befragen wir zum Verständnis der Art, wie die Regeln während dieses vierten Stadiums angewendet werden, einige Kinder der gleichen Schulklasse einzeln; wir werden den Scharfsinn und die Übereinstimmung ihrer Auskünfte feststellen können.
Rit (12 Jahre), Gros (13 Jahre) und Vua (13 Jahre) spielen oft Murmeln. Wir haben jeden einzelnen befragt und Maßnahmen getroffen, um zu vermeiden, daß sie während unserer Abwesenheit den Inhalt unserer Befragung einander mitteilen.
Hinsichtlich des Vierecks, der Einlage, der Art zu werfen und im allgemeinen der bereits zuvor untersuchten Regeln stimmen natürlich diese drei Kinder untereinander völlig überein. Um zu wissen wer anfängt, gibt es nach Rit, der zwei Ortschaften der Umgebung bewohnte, bevor er in die Stadt kam, zwei verschiedene Gebräuche. Man zieht eine Linie, die „coche", und derjenige, der ihr am nächsten kommt, fängt an. Wirft man über die Linie hinaus, so macht dies nach einzelnen Meinungen entweder nichts oder *„es gibt ein anderes Spiel; wirft man über die Linie hinaus, so ist man der letzte".* Gros und Vua kennen nur diese Art, die einzige, die von den Knaben dieses Viertels tatsächlich gespielt wird.
Es gibt jedoch Komplikationen, die uns die Kleineren nicht erzählt haben. Nach Gros spielt der, *„der ‚queue' sagt, als zweiter. Er hat es leichter, weil er sich nicht ‚treffen' läßt"* (wenn die „cornaline" eines Spielers in der Umgebung des Vierecks bleibt, ist sie den Würfen der folgenden Spieler ausgesetzt). *„Ebenso",* sagt uns Vua, *„spielt der, der „queue de deux" sagt als letzter."* Und er fügt eine von Gros ebenfalls anerkannte Regel hinzu: *„Wenn man von der ‚coche' gleich weit entfernt ist, spielt der, der ‚egaux-queue' ruft, als zweiter."* Das Problem besteht also darin, daß man an genügend guter Stelle an die Reihe kommt, um noch Murmeln im Viereck vorzufinden, aber nicht als erster, um nicht „angestoßen" zu werden.
Andererseits sagt uns Gros: *„Wer zwei hinauskriegt* (zwei der in das Viereck gelegten Murmeln, d.h. den Wert der ‚Einlage' des Spielers), kann *‚queue de pose' sagen. Dann kann er beim nächsten Spiel als zweiter von der ‚coche' aus spielen."* Und Vua: *„Wenn zwei draußen sind* (wenn zwei Murmeln aus dem Viereck hinausbefördert sind), *muß man nur ‚queue de pose' sagen und kann wieder als zweiter bei der nächsten Partie von der ‚coche' aus spielen."* Rit gibt uns dieselbe Auskunft.
Dies ist nicht alles. Nach Rit *„kann man, wenn man ‚deux coups de coche' sagt, zweimal von der Linie aus werfen. Sagt man ‚deux coups d'empans', so wirft man das zweite Mal von da aus, wo man steht. Man kann das erst sagen, wenn der andere* (der Gegner) *seine Einlage gemacht hat"* (soviel Murmeln verschossen hat, wie er ins Viereck gelegt hatte). Diese Regel wird auch von den beiden anderen Kindern befolgt.
Außerdem gibt es ein den Jüngeren unbekanntes System von Regeln hinsichtlich der Stellung der Murmeln in das Viereck. Nach Gros ist *„der erste, der ‚place pour moi' sagt, nicht*

verpflichtet, sich in eine der Ecken des Vierecks zu stellen, und wer ,place des marbres' sagt, kann sie legen, wie er will, durcheinander oder in die vier Ecken". Vua ist der gleichen Ansicht und fügt hinzu: *„Sagt man ,place pour toi pour tout le jeu', so muß der andere* (der Gegner) *an dem gleichen Platz bleiben".* Rit, der auch diese Regeln kennt, stellt noch genauer fest: *„man kann nicht mehr ,place pour moi' sagen, wenn man schon ,place pour toi' gesagt hat".* Man sieht die Kompliziertheit dieses Gewohnheitsrechtes!

Unsere drei Rechtsberater machen uns außerdem auf die Milderungsmaßnahmen aufmerksam, die zum Schutze der Schwachen angewandt werden. Nach Vua *„hat der andere* (der Partner), *wenn man drei mit einem inem Wurf herausbekommt und nur noch eine drinbleibt, das Recht, von der Hälfte aus zu spielen* (auf halbem Wege zwischen der „coche" und dem Viereck), weil der erste mehr als seine Einlage gemacht hat". Andererseits *„läßt man den anfangen, der verloren hat".* Nach Gros kann *„wenn nur noch eine Murmel übrig bleibt, der, der die letzte gewonnen hat, sie dem anderen geben, anstatt nochmals zu spielen".* Und weiter: *„Wenn einer zuviel gewonnen hat, sagen die anderen ,cougac' und er muß noch einmal spielen."*

Die Anzahl der Würfe, auf die jeder Spieler Anspruch hat, gibt ebenfalls zu einer Reihe von Regeln Anlaß, die von den drei Knaben wie zuvor in voller Übereinstimmung erzählt werden. Der Kürze halber wollen wir uns diesbezüglich lediglich auf die in 1. dargelegten allgemeinen Spielregeln beschränken. Nur in einem einzigen Punkte konnten wir feststellen, daß unsere Kinder nicht übereinstimmen. Rit, der wie gesagt die Spielarten von drei verschiedenen Ortschaften kannte, sagte uns, daß im allgemeinen derjenige, dessen „cassine" innerhalb des Vierecks liegenbleibt, sie herausnehmen kann. Er fügte zwar hinzu, daß bei manchen Spielarten der Spieler in diesem Falle „erledigt" ist, aber diese Regel scheint ihm nicht zwingend. Vua und Gros sind dagegen der Meinung, daß man *„in jedem Fall, wenn man innerhalb des Vierecks bleibt, ,erledigt' ist".* Nun dachten wir, Vua in Verlegenheit zu bringen, indem wir ihm sagten: „Rit hat das nicht gesagt". – *„Das kommt daher",* antwortete Vua, *„weil man manchmal auch anders spielt. Dann fragt man sich, was man machen soll."* – „Und wenn man nicht einig werden kann?" – *„Man streitet sich einen Augenblick herum, und dann einigt man sich."*

Aus diesen Antworten läßt sich ersehen, worin das vierte Stadium besteht. Seit dem vorhergehenden Stadium scheint sich das Interesse abermals verschoben zu haben: die Kinder suchen nicht nur eher zusammen als für sich allein zu spielen, sich zu einigen, wie Vua sagt, sondern sie scheinen auch – und dies ist ohne Zweifel neu – ein besonderes Vergnügen daran zu finden, alle möglichen Fälle vorauszusehen und zu kodifizieren. Wenn man bedenkt, daß das Viereckspiel nur eine der fünf bis zehn Abarten des Murmelspiels ist, so erschrickt man, wenn man die Vielfalt der Regeln und des Verfahrens beim Viereckspiel bedenkt darüber, was das 12jährige Kind in seinem Gedächtnis zu behalten gezwungen ist. Diese Regeln mit ihren Nebenerscheinungen und Ausnahmen sind mindestens ebenso kompliziert wie die der Rechtschreibung. Und man kann nur mit einiger Beschämung feststellen, wie schwerfällig die klassische Pädagogik sich anstellt, um die Rechtschreibung in Gehirne dringen zu lassen, die mit solcher Leichtigkeit den gedächtnismäßigen Inhalt des Murmelspiels aufnehmen; das Gedächtnis hängt eben von der Tätigkeit ab, und eine wirkliche Tätigkeit setzt Interesse voraus.

Begleittext 6.7:

Urie Bronfenbrenner: Ökologische Sozialisationsforschung. Klett: Stuttgart 1976, S. 199–208, 212–216, 218.

Ökologische Sozialisationsforschung – Ein Bezugsrahmen

Einführung

Mit dem folgenden Beitrag möchte ich zu einem Umdenken in Sozialisationstheorie und Sozialisationsforschung anregen. Dabei stütze ich mich auf zwei wichtige Prinzipien. Das *erste* läßt sich vielleicht am treffendsten mit den Worten von A.N. Leontiew von der Universität Moskau ausdrücken. Als ich ... am dortigen Institut für Psychologie als Austausch-Wissenschaftler tätig war, unterhielten wir uns öfter über Unterschiede in den theoretischen Annahmen, die der Sozialisationsforschung in der Sowjetunion und den Vereinigten Staaten zugrunde liegen. Bei einem solchen Gespräch ließ Leontiew eine kluge Bemerkung fallen, die er inzwischen wahrscheinlich längst wieder vergessen hat; er sagte: „Mir scheint, die amerikanischen Wissenschaftler suchen ständig nach Erklärungen dafür, wie ein Kind zu dem werden konnte, was es heute ist. Wir in der UdSSR dagegen versuchen herauszufinden, wie es zu dem werden kann, was es noch nicht ist!"

Ein Grund, warum ich mich an Leontiews herausfordernde Äußerung erinnere liegt darin, daß sie jenen Rat bekräftigte, den mir ein Vierteljahrhundert vorher mein erster Mentor an der Univiversität, W.E. Dearborn aus Harvard, mit auf den Weg gegeben hatte. In seiner klaren und ruhigen Art hatte er mir einmal gesagt: „Bronfenbrenner, wenn Sie irgend etwas begreifen wollen, müssen Sie versuchen, es zu ändern!"

Geschichte eines Paradoxons

Auch das zweite Prinzip hat wie das erste eine interkulturelle Vorgeschichte, aber eine, die eher von Kontrasten als von Kontinuität geprägt ist, eine etwas längere Darstellung braucht und zu einschneidenden Konsequenzen führt. Über ein Jahrzehnt lang haben der Verfasser und seine Kollegen vergleichende Studien über Kindererziehung in über einem Dutzend Ländern in West- und Osteuropa, Nordamerika, dem Mittleren und dem Fernen Osten durchgeführt. Im Verlauf dieser Arbeiten stieß ich zum ersten Mal auf ein Phänomen, das ich bei meinen früheren Forschungen so nie beobachtet hatte: überschneidungsfreie Merkmalsverteilungen zwischen Gruppen von Versuchspersonen. Kinder, die in verschiedenen Kulturen aufgewachsen waren, unterschieden sich nämlich in einigen Punkten so eindeutig in ihrem Verhalten, daß man das jeweilige Herkunftsland praktisch fehlerfrei aus ihren Verhaltensweisen ablesen konnte. Mehr noch, eine derartige kulturelle Verschiedenheit ermutigte zu Schlußfolgerungen, die sowohl wissenschaftlich wie auch sozialpolitisch bedeutsam erschienen: Der kindliche Organismus erschien als außerordentlich bildbar. Das berechtigte zu Hoffnungen für die Zukunft.

Von dieser Hoffnung beflügelt, wandte ich mich Aufgaben zu, die eine für mich ungewohnte Art von beruflicher Tätigkeit darstellten. Zusammen mit Kollegen aus dem eigenen Land begann ich mit Versuchen, mittels wissenschaftlicher Erkenntnisse und Erfahrungen die Entwicklung und Bewertung von sozialpolitischen Entscheidungen und Maßnahmen zu beeinflussen, die die Situation der Kinder in Amerika bzw. die Personen und Institutionen, die für deren Wohl verantwortlich sind, betrafen. Aus diesen Bemühungen entstanden Programme wie „Head Start" (ein bundesweites Netz von Vorschuleinrichtungen für Kinder aus sozial schwachen Familien), „Follow-Through" (ein kleineres Bundesprogramm zur Entfaltung innovativer Strategien pädagogischer und sozialer Art in Grundschulen), „Parent-Child-Centers" (Programme für Eltern und Kinder unter drei Jahren), „Home Start" (Hilfen für Kinder und Eltern auf dem Weg über wöchentliche Hausbesuche) und einige weitere, noch speziellere Initiativen...

Obwohl ein paar bescheidene Erfolge zu beobachten waren, blieben die Ergebnisse insgesamt enttäuschend. Bestenfalls waren kurzlebige Auswirkungen geringen Umfangs festzustellen, wobei wesentliche Überschneidungen in den Merkmalsverteilungen mit Versuchs- und Kontrollgruppen vorlagen. Kurz gesagt, mein Optimismus bezüglich der Bildbarkeit des sich entwickelnden Organismus und seiner Empfänglichkeit für Umweltveränderungen schien sich kaum aufrechterhalten zu lassen...

Einige Lehren für die Sozialwissenschaft aus der Sozialpolitik

Überlegungen wie diese haben mich veranlaßt, die Stichhaltigkeit unserer theoretischen Modelle und der darauf beruhenden wissenschaftlichen Strategien in Zweifel zu ziehen. Ich wollte mir die Aufgabe stellen herauszufinden, welche Grundelemente ausgesprochen oder unausgesprochen für die von uns verwendeten Modelle bestimmend waren und welche anderen Möglichkeiten sich denken ließen. Der Blick für diese Fragen wurde mir nicht zuletzt durch die Erfahrungen geöffnet, die ich bei dem Versuch sammeln mußte, Änderungen in der Sozialpolitik und in der Praxis der Kindererziehung in der amerikanischen Gesellschaft herbeizuführen. Im Laufe dieser Bemühungen hatte ich viel mit Leuten außerhalb der akademischen Welt zu tun, z.B. mit führenden Politikern, Abgeordneten, Fachleuten aus Wirtschaft und Verwaltung und sonstigen Bürgern. Diese stellten mir häufig Fragen, von denen sie meinten, sie gehörten in meinen Bereich, auf die ich aber keine Antwort wußte. Beispielsweise wurde ich gefragt:

1. Wie wichtig ist es für ein Kind, während der ersten drei Lebensjahre bei der Mutter zu sein?
2. Können Väter sich genauso gut um die Kinder kümmern wie die Mütter?
3. Wie wichtig sind andere Erwachsene neben den Eltern?
4. Ergeben sich irgendwelche Unterschiede, wenn Kleinkinder nur halbtägig statt ganztägig in Tagespflegestellen kommen?
5. Sollen die Jahrgangsklassen in den Schulen aufgelöst werden zugunsten von altersgemischten Klassen?
6. Welche Änderungen in unseren Schulen wären nötig, um die sprunghaft steigende Häufigkeit von Schulabbruch, Rauschgiftsucht und Sachbeschädigung zu senken?
7. Soll man den Eltern gestatten, ihre Kinder zur Arbeit mitzubringen?
8. Welche Auswirkungen hat es für das Kind, wenn Vater *und* Mutter ganztags arbeiten?
9. Wie wichtig wäre es für unsere Firma Möglichkeiten zu schaffen, daß Eltern zu Hause sein können, wenn das Kind aus der Schule kommt?
10. Wie kann das Werbefernsehen so gestaltet werden, daß es die Entwicklung der Kinder fördert?

Es wird Sie kaum überraschen, daß es mir nicht möglich war, in unseren wissenschaftlichen Veröffentlichungen Antworten auf solche Fragen zu finden...

Die vorstehenden Fragen zielen ... allesamt auf die Wirkung der alltäglichen Umwelt, in der Kinder leben bzw. leben könnten, wenn Sozialpolitik und Erziehungspraxis sich ändern würden. Allein Wandlungen in der alltäglichen Umwelt des Kindes – so die Grundthese dieses Beitrages – vermögen Unterschiede in der Entwicklung hervorzubringen...

Als erstes müssen wir die Struktur dieser alltäglichen Umwelt und ihrer wichtigsten Bestimmungsgrößen unter die Lupe nehmen. Im folgenden werden wir diese alltägliche Umwelt als soziale Ökologie menschlicher Entwicklung auffassen. Damit knüpfen wir an eine biologische Terminologie an, in der es üblich ist, den unmittelbaren, dauerhaften Lebensraum, die „Nische" des Organismus, als seinen ökologischen Ort zu umschreiben.
Welches sind die Parameter der sozialen Ökologie menschlicher Entwicklung? Es scheint zweckmäßig, drei sich überlagernde Schichten zu unterscheiden:
A) Die oberste und sofort sichtbare Schicht bildet die unmittelbare Umgebung, in der sich das Kind gerade befindet – Haus, Schule, Straße, Spielplatz, Ferienlager usw.. Diese Umgebung wiederum läßt sich jeweils nach drei Seiten hin betrachten:

1. nach ihrer räumlichen und stofflichen Anordnung,
2. nach den Personen mit ihren verschiedenen Rollen und Beziehungen zum Kind,
3. nach den Tätigkeiten, die die Personen ausüben, sei es miteinander oder mit dem Kind, einschließlich der sozialen Bedeutung dieser Tätigkeiten.

B) Die zweite, daran anschließende Schicht, in die die unmittelbare Umgebung eingebettet ist, formt und begrenzt das, was innerhalb dieser vor sich geht und vor sich gehen kann. Auch hier gibt es die physische, die soziale und die Handlungsdimension, wenn auch vielschichtiger miteinander verknüpft. Meist sind sie zu einem von zwei Systemen allgemeinerer Art zusammengesetzt:
1. Soziale Netzwerke: Das sind informelle soziale Strukturen, wie sie von Leuten gebildet werden, die sich in gemeinsame Betätigungen teilen oder Kontakt untereinander halten. Es kann sich dabei um Gruppen von Alterskameraden („peer groups"), Freundeskreise, Cliquen in Nachbarschaft und Beruf oder einfach um Bekanntenkreise handeln. Sie beruhen auf beiläufigen Zusammenkünften, gegenseitigen Besuchen, Briefkontakten und Anrufen. Ein Kennzeichen dieser informellen Netzwerke liegt darin, daß sie mit der Zeit wachsen und sich oft räumlich ausdehnen...
2. Institutionen: Sie sind die formellen Gegenstücke zu den informellen Netzwerken. Von diesen unterscheiden sie sich durch klar festgelegte Ziele, Strukturen und Regeln. Einige, wie die Institutionen des Gesundheits-, Erziehungs- und Sozialwesens, tragen unmittelbare Verantwortung für das Wohl der Kinder und derer, die sie betreuen (z.B. Eltern, Lehrer, Jugendfürsorger usw.). Daneben kennt die Gesellschaft aber noch weitere Organisationen, die zwar in der Regel als nicht so wichtig für den Sozialisationsprozeß betrachtet werden, tatsächlich aber erst die politischen und praktischen Voraussetzungen schaffen, von denen es auf weite Strecke abhängt, wie die Kinder und ihre Betreuer ihr Leben verbringen. Zu diesen Institutionen gehören vor allem die staatliche Verwaltung (auf Bundes-, Staats- und Gemeindeebene), das Rechtssystem, wirtschaftliche und gesellschaftliche Planungsgremien, Industrie und Handel, die Massenmedien, aber auch einzelne Subsysteme, wie die Verkehrsmittel oder die Einkaufsmöglichkeiten (z.B. der kleine Laden um die Ecke im Gegensatz zum Supermarkt am Stadtrand).
C) Schließlich wird sowohl die übergreifende soziale Struktur wie auch die darin eingebettete alltägliche Umgebung von einem *ideologischen System* umschlossen, das die sozialen Netzwerke, Institutionen, Rollen, Tätigkeiten und ihre Verbindungen mit Bedeutungen und Motiven ausstattet. Welchen Platz und Stellenwert Kinder und Jugendliche in dieser Ideologie einnehmen, ist von besonderer Wichtigkeit für die Frage, wie ein bestimmtes System einschließlich der Gesellschaft als Ganzes die junge Generation und die für ihre Erziehung Verantwortlichen behandelt.

Eine Gegenüberstellung von hergebrachten und ökologischen Forschungsmodellen

Wir haben nun die Grundlage für unsere These geschaffen, wonach die Eigenart der oben skizzierten Umwelt des Kindes ziemlich verschieden ist von der Umwelt, wie sie bei unseren wissenschaftlichen Versuchen definiert, operationalisiert und in unseren Fachzeitschriften beschrieben wird. Ich möchte nur ein paar besonders krasse Unterschiede erwähnen:

1. Nach dem eben dargelegten Konzept liegt der Schwerpunkt der Untersuchung auf den dauerhaften (und daher vertrauten) sozialen Kontexten, in denen das Kind lebt bzw. leben könnte, und in denen die Beteiligten dauerhafte (und daher vertraute) Rollen innehaben und Tätigkeiten nachgehen, die in diesem Rahmen ihren sozialen Sinn haben. Eine Blickrichtung wie diese steht im Widerspruch zu vielen, wenn auch nicht allen, Laboratoriumssituationen, wo die Situation zeitlich begrenzt und ungewohnt, die Aufgabenstellung nicht nur ungewohnt, sondern sogar unnatürlich ist (in dem Sinne, daß ihre soziale Bedeutung bestenfalls verschwommen erscheint) und wo sich die Beteiligten nicht kennen.
Tatsächlich kann man ja die amerikanische Entwicklungspsychologie weitgehend als Wissenschaft bezeichnen, die das Verhalten von Kindern in fremden Situationen mit fremden Erwachsenen untersucht.

2. Genauer müßte man sagen: das Verhalten *eines* Kindes mit *einem* fremden Erwachsenen – typischerweise einem Studenten. Die bestehenden theoretischen Sozialisationsmodelle und die Untersuchungen, die darauf aufbauen, gehen fast ausnahmslos von einem Zwei-Personen-Modell aus. Das gilt selbst dann, wenn die zweite Person eine vertraute Figur ist, etwa ein Elternteil, Lehrer oder Therapeut. Selbst wenn mehr als eine andere Person bei der Untersuchung berücksichtigt wird, beispielsweise Mutter *und* Vater, werden sie noch getrennt behandelt. Drei-Personen-Modelle findet man wohl in der Theorie (z.B. Parsons & Bales, 1955), aber selten einmal in der Forschungspraxis. Die am meisten gebräuchliche Situation kennt zwei Personen – die eine ein Erwachsener, meist als „VL" (Versuchsleiter) gekennzeichnet, die andere ein Kind, von dem typischerweise als „VP" (Versuchsperson) geredet wird.

3. Der Ausdruck „Versuchsperson" spiegelt die Tatsache wider, daß mit wenigen Ausnahmen das Geschehen so betrachtet wird, als ob es nur in einer Richtung ablaufe. Das Interesse gilt dem Einfluß, den das Verhalten des Versuchsleiters oder des Elternteils, Lehrers oder Therapeuten auf das Kind ausübt und nicht umgekehrt.

4. Unvermeidlich finden in einem Zwei-Personen-Modell, kennzeichnenderweise aber auch in den wenigen Mehr-Personen-Modellen, nur die unmittelbaren Einwirkungen Beachtung, d.h. der Einfluß von A auf B. Demgegenüber besteht weder Interesse noch häufig die Untersuchungsmöglichkeit für die Frage, wie die Interaktion von A mit B, sprich Mutter mit Kind, durch eine dritte Partei beeinflußt wird, also beispielsweise durch den Vater, ein zweites Kind, die Großeltern oder den Lehrer. Man könnte das den „Einfluß zweiter Ordnung" nennen. Ich habe nur einen einzigen Komplex von Forschungen auf unserem Gebiet entdecken können, der nach solchen Einflüssen zweiter Ordnung fragt, nämlich die wachsende Literatur über die Wirkung von Fremden auf die Interaktion zwischen Mutter und Kind (vgl. etwa Ainsworth und Bell, 1970). Doch auch hier ist der andere Partner ein Fremder.

5. Eine noch einschneidendere Beschränkung liegt in der Tatsache, daß bei vielen unserer Forschungen das Zwei-Personen-System losgelöst von weiteren sozialen Bedingungen, die auf es einwirken oder es umschließen, betrachtet wird.
En passant dürfen wir zur Stützung unserer allgemeinen These festhalten, daß diese für unsere Versuche so typischen Bedingungen kaum charakteristisch sind für die Situationen, in denen Kinder tatsächlich leben und aufwachsen. So gilt für die Familie, die Kindertagesstätte, Vorschule, Spielgruppe, Nachbarschaft oder für das Klassenzimmer folgendes:

a) Gewöhnlich sind dort mehr als zwei Personen beieinander.
b) Das Kind beeinflußt seinerseits diejenigen, von denen es beeinflußt wird.
c) Die anderen Beteiligten sind keine Fremden, sondern Personen, die dauerhafte Rollen und Beziehungen zum Kind haben und für es soziale Rollen repräsentieren.
d) Schließlich ist das Verhalten all dieser Leute tiefgreifend von weiteren sozialen Rollen abhängig, die sie in anderen sozialen Systemen innehaben und wodurch ihre Beziehungen zueinander und zu den Kindern beeinflußt werden.

Der Gegensatz zwischen den Bedingungen bei unseren Versuchen und denen im täglichen Leben des Kindes zeigt, daß unsere bisherige Forschung ökologisch wenig Gültigkeit beanspruchen kann. Wenn wir das Kind aus der Umwelt, in der es sich normalerweise befindet, herausnehmen und in eine Umgebung versetzen, die ihm fremd ist, in der es sich nur für kurze Zeit aufhält, und wo die Personen, Gegenstände und Erfahrungen fehlen, die sonst im Mittelpunkt seines Daseins stehen, erhalten wir vom Kind ebenso wie von seiner Umwelt nur ein bruchstückhaftes Bild. Folglich dürfte das Potential der Einflußmöglichkeiten zwischen beiden wesentlich größer sein als bisher angenommen.
An dieser Stelle dürfte eine Klarstellung angebracht sein, damit ich nicht mißverstanden werde. Ich behaupte nicht, daß Forschung, die ökologisch nicht valide ist, keine wissenschaftliche Gültigkeit beanspruchen könne. Es gibt viele Untersuchungen, innerhalb wie außerhalb des Laboratoriums, die zwar nicht die Maßstäbe erreichen, die ich eben skizziert habe, die dennoch für unsere Wissenschaft von entscheidender Bedeutung sind – und sogar für die Gesellschaftspolitik. Ich argumentiere nicht gegen andere Arten von Forschung. Ich meine nur, daß wir genauso dringend sozio-ökologische Studien brauchen, wenn unsere Wissenschaft sich tatsächlich fortentwickeln soll. Das Erfordernis ökologischer Validität schließt Versuche im Laboratorium keineswegs aus, vorausgesetzt, die dauerhaften Aspekte in der kindlichen Umwelt, einschließlich der Personen, werden in die Versuchsanordnung einbezogen und übernehmen dort Tätigkeiten, die mit ihren Rollen in einem Sinnzusammenhang stehen.
Wir fassen jetzt unsere vergleichende Analyse herkömmlicher und ökologischer Modelle zusammen und kommen auf die Unterschiede zwischen beiden zu sprechen, die noch stärker zu der Folgerung zwingen, Inhalte und Methoden unserer Forschungsaktivitäten auszuweiten.
6. Die klassische Methode der psychologischen Forschung besteht darin, die unabhängige Wirkung jeder einzelnen Variablen gesondert zu erfassen, indem man alle anderen konstant hält. Ein derartiges Vorgehen setzt ein lineares Modell voraus, nach dem sich die Variablen trennen und in ihren Wirkungen addieren lassen. Im Gegensatz dazu legt das ökologische Modell den Schwerpunkt auf die gleichzeitige, nicht-additive Wirkung eines Bündels von unabhängigen Variablen, die in nicht-linearer Weise zusammenspielen und ein integriertes System (Lewin, 1935) bilden. Von diesem Blickwinkel aus setzt die wissenschaftliche Forschung zweckmäßigerweise nicht bei dem losgelösten Beitrag einzelner Variablen an, sondern nimmt ihren Ausgangspunkt von der spezifischen Wirkung unterschiedlicher Systeme. Wenn eine solche spezifische Wirkung einmal festgestellt ist, besteht die Aufgabe darin, die maßgeblichen Bestandteile innerhalb des Systems auszumachen und ihre simultane Wechselbeziehung zu erfassen.
7. Da die bestehenden theoretischen Modelle gewöhnlich kulturabhängig sind, enthalten sie nur selten eine ausführliche Darlegung der ideologischen Voraussetzungen des Untersuchenden oder eine Erörterung der ideologischen Bedeutung der sozialen Umgebung, Institutionen, Rollen und Tätigkeiten, die die untersuchten Personen ausüben. Eine sozio-ökologische Orientierung dagegen geht davon aus, daß die ideologische Bedeutung einer bestimmten Umgebung oder einer Handlung für die Richtung ihrer Konsequenzen entscheidend sein kann. . .

8. Wie aus dem eben genannten Beispiel hervorgeht, sind die derzeitigen theoretischen Überlegungen meist auf die ökologischen Systeme begrenzt, in denen sich das Kind selbst gerade aufhält (Familie, Vorschule, Schulklasse, Kameradengruppe usw.). Nur selten berücksichtigen sie die benachbarten oder übergreifenden Systeme, von denen faktisch abhängen kann, was sich in dem engeren unmittelbaren Rahmen abspielt oder nicht abspielt. Zu diesen übergreifenden Systemen gehören Art und Anforderungen des elterlichen Arbeitsplatzes, Besonderheiten der Nachbarschaft, Verkehrsmöglichkeiten, das Verhältnis von Schule und Gemeinde, die Rolle des Fernsehens (und zwar nicht nur sein unmittelbarer Einfluß auf das Kind, sondern auch seine mittelbaren Auswirkungen auf die Familie als Ganzes und das Leben in der Gemeinde), sowie eine Menge weiterer ökologischer Vorgänge und Gegebenheiten, die bestimmen, mit wem und wie das Kind seine Zeit verbringt: etwa die Verringerung der Zahl der Familienangehörigen, die Zunahme von Familien mit nur einem Elternteil und die Trennung von Wohn- und Arbeitsstätten, das Verschwinden der alten Nachbarschaften, neue Flächennutzungs- und Bebauungspläne, die räumliche und soziale Mobilität, der Rückgang des Systems der Berufslehre, die Mittelpunktschulen, das Pendeln zwischen Wohnung und Arbeitsplatz, die Erwerbstätigkeit von Müttern, die Delegierung der Kindererziehung an Fachkräfte und andere Personen außerhalb des Elternhauses, die Stadtsanierung sowie Vorhandensein und Gehalt einer ausformulierten staatlichen Kinder-, Jugend- und Familienpolitik...

Laufende Vorhaben

Als Beispiel für die Art von Forschung, die das Programm ins Leben rufen möchte, will ich im folgenden Vorhaben beschreiben, die wir bisher gefördert haben und die als den aufgestellten Kriterien entsprechend befunden wurden...

Auswirkungen der Einbeziehung von Eltern in Lehrerbildungskurse

Bei seiner Arbeit in den Armenvierteln von Mexiko-Stadt hat der Untersuchungsleiter, Eduardo Almeida, eine achtwöchige Fortbildungsveranstaltung über kindliche Entwicklung angeboten und zwar einmal nur für Lehrer und einmal für Eltern und Lehrer gemeinsam. In jedem Bezirk wurde eine Sechste Klasse der Versuchsgruppe (Eltern und Lehrer) und eine weitere der Kontrollgruppe (nur Lehrer) zugeordnet. Die zweistündigen Kurse jede Woche wurden von Personen durchgeführt, die in der unmittelbaren Nachbarschaft lebten und arbeiteten. Die Grundhypothese der Studie lautet, daß die Beteiligung der Eltern sich in einer höheren Motivation und besseren Lernleistung der Schüler niederschlägt und zwar als Folge des wachsenden gegenseitigen Verständnisses und der sich annähernden Werthaltung von Eltern, Lehrern und Kindern.
Almeida hat inzwischen mit der Auswertung seiner Daten begonnen, und es liegen auch schon einige vorläufige Befunde vor, die sowohl inhaltlich wie methodisch aufschlußreich sind. Die Unterschiede zwischen Versuchs- und Kontrollgruppen erwiesen sich fast immer als signifikant, wenn man die individuellen Ergebnisse der unterschiedlichen Behandlungsarten mißt, wie es normalerweise auch in unseren Fachzeitschriften gehandhabt wird. Aber kein einziger Behandlungserfolg blieb signifikant, wenn man ihn einem statistischen Prüfverfahren unterzog, das auf die Versuchs- und Kontrollklassen-Unterschiede zwischen verschiedenen Nachbarschaften als mögliche Fehlerquelle Rücksicht nimmt. Denn in manchen Nachbarschaften zeitigt die Behandlung Erfolge und in anderen nicht.
Als er dieser Sache weiter nachging, fand Almeida gesicherte Korrelationen zwischen dem Erfolgszuwachs des Kindes während des Acht-Wochen-Zeitraumes und verschiedenen

Meßgrößen für die Schichtzugehörigkeit (vor allem Bildungsstand der Eltern und Vorhandensein von Dingen wie Zeitungen und Nachschlagewerken in der Wohnung). Doch fielen die Beziehungen auf der Ebene der Schulklassen signifikant enger aus als auf der Ebene der Einzelschüler. Der Gewinn für das Kind ließ sich genau genommen besser aus dem durchschnittlichen Schichtniveau aller Schüler in der Klasse vorhersagen als aus der wirtschaftlich-sozialen Stellung der jeweiligen Familie selbst. D.h. was am meisten zählte war nicht der eigene soziale Hintergrund des Kindes, sondern der seiner Klassenkameraden. Weil in der Untersuchung von Almeida jede Klasse aus einer anderen Schule stammte, kamen darin auch die Unterschiede der jeweiligen Nachbarschaft zum Vorschein.

Derartige Befunde beleuchten eine ernstzunehmende Schwäche des herkömmlichen, nichtökologischen Forschungsansatzes, wie er typischerweise bei experimentellen Untersuchungen auf unserem Gebiet Verwendung findet. Gewöhnlich nimmt man seine Stichprobe aus ein paar wenigen Schulklassen (häufig nur aus einer) in ein oder zwei Schulen der gleichen Nachbarschaft und prüft dann alle wichtigen Effekte und Wechselwirkungen in einem statistischen Verfahren, das auf die Streuung zwischen Individuen zugeschnitten ist. Das heißt aber, alle Verallgemeinerungen, auch wenn sie auf statistisch signifikanten Ergebnissen gründen, gelten in Wahrheit nur für die spezifischen Klassen, Schulen oder Nachbarschaften, die in der Stichprobe repräsentiert sind – es sei denn, man geht davon aus, daß es hinsichtlich der überprüften Variablen keine verläßlichen Unterschiede zwischen diesen Bereichen gibt. Bei unseren eigenen, immer kulturübergreifend angelegten Laboratoriums- und Felduntersuchungen konnten wir für diese Annahme keine Bestätigung finden. Abweichungen von Nachbarschaft zu Nachbarschaft, von Schule zu Schule, ja selbst von Klasse zu Klasse innerhalb einer Schule, bilden eher die Regel als die Ausnahme. Wenn man daher die Wirkung von experimentellen Einflüssen, von Gegensätzen zwischen verschiedenen Gesellschaften oder selbst von so weltweiten Erscheinungen wie Geschlechtsunterschieden belegen will, muß man den Nachweis führen, daß die beobachteten Unterschiede über die Schwankungen auf Klassen-, Schul- oder Nachbarschaftsebene hinausgehen. Andernfalls bleibt jede Verallgemeinerung auf den speziellen Rahmen begrenzt, innerhalb dessen die Untersuchung vorgenommen wurde. Daraus folgt natürlich, daß viele der in unseren Forschungsberichten mitgeteilten Befunde, einschließlich einiger sehr oft zitierter, in Wirklichkeit wohl situationsspezifisch sind.

Die Einsicht in diese Sachlage wirft nun natürlich ernsthafte Probleme für die Planung ökologisch valider Versuchsanordnungen auf. Denn damit ist ja gesagt, daß die Mindestgröße für Stichproben, die für statistische Verallgemeinerungen notwendig sind, sich nicht mehr nach der Anzahl der Versuchspersonen, sondern nach der Anzahl der Umwelten bemißt, aus denen die Versuchspersonen kommen (also der Zahl der Klassen, Schulen, Nachbarschaften usw.). So gesehen bestünde ein erfolgversprechendes Vorgehen bei sozialpsychologischen Untersuchungen am ehesten in der sinngemäßen Übernahme eines Paradigmas, wie es von Brunswik in seiner klassischen Schrift „Perception and the Representational Design of Psychological Experiments“ (1956) für den Bereich der Wahrnehmungsforschung entwickelt worden ist; d.h. jede Versuchsperson müßte aus einer anderen Umgebung (sprich Klasse, Schule, Nachbarschaft) genommen werden und somit für diese repräsentativ sein. Dann kämen in der Stichprobe nicht nur die Schwankungen zwischen Individuen, sondern auch die Unterschiede nach sozialem Hintergrund zum Vorschein mit der Folge, daß die Spannweite für Verallgemeinerungen breiter würde.

Einige noch „unbeantragte" Anträge

Als zusätzliche Beispiele für ökologische Untersuchungen biete ich im folgenden eine Reihe von Forschungsfragen und -vorhaben an, die unter den bisher eingegangenen Förderungsanträgen noch nicht vertreten sind, deren Inangriffnahme aber durchaus sinnvoll wäre.

Die Familie als Zwei- bzw. Drei-Personen-System

Es ist wiederholt die Auffassung vertreten worden, bei der Erziehung von Kleinkindern sei die Mitwirkung des Vaters nicht nur wegen seiner unmittelbaren Wirkung auf das Kind wichtig, sondern auch wegen seines mehr indirekten Einflusses in Form von Unterstützung für die Mutter. Eine Untersuchung zur Überprüfung dieser Hypothese dreht sich um ein Elternausbildungsprogramm, das im Falle seines Gelingens auf breiter Ebene wiederholt werden könnte: Junge Eltern, die ihr erstes Kind erwarten, werden zu einer Reihe offener Vorträge und Diskussionen über frühkindliche Entwicklung eingeladen, die von Studenten angeboten werden. Es gibt zwei Versuchsbedingungen: 1. Vater und Mutter müssen gemeinsam zur Teilnahme bereit sein; 2. nur einer von beiden Eltern wird für die Teilnahme vorgesehen. Die Auswahl erfolgt dann nach Zufall in der Weise, daß die eine Hälfte der Teilnehmer an den Gesprächskreisen aus Frauen, die andere aus Männern besteht. Das eigentliche Interesse gilt der Einstellung der Eltern zum Kind vor und nach der Geburt sowie dem Ausmaß an Pflege, das jeder von beiden dem Säugling während der ersten Lebensmonate angedeihen läßt. Intervenierende Variable ist die Art und Weise der Zusammenarbeit zwischen den Eheleuten vor und nach der Ankunft des Kindes. Die Grundhypothese der Untersuchung lautet: Positivere Einstellungen zum Kind sowie zur Elternrolle und wirkungsvollere Eltern-Kind-Beziehungen entstehen eher dann, wenn der Vater und nicht die Mutter die Gesprächs- und Vortragsreihe besucht. Die Hypothese beruht auf der Annahme, daß die Teilnahme des Ehemannes an dem Kurs sich nicht nur in einer aktiveren Mithilfe bei der Pflege des Kindes auswirkt, sondern auch zur Folge hat, daß der Vater die Mutter fördert und bestärkt, wodurch die Erziehungsaufgabe für beide Eltern leichter und anregender wird.

Freiwillige Mithilfe von Studenten als System der Unterstützung von Familien mit alleinstehenden Müttern

Die Belastungen, denen Familien ohne Vater ausgesetzt sind (Bronfenbrenner, 1970 b; Robinson u.a., 1973), sowie die wachsende Zahl solcher Familien in entwickelten Gesellschaften (im Jahr 1970 lebte beispielsweise fast ein Viertel aller amerikanischen Kinder in Familien mit nur einem Elternteil, fast doppelt so viele wie vor zehn Jahren) werfen die Notwendigkeit auf, diese Belastungen zu erkennen und zu mildern. Ein Untersuchungsansatz, der diese zweifache Zielsetzung erfüllen soll, umfaßt folgende Elemente: Studenten, die Veranstaltungen in Entwicklungspsychologie belegt haben, werden gebeten, sich als ehrenamtliche Helfer für alleinstehende Mütter mit einem Kind im Vorschulalter zur Verfügung zu stellen. Es werden zwei Versuchsgruppen gebildet. In der einen bietet sich der Student oder die Studentin an, ab und zu die Betreuung des Kindes zu übernehmen, damit die Mutter einmal frei hat und tun und lassen kann, was sie gerade will.
In der zweiten fragt der Student, welche anderen Arbeiten er der Mutter abnehmen kann, um sie zu entlasten und ihr zu ermöglichen, mehr Zeit mit ihrem Sohn oder ihrer Tochter zu verbringen. In einer Kontrollgruppe kommt der Student lediglich zu Besuch und bringt der Familie Unterlagen über kindliche Entwicklung. Am Ende werden die Einstellung der Mutter zum Kind sowie zu ihrer Elternrolle und die Muster der Mutter-Kind-Beziehung verglichen.

Die Studie geht von der allgemeinen Hypothese aus, daß mütterliche Einstellungen und Interaktionsmuster in den beiden Versuchsgruppen günstiger ausfallen als in der Kontrollgruppe, wobei ein besseres Ergebnis erreicht wird, wenn die freiwillige Mitarbeit in der Entlastung der Mutter von der Hausarbeit besteht, als wenn die Verantwortung für die Betreuung des Kindes selbst übernommen wird...

Die Einbeziehung von Kindern in die Arbeitswelt

Dieser Versuch beruht auf einer Politik und Praxis, wie sie derzeit in der UdSSR verfolgt wird. In dieser Gesellschaft wird jede Einheit in der wirtschaftlichen Produktion, sei es eine Werkstatt, ein Büro, ein Institut oder sonst ein Kollektiv von Werktätigen, dazu angehalten, in staatsbürgerlicher Eigenverantwortung eine Gruppe von Kindern zu „adoptieren“, z.B. eine Schulklasse, die Kinderstation eines Krankenhauses oder eine Vorschulgruppe. Die Werktätigen besuchen die Kinder da, wo sie untergebracht sind und laden sie zu Gegenbesuchen ein. Sie nehmen die Kinder auf Ausflüge mit, lernen ihre Lehrer und Eltern kennen – kurz gesagt, Erwachsene und Kinder werden Freunde. In der Erwartung, daß eine amerikanische Firma für die Durchführung eines ähnlichen Programms gewonnen werden könnte, wird vorgeschlagen, anhand der Leitlinien, die in den vorstehenden Projektentwürfen aufgestellt wurden, die Auswirkungen einer solchen Maßnahme auf Einstellungen und Verhaltensweisen des Kindes zu messen. Eine Kontrollgruppe könnte aus Kindern bestehen, die verschiedene Arbeitsstätten lediglich „besichtigen“, ohne freundschaftliche Beziehungen zu den Beschäftigten selbst aufzunehmen.

VII. Soziale Ungleichheit

Die Frage der Ungleichheit unter Menschen wird diskutiert, seitdem man über die Gesellschaft nachdenkt; vielleicht ist sie die älteste soziologische Frage überhaupt. Waren aber soziale Unterschiede früher etwas Natürliches oder Gottgewolltes, so werden sie heute gewöhnlich als gesellschaftlicher Mißstand empfunden, als etwas, das den Gerechtigkeitsvorstellungen zuwiderläuft. Schon vom Wort her hat der Begriff *Un*gleichheit einen negativen Akzent; man benutzt ihn übrigens meist nicht allein, sondern spricht von *sozialer* Ungleichheit und deutet damit an, daß ihre Ursachen und Formen dem menschlichen Zusammenleben entstammen. Es braucht deshalb noch nicht der Gleichmacherei das Wort geredet zu werden. Kaum jemand wünscht ernstlich, daß die Menschen in jeder Hinsicht identisch sein und absolut gleich behandelt werden sollen. Wir polemisieren gegen monotone Wohnsiedlungen oder uniforme Kleidermoden und erwarten von unseren Mitmenschen, daß sie eine eigene, individuelle Meinung haben. Wer in gesellschaftlicher Ungleichheit ein Problem sieht, denkt also an etwas anderes.

Viele Eltern können ihren Kindern nicht bei den Schularbeiten helfen, weil ihre eigenen Schulkenntnisse so gering sind, daß sie den Lehrstoff, der ihren Kindern angeboten wird, selbst nicht verstehen. Kinder aus solchen Familien haben es schwerer in der Schule als ihre Mitschüler, deren Eltern mehr Bildung besitzen. – Zahlreiche Studenten müssen während ihres Studiums Geld hinzuverdienen, um einen Teil ihrer Lebenshaltungskosten zu bestreiten. Ihnen steht weniger Zeit für die wissenschaftliche Arbeit zur Verfügung als Kommilitonen, denen die Eltern das Studium voll finanzieren können. – Im allgemeinen sind die Arbeitsbedingungen in Büros besser als in Fabrikhallen: es wird weniger körperliche Anstrengung verlangt, es gibt weniger Lärmbelästigung und es herrschen angenehmere Raumtemperaturen. Auch in den Büros gibt es freilich unterschiedliche Arbeitsbedingungen. Direktoren beziehen nicht nur mehr Gehalt, sie sitzen auch auf bequemeren Sesseln als Stenotypistinnen. – In Firmen und Behörden sind die Spesensätze für Dienstreisen je nach Stellung unterschiedlich. Essen und schlafen müssen alle, aber der Monteur oder der Lkw-Fahrer hat sich mit einem bescheideneren Menü zu begnügen als der Abteilungsleiter, und das ihm zugebilligte Übernachtungsgeld reicht vielleicht nicht, ein Zimmer mit Bad zu nehmen. Mit sozialer Ungleichheit sind also nicht beliebige Unterschiede in Geschmack und Lebensstil gemeint, sondern ungleiche Chancen, ungleiche Rechte und ungleicher Lebensstandard. Das bezieht sich heute vor allem auf mangelnde Bildungsmöglichkeiten, auf Einkommens- und Vermögensdifferenzen, auf schlechte Arbeitsbedingungen und ungenügendes Mitspracherecht. In vergangenen Jahrhunderten stand anderes im Vordergrund: der Unterschied zwischen Freien und Sklaven, Steuerprivilegien für den Adel und fehlendes Wahlrecht für die breite Masse der Bevölkerung. In jüngster Zeit rücken auch die krassen Unterschiede zwischen den Lebensbedingungen in fortgeschrittenen Industrienationen und Entwicklungsländern immer mehr ins Bewußtsein, während man bisher vorwiegend an die Ungleichheit zwischen den Mitgliedern ein und derselben Gesellschaft dachte.

Nicht alle Unterschiede im Lebensstandard und in den Freiheitsrechten sind also überall und zu jeder Zeit auch als ungerecht empfunden worden. Überhaupt ist es wohl nicht die Ungleichheit an sich, die ein Ärgernis darstellt. Sie ist nur in dem Maße ein gesellschaftliches Problem, wie es Menschen gibt, deren Lebensbedingungen minimalen Ansprüchen nicht genügen. Kaum jemand wird sich darüber aufregen, daß man bei einer Flugreise in der Touristenklasse für einen Whisky bezahlen muß, während in der ersten Klasse vielleicht kostenlose Drinks gereicht werden. Der Komfort in der Touristenklasse erscheint uns in dieser Hinsicht als ausreichend und ein darüber hinausgehender Luxus ist nicht entwürdigend für jene, die ihn sich nicht leisten können.

Dagegen mag es unserem Gerechtigkeitsgefühl widersprechen, daß Gutverdienende sich für eine – evt. sogar besonders kostengünstige – private Krankenversicherung entscheiden können, die ihnen als „Privatpatienten" mehr Freiheit bei der Arztwahl und oft auch bevorzugte Behandlung durch das Hilfspersonal sichert, während Arbeitnehmern, deren Einkommen unter der „Beitragsbemessungsgrenze" liegt, dieser Weg (zumindest für die ambulante Behandlung) versperrt ist. Ihnen ist vorgeschrieben, einer gesetzlichen Krankenkasse anzugehören und sie haben dabei u.U. noch höhere Beiträge zu entrichten.

Wo es viele arbeitslose Lehramtsanwärter ohne Aussicht auf eine Anstellung gibt, kann es schon als soziales Problem empfunden werden, wenn Lehrerehepaare zwei Stellen „besetzt halten". (Freilich kann man dies, wenn man an der Gleichberechtigung von Mann und Frau festhalten will, auch nicht prinzipiell verurteilen.)

Zumindest bis vor einigen Jahren ist das Realeinkommen breiter Bevölkerungsschichten erheblich gestiegen, was nicht nur mehr „Konsum", sondern auch eine bessere Versorgung mit Gütern bewirkt hat, für deren Notwendigkeit es breiten Konsensus geben dürfte, z.B. mehr Wohnungen. Dennoch bleiben Ungleichheiten, die schwer zu rechtfertigen sind. Zu groß ist der Einkommensabstand zwischen Spitzenverdienern und Sozialhilfeempfängern (deren bloße Existenz ja ein handfester Beleg für soziale Ungleichheit darstellt), zu umfangreich auch die Gruppe der Haushalte, die mit sehr bescheidenen Einkünften auskommen müssen.

Was als hinreichend und menschenwürdig empfunden wird, wandelt sich mit der wirtschaftlichen und technischen, aber auch mit der geistigen Entwicklung. Daher spricht man statt von einem biologischen auch von einem kulturellen Existenzminimum. Auch die an uns gestellten Anforderungen verändern sich im Verlauf der Geschichte. Wer heute beruflichen Erfolg haben, seine Kinder angemessen erziehen oder als Staatsbürger seine Rechte wahrnehmen soll, muß mehr wissen als der Durchschnittsbürger vor 100 Jahren. Deshalb empfinden wir eine mindestens zehnjährige Schulbildung für alle mehr und mehr als unerläßlich.

In der Realität gibt es in allen uns bekannten Gesellschaften Bevölkerungsgruppen, die das kulturelle Existenzminimum in irgendeiner Hinsicht nicht erreichen, überall ist Ungleichheit ein Problem. Warum das so ist, können vorläufig auch die Sozialwissenschaften nicht befriedigend erklären. Das hat damit zu tun, daß sich sehr verschiedene Gründe für die sozialen Unterschiede anführen lassen: Menschen kommen mit ungleichen Begabungen zur Welt; es gibt Berufe, die größere Leistungen verlangen oder für die Gesellschaft besonders wichtig sind; das Privateigentum an Produktionsmitteln führt dazu, daß einige wenige Familien immer reicher werden; von vielen Gütern ist einfach nicht genug da, als daß alle davon bekommen könnten; Menschen haben das Bedürfnis, sich vor anderen hervorzutun und durch Geltungskonsum oder Imponiergehabe abzuheben usw. Keiner dieser Gründe scheint bei näherer Betrachtung als hinreichend, gegen jeden lassen sich Einwände erheben, auf die man wieder mit neuen Argumenten antworten kann.

Die Hauptschwierigkeit dürfte darin begründet sein, daß sich gar nicht eindeutig sagen läßt, welches die Ursachen und welches die Wirkungen sozialer Ungleichheit sind. Die Herkunft eines Menschen kann Ursache für sein niedriges Einkommen sein, das Einkommen ist insofern *Folge.* Es ist gleichzeitig ein *Merkmal,* an dem sich die soziale Lage dieses Menschen erkennen läßt, und schließlich auch die *Voraussetzung* dafür, was jemand für seine Gesundheit, für seine Weiterbildung oder auch für das Fortkommen seiner Kinder tun kann. Einkommen ist also dreierlei zugleich: (zumindest teilweise) eine Folge der Herkunft, Merkmal der sozialen Lage und Ursache für weitere Lebenschancen. Jede Folge wird wieder zur Ursache und jede Ursache ist Folge einer weiter zurückliegenden Ursache. Deshalb spricht man in diesem Zusammenhang auch von einer Dialektik der Ursachen und Wirkungen (vgl. zum Begriff: Engels, 1975: 21–22 und 499). Was uns als Ursache und was als Folge erscheint, ergibt sich aus dem Blickwinkel, aus dem wir einen Tatbestand betrachten, es ist keine feststehende Eigenschaft. Das gilt besonders für die soziale Ungleichheit: sie pflanzt sich von Generation zu Generation fort und „reproduziert sich“ im Leben eines Menschen, indem aus Folgen neue Ursachen werden.

Es gibt aber zumindest *eine* Perspektive, die wir wählen können, um uns größtmögliche Klarheit zu verschaffen: den Lebenslauf eines einzelnen Menschen, der sich als Kette von Ursachen und Wirkungen darstellt. Man wird in ein soziales Milieu hineingeboren, das als primäre Ursache für das weitere Lebensschicksal angesehen werden kann. Es stellt beispielsweise die Weichen für den Schulweg, den man einschlägt. Dieser dürfte entscheidend dafür sein, ob das spätere Einkommen Lohn, Gehalt oder Honorar bzw. Gewinn sein wird. Die Position, die jemand im Beruf erreicht, bestimmt schließlich seinen Lebensstandard: was er sich leisten kann, wieviel er sich anderen Menschen gegenüber herausnehmen darf und welche Startchancen sich für seine Kinder ergeben.

So bilden die Faktoren Herkunft, Schulbildung, Beruf und Einkommen eine Wirkungskette, als deren Resultat der Lebensstandard als Inbegriff aller Annehmlichkeiten erscheint. Unabhängig davon kann fast jedes einzelne dieser Merkmale für sich genommen „wertvoll“ sein und auf diese Weise zur „Lebensqualität“ der betreffenden Person beitragen (ein schönes Elternhaus, interessanter Schulunterricht, günstige Arbeitsbedingungen). Aber damit nicht genug: es gibt so etwas wie ein doppeltes Belohnungssystem. Weil jemand gebildet ist, genießt er Ansehen bei seinen Mitmenschen; weil er eine hohe berufliche Stellung einnimmt, hat man Respekt vor ihm; weil er ein großes Haus führen kann, steht er ganz anders da in der Welt – er genießt Prestige. Schematisch läßt sich dieser Zusammenhang folgendermaßen darstellen:

Soziale Ungleichheit und Lebenserfüllung des Individuums

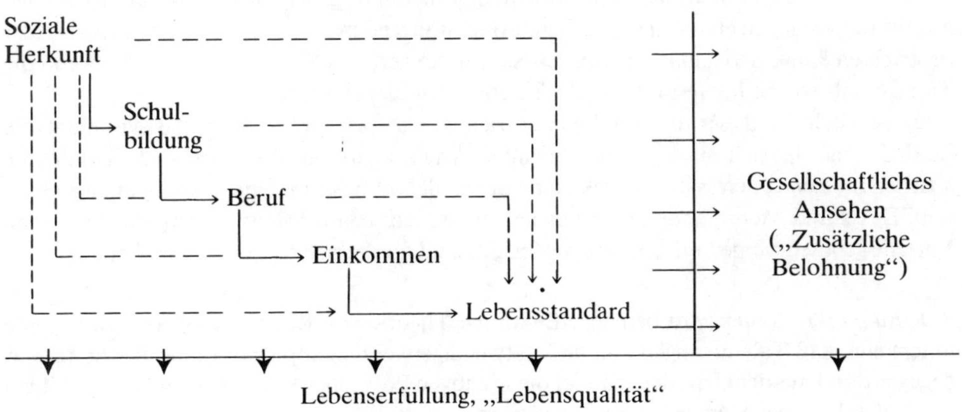

——→ = Hauptwirkung (z. B. Schulbildung bestimmt Berufsmöglichkeiten)

– – – → = Sekundäre Wirkungen (z. B. ererbtes Vermögen verschafft Einkommen)

1. Ist Ungleichheit unvermeidbar?

Ungleichheit läßt sich nur abbauen, wenn sie gesellschaftlich überflüssig ist. Ob das zutrifft, ist bis heute umstritten. Vorläufig gibt es in allen Ländern, seien sie nun feudalistisch, kapitalistisch, wohlfahrtsstaatlich oder sozialistisch organisiert, vielerlei Ungleichheiten, wenn auch nicht gleich stark ausgeprägt. Nirgendwo sind die Verdienste völlig nivelliert, überall gibt es leitende und untergeordnete Positionen, und in jedem Land existieren Unterschiede des Ansehens zwischen verschiedenen Menschen. So ist es nur verständlich, daß Sozialwissenschaftler überlegt haben, ob eine soziale Schichtung möglicherweise für das Funktionieren von Gesellschaften unerläßlich sein könnte. Ein Beispiel für solche Überlegungen wollen wir im folgenden erörtern. Nach diesem Erklärungsversuch hat Ungleichheit eine nützliche *Funktion* für die Gesellschaft; man nennt ihn deshalb auch funktionalistische Schichtungstheorie. Die vielleicht bekannteste, wenn auch nicht früheste Formulierung findet sich in einem Aufsatz, den die amerikanischen Soziologen Davis und Moore 1945 veröffentlichten (Begleittext 7.1, Davis/Moore). Man kann die Gedankengänge der beiden Autoren folgendermaßen zusammenfassen:
In jeder Gesellschaft gibt es wichtige und weniger belangvolle Aufgaben, und es muß sichergestellt werden, daß die wichtigeren mit Vorrang erfüllt werden. Man kann aber nicht voraussetzen, daß die wichtigsten Positionen auch die angenehmsten sind: wo nicht, muß es deshalb Anreize geben, damit sich dennoch Interessenten für diese Aufgabe finden. Das bedeutet, daß die Inhaber derartiger Positionen Vorrechte genießen, und insofern ist Ungleichheit unvermeidlich. Hinzu kommt, daß manche Aufgaben nur von Personen übernommen werden können, die sich zuvor einer langen, anstrengenden und vielleicht kostspieligen Ausbildung unterzogen haben. Auch hierfür muß es Entschädigungen geben. Bezögen alle Menschen das gleiche Einkommen, so würde sich womöglich niemand mehr für die anstrengenden und schwer zu erlernenden Aufgaben interessieren.
Obwohl der Aufsatz von Davis und Moore eher den Charakter einer Vorüberlegung hat, in seinen Gedankengängen ausgewogen und in seinen Thesen vorsichtig ist, hat er seinerzeit eine heftige Diskussion ausgelöst. Einige der kritischen Stellungnahmen nennen wir in der Literatur zu diesem Kapitel. Moniert wurde vor allem folgendes.

1. Kritikpunkt: Die Funktionalisten, so wird argumentiert, gehen davon aus, daß Menschen nur für Belohnungen etwas zu leisten bereit sind, während man in Wirklichkeit immer wieder beobachten kann, daß jemand beispielsweise für ein geringes Entgelt arbeiten will, wenn die Tätigkeit als solche interessant ist oder einem guten Zweck dient.
Grundsätzlich ist dieser Einwand sicher richtig; es fragt sich jedoch, ob wir nicht die Befriedigung, die sich aus einer interessanten Arbeit ergibt, als eine Form von Belohnung ansehen müssen: interessante Tätigkeiten können definitionsgemäß nicht völlig unangenehm sein. Davis und Moore hatten aber nur behauptet, daß den Inhabern derjenigen Positionen Vorteile geboten werden müssen, die reizlos sind und für die sich sonst niemand finden würde.

2. Kritikpunkt: Weiter wird bemängelt, daß die Theorie von Davis und Moore im Grunde unterstelle, daß Talente angeboren und notwendigerweise knapp sind. In der Realität sei es dagegen durchaus denkbar, daß man für die wichtigen Positionen so viel Nachwuchs ausbilden kann, daß besondere Anreize überflüssig werden.
Nun haben die beiden Autoren nie geleugnet, daß sich genügend Nachwuchs heranbilden läßt; sie machen nur geltend, daß die Bereitschaft, sich einer entsprechenden Ausbildung zu unterziehen, davon abhängt, ob Anreize geboten werden:

„Die Anforderungen der modernen Medizin etwa gehen nicht über das geistige Vermögen der meisten Menschen hinaus; doch ist eine medizinische Ausbildung so mühevoll und kostspielig, daß praktisch niemand sie auf sich nehmen würde, wenn die Position des Arztes nicht eine dem Opfer entsprechende Belohnung einbrächte" (Davis/Moore, 1967: 350).

Es hätte allerdings deutlich gemacht werden müssen, daß die Belohnung schon in der Art und dem Sinn der ärztlichen Tätigkeit liegen kann; das Interesse an einem Medizinstudium läßt sich nicht einfach auf den Wunsch nach einem Beruf mit hohem Einkommen oder Ansehen reduzieren. Auch kann das Studium selbst eher als reizvoll denn als ein Opfer betrachtet werden, zumal seine Kosten durch Stipendien stark verringert werden können. Die Aussicht auf ein hohes Einkommen könnte nur für die Studenten ausschlaggebend sein, die ihr Studium selbst finanzieren müssen, es in keiner Weise als reizvoll empfinden und auch für die ärztliche Tätigkeit als solche kein Interesse haben.

3. Kritikpunkt: Schließlich wird gegen die funktionalistische Schichtungstheorie noch vorgebracht, daß unterschiedliche Belohnungen nur dann die optimale Besetzung gesellschaftlicher Positionen garantieren könnten, wenn alle gemäß ihrem Talent die gleiche Chance hätten, sich für eine Position auszubilden und zu bewerben. Diese Voraussetzung sei bisher nirgendwo erfüllt. Ungleiche Bildungschancen verhinderten, daß alle Mitglieder einer Gesellschaft die in bezug auf ihre Begabung optimale Ausbildung erlangen und die Ansammlung privaten Reichtums schränke den freien Wettbewerb um die begehrtesten Positionen ein, indem etwa Unternehmen vom Vater auf den Sohn vererbt werden. In vielen Fällen gehe es also gar nicht um Fähigkeit, sondern beispielsweise um Familienzugehörigkeit. Andererseits gebe es wichtige und zugleich unangenehme Positionen, die schlecht honoriert werden und dennoch leicht zu besetzen sind, weil zahlreiche Menschen sich für nichts anderes qualifizieren konnten. Man könne im übrigen gar nicht feststellen, wie wichtig eine gegebene Position für die Gesellschaft sei und wie sie dementsprechend dotiert sein müßte. Es sei eher so, daß man Positionen für wichtig hält, weil sie große Privilegien mit sich bringen.
Es ist richtig, daß Davis und Moore keine befriedigende Antwort darauf geben können, wie man die gesellschaftliche Bedeutung einer Position objektiv zu messen hat, das betonen sie selbst (vgl. Fußnote 3 der Originalausgabe). Sie sehen auch, daß eine Position, gemessen an ihrer Bedeutung, mit einem zu hohen Einkommen verbunden sein kann:

„In einem System, das Privateigentum an Wirtschaftsunternehmen zuläßt, kann Eigentum, das nicht in den Konsum fließt, zur Entstehung von Kapital führen... (So) wurde (es) möglich, für Eigentum allein eine Belohnung zu erlangen. In solchem Falle wird der Nachweis schwierig, daß die Position funktionale Bedeutung besitzt..." (Davis/Moore, 1967: 354).

Gegen die Hauptthese von Davis und Moore, daß unterschiedliche Anreize, und damit soziale Ungleichheit, zur Besetzung verschieden wichtiger und nicht gleichermaßen reizvoller Positionen unerläßlich seien, ergibt sich daraus jedoch noch kein stichhaltiger Einwand. Es bedeutet lediglich, daß die funktionalistische Schichtungstheorie nicht alle Ungleichheiten erklärt.
Der Grundgedanke der Funktionalisten läßt sich soziologisch kaum angreifen, da er aus einer rein logischen Überlegung besteht: sind in einer Gesellschaft unangenehme Positionen bzw. solche, die eine entbehrungsreiche Ausbildung voraussetzen, vorhanden, dann muß es *irgendwelche* Anreize geben, damit Interessenten gewonnen werden können. Kritik an Davis und Moore ist aber insofern berechtigt, als sie sich in ihren Überlegungen letztlich auf materielle Vorrechte und Belohnungen beschränken und nicht erörtern, durch welche anderen, motivierenden Faktoren diese ersetzt werden könnten. Die beiden Soziologen haben

sich mit dem Spektrum möglicher Anreize nicht näher befaßt. Sie fassen drei Typen von Belohnungen ins Auge, ohne jedoch konkretere Aussagen zu machen:

„Dazu zählen zunächst einmal jene Dinge, die dem Lebensunterhalt und der Bequemlichkeit dienen. Dazu gehört ferner alles, was zur Unterhaltung und Zerstreuung beiträgt. Schließlich sind auch solche Belohnungen mit einzubeziehen, die die individuelle Selbstachtung und Entwicklung fördern" (Davis/Moore, 1967: 348/49).

Mit dem letzten Belohnungstyp ist soziales Ansehen gemeint, es ist also auch an nichtmaterielle Anreize gedacht. Nur werden diese nicht als Alternativen zu den materiellen Belohnungen gesehen. Im Gegenteil: Davis und Moore vertreten die Auffassung, daß *alle* drei Belohnungen unterschiedlich verteilt sein müssen. Wie sie zu dieser These gelangen, wird nicht dargelegt, man kann es nur zu erraten versuchen. An einer späteren Stelle wird unterstellt (354), daß sich die verschiedenen Belohnungen, sei es nun Einkommen, Macht oder Prestige, gleichermaßen aus einem Spiel von Angebot und Nachfrage ergeben. Finden sich nicht genügend Bewerber, dann wird, je nach Bedeutung der Position, mehr geboten:

„... ein Überangebot von Bewerbern setzt die Belohnungen herab, schreckt vom Bemühen um weitere Bewerber ab oder verursacht Revolutionen; dagegen erhöht ein Unterangebot die Belohnungen oder die betreffende Gesellschaft wird im Wettbewerb mit anderen Gesellschaften in eine schwächere Position gedrängt" (Davis/Moore, 1967: 355).

Nach dieser Betrachtungsweise vollzieht sich die Verteilung unterschiedlicher Belohnungen über eine Art Marktgeschehen; es gibt keine zentrale Instanz, die überlegen könnte, ob sich etwa materielle Ungleichheit dadurch beseitigen ließe, daß man auf andere Anreizformen zurückgreift. Andererseits wird in der funktionalistischen Schichtungstheorie Gesellschaft eher wie eine Persönlichkeit dargestellt, die die Gestaltung des gesellschaftlichen Geschehens überblickt und in der Hand hat:

„Seltsamerweise liegt die eigentlich funktionale Erklärung für die Allgegenwart der sozialen Schichtung genau darin, daß jede Gesellschaft die Individuen in ihre Sozialstruktur einordnen und sie mit Motivationen versehen muß. Als funktionierender Mechanismus muß eine Gesellschaft ihre Mitglieder irgendwie auf soziale Positionen verteilen und sie veranlassen, die damit verbundenen Pflichten zu erfüllen" (Davis/Moore, 1967: 348).

Diese vermenschlichende Charakterisierung wird zwar den Eigenarten des gesamtgesellschaftlichen Zusammenhanges nicht gerecht, ist aber ein nützliches Denkmittel bei der Beantwortung der Frage, ob man soziale Ungleichheit im allgemeinen und materielle Ungleichheit im besonderen beseitigen kann. Klären kann man diese Frage nämlich nur in einem Gedankenexperiment. Man muß so tun, als sei die Gesellschaft von einer zentralen Instanz gesteuert, die überlegt, welche unterschiedlichen Anreize geboten werden müssen, um die wichtigsten Positionen zu besetzen. Die Bedingungen, unter denen sich mehr Gleichheit verwirklichen ließe, könnte man dann folgendermaßen spezifizieren. Dabei soll von der Möglichkeit, Positionen durch direkten Zwang zu besetzen, abgesehen werden:

1. These:
Je weniger eine Gesellschaft darauf angewiesen ist, von ihren Mitgliedern Leistungen zu verlangen, die für den einzelnen unangenehm aber für die Gesellschaft als ganze notwendig sind, desto weniger ist sie auf unterschiedliche Leistungsanreize angewiesen.

Um vollkommene Gleichheit herzustellen wäre es also nötig, daß alle Berufe in etwa gleich reizvoll und befriedigend, ähnlich strapaziös oder gefährlich, monoton oder abwechslungsreich sind. Es ist nicht ganz leicht sich vorzustellen, wie das in einer modernen Industriegesellschaft mit ihren zahllosen, sich teilweise schnell wandelnden Berufspositionen garantiert werden kann. Wenn diese Voraussetzungen aber nicht gegeben sind, ist zunächst zu prüfen, wie weit man auch ohne sie zu mehr Gleichheit gelangen könnte. Da es vor allem die materiellen Ungleichheiten sind, die ein soziales Problem darstellen, müssen wir überlegen, unter welchen Bedingungen wir sie verringern könnten. Rein logisch läßt sich dazu folgende Bedingungsaussage formulieren:

2. These:
Je weniger eine Gesellschaft darauf angewiesen ist, ihre Mitglieder durch finanzielle und andere materielle Anreize zu motivieren, desto mehr materielle Gleichheit ist möglich.

Als Ersatz für materielle Anreize bieten sich zwei Möglichkeiten an. Zunächst mag man an gesellschaftliche Anerkennung denken, die ja auch von Davis und Moore einbezogen wurde und die sich in äußeren Symbolen wie Orden und Abzeichen, Anerkennungsurkunden, öffentlichen Belobigungen und Titeln konkretisieren kann. Derartige Belohnungen finden wir in allen Gesellschaften und in ganz verschiedenen Lebensbereichen. Es ist nicht auszuschließen, daß durch sie die Notwendigkeit unterschiedlicher finanzieller Anreize verringert wird. Je mehr es möglich ist, Menschen dazu zu bewegen, für Titel oder Orden zu arbeiten, desto eher kann man darauf verzichten, Mehrleistungen durch Mehreinkommen zu honorieren. Wieweit man sich auf solche symbolischen Anreize beschränken kann, ist nie systematisch untersucht worden; indessen ist uns keine Gesellschaft bekannt, in der man bisher allein mit ihnen ausgekommen ist.
Ein weiterer Anreiz kann in dem Bewußtsein liegen, eine für die Gemeinschaft oder die Familie wichtige Leistung zu vollbringen, ein gutes Werk zu tun. Dieses Argument ist auch, wie bereits erwähnt, von Kritikern gegen Davis und Moore vorgebracht worden. So schreibt beispielsweise Melvin M. Tumin (1968: 146/147):

„Fragen wir danach, wie amerikanisches Familienleben gewissenhaftes Verhalten ohne das Versprechen der besonderen Belohnung hervorruft, so ist klar, daß die Identifikation eines jeden Familienmitglieds mit dem Wohlergehen des anderen ein wichtiges Element ist. Alles, was einem Kind geschieht, hat Folgen; Eltern können der Verantwortung für ihre Kinder nicht ausweichen.
Wenn Berufe so konstruiert werden könnten, daß die Arbeiter sich mit dem hergestellten Produkt identifizieren und sich außerdem noch dafür verantwortlich fühlen, so könnte man ohne besondere Belohnungen gewissenhaftere und geschicktere Leistungen erreichen. In der Tat wird man unterschiedliche Belohnungen als Anreiz zu effektiver Leistung genau in dem Maß einsetzen müssen, in dem Selbstbestimmung durch das Produkt und Identifikation mit ihm fehlen."

Tumin übersieht, daß er hier nichts anderes sagt als Davis und Moore: es handelt sich bei der von ihm angesprochenen Möglichkeit einer Identifikation mit der Arbeit durchaus um einen Anreiz. Allerdings muß es zunächst einmal gelingen, einen derartigen Anreiz zu schaffen. Die Arbeitsbedingungen müssen nicht nur so sein, daß eine Identifikation möglich wird, es muß auch das Bedürfnis vorhanden sein, sich für die Gemeinschaft einzusetzen. Gemeinschaft in der Berufssphäre ist aber weniger eine Kleingruppe ähnlich der Familie, sondern eher eine Großorganisation. Sich für andere einsetzen bedeutet dort: für Menschen, die man nicht kennt. Das Bedürfnis dazu muß u.U. größer sein als alle Wünsche nach Wohlstand und

Bequemlichkeit für die eigene Familie. Man wird dieses Bedürfnis nicht als selbstverständlich voraussetzen dürfen, sondern als Ergebnis eines schwierigen Erziehungsvorganges zu begreifen haben.

Den Vertretern der funktionalistischen Schichtungstheorie kann man vielleicht vorwerfen, daß sie den Menschen allzusehr als ein egoistisches, nur nach Belohnungen für sich selbst strebendes Wesen betrachten. Den Kritikern muß aber entgegengehalten werden, daß sie die Schwierigkeiten einer Erziehung zur Selbstlosigkeit zu verharmlosen geneigt sind:

„Wenn man behauptet, daß Talente zur Erfüllung schwieriger Aufgaben knapp seien und daß diese knappen Talente sozusagen in die entsprechenden Positionen gelockt werden müßten, dann ist damit gesagt, daß angeborene Begabung ausschlaggebend ist, nicht aber Erziehung und Ausbildung, die jeden Beliebigen zum Erfüllen der betreffenden Aufgaben vorbereiten und befähigen können“ (Mayntz, 1961: 12).

Bedenken wir: Davis und Moore haben wichtige aber unangenehme Aufgaben im Auge gehabt – unangenehm durch die Arbeitsbedingungen oder durch die erforderliche Berufsausbildung. Die Motivation zur Übernahme solcher Positionen zu schaffen, ohne auf Anreize zurückzugreifen, die an den Eigennutz des einzelnen appellieren, ist vielleicht nicht unmöglich, sicher aber schwierig. Um diesen Zusammenhang deutlich zu machen, kann man folgenden Bedingungssatz aufstellen:

3. These:
Je besser eine Gesellschaft durch Erziehungsmaßnahmen (oder Indoktrination) dafür sorgen kann, daß ihre Mitglieder die Erfüllung unangenehmer Aufgaben im gesamtgesellschaftlichen Interesse als erstrebenswert empfinden, desto eher kann sie auf materielle oder symbolische Ungleichheiten verzichten.

Ob es, wie Renate Mayntz unterstellt, möglich sein wird, „jeden Beliebigen“ durch Erziehung zur Erfüllung beliebiger Aufgaben zu befähigen und zum Altruismus zu motivieren, ist noch offen – sicher läßt es sich nur mit sehr unterschiedlichen Kosten für die Gesellschaft realisieren. Wo Positionen selbst nicht attraktiv gemacht werden können, müssen die „erzieherischen Maßnahmen“ in dem Maße intensiviert werden, in dem man Unterschiede des Einkommens und des sozialen Prestiges überflüssig machen will. Ob das unter humanitären Gesichtspunkten unbedingt ein Fortschritt wäre, muß offen bleiben.

Unbestreitbar gibt es gegenwärtig in manchen Gesellschaften Ungleichheiten, die weit über das aus Anreizgründen erforderliche Minimum hinausgehen. Auch sind Einkommensunterschiede von Gesellschaft zu Gesellschaft keineswegs gleich, und die Belohnungen für Positionen, die gleichermaßen verantwortlich erscheinen und ein ähnliches Maß an Qualifizierung erfordern, können sehr verschieden sein. Manager großer Wirtschaftsunternehmen erhalten teilweise das Vielfache vom Gehalt eines leitenden Ministerialbeamten. Ob ihre Aufgaben um ebenso viel schwieriger und verantwortungsvoller sind, mag man bezweifeln (vgl. auch Lenski, 1966: 1 ff.).

Es ist allerdings anzunehmen, daß sich in allen Gesellschaften ein Maß an Ungleichheit einspielen wird, das über der minimalen, als Leistungsanreiz vielleicht notwendigen Differenzierung liegt. Das hängt zum einen damit zusammen, daß sich einmal erhaltene Belohnungen gewinnbringend verwenden lassen und daß sich Ungleichheiten reproduzieren, zum anderen läßt es sich darauf zurückführen, daß Anreize nicht so variabel gestaltet und nicht so flexibel gehandhabt werden können, wie es von der funktionalistischen Schichtungstheorie im Grunde vorausgesetzt wird.

Gehen bei Selbständigen die Einkünfte über den persönlichen Verbrauch hinaus, dann entstehen Ersparnisse, die sich u.U. in den Betrieb investieren lassen und zu Kapiteleinkommen führen können. Es ergibt sich dann aus Eigentum allein die Möglichkeit, Belohnungen zu erlangen (vgl. auch Davis und Moore: 354). Ein Teil dessen, was die Position (d.h. hier: der Betrieb) einbringt, läßt sich nicht mehr als notwendiger Anreiz begreifen.
Den zweiten Grund dafür, daß die gesellschaftlichen Ungleichheiten gewöhnlich größer sind als aus Anreizerfordernissen notwendig, sehen wir in einer – soziologisch begründbaren – mangelnden Flexibilität jedes Anreizsystems. Beispielsweise bekommt das einmal erreichte Einkommensniveau eines Berufes einen Traditionswert, den die Angehörigen dieses Berufes verteidigen. Ein Überangebot an Nachwuchs führt nicht ohne weiteres zu einer Senkung von Einkommen und anderen Vorrechten. Viel wahrscheinlicher ist es, daß die Zugangs- und Auswahlbedingungen für den Nachwuchs verschärft werden. Arbeitseinkommen schwanken nicht wie Obstpreise, sondern sind durch Tarifverträge, sowie Besoldungs- und Gebührenordnungen fixiert. Herrscht ein Lehrerüberschuß, dann können nicht beliebige Gehaltsabschläge vorgenommen werden, weil dadurch auch die Einkommenslage der anderen Lehrer, ja sogar die anderer Gruppen von öffentlichen Bediensteten gefährdet wäre. Abgesehen davon wird, wie wir aus Tarifauseinandersetzungen wissen, die Festsetzung von Löhnen und Gehältern vorrangig von der Ertragskraft einer Branche bzw. der öffentlichen Haushaltslage bestimmt. Diese aber können nicht ohne weiteres als Indiz für die Wichtigkeit der betroffenen Positionen betrachtet werden.
Eine Verteilung der Belohnungen, die völlig mit den gesellschaftlichen Anreiznotwendigkeiten übereinstimmte, würde voraussetzen, daß den Betroffenen jede Mitsprachemöglichkeit versagt ist und daß es eine über allen Interessen, also auch denen des Staates, stehende Instanz gibt, die die Verteilung den jeweiligen Bedürfnissen des Arbeitsmarktes und der – von der gleichen Instanz festzulegenden – Skala der Wichtigkeit unterschiedlicher Positionen anpaßt.

2. Karl Marx' These von der Ausbeutung

Bisher haben wir uns auf Ungleichheiten konzentriert, die sich aus der unterschiedlichen Honorierung beruflicher *Positionen* ergeben. Letztlich interessieren aber, wo man sich mit Ungleichheiten als sozialem Problem befaßt, nicht so sehr Positionen als vielmehr *Personen.* Nicht alle sozialen Ungleichheiten lassen sich nun sinnvoll als Positionsunterschiede begreifen.
Größer als alle Unterschiede des Konsums und Lebensstandards sind vermutlich solche des Vermögens. Besitz läßt sich vererben und damit von Generation zu Generation innerhalb einer Familie vergrößern. Dabei geht es vor allem um Eigentum an Wirtschaftsunternehmen: die reichsten Menschen sind immer Besitzer oder Anteilseigner von Unternehmen; auch wer auf andere Weise reich wird, legt einen großen Teil seines Vermögens in Beteiligungen an. Eigentum an Unternehmen bietet in besonderem Maße die Chance, seinen Besitz nicht nur zu erhalten, sondern zu mehren. Das ist auch der Grund, warum sich die wirtschaftliche Auseinandersetzung zwischen Marxisten und Nichtmarxisten vorrangig um das Eigentum dreht. Zur Diskussion steht dabei aber nicht das Eigentum schlechthin: Besitz an persönlichen Gütern (langlebige Konsumgüter, Einfamilienhaus) ist auch in sozialistischen Ländern geschützt und vererbbar. Umstritten ist das private Eigentum an Produktionsmitteln, das nach marxistischer Auffassung *zwangsläufig,* auch bei humaner Gesinnung eines Unternehmers, zu „Ausbeutung" führt. Diesen Gedankengang wollen wir unter Bezugnahme auf einen Auszug aus dem „Kapital" von Karl Marx veranschaulichen (Begleittext 7.2, Marx).

Aus Marx' Schriften gewinnt man bei oberflächlicher Lektüre, wie sie angesichts der ungeheuren Breite des Werkes fast unvermeidlich ist, einen anderen Eindruck, der sich auch in der öffentlichen Diskussion festgesetzt zu haben scheint. Danach hat die Ausbeutung eher den Charakter einer Übervorteilung: Der Unternehmer kann den Arbeiter ausnutzen, weil er stärker ist. Er ist weniger auf die Mitarbeiter angewiesen als diese auf ihn. Weil er Geld hat, kann der Kapitalist Fabrikgebäude, Maschinen und Rohstoffe erwerben sowie eine Vertriebsorganisation aufbauen, ohne die ein Arbeiter kein marktfähiges Erzeugnis schaffen kann. Der Kapitalist kann sich seinen Geldeinsatz bezahlen lassen; der Arbeiter bekommt wenig, tendenziell gerade so viel, wie er zum Leben, zur Erhaltung seiner Arbeitskraft braucht. Daß Marx die Lage auch so gesehen hat, kann man daran erkennen, wie niedrig er in den Zahlenbeispielen, mit denen er beispielsweise im 1. Band des „Kapitals" arbeitete, die Lohnkosten angesetzt hat. Marx konnte wohl auch gar nicht anders denken. Zu seiner Zeit war das Angebot an Arbeitskräften, zu denen damals auch Kinder zählten, aufgrund des raschen Bevölkerungswachstums reichlich. Der Stellungsuchende stand der Firma ohne Schutz von Gewerkschaften und Sozialgesetzgebung als einzelner gegenüber. Der Arbeitgeber konnte die Arbeitskräfte gegeneinander ausspielen, mußte es sogar, wenn er ökonomisch rational handeln wollte. Die tägliche Arbeitszeit war lang, die Löhne waren niedrig und nach unten variabel. Wurde das Arbeitskräfteangebot größer oder verschlechterte sich die Konjunktur, dann konnten die Lohnsätze gesenkt werden, da es keine Tarifverträge und keine Arbeitslosenunterstützung gab. Bei steigendem Lebensstandard, so glaubte man damals, würden sich die Familien stärker vermehren und dadurch langfristig für ein Überangebot an Arbeitskräften sorgen. Auf die Dauer konnten so die Arbeitnehmerverdienste niemals sehr weit über das Existenzminimum einer Arbeiterfamilie steigen.

Darin allein sah Marx aber keineswegs schon Ausbeutung. Er war vielmehr der Meinung, daß der Arbeiter genau das bekäme, was die von ihm verausgabte Arbeitskraft ‚wert' sei. Der Wert jeder Ware entsprach für Marx nämlich dem Aufwand, der zu ihrer Herstellung nötig ist. So gesehen mußte er unter dem Wert der Ware Arbeitskraft das zu ihrer Erhaltung erforderliche Existenzminimum verstehen. Die Vorstellung, daß der Arbeiter mit dem Lohn gerade nur so viel erhält, wie er zum Ersatz der im Zusammenhang mit seiner beruflichen Tätigkeit verausgabten Energie benötigt ist nicht ganz stimmig, weil ein Arbeitnehmer ja nicht nur im Betrieb Energie verausgabt, er insofern also immer mehr bekommt, als er dem Betrieb an Energie gibt. Dieser Widerspruch innerhalb einer eher mechanistischen Energievorstellung ist aber für unsere weiteren Überlegungen kein Hindernis (Vgl. auch Begleittext 7.3).

Der eigentliche Ausbeutungscharakter des Arbeitsverhältnisses ergab sich für Marx aus der Tatsache, daß der Arbeiter, und nur der Arbeiter, durch seine Tätigkeit mehr Wert schafft, als ihm zur Erhaltung seiner Arbeitskraft vergütet wird. In unserem Begleittext hat Marx zur Erklärung eine fiktive Konstruktion entwickelt. Der Arbeiter muß zunächst einige Stunden arbeiten, um seinen eigenen Lebensunterhalt zu verdienen. Der Arbeitstag ist jedoch länger und daran kann der einzelne Lohnempfänger nichts ändern: er muß die Arbeitsbedingungen akzeptieren oder auf Beschäftigung verzichten (Begleittext 7.3, Marx). Die Länge des Arbeitstages ist durch Tradition fixiert und kann nur durch Arbeitskampf oder kollektives politisches Handeln geändert werden (vgl. dazu das Kapitel „Der Arbeitstag" in: *Das Kapital* I, MEW 23, S. 245–320). Der Wert, den der Arbeiter in dieser Zeit, der „Mehrarbeitszeit" schafft, ist der Mehrwert, den jedoch nicht er, sondern der Kapitalist sich aneignet.

Zwar war es für Marx durchaus denkbar, daß die Lohnempfänger bei Arbeitskräfteknappheit Forderungen durchsetzten, die ihnen mehr als das Existenzminimum und damit einen Teil des Mehrwertes zusprachen. Abgesehen davon jedoch, daß er einen langfristigen Arbeitskräftemangel offenbar für unwahrscheinlich hielt, änderte für ihn auch eine *Beteiligung* der Arbeiter am Mehrwert nicht den Ausbeutungscharakter der Produktion. Ausbeutung konnte erst dann als beseitigt gelten, wenn der *gesamte* Mehrwert den Arbeitern zufiel – wie wir noch sehen werden, freilich nicht unbedingt als konsumierbarer Lohn.

Bevor wir auf die Begründung für diese weitgehende These eingehen, sei noch eine Bemerkung zu der eben gegebenen Erklärung für die Entstehung des Mehrwertes angefügt. Auch heute noch denken marxistische Wirtschaftswissenschaftler in den Begriffen „Mehrarbeitszeit" und „notwendige Arbeit" bzw. „Arbeit für die Gesellschaft" und „Arbeit für sich" (Begleittext 7.4). Natürlich ist das nur ein gedankliches Modell, konkret läßt sich nicht davon sprechen, daß der Arbeiter *zunächst* für sich und *dann* für die Schaffung des Mehrwertes tätig ist. Man kann sich den gleichen Zusammenhang aber auch in einer anderen Weise klarmachen, die vielleicht unserer Anschauung näher steht. Fast überall, wo wir etwas produzieren, erstreben wir ein Produkt, das uns mehr nutzt (Gebrauchswert) und uns deshalb auch teurer sein kann (Marktwert, Tauschwert) als das, was wir hineinstecken (Herstellungskosten). Das gilt auch für staatliche Betriebe und sozialistische Länder:

„*Gewinn:* Kategorie der sozialistischen Warenproduktion, Teil des in der Produktion erwirtschafteten Reineinkommens . . . Auf der Grundlage des gesellschaftlichen Eigentums an Produktionsmitteln und des planmäßigen Wirtschaftens widerspiegelt der G. im Sozialismus die gemeinsamen Anstrengungen und den Erfolg der wirtschaftlichen Tätigkeit sozialistischer Produzenten und ist dem Ziel untergeordnet, eine höchstmögliche Befriedigung der wachsenden Bedürfnisse der Gesellschaft und ihrer Mitglieder zu erreichen" (Ehlert u.a., 1969: 330 f.).

In einem privatwirtschaftlichen System werden Kapitalbesitzer ihr Geld nur dort investieren, wo es Zinsen bringt. Das heißt, wo immer Arbeiter beschäftigt sind (einmal abgesehen von subventionierten, gemeinnützig orientierten Betrieben wie Krankenhäusern, öffentlichen Transportunternehmen u.ä., die nicht der eigentlichen Produktionssphäre zuzurechnen sind), entstehen Güter, aus deren Verkauf ein Erlös erzielt werden muß, der größer ist als das, was das Unternehmen an seine Mitarbeiter und Lieferanten zu bezahlen hat. Diese Differenz (Wertschöpfung) entspricht in etwa dem Mehrwert und zeigt – grob gesagt – das Ausmaß der „Ausbeutung" an.

Marx schrieb den *gesamten* Mehrwert der Leistung der Arbeiter zu und deshalb war es für ihn Ausbeutung, wenn der Kapitalist sich auch nur einen Teil davon aneignete (vgl. Marx, 1972 [1867]: 214–225). Um keine Mißverständnisse aufkommen zu lassen, sei betont, daß Marx bei diesem Gedankengang der Klarheit der Darstellung zuliebe davon absah, daß der Unternehmer, soweit er den Betrieb selbst leitete und insofern mitarbeitete, sinnvollerweise dafür ein Arbeitsentgelt zugesprochen bekommen mußte. In sozialistischen Ländern wird die Tätigkeit eines Unternehmensleiters als „mittelbar produktive Arbeit" betrachtet, in privatwirtschaftlichen Ländern kennen wir im Rechnungswesen den „kalkulatorischen Unternehmerlohn", der das Arbeitsentgelt vom Kapitaleinkommen abgrenzen soll. Wenn Marx von der Aneignung des Mehrwertes durch den Kapitalisten spricht, meint er das, was über ein Arbeitsentgelt hinausgsgeht und insofern Verzinsung des Betriebskapitals ist.

Er setzte also voraus, daß nur die Arbeiter, nicht aber die Maschinen und die anderen Produktionsmittel einen Beitrag zum Gewinn leisten. Diese Auffassung mag uns merkwürdig erscheinen und wird auch nicht von allen neueren Klassentheoretikern in dieser Form aufrechterhalten (vgl. Giddens, 1979: 114 ff.). Es ist zwar richtig, daß man mit einer Fabrikhalle und mit Maschinen oder Rohstoffen nichts anfangen kann, wenn keine Arbeitskräfte vorhanden sind, die mit den Materialien und Maschinen produzieren. Ebenso sind aber Arbeitskräfte in einer modernen Wirtschaft nur produktiv, wenn ihnen Fabrikanlagen und Werkzeuge zur Verfügung stehen. Aus heutiger Sicht, wo es automatische

Fabrikationsanlagen gibt, würde man eher geneigt sein zu sagen: das eigentlich Produktive, das sind die Maschinen. Allerdings werden auch in automatischen Produktionsstätten Arbeitskräfte zur Einstellung, Instandhaltung und Reparatur der Automaten benötigt. Letzten Endes sind also weder Maschinen ohne Menschen noch Menschen ohne Maschinen produktiv: Will man unter Gerechtigkeitsaspekten sagen, wem was „gebührt", dann merkt man schnell, daß die Frage sich nicht ohne weiteres beantworten läßt. Das Produkt kann sich nur aus dem Zusammenspiel der Produktionsfaktoren Kapital und Arbeit ergeben.
Marx sah die Dinge anders, für ihn waren Gebäude, Rohstoffe und Maschinen nicht produktiv, sie waren „konstantes Kapital", das in die Erzeugnisse einfloß und dabei zwar seine Form, nicht aber seinen Wert veränderte. Etwas schaffen konnte nur menschliche Arbeit; sie vervielfältigte im Arbeitsprozeß ihren Wert und war deshalb für Marx „variables Kapital". Betrachten wir einige der Textstellen, um uns besser klarmachen zu können, wie dieser Gedanke bei Marx begründet wird:

„Indem die produktive Arbeit Produktionsmittel in Bildungselemente eines neuen Produkts verwandelt, geht mit deren Wert eine Seelenwanderung vor. Er geht aus dem verzehrten Leib in den neu gestalteten Leib über" (1972 [1867]: 221).
„Der Arbeiter setzt dem Arbeitsgegenstand neuen Wert zu durch Zusatz eines bestimmten Quantums von Arbeit... Andererseits finden wir die Werte der verzehrten Produktionsmittel wieder... Der Wert der Produktionsmittel wird also erhalten durch seine Übertragung auf das Produkt" (214).
„Die lebendige Arbeit muß diese Dinge ergreifen, sie von den Toten erwecken, sie aus nur möglichen in wirkliche und wirkende Gebrauchswerte verwandeln. Vom Feuer der Arbeit beleckt, als Leiber derselben angeeignet, zu ihren begriffs- und berufsmäßigen Funktionen im Prozeß begeistet, werden sie zwar auch verzehrt, aber zweckvoll, als Bildungselemente neuer Gebrauchswerte" (198).

Diese Überlegungen sind bilderreich, die Sprache eher literarisch; es sind keine Beweise, die sich auf Fakten, Gesetzmäßigkeiten oder logisch zwingende Aussagen stützen, sondern Argumente, die an unsere Vorstellungskraft appellieren und dadurch plausibel sein wollen. Wenn wir uns an den Abschnitt über wissenschaftliche Texte (Kapitel II) erinnern, wird uns klar werden, daß es sich hierbei nicht um prüfbare Hypothesen handelt, sondern um die Entscheidung für eine bestimmte Betrachtungsweise, um die Begründung eines Axioms.
Überlegt man, wie Marx zu dieser, heute nicht mehr ganz nachvollziehbaren Betrachtungsweise kam, dann ist zweierlei zu berücksichtigen. Erstens war zu seiner Zeit die menschliche Arbeitskraft im jeweiligen Produktionsprozeß ein viel näher im Vordergrund stehender Faktor als heute. Vieles, das inzwischen von Maschinen geleistet wird, mußte noch durch den Menschen geschaffen werden, und die körperlichen Anstrengungen, die damals generell in Produktionsstätten gefordert wurden, dürften ungleich viel schwerer gewesen sein. Der Einsatz menschlicher Arbeitskraft war einfach augenfälliger (Vgl. auch Begleittext 12.4, Marx).
Aber es dürfte noch ein anderer Gedanke mitgespielt haben. Alle Maschinen und anderen Produktionsmittel sind irgendwann einmal durch menschliche Arbeit entstanden. Mag jedes Werkzeug heute maschinengefertigt bzw. mit Hilfe schon vorhandener Werkzeuge entstehen, so sind doch die ersten hergestellten Werkzeuge ausschließlich von Menschenhand geschaffen worden. Insofern erscheint es ganz plausibel davon auszugehen, daß alle gegenständlichen Produktionsmittel so etwas wie geronnene Arbeit sind. Von daher mag man zu dem Konzept kommen, daß der Beitrag, den diese Produktionsmittel liefern, eigentlich nur in der Bereitstellung „toter" Arbeit besteht und daß, da Totes nicht schöpferisch sein kann, lediglich ihr Einstandswert auf das Produkt *übertragen* wird, während aller Wertzuwachs aus der Tätigkeit der Arbeiter herrührt. Ganz stichhaltig wäre dieses Argument allerdings nicht, da die

in den Produktionsmitteln vergegenständlichte Arbeit nicht eine Leistung derjenigen Menschen ist, die jeweils mit den Materialien arbeiten.
Wir können jetzt zu unserer provisorischen Antwort auf die Frage nach der Ursache von Ausbeutung zurückkommen. Wir hatten gesagt, es käme zu Ausbeutung, weil im Produktionsprozeß Werte entstehen, die niemand für sich verbrauchen kann. Damit wollten wir andeuten, daß Ausbeutung in einem gewissen Sinne unvermeidlich ist. Um uns das klarzumachen, müssen wir überlegen, in welcher Form sich der Kapitalist den Mehrwert aneignet, und wie der Marxismus die Aneignungsform ändern will, um Ausbeutung zu beseitigen.
Ein Extremfall wäre der, daß der kapitalistische Unternehmer seinen gesamten Gewinn zur Finanzierung eines aufwendigen Privatlebens verbrauchte. Die Beseitigung der Ausbeutung bestünde – in genau so extremer Form – darin, dieses Luxuseinkommen an die Belegschaft zu verteilen, so daß sich der Verdienst jedes einzelnen entsprechend erhöhte. Hier wird man aber sofort überlegen, ob das eigentlich sinnvoll wäre: Kommt es wirklich nur darauf an, den individuellen Konsum zu steigern? Wovon sollen die Gemeinschaftsleistungen des Staates finanziert werden? Woher kommen die Mittel zur Modernisierung und Erweiterung des Betriebes? In der Realität verbraucht der private Unternehmer auch nur den kleinsten Teil seines Gewinns; der Hauptteil wird, soweit er nicht in Form von Gewinnsteuern an den Staat abgeführt worden ist, vor allem in Großunternehmen zu Erweiterungsinvestitionen benutzt. Die Beseitigung des privaten Eigentums an Produktionsmitteln kann also auch nur in dem Maße zu einer Einkommensverbesserung der Arbeitnehmer führen, wie vorher die Kapitaleigner ihre Gewinne konsumieren konnten, ohne die Ertragskraft des Unternehmens zu gefährden.
Grundsätzlich ist in allen wachsenden Wirtschaften (nach marxistischer Sprechart: in allen „Gesellschaften mit erweiterter Reproduktion") unvermeidlich, daß ein Teil der Arbeitsleistung nicht direkt konsumiert werden kann. Dieser Anteil wird in kapitalistischen wie in sozialistischen Ländern den Erwerbstätigen als Einkommen vorenthalten. Das meinten wir, als wir sagten, Ausbeutung sei in einem gewissen Sinne unvermeidlich. Marxisten freilich sprechen für ihre Gesellschaften nicht von Ausbeutung, sondern von *Mehrarbeit* bzw. Arbeit für die Gesellschaft im Gegensatz zur *notwendigen Arbeit.* Letzteres, manchmal auch als „Arbeit für sich" bezeichnet, ist der Anteil, dessen Wert der einzelne zum individuellen Konsum vergütet erhält. Der Ausdruck „notwendige Arbeit" ist mißverständlich und soll nicht bedeuten, daß sie volkswirtschaftlich gesehen notwendiger wäre als die Mehrarbeit.

Mehrarbeit: Überschuß an Arbeit über das Ausmaß hinaus, das für den Unterhalt der Werktätigen in der Sphäre der materiellen Produktion und für deren Familien notwendig ist. Die M. ist Teil des Neuwertes und Grundbedingung der erweiterten Reproduktion. Sie wird in der M.szeit verausgabt und schafft ein Mehrprodukt. Die Teilung der lebendigen Arbeit in notwendige Arbeit und Mehrarbeit entstand, als durch gestiegene Arbeitsproduktivität der Arbeitende mehr erzeugen konnte, als für die eigene Existenz notwendig war. Die M. ist eine grundlegende ökonomische Kategorie. Sie sichert den Fortschritt der Gesellschaft und muß „als Arbeit über das Maß der gegebenen Bedingungen hinaus" (K. Marx) immer bleiben. Notwendige Arbeit und M. sind, abgesehen von ihren spezifischen Formen, die sie in einzelnen Gesellschaftsformationen annehmen, Kategorien jeder gesellschaftlichen Produktionsweise ... Im Sozialismus ist die M. notwendige Arbeit für die Gesellschaft. Ihre Ergebnisse werden für allgemeingesellschaftliche Bedürfnisse (die Erweiterung der Produktion, die Bildung von Reserven, die Sicherung gegen Naturkatastrophen und andere Schäden, den Unterhalt der Nichtproduktionssphäre, die Verteidigung der sozialistischen Errungenschaften) verwendet (W. Ehlert u.a., 1969: 535).

Diese Definition zeigt zunächst, daß der in einem Land wie der DDR erwirtschaftete „Mehrwert" nicht dem Netto-Gewinn privater Unternehmen in nichtsozialistischen Ländern entspricht. Zum Mehrwert rechnet man in der DDR auch die verschiedenen, von den volkseigenen Betrieben an den Staat abgeführten Gewinnanteile (Produktionsabgabe, Produktionsfondabgabe, Nettogewinnabführung), die einen wesentlichen Teil des Staatshaushalts ausmachen. Auch in nichtsozialistischen Ländern wird ein Teil der Wertschöpfung der Unternehmen zur Finanziereung staatlicher Gemeinschaftsausgaben heraufgezogen, in diesem Fall über die Steuern auf den Gewinn (Körperschaftssteuer; ein Teil der Gewerbesteuer). Anders ausgedrückt, die Kapitaleigner können sich nur den Teil des Mehrwertes aneignen, der nicht für gesamtgesellschaftliche Aufgaben verwendet wird.

Darüber hinaus können wir der Definition entnehmen, daß die Mehrarbeit in sozialistischen Ländern aus marxistischer Sicht nicht als Ausbeutung betrachtet wird. Das wird noch deutlicher, wenn wir einen Satz einfügen, den wir ausgelassen hatten. Er lautet: „In den auf Privateigentum an den Produktionsmitteln beruhenden Gesellschaftsordnungen eignen sich die Ausbeuter die Ergebnisse der Mehrarbeit an." In sozialistischen Ländern, so können wir hinzufügen, ist Ausbeutung in dem Sinne beseitigt, daß der aus Unternehmensgewinnen finanzierte Vermögenszuwachs nicht zur *individuellen* Vermögensbildung einiger weniger führt, sondern – aus marxistischer Sicht – in das Eigentum aller übergeht. Letzteres bedeutet zunächst einmal: in das Eigentum des Staates. Diese Form des Kollektiveigentums gibt es natürlich auch in nichtsozialistischen Ländern, nur eben in wesentlich geringerem Maße. Fraglich ist, und das gilt für kapitalistische wie für sozialistische Gesellschaften, ob man hier überhaupt noch von Eigentum sprechen sollte, ob der Begriff nicht weitgehend seine Brauchbarkeit einbüßt, wenn er auf Staatsunternehmen angewendet wird. Fühlen wir uns wirklich als „Eigentümer" staatlicher Betriebe? Vielleicht sollte man die marxistische These von der Beseitigung der Ausbeutung durch Vergesellschaftung des Privateigentums an Produktionsmitteln beim Wort nehmen und in eine Bedingungsaussage umformulieren:

4. These:
Die Abschaffung des Privateigentums an Produktionsmitteln kann ökonomische Ausbeutung (im marxistischen Sinne) nur in dem Maße beseitigen, als sie mit einer echten Vergesellschaftung und nicht lediglich einer Verstaatlichung der Produktionsmittel verbunden ist.

Wieweit das in sozialistischen Ländern realisiert ist, braucht hier nicht untersucht zu werden. Tatsache ist allerdings, daß dort nur wenig private Vermögensbildung aus Betriebsgewinnen möglich ist, weil man die Vermögen, die zu Vermögensgewinnen führen können, erst einmal weitgehend enteignet hat. Ganz konsequent ist man allerdings nicht geblieben: auch in diesen Ländern gibt es – in Form von Sparzinsen – Einkommen aus Kapitalbesitz (wenn auch nicht aus Unternehmensanteilen). Insofern die Spargelder von den Banken für Kredite an Unternehmen benutzt werden, müssen diese Zins-Einkommen auch aus dem Mehrwert finanziert werden, den die Unternehmen erwirtschaften.

Wir haben gesehen, daß die von Marxisten kritisierte private Aneignung des Mehrwerts nicht als Aneignung von Einkommen zum *Konsum,* sondern im wesentlichen als Aneignung von *Vermögen* stattfindet. Ob man das in jedem Fall als Ausbeutung bezeichnet, hängt davon ab, wie weit man das Axiom der Marxschen Wertlehre akzeptiert, das nur der *menschlichen Arbeitsleistung,* die im jeweiligen Produktionsprozeß eingesetzt ist, Produktivität zuspricht. Bejaht man das, dann müßte man im Prinzip auch darauf verzichten, private Ersparnisse zur Investitionsfinanzierung mit Zinszahlungen anzulocken. Spricht man auch den Fabrikanlagen und den Maschinen einen Beitrag zur Wertschöpfung zu, dann wird man Einkommen und damit Vermögensbildung aus Unternehmensanteilen nicht grundsätzlich ablehnen können.

Man wird sie aber um so eher für berechtigt (nicht ausbeuterisch) betrachten, je breiter der Bevölkerungskreis ist, der die Möglichkeit hat, aus Ersparnissen solche Anteile zu erwerben. In modernen Wirtschaften kompliziert sich das Problem durch den Mechanismus der „Selbstfinanzierung". Wo immer eine Konzentration der Produktion auf wenige Großbetriebe erfolgt ist, können die Betriebe den Marktpreis direkt beeinflussen und unter Umständen so kalkulieren, daß er nicht nur die Kosten und eine durchschnittliche Kapitalverzinsung deckt, die den Kapitaleignern zufließt, sondern dem Betrieb selber Finanzmittel beläßt, mit denen er Erweiterungsinvestitionen vornehmen kann. Die Gelder, die hier dem Konsum entzogen werden, fließen zwar nominell nicht den Kapitaleignern zu (sie erhöhen nicht das Eigenkapital), können aber, wenn sie ertragreich eingesetzt werden, den Betriebswert und damit den Wert der Kapitalanteile erhöhen. Insofern ergibt sich dann doch ein Vermögenszuwachs bei den Eigentümern, und zwar ein Zuwachs, der auf Kosten anderer erfolgt. Allerdings kann man bei dieser Form nicht mehr entscheiden, wer eigentlich „ausgebeutet" wird, die Arbeiter oder die Konsumenten.

3. Die Grundstruktur von Klassen- und Schichtentheorien

Jede Schichtungstheorie (man spricht auch von Stratifikationstheorie) besteht aus mindestens zwei Komponenten: es muß *erstens* festgelegt werden, welche Personen zu einer Klasse oder Schicht gerechnet werden sollen, und es muß *zweitens* untersucht werden, welche Folgen sich aus der Schichtenzugehörigkeit ergeben. Im weitesten Sinne ist eine Klasse ebenso wie eine Schicht die Gesamtheit aller Personen, deren soziale Lage und daraus resultierende Verhaltensweisen ähnlich sind. Den Begriff der Klasse verwendet man vorzugsweise, wenn die wirtschaftliche Lage (insbesondere die Verfügung über Produktionsmittel) als entscheidend betrachtet wird. Den Begriff der Schicht benutzt man, wenn man (zusätzlich) andere Merkmale (z.B. Bildung, Lebensstil) zur Klassifizierung benutzt. Als Oberbegriff für Klasse, Schicht und andere Gruppen, die sich aufgrund ihrer sozialen Privilegien oder Benachteiligungen unterscheiden lassen (z.B. Kasten), verwendet man den Ausdruck „Stratum"; manchmal wird auch „Schicht" als Oberbegriff benutzt.
Die Zuordnung von Personen zu einem Stratum ist möglich, wann immer sich Menschen in einem oder mehreren Merkmalen ähnlich sind und sich dadurch gleichzeitig von anderen abheben. Der erste Schritt einer Stratifikationstheorie besteht demnach in der Festlegung der Merkmale, nach denen Personen klassifiziert werden sollen. Da Menschen hinsichtlich mehrerer Merkmale ungleich sind (Bildung, Vermögensstatus, Beruf, Einkommen usw.), hat man bei der Auswahl einen gewissen Freiheitsspielraum. Im Hinblick auf die zweite Komponente der Schichtungstheorie empfiehlt es sich jedoch, Merkmalen den Vorrang zu geben, deren Folgen man am eindeutigsten bestimmen kann. Weiß man etwas über die Schulbildung oder das Einkommen einer Person, dann kann man daraus eher weitere Überlegungen über ihr Leben ableiten als aus Informationen über die Wohnungseinrichtung. Letztere mag zwar ein mehr oder weniger zuverlässiges Anzeichen für Bildung oder Einkommen sein, kann aber nicht als gleichermaßen belangvoll für die gesamte Lebenssituation eines Menschen oder einer Familie betrachtet werden; ihre Folgen für andere Lebensbereiche dürften sich sehr viel schwieriger spezifizieren lassen.
Mit der Festlegung der Merkmale für die Schichtenzuordnung wird weitgehend schon darüber entschieden, welche und wieviele Schichten bzw. Klassen es gibt. So wird von manchen marxistischen Gesellschaftswissenschaftlern die Klassenzugehörigkeit eines Menschen danach bestimmt, ob er Eigentum an Produktionsmitteln, an Fabrikanlagen, Maschinen,

Rohstoffen usw. hat. Trifft das zu, dann wird er den Kapitalisten zugerechnet, besitzt er keine Produktionsmittel, dann zählt man ihn zur Klasse der Arbeiter. Weil Besitz und Nichtbesitz an Produktionsmitteln in einer Gesellschaft vorkommen, kann man sie als Merkmale einer differenzierenden Klassifizierung wählen. Das zu tun ist völlig legitim, nur ist es keine besondere Erkenntnis, jetzt zu verkünden, in dieser Gesellschaft gebe es Klassen. Da es die Merkmale „gibt", nach denen wir Menschen verschiedenen Klassen zuordnen, müssen sich zwangsläufig auch diese Klassen ergeben. Behauptet jemand, die Gesellschaft X sei eine „Klassengesellschaft", dann muß er, wenn es eine sinnvolle Aussage sein soll, etwas anderes damit meinen: daß beispielsweise die Klassenzugehörigkeit der entscheidende Faktor im Leben eines jeden oder der meisten Menschen ist. Das bringt uns zum zweiten Schritt der Stratifikationstheorien.

Man interessiert sich für die Klassen- oder Schichtenzugehörigkeit, weil sie Folgen für den einzelnen, für seine Lebenschancen hat (Begleittext 7.5, Oevermann u.a. vgl. beispielsweise auch die Publikationen von Hollingshead/Redlich, 1975; Schmidt/Sigusch, 1971; N. Weber, 1973). Stratifikationstheoretiker suchen nach denjenigen Merkmalen (Benachteiligungen oder Privilegien), die diese Chancen am nachhaltigsten beeinflussen. *Die These, welche Merkmale in einer gegebenen Gesellschaft die Lebenschancen am stärksten beeinflussen, und die Aussage, wie die Folgen im einzelnen beschaffen sind, stellen die zweite, die eigentlich theoretische Komponente einer Schichtungstheorie dar.* Daß es Gruppierungen wie Klassen oder Schichten gibt, ist meistens klar; es heißt gewöhnlich nicht mehr, als daß es Gebildete und Ungebildete, Reiche und Arme, Freie und Sklaven, Herrscher und Beherrschte gibt. Welche Folgen sich aus der Ungleichheit des Vermögens, des Einkommens, der Bildung usw. in der zu untersuchenden Gesellschaft ergeben, ist dann erst noch zu prüfen und läßt sich im allgemeinen sehr viel weniger leicht klären. Dieses Ergebnis kann auch nicht von vornherein feststehen: wo es sozialen Wandel gibt, ist auch zu erwarten, daß sich die Bedeutung eines Merkmals für die Menschen ändert. Deshalb sind alle Theorien mit Skepsis zu betrachten, die aus dem gleichen Merkmal stets und für alle Zeiten dieselben Folgen ableiten wollen.

Nun besagt die marxistische Gesellschaftslehre, daß die Trennung in Eigentümer und Nichteigentümer von Produktionsmitteln *stets* zur Herrschaft der einen über die anderen, zur Ausbeutung des Volkes durch die Privilegierten (Kapitalisten) führe. Die Klassenlage eines Menschen und die von ihr bestimmten Lebenschancen werden *ausschließlich* von den Produktionsverhältnissen hergeleitet. Ist damit eine solche Theorie unbrauchbar? Die Antwort kann, soweit sich die soziologische Literatur zu diesem Thema überblicken läßt, als ein gemäßigtes Nein formuliert werden. Gemäßigt deshalb, weil man auf beiden Seiten der Auseinandersetzung zwischen Marxisten und Nichtmarxisten gelernt hat, zwischen fruchtbaren und unfruchtbaren marxistischen Theorien zu unterscheiden – jedenfalls dort, wo man nicht auf Linientreue verpflichtet ist. In bezug auf die Schichtungstheorie sehen wir für eine solche Unterscheidung zwei Ansatzpunkte: erstens kann man marxistische Stratifikationstheorien danach unterscheiden, wie sie die Klassenzugehörigkeit eines Menschen am Maßstab der Produktionsverhältnisse messen. Zweitens kann man fragen, welche Folgen ein bestimmter marxistischer Stratifikationstheoretiker aus der Klassenzugehörigkeit ableitet. Bei Marx selbst gibt es, vereinfacht gesagt, eine weite und eine enge Definition der Klassenzugehörigkeit. Die weite Definition erscheint heute so überzeugend wie vor hundert Jahren und bildet nach unserer Auffassung das Rückgrat aller, auch der nichtmarxistischen Stratifikationstheorien. Man könnte sie folgendermaßen charakterisieren:

Das Wichtigste für alle Lebewesen ist zunächst einmal das Überleben, die Selbsterhaltung. Charakteristisch für das menschliche Dasein sind die Herstellung und Benutzung von Werkzeugen, die Produktion von Bedarfsgütern in Kooperation mit anderen Menschen, die Veränderung der Umwelt und ihre Anpassung an den Menschen, das also, was man auch

Arbeit nennt. Die Bedingungen der Arbeit bestimmen das Leben, insbesondere begrenzen sie die Lebensenergien, die man für andere Ziele, zum Beispiel für den Konsum, die Weiterbildung oder für politische Aktivität einsetzen kann. Das Einkommen, das uns die Arbeit verschafft, bestimmt unsere Teilhabe an zivilisatorischen und kulturellen Gütern, ja sogar das Ausmaß, bis zu dem wir unsere Arbeitskraft erhalten können. Deshalb sind es die Produktionsverhältnisse in *all* ihren wesentlichen Dimensionen, ist es die Stellung im Produktionsprozeß, welche die gesellschaftlichen Chancen überhaupt bestimmt. Die Stellung im Produktionsprozeß ist das wesentliche Merkmal der sozialen Lage eines Menschen, weil von ihr alles andere abhängt. Menschen mit gleicher Stellung im Produktionsprozeß befinden sich deshalb in der gleichen sozialen Lage und mithin derselben Klassenlage.
Diese Umschreibung der Klassenzugehörigkeit ist mehr als eine Wortdefinition, sie ist die Formulierung eines Axioms und insofern Kern der Marxschen Klassenlehre. Man könnte den Grundgedanken auch so formulieren:

5. These:
a) Je mehr Arbeitsleistung in einer Gesellschaft von der Masse der Mitglieder verlangt wird, desto belangvoller ist die Stellung im Produktionsprozeß.
b) Je mehr man über die Stellung eines Menschen im Produktionsprozeß weiß, desto mehr kann man auch über seine Chancen, seine Verhaltens- und Denkweisen außerhalb des Produktionsprozesses sagen.

Neben dieser relativ weiten Definition gibt es aber noch die engere, an die man meist zuerst denkt, wenn von marxistischer Gesellschaftslehre die Rede ist. Danach bestimmt sich die Stellung des einzelnen im Produktionsprozeß aufgrund seiner Eigentumsrechte an den Produktionsmitteln. Im Grenzfall gibt dieses Kriterium nur die Möglichkeit, die Menschen einer von zwei Klassen zuzurechnen, der Arbeiterklasse oder der Kapitalistenklasse. Benutzt man als Klassifikationsmerkmal nur das Eigentum an Produktionsmitteln, so vermag man nicht, Beamte und Angestellte von Arbeitern zu unterscheiden. Alle Arbeitnehmer müssen der Arbeiterklasse zugerechnet werden. Eigentlich wäre es dann sinnvoller, von einer Klasse der Arbeitnehmer oder Lohnabhängigen zu sprechen. Wieweit eine so grobe Einteilung brauchbar ist, entscheidet die Fragestellung, für die man die Stratifikationstheorie heranzieht, der Erklärungsanspruch, den man stellt.
Marx vertrat die Ansicht, daß auch die Klassenlage *im engeren Sinne* bestimmend für die gesamte gesellschaftliche Existenz eines Menschen sei. Unter den historischen Verhältnissen der von ihm analysierten Gesellschaften hielt er das Eigentum an Produktionsmitteln für das belangvollste Merkmal im Produktionsprozeß. Dennoch darf man unterstellen, daß er letzten Endes die Stellung im Produktionsprozeß *im weitesten Sinne* für grundlegender hielt als das Eigentum an Produktionsmitteln. Die Stellung im Produktionsprozeß bleibt ja auch dann maßgebend für die gesellschaftliche Existenz des einzelnen, wenn das Privateigentum an Produktionsmitteln beseitigt werden sollte. Außerdem gab es zu Marx' Lebzeiten Besitzer von Produktionsmitteln (kleine Gewerbetreibende), die auch er nicht ernsthaft zur Kapitalistenklasse rechnete, ebenso wie er nicht alle Nichtbesitzer zur Arbeiterschaft zählte. Er rechnete nur damit, daß diese Zwischenklassen verschwinden und daß die Menschen hinsichtlich des Eigentums an Produktionsmitteln immer mehr in zwei, in sich homogene Klassen zerfallen würden.
Marx behauptete noch nicht einmal, daß sich alles Denken und Verhalten eines Menschen automatisch aus seinem Eigentumsstatus und der *daran* gemessenen Klassenlage ergebe. Das zeigt sich an seiner Unterscheidung zwischen materieller, objektiver Klassenlage und subjektivem Klassenbewußtsein. Menschen mit gleichem Eigentumsstatus stellen für ihn zwar

eine „Klasse an sich" dar, sie brauchen sich dessen aber nicht unbedingt bewußt zu sein. Erst wenn sie sich über die Gleichheit ihrer Situation klar werden, wenn sie aus diesem Bewußtsein heraus Solidarität und gemeinschaftliches Handeln entwickeln, werden sie zur Klasse im vollen Sinn, zur „Klasse für sich" (vgl. Marx, 1965: 123 ff.). Damit sich Klassenbewußtsein und Kollektivhandeln (Klassenkampf) entwickeln können, müssen also zum Eigentum an Produktionsmitteln noch andere Bedingungen hinzukommen.

Das Eigentum bzw. Nichteigentum an Produktionsmitteln hat auch je nach der Entwicklungsstufe einer Gesellschaft ein unterschiedliches Gewicht für die Stellung des einzelnen im Produktionsprozeß und damit für seine Klassenlage sowie für seine gesellschaftliche Existenz überhaupt. Je größer die Bedeutung des Eigentumsstatus ist, desto mehr kann man durch ihn erklären und umgekehrt. Der polnische Soziologe Stanislaw Ossowski hat das in seinem Buch *Klassenstruktur im sozialen Bewußtsein* folgendermaßen ausgedrückt (1962: 227):

„Wenn es also um das klassische marxistische Kriterium der Gesellschaftsklasse geht, führen die Erfahrungen der letzten Zeit dazu, die marxistische Konzeption in Form eines Gesetzes, das den funktionalen Zusammenhang festlegt, auszudrücken: ... der Besitz der Produktionsmittel wird in um so höherem Grade die zwischenmenschlichen Abhängigkeiten bestimmen, je mehr die Gesellschaftsordnung sich dem Idealtypus der kapitalistischen Gesellschaft der freien Konkurrenz nähert."

Anstelle dieses Idealtyps ist in nicht-sozialistischen Industriegesellschaften eine Ordnung entstanden, in der die freie Konkurrenz durch eine monopolistische verdrängt ist und in der sich das Unternehmertum einer staatlichen Gesellschaftspolitik gegenübersieht, die das privatwirtschaftliche Marktsystem zwar stabilisieren, den Einfluß privaten Eigentums an Produktionsmitteln auf die soziale Lage des einzelnen innerhalb und außerhalb des Produktionsprozesses aber einschränken will.

Das heißt nicht, daß man mit Hilfe des Merkmals „Eigentum an Produktionsmitteln" nichts mehr erklären kann, wohl aber, daß die Erklärungskraft dieses Faktors – und damit auch die der Theorien, die sich nur auf ihn stützen – variabel ist. Dementsprechend können wir jetzt etwas näher spezifizieren, welche marxistischen Stratifikationstheorien vermutlich fruchtbar sind und welche nicht. Dazu können wir je nach der Definition der Klassenlage und dem Erklärungsanspruch mindestens vier Typen unterscheiden:

1. Enge Definition der Klassenlage, breiter Erklärungsanspruch.
2. Enge Definition der Klassenlage, begrenzter Erklärungsanspruch.
3. Weite Definition der Klassenlage, breiter Erklärungsanspruch.
4. Weite Definition der Klassenlage, begrenzter Erklärungsanspruch.

Je mehr eine Stratifikationstheorie dem Typ 1 gleicht, desto unfruchtbarer wird sie sein. Neuere Schichtungstheorien innerhalb der marxistischen Gesellschaftswissenschaft entfernen sich von diesem Typ und nähern sich den Varianten 2 und 3; neben dem Klassenbegriff gewinnt in ihnen der Schichtenbegriff an Bedeutung (Begleittext 7.6, Aganbegjan). Ohnehin stehen nicht alle Schichtentheorien, wie man früher einmal gemeint haben mag, in diametralem Gegensatz zu marxistisch orientierten Stratifikationstheorien. Schichtenzugehörigkeit wird selbstverständlich auch von nichtmarxistischen Sozialwissenschaftlern nach Merkmalen bestimmt, die als belangvoll für die Lebenschancen eines Menschen angesehen werden. Ob eine Schichtentheorie – als Theorie – „nichtmarxistisch" ist, läßt sich nur daran entscheiden, ob sie Merkmale wählt, die mit der Stellung im Produktionsprozeß nichts zu tun haben und ob sie wichtige Aspekte der Stellung im Produktionsprozeß ignoriert. Auf Anhieb ist uns keine Theorie bekannt, für die das zutrifft und die dennoch den Namen „Theorie" verdient. Insofern erscheint es in diesem Zusammenhang überhaupt nicht sinnvoll, marxistische Klassentheorien und nichtmarxistische Schichtungstheorien als Gegensätze zu sehen. Für die nichtsozialistisch orientierte Soziologie dürfte allerdings typisch sein, daß sie es ablehnt, die Entstehung eines Klassenbewußtseins oder gar einer klassenkämpferischen Einstellung als – früher oder später – *sichere* Folge der ökonomischen Entwicklung im „Kapitalismus" vorauszusetzen.

3.1 Die Bedeutung der gesellschaftlichen Mobilität

Oftmals sind, wenn von „bürgerlichen" Schichtungstheorien die Rede ist, Untersuchungen gemeint, die die Schichtenzugehörigkeit nach Merkmalen wie Prestige oder Wohnungseinrichtung bestimmen und aufgrund solcher Erhebungen Aussagen über die Schichtenstruktur einer Gesellschaft zu einem gegebenen Zeitpunkt aufstellen.

Hier handelt es sich aber nicht um Theorien im engeren Sinne (die beanspruchen, Erklärungen zu liefern), sondern um beschreibende Studien, mithilfe derer von einigen vermuteten und relativ leicht zu erfassenden *Folgen* der Schichtenzugehörigkeit auf die Schichten- bzw. Klassenlage selbst zurückgeschlossen werden soll. Daß man sich damit begnügt, *kann* an fehlendem Theorieanspruch liegen, ebenso aber daran, daß man es vorläufig für zu schwierig hält, Kausalerklärungen zu gewinnen und daß man erst einmal untersuchen möchte, ob sich überhaupt klare Schichtabgrenzungen feststellen lassen. Für Soziologen, die sich nicht an ein orthodoxes Klassenkonzept gebunden fühlen, ist eine möglichst präzise Bestimmung der Schichtenzugehörigkeit auch deshalb unerläßlich, weil sie Urteile über „soziale Mobilität" anstreben.

Schulbildung, Arbeitsbedingungen oder Einkommen variieren graduell und können – freilich in sehr unterschiedlichem Maße und nicht in jeder Lebensphase – vom Einzelnen beeinflußt werden. Hält man diese Merkmale für wesentliche Bestandteile der sozialen Lage eines Menschen, dann muß man auch den Veränderungen der gesellschaftlichen Stellung einzelner Individuen und größerer Bevölkerungsgruppen Beachtung schenken. Mobilitätsvorgänge verändern im übrigen natürlich nicht nur die individuellen Lebenschancen, sondern durch diese vermittelt das gesamte Stratifikationsgefüge einer Gesellschaft. Insofern läßt sich weder die Schichtungs- noch die Klassenstruktur einer Gesellschaft ohne Berücksichtigung der Mobilitätsdynamik erfassen.

Dabei versucht man neuerdings, Positionsveränderungen zwischen Schichten von der Mobilität zwischen Klassen zu unterscheiden. Kleining, der diesen Gedanken vor allem entwickelt hat (1971, 1975, 1975 a), spricht von „Prestigemobilität" einerseits und „Strukturmobilität" andererseits (Begleittext 7.7, Kleining). *Struktur*mobilität liegt vor, wenn eine deutliche Veränderung der beruflichen Stellung eingetreten ist (z.B. vom unselbständigen Handwerker zum Angestellten mit Bürotätigkeit). Wieweit die von Kleining gemessene Strukturmobilität wirklich Veränderungen der Klassenlage anzeigt, ist noch umstritten (vgl. Mayer/Müller, 1971 und Kleining, 1971 a).

*Prestige*mobilität ist bereits durch die Veränderung des subjektiv gemessenen Ansehens einer Person bzw. der von ihr eingenommenen Position gegeben. Auch Prestigemobilität wird von Kleining an beruflichen Veränderungen gemessen, aber in sehr viel indirekterer Weise: sie liegt vor, wenn jemand gegenwärtig einen Beruf ausübt, der höheres (oder geringeres) Ansehen genießt als die Tätigkeit zu Beginn der Berufskarriere (Intragenerationsmobilität) oder der Beruf des Vaters (Intergenerationenmobilität). Worauf das Berufsansehen, das aufgrund anderer Untersuchungen bestimmt worden ist beruht, bleibt in diesem Zusammenhang unberücksichtigt.

Kleining kommt aufgrund seiner, den historischen Wandel in der Bundesrepublik berücksichtigenden Untersuchungen zu der Auffassung, „daß der Aufbau neuer Wirtschaftsformen und Hochkonjunktur mit Expansion des Wirtschaftssystems hohe Berufskreis- und Klassenmobilitätsraten erzeugt bzw. den Berufskreiswechsel fördert" (1975: 117). Das wird deutlich, wenn man die Berufskreis- bzw. Klassenstruktur der heute Befragten mit der ihrer Vorfahren vergleicht (Tab. 1).

Tab. 1: Berufsposition nach Geburtsjahrgängen (%)

6 Berufskreise	Befragte der Jahrgänge 1930–1949	Vorfahren Jahrgänge 1830–1849
Freie Berufe	2	2
Selbständige, Besitzer	6	16
Bauern, Landwirte	2	34
Beamte, Angestellte	43	11
Facharbeiter, Handwerker	35	16
andere Arbeiter	12	21
	(100)	(100)
3 Klassen		
Bourgeoisie	8	18
Bauern	2	34
Bürokratie	43	11
Arbeiterklasse	47	37
	(100)	(100)

(Nach Kleining, 1975: S. 106, Tab. 6 und 7)

Im Hinblick auf die Prestigemobilität formuliert Kleining ein ganz anderes Urteil: hier habe sich „nichts, oder doch fast nichts" (1971: 22) geändert. Zu dieser Überzeugung kommt er, weil sich seiner Ansicht nach die Proportionen der Sozialschichten kaum verändert haben. Zwar sei der Anteil der deutschen Bevölkerung, die den untersten beiden Schichtkategorien zuzuordnen ist, geringer geworden, aber diese Positionen seien im wesentlichen von den Gastarbeitern übernommen und nach wie vor vorhanden. Außerdem seien die *Raten* der aufwärtsgerichteten Mobilität, d.h. der Anteil von Befragten, die einer höheren Schicht als ihr Vater zugeordnet werden müssen, in jüngerer Zeit eher gesunken. Tab. 2 veranschaulicht diesen Zusammenhang, zeigt aber auch, daß der Anteil der Aufsteiger nach wie vor erheblich größer ist als der der Absteiger.

Tab. 2: Mobilitätsrate nach Geburtszeitraum des Vaters

Mobilität Vater/Sohn zwischen 6 Schichten	Geburtszeitraum Vater 1830–1860	1870–1890	1900–1920
Aufsteiger	28.8	34.3	33.2
Absteiger	17.9	21.5	23.0
Keine Veränderung	53.3	44.2	43.8
	(100)	(100)	(100)

(nach Kleining, 1971: S. 24, Tab. 16)

Betrachtet man die Mobilität innerhalb der einzelnen Schichten, dann wird u.E. auch deutlich, daß die Aufsteigeranteile aus den unteren Sozialschichten – bis zur letzten hier erfaßten Vätergruppe, den Geburtsjahrgängen 1870 bis 1920 – noch gewachsen sind und bei über 60 Prozent liegen (Tab. 3). Kleining legt demgegenüber größeres Gewicht auf den Umstand, daß sich die höchsten Sozialschichten nach wie vor weitgehend aus sich selbst bzw. den unmittelbar benachbarten Straten rekrutieren und somit für die Unterschichten nur in geringem Maße zugänglich sind.

Tab. 3: Intergenerationenmobilität nach der sozialen Schicht der Väter der Geburtsjahrgänge 1870–1920 (1830–1860) in v.H. der Ausgangsschicht

Soziale Schicht der Väter	Söhne Aufsteiger	Absteiger
Oberschicht, obere Mittelschicht	– – –	50.1 (39.1)
Mittlere Mittelschicht	14.2 (18.6)	46.0 (37.7)
Untere Mittelschicht	19.6 (16.4)	28.6 (22.3)
Obere Unterschicht	42.1 (33.9)	12.3 (12.0)
Untere Unterschicht	69.8 (52.7)	1.9 (2.4)
Sozial Verachtete	63.1 (55.5)	– – –

(zusammengestellt nach Kleining, 1971: S. 25/26, Tab. 18 und 19)

Für strenge Klassentheoretiker ist für die Betrachtung der „Mobilität" nur das relativ schwer veränderliche Eigentumsverhältnis zu den Produktionsmitteln von Belang. Daß der Sohn eines Arbeiters den Realschulabschluß oder das Abitur erlangt und Beamter des mittleren oder gehobenen Dienstes wird, bedeutet aus dieser Sicht wenig: er bleibt „Lohnabhängiger" und gehört somit im Grunde zur Arbeiterklasse. Die mögliche Verbesserung seiner Arbeitsbedingungen und seines Lebensstandards werden nicht geleugnet, aber mehr unter dem Aspekt betrachtet, daß diese Privilegierungen zu einer Spaltung der Arbeiterschaft benutzt werden und die Bildung eines umfassenden, solidarischen Klassenbewußtseins hemmen (vgl. etwa die Schrift Projekt Klassenanalyse, Teil II, 1974: S. 295–347 und 433–453). Individuelle Mobilität dient danach eher einer „Verschleierung der Klassengrenzen" (Marxistisch-Leninistisches Wörterbuch der Soziologie, 1971: 294). Relevant – insbesondere als gesellschaftlicher Aufstieg – ist für diese Art Klassentheorie eigentlich nur die kollektive Mobilität ganzer Klassen, die eine Veränderung der Beziehungen der Klassen untereinander und damit der Grundstruktur der Gesellschaft bewirkt.

Übungsaufgaben zu Kapitel VII

1. Wo sehen Sie die Vorteile *und* die Nachteile von (a) klassentheoretischen und (b) schichtentheoretischen Ansätzen zur Analyse der sozialen Ungleichheit?
2. Marx spricht im vierten Band des Kapitals davon, „daß den im Schoß der kapitalistischen Gesellschaft entwickelten Produktivkräften, materiellen und sozialen Bedingungen der Schöpfung des Reichtums, *neue* Formen der Aneignung dieses Reichtums entsprechen müssen . . .“ (MEW, 26.3: 51).
   Überlegen Sie, wieweit derart neue Formen der Aneignung in den gegenwärtig existierenden sozialistischen Gesellschaften entwickelt worden sind.
3. Nehmen Sie an, Sie sollten untersuchen, welchen Sozialschichten Ihre Studienkollegen entstammen.
   a) Welche Merkmale würden Sie zur Erfassung der Schichtenzugehörigkeit verwenden?
   b) Welche Abstufungen würden Sie bei den einzelnen Merkmalen wählen?
   c) Wieviele Schichten würden Sie unterscheiden?
   d) Wie würden Sie die theoretische Bedeutung der so erfaßten Schichtenzugehörigkeit einschätzen?

4. Bitte überlegen Sie, wieweit in den folgenden Zahlen soziale Mobilität zum Ausdruck kommt. Worin sehen Sie Anzeichen für Mobilitätsbarrieren?

Deutsche Studierende an an der Universität Hamburg
nach dem allgemeinen Schulabschluß des Vaters

	Wintersemester 1962/63	Wintersemester 1978/79
Vater Akademiker (Abitur oder sonstige Hochschulreife)	4487 (33.8%)	10695 (37,3%)
Vater Nichtakademiker	8779 (66.2%)	18014 (62.7%)
Insgesamt	13266 (100%)	28709 (100%)

(Nach Angaben des Statitischen Landesamtes Hamburg. Ohne Studenten, für die keine Angaben über den Schulabschluß des Vaters vorlagen.)

Hinweis: Für 1970 werden für die männliche Wohnbevölkerung Hamburgs folgende Anteile für den jeweils höchsten erreichten Schulabschluß genannt (Statistisches Landesamt Hamburg, Statistisches Taschenbuch 1982: S. 58):

Volksschule	66.4%
Realschule	11.9%
Gymnasium	3.4%
Berufsfach-, Fach- und Ingenieurschule	13.4%
Hochschule	4.9%

Diese Zahlen können aber nur mit größter Zurückhaltung und nur ergänzend für die Interpretation herangezogen werden, weil die „Wohnbevölkerung“ nicht mit der Herkunftskategorie „Väter der deutschen Studierenden“ vergleichbar ist.

Weiterführende Literatur zu Kapitel VII

Einführungen in die Gesamtthematik der sozialen Schichtung:

Bolte, Karl M./Kappe, Dieter/Neidhardt, Friedhelm: Soziale Ungleichheit. Opladen, Leske: (1966) ^{2}1974.

Mayer, Kurt B./Buckley, Walter: Soziale Schichtung. Stuttgart, Enke: 1976.

Tumin, Melville: Soziale Schichtung und Mobilität. München, Juventa: 1968.

Sozialphilosophische Betrachtungen der sozialen Ungleichheit:

Runciman, W.G.: Relative Deprivation and Social Justice. Harmondsworth, Penguin: (1966) ^{2}1972, Kap. III, XII, XIII, XIV.

Rees, John: Soziale Gleichheit. Frankfurt, Herder & Herder: (1971) ^{2}1974.

Zur Frage der Unvermeidlichkeit sozialer Ungleichheit und zur funktionalistischen Schichtungstheorie:

Dahrendorf, Ralf: Über den Ursprung der Ungleichheit unter den Menschen. In: Dahrendorf, R.: Pfade aus Utopia. München, Piper: (1961) ^{2}1967, S. 352–379.

Huaco, George A.: Die funktionalistische Schichtungstheorie. In: Mühlfeld, Claus/Schmid, Michael (Hrsg.): Soziologische Theorie. Hamburg, Hoffmann & Campe: 1974, S. 505–531.

Tumin, Melville (Hrsg.): Readings on Social Stratification. Eglewood Cliffs, N.J., Prentice Hall: 1970, S. 367–428.

Marxistische Darstellungen der Verteilung („Aneignung“) des Sozialprodukts in sozialistischen Ländern und Darlegungen zur Abgrenzung zwischen produktiver und nichtproduktiver Arbeit:

Autorenkollektiv: Politische Ökonomie des Kapitalismus und des Sozialismus. Berlin, Dietz: 1975, S. 562–567, 585–609.

Marx, Karl: Das Kapital. Bd. III, „Marx-Engels-Werke“ Bd. XXV, (1970) ^{2}1984, S. 383–403.

Marx, Karl: Theorien über den Mehrwert. „Marx-Engels-Werke“ Bd. XXVI. 1, Berlin, Dietz: 1971, S. 128–130, 134–137.

Semjenow, W.S.: Kapitalismus und Klassen. Köln, Pahl-Rugenstein: (1969) ^{2}1973, S. 97–114.

Beispiele für empirische Untersuchungen der Schichtenstruktur historischer Gesellschaften:

Dahrendorf, Ralf: Gesellschaft und Demokratie in Deutschland. München, Piper: 1965, Kap. V, VI.

Engelsing, Rolf: Zur Sozialgeschichte deutscher Mittel- und Unterschichten. Göttingen, Vandenhoeck & Ruprecht: 1973, Kap. II, VII.

Geiger, Theodor: Die soziale Schichtung des deutschen Volkes. Stuttgart, Enke: (1932) ^{2}1967.

Hörning, Karl H. (Hrsg.): Der ‚neue‘ Arbeiter. Frankfurt/M., Fischer: 1971.

Lane, David: The end of Inequality? Stratification under State Socialism. Harmondsworth, Penguin: 1971, Kap. IV, V.

Zwei Versuche der empirischen Abgrenzung sozialer Schichten:

Janowitz, Morris: Soziale Schichtung und Mobilität in Westdeutschland. Kölner Zeitschrift für Soziologie und Sozialpsychologie Jg. 10 H.1 (1958), S. 1–38.

Scheuch, Erwin K./Daheim, Hansjürgen: Sozialprestige und soziale Schichtung. In: Glass, David V./König, René (Hrsg.): Soziale Schichtung und soziale Mobilität. Köln/Opladen, Westdeutscher Verlag: 1961, S. 65–103.

Studien zur Erfassung der Gesellschaftlichen Mobilität:

Bottomore, Thomas B./Bolte, Karl M./Becker, Helga/Horstmann, Kurt: Soziale Schichtung und Mobilität. Stuttgart, Enke: 1976, S. 40–83.

Kleining, Gerhard: Struktur und Prestigemobilität. Kölner Zeitschrift für Soziologie und Sozialpsychologie Jg. 23 H.1–33 (1971).

Konsequenzen der Ungleichheit: schichtenspezifisches Verhalten:

Hollingshead, August B./Redlich, Fredrick: Der Sozialcharakter psychischer Störungen. Frankfurt/M., Fischer: (1958) ²1975.

Schmidt, Gunter/Singusch, Volkmar: Arbeitersexualität. Neuwied, Luchterhand: 1971, Kap. V.

Weber, Norbert: Privilegien durch Bildung. Frankfurt/M., Suhrkamp: 1973, S. 13–32.

Marxistische Konzeptionen der Klassen- und Schichtenstruktur:

Marx, Karl: Lohnarbeit und Kapital. „Marx-Engels-Werke" Bd. VI (1849), Berlin, Dietz: 1959, S. 397–423.

Semjenow, W.S.: Kapitalismus und Klassen. Köln, Pahl-Rugenstein: (1969) ²1973, Kap. V, VII.

Versuche zu einer Synthese zwischen marxistischen und nichtmarxistischen Ansätzen:

Dahrendorf, Ralf: Konflikt und Freiheit. München, Piper: 1972, S. 11–111.

Geiger, Theodor: Die soziale Schichtung des deutschen Volkes. Stuttgart, Enke: (1932) ²1967.

Giddens, Anthony: Die Klassenstruktur fortgeschrittener Gesellschaften. Frankfurt/M., Suhrkamp: (1973) ²1979.

Lane, David: The End of Inequality? Harmondsworth, Penguin: 1971, Kap. II, III.

Lenski, Gerhard: Macht und Privileg. Frankfurt/M., Suhrkamp: (1966) ²1973, Kap. I, III, X, XI.

Ossowski, Stanislaw: Klassenstruktur im sozialen Bewußtsein. Neuwied, Luchterhand: 1962, Kap. VII, XII.

Weber, Max: Wirtschaft und Gesellschaft. Tübingen, Mohr: (1921) ²1972, Bd. II, S. 679–689.

Zur theoretischen Erklärung der Klassenbildung und des Klassenbewußtseins:

Dahrendorf, Ralf: Soziale Klassen und Klassenkonflikt in der industriellen Gesellschaft. Stuttgart, Enke: 1957, S. 165–181.

Dahrendorf, Ralf: Zu einer Theorie des sozialen Konflikts. In: Hamburger Jahrbuch für Wirtschafts- und Gesellschaftspolitik. Jg. 3 (1958), S. 76–92.

Kern, Horst/Schumann, Michael: Industriearbeit und Arbeiterbewußtsein. Frankfurt, Europäische Verlagsanstalt: 1970, Bd. I, S. 21–40, 278–285.

Marx, Karl: Klassenkämpfe in Frankreich. „Marx-Engels-Werke" Bd. VII (1860), Berlin, Dietz: 1960, S. 9–107.

Marx, Karl: Der 18. Brumaire des Louis Napoléon Bonaparte. Frankfurt/M., Insel Verlag: (1852) ²1965, S. 123–Ende.

Begleittext 7.1:

Davis, Kingsley, Moore: Einige Prinzipien der sozialen Schichtung. Aus: Heinz Hartmann (Hrsg.): Moderne Amerikanische Soziologie. Enke: Stuttgart 1967, S. 347–356.

Während dieser Untersuchung muß man sich immer wieder vor Augen halten, daß sich unsere Erörterung auf das Positionssystem bezieht, nicht auf die Individuen, die diese Positionen einnehmen. Es sind zwei durchaus verschiedene Fragen, wenn man auf der einen Seite fragt, warum verschiedene Positionen mit verschiedenem Prestigewert ausgestattet sind, oder wenn man andererseits fragt, wie bestimmte Individuen in diese Positionen hineingelangen. Obwohl die Diskussion zeigen soll, daß beide Fragen in engem Zusammenhang stehen, müssen sie analytisch getrennt bleiben. In der Schichtungsliteratur wird meist versucht, die zweite Frage zu beantworten (vor allem im Hinblick auf die Chancen der Mobilität zwischen den Schichten), ohne die erste anzugehen. Der ersten Frage gebührt jedoch logisch und – im Falle einer bestimmten Person oder Gruppe – auch faktisch der Vorrang.

Die funktionelle Notwendigkeit der Schichtung

Seltsamerweise liegt die eigentliche Erklärung für die Allgegenwart der sozialen Schichtung genau darin, daß jede Gesellschaft die Individuen in ihre Sozialstruktur einordnen und sie mit Motivationen versehen muß. Als funktionierender Mechanismus muß eine Gesellschaft ihre Mitglieder irgendwie auf soziale Positionen verteilen und sie veranlassen, die damit verbundenen Pflichten zu erfüllen. Sie muß sich also auf zwei verschiedenen Ebenen um Motivierung kümmern. Sie hat in den geeigneten Individuen zunächst einmal den Wunsch zu wecken, bestimmte Positionen einzunehmen; und dann muß sie diese Individuen dazu bringen, die mit den Positionen verbundenen Pflichten zu erfüllen. Obgleich eine Sozialordnung der Form nach verhältnismäßig statisch sein kann, durchpulst sie ein ständiger „Stoffwechsel“: immer neue Individuen werden in die Ordnung hineingeboren, wechseln je nach Alter ihre Positionen und sterben hinweg. Ihre Aufnahme ins Positionssystem muß irgendwie organisiert und motiviert werden. Das gilt im Falle eines wettbewerblichen Systems ebenso wie im gegensätzlichen Fall. Ein Wettbewerbssystem betont besonders die Motivation, die zum Erwerb von Positionen drängt, während ein nicht auf Wettbewerb orientiertes System unter Umständen derjenigen Motivation größere Bedeutung beimißt, die zur Erfüllung der zur jeweiligen Position gehörigen Pflichten antreibt. Doch bedarf jedes System beider Typen von Motivation.

Wären die mit verschiedenen Positionen verbundenen Pflichten gleichermaßen angenehm für den menschlichen Organismus, gleichermaßen wichtig für den Fortbestand der Gesellschaft und auf die gleichen Fähigkeiten oder Talente angewiesen, so wäre es gleichgültig, wer welche Position einnimmt. Das Problem der sozialen Einordnung wäre somit sehr viel einfacher. In Wirklichkeit ist es natürlich nicht einerlei, wer welche Position erhält; nicht nur, weil manche Positionen an sich angenehmer sind als andere, sondern auch, weil einige spezielle Begabung oder Ausbildung erfordern und einige größere funktionale Bedeutung als andere haben. Wesentlich ist auch, daß Positionspflichten mit der Sorgfalt erfüllt werden, die ihrer Bedeutung angemessen ist. So erweist es sich als unumgänglich, daß eine Gesellschaft erstens eine Art von Belohnungen haben muß, die sie als Anreiz verwenden kann, zweitens einen Modus braucht, um die Belohnungen unterschiedlich nach Positionen zu verteilen. Belohnungen und ihre Verteilung werden Bestandteil der sozialen Ordnung und verursachen so eine Schichtung.

Welche Belohnungen stehen nun einer Gesellschaft zur Verfügung, wenn sie ihre Mitglieder auf die verschiedenen Positionen verteilt und so die Erfüllung wesentlicher gesellschaftlicher Bedürfnisse sichert? Dazu zählen zunächst einmal jene Dinge, die dem Lebensunterhalt und der Bequemlichkeit dienen. Dazu gehört ferner alles, was zur Unterhaltung und Zerstreuung beiträgt. Schließlich sind auch solche Belohnungen mit einzubeziehen, die die individuelle Selbstachtung und Entwicklung fördern. Die letztgenannten Belohnungen sind wegen der eigenartig sozialen Natur des Selbst weitgehend eine Funktion der Meinung anderer, haben aber trotzdem die gleiche Bedeutung wie die beiden vorhergenannten Arten von Belohnung. In jedem Sozialsystem müssen alle drei Belohnungsarten nach Positionen unterschiedlich verteilt werden.

Die Belohnungen sind gewissermaßen in die Position „eingebaut". Sie bestehen aus mit der Position verbundenen Rechten und – sozusagen – ihrem Zubehör oder ihren „Zugaben". Oft sind die Rechte, manchmal auch deren Begleiterscheinungen, mit den Positionspflichten funktional verbunden (Was der Inhaber einer Position als Recht ansieht, betrachten andere im allgemeinen als ihre Pflichten). Zu diesen hauptsächlichen Rechten kann jedoch eine sehr große Zahl von Neben-Rechten treten, die für die Funktion der Positionion nicht wesentlich sind und nur indirekte, symbolische Verbindung zu den Pflichten haben; dennoch können sie von erheblicher Bedeutung dafür sein, daß der einzelne eine Position anstrebt und deren wesentliche Pflichten erfüllt.

Wenn Rechte und Vorrechte der verschiedenen Positionen in einer Gesellschaft ungleich sein müssen, muß die Gesellschaft geschichtet sein; Ungleichheit ist genau das, was mit dem Begriff Schichtung gemeint ist. Soziale Ungleichheit ist somit ein unbewußt entwickeltes Werkzeug, mit dessen Hilfe die Gesellschaft sicherstellt, daß die wichtigsten Positionen von den fähigsten Personen gewissenhaft ausgefüllt werden. Daher muß jede Gesellschaft, ob primitiv oder komplex, das Prestige und die Beurteilung verschiedener Personen unterschiedlich ausfallen lassen und somit ein gewisses Maß institutionalisierter Ungleichheit aufweisen. Daraus folgt jedoch nicht, daß Maß oder Art der Ungleichheit in allen Gesellschaften gleich sein müssen. Dafür sind hauptsächlich andere Faktoren verantwortlich, die nunmehr erörtert werden sollen.

Die zwei Determinanten des Ranges einer Position

Die allgemeine Funktion der Ungleichheit vorausgesetzt, läßt sich näher bestimmen, welche zwei Faktoren den relativen Rang verschiedener Positionen festlegen. Im allgemeinen werfen solche Positionen die beste Belohnung ab (und haben daher den höchsten Rang), die (a) die größte Bedeutung für die Gesellschaft haben und (b) die größte Begabung oder die beste Ausbildung erfordern. Der erste Faktor betrifft die Funktion und damit die Frage der relativen Wichtigkeit; beim zweiten Faktor handelt es sich um die Mittel und somit um ein Problem der Knappheit.

Unterschiede in der funktionalen Bedeutung. Die Gesellschaft braucht Positionen in Wirklichkeit nicht nach ihrer funktionalen Bedeutung zu entlohnen. Sie muß diese Positionen lediglich mit so starken Anreizen ausstatten, daß eine angemessene Besetzung gewährleistet ist. Sie muß, mit anderen Worten, Sorge dafür tragen, daß weniger wichtige Positionen beim Wettbewerb mit wichtigeren erfolglos bleiben. Wenn eine Position ohne Schwierigkeiten besetzt werden kann, braucht sie trotz ihrer Bedeutung nicht hoch belohnt zu werden. Wenn die Position andererseits wichtig und auch schwer auszufüllen ist, muß die Belohnung hoch genug sein, um sie trotz dieser Schwierigkeiten zu besetzen. Die funktionale Bedeutung ist daher ein notwendiger, aber kein hinreichender Grund dafür, daß einer Position ein hoher Rang zugemessen wird[I].

Relative Knappheit geeigneten Personals. Praktisch alle Positionen – gleich wie sie erlangt werden – erfordern gewisse Fertigkeiten oder ein bestimmtes Leistungsvermögen. Das ergibt sich schon aus dem Begriff Position, demzufolge der Besitz einer Position den Inhaber zu einer gewissen Leistung verpflichtet. Letzten Endes ergibt sich die Eignung für eine Position immer auf einem von zwei Wegen: über angeborene Begabung oder durch Ausbildung. Offensichtlich ist bei einer gegebenen Tätigkeit immer beides notwendig; praktisch aber kann – vornehmlich in der einen oder der anderen Beziehung oder aber in beiden zugleich – Knappheit auftreten. Bei manchen Positionen ist eine so starke natürliche Begabung erforderlich, daß geeignete Personen zwangsläufig selten sind. Meistens findet sich in der Bevölkerung eine ausreichende Zahl von Begabten; doch ist die Ausbildung so langwierig, teuer und umständlich, daß nur verhältnismäßig wenige die notwendige Eignung erwerben können. Die Anforderungen der modernen Medizin etwa gehen nicht über das geistige Vermögen der meisten Menschen hinaus; doch ist eine medizinische Ausbildung so mühevoll und kostspielig, daß praktisch niemand sie auf sich nehmen würde, wenn die Position des Arztes nicht eine dem Opfer entsprechende Belohnung einbrächte.

Sind die für eine Position erforderlichen Begabungen im Überfluß vorhanden und die Ausbildungsanforderungen gering, so hat die Art der Zulassung zur Position womöglich wenig mit den Positionspflichten zu tun. Es kann sogar eine rein zufällige Beziehung vorliegen. Sind aber die nötigen Fertigkeiten wegen der Knappheit der betreffenden Begabung oder wegen der Ausbildungskosten „Mangelware", dann muß die funktional bedeutsame Position eine Anziehungskraft besitzen, die sie im Wettbewerb mit anderen Positionen bestehen läßt. Das bedeutet praktisch, daß die Position im oberen Teil der sozialen Rangordnung zu stehen hat – sie muß hohes Prestige, hohes Einkommen, viel Freizeit und dergleichen verbürgen.

Die Klärung von Verschiedenheiten. Sofern ein Unterschied zwischen zwei Schichtungssystemen besteht, ist er auf jene Faktoren zurückzuführen, welche die beiden Determinanten unterschiedlicher Belohnung beeinflussen (funktionale Bedeutung der Position und relative Knappheit des Personals). Positionen, die in einer Gesellschaft wichtig sind, mögen in anderen unwichtig sein, da die Probleme, denen eine Gesellschaft sich gegenübersieht, aber auch der Grad ihrer inneren Entwicklung unterschiedlich sein können. Diese Bedingungen wiederum können die Angebotslage beeinflussen; denn je nach Entwicklungsstand und Umweltsituation können in der einen oder anderen Gesellschaft diese oder jene Fertigkeiten oder Begabungen durchaus entbehrlich sein. Jedes einzelne Schichtungssystem kann folglich als Ergebnis der

---

1 Funktionale Bedeutung ist leider nur schwer bestimmbar. Eine Berufung auf das Positionsprestige, wie sie häufig unbewußt zustande kommt, führt von unserem Standpunkt aus zu einem Zirkelschluß. Es gibt jedoch zwei voneinander unabhängige Indikatoren, und zwar sind das: (a) der Grad, bis zu dem eine Position funktional einzigartig ist (weil keine anderen Positionen vorhanden sind, welche die gleiche Funktion zufriedenstellend ausüben können); (b) der Grad, bis zu dem andere Positionen von der fraglichen abhängig sind. Für beide Indikatoren finden sich die besten Beispiele in organisierten Positionssystemen, die um eine Hauptfunktion herum errichtet sind. So werden in den meisten komplexen Gesellschaften die religiösen, politischen, ökonomischen und pädagogischen Funktionen jeweils von besonderen, schwer untereinander austauschbaren Strukturen wahrgenommen. Außerdem weist jede Struktur viele verschiedene Positionen auf, von denen einige deutlich von anderen abhängig oder ihnen gar untergeordnet sind. Wenn also ein institutioneller Kern sich um eine Hauptfunktion herum ausdifferenziert und gleichzeitig einen großen Bevölkerungsteil in seine Beziehungen organisatorisch einschließt, dann sind die zugehörigen Schlüsselpositionen von höchster funktionaler Bedeutung. Das Fehlen einer derartigen Spezialisierung beweist noch nicht funktionale Bedeutungslosigkeit, da es auch sein kann, daß die ganze Gesellschaft verhältnismäßig wenig Spezialisierung aufweist; man darf jedoch annehmen, daß die wichtigeren Funktionen zuerst und am deutlichsten strukturell differenziert werden.

speziellen Bedingungen verstanden werden, die diese beiden vorgenannten Determinanten von Belohnungsunterschieden beeinflussen.

Gesellschaftliche Hauptfunktionen und soziale Schichtung

Religion. Die Religion erweist sich anscheinend deshalb als unabdingbar, weil die menschlichen Gesellschaften ihre Einheit vor allem dadurch erreichen, daß ihre Mitglieder gemeinsam bestimmten letzten Werten und Zielen anhängen. Obgleich diese Werte und Ziele subjektiv sind, beeinflussen sie das Verhalten; und ihre Integration ermöglicht es der Gesellschaft, als ein System zu funktionieren. Sie sind weder auf biologischem Wege ererbt, noch entstammen sie der äußeren Umwelt; sie haben sich vielmehr als Bestandteile der Kultur durch Kommunikation und moralischen Druck entwickelt. Die Mitglieder der Gesellschaft müssen ihnen jedoch eine gewisse Wirklichkeit zuschreiben; und so dienen der religiöse Glaube und das religiöse Ritual der Vermittlung und Stärkung dieses Anscheins von Realität. Durch Glaube und Ritual werden die gemeinsamen Ziele und Werte mit einer durch konkrete, heilige Objekte symbolisierten Vorstellungswelt verbunden, die wiederum mit den Tatsachen und Bewährungsproben im Leben jedes einzelnen Menschen sinnhaft verkettet ist. Durch Verehrung heiliger Objekte und der durch sie symbolisierten Wesen sowie durch die Anerkennung übernatürlicher Gesetze, die zugleich Verhaltensvorschriften darstellen, wird eine machtvolle Kontrolle über das Verhalten der Menschen ausgeübt; dies geschieht in Übereinstimmung mit den jeweiligen letzten Werten und Zielen und so, daß die institutionelle Struktur erhalten bleibt.

Läßt sich diese Auffassung von der Rolle der Religion aufrechterhalten, so wird verständlich, warum in allen bekannten Gesellschaften die religiösen Verrichtungen tendenziell in den Händen von bestimmten Personen liegen, die so in den Genuß höherer Belohnungen kommen als die gewöhnlichen Mitglieder der Gesellschaft. Bestimmte Belohnungen und besondere Privilegien mögen nur den höchsten religiösen Würdenträgern zukommen; andere aber werden ganz allgemein der gesamten Priesterklasse zugesprochen, sofern eine solche vorhanden ist.

Zudem besteht eine eigenartige Beziehung zwischen den Pflichten und den besonderen Privilegien der religiösen Amtsperson. Bestimmt die übernatürliche Welt die Geschichte der Menschen endgültiger als die reale, so muß ihr irdischer Vertreter, der die Verbindung zum Übernatürlichen herstellt, große Macht besitzen. Er ist Hüter einer heiligen Tradition, geschickter Vollzieher des Ritus und Deuter der Überlieferungen und Mythen. Wegen seiner besonders engen Verbindung zu den Göttern glaubt man von ihm, daß er selber einige übernatürlichen Eigenschaften besitze. Kurz, er ist selber „ein bißchen heilig" und daher von einigen sehr irdischen Bedürfnissen und Kontrollen befreit.

Es ist daher kein Zufall, daß religiöse Amtsträger – etwa in theokratischen Reichen – den allerhöchsten Machtpositionen nahestanden. Betrachtet man die Dinge unter diesem Blickwinkel, so mag man sogar fragen, warum sie nicht die gesamte Kontrolle über die jeweilige Gesellschaft ausübten. Die dem entgegenstehenden Hindernisse verdienen besondere Beachtung.

Zunächst ist das zur Ausübung religiöser Pflichten erforderliche Maß technischen Wissens und Könnens gering. Wissenschaftliche oder künstlerische Fähigkeiten werden nicht verlangt. Jeder kann von sich behaupten, er stehe in enger Verbindung zu Gottheiten, und niemand kann ihm schlüssig das Gegenteil beweisen. Im Hinblick auf technische Kompetenz bleibt deswegen der Knappheitsfaktor hier ohne Einfluß.

Es läßt sich zwar behaupten, daß die religiösen Riten häufig verwickelt und die religiösen Lehren häufig verworren sind, und daß die Ausübung des Priesteramtes daher Takt, wenn nicht sogar Intelligenz erfordert. Dennoch sind die technischen Anforderungen dieses Berufs weitgehend zufällig; ihr Verhältnis zum Endzweck ist etwa demjenigen zwischen Wissenschaft und Luftfahrt nicht vergleichbar. Die Stellung des Priesters bleibt immer dem Wettbewerb offen, da die Kriterien für einen wirklichen Kontakt zum Übernatürlichen niemals eindeutig sind. Eben diese Wettbewerbsfrage drückt die Position des Priesters unter jenen Rang hinab, auf dem man sie zunächst suchen würde. Deshalb ist das Prestige des Priesters dort am höchsten, wo seine Berufszugehörigkeit von der Priestergilde selbst streng kontrolliert wird. Deshalb werden auch zumindest teilweise umständliche Hilfsmittel verwendet, um die Zugehörigkeit der Person zu ihrem Amt zu betonen – auffällige Kleidung, ungewöhnliches Verhalten, eigene Nahrungsweise, abgesonderte Wohnung, Zölibat, augenfällige Muße und ähnliches mehr. Tatsächlich droht dem Priester immer die Gefahr einer gewissen Abwertung – wie sie in einer säkularisierten Gesellschaft auch tatsächlich eintritt – da in einer Welt der harten Tatsachen keine Ernten und keine Bauwerke durch Ritual und heiliges Wissen allein zustande kommen. Zudem hindert die Identifizierung des Priesters mit dem Übernatürlichen ihn an einem reichlichen Erwerb weltlicher Güter, es sei denn, ihn schütze eine berufliche Zunft.

Vergleicht man eine Anzahl von Gesellschaften, so scheint es, daß der Priester vor allem in einer sozialen Ordnung vom Typ der mittelalterlichen einen hohen allgemeinen Rang besitze. Hier liefert die Wirtschaftsproduktion hinreichende Überschüsse für den Unterhalt einer zahlreichen und hochorganisierten Priesterschaft. Die Bevölkerung jedoch ist noch analphabetisch und daher in hohem Maße zum Glauben bereit. Das vielleicht krassere Beispiel liefert der tibetische Buddhismus; aber auch der Katholizismus des feudalen Europa, die Inka-Herrschaft in Peru, das indische Brahmanentum und die Priesterschaft der Maya in Yukatan lassen sich als Beispiele anführen. Ist andererseits eine Gesellschaft so primitiv, daß Produktionsüberschüsse und weitgehende soziale Differenzierung fehlen und daß daher jeder Priester zugleich auch Ackerbauer oder Jäger sein muß, so unterscheidet sich der priesterliche Status zu wenig von anderen, um durch hohes Prestige aufzufallen. Besitzt ein Priester unter solchen Umständen trotzdem hohes Prestige, so nur, weil er auch andere wichtige Funktionen (gewöhnlich politische und medizinische) wahrnimmt.

In einer sehr hoch entwickelten, wissenschaftlich-technologischen Gesellschaft kommt es häufig zu einer Statusminderung des Priestertums, da die geheiligten Traditionen und der Kult des Übernatürlichen in den Hintergrund treten. Die letzten Werte und gemeinsamen Ziele der Gesellschaft werden meist auf weniger anthropologische Weise dargestellt; diese Darstellung wiederum erfolgt vorwiegend durch Amtspersonen, die statt religiöser Positionen hauptsächlich politische, wirtschaftliche oder pädagogische Positionen innehaben. Trotzdem überschätzen manche Intellektuelle leicht das Ausmaß des Prestigeverlustes der Priesterschaft in einer vorgeblich säkularisierten Umwelt. Bei genauer Untersuchung erweist sich das städtische Proletariat ebenso wie die Landbevölkerung als erstaunlich gottesfürchtig und priesterhörig. Keine Gesellschaft ist so vollständig säkularisiert, daß der Glaube an transzendente Ziele und übernatürliche Wesen gänzlich zerstört worden wäre. Selbst in einer Säkulargesellschaft muß irgendein System bestehen, das die letzten Werte integriert, für ihre ritualistische Kundgabe sorgt und jene emotionale Anpassung zuwege bringt, die nach Enttäuschung, Tod und Unglück zustande kommen muß.

Staat und Regierung. Wie die Religion, so spielen auch Staat und Regierung eine besondere und unentbehrliche Rolle in der Gesellschaft. Aber im Gegensatz zur Religion, die eine Integration auf der Basis von Gefühlen, Glaubensinhalten und Riten bewirkt, organisiert der Staat die Gesellschaft im Zeichen von Gesetz und Autorität. Außerdem orientiert er die Gesellschaft auf die wirkliche und nicht auf die unsichtbare Welt.

Von innen gesehen bestehen die Hauptfunktionen einer Regierung darin, als letzte Instanz die Durchsetzung der Normen zu überwachen, Entscheidungen über widerstreitende Interessen zu treffen, sowie die Gesamtplanung und -lenkung der Gesellschaft auszuüben. Als äußere

Aufgaben obliegen ihr zusätzlich Kriegführung und Diplomatie. Damit diese Zwecke erfüllt werden können, handelt sie als Vertretung des gesamten Volkes, genießt ein Monopol in der Ausübung von Gewalt und besitzt Kontrollrechte über alle Individuen innerhalb des staatlichen Territoriums.

Politisches Handeln impliziert schon der Definition nach Autorität. Eine Amtsperson kann anordnen, weil sie Autorität besitzt; ein Bürger muß gehorchen, weil er dieser Autorität untersteht. Deshalb gehört soziale Schichtung zum Wesen politischer Beziehungen.

Die mit politischen Positionen verbundene Macht fällt derart ins Auge, daß man die politische Ungleichheit gelegentlich als Inbegriff aller Ungleichheit betrachtet. Es läßt sich aber zeigen, daß Schichtung auch auf anderen Grundlagen beruht, während unbeschränkte Ausbreitung der politischen Macht in der Praxis durch folgende Kontrollfaktoren unterbunden wird: (a) die Zahl der tatsächlichen Inhaber politischer Ämter – vor allem derjenigen, die wesentliche politische Entscheidungen treffen – muß im Vergleich zur Gesamtbevölkerung notwendigerweise gering sein; (b) die Regierenden vertreten das Gruppeninteresse stärker als ihr Eigeninteresse, und sie müssen deshalb in ihrem Verhalten Spielregeln und traditionellen Maßstäben folgen, die diese Beschränkung des Eigeninteresses durchsetzen; (c) der Inhaber eines politischen Amtes übt seine Autorität ausschließlich dank diesem Amt aus. Etwaiges Spezialwissen, Talent oder besondere Fähigkeiten, die er für sich in Anspruch nehmen mag, sind daher bloßes Beiwerk. Folglich ist er oft auf die technische Unterstützung anderer angewiesen.

Angesichts dieser Einschränkungen ist es nicht verwunderlich, daß die Regierenden oft weniger Macht und Prestige besitzen, als eine getreue Aufzählung ihrer formellen Rechte vermuten ließe.

Reichtum, Eigentum und Arbeit. Zu jeder Position, die ihrem Inhaber den Lebensunterhalt sichert, gehört definitionsgemäß ein wirtschaftlicher Lohn. Aus diesem Grunde haben auch jene Positionen (zum Beispiel die religiösen oder politischen) einen ökonomischen Aspekt, deren Hauptfunktion nicht wirtschaftlicher Art ist. Das macht es der Gesellschaft einfach, ungleiche wirtschaftliche Erträge als wesentliches Kontroll- und Reizmittel einzusetzen: einmal bei der Besetzung der Positionen, dann aber auch bei der Überwachung der Leistung in diesen Positionen. Die Höhe des Wirtschaftsertrages wird somit ein wichtiger Index des sozialen Status.

Allerdings muß man betonen, daß eine Position nicht deshalb schon Macht und Prestige im Gefolge hat, weil sie ein hohes Einkommen abwirft. Sie ist vielmehr mit hohem Einkommen verbunden, weil sie funktionale Bedeutung hat und aus verschiedenen Gründen die Zahl der zur Verfügung stehenden Bewerber gering ist. Es wäre daher oberflächlich und irrig, hohes Einkommen als Ursache von Macht und Prestige anzusehen – etwa so, als sei Fieber die Ursache einer Krankheit.

Nicht Einkommen ist die wichtigste Quelle von Macht und Prestige, sondern Eigentum an Kapitalgütern (einschließlich Patenten, geschäftlichem Ansehen und fachlichem Ruf). Solches Eigentum sollte unterschieden werden von dem an Konsumgütern, das mehr Index als Ursache der sozialen Stellung ist: das Eigentum an Kapitalgütern ist, genau genommen, gleich anderen Positionen eine Einkommensquelle, während das Einkommen selbst ein Index bleibt. Selbst in Situationen, in denen die sozialen Werte weitgehend kommerzialisiert sind und die Höhe der Einkünfte den naheliegendsten Hinweis für die Bewertung der sozialen Position bilden, reizt das Einkommen eher zum Wettbewerb um eine Position, als daß es dieser Position Prestige verleiht. Wer dank einer bestimmten Position ein hohes Einkommen hat, dem fällt es zwar leichter, mit Hilfe dieses Geldes in eine höhere Position aufzusteigen; aber darin zeigt sich wiederum nur die Wirkung des von vornherein vorteilhaften wirtschaftlichen Status, der seinen Einfluß durch das Medium des Geldes geltend macht.

In einem System, das Privateigentum an Wirtschaftsunternehmen zuläßt, kann Einkommen, das nicht in den Konsum fließt, zur Entstehung von Kapital führen. Dieses Eigentum an Kapital war wahrscheinlich ursprünglich eine Belohnung für gute Verwaltung – zunächst der eigenen Finanzen und später des Wirtschaftsunternehmens. Mit dem Fortschreiten der sozialen Differenzierung bei gleichzeitiger Beibehaltung der Erbfolge entwickelte sich dann das freie Eigentum, und es wurde möglich, für Eigentum allein eine Belohnung zu erlangen. In solchem Falle wird der Nachweis schwierig, daß die Position funktionale Bedeutung besitzt oder daß auftretende Knappheit andere als äußere und zufällige Ursachen hat. Zweifellos wird aus diesem Grunde die Institution des Privateigentums an Kapitalgütern mit fortschreitender Industrialisierung immer mehr zum Gegenstand der Kritik. Es ist jedoch nur dieses reine, d.h. auf eine bloße Rechtsbeziehung beschränkte und im übrigen funktionslose Eigentum, das Angriffen ausgesetzt ist; denn gewisse Arten des aktiven Eigentums, seien sie nun privat oder öffentlich, sind unentbehrlich.

Eine Form des Eigentums an Kapitalgütern besteht in den Rechten an der Arbeit anderer. In einem Sklaven-System treten diese Rechte besonders geballt und ausschließlich auf; bei der Leibeigenschaft, beim Frondienst, im kolonialspanischen Feudalwesen *(encomienda)* und in den Verpflichtungsverträgen der amerikanischen Kolonialzeit *(indentures)* aber beobachten wir im wesentlichen das gleiche Prinzip. Natürlich ist diese Form des Eigentums von größter Bedeutung für die soziale Schichtung, da sie notwendig ein Verhältnis der Ungleichheit mit sich bringt.

Das Eigentum an Kapitalgütern führt aber selbst in ein nominell freies Vertragsverhältnis unausweichlich ein Element des Zwanges ein. In mancher Hinsicht ist die Autorität des vertraglichen Arbeitgebers sogar größer als die eines feudalen Grundherren, da letzterer durch gegenseitige Verpflichtungen traditioneller Art stärker gebunden ist. Selbst die Vertreter der klassischen Ökonomie erkannten, daß Konkurrenten ungleiche Erfolge hatten; aber sie schritten von dieser Beobachtung nicht zu der notwendigen Folgerung fort, daß ungleiche Verfügungsmacht über Güter und Dienstleistungen – unabhängig davon, wie sie entstanden ist – ungleiche Vorteile für die Vertragspartner mit sich bringen muß.

Technisches Wissen. Wo es nur darum geht, für gegebene Zwecke die geeigneten Mittel zu finden und wo die Möglichkeit der Wahl zwischen verschiedenen Zwecken außer acht bleibt – überall dort haben wir es mit der ausschließlich technischen Sphäre zu tun. Daß Positionen, die große technische Fertigkeiten erfordern, hoch belohnt werden, ist leicht zu verstehen; nirgendwo finden sich einfachere Bespiele dafür, wie mit verschieden verteilter Belohnung Begabungen angelockt und zur Ausbildung veranlaßt werden. Warum diese Positionen selten – wenn überhaupt je – die höchsten Belohnungen erhalten, ist auch einsichtig: die Bedeutung technischen Wissens reicht, vom gesellschaftlichen Standpunkt gesehen, niemals an diejenige der Integration der Zwecke heran, die sich im religiösen, politischen und wirtschaftlichen Bereich vollzieht. Da auf technischer Ebene ausschließlich eine Beschäftigung mit Mitteln erfolgt, muß eine rein technische Position letztlich Positionen religiöser, politischer oder wirtschaftlicher Natur untergeordnet sein.

Trotzdem ist die Unterscheidung zwischen dem Fachmann und dem Laien in jeder sozialen Ordnung von fundamentaler Bedeutung; sie kann nicht völlig auf andere Begriffe reduziert werden. Die Formen der Rekrutierung wie der Belohnung führen gelegentlich zu der irrigen Auffassung, daß technische Positionen durch wirtschaftliche Bedingungen determiniert seien. In Wirklichkeit aber können Wissen und Fertigkeiten nicht „gekauft" werden; nur der Zugang zum Lernen ist gelegentlich käuflich. Bestimmten Familien und Klassen kann die Kontrolle der Bildungswege, als einer bestimmten Form von Eigentumsrechten, offenstehen und ihnen so zu Macht und Prestige verhelfen. Hier wird dann der natürlichen Knappheit von Fertigkeiten und Begabungen eine künstliche hinzugefügt. Andererseits ist auch das Gegenteil möglich. Eine technische Position kann so hoch belohnt werden, daß es zu einem Überangebot von Bewerbern kommt und die Belohnungen zumindest zeitweilig herabgesetzt werden. So kann „Arbeitslosigkeit in akademischen Berufen" zu einer Prestigeminderung dieser Positionen führen. Derartige Anpassungen und Umstellungen treten in sich wandelnden Gesellschaften ständig auf; man sollte immer daran denken, daß der Nutzeffekt einer geschichteten Sozialstruktur durch die Form der Anwerbung für die verschiedenen Positionen beeinflußt werden kann. Doch die Sozialordnung selbst setzt der Inflation und Deflation des Fachleute-Prestiges Grenzen: ein Überangebot von Bewerbern setzt die Belohnungen herab, schreckt vom Bemühen um weitere Bewerber ab oder verursacht Revolutionen; dagegen erhöht ein Unterangebot die Belohnungen, oder die betreffende Gesellschaft wird im Wettbewerb mit anderen Gesellschaften in eine schwächere Position gedrängt.

In bestimmten Schichtungssystemen ist der Spielraum für ein genaues Festlegen der Position von Fachleuten sehr groß. Der Umfang dieses Spielraums hängt vielleicht am deutlichsten mit dem Grad der Spezialisierung zusammen. Eine stark arbeitsteilige Gesellschaft läßt viele Spezialisten mit geringem Prestige entstehen; denn die Ausbildungsdauer ist kurz und die erforderliche natürliche Begabung verhältnismäßig klein. Andererseits wird die hohe Position der echten Experten – Wissenschaftler, Ingenieure und Verwaltungsfachleute – hier besonders hervorgehoben, da sich ihre Autorität im Verhältnis zu anderen funktional bedeutsamen Positionen erhöht. Die Vorstellung einer technokratischen Sozialordnung, einer Herrschaft oder Priesterschaft der Ingenieure oder Sozialwissenschaftler übersieht jedoch, daß Wissen und Können nicht unbegrenzt als Grundlage für die Erfüllung sozialer Funktionen dienen können. Wenn die Sozialstruktur wirklich Spezialisierung aufweist, muß auch das Prestige des Technikers näher umschrieben werden.

Begleittext 7.2:

Karl Marx: Das Kapital, I. Band. Aus: Institut für Marxismus, Leninismus beim ZK der SED: Karl Marx/Friedrich Engels, Werke, Band 23. Dietz: Berlin 1972, S. 196–202.

Wenn ein Gebrauchswert als Produkt aus dem Arbeitsprozeß herauskommt, gehen andere Gebrauchswerte, Produkte früherer Arbeitsprozesse, als Produktionsmittel in ihn ein. Derselbe Gebrauchswert, der das Produkt dieser, bildet das Produktionsmittel jener Arbeit. Produkte sind daher nicht nur Resultat, sondern zugleich Bedingung des Arbeitsprozesses. Mit Ausnahme der extraktiven Industrie, die ihren Arbeitsgegenstand von Natur vorfindet, wie Bergbau, Jagd, Fischfang usw. (der Ackerbau nur, soweit er in erster Instanz die jungfräuliche Erde selbst aufbricht), behandeln alle Industriezweige einen Gegenstand, der Rohmaterial, d.h. bereits durch die Arbeit filtrierter Arbeitsgegenstand, selbst schon Arbeitsprodukt ist. So z.B. der Samen in der Agrikultur. Tiere und Pflanzen, die man als Naturprodukte zu betrachten pflegt, sind nicht nur Produkte vielleicht der Arbeit vom vorigen Jahr, sondern in ihren jetzigen Formen Produkte einer durch viele Generationen unter menschlicher Kontrolle, vermittels menschlicher Arbeit, fortgesetzten Umwandlung. Was aber die Arbeitsmittel insbesondere betrifft, so zeigt ihre ungeheure Mehrzahl dem oberflächlichsten Blick die Spur vergangener Arbeit. . .

. . . Da jedes Ding vielerlei Eigenschaften besitzt und daher verschiedener Nutzanwendung fähig ist, kann dasselbe Produkt das Rohmaterial sehr verschiedener Arbeitsprozesse bilden. Korn z.B. ist Rohmaterial für Müller, Stärkefabrikant, Destillateur, Viehzüchter usw.. Es wird Rohmaterial seiner eigenen Produktion als Samen. So geht die Kohle als Produkt aus der Minenindustrie hervor und als Produktionsmittel in sie ein.

Dasselbe Produkt mag in demselben Arbeitsprozeß als Arbeitsmittel und Rohmaterial dienen. Bei der Viehmast z.B., wo das Vieh, das bearbeitete Rohmaterial, zugleich Mittel der Düngerbereitung ist.
Ein Produkt, das in einer für die Konsumtion fertigen Form existiert, kann von neuem zum Rohmaterial eines anderen Produkts werden, wie die Traube zum Rohmaterial des Weins. Oder die Arbeit entläßt ihr Produkt in Formen, worin es nur wieder als Rohmaterial brauchbar ist. Rohmaterial in diesem Zustand heißt Halbfabrikat und hieße besser Stufenfabrikat, wie z.B. Baumwolle, Faden, Garn usw.. Obgleich selbst schon Produkt, mag das ursprüngliche Rohmaterial eine ganze Staffel verschiedener Prozesse zu durchlaufen haben, worin es in stets veränderter Gestalt stets von neuem als Rohmaterial funktioniert bis zum letzten Arbeitsprozeß, der es als fertiges Lebensmittel oder fertiges Arbeitsmittel von sich abstößt.
Man sieht: Ob ein Gebrauchswert als Rohmaterial, Arbeitsmittel oder Produkt erscheint, hängt ganz und gar ab von seiner bestimmten Funktion im Arbeitsprozesse, von der Stelle, die er in ihm einnimmt, und mit dem Wechsel dieser Stelle wechseln jene Bestimmungen.
Durch ihren Eintritt als Produktionsmittel in neue Arbeitsprozesse verlieren Produkte daher den Charakter des Produkts. Sie funktionieren nur noch als gegenständliche Faktoren der lebendigen Arbeit. Der Spinner behandelte die Spindel nur als Mittel, womit, den Flachs nur als Gegenstand, den er spinnt. Allerdings kann man nicht spinnen ohne Spinnmaterial und Spindel. Das Vorhandensein dieser Produkte ist daher vorausgesetzt beim Beginn des Spinnens. In diesem Prozeß selbst aber ist es ebenso gleichgültig, daß Flachs und Spindel Produkte vergangener Arbeit sind, wie es im Akt der Ernährung gleichgültig ist, daß Brot das Produkt der vergangenen Arbeiten von Bauer, Müller, Bäcker usw. Umgekehrt. Machen Produktionsmittel im Arbeitsprozeß ihren Charakter als Produkte vergangener Arbeit geltend, so durch ihre Mängel. Ein Messer, das nicht schneidet, Garn, das beständig zerreißt usw., erinnern lebhaft an Messerschmied A und Garnwichser E. Im gelungenen Produkt ist die „Vermittlung“ seiner Gebrauchseigenschaften durch vergangene Arbeit ausgelöscht.
Eine Maschine, die nicht im Arbeitsprozeß dient, ist nutzlos. Außerdem verfällt sie der zerstörenden Gewalt des natürlichen Stoffwechsels. Das Eisen verrostet, das Holz verfault. Garn, das nicht verwebt oder verstrickt wird, ist verdorbene Baumwolle. Die lebendige Arbeit muß diese Dinge ergreifen, sie von den Toten erwecken, sie aus nur möglichen in wirkliche und wirkende Gebrauchswerte verwandeln. Vom Feuer der Arbeit beleckt, als Leiber derselben angeeignet, zu ihren begriffs- und berufsmäßigen Funktionen im Prozeß begeistet, werden sie zwar auch verzehrt, aber zweckvoll, als Bildungselemente neuer Gebrauchswerte, neuer Produkte, die fähig sind, als Lebensmittel in die individuelle Konsumtion oder als Produktionsmittel in neuen Arbeitsprozeß einzugehen. Wenn also vorhandene Produkte nicht nur Resultate, sondern auch Existenzbedingungen des Arbeitsprozesses sind, ist andererseits ihr Hineinwerfen in ihn, also ihr Kontakt mit lebendiger Arbeit, das einzige Mittel, um diese Produkte vergangener Arbeit als Gebrauchswerte zu erhalten und zu verwirklichen.
Die Arbeit verbraucht ihre stofflichen Elemente, ihren Gegenstand und ihr Mittel, verspeist dieselben und ist also Konsumtionsprozeß. Diese produktive Konsumtion unterscheidet sich dadurch von der individuellen Konsumtion, daß letztere die Produkte als Lebensmittel des lebendigen Individuums, erstere sie als Lebensmittel der Arbeit, seiner sich betätigenden Arbeitskraft, verzehrt. Das Produkt der individuellen Konsumtion ist daher der Konsument selbst, das Resultat der produktiven Konsumtion ein von Konsumenten unterschiedenes Produkt...
... Kehren wir zu unserem Kapitalisten in spe zurück. Wir verließen ihn, nachdem er auf dem Warenmarkt alle zu einem Arbeitsprozeß notwendigen Faktoren gekauft hatte, die

gegenständlichen Faktoren oder die Produktionsmittel, den persönlichen Faktor oder die Arbeitskraft. Er hat mit schlauem Kennerblick die für sein besonderes Geschäft, Spinnerei, Stiefelfabrikation usw., passenden Produktionsmittel und Arbeitskräfte ausgewählt. Unser Kapitalist setzt sich also daran, die von ihm gekaufte Ware, die Arbeitskraft, zu konsumieren, d.h., er läßt den Träger der Arbeitskraft, den Arbeiter, die Produktionsmittel durch seine Arbeit konsumieren. Die allgemeine Natur des Arbeitsprozesses ändert sich natürlich nicht dadurch, daß der Arbeiter ihn für den Kapitalisten, statt für sich selbst verrichtet. Aber auch die bestimmte Art und Weise, wie man Stiefel macht oder Garn spinnt, kann sich zunächst nicht ändern durch die Dazwischenkunft des Kapitalisten. Er muß die Arbeitskraft zunächst nehmen, wie er sie auf dem Markt vorfindet, also auch ihre Arbeit, wie sie in einer Periode entsprang, wo es noch keine Kapitalisten gab. Die Verwandlung der Produktionsweise selbst durch die Unterordnung der Arbeit unter das Kapital kann sich erst später ereignen und ist daher erst später zu betrachten.

Der Arbeitsprozeß, wie er als Konsumtionsprozeß der Arbeitskraft durch den Kapitalisten vorgeht, zeigt nun zwei eigentümliche Phänomene.

Der Arbeiter arbeitet unter der Kontrolle des Kapitalisten, dem seine Arbeit gehört. Der Kapitalist paßt auf, daß die Arbeit ordentlich vonstatten geht und die Produktionsmittel zweckmäßig verwandt werden, also kein Rohmaterial vergeudet und das Arbeitsinstrument geschont, d.h. nur so weit zerstört wird, als sein Gebrauch in der Arbeit ernötigt.

Zweitens aber: Das Produkt ist Eigentum des Kapitalisten, nicht des unmittelbaren Produzenten, des Arbeiters. Der Kapitalist zahlt z.B. den Tageswert der Arbeitskraft. Ihr Gebrauch, wie der jeder anderen Ware, z.B. eines Pferdes, das er für einen Tag gemietet, gehört ihm also für den Tag. Dem Käufer der Ware gehört der Gebrauch der Ware, und der Besitzeer der Arbeitskraft gibt in der Tat nur den von ihm verkauften Gebrauchswert, indem er seine Arbeit gibt. Von dem Augenblicke, wo er in die Werkstätte des Kapitalisten trat, gehört der Gebrauchswert seiner Arbeitskraft, also ihr Gebrauch, die Arbeit, dem Kapitalisten. Der Kapitalist hat durch den Kauf der Arbeitskraft die Arbeit selbst als lebendigen Gärungsstoff den toten ihm gleichfalls gehörigen Bildungselementen des Produkts einverleibt. Von seinem Standpunkt ist der Arbeitsprozeß nur die Konsumtion der von ihm gekauften Ware Arbeitskraft, die er jedoch nur konsumieren kann, indem er ihr Produktionsmittel zusetzt. Der Arbeitsprozeß ist ein Prozeß zwischen Dingen, die der Kapitalist gekauft hat, zwischen ihm gehörigen Dingen. Das Produkt dieses Prozesses gehört ihm daher ganz ebensosehr als das Produkt des Gärungsprozesses in seinem Weinkeller.

2. Verwertungsprozeß

Das Produkt – das Eigentum des Kapitalisten – ist ein Gebrauchswert, Garn, Stiefel usw.. Aber obgleich Stiefel z.B. gewissermaßen die Basis des gesellschaftlichen Fortschritts bilden und unser Kapitalist ein entschiedener Fortschrittsmann ist, fabriziert er die Stiefel nicht ihrer selbst wegen. Der Gebrauchswert ist überhaupt nicht das Ding qu'on aime pour lui-même in der Warenproduktion. Gebrauchswerte werden hier überhaupt nur produziert, weil und sofern sie materielles Substrat, Träger des Tauschwerts sind. Und unserem Kapitalisten handelt es sich um zweierlei. Erstens will er einen Gebrauchswert produzieren, der einen Tauschwert hat, einen zum Verkauf bestimmten Artikel, eine Ware. Und zweitens will er eine Ware produzieren, deren Wert hörer als die Wertsumme der zu ihrer Produktion erheischten Waren, der Produktionsmittel und der Arbeitskraft, für die er sein gutes Geld auf dem Warenmarkt vorschoß. Er will nicht nur einen Gebrauchswert produzieren, sondern eine Ware, nicht nur Gebrauchswert, sondern Wert, und nicht nur Wert, sondern auch Mehrwert. In der Tat, da es sich hier um Warenproduktion handelt, haben wir bisher offenbar nur eine Seite des Prozesses betrachtet. Wie die Ware selbst Einheit von Gebrauchswert und

Wert, muß ihr Produktionsprozeß Einheit von Arbeitsprozeß und Wertbildungsprozeß sein.
Betrachten wir den Produktionsprozeß nun auch als Wertbildungsprozeß.
Wir wissen, daß der Wert jeder Ware bestimmt ist durch das Quantum der in ihrem Gebrauchswert materialisierten Arbeit, durch die zu ihrer Produktion gesellschaftlich notwendige Arbeitszeit. Dies gilt auch für das Produkt, das sich unserem Kapitalisten als Resultat des Arbeitsprozesses ergab. Es ist also zunächst die in diesem Produkt vergegenständlichte Arbeit zu berechnen.
Es sei z.B. Garn.
Zur Herstellung des Garns war zuerst ein Rohmaterial nötig, z.B. 10 Pfund Baumwolle. Was der Wert der Baumwolle, ist nicht erst zu untersuchen, denn der Kapitalist hat sie auf dem Markt zu ihrem Wert, z.B. zu 10 sh. gekauft. In dem Preise der Baumwolle ist die zu ihrer Produktion erheischte Arbeit schon als allgemein gesellschaftliche Arbeit dargestellt. Wir wollen ferner annehmen, daß die in der Verarbeitung der Baumwolle verzehrte Spindelmasse, die uns alle anderen aufgewandten Arbeitsmittel repräsentiert, einen Wert von 2 sh. besitzt. Ist eine Goldmasse von 12 sh. das Produkt von 24 Arbeitsstunden oder zwei Arbeitstagen, so folgt zunächst, daß im Garn zwei Arbeitstage vergegenständlicht sind.
Der Umstand, daß die Baumwolle ihre Form verändert hat und die aufgezehrte Spindelmasse ganz verschwunden ist, darf nicht beirren. Nach dem allgemeinen Wertgesetz sind z.B. 10 Pfund Garn ein Äquivalent für 10 Pfund Baumwolle und 1/4 Spindel, wenn der Wert von 40 Pfund Garn = dem Wert von 40 Pfund Baumwolle + dem Wert einer ganzen Spindel, d.h., wenn dieselbe Arbeitzeit erfordert ist, um beide Seiten dieser Gleichung zu produzieren. In diesem Fall stellt sich dieselbe Arbeitszeit das eine Mal in dem Gebrauchswert Garn, das andere Mal in den Gebrauchswerten Baumwolle und Spindel dar. Der Wert ist also gleichgültig dagegen, ob er in Garn, Spindel oder Baumwolle erscheint. Daß Spindel und Baumwolle, statt ruhig nebeneinander zu liegen, im Spinnprozesse eine Verbindung eingehen, welche ihre Gebrauchsformen verändert, sie in Garn verwandelt, berührt ihren Wert ebensowenig, als wenn sie durch einfachen Austausch gegen ein Äquivalent von Garn umgesetzt worden wären.

Begleittext 7.3:

Karl Marx: Das Kapital, I. Band. Aus: Institut für Marxismus Leninismus beim ZK der SED, Karl Marx/Friedrich Engels, Werke, Band 23, Dietz, Berlin 1972, S. 205–209.

Beim Verkauf der Arbeitszeit ward unterstellt, daß ihr Tageswert = 3 sh., und in den letzteren 6 Arbeitsstunden verkörpert sind, dies Arbeitsquantum also erheischt ist, um die Durchschnittssumme der täglichen Lebensmittel des Arbeiters zu produzieren. Verwandelt unser Spinner nun während einer Arbeitsstunde 1 2/3 Pfund Baumwolle in 1 2/3 Pfund Garn, so in 6 Stunden 10 Pfund Baumwolle in 10 Pfund Garn. Während der Dauer des Spinnprozesses saugt die Baumwolle also 6 Arbeitsstunden ein. Dieselbe Arbeitszeit stellt sich in einem Goldquantum von 3 sh. dar. Der Baumwolle wird also durch das Spinnen selbst ein Wert von 3 sh. zugesetzt.
Sehen wir uns nun den Gesamtwert des Produkts, der 10 Pfund Garn, an. In ihnen sind 2 1/2 Arbeitstage vergegenständlicht, 2 Tage enthalten in Baumwolle und Spindelmasse, 1/2 Tag Arbeit eingesaugt während des Spinnprozesses. Dieselbe Arbeitszeit stellt sich in einer Goldmasse von 15 sh. dar. Der dem Wert der 10 Pfund Garn adäquate Preis beträgt also 15 sh., der Preis eines Pfundes Garn 1 sh. 6 d.

Unser Kapitalist stutzt. Der Wert des Produkts ist gleich dem Wert des vorgeschossenen Kapitals. Der vorgeschossene Wert hat sicht nicht verwertet, keinen Mehrwert erzeugt, Geld sich also nicht in Kapital verwandelt. Der Preis der 10 Pfund Garn ist 15 sh., und 15 sh. wurden vorausgabt auf dem Warenmarkt für die Bildungselemente des Produkts oder, was dasselbe, die Faktoren des Arbeitsprozesses: 10 sh. für Baumwolle, 2 sh. für die verzehrte Spindelmasse und 3 sh. für Arbeitskraft. Der aufgeschwollene Wert des Garns hilft nichts, denn sein Wert ist nur die Summe der früher auf Baumwolle, Spindel und Arbeitskraft verteilten Werte, und aus einer solchen bloßen Addition vorhandener Werte kann nun und nimmermehr ein Mehrwert entspringen. Diese Werte sind jetzt alle auf ein Ding konzentriert, aber so waren sie in der Geldsumme von 15 sh., bevor diese sich durch drei Warenkäufe zersplitterte.
An und für sich ist dies Resultat nicht befremdlich. Der Wert eines Pfund Garns ist 1 sh. 6 d., und für 10 Pfund Garn müßte unser Kapitalist daher auf dem Warenmarkt 15 sh. zahlen. Ob er sein Privathaus fertig auf dem Markt kauft oder es selbst bauen läßt, keine dieser Operationen wird das im Erwerb des Hauses ausgelegte Geld vermehren.
Der Kapitalist, der in der Vulgärökonomie Bescheid weiß, sagt vielleicht, er habe sein Geld mit der Absicht vorgeschossen, mehr Geld daraus zu machen. Der Weg zur Hölle ist jedoch mit guten Absichten gepflastert, und er konnte ebensogut der Absicht sein, Geld zu machen, ohne zu produzieren. Er droht. Man werde ihn nicht wieder ertappen. Künftig werde er die Ware fertig auf dem Markt kaufen, statt sie selbst zu fabrizieren. Wenn aber alle seine Brüder Kapitalisten desgleichen tun, wo soll er Ware auf dem Markt finden? Und Geld kann er nicht essen. Er katechisiert. Man soll seine Abstinenz bedenken. Er konnte seine 15 sh. verprassen. Statt dessen hat er sie produktiv konsumiert und Garn daraus gemacht. Aber dafür ist er ja im Besitz von Garn statt von Gewissensbissen. Er muß beileibe nicht in die Rolle des Schatzbildners zurückfallen, der uns zeigte, was bei der Asketik herauskommt. Außerdem, wo nichts ist, hat der Kaiser sein Recht verloren. Welches immer das Verdienst seiner Entsagung, es ist nichts da, um sie extra zu zahlen, da der Wert des Produkts, der aus dem Prozeß herauskommt, nur gleich der Summe der hineingeworfenen Warenwerte. Er beruhigte sich also dabei, daß Tugend der Tugend Lohn. Statt dessen wird er zudringlich. Das Garn ist ihm unnütz. Er hat es für den Verkauf produziert. So verkaufe er es, oder, noch einfacher, produziere in Zukunft nur Dinge für seinen eigenen Bedarf, ein Rezept, das ihm bereits sein Hausarzt MacCulloch als probates Mittel gegen die Epidemie der Überproduktion verschrieben hat. Er stellt sich trutzig auf die Hinterbeine. Sollte der Arbeiter mit seinen eigenen Gliedmaßen in der blauen Luft Arbeitsgebilde schaffen, Waren produzieren? Gab er ihm nicht den Stoff, womit und worin er allein seine Arbeit verleiblichen kann? Da nun der größte Teil der Gesellschaft aus solchen Habenichtsen besteht, hat er nicht der Gesellschaft durch seine Prodduktionsmittel, seine Baumwolle und seine Spindel, einen unermeßlichen Dienst erwiesen, nicht dem Arbeiter selbst, den er obendrein noch mit Lebensmitteln versah? Und soll er den Dienst nicht berechnen? Hat der Arbeiter ihm aber nicht den Gegendienst erwiesen, Baumwolle und Spindel in Garn zu verwandeln? Außerdem handelt es sich hier nicht um Dienste. Ein Dienst ist nichts als die nützliche Wirkung eines Gebrauchswerts, sei es der Ware, sei es der Arbeit. Hier aber gilt's den Tauschwert. Er zahlt dem Arbeiter den Wert von 3 sh. Der Arbeiter gab ihm ein exaktes Äquivalent zurück in dem der Baumwolle zugesetzten Wert von 3 sh. Wert für Wert. Unser Freund, eben noch so kapitalübermütig, nimmt plötzlich die anspruchslose Haltung seines eigenen Arbeiters an. Hat er nicht selbst gearbeitet, nicht die Arbeit der Überwachung, der Oberaufsicht über den Spinner verrichtet? Bildet diese seine Arbeit nicht auch Wert? Sein eigener overlooker und sein Manager zucken die Achseln. Unterdes hat er aber bereits mit heitrem Lächeln seine alte Physiognomie wieder angenommen. Er foppte uns mit der ganzen Litanei. Er gibt keinen Deut darum. Er überläßt diese und ähnliche faule Ausflüchte und hohle Flausen den dafür eigens bezahlten Professoren

der politischen Ökonomie. Er selbst ist ein praktischer Mann, der zwar nicht immer bedenkt, was er außerhalb des Geschäfts sagt, aber stets weiß, was er im Geschäft tut. Sehen wir näher zu. Der Tageswert der Arbeitskraft betrug 3 sh., weil in ihr selbst ein halber Arbeitstag vergegenständlicht ist, d.h. weil die täglich zur Produktion der Arbeitskraft nötigen Lebensmittel einen halben Arbeitstag kosten. Aber die vergangene Arbeit, die in der Arbeitskraft steckt, und die lebendige Arbeit, die sie leisten kann, ihre täglichen Erhaltungskosten und ihre tägliche Verausgabung, sind zwei ganz verschiedene Größen. Die erstere bestimmt ihren Tauschwert, die andere bildet ihren Gebrauchswert. Daß ein halber Arbeitstag nötig, um ihn während 24 Stunden am Leben zu erhalten, hindert den Arbeiter keineswegs, einen ganzen Tag zu arbeiten. Der Wert der Arbeitskraft und ihrer Verwertung im Arbeitsprozeß sind also zwei verschiedene Größen. Diese Wertdifferenz hatte der Kapitalist im Auge, als er die Arbeitskraft kaufte. Ihre nützliche Eigenschaft, Garn oder Stiefel zu machen, war nur eine conditio sine qua non, weil Arbeit in nützlicher Form verausgabt werden muß, um Wert zu bilden. Was aber entschied, war der spezifische Gebrauchswert dieser Ware, Quelle von Wert zu sein und von mehr Wert, als sie selbst hat. Dies ist der spezifische Dienst, den der Kapitalist von ihr erwartet. Und er verfährt dabei den ewigen Gesetzen des Warenaustausches gemäß. In der Tat, der Verkäufer der Arbeitskraft, wie der Verkäufer jeder anderen Ware, realisiert ihren Tauschwert und veräußert ihren Gebrauchswert. Er kann den einen nicht erhalten, ohne den anderen wegzugeben. Der Gebrauchswert der Arbeitskraft, die Arbeit selbst, gehört ebensowenig ihrem Verkäufer, wie der Gebrauchswert des verkauften Öls dem Ölhändler. Der Geldbesitzer hat den Tageswert der Arbeitskraft gezahlt; ihm gehört daher ihr Gebrauch während des Tages, die tagelange Arbeit. Der Umstand, daß die tägliche Erhaltung der Arbeitskraft nur einen halben Arbeitstag kostet, obgleich die Arbeitskraft einen ganzen Tagen wirken, arbeiten kann, daß daher der Wert, den ihr Gebrauch während eines Tages schafft, doppelt so groß ist als ihr eigener Tageswert, ist ein besonderes Glück für den Käufer, aber durchaus kein Unrecht gegen den Verkäufer.
Unser Kapitalist hat den Kasus, der ihn lachen macht, vorgesehen. Der Arbeiter findet daher in der Werkstätte die nötigen Produktionsmittel nicht nur für einen sechsstündigen, sondern für einen zwölfstündigen Arbeitsprozeß. Saugten 10 Pfund Baumwolle 6 Arbeitsstunden ein und verwandelten sich in 10 Pfund Garn, so werden 20 Pfund Baumwolle 12 Arbeitsstunden einsaugen und in 20 Pfund Garn verwandelt. Betrachten wir das Produkt des verlängerten Arbeitsprozesses. In den 20 Pfund Garn sind jetzt 5 Arbeitstage vergegenständlicht, 4 in der verzehrten Baumwoll- und Spindelmasse, 1 von der Baumwolle eingesaugt während des Spinnprozesses. Der Goldausdruck von 5 Arbeitstagen ist aber 30 sh. oder 1 Pfund St. 10 sh. Dies also der Preis der 20 Pfund Garn. Das Pfund Garn kostet nach wie vor 1 sh. 6 d. Aber die Wertsumme der in den Prozeß geworfenen Waren betrug 27 sh. Der Wert des Garns beträgt 30 sh. Der Wert des Produkts ist um 1/9 gewachsen über den zu seiner Produktion vorgeschossenen Wert. So haben sich 27 sh. in 30 sh. verwandelt. Sie haben einen Mehrwert von 3 sh. gesetzt. Das Kunststück ist endlich gelungen. Geld ist in Kapital verwandelt.

Begleittext 7.4:

Politische Ökonomie des Kapitalismus und des Sozialismus. Dietz: Berlin ²1975, S. 562–566

Das Ergebnis des Produktionsprozesses im Sozialismus ist das gesellschaftliche Produkt, die Gesamtheit der erzeugten materiellen Güter und Leistungen. Nach seiner wertmäßigen Struktur setzt sich das gesellschaftliche Produkt aus dem Wert der verbrauchten Produktionsmittel und dem Neuwert zusammen. Wird vom Wert des gesellschaftlichen Produkts der Wert der verbrauchten Produktionsmittel abgezogen, so bleibt der neugeschaffene Wert. Dieser Teil des Produkts, der stofflich aus Produktions- und Konsumtionsmitteln besteht, ist das Nettoprodukt. Das Nettoprodukt teilt sich wiederum in das notwendige Produkt und in das Mehrprodukt...

... Da im Sozialismus die Ausbeutung des Menschen durch den Menschen beseitigt ist und es keine Ausbeuterklasse gibt, die sich das Mehrprodukt aneignet, ist auch der antagonistische Widerspruch zwischen dem notwendigen Produkt und dem Mehrprodukt aufgehoben. Das Mehrprodukt dient ebenso wie das notwendige Produkt den Interessen des werktätigen Volkes...

... Das notwendige Produkt ist der Fonds von Mitteln, die der Arbeiter für die Wiederherstellung seiner Arbeitskraft benötigt. Es dient zur Reproduktion der Arbeitskraft.

... Das notwendige Produkt tritt im Sozialismus in folgenden Formen auf:

- als Einkommen der Werktätigen in den sozialistischen Betrieben (Arbeitslohn, Prämien, Zuwendungen aus dem Stimulierungsfonds der Betriebe). Dieser Teil des notwendigen Produkts bildet das Produkt für sich;
- als Zuwendungen aus gesellschaftlichen Konsumtionsfonds (Kinderbeihilfen, Geburtenbeihilfen, Mietzuschüsse, Finanzierung von Bildungsmaßnahmen aus dem Staatshaushalt). Das notwendige Produkt erscheint hier als Teil des Produkts für die Gesellschaft;
- schließlich auch als Einkommen und Naturalien aus persönlichen Hauswirtschaften.

Die Differenz zwischen dem notwendigen Produkt und dem Nettoprodukt ergibt *das Mehrprodukt* der sozialistischen Gesellschaft...

... Das Mehrprodukt wird durch die Mehrarbeit geschaffen. Es sichert für die sozialistische Gesellschaft lebenswichtige Aufgaben. Das Mehrprodukt dient der Befriedigung der materiellen und kulturellen Bedürfnisse der Werktätigen, die nicht in der materiellen Produktion tätig sind, der Erweiterung der Produktion, der Bildung von Reserven, als materielle Basis für die nichtproduktive Sphäre, für die Sicherung der Landesverteidigung, für die Wissenschaft, die Kultur und anderes.

Das Mehrprodukt der sozialistischen Gesellschaft bringt die neuen, sozialistischen Produktionsverhältnisse zum Ausdruck. Es wird von der ganzen Gesellschaft angeeignet und gewährleistet die allseitige Entwicklung der sozialistischen Gesellschaft wie des einzelnen Werktätigen. Es dient der Verbesserung des Lebens, der Hebung des Wohlstandes und sichert über die Erweiterung der Produktion wachsenden Wohlstand in kommenden Jahren.

Begleittext 7.5:

Ulrich Oevermann u.a.: Die sozialstrukturelle Einbettung von Sozialisationsprozessen. In: Zeitschrift für Soziologie, Jg. 5, Heft 2, April 1976, S. 167–199.

1. Kurze Beschreibung der Stichprobe

Die Stichprobe besteht aus 357 Kindern in elf Klassen des vierten Schuljahres. In Oberursel, einem größeren Vorort von Frankfurt/Main, wurde eine Vollerhebung der vierten Klassen durchgeführt. Da die Kinder der Unterschicht aufgrund der sozialstrukturellen Verhältnisse in diesem Ort zu gering vertreten waren, wurden zusätzlich zwei Schulklassen in einem „schlechter“ gestellten Einzugsgebiet in Frankfurt erhoben. Sozioökologisch und familienstrukturell läßt sich die Stichprobe anhand der Daten relativ genau beschreiben.

Die verschiedenen Schichten unterscheiden sich kaum im Hinblick auf die Vollständigkeit der Familien, die Kinderzahl, die Berufstätigkeit der Frau, das Ausmaß des Berufswechsels auf seiten des Vaters und das Alter der Eltern. Lediglich die untere Unterschicht weicht von den übrigen Straten geringfügig in Richtung weniger günstiger Sozialisationsbedingungen ab. Insgesamt aber können die genannten Merkmale kaum zur Erklärung möglicher Differenzen zwischen den Kindern der verschiedenen Schichten beitragen. Gemessen an der Anzahl der Bücher im Elternhaus unterscheiden sich die Schichten sozio-kulturell erheblich (r = 588), wohingegen die allerdings unzureichenden Indikatoren für den Stil der innerfamilialen Kommunikation mit dem Kind eine erstaunlich geringe Schichtdifferenzierung erkennen lassen. Das „ökologische Profil" der Stichprobe läßt zusammenfassend den vorsichtigen Schluß zu, daß Differenzen in der gemessenen Intelligenz und in der Schulleistung, soweit sie überhaupt durch innerfamiliale Sozialisationsprozesse bedingt sind, auf die mit der sozialen Herkunft verbundenen Einflüsse der aktuellen Klassenlage und der subkulturell spezifischen Traditionen zurückgeführt werden können.

2. Die schichtdifferentiellen „Einflüsse" auf die Intelligenzstruktur und das Profil der Schulleistungen

Der Index für die Schichtzugehörigkeit wurde in Anlehnung an die traditionellen Verfahren gebildet und kann somit der grundsätzlichen Kritik, die in der Einleitung diskutiert worden ist, nicht entgehen. Für den ursprünglichen Zweck der Untersuchung im Rahmen der soziolinguistischen Experimente ließ er sich allerdings rechtfertigen. Er setzt sich aus vier verschieden gewichteten Statusindikatoren zusammen: Berufsstatus des Vaters (...), Ausbildungsabschluß des Vaters (...), Ausbildungsabschluß der Mutter (...), Familiennettoeinkommen (...). Die Ausbildung der Mutter wurde bei der Schichteinteilung berücksichtigt, weil dieser Indikator für das innerfamiliale Sozialisationsmilieu von erheblicher Bedeutung ist. Es wurden insgesamt fünf Straten gebildet...

Untere Unterschicht (UUS): Alle Familien, in denen der Vater nicht mehr als angelernter Arbeiter ist *und* der Vater nicht mehr als Volksschule ohne Lehre hat *und* die Mutter nicht mehr als Volksschule mit Lehre hat *und* das Familiennettoeinkommen nicht höher als DM 1800.- liegt. (Die Befragung wurde im Herbst 1969 durchgeführt.)

Obere Unterschicht (OUS): Alle Familien, in denen mindestens eine der Obergrenzen für UUS überschritten wird *und* in denen der Vater nicht mehr als Facharbeiter, nicht-selbständiger Handwerker oder manuell arbeitender einfacher Angestellter oder Beamter ist *und* der Vater nicht mehr als Volksschule mit Lehre hat *und* die Ausbildung der Mutter nicht über Handelsschul- bzw. Fachschulabschluß liegt *und* das Einkommen nicht mehr als DM 1800.– beträgt.

Untere Mittelschicht (UMS): Alle Familien, in denen mindestens eine der Obergrenzen für OUS überschritten wird *und* in denen der Vater nicht mehr als mittlerer Beamter bzw. Angestellter, selbständiger Landwirt oder kleiner Selbständiger in Handel und Gewerbe ist *und* die Ausbildung des Vaters und der Mutter nicht über „Höhere Fachschule ohne Abschluß" (impliziert mittlere Reife) liegt.

Mittlere Mittelschicht (MMS): Alle Familien, in denen mindestens eine der Obergrenzen für UMS überschritten wird *und* der Vater nicht mehr als mittlerer Selbständiger, gehobener Angestellter bzw. Beamter oder Angehöriger „sonstiger freier Berufe" ist *und* die Ausbildung des Vaters *und* der Mutter nicht über „Hochschule ohne Abschluß" liegt.

Obere Mittelschicht (OMS): Alle Familien, in denen mindestens eine der Obergrenzen für MMS überschritten wird.

Schichtenspezifische Sozialisationsbedingungen können sich unter dem Gesichtspunkt der allgemeinen Anregungsbedingungen für die kognitive Entwicklung auf die Entfaltung der verschiedenen Komponenten der Intelligenzstruktur gleichmäßig auswirken oder aber gemäß einer plausibel anzunehmenden spezifischen Sinnstruktur der sozio-kulturellen Lebenswelt zur Ausbildung spezifischer Formen intelligenten Verhaltens führen. Empirische Belege für den ersten Fall liegen hinreichend vor und sind inzwischen geradezu trivial. Die hier vorgelegten Daten erlauben in dieser Hinsicht allenfalls eine weitere Differenzierung innerhalb der häufig global zusammengefaßten „Unterschichten" und „Mittelschichten". Mit dem zweiten Fall übereinstimmende Resultate wären dagegen interessanter, da sie auf die Notwendigkeit verwiesen, schichtenspezifische Sozialisationsmilieus als je eigene soziokulturelle Lebenswelten rekonstruieren zu müssen, und damit die Rede von schichtenspezifischen Sozialisationsprozessen erst sinnvoll erscheinen ließen. Während zur Erklärung von emprischen Ergebnissen im Sinne des ersten Falles die Annahme ausreicht, daß mit der Schichtzugehörigkeit für die Intelligenzentwicklung relevante Anregungsbedingungen lediglich hinsichtlich ihrer Intensität variieren, muß für die Erklärung von Ergebnissen, die dem zweiten Fall entsprechen, zusätzlich angenommen werden, daß die mit der Schichtzugehörigkeit variierenden Sozialisationsmilieus eine je spezifische *Struktur* aufweisen.

Mittelwerte der gemessenen Intelligenz innerhalb der sozialen Schichten

Herkunft der Schüler	Wortschatz	Verbale Intelligenz	Nichtverbale Intelligenz
Untere Unterschicht	3.81	4.48	4.16
Obere Unterschicht	4.51	4.60	4.50
Untere Mittelschicht	5.29	5.17	4.96
Mittlere Mittelschicht	5.68	5.53	5.21
Obere Mittelschicht	5.34	5.64	5.28

(Gekürzte Wiedergabe von Tabelle 1, S. 173 des Originals)

Wir betrachten die in Tabelle 1 ... dargestellten Zusammenhänge zwischen der sozialen Herkunft und der gemessenen Intelligenz zunächst unter dem Gesichtspunkt der Niveaudifferenzierung zwischen den Schichten. Wie zu erwarten, liegt sie im Sinne der Hypothese deutlich ausgeprägt nicht nur für die Gesamtintelligenz, sondern durchgängig für alle einzelnen Subtests vor. Die größten Enzeldifferenzen zwischen jeweils benachbarten Straten bestehen zwischen der oberen Unterschicht und der unteren Mittelschicht, also an der Grenze zwischen den „manuellen" und den „nicht-manuellen" Straten. Innerhalb der Unterschicht liegt zusätzlich noch eine deutliche Differenzierung zwischen der oberen und unteren Subgruppe vor, während sich die Kinder der mittleren und oberen Mittelschicht kaum mehr voneinander unterscheiden. Bemerkenswert ist die Regelmäßigkeit der Unterschiede zwischen den Schichten.

Auch die Zeugnisnoten differenzieren die Schichtengruppe in der vorausgesagten Richtung. Allerdings fällt auf, daß zwischen den drei Gruppen der Mittelschicht so gut wie keine Differenzierung mehr festzustellen ist: Die Kinder der unteren Mittelschicht erreichen trotz des deutlich geringeren Intelligenzniveaus gegenüber den übrigen Kindern der Mittelschicht einen vergleichbaren Schulerfolg. Ob sich dahinter eher ein für diese Untergruppe ausgeprägter Aufstiegswille der Eltern bzw. deren höhere Bereitschaft zur Konformität mit schulischen Ansprüchen verbirgt oder eher eine Tendenz der Erziehungsmilieus der beiden

oberen Straten, der Erziehungspraxis der Grundschule relativ distanziert gegenüberstehen, kann von den Daten her nicht entschieden werden. Die Differenzierung zwischen den manuellen und den nicht-manuellen Straten fällt bei den Zeugnisnoten noch relativ deutlicher aus als bei den Intelligenzmessungen, und innerhalb der Unterschicht ist die untere Subgruppe noch einmal deutlich schlechter als die obere Subgruppe, so daß man von einer ausgeprägten „Diskriminierung" der Kinder der Unterschicht sprechen kann, ohne allerdings entscheiden zu können, ob dafür eher die Vorurteile der Lehrer, das Anregungsmilieu im Elternhaus oder die mit dem für diese Kinder der Tendenz nach bestehenden Milieubruch zwischen zwei verschiedenen Sozialisationskontexten verbundenen Selbstbildschwierigkeiten verantwortlich zu machen sind. Kovarianzanalysen, in denen jeweils der natürlich auch hier bestehende Zusammenhang zwischen Intelligenztest und Zeugnisnoten statistisch kontrolliert wird, zeigen, daß die Schichtunterschiede im Schulerfolg zumindest in den wichtigen Fächern auch unabhängig vom Intelligenzniveau der Kinder hochsignifikant bestehen bleiben, also partiell auf andere Faktoren zurückgeführt werden müssen (...).
Bei den Zeugnisnoten zeigt sich im Vergleich der beiden Gruppen der Unterschicht mit den drei Gruppen der Mittelschicht eine recht deutliche Differenz im Profil. Während die Kinder der Unterschicht in den vier ausleserelevanten Kernfächern (zwei Deutschnoten, Rechnen und Heimatkunde), wozu in den untersuchten Schulen auch der unter dem inzwischen irreführenden Titel „Heimatkunde" firmierende Sachunterricht gehört, relativ abfallen, haben die Kinder der Mittelschicht der Tendenz nach ihre besten Noten am ehesten in diesen ausleserelevanten Fächern. Zwei Gründe lassen sich für die Profilunterschiede wahrscheinlich anführen: Zum einen könnte es sein, daß die Eltern der Mittelschicht besonders in den ausleserelevanten Fächern (Herbstzeugnis des 4. Schuljahres!) auf gute Leistungen ihrer Kinder achten, zum anderen scheinen die Lehrer entweder in den Kernfächern auf eine differenziertere und „objektivere" Benotung zu achten oder die Kinder der unteren Schichten stärker zu diskriminieren...
Die mit der Schichtzugehörigkeit verbundenen Bedingungsfaktoren sind bei der Erklärung der empirischen Zusammenhänge zwischen der sozialen Herkunft und dem Intelligenzniveau sowie dem Schulerfolg in der Sozialisationsforschung mit unterschiedlichem Gewicht thematisiert worden. Dabei hat die Gegenüberstellung von sozio-ökonomischer Klassenlage und subkulturell spezifischer sozio-kultureller Lebenswelt im Vordergrund gestanden. Die einen haben primär die verschiedenen Wertorientierungen, Normalitätsentwürfe und Deutungsmuster für die Schichtunterschiede verantwortlich gemacht, die anderen primär die mit der Stellung im Produktionsprozeß verbundenen materiellen, objektiven Lebensbedingungen. Zuweilen werden diese beiden Interpretationen sogar als gegensätzlich und nicht komplementär verstanden. Wir betrachten sie hier als komplementär, denn der eine Verursachungszusammenhang schließt den anderen empirisch nicht aus. Ein Gegensatz kann sich zwischen beiden Positionen nur bezüglich der Einschätzung des relativen Gewichts der beiden Komplexe von Kausalfaktoren ergeben.

Begleittext 7.6:

A.G. Aganbegjan und M.W. Schubkin: Sozialforschung und quantitative Methoden. Aus: Autorenkollektiv (Hrsg.): Quantitative Methoden in der Soziologie, Die Wirtschaft, Berlin (Ost) 1970, S. 22/23 und 25/26.

Für jeden Marxisten liegt die bestimmende Tendenz des historischen Fortschritts in der Sphäre der Ökonomie. Die Begründer des wissenschaftlichen Kommunismus betonten, daß

die geschichtliche Entwicklung sowohl von den ökonomischen Bedingungen, die letzten Endes die bestimmenden sind, als auch von den politischen Verhältnissen, den Traditionen und den Lebensbedingungen abhängt, die das Bewußtsein und den Willen eines jeden Menschen formieren.
„Daß von den Jüngeren zuweilen mehr Gewicht auf die ökonomische Seite gelegt wird, als ihr zukommt, haben Marx und ich teilweise selbst verschulden müssen. Wir hatten den Gegnern gegenüber das von diesen geleugnete Hauptprinzip zu betonen, und da war nicht immer Zeit, Ort und Gelegenheit, die übrigen an der Wechselwirkung beteiligten Momente zu ihrem Recht kommen zu lassen...“[1].
In der Gesellschaft gibt es keine Erscheinungen und Prozesse, für die eine soziologische Analyse nicht erforderlich wäre. Die soziologische Analyse trägt komplexen Charakter. Das setzt einerseits eine breite Nutzung der theoretischen Thesen und der methodologischen Prinzipien aller Gesellschaftswissenschaften durch den Soziologen voraus und macht andererseits eine enge Zusammenarbeit zwischen den Soziologen und den Vertretern dieser Wissenschaften notwendig. Soziologische Forschungen, die sich nicht auf ökomonische stützen, tragen immer einen oberflächlichen und unrealistischen Charakter. Ebenso verhält es sich mit den ökonomischen Forschungen, wenn sie die soziologische Analyse nicht mit einbeziehen. Das gilt sowohl für die theoretischen Forschungen als auch für die angewandte, die konkrete Leitungsaufgaben im Bereich des gesellschaftlichen Lebens lösen...
... Die Zweckmäßigkeit und die Größe der Produktion für diese oder jene Ware müssen in Abhängigkeit vom Grad ihres Bedarfs und der Käufer bestimmt werden. Deshalb ist es notwendig, mit einem ausreichenden Wahrscheinlichkeitsgrad zu wissen, wie die Bedürfnisse der verschiedenen sozialen Gruppen in den verschiedenen Gebieten des Landes sind, wie der Grad der Befriedigung ihrer Bedürfnisse heute ist, und wie sich die Bedürfnisse – unter dem Einfluß welcher Faktoren und in welcher Richtung – ändern, wie die Größe der Nachfrage nach verschiedenen Waren und ihre Entwicklungstendenzen sind und welche Waren die Vertreter der verschiedenen sozialen Gruppen in den verschiedenen Gebieten morgen kaufen werden.
Damit begeben wir uns auf den schwankenden Boden der Erforschung des Subjektiven: des Geschmacks, der Mode, der Vorzüge, der Stimmungen. Aber das darf uns nicht verwirren. Der Produktionsplan, der aufgrund einer wissenschaftlichen Prognose der subjektiven Bedürfnisse der Bevölkerung erarbeitet wurde, ist um ein Vielfaches genauer und effektiver als der Plan, der ohne ihr Studium und ihre Berücksichtigung aufgestellt worden ist.
Die sozialistische und kommunistische Produktion ist dem Menschen und seinen Bedürfnissen untergeordnet. Diese Bedürfnisse müssen systematisch studiert werden. Wenn die Kapitalisten in den USA, obwohl sie schon so eine automatische Kennziffer des Verhältnisses von Nachfrage und Angebot haben wie den Preis, trotzdem nicht weniger als 3600 Firmen und Spezialagenturen zur Erforschung des Marktes unterhalten, dann ist es für die sozialistische Planwirtschaft (in der der Preis keine ausreichend sichere Kennziffer des Angebotes und der Nachfrage ist) unbedingt erforderlich, ein weitverzweigtes Netz von Institutionen aufzubauen, die das Verhalten des Käufers studieren müßten.
Der Aufbau eines solchen Systems wird zweifellos eine bessere Planung gestatten und bedeutende Einsparungen ermöglichen.
Aus diesen praktischen Arbeiten ergeben sich umfangreiche theoretische Aufgaben zur weiteren Ausarbeitung der Probleme der Sozialstruktur in unserer Gesellschaft. Eine Antwort

---

1 Engels, F.: Brief an J. Bloch, vom 21./22.9.1890. In: Marx/Engels: Werke, Bd. 37. Dietz Verlag, Berlin 1967, S. 465.

auf die Grundfragen dieser Problematik ist vom Marxismus in der Lehre von den Klassen gegeben worden. Für die praktischen Ziele der wissenschaftlichen Leitung der Gesellschaft ist es jedoch sehr wichtig zu berücksichtigen, daß innerhalb der Klassen bestimmte soziale Gruppen existieren. Die Unterschiede zwischen ihnen sind nicht durch die Eigentumsformen an den Produktionsmitteln bedingt, sondern ergeben sich aus solchen Faktoren wie Beruf, Qualifikation, Bildung und Einkommenshöhe. Die Fragen der Planung und Leitung und die konkreten ökonomischen Probleme des kommunistischen Aufbaus können nicht erfolgreich gelöst werden, wenn nicht die Probleme der Sozialstruktur wissenschaftlich ausgearbeitet und die sozialen Gruppen differenziert analysiert werden, wo die Mitglieder dieser Gruppen durch ihre Arbeitstätigkeit, durch die Ähnlichkeit ihrer Qualifikation, ihrer Bedürfnisse, in ihren Motiven zur Arbeitsaktivität und ihrer Gruppennormen miteinander verbunden sind.

Begleittext 7.7:

Gerhard Kleining: Struktur- und Prestigemobilität in der Bundesrepublik Deutschland. Aus: Kölner Zeitschrift für Soziologie und Sozialpsychologie, Jg. 23, Heft 1, 1971, S. 1–33.

Der Aufsatz bringt Daten aus einer größeren Mobilitäts-Untersuchung, die 1969 und 1970 mit repräsentativ ausgewählten Samples von 25.200 Personen in der Bundesrepublik und West-Berlin vorgenommen wurde. Er soll einen ersten Überblick über das vorliegende Material geben. Unter diesem Gesichtspunkt wurden die hier veröffentlichten Informationen auch ausgewählt: Es sind im wesentlichen „Grunddaten" über den Aufbau der Gesellschaft, über Mobilitätsraten, die hauptsächlichen Mobilitätswege und die Mobilitätschancen für Angehörige der einzelnen gesellschaftlichen Gruppen in ihrer zeitlichen Veränderung. Die Untersuchung umfaßt drei Generationen; Rückprojektionen reichen bis zum Geburtsjahr 1830.
Hier wird nur über Inter-Generationen-Mobilität berichtet. Daten über Karriere-Mobilität liegen gleichfalls vor; sie sollen zusammen mit weiterem Material über mobilitätsfördernde und -hindernde Faktoren später veröffentlicht werden.
Wir machen einleitend einige Bemerkungen über den Platz empirischer Untersuchungen über Mobilität in der soziologischen Theorie. Dann beschreiben wir die Konzeption für die beiden Mobilitätsarten, die wir hier getrennt erfassen und darstellen: die Struktur- und die Prestige-Mobilität. Es folgen die Ergebnisse der Untersuchung und eine kurze Zusammenfassung.

Zum Verhältnis der Mobilitätsforschung zur soziologischen Theorie
Seit *Pitirim A. Sorokins* Buch über soziale Mobilität (1927) gehört dieser Begriff zu den wichtigsten zur Beschreibung gesellschaftlicher Dynamik, besonders wenn man ihn weiter faßt und unter Mobilität die Veränderung von Positionen in der Gesellschaft generell versteht.
Das Studium sozialer Mobilität – nach Häufigkeit, Richtung, Distanz, Ursachen und Folgen – sollte *direkt* zum Verständnis der Wirkungsweise gesellschaftlicher Organisation führen, besser als dies die Analyse des augenblicklichen Zustandes einer Gesellschaft vermag, da gesellschaftliche Kräfte historischer Natur sind und sich in Verlaufsformen besser zu erkennen geben, als wenn man sie unabhängig von der Zeitdimension betrachtet.
Die empirische Mobilitätsforschung hat bislang einen solchen Anspruch, wie er für dieses Forschungsgebiet jedenfalls bestehen sollte, in nur geringem Umfang erfüllt. Das liegt zum Teil an den Forschungsverfahren: an zu kleinen, zu schlecht ausgewählten, zu wenig repräsentativen Samples oder zu begrenztem historischen Material, an zu ungenauen Meßinstrumenten, an unbefriedigenden Techniken der Analyse der Daten, aber auch an zu ängstlich definierten

oder unrealistisch weitgefaßten operationalen Zielen. Weitgehend sind dies Symptome einer Frühphase empirischer Untersuchungen, und insofern kann man erwarten, daß sie durch Professionalisierung auch der soziologischen Forschung überwunden werden.
Gravierender sind Begrenzungen im Konzeptionellen. Bislang haben sich empirische Mobilitätsstudien, sofern sie nicht rein deskriptiv waren, vornehmlich an der *funktionalen Theorie* orientiert. Wie alle Theorien, die Vorgänge in der gesamten Gesellschaft betreffen, sollen funktionale Deutungen auch Mobilität erklären und nach Möglichkeit prognostizieren. Die funktionale Theorie hat sich in dieser Hinsicht im wesentlichen mit individueller Mobilität befaßt und mit der Frage, warum und unter welchen Bedingungen sie überhaupt stattfindet. Wie etwa können die sozialen Positionen, die als funktional unterschiedlich wichtig gelten, mit den jeweils geeigneten, aber nur begrenzt zur Verfügung stehenden Talenten besetzt werden?
Im wesentlichen handelt es sich für die funktionale Theorie um drei Aspekte, die in diesem Zusammenhang als bedeutsam angesehen werden:

a) die unterschiedliche Verfügbarkeit von Positionen im Verhältnis zur Verfügbarkeit von Menschen, die geeignet sind, sie zu besetzen;
b) die Wichtigkeit ihrer Motivation zur Mobilität;
c) die Wichtigkeit der „Belohnung“ oder des Belohnungs-Anreizes dafür – materiell oder durch Sozial-Prestige.

Die *marxistische Konzeption* schließt, da es sich um eine dynamische und gesamtgesellschaftliche Theorie handelt, gleichfalls Annahmen über Mobilität ein, und zwar sowohl über die Veränderungen der Positionen von Individuen als auch über die von Klassen. In der historischen Projektion wird sich die Gesellschaft nach Karl Marx und Friedrich Engels zunehmend zu zwei antagonistischen gesellschaftlichen Klassen polarisieren. Damit ist Mobilität gerade nicht die Veränderung von Positionen unter funktionalen Maximen, sondern die notwendige Folge der ökonomischen Situation und der Herrschaftsverhältnisse in der Gesellschaft.
Auf die Klassen- und Herrschaftsverhältnisse und überhaupt auf die mit Mobilität verbundenen Macht-Aspekte ist die empirische Mobilitätsforschung bisher kaum eingegangen, obgleich es doch eigentlich naheliegen sollte, dynamische Prozesse wie Mobilitäten gerade im Zusammenhang mit Macht und Dynamik in der gesamten Gesellschaft zu sehen. Aus beiden Theorien, der funktionalen und der marxistischen, können Prognosen über das Mobilitätsverhalten von Personen und Gruppen in der Gesellschaft abgeleitet werden, die sich, als Einzelhypothesen formuliert, im Prinzip der empirischen Überprüfung nicht entziehen sollten. Jedenfalls sollte empirische Forschung so angelegt sein, daß sie Ergebnisse erbringt, die im Sinne theoretischer Konzeptionen bedeutungsvoll und aussagekräftig sind.

Einige Ergebnisse der Mobilitätsforschung
Die Bestimmung von Umfang und Richtung beruflicher Mobilität, vornehmlich der „vertikalen“ und deren Veränderung im Zeitablauf, war bislang eines der Hauptanliegen der empirischen Mobilitätsforschung.
Mit großer Regelmäßigkeit haben Untersuchungn immer wieder ergeben, daß die Chancen für einzelne Personen in einer Gesellschaft, bestimmte soziale Positionen zu erreichen, außerordentlich verschieden sind. Hier schließen sich die Behinderungen oder Bevorzugungen, die durch die soziale Herkunft verursacht werden, ohne weiteres an solche an, die im Geschlecht und Alter liegen, von anderen mobilitätshemmenden oder -fördernden Faktoren gar nicht zu reden.

Zur Konzeption: Struktur- und Prestige-Mobilität

Unsere Erhebung versucht, Mobilitäten in ihrer Abhängigkeit von den Macht- und Herrschaftsformen in der Gesellschaft zu sehen. Dazu erscheint es notwendig, zwei Aspekte auseinanderzuhalten: die *Positionen* oder die Zugehörigkeit zu bestimmten Arbeits- bzw. Herrschaftsverbänden und die sozialen *Belohnungen,* die daraus abgeleitet werden, besonders das soziale Prestige. Dementsprechend ist zwischen struktureller Mobilität und Prestige-Mobilität zu unterscheiden.

Struktur-Mobilität: Soweit bekannt ist, haben alle Gesellschaften von einiger Größe, in denen Arbeit sozial geteilt ist, auch Techniken zur Stabilisierung der Arbeitsteilung entwickelt. Sie sind unter gewissen historischen und wirtschaftlichen Bedingungen zur Ausübung von Macht und Errichtung von Herrschaft verwandt worden.

Voraussetzung ist dabei die Möglichkeit zur Reglementierung des Zuganges bzw. die Verhinderung des Abganges von bestimmten Arbeitsformen zu anderen, sei dies durch Gewalt oder – bei besser gefestigter Herrschaft – durch kodifiziertes Recht, Naturrecht oder internalisierte „Selbstverständlichkeiten". Das Ziel dieser Techniken ist stets die Kontrolle des Arbeitsertrages, was durch den Besitz der Produktionsmittel, aber auch durch den Besitz der Produzierenden selbst geschehen kann, wie in den auf Ausbeutung der Arbeitskraft von Sklaven beruhenden Wirtschaftsformen.

Auf diese Weise gelangen einzelne oder mehrere soziale Gruppen in privilegierte soziale Positionen; bei ihnen kann sich der Arbeitsertrag ansammeln, der von den verschiedenen arbeitenden Gruppen in der Gesellschaft produziert wird, während andere wesentliche Teile des Ertrages ihrer Arbeit abzuführen haben.

Unter *Struktur*-Mobilität soll das Überwechseln von einer dieser Organisationsformen der Arbeit zu einer anderen verstanden werden. Abhängig vom jeweiligen Wirtschaftssystem ist dies gleichzusetzen mit der Mobilität zwischen Kasten, Ständen oder sozialen Klassen.

Zwei Faktoren, die Mobilität beeinflussen, sind in diesem Zusammenhang wichtig: a) die Entwicklung der Werkzeuge oder der Technologie und b) die Entwicklung der Herrschaftsverhältnisse in der Gesellschaft im allgemeinen und das Verhältnis der Kasten, Stände und Klassen zueinander im besonderen. Im ersten Fall gehen Einflüsse auf die Mobilität von den *Produktionstechniken* aus, die den Bedarf von Arbeitskräften bestimmter Anzahl und Qualifikation betreffen; im zweiten Fall werden die Mobilitätsraten, die Mobilitätswege und die Mobilitätschancen im Sinne der Verfestigung oder der Lockerung der bestehenden *Herrschaftsformen* beeinflußt: Mittel zur Etablierung der Herrschaft sind etwa die rigide Steuerung des Zuganges zu Positionen in bestimmten privilegierten Arbeitsbereichen, besonders zum Besitz an Produktionsmitteln, was durch Internalisierung der Mobilitätsbeschränkungen und durch Errichtung von Geburts-, Rechts- und Qualifikations-Barrieren erreicht wird.

Struktur-Mobilität, sei sie nun ausgelöst durch veränderte Technologie oder ermöglicht durch Schwächung herrschaftskonformer Mobilitätsbarrieren, verändert die Machtverhältnisse in der Gesellschaft potentiell oder tatsächlich. Die bloße Verschiebung der Zahlenverhältnisse in den einzelnen Arbeitsverbänden kann schon die Gewichte in der Gesellschaft insgesamt anders verteilen. Dies wird in dem Maße geschehen, in dem den einzelnen Mitgliedern einer jeden Gruppe gleiche Chancen und Rechte eingeräumt werden, was jedoch auch wieder herrschaftsabhängig ist.

Prestige-Mobilität: Im Gegensatz zur Struktur-Mobilität bezeichnet Prestige-Mobilität die Veränderung von Positionen auf einer nur vorgestellten, subjektiv erlebten, als vertikal gedachten Achse des sozialen Ansehens. Bestimmten Arbeits-, Berufs- oder Besitz-Positionen werden jeweils bestimmte Prestige-Plätze zugeschrieben und zwar mit bemerkenswerter Einheitlichkeit in verschiedenen Gesellschaften und mit großer zeitlicher Stabilität. Menschen, die in Familien mit ähnlichen Prestige-Positionen aufwachsen, erlernen durch die Sozialisation meist auch ähnliche Bewertungskategorien und Verhaltensstile; Menschen, die in solche Positionen später kommen, machen sich diese Werte – wenn sie sich anpassen – zu eigen; dadurch wird der soziale Kontakt mit Menschen in ähnlichen Prestige-Positionen erleichtert. Unter diesem Gesichtspunkt sozialen Verhaltens denkt man sich Menschen zu sozialen „Schichten" zusammengefaßt, die man sich gewissermaßen übereinander plaziert vorstellt. Prestige-Mobilität ist Mobilität zwischen sozialen Schichten im Gegensatz zur Struktur-Mobilität, die zwischen Klassen stattfindet.

Das Prestige-System steht mit dem Macht-System zwar in Bezug, ist von ihm aber nicht auf mechanistische Weise abhängig. Es ist wichtig, es auch unter dem Herrschaftsaspekt zu betrachten, wenn man sein Wesen erkennen will: Befriedigungen, wie sie durch soziales Prestige vermittelt werden, sind soziale „Belohnungen".

VIII. Was stellen sich Soziologen unter „Gesellschaft" vor?

Soziologie gilt als *die* Wissenschaft von der Gesellschaft. Dennoch sucht man in vielen soziologischen Lehrbüchern vergeblich ein eigenes Kapitel darüber. Über die Gesellschaft zu reden und sich mit ihr auseinanderzusetzen, ist populär – merkwürdig, denn in unserem täglichen Leben haben wir mit der Gesellschaft niemals direkt zu tun. Wir befassen uns mit einzelnen *Menschen* (unseren Kollegen, Nachbarn oder Ehepartnern), mit *Organisationen* (einer Lieferfirma, der Baupolizei oder unserem Berufsverband), manchmal auch mit *Massenerscheinungen* (einem Verkehrsstau), wir haben aber niemals die Gesellschaft als ganze vor uns. Wie kommen wir überhaupt darauf, daß es so etwas wie „die Gesellschaft" gibt?

1. Alltagserfahrungen

Zunächst wohl deshalb, weil wir in einer Umwelt aufgewachsen sind, in der wir merkten, daß wir zusammen mit unserer Familie einer großen Gemeinschaft angehörten. Als Kinder lernten wir, daß wir Deutsche sind, in Deutschland leben und die deutsche Sprache sprechen, in der Schule mußten wir besonders über deutsche Geschichte und deutsche Literatur Bescheid wissen. Damit übernahmen wir Denkgewohnheiten: Vorstellungen wie „unser Volk" und „unser Land" wurden zu etwas Selbstverständlichem. Solches Denken setzt die Existenz einer gesellschaftlichen Einheit bereits voraus.

Im weiteren Verlauf unseres Lebens haben wir dann Erfahrungen gemacht, die unsere anerzogene Denkweise bekräftigen. Wir sind Ausländern begegnet, die irgendwie nicht zu uns gehörten; es wurde uns klar, daß es Staatsgrenzen gibt, jenseits derer die Menschen eine andere Sprache sprechen. Danach scheint die Gesellschaft das Gleiche wie der Staat oder die Nation zu sein. Über weite Strecken unserer Geschichte hinweg kannte man in der Tat keinen deutlichen Unterschied zwischen „Staat" und „Gesellschaft". Dachte man über zwischenmenschliche Beziehungen nach, dann beschränkte man sich auf Überlegungen zur Neuordnung des Staates (Staatsphilosophie). Der Staat und die ihrerseits mit politischer Macht ausgestattete Kirche waren so eng verbunden und so mächtig, daß neben ihnen keine eigenständige gesellschaftliche Sphäre ins Blickfeld kam. Erst als sich mit der Entwicklung des Fernhandels und der Industrie die „Wirtschaft" als sozialer Bereich mit eigener Machtbasis entwickelte, begann deutlich zu werden, daß der Staat nur ein Teilbereich im umfassenderen Zusammenhang „Gesellschaft" ist.

Vieles, das in unserem Leben passiert, hat wenig mit dem Staat zu tun, wohl aber mit anderen Menschen, Personen, die wir nie kennenlernen. Ob unsere Lehrer Zeit für uns haben und mit welcher Abiturnote wir noch einen Studienplatz bekommen, hängt wesentlich davon ab, wieviele Altersgenossen wir haben, die ebenfalls eine Ausbildung suchen. Welche Berufe wir ergreifen können, bestimmt der Arbeitsmarkt. Wieviel wir verdienen können, hängt nicht nur von unserer Leistung ab, sondern auch von der Produktivität der übrigen Erwerbstätigen. Die

Höhe unserer Sozialabgaben ergibt sich aus der Zahl der Rentner, die damit versorgt werden müssen. Welche Regierung wir haben, entscheiden „die Wähler", auch die in anderen Bundesländern. Irgendwie bilden wir mit anderen Menschen eine Einheit, als deren Mitglieder wir uns fühlen, und für diese Einheit haben wir den Namen Gesellschaft.

Der Gedanke von „der Gesellschaft" drängt sich uns aber nicht nur auf, wenn wir unsere eigene Lage betrachten, sondern auch dann, wenn wir über das Verhalten der Mitmenschen nachdenken. Um mit Menschen auszukommen, muß man sie verstehen und ihre Motive kennen. Man benutzt, was man in der Alltagssprache Menschenkenntnis nennt, die Fähigkeit, für das Verhalten anderer eine Erklärung zu finden. Hat ein Kollege einen Temperamentsausbruch, so mögen wir vermuten, er sei von Natur aus Choleriker (Erbanlagen), er habe gerade Krach mit der Familie (unmittelbare Umwelt) oder wir seien ihm persönlich unsympathisch. Oft benutzen wir aber auch Deutungen, die das Verhalten einer Person auf größere, soziale Zusammenhänge zurückführen, auf so etwas wie „die Gesellschaft"[1]: das Leiden unter der Entfremdung in der modernen Arbeitswelt oder der Streß in der Leistungsgesellschaft. In derartigen Alltagserklärungen kann man Vorstellungen über den gesamtgesellschaftlichen Zusammenhang antreffen[2].

Fassen wir zusammen! Daß wir in „einer Gesellschaft" leben, erkennen wir daran, daß

1. unser Denken und Verhalten nicht nur von unserer näheren, sondern auch von unserer weiteren Umwelt bestimmt ist, *einmal* durch das, was wir lernen (Sprache, Geschichtbewußtsein aus Schulbüchern), *zum anderen* durch die Bedingungen, an die wir uns anpassen müssen (Bevölkerungsstruktur, Lebensstandard, politische Ordnung);
2. sich aus dem Handeln der einzelnen Menschen „auf gesamtgesellschaftlicher Ebene" Konsequenzen ergeben, die vielleicht von keinem der Beteiligten gewollt sind, aber von allen getragen werden müssen (Verkehrsstockungen, Umweltverschmutzung);
3. nicht alles, was sich in unserer Umwelt ereignet, politisch oder wirtschaftlich bedingt, aber dennoch kein Zufall ist.

2. Wie wird Gesellschaft definiert?

Meistens bezeichnet der Begriff die Gesamtheit der Menschen eines Landes und ihre Beziehungen zueinander. In einem Konversationslexikon können wir folgendes nachlesen:

„Gesellschaft ist die Gesamtheit der zwischenmenschlichen Ordnungen und Gebilde; die Tatsache, daß der Mensch überall nur im Zusammenleben und -wirken mit Menschen

---

1 Auch Fachleute verwenden manchmal recht vage Erklärungen, die sich kaum von Denkstil des Laien unterscheiden. In einem Prozeß gegen neun „Gammler" (sechs Mädchen und drei junge Männer), die einen ihresgleichen vier Tage lang bestialisch gefoltert hatten, meinte beispielsweise ein Sachverständiger: „Das geht doch ins Psychopathische und deshalb über Einzelfälle nicht hinaus." Ein anderer betonte: „Es ist deplaziert, hier nach Motiven zu fragen – die Spontaneität ist das wesentliche Merkmal. Die handeln wie im Rausch." Ein dritter gab zu bedenken, daß Jugendliche in Gruppen Rollen übernehmen, von denen sie dann „nicht mehr zurückblenden können", weil das Handeln in der Gruppe „mit besonderer Dynamik geladen sein" könne (Der Spiegel, 1974, Nr. 23, S. 52–55). Diese Erklärungen deuten bestenfalls auf Möglichkeiten hin, nicht aber auf *eindeutig ermittelte* Ursachen. Die Vagheit zeigt sich hier im Hinweis auf unbestimmte Kräfte, die jenseits des Normalen liegen: Irre sein, im Rausch handeln, unter dem Einfluß besonderer Dynamik stehen.

2 Alltagserklärungen menschlichen Handelns sind von Uwe Laucken in seinem 1974 erschienenen Buch *Naive Verhaltenstheorie* untersucht worden

anzutreffen ist und daß insbesondere alle Kultur hieraus erwächst. Die menschliche G. zeigt auf jeder ihrer Entwicklungsstufen eine Mehrzahl von Formen und Ordnungen; der Mensch ist Mitglied mehrerer Gruppen (Familie, Staat, Partei, Kirche u.a.), die einander vielfach einschließen und überschneiden ... Während die ältere, ständisch aufgebaute G. dem absoluten Staat und seiner Rechtsordnung eingeordnet war, entfaltete die seit 1789 entstehende „bürgerliche G." ihre eigene Bewegung, was u.a. wirtschaftlich-technische Ursachen hat: Klassenbildung, Klassengegensätze und -kämpfe, Verstädterung, Industrialisierung, Auflösung der patriarchalen Ordnungen, Versachlichung und Rationalisierung der Abhängigkeitsverhältnisse..." (dtv-Lexikon, Stichwort „Gesellschaft").

In dieser Definition werden viele Aspekte der gesellschaftlichen Entwicklung angesprochen, doch wird einem dieses Wissen kaum das Gefühl geben, die Dinge klar zu sehen. Über die Vorgänge in der Gesellschaft werden nur ganz globale Aussagen gemacht: die Gesellschaft „zeigt" eine Mehrzahl von Formen und Ordnungen; die Gruppen „schließen einander ein und überschneiden sich"; die bürgerliche Gesellschaft „entfaltete ihre eigene Bewegung". Wenden wir uns einem Fachlexikon der Soziologie zu:

Gesellschaft: ein bestimmtes konkret-historisches System gesetzmäßig verbundener gesellschaftlicher Verhältnisse, die die Menschen in ihrem Lebensprozeß eingehen und deren grundlegender Bestandteil das ökonomische System, das System der Produktionsverhältnisse ist, das seinerseits einem bestimmten Entwicklungsgrad der Produktivkräfte entspricht. Der historische Charakter der Gesellschaft als System bedingt, daß es keine Gesellschaft „überhaupt" gibt, sondern nur konkret-historische Gesellschaftssysteme ... (Wörterbuch der marxistisch-leninistischen Soziologie, Stichwort „Gesellschaft).

Auch hier sind die Aussagen über den Funktionsmechanismus der Gesellschaft ungenau; gesellschaftliche Verhältnisse sind „gesetzmäßig verbunden"; das ökonomische System ist „grundlegender" Bestandteil; die Produktionsverhältnisse „entsprechen" Produktivkräften. Zudem besteht die Tendenz, vom Totalbegriff abzugehen und auf einzelne Gesellschaftstypen zu verweisen. – Ein weiteres Fachlexikon:

„... Damit erscheint Gesellschaft immer mehr als ein verwickeltes System von sozialen Handlungen, Gruppen und Verhaltensnormen, das man nicht auf einen Nenner bringen kann" (Fischer-Lexikon Soziologie).

Hier resigniert die Gesellschaftswissenschaft offenbar völlig. Und doch kommen wir von der Vorstellung nicht los, daß die zahlreichen Beziehungen der Menschen untereinander ein zusammenhängendes Ganzes bilden. Selbst die marxistische Soziologie, die den Begriff der „Gesellschaftsformation" (Gesellschaftstyp) in den Vordergrund rückt, mag auf den Gesellschaftsbegriff nicht verzichten: „(Daraus) ... folgt aber nicht, daß der Begriff der Gesellschaft keine Kategorie der marxistischen Soziologie ist..." (Wörterbuch der marxistisch-leninistischen Soziologie, 1971: 149). Warum ist es so schwer, das Ganze auf einen Nenner zu bringen?
Weil das Wort Gesellschaft keine Sache bezeichnet, sondern ein Bild, das wir uns von einem Zusammenhang machen, der im einzelnen noch nicht übersehbar ist. Es gibt viele solcher Bilder: Industriegesellschaft, sozialistische Gesellschaft, stagnierende Gesellschaft, städtische Gesellschaft, säkularisierte Gesellschaft, totalitäre Gesellschaft. In jedem dieser Beispiele hat das Gesellschaftsbild eine andere Perspektive.

Industriegesellschaft	(Produktionsweise)
Sozialistische Gesellschaft	(Eigentumsordnung)
Stagnierende Gesellschaft	(Bevölkerungsentwicklung)
Städtische Gesellschaft	(Siedlungsform)
Primitive Gesellschaft	(Kulturstufe)
Faschistische Gesellschaft	(Ideologie)
Säkularisierte Gesellschaft	(Bedeutung der Religion)
Totalitäre Gesellschaft	(Macht des Staates)

In jedem Fall ist etwas Wichtiges hervorgehoben, anderes wird vernachlässigt, niemals ist der gesellschaftliche Ablauf vollkommen erfaßt. Dafür gibt es vor allem zwei Gründe.

1. Es gibt eine Vielfalt von Gesellschaftstypen – Unter den Naturvölkern kennen wir Gesellschaften, die nur aus Familienverbänden bestehen. Es gibt keine Betriebe, keine Behörden, keine Kirchengemeinden, keine Parteien und keine Clubs. Alles was sich dort abspielt, geschieht im Rahmen der Familie als dem einzigen Typ sozialer Gruppe. Es fehlen viele Arten sozialer Beziehungen, die wir kennen: die unpersönliche Beziehung zwischen Schalterbeamten und Postkunden, die anonyme Gefühlsbindung vom Fernsehzuschauer zum Nachrichtensprecher, das distanzierte Verhältnis zwischen Hauswirt und Mieter oder die Kühle zwischen zwei Anwälten als Vertreter streitender Parteien. Verschiedene Arten menschlicher Gemeinschaften fordern unterschiedliche Erklärungen (Gesellschaftstheorien).

2. Es gibt viele Ursachen für den Wandel der Gesellschaft – Man liest ständig von gesellschaftlicher Entwicklung. Wodurch kommt sie eigentlich zustande? Gehen wir – absichtlich vereinfachend – einmal davon aus, daß ein Erzvorkommen in einer unbewohnten Gegend gefunden wird. Eine Förderanlage soll errichtet werden. Dazu sind Straßen für den Antransport des Baumaterials und eine Eisenbahnlinie für die Erzwaggons erforderlich. Die Anlage wird gebaut; eine Stammbelegschaft aus Arbeitern, Verwaltungsangestellten und Ingenieuren wird angesiedelt; die Förderung beginnt. Familienangehörige werden nachgeholt, neue Familien werden gegründet, die Bevölkerung wächst, die Altersstruktur ändert sich. Während der Bauphase gab es ein einziges Geschäft, eine Gemischtwarenhandlung mit Kneipe in einer Baracke. Der Krämer war gleichzeitig Wirt. Jetzt entstehen hier ein Kaufhaus sowie ein Restaurant, eine Bar und ein Café. Verkaufs- und Bedienungspersonal muß angeworben werden, das Warenangebot wird größer und differenzierter.
Drei Impulse kennzeichnen diese Entwicklung:
Der *technische Fortschritt* – die Entdeckung des Rohstofflagers, die alles in Gang brachte.
Das *Bevölkerungswachstum* – entscheidend ist hier nicht der Arbeitskräftebedarf des Bergwerks, sondern die Gründung und Erweiterung von Familien.
Kapitalbildung – durch Investition von Gewinnen (Kapitalakkumulation) bzw. durch Kreditfinanzierung entstehen neue Betriebe und damit Arbeitsplätze im Einzelhandel.
Kein Zweifel: es war der technische Fortschritt, der den Stein ins Rollen brachte. Dann aber kamen Bevölkerungswachstum und investitionsfördernde Kapitalbildung als selbständige Ursachen der weiteren Entwicklung hinzu. Aus Folgen wurden neue Ursachen.

3. Die Bedeutung des Gesellschaftsbegriffs für die Soziologie

Diese Verkettung von Ursachen und Wirkungen ist, wie schon im Kapitel VII betont wurde, besonders typisch für den Zusammenhang der Gesellschaft. Den Menschen prägende Umwelteinflüsse sind beispielsweise das Familienmilieu und die Erziehung. So gesehen stellen sie „Ursachen“ für sein Verhalten dar. Doch auch diese „Ursachen“, der familiäre Lebensstil und die Erziehungsinhalte, sind ihrerseits Resultate gesellschaftlicher Vorgänge. Welche Wünsche ein Vater für den Werdegang seines Sohnes entwickelt, wie er ihn erzieht, mag etwa davon abhängen, welchen Anforderungen er selbst im Beruf ausgesetzt ist. Was man aber dort von ihm verlangt, wieweit seine Stellung durch Konflikte belastet ist oder welche Aufstiegschancen ihm bleiben, all das muß ursächlich aus Faktoren wie der Betriebsorganisation, dem Arbeitsmarkt oder der Wirtschaftsordnung erklärt werden. Für den Soziologen genügt es nicht, daß er das Handeln einzelner auf die unmittelbare Umwelt zurückführt, er muß vielmehr auch den weiteren, den gesamtgesellschaftlichen Zusammenhang bedenken. Auch damit kommt man freilich nicht zu „letzten“ Ursachen, denn der Gesamtzusammenhang der Gesellschaft in einer Epoche läßt sich seinerseits wieder aus der Geschichte erklären. Wieweit man die Ursachen eines Geschehens zurückverfolgen will, hängt allerdings vom Zweck einer Untersuchung und vom Interessenschwerpunkt einer Wissenschaft ab. Soziologen interessieren sich vorrangig dafür, wie soziale Vorgänge in der Gegenwart verlaufen und in der Zukunft verlaufen könnten. Deshalb legen sie das Hauptgewicht auf gegenwärtige und noch beeinflußbare „Ursachen“.

Noch aus einem weiteren Grund hat der Soziologe ein Bild von der Gesellschaft als Ganzer. Wer den Bedingungen einzelner Vorgänge auf die Spur kommen will, muß wissen, wo er die belangvollen und deshalb untersuchungswerten Bestimmungsfaktoren zu suchen hat. Er braucht Wegweiser für seine Forschungstätigkeit. Das kann für ihn nur eine Idee vom Zusammenspiel der umfassenden gesellschaftlichen Prozesse sein. Zahlreiche Sozialwissenschaftler haben beispielsweise gerätselt, warum es in den sechziger Jahren zur Studentenbewegung kam. Die verschiedensten Erklärungen waren denkbar: starke Geburtenjahrgänge und damit eine Überfüllung der Universitäten; die Tatsache, daß neue Sozialschichten zu den Hochschulen drängten und dort auf Lehrinhalte stießen, die ihnen wenig Nutzen versprachen; der liberale Erziehungsstil bürgerlicher Familien, der die Nachwuchsgeneration sensibel für Probleme sozialer Gerechtigkeit und gleichgültiger gegenüber den materiellen Werten einer Leistungsgesellschaft gemacht haben könnte. Aber warum waren es gerade *diese* Ursachen, die man in Erwägung zog? Doch nur deshalb, weil man vermutete, daß sie sich aus allgemeineren gesellschaftlichen Vorgängen ergeben hatten. Man besaß genaue Zahlen über die Größe der Jahrgänge und die Menge der Schulabgänger; man hatte einige Anhaltspunkte und vielerlei Mutmaßungen darüber, daß sich die soziale Zusammensetzung der Studenten änderte (z.B. durch die Bildungswerbung); es gab Theorien über den Erziehungsstil in den oberen Mittelschichten und dessen Einfluß auf das Verhalten der Kinder. Ohne solches Vorwissen (Vorverständnis) hätte man überhaupt nicht auf mögliche Entstehungsgründe der Protestbewegung kommen können.

Allerdings sind solche forschungsleitenden Ideen immer relativ vage. Sie sind unspezifischer als Erkenntnisse über Teilbereiche, die man sich von wissenschaftlicher Detailarbeit erhoffen darf. Wüßten wir genau, wie die Gesellschaft global funktioniert, wie Wirtschaftswachstum, Bevölkerungsentwicklung, Bildungsinteressen und gesellschaftspolitische Einstellungen zusammenhängen, dann brauchten wir auch nicht mehr nach den Ursachen der Einzelerscheinung „Studentenbewegung“ zu forschen, ja, wir hätten sie voraussagen können. Wo es um Leitbilder der Forschung geht, spricht man in der Wissenschaftslehre von „Modellen“, „Paradigmata“ oder „Ansätzen“ und unterscheidet davon den eigentlichen Theoriebereich (vgl. Kap. II). Ihm rechnet man die eindeutigen und womöglich überprüfbaren Aussagen über spezifische Zusammenhänge zu, die „Hypothesen“. Das Gesellschaftsbild der Soziologen gehört in diesem Sinne vorläufig dem Modellbereich an, es *dient* der Theoriebildung.

Selbstverständlich möchte man auch Gesellschafts*theorien* entwickeln, man will wissen, wie etwa die französische Gesellschaft oder die der DDR als ganzes „funktioniert“ (wohlgemerkt:

als Gesellschaft, nicht als Staatswesen). Aber auch dazu brauchte man eine Anleitung, ein Modell. Man könnte dabei von Überlegungen zum Geschichtsverlauf oder zur spezifischen Konstellation von Nachbargesellschaften ausgehen und so zu Vermutungen über die Besonderheiten des jeweiligen sozialen Kraftfeldes kommen. Auch hier wären die Ausgangsvorstellungen (geschichtliche Entwicklungsgesetze und übernationaler Zusammenhang) verschwommener als die Gesellschaftstheorie, die man mit ihrer Hilfe zu konstruieren versuchte. Das Wort Gesellschaft bezeichnet die Idee, daß irgendwie alles mit allem zusammenhängt, eine *Totalität* bildet. Um eine exakte Theorie der Totalität zu haben, müßten wir alle Einzelvorgänge und ihre Ursachen, auch im geschichtlichen Verlauf, kennen. Zur Totalität gehört schließlich auch das eigene Denken über sie. Deswegen ist prinzipiell keine eindeutige Beschreibung und Analyse einer Totalität möglich. Auch in den Naturwissenschaften sind die Vorstellungen vom Gesamtzusammenhang aller Naturvorgänge („die Natur") notwendigerweise verschwommen. Eine „präzise Vorstellung" kann man nur über etwas haben, das sich auch präzise abgrenzen läßt und somit keine Totalität darstellen kann. Es läßt sich jetzt auch eine Erklärung dafür geben, daß viele soziologische Lehrbücher nicht einmal ein eigenes Kapitel über die Gesellschaft enthalten. Die Autoren haben durchaus ein Gedankenbild, aber es ist undifferenziert, verträgt keine systematische Darstellung und kann oft mit wenigen Sätzen formuliert werden.

4. Gesellschaft als Organismus und Mechanismus

Noch in einer Publikation aus den 60er Jahren findet sich der Satz: „Die Gesellschaft, in der die Menschen leben, läßt sich als ein geschlossener Organismus verstehen" (v. Hentig, 1968, zitiert nach Schoeck, 1969: 40). Hier wird die Gesellschaft mit Hilfe eines Tricks charakterisiert: sie wird einem lebendigen Wesen gleichgesetzt. Nun ist eine Gesellschaft nichts, das man sehen und direkt greifen kann. Ihr Bild läßt sich nicht einfach „nach der Natur" zeichnen wie ein Porträit. Es muß erst ein Modell entworfen werden, und dabei hilft die Analogie, die Anlehnung an etwas ähnlich Erscheinendes. Wir praktizieren dieses Verfahren sowohl im Alltagsleben, um Worte für neue Gegenstände zu prägen (Stuhl*bein,* Flaschen*hals)* als auch in Technik und Wissenschaft, um über bisher unbekannte Phänomene sprechen zu können (Kristall*gitter,* Material*ermüdung,* Ferseh*kanal).*
Der Vergleich mit Organismen hat in unserer Wissenschaft eine lange Tradition. Besonders bekannt als „Organizist" ist Herbert Spencer (1820–1903), ein Klassiker der englischen Soziologie. Er schrieb in seinen Principles of Sociology: „Ich kann nicht genug Gewicht auf die Wahrheit legen, daß ... ein sozialer Organismus und ein Einzelorganismus einander völlig gleich sind" (Begleittext 8.1 Spencer und 8.2 Lilienfeld).
Es sind aber auch andere Analogien möglich. Bevor der Ausdruck „Soziologie" von dem Franzosen Auguste Comte (1978–1857) eingeführt wurde, sprach man gerne von „sozialer Physik" und betrachtete die Gesellschaft als komplizierten Mechanismus, der, wie die anorganische Materie, physikalischen Gesetzen gehorcht. Das ist verständlich, da die Mechanik damals Kernstück der Physik und diese die Vorreiterin der gesamten Wissenschaftsentwicklung war. Dem mechanistischen Denken entsprechen Begriffe wie soziale Statik und soziale Dynamik, Anziehung oder Abstoßung von Individuen und gesellschaftlichen Gruppen sowie Vorstellungen von sozialer Schwerkraft und Gleichgewicht im sozialen Raum (Vgl. Carey, 1863: 45/46).
Manche solcher Ausdrücke benutzen wir noch heute. „Soziale Distanz" etwa ist ein Fachbegriff in der Forschung über Gruppenbeziehungen geworden. Über „gesellschaftliche

Mechanismen" sprechen wir ständig und verwenden dabei den Begriff des Mechanismus so neutral wie den der Struktur. Typische Mechanizisten, wie wir sie innerhalb und am Rande unseres Faches bis ins gegenwärtige Jahrhundert fanden, meinten mehr damit. Die gesellschaftlichen Antriebskräfte hatten für sie physikalischen Charakter. Der berühmte belgische Chemiker Ernest Solvay (1838–1922), der bezeichnenderweise ein Institut für physiologische *und* soziologische Forschungen begründete (Solvay-Institut, Brüssel) begriff den Gesellschaftsprozeß als „energetischen Vorgang". Die Aufgabe der Soziologie sah er darin, „die Gesamtheit biologischer und sozialer Erscheinungen auf grundlegende physisch-chemische Wirkungen und Reaktionen zurückzuführen" (zitiert nach Sorokin, 1931: 6). Auch der Nobelpreisträger Wilhelm Ostwald (Chemie 1909) arbeitete neben seiner naturwissenschaftlichen Forschung über die energetischen Grundlagen der Soziologie (Ostwald, 1909. Kritisch dazu Max Weber, 1909). Sein Buch ist gewidmet „Ernest Solvay, dem Begründer der soziologischen Energetik". Ostwald geht aus von der physikalischen Erkenntnis, daß alle Vorgänge in unserer Welt auf Energieumwandlungen beruhen, daß aber bei jedem gezielten Energieeinsatz ein unvollkommener Wirkungsgrad hingenommen werden muß (vgl. die Wärmeverluste bei Dampfmaschinen, Verbrennungsmotoren und bei der Lichterzeugung). Die Gesellschaft erscheint ihm als ein Unternehmen, das den Nutzungsgrad menschlicher Energieverausgabung erhöhen soll, sei es durch Funktions- und Arbeitsteilung, sei es durch Sicherung einer Ordnung:

„Der Grundsatz, nach welchem tatsächlich eine Verbesserung durch die Vergesellschaftung erzielt wird, ist der der Ordnung. ... Wir haben bereits mehrfach gesehen, daß durch Kampf und Widerstand immer ein Teil der vorhandenen Energie verbraucht wird, ohne daß er dem beabsichtigten Zweck zugeführt werden kann und daß beim Fortbleiben solcher Energieräuber ein entsprechend verbessertes Güteverhältnis (Wirkungsgrad) erzielt wird. Dies gilt offenbar ebenso wie für den bewußten Kampf auch für den unbewußten, und je mehr die einzelnen energetischen Komplexe so geordnet werden können, daß sie im Gleichmaß arbeiten, um so kleiner wird der verlorene Anteil ausfallen. Die Ordnung menschlicher Tätigkeit hat aber die menschliche Gesellschaft zur Voraussetzung, und wir werden umgekehrt die Gesellschaft nur so weit und insofern als wertvoll anerkennen, als sie durch ihre Ordnung das Güteverhältnis verbessert" (S. 113).

Zu betonen ist, daß es sich bei Ostwalds Überlegungen wie bei denen anderer Mechanizisten um sehr allgemeine und auch recht vorsichtige Hinweise zu einigen Gesichtspunkten handelt, unter denen man menschliche Gesellschaft betrachten und näher untersuchen könnte. Auch dieses „Gesellschaftsmodell" stellt keineswegs eine ausgefeilte Theorie dar, wie Bücher zur Geschichte der Soziologie es manchmal hinstellen. Ostwald versucht nur deutlich zu machen, welche Vorteile Vergesellschaftung und Kooperation mit sich bringen: durch Regelung der menschlichen Beziehungen wird vermieden, daß Kräfte im gegenseitigen Kampf verbraucht werden und dabei niemandem Nutzen bringen; durch Arbeitsteilung und Spezialisierung können gleiche Leistungen mit vermindertem Aufwand erbracht werden; durch langfristige Zusammenarbeit kommt es zu einer reibungslosen Anpassung und zur Ansammlung von Erfahrungen, das heißt zur Schaffung eines kulturellen Erbes, das von Generation zu Generation weitergegeben werden kann. Weiter versucht er zu zeigen, durch welche zivilisatorischen Errungenschaften und Einrichtungen diese Vorteile der Vergesellschaftung realisiert werden können; durch Sprache, durch das Recht, durch den wirtschaftlichen Tauschverkehr, durch die staatliche Macht und durch die Wissenschaft. Diese Mittel einer Funktionsteilung würden wir heute als „Institutionen" oder „Teilsysteme" der Gesellschaft bezeichnen. Ostwald kann ebensowenig wie andere frühe Gesellschaftswissenschaftler zeigen, *wie* diese Teilsysteme ineinandergreifen und damit dem gesellschaftlichen Prozeß seine konkrete Form geben. Das Zusammenspiel ist zu komplex, als daß es durch die Analogie zu einem Mechanismus erklärt werden könnte, und hier liegt auch der Grund, weswegen Ostwalds Analogien und die anderer nicht weiter ausdifferenziert wurden. Immerhin ist noch zu bemerken, daß Ostwald den Wert aller solcher Analogien sehr vorsichtig einschätzt: zwar finde man das Prinzip der Arbeitsteilung sowohl in physiologischen Organismen, als in menschlichen Gesellschaften, aber:

„Die menschliche Gesellschaft deshalb als Lebewesen oder Organismus aufzufassen, wie dies vielfach von den Soziologen geschehen ist, erscheint nur solange berechtigt, als man im Auge behält, daß man (zwar) ... die allgemeinen Eigenschaften der Organismen auch bei der menschlichen Gesellschaft wieder antreffen kann (wie z.B. die Arbeitsteilung); eine weitgehende Parallelisierung besonderer Organismusformen und ihrer spezifischen Einzelheiten mit entsprechenden Formen der menschlichen Gesellschaft führt indessen zu äußeren Analogien und Symbolisierungen, welche ... die ganze Anschauungsweise in Mißkredit gebracht haben“ (S. 114).

Ostwald ist sich durchaus im klaren, daß Analogien nur erste Anregungen geben, keineswegs aber die Bildung einer eigenständigen Gesellschaftstheorie ersparen können.

„Diese beiden Grundmittel: Funktionsteilung und Funktionsvermittlung, durch welche die Vorteile des Zellverbandes erst zur Wirkung kommen, werden wir somit auch in der Kulturgesellschaft anzutreffen erwarten dürfen...
Damit sind, soviel ich erkennen kann, die Ähnlichkeiten zwischen einem zusammengesetzten Lebewesen und der menschlichen Gesellschaft im wesentlichen erschöpft“ (S. 118).

Sowohl die mechanistische als auch die organizistische Betrachtungsweise haben selbst als Modelle spezifische Schwächen. Der Vergleich der Gesellschaft mit einem *Mechanismus* hinkt schon deshalb, weil jeder Mechanismus, wird er nicht von außen angetrieben, in einen Ruhestand zurückfällt. Gesellschaften dagegen produzieren selbst die Ursachen ihrer Veränderung. Ihre Bevölkerungsentwicklung, Erfindungen, internen Auseinandersetzungen oder Konflikte mit anderen Gesellschaften, alles das, wodurch sie Dynamik erhalten, gehört zu ihnen selbst. Gerade weil Gesellschaften die Ursachen ihres Wandels selbst produzieren, haben sie eine Geschichte, sind sie lebendig. Insofern mag der zweite Analogietyp, der Vergleich mit einem *Organismus* als angemessener erscheinen (obwohl gerade dieser von den „Mechanizisten“ besonders angegriffen wurde). Treffender als die Mechanismus-Idee ist das Bild vom Organismus insofern, als es berücksichtigt, daß die Elemente der Gesellschaft lebendige Individuen sind und daß der soziale Gruppenprozeß sich selber trägt. Dennoch gibt es auch hier prinzipielle Schwierigkeiten, denn Organismen haben einen vorprogrammierten Lebenslauf: Geburt, Wachstum, Reifephase, Verfall, Tod. In dieser Weise läßt sich die Entwicklung einer Gesellschaft zweifellos nicht bestimmen, weder ist sie mit Anlagen für einen ganz bestimmten Reifezustand ausgestattet, noch ist ihre Lebensdauer begrenzt. Die organizistische Betrachtungsweise muß, wenn sie durchgehalten wird, zu irgendeiner Zeit die soziale Entwicklung als ausgereift und abgeschlossen bewerten und zwangsläufig alles folgende als Verfall sehen. Auch stehen die Organe eines lebeendigen Körpers in keinem Konkurrenzverhältnis, wie es für die Mitglieder und Teilsysteme einer Gesellschaft aufgrund ihrer zahlreichen Interessenkonflikte typisch ist.
Die Organizisten haben die Gesellschaftsentwicklung mit der Lebensspanne eines einzelnen Organismus verglichen und mit dieser Analogie konnten sie keinen wesentlichen Beitrag zur soziologischen Theoriebildung liefern. Einen Schritt weiter wären sie gekommen, wenn sie die Tiergattung zum Vergleich herangezogen hätten (vgl. W. Buckley, 1967). Wie die Gesellschaft

in Anpassung an Umweltveränderungen tiefgreifende Strukturveränderungen durchmacht, entwickeln sich im biologischen Bereich durch Selektion der Mutationsformen ganz neue Arten. Indessen läßt uns auch diese Analogie unbefriedigt, denn die „Umweltveränderungen" an die sich die menschliche Gesellschaft anpassen muß, sind vorwiegend von ihr selbst vorgenommen worden.

5. Der historische Materialismus als Gesellschaftsbild

Die mechanizistischen und organizistischen Analogien zeigten ihre Untauglichkeit vor allem dort, wo es um eine Erklärung sozialen Wandels geht. Dabei ist man sich seit dem Altertum darüber klar, daß es Gesellschaften unterschiedlichsten Zivilisationsniveaus gibt, daß also Entwicklung stattfindet. Vernachlässigt hat man aber immer wieder die Beantwortung der Frage nach den Ursachen dieser Entwicklung. Eine Gesellschaftslehre, die sich gerade dieses Problems angenommen hat, ist der von Karl Marx und Friedrich Engels entwickelte „historische Materialismus". Er bringt die Dynamik des gesamten Gesellschaftsprozesses mit der Produktion materieller Güter in Verbindung.

„Bevor die Menschen Politik, Religion, Philosophie, Kunst usw. betreiben können, müssen sie essen, trinken, wohnen, sich kleiden; folglich ist der materielle Produktions- und Reproduktionsprozeß, in dem sie die zum Leben notwendigen Güter schaffen, die grundlegende Tatsache des gesellschaftlichen Lebens; aus ihm ergeben sich in letzter Instanz die ideologischen Erscheinungen, die Rechts- und Staatseinrichtungen usw." (zitiert aus Wörterbuch der marxistisch-leninistischen Soziologie, 1971: 185/86).

Zwei Größen bestimmen die Produktion materieller Güter: die Eigentumsverhältnisse in der Produktionssphäre (die sogenannten „Produktionsverhältnisse") und – grob gesagt – der Stand der Produktionstechnik (die sogenannten „Produktivkräfte"). Nach Marx hängen auf lange Sicht die Eigentumsverhältnisse von der Entwicklung der Produktionstechnik ab: kann die Entwicklung der „Produktivkräfte" in den bestehenden Eigentumsverhältnissen nicht mehr fortschreiten, dann kommt es zu sozialen Umwälzungen, die zu neuen Eigentumsverhältnissen führen.

Das sieht so aus, als sei eine einzige Ursache für den Wandel der Gesellschaft verantwortlich: die materiellen Verhältnisse. Es ergeben sich aber Schwierigkeiten. Die Charakterisierung des marxistischen Gesellschaftsmodells als materialistisch läßt es eindeutiger erscheinen als es in Wirklichkeit ist. „Produktionsverhältnisse" und „Produktivkräfte" sind keineswegs rein materielle oder ökonomische Phänomene. Die Produktionsverhältnisse sind die Eigentumsverhältnisse. Eigentum hat, wem die gesellschaftliche Umwelt bestimmte Verfügungsmöglichkeiten über Gegenstände zugesteht. Die Eleganz der marxistischen Gesellschaftstheorie resultiert aus der Erkenntnis, daß sich in modernen Gesellschaften Eigentum an Produktionsstätten dazu benutzen läßt, mehr Eigentum anzusammeln. Das gilt aber nur, solange eine Gesellschaft diese Form des Eigentumerwerbs toleriert. Alle wirtschaftliche Macht ist daher – gerade wenn sie auf Eigentum basiert – auch von dem Rechtssystem einer Gesellschaft abhängig, also von einem nichtökonomischen Faktor. Marx' Vorstellungen können nur dadurch verwirklicht werden, daß Rechte abgeschafft und durch neue ersetzt werden. Wenn wir glauben, das gesellschaftliche Geschehen sei von der ökonomischen Grundlage bestimmt, so kann das nur heißen: von den wirtschaftlichen Verhältnissen, so wie sie sich unter dem Einfluß und Schutz des bestehenden Rechts entwickelt haben. Sicher wird der wirtschaftlich

Mächtige versuchen, die Rechtsgebung zu seinen Gunsten zu beeinflussen. Das vermag er jedoch nur, weil seine Macht wiederum durch das Recht geschützt ist. Anders gesagt: Rechtsnormen und wirtschaftliche Macht stehen in einer Wechselbeziehung. Diese Einsicht ist bereits in Marx' berühmter Definition in der *Kritik der politischen Ökonomie (1859)* enthalten.

„Die Gesamtheit der Produktionsverhältnisse bildet die ökonomische Struktur der Gesellschaft, die reale Basis, worauf sich ein juristischer und politischer Überbau erhebt, und welcher bestimmte gesellschaftliche Bewußtseinsformen entsprechen. Die Produktionsweise des materiellen Lebens bedingt den sozialen, politischen und geistigen Lebensprozeß überhaupt. Es ist nicht das Bewußtsein der Menschen, das ihr Sein, sondern umgekehrt ihr gesellschaftliches Sein, das ihr Bewußtsein bestimmt" (zitiert nach der Ausgabe Marx-Engels-Werke, 1971, Band 13, S. 8/9).

Auch hier scheint es zunächst, als sei nach Marx' Meinung alles von der ökonomischen Grundlage abhängig. Doch wußte Marx sehr wohl, daß diese „reale Basis" kein rein wirtschaftliches und materielles Phänomen war und er fährt deshalb fort:

„Auf einer gewissen Stufe ihrer Entwicklung geraten die materiellen Produktivkräfte der Gesellschaft in Widerspruch mit den vorhandenen Produktionsverhältnissen oder, was nur ein juristischer Ausdruck dafür ist, mit den Eigentumsverhältnissen..." (Marx-Engels-Werke, 1971, Band 13, S. 9).

Weshalb spricht Marx statt von „Produktionsverhältnissen" auch von „Eigentumsverhältnissen"? *Weil* sie sowohl ökonomischer als auch rechtlicher Natur sind. Die Produktionsverhältnisse bilden die „reale Basis". Sie bestimmt den „Überbau" (das Denken) und damit auch die Rechtsnormen. Da diese Normen aber zugleich wesentlicher Bestandteil des Fundamentes sind (Eigentumsverhältnisse), ist das Verhältnis zwischen „Basis" und „Überbau" komplex. Nur eine oberflächliche Betrachtung begreift Marx' Gesellschaftsanalyse so, als seien Recht, Politik, Religion – kurz, alle Kultur – einfach Resultate ökonomischer Vorgänge.

Wir kommen also auch bei der Betrachtung des historischen Materialismus nicht um die Einsicht herum, daß man die gesellschaftlichen Zusammenhänge nicht auf *eine* Ursache zurückführen kann. Die Aussagen des historischen Materialismus bleiben nur solange eindeutig, wie dessen grundlegende Vereinfachung (Produktionsweise ist der entscheidende Faktor der Gesellschaftsentwicklung) beibehalten wird. Von einer Vereinfachung dürfen wir deshalb sprechen, weil Marxisten immer zugestanden haben, daß es mehrere Faktoren gibt. Sie haben aber, u.a. um ihr Denkmodell verständlich zu halten, die materielle Produktion als die letztlich entscheidende Größe bestimmt, auf die man sich deshalb konzentrieren könne. Ein solches Vorgehen ist als zeitweilige Denkstrategie legitim, kostet aber seinen Preis an Realitätstreue.

Immerhin hat der historische Materialismus darauf verzichtet, die menschliche Gesellschaft in bloßer Analogie zu einem Mechanismus oder einem Organismus zu deuten. Er hat gänzlich ohne Analogien gearbeitet und ein eigenständiges Bild der gesellschaftlichen Dynamik gezeichnet. Darin erscheint die gesellschaftliche Entwicklung als offener und notwendiger Prozeß, der seine Antriebskraft vom menschlichen Denken und Handeln erhält. Der soziale Wandel entsteht in der Gesellschaft selber, er ist nicht von einem äußeren Anstoß abhängig (Mechanismus), er endet auch nicht in der Sackgasse eines vorprogrammierten Entwicklungsstandes (Organismus). Zwar steuert nach marxistischer Lehre alle Entwicklung auf den Zustand der klassenlosen kommunistischen Gesellschaft zu, doch würde damit nur der Konflikt zwischen Produktivkräften und Produktionsverhältnissen enden. Die Gesellschaftsentwicklung selbst würde durch die Entfaltung der Produktivkräfte weitergetragen.

Da die Produktivkräfte aber den Anstoß für die Entwicklung der materiellen Produktion überhaupt liefern, läßt sich ihre Entfaltung nicht *aus* dieser Entwicklung erklären – und damit überhaupt nicht *innerhalb* des historischen Materialismus.

Es konnte deshalb nicht ausbleiben, daß die Sozialwissenschaftler auch andere ursächliche Faktoren der Gesellschaftsentwicklung ernst nahmen. Das gilt auch für die, ja noch junge, Soziologie in den staatssozialistischen Ländern. Lange Zeit war dort die Soziologie als „bürgerliche" Wissenschaft verpönt – durchaus verständlich, wenn man bedenkt, daß der historische Materialismus eine in sich geschlossene Gesellschaftslehre zu bieten schien. Wer aber die Gesellschaftsentwicklung aus der Produktionsweise und ihren Veränderungen erklären will, der wird schließlich gezwungen, auch zu untersuchen, in welcher Weise die – ökonomisch bestimmte – Entwicklung auch durch andere Faktoren beeinfluß wird. Somit gewinnen diese „zweitrangigen" Faktoren so viel Interesse, daß sich eine marxistische Soziologie als Ergänzungswissenschaft zum historischen Materialismus herausbilden mußte. Wie weit sich die Denkmodelle dieser Soziologie denjenigen der nicht-marxistischen annähern werden, läßt sich zur Zeit noch nicht absehen.

Fest steht allerdings, daß heute alle Soziologen das gesellschaftliche Geschehen durch eine Mehrzahl von Faktoren bestimmt sehen und dies theoretisch berücksichtigen wollen. Damit wird das Gesellschaftsbild zu einem Mehrfaktorenmodell. Man muß also das Zusammenspiel und das unterschiedliche Gewicht der verschiedenen Ursachen berücksichtigen, wodurch es zunehmend schwerer wird, noch eindeutige Aussagen zu formulieren. Neue Gesellschaftsmodelle weisen eine Vielzahl von Komponenten auf, können aber keine präzisen Aussagen über deren Zusammenwirken formulieren – es sind eher Modelle, nicht Theorien im engeren Sinne (vgl. Kap. XII).

6. Die strukturell-funktionale „Theorie"

Wir wollen uns jetzt mit einer für viele zeitgenössische Soziologen typischen Denkperspektive und der mit ihr verbundenen Gesellschaftsvorstellung befassen, der sogenannten „strukturell-funktionalen Theorie" (vgl. Kap. III, Abschnitt 2.4). Ihre systematische Ausarbeitung wird vor allem dem amerikanischen Soziologen Talcott Parsons (1902–1979) zugeschrieben. Seine Kerngedanken kann man sich vielleicht am besten veranschaulichen, wenn man sich vor Augen hält, daß der Zusammenhalt einer Gesellschaft nur durch das Handeln der Menschen selbst zustandekommt. Wir selbst sind es, die durch unser Verhalten – im wesentlichen unbewußt und unbeabsichtigt – dazu beitragen, daß so etwas wie eine soziale Einheit entstehen und fortbestehen kann. Insofern erscheint es nicht nur sinnvoll, sondern geradezu unerläßlich, jede individuelle oder gemeinschaftliche Handlung daraufhin zu untersuchen, welchen „Beitrag" sie zum Fortbestand und zur Weiterentwicklung der Gesellschaft als ganzer leistet.

Das heißt natürlich nicht, daß für jedes Ereignis im Leben eines Individuums aufgezeigt werden könnte, welche Konsequenzen es für die Gesellschaft oder auch nur einen ihrer Teilbereiche hat. Schon die Frage so zu stellen wäre unsinnig, weil man damit die völlig ungerechtfertigte Voraussetzung machte, daß jedes einzelne Ereignis auch eine für sich identifizierbare Konsequenz haben muß. Was gemeint ist, ist eher, daß wir, indem wir als Individuen, in der Masse oder im organisierten Kollektiv unsere „Ziele" verfolgen, früher oder später, direkt oder indirekt, die Interessen anderer Menschen oder Gruppen berühren. Das muß zu Reaktionen und damit letztlich zu Rückwirkungen auf unser Handeln führen. Unser (weiteres) Verhalten läßt sich damit nicht nur durch unsere Handlungsmotive erklären, sondern ist auch durch seine Auswirkungen auf andere Gesellschaftsbereiche und die dadurch ausgelösten Reaktionen mitbestimmt.

Man kann diesen Zusammenhang auch noch aus einem anderen Blickwinkel betrachten: wir sind und fühlen uns nicht nur als Individuen von unserer Umwelt abhängig, sondern auch als Mitglieder und Repräsentanten sozialer Gruppen oder Gemeinwesen. Insofern kann man davon sprechen, daß auch Gesellschaften „Bedürfnisse" haben, die befriedigt werden müssen. Das bedeutet selbstverständlich nicht, daß alle Bedingungen, die das menschliche Zusammenleben verbessern könnten, erkannt werden oder eine ausreichend starke Interessenvertretung finden. Dennoch lassen sich viele gesellschaftliche Entwicklungen nicht wirklich verstehen, ohne sie auch als Folge kollektiv empfundener Bedürfnisse bzw. als Beitrag zu deren Befriedigung zu betrachten. Wenn gegenwärtig die Zahl der Mediziner wächst, die sich um knappe Krankenhausstellen bewerben, dann ist zu erwarten, daß sich auch das Denken der Krankenhausbürokratie verändern und sich insbesondere die Einstellungskriterien verschärfen werden. Das wiederum könnte die Prüfungsbedingungen berühren und nicht zuletzt die Vorstellungen darüber, wer als Medizinstudent wirklich etwas kann.

Solche Veränderungen auch im Selbstbild der Studierenden sind in ihren faktischen Auswirkungen für die Verteilung der z.Zt. verfügbar gemachten Stellen „nützlich", weil sie neue Prioritäten setzen bzw. einen Teil der möglichen Bewerber als nicht ausreichend kompetent aussondern. In der Sprache strukturell-funktionalistischen Theoretisierens, sie sind „funktional" für das derzeitige Stellensystem. Damit ist nicht gesagt, daß ein derartiges Denken in verschärften Leistungsstandards ein Beitrag zur idealen medizinischen Versorgung ist, wohl aber, daß seine – relative – Nützlichkeit mit erklären kann, warum es entsteht und sich durchsetzt.

Die strukturell-funktionale Theorie will letztlich die allgemeinsten Bedingungen für den Fortbestand von Gesellschaften ermitteln, die Rahmenbedingungen, die den Spielraum der Entwicklung in konkreten Teilbereichen abstecken. So kommt sie zu einem begrifflichen Modell von Gesellschaft schlechthin, nach dem sich die jeweilige Struktur einer Gesellschaft aus den derzeit gegebenen, wenn auch nicht notwendigerweise gleichbleibenden Bestandsvoraussetzungen entwickelt hat. Da die originären Arbeiten der Vertreter dieser Denkperspektive, vor allem die Schriften von Talcott Parsons, für den Anfänger kaum verständlich sind, wollen wir zur nochmaligen Veranschaulichung und zur Verdeutlichung der Grenzen dieses Ansatzes die Darstellung in einem einführenden Lehrbuch skizzieren, das ein eigenes Kapitel zu diesem Thema enthält (Wössner, 1971).

Gesellschaft wird hier zunächst als eine Art Vereinigung charakterisiert, mit deren Hilfe die Mitglieder irgendwelche Bedürfnisse befriedigen.

„Gesellschaft wurde als eine Gruppe von Menschen bezeichnet, die sich mehr oder weniger dauerhaft zur Erreichung bestimmter Ziele organisiert.

... bezeichnen wir als Gesellschaft eine Mehrzahl (Kollektiv) von Gruppen, ... die fähig und in der Lage ist, mit Hilfe sozialer Prozesse entsprechend einer zeitlichen und geographischen Situation bestimmte Ziele zur Erhaltung und Entfaltung des Menschen zu realisieren. Gesellschaft kann so gesehen ein Gruppenintegrat zu kontinuierlicher Erreichung ... festgestellter Ziele heißen...

„Gesellschaft meint ein Kollektiv (Mehrzahl) von Menschen, gegliedert in verschiedene Gruppen, die alle zusammen bestimmte Erfordernisse und Herausforderungen des menschlichen Zusammenlebens in unterschiedlicher Weise vollbringen" (S. 161).

Danach besteht eine Gesellschaft zunächst einmal aus vielen Menschen. Das ist sicher richtig, aber auch nichtssagend, denn es unterscheidet die Gesellschaft nicht von einer Nation einerseits oder einer beliebigen Masse andererseits. Wenn, wie Wössner formuliert,

„Gesellschaft“ sich auf eine „Mehrzahl von Menschen“ bezieht, dann muß es zwischen ihnen eine besondere Art von Zusammenhalt geben. Was erfahren wir darüber? Eigentlich nur, daß die Gesellschaft eine „Gruppe“ sei oder ein „Kollektiv von Gruppen“. Das hört sich so an, als gehöre jeder von uns *einer* Gruppe an und als sei die Gesellschaft die Konföderation all dieser Gruppen. Wir wissen aber, daß die meisten Menschen mehreren Gruppen zugleich angehören: einer Familie, einem Betrieb, einem Verein, einer Gemeinde. Damit müssen wir Gesellschaft anders verstehen, wir können sie nicht als ein Kollektiv im üblichen Sinne betrachten. Die Mitgliedschaften überschneiden sich, und wir können nicht mehr sagen, die Gesellschaft sei aus ihren Mitgliedern zusammengesetzt. Hier wäre es besser, in Mitgliedschaften und nicht in Mitgliedern zu denken. Wieder zeigt sich, daß der Ausdruck „Gesellschaft“ sich auf einen nur abstrakt zu erfassenden Zusammenhang bezieht.

Wir lesen weiter, daß die Gesellschaft zur Erreichung irgendwelcher Ziele da sei. Um welche Ziele handelt es sich? Die Gesellschaft diene der Bedürfnisbefriedigung, sagt der Autor. Aber woher kommen diese Bedürfnisse und welcher Art sind sie? Es wird uns nur gesagt, daß sie mit der „Erhaltung und Entfaltung des Menschen“ zusammenhängen. Ginge es lediglich um die Erhaltung menschlichen Lebens, dann könnten wir annehmen, daß es einen feststehenden Katalog von – vielleicht biologisch vorgegebenen – Bedürfnissen gibt. Aber Wössner bezieht sich auch auf die „Entfaltung“ des Menschen. Setzt das nicht die Entstehung neuer Bedürfnisse voraus? Wie kommt es dazu? Um deutlich zu machen, welche Antwort der Autor auf diese Frage zu geben wünscht, müssen wir etwas wieder einfügen, das wir in dem zweiten Zitat ausgelassen hatten:

„bezeichnen wir als Gesellschaft eine Mehrzahl (Kollektiv) von Gruppen und Institutionen, die fähig und in der Lage ist (Kriterium der „Selbstgenügsamkeit“), mit Hilfe sozialer Prozesse, entsprechend einer sozialen und geographischen Situation, bestimmte Ziele zur Erhaltung und Entfaltung des Menschen zu realisieren. Gesellschaft kann, so gesehen, ein Gruppenintegrat zu kontinuierlicher Erreichung institutionell festgestellter Ziele heißen.“

Offensichtlich haben die Ziele etwas mit den „Institutionen“ in der Gesellschaft zu tun, denn für Wössner ist die Gesellschaft ein „Kollektiv von Gruppen und Institutionen“, und die Ziele sind „institutionell festgestellt“. Was sind nun Institutionen? Wie im Kapitel III erläutert, versteht man darunter in der Soziologie Organisationsformen, die sich verfestigt haben: so weisen etwa Betriebe bei allen Unterschieden von Fall zu Fall Ähnlichkeiten auf, die es uns möglich machen, Betriebe von Kirchengemeinden, Familien oder Universitäten zu unterscheiden. Wo ein Betrieb neu gegründet wird, da orientiert man sich an dem Aufbau und den Regelungen bereits bestehender. Für andere Gruppen unserer Gesellschaft gilt das gleiche. Auch Wössner hat Institutionen als verfestigte Gebräuche und Bedürfnisse definiert (S. 27). Man rechnet zuweilen sowohl Gebräuche als auch Bedürfnisse zu den Institutionen, weil Sitten so selbstverständlich werden, daß sie Bedürfnischarakter tragen.

Wenn der Autor meint, die Gesellschaft sei ein „Gruppenintegrat zur Erreichung institutionell festgestellter Ziele“, dann denkt er offensichtlich an Bedürfnisse, die sich erst innerhalb menschlichen Zusammenlebens herausgebildet haben. Das bedeutet aber, daß die Gesellschaft zu etwas dient, das durch sie selbst entstanden ist. Mit der Entstehung von Bedürfnissen befaßt Wössner sich jedoch nicht, seine weiteren Gedankengänge verlaufen anders:

„Wenn von einer Gesellschaft in soziologischem Sinn gesprochen werden soll, so müssen zunächst ‚funktionale Erfordernisse‘ erfüllt sein. Erst ... (dann) kann von einer Gesellschaft als einem sich selbst genügenden ... Handlungssystem gesprochen werden. Die konkrete Gestalt ... dieser Erfordernisse macht dann eine typische Gesellschaft aus“ (S. 161–162).

„Das Kriterium der Selbstgenügsamkeit bringt ... zum Ausdruck, daß ein soziales Aggregat fähig ist, ... ein Handlungssystem auszubilden, das ... insgesamt fähig ist, den Bestand und die Fortentwicklung der jeweilig bestehenden Gesellschaft zu sichern" (S. 162).

Hier ist eine interessante Verschiebung in der Gesellschaftsdefinition eingetreten; nicht mehr von den Bedürfnissen der Menschen ist die Rede, sondern vom Fortbestand der Gesellschaft als solcher. Es folgt eine beschreibende Aufzählung gesellschaftlicher Funktionsbedingungen, wie wir sie in vielen Soziologietexten finden (vgl. Kap. III). Unter anderem werden folgende fünf Bedingungen genannt, für deren Erfüllung die Gesellschaft durch entsprechende Einrichtungen sorgen müsse:

1. Reproduktion der Bevölkerung (Fortpflanzung, Aufzucht)
2. Versorgungssystem (Produktion und Verteilung von Gütern)
3. Kultur (Orientierungs- und Zielsystem)
4. Sozialisation (Aneignung des kulturellen Erbes)
5. Integration (Konfliktregelung, Koordination gegensätzlicher Interessen, Schutz vor äußeren und inneren Feinden)

Zu einer derartigen Zusammenstellung kommt man von einer biologischen Überlegung. Fragt man nämlich, was zum Fortbestand einer Tiergattung erforderlich ist, dann lassen sich drei unerläßliche Bedingungen nennen: ausreichender Nahrungsspielraum, biologische Fortpflanzung und Schutz vor Feinden. Das kann man durchaus auf menschliche Gesellschaften übertragen. Sie müssen ebenfalls Versorgung, Reproduktion und Schutz gewährleisten können. Bei näherem Hinsehen zeigen sich freilich Unterschiede, die eine Erweiterung des Kataloges von Bestandsbedingungen sinnvoll machen.
Nahrung wird in den meisten menschlichen Gesellschaften nicht so sehr gesammelt oder als Beute gejagt, sondern produziert. Das geschieht unter Benutzung von Werkzeugen. Die biologische Reproduktion ist mit einer besonders langen Periode der Aufzucht („Brutpflege") des Nachwuchses verbunden. Der Schutz vor Feinden richtet sich vor allem gegen Lebewesen der eigenen Gattung – innerhalb und außerhalb der jeweiligen Gesellschaft. Alle drei Probleme werden mit Hilfe sprachlicher Verständigung und unter Einhaltung vielfältiger Regeln bewältigt. Kommunikationsmedien und Regelsysteme können sich aber von Gesellschaft zu Gesellschaft grundlegend unterscheiden, sie wandeln sich auch im Lauf der Zeit. Offenbar lassen sich also die Überlebensbedingungen tierischer Arten nur dann auf den Menschen übertragen, wenn man dessen Eigenheiten als Lebewesen Rechnung trägt. Werkzeugbenutzung, sprachliche Kommunikation und „lebenslanges Lernen" setzen einen Körperbau und Organausstattung voraus, die wir als biologische Mängel, aber auch als evolutionäre Vorteile werten können (vgl. Kap. VI). Die flexible Verhaltensorientierung an gelernten Regeln und Techniken, die der jeweiligen Umwelt angepaßt sein können, ist nur denkbar, wenn das Verhalten nicht durch angeborene Reaktions- und Handlungsschemata in festen Gleisen verläuft (Instinktreduktion beim Menschen). Ob sich dies alles ergeben hat, weil physische Mängel die Entwicklung der Zivilisation „erforderten" oder weil die kulturellen Errungenschaften eine Organverkümmerung „ermöglichten", ist damit nicht entschieden. Diese Frage der Evolution ist weitgehend ungeklärt. Zweifellos sind wir aber heute sogar biologisch auf die Kultur angewiesen.
Den drei ursprünglichen Bestandsvoraussetzungen können wir damit zwei weitere hinzufügen: es muß einen Bestand an elementarem Verhalten und an Hilfsmitteln geben, der menschliche Zusammenarbeit und Umweltbeherrschung ermöglicht (Kultur) *und* es muß die Weitergbe des kulturellen Erbes an die jeweils folgende Generation gesichert sein (Sozialisation). Rein formal läßt sich die Zahl solcher Bedingungen verringern oder vergrößern. Man

kann den Katalog reduzieren, wenn man zur „Kultur“ auch die „Integration“ rechnet oder wenn man zur „Reproduktion“ auch die „Sozialisation“ zählt. Umgekehrt sind beliebige Erweiterungen denkbar. Wössner beispielsweise macht geltend, daß die fünf Bedingungen, die wir genannt haben, nur erfüllt werden können, wenn eine klare Aufgabenverteilung gesichert ist. Es müsse ein stabiles Rollensystem („Rollendifferential“) vorhanden sein. Außerdem seien wirksame Anreize zur Übernahme der verschiedenen gesellschaftlichen Positionen notwendig („Statusdifferenzierung“). So kommt er zu insgesamt elf Bestandsvoraussetzungen.

Grundsätzlich erscheinen solche Überlegungen als sinnvoll. Man darf nur nicht vergessen, daß hier von notwendigen Aufgaben (Funktionen) die Rede war, nicht von konkreten „Bestandteilen“ der Gesellschaft, von Organisationen etwa oder ganz bestimmten Verhaltensmustern. Wir wissen noch keineswegs, *wie* die Funktionen erfüllt werden und haben insofern auch noch nicht geklärt, wie die Gesellschaft „funktioniert“. Es wurde bereits dargelegt, daß in manchen Gesellschaftstypen alle Aufgaben von einer einzigen Gruppe bewältigt werden, während für moderne Gesellschaften eine Funktionsteilung typisch ist. Die funktional-strukturelle Theorie vermutet, daß sich Gesellschaften zunehmend in Gruppen differenzieren, die sich auf jeweils eine der zentralen Funktionen spezialisieren. Das gilt aber bestenfalls in ganz groben Zügen. Die Schwierigkeit liegt wohl darin, daß die „Funktionen“ sich nur theoretisch trennen lassen und daß ihre Zahl *deshalb* weitgehend beliebig ist. Es ist nicht einzusehhen, warum sie eine Entsprechung in der Spezialisierung menschlicher Gruppen finden sollte.

Was eine Gesellschaft ist, wird bei Wössner und ähnlich orientierten Theoretikern dadurch erläutert, daß die Einrichtungen (Institutionen) benannt werden, die zu ihrem Funktionieren vorhanden sein müssen. Es wird dagegen nicht präzisiert, in welcher Form und in welchem Ausmaß sie da sein müssen und in welcher Weise sie zusammenwirken. Stillschweigend wird auch vorausgesetzt, daß das Verhalten der Menschen zur Erhaltung der Gesellschaft beiträgt. Sicher handeln wir in vieler Hinsicht so, daß wir unwillkürlich dazu beitragen, die Gesellschaft zu erhalten. Wir schaffen uns Kinder an und erziehen sie zu „ordentlichen Menschen“, wir leisten in unserem Beruf einen Beitrag zur Volkswirtschaft, passen uns an, weil wir mit anderen auskommen wollen. Doch das alles tun wir nicht in der Absicht, die Gesellschaft zu erhalten, sondern um unseren eigenen Interessen zu dienen. So läßt sich zwar über eine gegebene Gesellschaft sagen, daß ihre Funktionsbedingungen in der Vergangenheit erfüllt wurden – sonst bestünde sie nicht mehr – doch können wir daraus nicht schließen, daß dies auch in Zukunft der Fall sein wird. Das Fortbestehen der Gesellschaft läßt sich nicht aus ihren *Funktionsbedingungen*, sondern nur aus dem Handeln ihrer Mitglieder erklären.

Im übrigen lassen sich die gesellschaftlichen Bestandsbedingungen in keiner Weise konkretisieren. Sicher muß für die biologische Reproduktion gesorgt, müssen Menschen da sein, wenn die Gesellschaft existieren soll. Aber wie viele? Gewiß muß die junge Generation erzogen und ausgebildet werden, aber wie? Jedenfalls nicht zwingend in gleicher Weise wie die Eltern. Bei den Bestandsbedingungen kann es sich also nur um Extremwerte handeln: es muß ein Minimum an Ordnung geben, die wirtschaftliche Produktion darf nicht unter das Existenzminimum des Einzelnen sinken. In der gesellschaftlichen Realität sind wir von solchen Bedingungen meist weit entfernt, und sie können deshalb auch nicht zur Erklärung der vorgefundenen Gesellschaftsstruktur herhalten. Andererseits dürfen wir uns nicht damit zufriedengeben, diese Struktur gewissermaßen als Mittel zur Sicherung des erreichten Entwicklungsstandes zu betrachten, denn das liefe ja darauf hinaus, die jeweiligen Lebensbedingungen (mit all ihren Unvollkommenheiten) zum Maßstab des Möglichen zu machen. Man läuft dann Gefahr, die jeweils bestehende Situation als das anzusehen, was zu erhalten die Gesellschaft angelegt ist. Tatsächlich sind aber gerade moderne Gesellschaften durch die ständige und gewollte Veränderung ihrer Verhältnisse charakterisiert. Einzeln und in Gruppen machen wir ständig Pläne, wollen wir Zustände herbeiführen, die anders sind als

die Gegenwart. Im Sinne des „strukturell-funktionalen", auf eine Erklärung der gesellschaftlichen Struktur aus allgemeinen Funktionsbedingungen gerichteten Denkens können wir unsere Überlegungen auch so ausdrücken: Zukunftsvorstellungen sind selber Bestandteil der Gesellschaft. Wössner fragte: „Was muß in einer Gesellschaft vorhanden sein...? Welche sind die notwendigen Mittel zu ihrer Selbsterhaltung und damit auch zur Möglichkeit der Entfaltung?" (S. 162). Wenn die Erhaltung einer Gesellschaft Veränderungsmöglichkeiten einschließt, wird der Begriff „Erhaltung" unscharf. Die geschilderte Variante der Gesellschaftsbetrachtung wird nichtssagend, weil sie die Vorgänge der Zielsetzung nicht erfaßt.
Natürlich wissen die „Funktionalisten", daß sich die Wertvorstellungen einer Gesellschaft ebenso ändern und entwickeln wie die Verhaltensregeln und -muster. Die strukturell-funktionale Theorie begreift menschliches Verhalten als kulturbestimmt und die Kultur selbst als veränderlich. Kultur als Orientierungssystem wird aber gewissermaßen als Umwelt betrachtet, an die sich die Gesellschaft – als ein System von Gruppen – anpaßt, ohne daß die Entstehung dieser Umwelt aus dem gesellschaftlichen Prozeß im Modell berücksichtigt wird.
In modernen Industriegesellschaften beginnt man jedoch immer mehr darüber nachzudenken, welche Funktionen der Gesellschaft aus der weiteren, durch uns selbst verursachten Veränderung der Umwelt erwachsen werden. Aus der Umweltverschmutzung droht uns beispielsweise eine Kostenlawine, die unsere Gesellschaften vor möglicherweise unüberwindbare Anpassungsprobleme stellen wird. Die Umweltverschmutzung ist aber wesentlich auf Verhaltensgewohnheiten zurückzuführen, die zu unserer Kultur gehören (Produktionstechniken, Konsummuster). Damit stehen wir vor der Notwendigkeit, unsere kulturelle Entwicklung im Hinblick auf die sonst zu erwartenden Anpassungsprobleme zu planen und zu kontrollieren (kleinere Autos, weniger Verpackungskomfort, mehr Umweltbewußtsein). Nicht nur sind unsere kulturellen Orientierungen und Verhaltensweisen (unsere Institutionen) ein faktisches Ergebnis des Gesellschaftsprozesses, sondern sie werden uns als solche mehr und mehr bewußt. Eine Sozialwissenschaft, die dieser gesellschaftlichen Realität Rechnung tragen will, muß die Trennung von „Kultur" und „Gesellschaft", von „Institution" und „Organisation" in ihrem Gesellschaftsmodell aufheben.

7. Gesellschaft als System

In jüngster Zeit bemühen sich Soziologen daher, die Gesellschaft als einen Zusammenhang zu erfassen, der nicht nur dazu *dient*, Aufgaben zu erfüllen, sondern der es überhaupt erst möglich macht, sie zu *stellen*. Das soziale Geschehen wird zugleich als kulturbestimmt und als Kultur produzierend gesehen. Man stützt sich dabei auf zwei Gedankengänge: einmal auf die Vorstellung, daß alles in der Welt – und somit auch die Gesellschaft – ein *System* ist oder zu einem solchen gehört; zweitens auf die Einsicht, daß die Gesellschaft („soziokulturelles System") als elementare Bestandteile wiederum Systeme einer besonderen Entwicklungsstufe enthält, nämlich denkfähige Persönlichkeiten.
Dem zentralen Begriff des Systems entsprechend bezeichnet man solche Denkansätze auch als „Systemtheorien". Damit verbinden sich leicht übertriebene Hoffnungen. Es handelt sich hier nicht um ausgebaute Theorien, sondern lediglich um skizzenhafte Modelle des Gesellschaftszusammenhanges. Der Ausdruck „Systemtheorie" wird im übrigen auch für manche der strukturell-funktionalen Gesellschaftsbetrachtungen verwendet. Die hier zu erörternden Systemmodelle könnte man einer deutlichen Unterscheidung zuliebe kybernetische Systemmodelle nennen, weil sie das Verhältnis zwischen sozialem Handeln und Kultur als eine Art Rückkoppelungsvorgang betrachten.

Als *System* wird ein Zusammenhang von *Elementen* betrachtet, der innerhalb einer *Umwelt* besteht, aufrechterhalten wird und überlebt. Dieser Gedanke ist auch in der Soziologie nicht neu, er bedeutet zunächst nur eine Verallgemeinerung. Wir finden überall „Zusammengesetztes“: Atome aus Elementarteilchen, Organismen aus Zellen, Gruppen aus Einzelpersonen oder Staatenbünde aus Nationen bestehend. In jedem dieser Beispiele hat sich aus den Komponenten ein Ganzes ergeben, das gegenüber seinen Teilen einen neuartigen Charakter aufweist. Dieser ist vor allem durch die Beziehungen zwischen den Elementen bestimmt und wirkt seinerseits auf die Teile zurück. Der Begriff des Systems ähnelt dem der Struktur, der sich ja auch auf die Anordnung von Einzelelementen zu einem Ganzen bezieht. Manchmal werden sogar beide Ausdrücke unterschiedslos gebraucht. In den Denkansätzen, um die es uns hier geht, beinhaltet der Systembegriff jedoch Zusammenhänge, die ihre Struktur verändern können. Insofern ist er umfassender.
Gleichzeitig ist er so allgemein, daß er sich auf alle *denkbaren* Arten von Zusammenhängen anwenden läßt. Während beispielsweise eine Familie im alltäglichen Denken eine Menschengemeinschaft ist, die nur aus Personen besteht, können wir sie auch als (kleines) soziokulturelles System betrachten, das sich sowohl aus Personen wie aus Gegenständen (Wohnung) und Verhaltensgewohnheiten „zusammensetzt“. Ähnlich kann man auch andere Gruppen betrachten:

„So ist beispielsweise ein Industriebetrieb ein System, das durch eine bestimmte Verbindung von Elementen (Menschen, Technik usw.) gebildet wird“ (Marxistisch-leninistisches Wörterbuch der Soziologie, S. 470).

Wir können auf diese Weise berücksichtigen, daß die Gesellschaft nicht einfach aus „Menschen“ besteht, sondern auch aus den Ideen, die einmal von ihnen entwickelt und aus den Gegenständen, die von ihnen hergestellt worden sind. Natürlich interessieren wir uns in der Soziologie vorrangig für zwischenmenschliche Beziehungen. Begriffe wie „Mensch“, „Person“, „Individuum“ sind aber zunächst ebenso nichtssagend wie bloße Namen. Will uns jemand eine menschliche Gruppe beschreiben, so hilft es wenig, die Namen ihrer Mitglieder aufzuzählen. Man muß vielmehr deren Motive und Verhaltensgewohnheiten kennen. Teilweise sind diese angeboren, die meisten betrachten wir als erworben. Großenteils sind die Motive und Verhaltensweisen, die wir als Mitglieder unserer Gesellschaft lernen, auch schon von anderen Menschen praktiziert worden, wir übernehmen sie lediglich. Insofern sind sie unabhängig von uns vorhanden.
Wir neigen dazu, Gesellschaft als ein Handlungsgefüge (eine Vereinigung) von Menschen zu sehen, weil wir nur deren Aktivität beoachten können. Motivationen bleiben unsichtbar. Das bedeutet aber nicht, daß sie nicht da wären. Ohne Motive kann nicht gehandelt werden, und sie sind kulturell bestimmt. Deshalb ist Kultur ebenso ein „Bestandteil“ der Gesellschaft (ein Systemelement) wie der biologische Organismus Mensch.
Grundsätzlich ist dieser Gedanke auch schon von der früheren strukturell-funktionalen Theorie berücksichtigt worden. Wie wir bereits erwähnt haben, unterscheidet sie zwischen dem Gesamtgefüge sozialer Gruppen (soziales System) und dem Zusammenhang der für sie charakteristischen Wertvorstellungen, Verhaltensregeln und Denkstile (kulturelles System). Das Gruppengefüge wurde mit Gesellschaft gleichgesetzt und geht wie das „kulturelle System“ in den umfassenderen Zusammenhang des „Handlungssystems“ ein. (Zu diesem wird als dritte Komponente das „personale System“ gerechnet, die unter dem Einfluß des kulturellen Systems entstandenen Bedürfnislagen der Individuen.) Das Handlungssystem wird im Rahmen der strukturell-funktionalen Theorie auf seine Entstehung und Dynamik nicht weiter untersucht. Darin liegt vielleicht der deutlichste Unterschied zur neueren kybernetischen

Systembetrachtung, in der die Gesellschaft mit dem umfassenden „Handlungssystem", nicht aber nur mit dem „sozialen System" identifiziert wird.
Der Systemgedanke enthält die Vorstellung, daß die Einheit System sich in einer Umwelt befindet, mit der sie irgendwie fertigwerden muß. Ein System kann sich auf die Umwelt einstellen, indem es sich selber physisch verändert oder indem es Informationen über sie sammelt. Ein solches System nennt man anpassungsfähig oder *adaptiv:* es muß Umweltreize aufnehmen, Veränderungen in sich produzieren und dann beurteilen können, welche dieser Veränderungen seine Anpassung an die Umwelt begünstigen.
Alle Lebewesen sind in diesem Sinne adaptive Systeme. Bei sogenannten niederen Organismen erfolgt die Anpassung an Umweltveränderungen über die Auswahl geeigneter Mutationsformen. Das bedeutet, daß nicht der einzelne Organismus überlebt, sondern die Gattung. Bei höheren Organismen vermag sich auch das einzelne Exemplar in viel größerem Ausmaß mit seiner Umwelt zu wandeln – es kann *lernen,* kann sein Verhalten, seinen Körperbau oder seine äußere Erscheinung (Chamäleon) anpassen.
Beim Menschen treffen wir auf eine Potenzierung der Anpassungsfähigkeit, weil er sehr viel weniger durch angeborene Verhaltensantriebe festgelegt ist und weil er über die Sprache verfügt. Sie ermöglicht ihm, über Dinge nachzudenken, die gar nicht vorhanden sind. Seine Verhaltenssteuerung ist damit unabhängig von äußeren Reizen der momentanen Umwelt; er kann Informationen über eine Realität produzieren, die noch gar nicht da ist, sich auf diese einstellen und somit *zielgerichtet* handeln. Mit der Sprache ist auch Selbstbewußtsein möglich – wir können uns betrachten wie ein Stück Umwelt, können uns einstellen auf das, was wir sind, aber auch auf das, was wir sein möchten. Dadurch vermögen wir uns selbst zielgerichtet zu verändern.
Mit dem enorm erhöhten Anpassungspotential sind Entwicklungen verbunden, die Aussagen über die jeweilige Gesellschaftsstruktur und ihre Entwicklung erschweren. Da die Menschen ihre Umwelt beeinflussen können, vermögen sie diese auch bis zu einem gewissen Grade zu stabilisieren. Damit *verringern* sich die Notwendigkeiten, bestimmte gesellschaftliche Organisationsformen im Interesse der Anpassung zu verändern. Konservatismus wird möglich. Andererseits nehmen Menschen laufend Eingriffe in die Umwelt vor, die damit immer stärker von der Gesellschaft geprägt ist. Außerdem gehören zur Umwelt unserer Gesellschaft neben der „Natur" auch andere soziokulturelle Systeme. Von ihnen geht selber zielgerichtetes Handeln aus, und sie sind ihrerseits anpassungsfähig, antworten auf „unsere" Anpassungsversuche mit eigenen. Wo wir von „internationaler Verflechtung", von „Zusammenrücken der Menschheit" sprechen, haben wir genau diese Tatsache, daß Gesellschaften füreinander „Umwelt" bilden, vor Augen. Damit wird das Verhältnis verschiedener Gesellschaften der Beziehung gesellschaftlicher Teilsysteme zueinander immer ähnlicher; die Abgrenzung zwischen verschiedenen Gesellschaften wird schwieriger. Es ist somit kein Zufall, daß Soziologen sich heute fragen, ob man nicht mit Gesellschaft als Gesamtsystem nur noch die „Weltgesellschaft" meinen könne. Man kann schließlich auch die Mitglieder einer Gesellschaft selbst zur Umwelt rechnen, auf die sich das soziokulturelle System immer wieder neu einspielen muß (Protestbewegung der „jungen Generation", veränderte Bevölkerungsentwicklung). Das alles *vergrößert* die Anpassungserfordernisse.
Es ist aufgrund dieser Gegebenheiten gar nicht mehr eindeutig zu unterscheiden, was „bessere" oder „schlechtere" Anpassung bedeutet, der Begriff Anpassung verändert seinen Charakter. Da die Gesellschaft sich an die von ihr selber geschaffene Umwelt anzupassen hat, muß auch geklärt werden, ob überhaupt eine sinnvolle Umweltgestaltung erfolgt ist. Sinnvoll kann sie aber nur im Hinblick auf Zielsetzungen (Kriterien) sein, die ebenfalls im gesellschaftlichen Prozeß entstanden sind. Das Schwergewicht verlagert sich somit von Prozessen der Anpassung auf solche der Zielfindung.

Die Zielsetzungen, die in einer Gesellschaft entwickelt werden, lassen sich kaum prognostizieren. In gewissem Sinne bildet gesellschaftliche Zielfindung den Anpassungsmodus des soziokulturellen Systems. In Analogie zur natürlichen Selektion biologischer Systeme spricht man hier auch von „sozialer Selektion" und meint damit die *vorübergehenden* Strukturverfestigungen, die mit der Zielfindung verbunden sind. Offen bleibt freilich die Frage, wieweit man eigentlich von „den" Zielen einer Gesellschaft bzw. von eindeutig dominierenden Orientierungen sprechen kann. In jedem Fall können gesellschaftliche Strukturen nur noch einen geringen Verfestigungsgrad erreichen. Gerade das macht den Begriff des Systems sinnvoller als den der Struktur, läßt aber auch jedes Gesellschaftsbild unrealistisch werden, das in seinen Details scharf umrissen ist.
Gesellschaft erscheint als System der Produktion und Verarbeitung von Informationen (über die Umwelt und über sich selbst). Im Idealfall gliche diese Informationsverarbeitung einer freien Konkurrenz der Ideen, in der Realität ist sie durch Informationsbeschränkungen (aufgrund von Machtverhältnissen) und mangelnde Verarbeitungskapazität (Informationsflut) eingeengt. Anpassungsfähigkeit des soziokulturellen Systems läßt sich, wenn überhaupt, nur als generelle Effizienz der Informationsverarbeitung fassen.
Wir hatten gezeigt, daß es grundlegende Unterschiede zwischen Mechanismen, Organismen und menschlichen Gesellschaften gibt. Sie sind so bedeutsam, daß wir unsere Kenntnis über anorganische und organische Systeme nicht benutzen können, um uns ein Bild über die Vorgänge in sozialen Systemen zu machen. Trotzdem hat man sich zunächst nicht dazu durchgerungen, Gesellschaften als Systemtyp ganz eigener Art aufzufassen. Unsere theoretisierende Phantasie scheint sich an Analogien zu klammern, und man hat sich einem neuen Leitbild zugewandt: der Idee des kybernetischen Regelkreises. Kybernetische Systeme scheinen Gesellschaften in wichtigen Eigenschaften zu entsprechen. Vor allem unterliegen auch sie einer Selbststeuerung, die durch Informationsübertragung erfolgt. Aber die Kybernetik hat bezeichnenderweise ihre bedeutsamen Anwendungsgebiete in der Technologie der Maschinensteuerung und in der Biologie. Offenbar lassen sich also auch „Mechanismen" und Organismen als kybernetische Systeme begreifen. Besteht da nicht Gefahr, daß mit dem kybernetischen Denken hinterrücks wieder mechanistische und organizistische Vorstellungen in die Gesellschaftswissenschaft einziehen?

8. Systemtheorie oder Diskurstheorie?

In der Tat haben sich zwar die Verfechter des Systemdenkens in Soziologie und Politologie schon früh bemüht, die Besonderheiten sozialer Regelkreise herauszustellen, es haben sich aber Kritiker zu Wort gemeldet, die es für grundsätzlich unzureichend und gefährlich halten, menschliche Gesellschaften in Anlehnung an kybernetische Vorstellungen zu betrachten. Auch diese Kritiker haben allerdings vorerst nur skizzenhafte Ideen von einer wirklich adäquaten Gesellschaftstheorie. Die Diskussion um gesellschaftswissenschaftliche Systemtheorie ist auch noch keineswegs abgeschlossen, und wir können nur veranschaulichen, worum es dabei geht. Das wollen wir am Beispiel der Diskussion tun, die sich zwischen dem „Systemtheoretiker" Niklas Luhmann und seinem Kritiker Jürgen Habermas entsponnen hat. Die beiden Soziologen haben ihre Auffassungen in einigen Aufsätzen formuliert, die sie gemeinsam publiziert haben (Habermas und Luhmann, 1971).
Habermas wendet sich nicht grundsätzlich gegen kybernetisches Denken in der Soziologie. Er meint aber, daß man damit eine sehr wesentliche Seite des gesellschaftlichen Prozesses nicht erfassen kann und daß die Systemtheorie deshalb ungeeignet für eine *gesamt*gesellschaftliche

Theorie sei. Kybernetische Regelkreise sind ja darauf eingestellt, bestimmte Bedingungen (Sollwerte) einzuhalten. Informationen über Abweichungen davon leiten Aktivitäten zur Wiederherstellung der Sollwerte ein. Bei Maschinen sind die Sollwerte vom Menschen programmiert, bei Organismen durch die Erbausstattung vorgegeben. Anders in menschlichen Gesellschaften! Zwar dreht sich auch unser soziales Leben um die Erhaltung unserer Existenz, doch geht es dabei fast nie um das nackte Leben, sondern um die Sicherung kultureller und zivilisatorischer Errungenschaften. Die Sollwerte, auf die das kybernetische System Gesellschaft ausgerichtet ist, sind nicht von außen vorgegeben, sondern selbst ein Produkt des gesellschaftlichen Prozesses. Außerdem sind es keine feststehenden Werte, denn wir trachten ja beispielsweise ständig danach, Lebensstandard und Lebensqualität zu verbessern.

Habermas meint deshalb, daß wir als Gesellschaftstheorie einen Ansatz brauchen, der uns erklärt, wie die gesellschaftlichen Leitvorstellungen zustandekommen. Erst dann darf die kybernetische Betrachtungsweise einsetzen. Gesellschaftstheorie kann sich nach Habermas aber auch nicht damit begnügen, das *Zustandekommen* handlungsleitender Wertvorstellungen zu erklären, denn die Zielsetzungen und das Bewußtsein der Menschen können den Problemen und Möglichkeiten ihrer Gesellschaft durchaus unangemessen sein. Auch das muß die Gesellschaftsanalyse erfassen und beurteilen. Sie muß auch wertende Aussagen über richtige und falsche Problemstellungen erarbeiten können (vgl. Kap. XI). Dazu kommt man nach Habermas nicht dadurch, daß man die Gesellschaft als einen Funktionszusammenhang untersucht. Zu analysieren seien vielmehr die Entfaltungsmöglichkeiten gesellschaftlichen Bewußtseins.

Habermas behauptet nun nicht etwa, daß Wissenschaftler Einsicht in die absolute Wahrheit besitzen. Er glaubt aber, daß es in einer gegebenen Situation Ziele und Lösungsmöglichkeiten gibt, die alle Mitglieder einer Gesellschaft bei reiflicher Überlegung als die optimalen anerkennen würden, und er glaubt, daß wissenschaftliche Analyse uns zeigen kann, welches diese Werte sein würden.

„Reifliche Überlegung" würde voraussetzen, daß alle Mitglieder der Gesellschaft an dem Prozeß des Nachdenkens und der Diskussion gleichberechtigt teilnehmen können. Zwar brauchen nicht alle Menschen gleich begabt und gebildet zu sein. Aber niemand darf durch Ausdrucks- oder Verständnisschwächen in seiner Teilnahme behindert sein (Vgl. Kap. XI). Kein Argument darf stärker gewichtet werden, nur weil sein Vertreter einen höheren gesellschaftlichen Rang besitzt. Eine solche „herrschaftsfreie" Diskussion nennt Habermas in diesem Zusammenhang auch Diskurs. Dieser allein garantiert, daß die Beteiligten zwanglos zu gemeinsamen Auffassungen gelangen, die unter den gegebenen Bedingungen die vernünftigsten sind (weil sie der vollen, im Diskurs ermöglichten Kritik am besten standzuhalten vermochten).

Habermas sieht sehr wohl, daß er von fiktiven Bedingungen ausgeht. Er nennt ihre Kombination „ideale Sprechsituation" und weiß, daß sie in der gesellschaftlichen Realität nicht gegeben ist. Er glaubt aber, daß wissenschaftliche Analyse ermessen kann, wie und mit welchen Ergebnissen ein Diskurs in einer idealen Sprechsituation verlaufen würde. Man kann die herrschaftsfreie Diskussion sozusagen simulieren und durch dieses Gedankenexperiment feststellen, was das optimale und insofern „richtige" gesellschaftliche Bewußtsein sein würde. Die theoretische Arbeit springt ein, wo eine ausreichend fundierte und breite Diskussion in der Praxis unmöglich ist. So kann die Gesellschaftstheorie der Praxis die Leitbilder liefern. Freilich setzt das voraus, daß wir bis ins Detail wissen, wie eine ideale Sprechsituation beschaffen ist und was sich aus ihr ergibt. Habermas verkennt nicht, daß Gesellschafts- und Kommunikationstheorie davon noch weit entfernt sind, doch sieht er hier einen wichtigen Forschungsschwerpunkt. Es bleiben allerdings einige Bedenken.

Müssen ideale Diskussionsbedingungen wirklich zu voller Übereinstimmung über die

anzustrebenden Werte führen? Ohne weiteres einzusehen ist, daß die systematische Erforschung der Diskussionsbedingungen in der gesellschaftlichen Öffentlichkeit zahlreiche „herrschende" Wertvorstellungen als dubios erweisen kann. Das kann deshalb der Fall sein, weil ihre Folgen dem öffentlichen Bewußtsein entgangen sind, weil sie im Widerspruch zu anderen Zielsetzungen stehen oder weil die Anhänger anderer Ideale in der öffentlichen Auseinandersetzung benachteiligt waren. Auf diese Weise mag die von Habermas anvisierte Gesellschaftsbetrachtung helfen, die öffentliche Diskussion zu rationalisieren. Nicht einzusehen ist aber, warum nicht trotzdem eine Pluralität von Zielalternativen übrig bleiben soll, unter denen sich keine Auswahl nach unstrittigen Maßstäben treffen läßt.
Wirklich eindeutige Kriterien für die Auswahl unter mehreren Handlungsalternativen vermöchten ja nur die unumgänglichen Bestandsbedingungen einer Gesellschaft oder ungefraglich „letzte Werte" herzugeben. Wollte man solche annehmen, täte man aber, was Habermas gerade kritisiert: man betrachtete dann den Diskus selbst als eine Art Regelkreis. Genau das führt Luhmann gegen Habermas ins Feld. Er vertritt im übrigen die Auffassung, daß die Gesellschaftstheorie nicht der Gesellschaft ihre Entwicklung vorzuzeichnen, sondern die Bedingungen von Entwicklungs*fähigkeit* zu analysieren habe (Begleittext 8.4, Luhmann). Luhmann vermag auch nicht einzusehen, warum „herrschaftsfreie Diskussion" gegenüber dem bisherigen wissenschaftlichen Denken (das ja zudem die Bedingungen für den Diskurs herausarbeiten soll) als neuartige Erkenntnisquelle angesehen werden kann. Die Diskussion bleibt offen. Luhmann wie Habermas betonen beide, daß ihr Theoriestand noch unbefriedigend sei. Wir können der bisherigen Auseinandersetzung aber die wesentlichen Züge eines neuen Gesellschaftsmodells der Soziologen entnehmen. Gesellschaft wird als ein System besonderer Art betrachtet, weil es auf die Sicherung selbstproduzierter Bestandsbedingungen ausgerichtet ist und weil diese Bedingungen ständig verändert werden. Der gesellschaftliche Prozeß garantiert nicht, daß die bewußt gewordenen Ziele auch tatsächlich angesteuert werden und daß sie miteinander in Einklang stehen. Die Gesellschaftsanalyse macht sich demgemäß die vorfindbaren gesellschaftlichen Zielorientierungen selbst zum Problem.
Wir sollten diese Überlegungen mit einer kritischen Anmmerkung abschließen. Wenn man vom Gesellschaftsmodell der Soziologen spricht, dann gerät man leicht in Versuchung, Gesellschaft als riesige, aber einheitlich ausgerichtete Organisation zu betrachten. Manche Soziologen bezeichnen Gesellschaften sogar als Großgruppen. Wir sollten aber nicht vergessen, daß Menschen gewöhnlich nicht in ihren Gruppen aufgehen. Schon gar nicht gilt das für große Gesellschaften, deren „Mitglieder" zahlreichen Gruppen mit unverbundenen oder gar widersprüchlichen Zielsetzungen angehören. In jeder Gesellschaft handeln Menschen auch als Individuen. Kein gesellschaftliches Normensystem und keine politische Ordnung haben das ausgeschaltet. Infolgedessen lassen sich viele gesellschaftliche Vorgänge nur aus dem Zusammentreffen bewußt unkoordiniert gelassener Individualhandlungen erklären. Sie sind Massenerscheinungen, die bestenfalls über marktähnliche Mechanismen geregelt werden. Solche Tatbestände gehören zu der „Umwelt", mit der sich das soziale System auseinandersetzen muß. Andererseits gehören natürlich die Individuen und ihr Handeln zur Gesellschaft. Das System-Umwelt Denken könnte dazu verführen, „Gesellschaft" als eine zu konkrete Einheit zu betrachten. Einheit ist die „Gesellschaft" aber nur auf einer theoretischen Denkebene – auf einer von zahlreichen anderen.

Übungsaufgaben zu Kapitel VIII

1. Bitte überlegen Sie, worin sich „Staat“ und „Gesellschaft“ als Begriffe für „soziale Systeme“ unterscheiden.
   Für die Klärung des Gesellschaftsbegriffs können die Überlegungen Münchs (Begleittext 8.3) hilfreich sein. Für den Begriff des Staates sollten Sie sich auf die folgenden definitorischen Festsetzungen Max Webers stützen:

   > „Politischer Verband soll ein Herrschaftsverband dann und insoweit heißen, als sein Bestand und die Geltung seiner Ordnungen innerhalb eines angebbaren geographischen Gebiets kontinuierlich durch Anwendung und Androhung physischen Zwangs seitens des Verwaltungsstabes garantiert werden.“

   Diese Begriffsbestimmung ist Webers „Wirtschaft und Gesellschaft“, 1. Kapitel (1972: 56) entnommen, wo Sie weitere Begriffserklärungen finden können.
2. Bitte veranschaulichen Sie den Unterschied zwischen historischem Materialismus und „Vulgärmarxismus“, indem Sie einige Aussagen einander gegenüberstellen, die man als charakteristische Hypothesen der beiden Standpunkte betrachten könnte (vgl. Kap. XII).
3. Nennen Sie fünf Faktoren, die Sie als wesentlich für die weitere Entwicklung der Gesellschaft in der Bundesrepublik ansehen, begründen Sie, warum Sie diese Auswahl getroffen und erläutern Sie, welche anderen denkbaren Faktoren Sie nicht berücksichtigt haben.
4. Für Luhmann (Begleittext 8.4) setzt gesellschaftliche Entwicklung – ähnlich wie die Evolution biologischer Arten – Variation, Selektion und Stabilisierung voraus. Freilich müssen diese Begriffe bei der Analyse gesellschaftlicher Prozesse spezifische Inhalte annehmen. Luhmann sucht die Grundlagen der gesellschaftlichen Variation „primär in der Sprache“, die Möglichkeit der Selektion „in den Kommunikationsmedien“ und die Stabilisierung „in den Systembildungen“.

Sprache begünstigt insofern Variation, als sie uns neue Gedanken überhaupt denken läßt. Mit „Kommunikationsmedien“ kann verschiedenes gemeint sein: einmal die technischen Mittel (Schrift, Buchdruck, Funkmedien), die mit darüber entscheiden, welche Gedanken Verbreitung erfahren, zum anderen die gesellschaftlichen Voraussetzungen und Muster der Kommunikation (Bildungsniveau, Zugang zu öffentlicher Diskussion, Monopolisierung von Themenwahl und Interpretation durch gesellschaftliche Gruppen), die bestimmen, was überhaupt ernsthaft diskutiert wird. Unter „Systembildung“ dürfte hier insbesondere zu verstehen sein, daß akzeptierte Problemlösungen zu ihrer Verwirklichung im allgemeinen gesellschaftlicher Einrichtungen bedürfen (Umweltschutzbehörden, Datenschutzbeauftragte), die, einmal ins Leben gerufen, ein Dauerinteresse an eben diesen Zielen entwickeln.
Bitte überlegen Sie anhand eines gesellschaftlichen Problems (z.B. Arbeitskräftebedarf und Regelung der Arbeitszeit), wie sich die evolutionären Mechanismen konkretisieren: wie und wodurch finden hier Variation, Selektion und Stabilisierung statt?

Weiterführende Literatur zu Kapitel VIII

Die vorangegangenen Erläuterungen sollten gezeigt haben, daß die inhaltliche Füllung des Gesellschaftsbegriffs unvollständig und daß Aussagen über gesamtgesellschaftliche Zusammenhänge letztlich unbestimmt bleiben müssen. Deshalb können dem Leser hier auch keine

Hinweise auf Arbeiten gegeben werden, die den Sachverhalt „Gesellschaft" sowohl umfassend wie auch präzise differenzierend darstellen. Das beste Verfahren, sich in den soziologischen Diskussionsstand einzuarbeiten, scheint uns darin zu bestehen, nacheinander einige der Wege zu verfolgen, die Soziologen bei der Auseinandersetzung mit diesem schwierigsten ihrer Forschungsprobleme eingeschlagen haben.

A. Elementares Werkzeug für soziologische Gesellschaftsanalyse

Verengung der Perspektive – Ein Weg führt zur Konstruktion von vereinfachten Theorieskizzen, die nur einen einzigen oder einige wenige Faktoren – als Schlüsselgrößen – berücksichtigen, etwa den Vorgang der Bildung und Aneignung von Produktionskapital, die Konstitution gesellschaftlicher Eliten oder die Bedingungen der Konfliktaustragung zwischen gesellschaftlichen Gruppen.

Dahrendorf, Ralf: Elemente einer Theorie des sozialen Konflikts. In: Dahrendorf, Ralf: Konflikt und Freiheit. München, Piper: (1961) ^{2}1972, S. 20–47.
(Dort auch weitere Themen zu einem konflikttheoretischen Ansatz.)
Engels, Friedrich: Der Ursprung der Familie, des Privateigentums und des Staates. Berlin, Dietz: (1884) ^{2}1973.
Zapf, Wolfgang: Wandlungen der deutschen Elite. München, Piper: 1965.

Aufzeigen gesellschaftlicher Mechanismen – Die folgenden Titel machen deutlich, wie das Verhalten von Individuen und einzelnen Organisationen auf gesamtgesellschaftlicher Ebene Konsequenzen haben kann, die mit den Absichten der Beteiligten wenig zu tun haben. Diese Arbeiten bieten damit Anschauungsmaterial für Vorgänge und Zusammenhänge, durch die aus Einzelhandlungen gesellschaftliche Tatbestände entstehen.

Elias, Norbert: Was ist Soziologie? München, Juventa: 1970, S. 75–109 (Spiel-Modelle).
Hirsch, Fred: Die sozialen Grenzen des Wachstums. Reinbek, Rowohlt: (1976) ^{2}1980.
Olson, Mancur J.: Die Logik des kollektiven Handelns. Tübingen, Mohr: (1965) ^{2}1968.
Popitz, Heinrich: Prozesse der Machtbildung. Tübingen, Mohr: 1968.

B. Gegenwartsanalyse

Zielen die bisher erwähnten Schriften vor allem auf die Entwicklung begrifflicher Instrumente, so versuchen andere Untersuchungen, den Charakter der Gesellschaft durch die Beschreibung ihrer jeweiligen historischen Situation zu verdeutlichen.

Sozialkundliche Tatbestandsaufnahmen – Hierzu gehören Darstellungen, die vorwiegend anhand beobachtungsnaher, „demographischer" Daten Auskunft über die gegenwärtigen Lebensbedingungen und sozialen Probleme einer Gesellschaft geben wollen. Zwei umfassender ausgerichtete Publikationen über die Verhältnisse in der Bundesrepublik und eine Darstellung aus klassentheoretischer Perspektive:

Glatzer, Wolfgang/Zapf, Wolfgang (Hrsg.): Lebensqualität in der Bundesrepublik. Frankfurt/M., Campus: 1984.
Schäfers, Bernhard: Sozialstruktur und Wandel der Bundesrepublik Deutschland. München, Deutscher Taschenbuch Verlag: 1976.
Autorenkollektiv des Instituts für Marxistische Studien und Forschungen: Klassen- und Sozialstruktur der BRD 1950–1970. Frankfurt/M., Verlag Marxistische Blätter: (1973–1975), Teil II (Sozialstatistische Analyse).

Zeitdiagnosen – Hier handelt es sich um interpretative Gesellschaftsanalysen, deren Autoren versuchen, aufgrund einer eher selektiven als umfassenden Datenbasis und mithilfe abstrakter, Wesentliches, aber nicht unbedingt Beobachtbares erfassender Begriffe die Zeitströmungen zu identifizieren. Auch die am Schluß dieser Hinweise genannten Arbeiten von Habermas, Hondrich und Klages lassen sich als Zeitdiagnosen verstehen.

Dahrendorf, Ralf: Gesellschaft und Demokratie in Deutschland. München, Deutscher Taschenbuch Verlag: (1965) ²1971.

Klages, Helmut: Überlasteter Staat – verdrossene Bürger? Zu den Dissonanzen der Wohlstandsgesellschaft. Frankfurt/M., Campus: 1981, S. 13–27, 74–90.

Marcuse, Herbert: Der eindimensionale Mensch. Neuwied, Luchterhand: (1964) ²1969.

Mills, C.W.: Die amerikanische Elite. (Original: The Power Elite) Hamburg, Holsten: (1956) ²1962.

Riesmann, David u.a.: Die einsame Masse. Hamburg, Rowohlt: (1950) ²1958.

Schelsky, Helmut: Die Arbeit tun die anderen – Klassenkampf und Priesterherrschaft der Intellektuellen. München, Deutscher Taschenbuch Verlag: (1975) ²1977.

C. Theoretische Vertiefung

Hier nennen wir Titel, die uns als vor allem für eine spätere Studienphase geeignet erscheinen. Sie fassen den Diskussionsstand zusammen, präzisieren die zentralen Begriffe makrosoziologischer Analyse oder entwerfen differenzierte, eine größere Zahl von Faktoren berücksichtigende Modelle des gesamtgesellschaftlichen Zusammenhanges.

Begriffsdifferenzierung/Überblicksliteratur:

Etzioni, Amitai: Elemente einer Makrosoziologie. In: Zapf, W. (Hrsg.): Theorien des sozialen Wandels. Köln, Kiepenheuer & Witsch: 1969, S. 147–176.

Institut für Sozialforschung: Soziologische Exkurse. Frankfurt/M., Europäische Verlagsanstalt: (1958) ²1968, S. 22–39 (Gesellschaft).

Lazarsfeld, Paul: Soziologie. Frankfurt/Berlin, Ullstein: (1970) ²1972, Kap. II (Makrosoziologie).

Mayhew, Leon: Society – Institutions and Acitivity. Glenview, Ill./London, Scott, Foresman: 1971 (Unseres Wissens der einzige Text, der den Titel eines ‚kurzen‘ Lehrbuches der Makrosoziologie verdient.)

Scheuch, Erwin K.: Methodische Probleme gesamtgesellschaftlicher Analysen. In: Adorno, Th.W. (Hrsg.): Spätkapitalismus oder Industriegesellschaft? Verhandlungen des 16. Deutschen Soziologentages. Tübingen, Mohr: 1969, S. 153–193.

Systemtheorie:

Buckley, Walter: Sociology and Modern Systems Theory. Englewood Cliffs, N.J., Prentice Hall: 1967, Kap. II, III. (Stellt die analytischen Vorzüge des Systembegriffs besonders anschaulich heraus und ist u.E. leicht verständlich.)

Käsler, Dirk: Wege in die soziologische Theorie. München, Nymphenburger Verlagshandlung: 1974, S. 48–64.
(Die unterschiedlichen Varianten soziologischer Systemtheorie werden übersichtlich dargestellt.)

Münch, Richard: Theorie sozialer Systeme. Opladen, Westdeutscher Verlag: 1976. (Vertiefende Darstellung, die sich – selbst systemtheoretisch orientiert – mit ungelösten Fragen der Systemtheorie befaßt.)

Tjaden, K.H. (Hrsg.): Soziale Systeme. Neuwied, Luchterhand: 1971. (Textsammlung mit einem besonders breiten Spektrum von Beiträgen zu systemtheoretischer Gesellschaftsana-

lyse. Daß schon die ‚Klassiker der Soziologie' den Systembegriff benutzten, wird an Auszügen aus den Werken Comtes, Spencers und Paretos deutlich.)
Parsons, Talcott: Zur Theorie sozialer Systeme. Hrsg. von Stefan Jensen. Opladen, Westdeutscher Verlag: 1976.
(Mehrere der wichtigsten Texte Parsons zu seinem Gesellschaftsbegriff.)
Luhmann, Niklas: Zweckbegriff und Systemrationalität. Tübingen, Mohr: 1968, S. 114–176.
(Dieser und der folgende Text bieten einen ersten Zugang zu den schwierigen theoretischen Überlegungen Luhmanns.)

Beispiele für komplexe Gesellschaftsanalysen:

Klages, Ludwig: Die unruhige Gesellschaft, München, Beck: 1975.
Hondrich, Karl Otto: Wirtschaftliche Entwicklung, soziale Konflikte und politische Freiheiten. Frankfurt/M., Suhrkamp: 1970.
Habermas, Jürgen: Legitimationsprobleme im Spätkapitalismus. Frankfurt/M., Suhrkamp: 1973.

Begleittext 8.1:

Herbert Spencer: Gesellschaft als Organismus. aus: Das System der synthetischen Philosophie, Band VII, Die Principien der Sociologie, II. Band, II. Teil: Die Inductionen der Sociologie. Schweizerbart'sche Verlagsbuchhandlung Nägele & Sprosser: Stuttgart, o.J., §§ 213–215 und § 217.

Kap. 1: Was ist eine Gesellschaft?

§ 213: Nun aber, wenn wir eine Gesellschaft als ein Ding betrachten dürfen, zu welcher Art von Dingen müssen wir sie rechnen? Sie scheint vollkommen unähnlich jedem sonstigen Objekt, mit dem unsere Sinne uns bekannt machen.... Die einzig denkbare Ähnlichkeit zwischen einer Gesellschaft und einem beliebigen anderen Ding muß also beruhen auf dem Parallelismus des Princips in der Anordnung ihrer Bestandteile.

Es gibt nun zwei große Klassen von Aggregaten, mit denen das sociale Aggregat verglichen werden kann: unorganische und organische. Sind die Eigenschaften einer Gesellschaft irgendwie gleich oder ähnlich denen eines nicht lebenden Körpers oder gleichen sie irgendwie denen eines lebenden Körpers oder aber unterscheiden sie sich völlig von beiden?

Die erste dieser Fragen braucht man nur auszusprechen, um sie sofort verneinend beantworten zu können. Ein Ganzes, dessen einzelne Teile lebendig sind, kann unmöglich in seinen allgemeinen Eigentümlichkeiten einem leblosen Ganzen gleichen.

Kap. 2: Die Gesellschaft ist ein Organismus

§ 214: ... lebende Körper (zeigen) ebenso wie Gesellschaften im Vergleich mit den genannten unbelebten Dingen die Massenzunahme in so auffälliger Weise, daß wir dieses Merkmal getrost als für die ersteren beiden auszeichnend betrachten können.

§ 215: Es gehört ferner zu den Besonderheiten der socialen sowohl wie der lebenden Körper überhaupt, daß sie während der Zunahme an Größe auch in ihrem inneren Bau zunehmen. Gleich einem der niedersten Tiere zeigt der Embryo eines höher stehenden nur wenig unterscheidbare Teile; indem er aber einen größeren Umfang erreicht, vermehren und differenzieren sich auch seine Teile. So auch bei der Gesellschaft. Im Anfang sind die Verschiedenheiten zwischen den einzelnen Gruppen ihrer Einheiten der Zahl wie der Art nach sehr unbedeutend, sobald aber die Bevölkerung ansteigt, treten immer mehr und entscheidender ausgeprägte Abteilungen und Unterabteilungen hervor. Ferner hören diese Differenzierungsvorgänge in sozialen Organismen sowohl wie in einzelnen Lebewesen erst zugleich mit dem Abschluß oder der Vollendung des Typus auf, welcher den Reifezustand bezeichnet und dem Zerfall vorangeht.

§ 217: Die Teile eines unorganischen Aggregats stehen in solcher Beziehung zueinander, daß der eine sich bedeutend verändern kann, ohne die übrigen irgend wahrnehmbar zu beeinflussen. Ganz anders verhält es sich mit den Teilen eines organischen oder socialen Aggregates. Beim einen wie beim andern sind die Veränderungen in ihren Teilen gegenseitig bestimmt und die veränderten Tätigkeiten der Teile hängen ebenso wechselseitig voneinander ab.... Teilung der Arbeit, welche bekanntlich zuerst von den Nationalökonomen als eine soziale Erscheinung erkannt und darauf von den Biologen als eine Erscheinung bei den lebenden Wesen, welche sie „die physiologische

Arbeitsteilung" nannten, nachgewiesen wurde, ist dasjenige, was die Gesellschaft wie das einzelne Tier erst zu einem lebenden Ganzen macht.
Ich kann kaum genug Gewicht auf die Wahrheit legen, daß hinsichtlich dieses fundamentalen Merkmals ein sozialer Organismus und ein Einzelorganismus einander völlig gleich sind. Wenn wir sehen, daß bei einem Säugetier die Unterdrückung der Tätigkeit der Lungen sehr bald das Herz zum Stillstand bringt; daß, wenn der Magen seine Dienste nicht mehr leistet, auch alle übrigen Teile nach und nach tätig zu sein aufhören, daß die Lähmung der Glieder zuletzt für den ganzen Körper den Tod infolge von Mangel an Nahrung oder infolge der Unfähigkeit, Gefahren zu entfliehen, nach sich zieht, ja daß auch der Verlust eines sehr kleinen Organs, wie etwa eines Auges, den ganzen übrigen Körper eines Dienstes beraubt, welcher für seine Erhaltung notwendig ist, so können wir nicht umhin, einzusehen, daß die gegenseitige Abhängigkeit der Teile ein sehr wesentlicher Charakterzug ist. Und wenn wir andererseits in einer Gesellschaft beobachten, wie die Eisenbahnarbeiter ihre Tätigkeit einstellen, sobald die Bergwerksarbeiter kein Material mehr liefern; wie die Verfertiger von Kleidern ihr Geschäft nicht mehr fortführen können in Ermangelung solcher, welche Textilwaren spinnen und weben; wie die Gesamtheit der Fabrikationsarbeiten stillsteht, sofern nicht die Nahrung erzeugenden und Nahrung verteilenden Agentien in Tätigkeit sind, wie endlich auch die herrschenden Kräfte, die Regierungen, die Behörden, die Gerichtsbeamten und die Polizei, nicht mehr imstande sind, die Ordnung aufrechtzuerhalten, wenn ihnen nicht die Lebensbedürfnisse von seiten jener Teile, die in Ordnung zu halten sind, geliefert werden – so ist einleuchtend, daß diese gegenseitige Abhängigkeit der Teile hier eine ganz ebenso innige ist.

Begleittext 8.2:

Paul v. Lilienfeld: Das Prinzip der Bewegung. Aus: Gedanken über die Sozialwissenschaft der Zukunft, I. Teil: Die menschliche Gesellschaft als realer Organismus Kap. VIII, Georg Demet: Berlin 1901, S. 132–139.

Aber auch ganz selbständig thätige Organismen treten zusammen und erzeugen, gegenseitig auf einander wirkend, neue Bewegungseinheiten. Im Pflanzen- und Thierreich geschieht dies fast ausschließlich durch das Mittel der geschlechtlichen Vereinigung, auf dem Wege der Fortpflanzung. Indem sich zwei Einheiten der Bewegung, zwei belebte Zellen, verbinden, ihre Bewegungen zu Einer vereinigen, erzeugen sie eine dritte, eine resultirende Bewegung, in der Gestalt ihrer Nachkommen. Unter den niederen Organismen beschränkt sich diese Wechselwirkung zwischen zwei Individuen, sowohl des Pflanzen- als Thierreichs, fast ausschließlich auf geschlechtliche Vereinigung oder unmittelbare physische gegenseitige Berührung. Unter den höheren Thieren sind schon, abgesehen von der geschlechtlichen Vereinigung, die Anfänge einer folgerechteren organischen Wechselwirkung zwischen den einzelnen Gliedern einer und derselben Gattung bemerkbar, obgleich auch hier diese Wechselwirkung sich auf einen sehr engen Kreis einfach instinctiver Impulse, Antriebe und Bedürfnisse beschränkt. Bei gemeinschaftlich lebenden Tieren, wie bei den Bienen, Ameisen u.s.w. entwickelt sich unzweifelhaft der Instinct unter dem Einfluß unmittelbarer Wechselwirkung zwischen den Individuen. Durch den Fortpflanzungstrieb wird der auf diesem Wege wirksame Instinct nur erhalten oder abgeändert.
Beim Menschen erhält diese unmittelbare Wechselwirkung zwischen den einzelnen Individuen eine umfassendere und vielseitigere Bedeutung, – die Bedeutung nicht nur einer

folgerechten organischen Entwicklung eines jeden einzelnen Individuums für sich und seine Descendenz, sondern auch einer Entwicklung, welche auf gegenseitiger Einwirkung aller Individuen unter einander als Bestandtheile eines gemeinsamen Organismus beruht, in derselben Art und Weise, wie es innerhalb eines jeden Organismus unter den einzelnen Zellen stattfindet. *Nur der Mensch lebt ein folgerechtes sociales Leben, indem er mit seines Gleichen zu einer Gesellschaft, d.i. zu einem gemeinschaftlichen Ganzen sich verbindet, welches für jede einzelne Persönlichkeit die Bedeutung hat, die jedem Organismus in Bezug auf die einzelne Zelle zukommt.*

Wie in der Natur nichts sprungweise geschieht, so giebt es auch unter den Thiergattungen solche, welche Anfänge socialen Lebens zeigen. Darwin selbst sagt jedoch, daß zwischen den am meisten entwickelten Thieren und dem auf der niedrigsten Entwicklungsstufe stehenden Menschen ein so enormer Unterschied stattfindet, daß er sich durch die Wirkung der physischen Kräfte allein nicht erklären läßt. Dieser Unterschied wird jedoch dadurch völlig klar, daß auf den Menschen nicht nur die physische, sondern auch seine sociale Umgebung influiert, daß der Mensch, so wie er sich uns in seiner historischen Entwickelung gegenwärtig darstellt, das Resultat einer endlosen Reihe socialer Lebensperioden, eines ununterbrochenen socialen Kampfes, einer progressiven socialen Vervollkommnung ist, gleichwie die niederen Organismen das Resultat einer unendlichen Reihe geologischer Perioden, eines beständigen Kampfes um das rein physische Dasein, einer progressiven Vervollkommnung des physischen Organismus sind.

Gleichwie unser Sonnensystem und das ganze Weltall aus einer unzählbaren Menge sich nach mechanischen Gesetzen bewegender und mit einander in gegenseitiger mechanischer Spannung und Wechselwirkung stehender Körper besteht, die ein gemeinschaftliches mechanisches System bilden, eben so besteht die menschliche Gesellschaft aus einer unzählbaren Menge einzelner sich organisch entwickelnder, in gegenseitiger Wechselwirkung und gegenseitigem organischen Streben stehender, ein gemeinsames organisches System bildender Einheiten. Die Allgemeinheit der mechanischen Bewegung, der mechanischen Wechselwirkung und der mechanischen Spannung in den Himmelsräumen beruht auf ursprünglichen gemeinschaftlichen Bewegungen, die schon vor der Bildung einzelner Körper, vor der Begrenzung der Materie durch bestimmte Linien, Formen und Eigenschaften in Folge einer progressiven Reihe mechanischer Differenzirungen und Integrirungen bestanden. Der Ursprung der organischen Wechselwirkung der Menschen im Schosse der Gesellschaft liegt in ihrer gemeinschaftlichen Abstammung und der progressiven Reihe organischer Differenzirungen und Integrirungen, die im Laufe der Geschichte der Menschheit inmitten der Gesellschaft vor sich gegangen sind. –

Doch aber, wie schon gesagt, vollzieht sich die mechanische Wirkung der Kräfte in den Himmelsräumen und unter den Himmelskörpern nach denselben Gesetzen, die auch für jeden einzelnen unorganischen Körper und für Atome und Moleküle gelten, und der einzige Unterschied besteht nur in den Entfernungen und Proportionen. Eben so muß auch *die organische Verknüpfung der in Gesellschaft lebenden Menschen nach denselben organischen Gesetzen vor sich gehen, wie die Verbindung der Zellen in jedem einzelnen Organismus;* und auch hier besteht der ganze Unterschied nur in den Entfernungen und Proportionen, in dem verschiedenen Grade der Zweckmäßigkeit, Vernunftmäßigkeit und Freiheit der Thätigkeit. Diese Nebeneinanderstellung der menschlichen Gesellschaft mit der organischen und unorganischen Natur, diese Analogie zwischen den Wirkungen der socialen und Naturkräfte wird noch verständlicher, wenn wir uns recht klar machen, was eigentlich unter dem Begriff der Bewegung, dem wir bis jetzt jede Wirkung von Kräften überhaupt subsumirten, zu verstehen ist.

Der Begriff mechanischer Bewegung ist für unser Verständnis ein einfacher, keiner weiteren

Analyse unterliegender Begriff. Wir können eine gemeinschaftliche Bewegung in viele einzelne zerlegen, sie in Zeit und Raum in unendlich kleine Theile zerstückeln oder zu unendlichen Größen zusammen fassen, aber der Begriff der mechanischen Bewegung selbst bleibt für uns immer etwas Einfaches, über das hinaus zu gehen oder uns etwas noch Einfacheres vorzustellen wir außer Stande sind. Ob in der That die mechanische Bewegung den ursprünglichen Ausgangspunkt der Entwickelung des Universums bildete oder selbst etwas Zusammengesetztes – vielleicht die Folge der Wirkung anderer, uns unbekannter Naturkräfte – ist, davon können wir uns keine Rechenschaft geben. Zwar bemühen sich gegenwärtig die Naturwissenschaften, die Wirkung aller Kräfte auf eine solche einfache Grundursache zurückzuführen und durch sie alle Naturerscheinungen zu erklären, aber über die mechanische Bewegung hinauszugehen, ist die Wissenschaft nicht im Stande, ja sie vermag nicht einmal klar zu machen, worin eigentlich das Wesen mechanischer Bewegung besteht und was namentlich sich bewegt. – Nach Maßgabe der Zerlegung der sichtbaren Welt in einzelne Bewegungen wird die organische Natur in Bewegung unorganischer Theile verwandelt; diese letzteren aus zusammengesetzteren unorganischen Molekülen in einfache Atome, und diese Atome selbst endlich in etwas für unsere Sinne nur deshalb Wahrnehmbares, weil es sich bewegt. Aber was eigentlich dieses Etwas sei – das ist uns eben so unbegreiflich, wie das Wesen der Bewegung selbst.

Indem daher wir alle vergeblichen Versuche zur Erklärung des Wesens des sich Bewegenden und der Bewegung unterlassen, stellen wir hier nur die Frage auf: ist es möglich, indem wir das Leben der menschlichen Gesellschaft einer folgerechten Analyse unterziehen, es auf dieselbe einfache Grundursache zurückzuführen, durch welche man jetzt alle übrigen Erscheinungen der organischen und unorganischen Natur zu erklären sucht – d.i. auf mechanische Bewegung?

Wir sind der Meinung, daß dieses in Bezug auf die menschliche Gesellschaft eben so möglich ist, wie in Bezug auf die ganze übrige Natur, und daß folglich auch in dieser Hinsicht kein wesentlicher Unterschied zwischen der übrigen Natur und der Gesellschaft besteht. Wir wollen das jetzt zu beweisen versuchen.

Eine jede Thätigkeit der Naturkräfte, folglich auch die mechanische Bewegung, als einfachste derselben, kann in Bezug auf uns, auf unsere Sinne, unsere Erkenntnis – *offenbar* oder *latent* sein. Im ersten Fall offenbart sich die mechanische Bewegung in Bezug auf uns als Versetzung eines Körpers oder einzelner Theile desselben aus einem Punkte des Raumes in einen anderen. Derartig ist der Lauf der Sterne und Planeten am Himmel, derartig die Bewegung der Körper auf der Oberfläche der Erde.

Wiederholt sich die Bewegung periodisch in bestimmten und kurzen Zeiträumen, so erscheint sie uns als Schwingung oder Vibration. Derartig sind die Bewegungen einzelner Theile einer schwingenden Saite oder Glocke, die Wimperbewegungen der Infusorien, die Pulsationen des Herzens höherer Organismen usw.

Bewegung im latenten, potentiellen Zustand erscheint als bloßes Streben, als eine bestimmte Spannung. So befinden sich die auf der Erdoberfläche befindlichen schweren Körper, trotz ihrer scheinbaren Unbeweglichkeit, in einer bestimmten Spannung zu unserem Planeten. Eine ähnliche Spannung zu einander zeigen die Moleküle und Atome eines jeden Körpers, gleich den, trotz scheinbarer Unbeweglichkeit, schwebenden Körpern im Himmelsraume.

In einer analogen, wenn auch vielseitigen Spannung befinden sich in einem jeden Organismus alle einzelnen Zellen und Organe zu einander, so wie zum ganzen Organismus. Diese Spannung bedingt die ganze Entwickelung des Organismus: sie beginnt mit dem ersten Keime desselben und endet erst mit seinem Zerfall oder Tode.

Die mechanische Bewegung geht sowohl in der unorganischen wie organischen Natur ununterbrochen aus dem potentiellen oder latenten Zustande in den offenbaren, und umgekehrt aus dem offenbaren Zustande in die bloße Spannung über. Ein geworfener Stein, der zur Erde fällt, geht aus dem Zustande der offenbaren Bewegung in den der latenten über. Das Wasser, das die Wärme der Atmosphäre aufnimmt, führt den Wärmestoff aus dem offenbaren in den latenten Zustand über. Umgekehrt ging das Thier, das aus dem Schlaf erwacht, der Beute nachjagt, aus dem latenten in den offenbaren Zustand der Bewegung über. Dasselbe geschieht bei der chemischen Umgestaltung eines Körpers, dessen Partikel bis dahin mit einander im Gleichgewicht standen. Die ganze innere Entwicklung des organischen Lebens besteht in beständigen folgerechten Übergängen aus dem Zustande der Spannung in den der Thätigkeit und umgekehrt. –

Welcher Zustand namentlich, ob der der Spannung oder der der äußeren Thätigkeit, beim allerersten Anfange der Wirkung der Naturkräfte der ursprüngliche war, mit anderen Worten, ob im Anfange die Materie nur eine bestimmte innere Spannung besaß, oder ob mechanische Bewegung die erste Ursache dieser Spannung abgab – das ist unmöglich auch nur theoretisch zu entscheiden. Die Entscheidung dieses Räthsels hat übrigens vom wissenschaftlichen Gesichtspunkt keine wesentliche Bedeutung. Denn *Spannung muß im Grunde ebenfalls als eine nur auf unendlich kleine Größe zurückgeführte und auf einen unendlich kleinen Raum beschränkte Bewegung betrachtet werden, und umgekehrt ist jede, selbst offenbare Bewegung im Grunde eine Spannung, die eine bestimmte Richtung und Dehnung erhalten hat.* Daher wird auch in der Physik mit voller Berechtigung jede Spannung als eine mit der Umgebung in's Gleichgewicht gekommene Bewegung aufgefaßt, und umgekehrt jede Bewegung als Störung dieses Gleichgewichts angesehen.

Alles dies läßt sich in vollem Maße auch auf die menschliche Gesellschaft anwenden. Jeder einzelne Mensch befindet sich im Zustande offenbarer Bewegung oder latenter Spannung, nicht nur hinsichtlich der ihn umgebenden physischen Welt, sondern auch in Bezug auf die übrigen Glieder der Gesellschaft und die ganze Gesellschaft, insofern sie ein gemeinschaftliches Ganzes darstellt, gleich den Zellen, die zum Bestand eines pflanzlichen oder thierischen Organismus gehören. In ähnlicher Weise, wie diese letzteren, geht der Mensch unaufhörlich aus dem Zustande der offenbaren Bewegung in den der Spannung über und umgekehrt, und durch diese Wechselwirkung aller zum Complex der Gesellschaft gehörenden Persönlichkeiten wird ihr ganzes inneres organisches Leben eben so bedingt, wie durch den gleichen abwechselnden Übergang aus dem Zustande der Tention in den der Thätigkeit, und umgekehrt, das innere Leben aller Naturorganismen überhaupt bedingt wird. Der Mensch, wie auch jeder andere Organismus, läßt schon im fötalen Zustande eine bestimmte Spannung, eine bestimmte Richtung der ihm von seinen Eltern vererbten Kräfte erkennen. Diese Spannung ist die Folge einer unendlichen Reihe vorhergegangener Bewegungen, die sich potentiell im Samen, im Ei concentrirten. Die weitere Entwicklung jedes Samens ist ein stufenweiser Übergang der Bewegung aus dem latenten in den offenbaren Zustand und umgekehrt. Bei den niederen organischen Individuen jedoch hängt die Folgerichtigkeit dieses Übergangs und der Umsetzung der Kräfte aus einem Zustand in den anderen in Bezug auf ihre Descendenten hauptsächlich von der geschlechtlichen Weitererzeugung ab. *Der Mensch, als Glied der Gesellschaft, befindet sich im Zustand offenbarer Thätigkeit und latenter Spannung in Bezug auf alle übrigen Glieder der Gesellschaft und als Glied des Menschengeschlechts in Bezug auf die ganze Menschheit.* Die Folge dieser offenbaren Tätigkeit und dieser latenten Spannung ist die Entwicklung der physischen und geistigen Kräfte des Menschen in der Gesellschaft. Und diese Entwicklung vollzieht sich völlig nach denselben Gesetzen, wie die Entwicklung einzelner thierischer und pflanzlicher Zellen innerhalb eines jeden Organismus. Für die Wechselwirkung der Individuen in der Gesellschaft ist die unmittelbare mechanische Berührung der Menschen unter einander eben so wenig eine Nothwendigkeit, als für die Himmelskörper und für die Atome, Moleküle und Zellen eines jeden einzelnen unorganischen oder organischen Körpers. Eine unmittelbare mechanische Berührung, im strengsten Sinne des Wortes, giebt es überhaupt in der Natur nicht und kann es nicht geben. Daher kann auch das sociale Leben, das sich aus den verschiedenartigsten offenbaren und latenten Thätigkeiten zusammensetzt, die jeder Mensch vom ersten Tage seiner Geburt bis zu seinem Tode äußert, oder denen er unterworfen ist, es kann dieses sociale Leben, welches aus den mannigfachsten nahen oder entfernten Beziehungen unter allen Menschen einer und derselben Gesellschaft und des ganzen Menschengeschlechts besteht, gleich allen übrigen Naturerscheinungen, in Bewegungen, Schwingungen, Vibrationen zerlegt werden, die theils im latenten Zustande vorhanden sind, theils in den Zustand offenbarer Thätigkeit übergehen. Ein auf der Erdoberfläche liegender Stein befindet sich im Zustande latenten Strebens, das ihm von der früher ursprünglich mit der Erde gemeinsamen Bewegung hinterblieben ist. Der Mensch, der mit bestimmten Anlagen, Neigungen und Fähigkeiten geboren ist, in Folge seiner Stellung in der Gesellschaft jedoch nicht den entsprechenden Kreis für seine Thätigkeit gefunden hat, und deshalb in Unthätigkeit verharrt, befindet sich in Bezug auf die Gesellschaft in derselben Lage. Die Talente, Kräfte, die Leistungsfähigkeit, die er von seinen Eltern ererbt hat, verbleiben im Zustande latenten Strebens und treten vielleicht erst in künftigen Geschlechtern, unter veränderten socialen Bedingungen, zu Tage. So kann auch der Stein aus dem Zustande der Ruhe bei etwa in seiner Umgebung vor sich gehenden Änderung erst nach langen Zeiträumen heraustreten.

Was wir in Bezug auf einzelne Persönlichkeiten aussprachen, läßt sich auch auf ganze Schichten der Gesellschaft, auf ganze Generationen und Völkerstämme anwenden. In der Natur und in der Gesellschaft geschieht nichts in Sprüngen. Wenn einzelne Stände, Nationen, Staaten plötzlich eine ungewöhnliche Energie entfalten, gewaltige sittliche und geistige Kräfte zum Vorschein bringen, so ist eine derartige Entfaltung nur möglich, wenn die entsprechenden Kräfte schon in der Anlage, als latentes Streben, vorhanden waren.

Die reale Form dieses Strebens prägt sich im einzelnen Menschen, als höher entwickelter Organismus, in erweiterter Ausgestaltung seines Nervensystems aus. Das Nervensystem selbst, das höchste Produkt des organischen Lebens, besteht aus einer Association von Zellen, die sich in beständiger Wechselwirkung und beständiger Spannung, in einem Zustand latenter oder offenbarer Vibration befinden, und so ist *die menschliche Gesellschaft gleichfalls eine Association von Nervenzellen, nur sind letztere, da sie vollständige Individuen sind, vielseitiger ausgebildet und höher entwickelt.* Die Wechselwirkung und die gegenseitige Spannung dieser Zellenindividuen sind nach denselben Gesetzen, ganz wie die Wechselwirkung und Spannung weniger ausgebildeter Zellen, in jedem einzelnen Organismus bedingt, und der ganze Unterschied besteht wieder nur in den verschiedenen Proportionen, in den Relationen, in dem höheren Grade der Zweckmäßigkeit, der Geistigkeit, der Freiheit. Aber diese die Entwicklung der menschlichen Gesellschaft bedingenden Verhältnisse und Beziehungen, wie *ungleichartig* sie auch im Vergleich zu denen erscheinen, von welchen die Associationen der Zellen in der Pflanze und dem Thiere abhängen, bleiben nichts desto weniger *reale* Beziehungen, ganz eben so, wie auch die Attractionskraft der Himmelskörper, trotz der Unermeßlichkeit des sie trennenden Raumes, eben so real ist, wie die Attraction und Cohäsion in jedem einzelnen Körper.

Wir wiederholen: *die menschliche Gesellschaft repräsentiert ein organisches System, gleichwie unser Sonnensystem und das Weltall ein mechanisches System repräsentiert,* und daher müssen die in der Gesellschaft unter dem Einfluß der physischen oder geistigen Kräfte, der physischen oder geistigen Spannung derselben vor sich gehenden Bewegungen, Tätigkeiten, Ereignisse eben so nach organischen Gesetzen erfolgen, wie die Bewegung der Körper in den Räumen des Himmels mechanischen Gesetzen folgt. Und wie endlich jeder einzelne Körper im Kleinen ein eben solches mechanisches System bildet, wie unser Sonnensystem und das Weltall im Großen ist, so stellt auch jeder Organismus der Natur im Kleinen dasselbe dar, was die menschliche Gesellschaft im Großen. – Und da endlich bei folgerechter Analyse alles organische Leben in seiner einfachen ursprünglichen Gestalt auf mechanische Bewegung zurückgeführt werden kann, so ist auch das sociale Leben, als höchster Ausdruck organischen Lebens, auf dem Wege der Analyse auf denselben Ursprung zu basiren.

Begleittext 8.3:

Richard Münch: Theorie sozialer Systeme. Westdeutscher Verlag: Opladen 1976, S. 24–28.

Gesellschaft

Eine besondere Art eines sozialen Systems ist die Gesellschaft. In der funktionalistischen Systemtheorie versteht man darunter ein umgreifendes soziales System, das in sich mehrere Teilsysteme enthält, die mehr oder weniger voneinander getrennt sein können. In diesem umfassenden Aspekt unterscheidet sich dieser Begriff der Gesellschaft von demjenigen des 19. Jahrhunderts, der sich in der Trennung zwischen bürgerlicher Gesellschaft und Staat nur auf einen Teil eines Ganzen bezog. Negativ ausgedrückt ist also die Gesellschaft kein Teilsystem eines umfassenderen Gesamtsystems. Als positives Kriterium könnte man mit Talcott Parsons relative Selbstgenügsamkeit oder, wie Niklas Luhmann, Leistung letzter Reduktionen von Umweltkomplexität nennen. Beide Versuche sind jedoch keine konsequenten Definitionen der Gesellschaft, die auf die *Definition* des sozialen Systems aufbauen würden und anzeigen, worin Gesellschaften ihre Identität und Grenze finden.

Selbstgenügsamkeit ist ein Merkmal, das einer durch andere Merkmale definierten Gesellschaft zukommen kann oder nicht. Viele soziale Systeme, die dieses Merkmal nicht besitzen, bezeichnet man in der Regel trotzdem als Gesellschaften. Das gilt vor allem für Gesellschaften, die nur einen geringen Teil der ökonomischen Güter oder der wissenschaftlichen Ausbildung herstellen, der tatsächlich innerhalb ihrer Grenzen benötigt wird.

Andere Probleme wirft die Definition auf, die Gesellschaft sei dasjenige Sozialsystem, das für die übrigen gesellschaftlichen Teilsysteme grundlegende Reduktionen von Umweltkomplexität leiste. Eine solche grundlegende Reduktion von Umweltkomplexität sind für Luhmann z.B. die Rechtsnormen. Sie bilden eine Struktur, die bestimmte Handlungsmöglichkeiten zuläßt und andere ausschließt, innerhalb derer das Handeln in den verschiedenen Teilsystemen der Gesellschaft abläuft, wie z.B. in der Familie, in der Sippe, in der Wirtschaft, in der Wissenschaft, im Krankenhaus usw.. Nun trifft zweifelsohne zu, daß Rechtsnormen diese Leistung für alle Teilsysteme der Gesellschaft erfüllen. Das soziale System, innerhalb dessen diese Leistung erbracht wird, ist jedoch wiederum selbst ein Teilsystem der Gesellschaft, nämlich das politische System in seinen Teilsystemen der politischen Öffentlichkeit, der Interessenartikulation, des Parteiensystems, der politischen Wahl, der wissenschaftlichen Beratung, der Regierung, des Parlaments, der Verwaltung, der Justiz, der Polizei und des Militärs. In dieser Weise werden alle Leistungen innerhalb einer Gesellschaft durch die Interaktion innerhalb sozialer Teilsysteme oder durch die Interaktionen zwischen sozialen Teilsystemen erbracht. Dabei gilt, daß sehr viele Leistungen von Teilsystemen in allen übrigen Teilsystemen verwertet werden. Das gilt für die Erstellung wissenschaftlicher Erkenntnisse im Wissenschaftssystem, für die Bereitstellung knapper Güter und Dienste im Wirtschaftssystem usw.

Rechtsnormen sind eine Leistung eines Teilsystems einer Gesellschaft. Sie reduzieren Umweltkomplexität für alle übrigen Teilsysteme, da sie aus dem Bereich möglichen Handelns

eine Auswahl zulässigen Handelns treffen. Aber auch die Wissenschaft und die Wirtschaft teffen für die übrigen Teilsysteme eine Auswahl unter möglichen Handlungen. Sie leisten dies nur nicht durch Rechtsnormen, sondern durch wissenschaftliche Erkenntnisse sowie Güter und Dienste. Rechtsnormen werden demgemäß in *einem Teilsystem* der Gesellschaft als für die Handelnden im politischen System selbst und in den anderen Teilsystemen der Gesellschaft verbindlich getroffen und durchgesetzt. Deshalb wäre es irreführend, diese im Unterschied zu anderen Leistungen als eine spezifische Leistung der Gesellschaft zu betrachten. Es entsteht dann leicht die Vorstellung, die Gesellschaft sei ein spezielles soziales System, dem andere soziale Systeme als Subsystem untergeordnet seien. In der Tat bringt Luhmann eine solche Vorstellung zum Ausdruck, wenn er annimmt, die Gesellschaft leiste grundlegende Reduktionen für die *übrigen* sozialen Systeme innerhalb der Gesellschaft. Eine solche Aussage impliziert logisch, daß die Interaktionen innerhalb dieser „übrigen" sozialen Systeme nicht der Gesellschaft zuzurechnen seien. Das würde es erforderlich machen, ein abgegrenztes soziales System zu identifizieren, das diesen übrigen Teilsystemen gegenübergestellt werden könnte. Ein solches soziales System wird jedoch von Luhmann nicht genannt. Die Bezugnahme auf Rechtsnormen als der Leistung der Gesellschaft würde bedeuten, daß man bestimmte Teilsysteme des politischen Systems als Gesellschaft identifiziert. Die Frage ist dann, warum man ein Teilsystem als Gesellschaft anderen Teilsystemen überordnen soll, wenn alle Teilsysteme für die anderen Teilsysteme Leistungen erbringen. Der Versuch, die Gesellschaft als dasjenige soziale System zu begreifen, das grundlegende Reduktionen von Umweltkomplexität für andere leistet, führt offensichtlich zu keiner annehmbaren Lösung.
Definitionsmerkmal sozialer Systeme ist eine Menge aufeinander bezogener Interaktionen mit spezifischem Sinn, der sie von anderen unterscheidbar macht. Man könnte dann sagen, daß eine Gesellschaft aus der Summe derjenigen sozialen Teilsysteme besteht, die ihrerseits untereinander durch eine spezifische Interaktionsstruktur integriert und von anderen sozialen Systemen abgegrenzt werden. Alle Teilsysteme einer Gesellschaft, wie das ökonomische, wissenschaftliche, religiöse, politische usw., können über die Grenzen der Gesellschaft hinaus Interaktionssysteme bilden. Die Interaktionsbeziehungen untereinander machen sie jedoch zum Bestandteil einer spezifischen Gesellschaft. So stehen das ökonomische oder das wissenschaftliche Teilsystem einer Gesellschaft in spezifischen Interaktionsbeziehungen mit denselben Teilsystemen anderer Gesellschaften. Sie stehen aber nicht in dem gleichen Sinne und in demselben Ausmaß in Interaktionsbeziehung zum politischen System oder zum Ausbildungssystem dieser Gesellschaften wie zu denselben Teilsystemen der eigenen Gesellschaft. Gesellschaften erlangen also ihre Identität durch den Sinn der Interaktionen, die ihre Teilsysteme bilden und durch den Sinn der Interaktionen, welche diese Teilsysteme untereinander verbinden. Ob die wirtschaftlichen Interaktionen als Markttausch oder als Planausführung, wie weit die wirtschaftlichen Interaktionen nach ökonomischem Kalkül oder politischer Zielsetzung verlaufen, welche Unabhängigkeit die wissenschaftlichen Interaktionen von religiöser Heilssuche oder politischer Machtausübung besitzen, dies alles unterscheidet im einzelnen Gesellschaften untereinander und verleiht ihnen ihre jeweilige Identität.
Eine Grenze aller dieser Teilsysteme gegenüber den Teilsystemen anderer Gesellschaften wird insbesondere durch die Rechtsnormen gebildet. Wie weit diese Rechtsnormen Geltung besitzen und als Struktur die Auswahl möglicher Handlungen in Teilsystemen begrenzen, gibt diesen Teilsystemen gegenüber anderen gleichgearteten Teilsystemen eine Grenze. Die Wissenschaftssysteme und die Wirtschaftssysteme können zwar dichte Interaktionssysteme über die Grenzen von Gesellschaften hinweg bilden. Es ist jedoch ein Unterschied, ob die jeweiligen Interaktionspartner zugleich auch Mitglieder desselben politischen Systems sind oder nicht. Nur soweit sie Mitglieder desselben politischen Systems sind, können bestimmte Rechtsnormen über Wissenschaftsautonomie oder über Vertragsvereinbarungen für beide

zugleich verbindlich sein, so daß beide unbefragt daran anknüpfen können. Ist diese Bedingung nicht erfüllt, kann bei den Interaktionen nicht an schon geltende Strukturen (Rechtsnormen) angeknüpft werden. Solche verbindlichen Normen müssen dann nochmals in der konkreten Interaktion vereinbart werden.
In diesem Sinne kann gemeinsame Mitgliedschaft in einem politischen System und die gemeinsame Orientierung an denselben Normen, deren Verbindlichkeit durch die Mitgliedschaft in demselben politischen System garantiert wird, als Kriterium für die Unterscheidung der Interaktion innerhalb einer Gesellschaft von den Interaktionen über die Grenzen von Gesellschaften hinweg verwendet werden, seien dies familiale, wirtschaftliche, wissenschaftliche oder religiöse Interaktionen.
In vormodernen Gesellschaften setzt die gemeinsame Orientierung an bestimmten verbindlichen Normen vor allem die gemeinsame Mitgliedschaft in einer Sippe oder in einem Stamm sowie in einem religiösen System voraus, durch die das politische Handeln überlagert und bestimmt wird. Deshalb ist in solchen Gesellschaften vor allem die Zugehörigkeit zu einer Verwandtschaftslinie und zu einer Religion das Kriterium dafür, ob eine Interaktion innerhalb einer Gesellschaft abläuft oder über die Grenzen von Gesellschaften hinweg stattfindet. Erst nach der Trennung des politischen Handelns als einem Handeln, das auf die Herstellung und Durchsetzung verbindlicher Entscheidungen abzielt, vom verwandtschaftlichen und religiösen Handeln wird allein die gemeinsame Mitgliedschaft in einem politischen System das Abgrenzungskriterium für Interaktionen innerhalb und zwischen Gesellschaften und gemeinsame Verwandtschaft und Religion unwirksam.
Allerdings muß auch berücksichtigt werden, wie weit sich Wirtschafts- oder Wissenschaftssysteme intern dadurch gegeneinander abgrenzen, daß in ihnen das Handeln einen anderen Sinngehalt hat, also z.B. Markttausch oder Planausführung vorherrscht. Je mehr dies der Fall ist, um so mehr wird allein schon dadurch bestimmt, ob eine Interaktion innerhalb eines Wirtschaftssystems oder eine Interaktion über die Grenzen zweier Wirtschaftssysteme hinweg vorliegt. Die Grenzen zwischen Gesellschaften werden dann über die spezifischen Rechtsnormen und die jeweilige Mitgliedschaft in einem politischen System hinaus durch den spezifischen Sinngehalt der Interaktionen und Normen der anderen Teilsysteme, wie der Wirtschaft, der Wissenschaft, der Religion, der Verwandtschaft usw. schärfer gezogen. Einzelne Gesellschaften der charakterisierten Art bilden die sogenannte *Weltgesellschaft,* und zwar um so mehr, je größer das Ausmaß der Interaktionen zwischen allen diesen Gesellschaften ist.
Zusammenfassend ist unter der Gesellschaft die Summe sozialer Teilsysteme zu verstehen *und* die Interaktionen, die zwischen ihnen stattfinden, soweit durch die gemeinsame Mitgliedschaft in einem politischen, ethnischen oder religiösen System ihre Interaktionen untereinander von Interaktionen über diese Grenze hinweg unterschieden werden können.

Begleittext 8.4:

Niklas Luhmann: Systemtheoretische Argumentationen. Eine Entgegnung auf Jürgen Habermas. Aus: Jürgen Habermas und Niklas Luhmann: Theorie der Gesellschaft oder Sozialtechnologie. Suhrkamp: Frankfurt 1971, S. 361–369.

Da Systeme, die auf Verwendung besonderer Medien spezialisiert sind – Wissenschaft auf Wahrheit, politisches System auf Macht, Wirtschaft auf Geld, Familie auf Liebe – nicht universell vorausgesetzt werden können, sondern ein Produkt gesellschaftlicher Entwicklung sind, kommt als Bezugsrahmen unserer Fragestellung nur eine Theorie gesellschaftlicher

Evolution in Betracht. Hier anzusetzen, bietet zugleich den Vorteil, daß wir vor dem Hintergrund der großen klassischen Kontroverse von System versus Prozeß oder Ordnung versus Wandel diskutieren und mit der Überwindung dieser Kontroverse zugleich den Universalitätsanpruch der Systemtheorie überprüfen können. Auch für die Auseinandersetzung mit Habermas ist die Evolutionstheorie ein Angelpunkt, weil Habermas selbst die Evolutionstheorie als zentral erkennt, ihre Analysen evolutionärer Errungenschaften für brauchbar hält, in der Frage des Universalitätsanspruchs der Systemtheorie dann aber doch gegen meine Auffassung optiert, weil sie die Entfaltung der Produktivkräfte und die emanzipatorische Veränderung von Institutionssystemen nicht berücksichtigt.

Auch in dieser Frage müssen in aller Kürze bisher nicht veröffentlichte Überlegungen vorausgeschickt werden. Sie liegen durchweg in einer höheren Abstraktionslage als die Marx'sche Evolutionstheorie, von der Habermas ausgeht; in einer höheren Abstraktionslage auch, als alle übrigen evolutionären Konzepte des 19. Jahrhunderts, Spencer eingeschlossen, die einen naturkausalen Prozeßbegriff verwenden. Ihnen gegenüber scheint mir ein mit heutigen Denkmitteln erreichbarer Fortschritt darin zu bestehen, daß die Evolutionstheorie *nicht mehr analog zu Naturgesetzen als Gesetz des Entwicklungsprozesses selbst formuliert zu werden braucht, sondern als Theorie der Systemstrukturen und -prozesse, die Evolution hervorbringen, aber nicht selbst Evolution sind.*

Entsprechend sehe ich das Evolutionsproblem bei Sinnsystemen nicht in Veränderungen der „Reproduktion des Lebens" – und sei es des guten, kulturell interpretierten Lebens oder des materiell gut dotierten Lebens, also in einer Reproduktion der Produktivkräfte und Produktionsverhältnisse – sondern in Veränderungen der „Reproduktion von Komplexität". Einen Beitrag in dieser Richtung habe ich in meiner Studie über Gesellschaft kurz skizziert. Er besteht in der Ablösung älterer (im Grund vordarwinistischer) Gattungs-, Populations- oder Ganzheitskonzepte durch eine System/Umwelt-Theorie, die den Dynamismus der Evolution auf ein Komplexitätsgefälle zwischen System und Umwelt zurückführt. Der Grundgedanke lautet: Wenn eine Welt aus mehreren Systemen besteht, die füreinander Umwelt sind, setzt *jede* Veränderung – die Frage der ersten Ursache wird damit also beliebig beantwortbar! – eine mindestens zweifache Wirkungsreihe in Lauf: Das Ereignis verändert ein System, und es verändert damit zugleich die Umwelt anderer Systeme. Durch Diskontinuität zwischen Systemen werden diese Wirkungsreihen nichtidentisch, vor allem in dem Sinne, daß die Wirkungen und Weiterwirkungen in der Umwelt komplexer sind als die im System selbst. Die Umwelt wird dynamisch-komplex, so daß es für Systeme vorteilhaft wird, die eigenen Veränderungen als selektive Anpassung an oder schließlich als selektiven Eingriff in die Umwelt zu steuern.

In einzelnen Systemen wird unter diesen Umständen eine *Differenzierung verschiedener „evolutionärer Mechanismen"* vorteilhaft, die man organische, psychische und soziale Systeme übergreifend, als Mechanismen der *Variation,* der *Selektion* und der *Stabilisierung* beschreiben kann. Variation heißt, daß gegebene Zustände „mutieren" können, daß sie geöffnet werden für umweltbedingte andere Möglichkeiten; daß ihre Abänderung, mit anderen Worten, eine reale Möglichkeit ist. Selektion heißt, daß unter einer Vielzahl solcher anderer Möglichkeiten einige brauchbare ausgewählt werden, etwa nach der Bewährung im „Kampf ums Dasein" oder nach Maßgabe von Lust/Unlust-Differenzen. Stabilisierung heißt, daß ausgewählte Änderungen als reproduzierbare Problemlösungen beibehalten werden können, etwa durch Isolierung einer Population, durch Gedächtnis, durch eine interaktionell getragene Kultur.

Die Begriffe Variation, Selektion und Stabilisierung bezeichnen zunächst abstrakte funktionale Erfordernisse von Evolution; über die Form ihrer Realisierung, ihrer Ausprägung zu fungierenden „Mechanismen", deren Existenz Evolution wahrscheinlich macht, und über den

Grad ihrer Differenzierung ist damit noch nichts gesagt. Ebensowenig ist impliziert, daß jede dieser Funktionen durch jeweils nur einen Mechanismus bedient wird. Weder die Wirklichkeit noch die Notwendigkeit, geschweige denn der konkrete Verlauf von Evolution lassen sich deduktiv aus diesen Begriffen ableiten. Immerhin präzisieren diese Begriffe die Frage, ob und wie bestimmte Systeme, in unserem Falle Gesellschaften, Evolution ermöglichen.

Mein Vorschlag für den Fall des Gesellschaftssystems ist nun: den *Variationsmechanismus* primär in der *Sprache,* den *Selektionsmechanismus* primär in den *Kommunikationsmedien* und den *Stabilisierungsmechanismus* primär in den *Systembildungen* der Gesellschaft zu sehen...

... Dieser Gedanke eines sprachlichen Mutierens der Gesellschaft ist ein Diskussionsangebot an Habermas: Er bezeichnet die Funktionalität der Sprache für die Auslösung innovativer und „emanzipatorischer" Prozesse, für eine Kritik des Vorhandenen, für eine Anmahnung von Begründungspflichten, ebenso aber auch die Grenzen sprachlicher Leistung, die in doppelter Richtung festzuhalten sind: Einerseits kann die Sprache nicht als einziger Variationsmechanismus angesehen werden; andere Variationen werden durch die Abstraktionsleistungen funktionaler Differenzierung oder durch Konflikte ausgelöst, die ihrerseits komplex, vor allem durch Sprache und durch Systemdifferenzierung, bedingt sind. Zum anderen vermag Sprache nicht neben der Variationsleistung zugleich auch Selektions- und Stabilisierungsleistungen zu erbringen; Sprache führt nicht zu Konsens, auch mit Hilfe kommunikativer Kompetenz nicht, weil sie immer die Möglichkeit offenhält, nein zu sagen. Die besondere Leistung der Sprache beruht gerade auf ihrer evolutionären Spezialisierung; darauf, daß sie nicht all diese Leistungen ineins erbringen muß.

Kommunikationsmedien dienen insofern selektiven Funktionen, als sie regulieren, welche Reduktionen des Erlebens bzw. Handelns in sozialen Systemen übertragbar gemacht werden und welche anderen, obgleich sprachlich möglich, an ihrer Nichtübertragbarkeit in sozialen Systemen scheitern.

Ihr Selektionsprinzip ist intersubjektiver Erfolg der Sinnbildung – was nicht notwendig stabilisierbarer Dauererfolg sein muß, wie man im Falle der Liebe oder der Macht besonders deutlich sieht. Medienvermittelte Selektion kann nicht ohne weiteres schon als Systemerhaltung interpretiert werden; vor allem braucht sich die Selektion neu auftauchender Möglichkeiten keineswegs stets auf das Gesamtsystem zu beziehen, etwa im Hinblick auf sein Überleben zu erfolgen, sondern kann nach anderen, im System selbst freilich angelegten und so ermöglichten Gesichtspunkten erfolgen. Mit zunehmender funktionaler Differenzierung des Gesellschaftssystems nimmt zum Beispiel Selektion im Interesse von Teilsystemen an Bedeutung zu. Soziale Systeme unterscheiden sich von organischen mithin durch eine stärkere Differenzierung aller drei evolutionären Mechanismen; Selektion gewährleistet in der sozialen Evolution noch nicht Stabilisierbarkeit als dauerhafte Interaktionsgrundlage.

Systembildungen leisten ihren spezifischen Beitrag zur Evolution dadurch, daß sie die Kompatibilität und Reproduzierbarkeit von Problemlösungen gewährleisten. Sie machen Problemlösungen vom Zufall ihres Auftretens unabhängig – was nicht ausschließt, Zufall selbst als stabilisierbare Problemlösung zu verwenden. Die erleichterte, relativ zufallsunabhängige Reproduzierbarkeit von Problemlösungen hängt ab von Problemrekonstruktionen im System sowie von einer Limitierung von Komplexität und Kontingenz durch Systemgrenzen; sie korreliert nicht notwendig mit der Stabilität von Systemstrukturen, wie die ältere Bestandserhaltungsformel es annahm, da die Kontinuität von Problemlösungen auch durch Strukturänderung gesichert werden und andererseits bei starren Strukturen abreißen kann. Systembildung ist demnach eine evolutionäre Funktion neben anderen......Systembildung ist einerseits Voraussetzung von Evolution schlechthin, andererseits ein besonders funktionales Moment in der Evolution. Darin liegt kein Widerspruch, da es nicht nur ein einziges System

gibt; vielmehr läßt sich auf diese Weise erklären, daß alle Evolution auf Systemdifferenzierung beruht, das heißt darauf, daß sich innerhalb von Systemen wiederum System/Umwelt-Beziehungen bilden, daß also die Systembildungsleistung mehrfach zum Zuge kommt...
... Wollte man im Rahmen der Evolutionstheorie die Systemtheorie ausschalten oder in den untergeordneten Rang einer (vorläufigen) Stabilisierung und adaptiven Steuerung von Teilsystemen verweisen, würde man damit die Möglichkeit verlieren, Evolution selbst zu erklären, oder genötigt sein, auf überholte metaphysische oder naturgesetzliche Konzepte linearer Entwicklung zurückzugreifen.

D. Unterschiedliche Theorieansätze

IX. Adornos Kritik an der Praxis der empirischen Sozialforschung

Eine der ersten Stellungnahmen, die in der Bundesrepublik zu einer jahrelangen Auseinandersetzung um die der Soziologie angemessene Verfahrensweise in Forschung und Theoriebildung führte, war Theodor W. Adornos Vortrag „Soziologie und empirische Forschung". Er wurde 1957 anläßlich einer Diskussion im Institut für Sozialforschung in Frankfurt gehalten und ist seitdem immer wieder zitiert und abgedruckt worden. Wenn auch wir ihn in diesen Band aufnehmen, dann vor allem deshalb, weil sich gerade anhand dieses Textes zahlreiche Mißverständnisse aufzeigen und aufklären lassen, die den späteren „Positivismusstreit" in der deutschen Soziologie beherrscht haben. Wir werden den Aufsatz Adornos in seinen wichtigsten Überlegungen erläutern und schlagen dem Leser vor, erst danach den Text im Zusammenhang zu lesen (Begleittext 9.1 Adorno). Unsere Anmerkungen sind kein vollständiges Referat des Textes und entsprechen nicht genau der Reihenfolge der Gedanken, wie sie dort zu finden ist. Es erscheint uns übersichtlicher, Adornos Überlegungen nach den folgenden Gesichtspunkten darzustellen:

1. Beschreibung der beiden Arten von Soziologie
2. Der Erkenntniswert praktischer Sozialforschung
3. Der Vorgang der Theoriebildung
4. Das Verhältnis von Theorie und praktischer Forschung
5. Adornos Gesellschaftsbild

1. Die beiden Arten von Soziologie

Adorno geht aus von der Vielfalt und Uneinheitlichkeit soziologischer Arbeiten. Unter dem Namen „Soziologie" würden die verschiedensten Fragen mit den unterschiedlichsten Methoden untersucht. Zwei Varianten beschreibt er kurz:

„Manche (soziologische Arbeiten – d. Autoren) gelten der gesellschaftlichen Totalität und ihren Bewegungsgesetzen, andere, in pointiertem Gegensatz dazu, einzelnen sozialen Phänomenen" (81).

Diese Beispiele sind aber nicht beliebige Illustrationen für Richtungen der Soziologie, es sind vielmehr die beiden Typen, mit denen sich Adorno im folgenden ausschließlich beschäftigt. Ohne das näher zu begründen, tut er so, als gäbe es keine anderen Arten soziologischen Forschens, als ließen sich alle soziologischen Arbeiten diesen beiden Typen zuordnen. Sehen wir uns an, wie Adorno die beiden Ansätze näher beschreibt!

1.1 Die Theorie der Gesellschaft:

Sie befaßt sich, wie das Zitat zeigt, mit der Gesellschaft als Ganzes, mit ihrem Funktionieren und ihrer Entwicklung („Bewegungsgesetze"). Man will dabei untersuchen, wie sich die vielfältigen Einzelerscheinungen aus einigen grundlegenden gesellschaftlichen Vorgängen ergeben – aus der Bevölkerungsentwicklung etwa, dem wissenschaftlichen Fortschritt oder aus den Eigentumsverhältnissen und Machtstrukturen in der Wirtschaft. Es

„soll aus strukturellen Grundbedingungen, wie dem Tauschverhältnis, Einsicht in den gesellschaftlichen Zusammenhang folgen" (81).

Dabei prüft die „Theorie der Gesellschaft" auch, wieweit es in der Gesellschaft Widerstände und Kontrollmechanismen gibt, welche die Entwicklung hemmen. So wird Theorie der Gesellschaft zur „kritischen Theorie", sie untersucht, welche *Möglichkeiten* der Entwicklung in der Gesellschaft vorhanden sind und *vergleicht* sie mit den *tatsächlichen Zuständen.* Indem sie nachweist, wo die faktischen Gegebenheiten hinter den Möglichkeiten zurückbleiben, kritisiert sie die jeweiligen Verhältnisse. Sie will prüfen,

„was die Sache von sich aus sein möchte, und es konfrontieren mit dem, was sie ist ... mit anderen Worten, Theorie ist unabdingbar kritisch" (82).

Man sollte hier das Wort „unabdingbar" nicht überlesen: richtige Theorie ist zwangsläufig kritisch, ob sie will oder nicht. Selbst wer gar nicht gesellschaftskritisch eingestellt ist, wen die unerschlossenen Möglichkeiten der Gesellschaft überhaupt nicht interessieren, wer nur erklären will, wie sie ihre gegenwärtige Form bekommen hat, muß zwangsläufig auch die Widerstände aufzeigen, die verhindert haben, daß die Gesellschaft anders als zum Untersuchungszeitpunkt ist.
Wir betonen dies, weil der Eindruck verbreitet ist, eine „kritische Theorie" habe in erster Linie mit den gesellschaftspolitischen Einstellungen der sie vertretenden Wissenschaftler zu tun. Einstellungssache ist die Theorie der Gesellschaft für Adorno aber nur insofern, als sie sich an der Philosophie orientiert, aus der sie sich auch entwickelt hat. Mit der Philosophie will sie die Grundhaltung der Skepsis teilen und unterscheiden zwischen dem eigentlichen Wesen einer Gesellschaft (wir könnten auch sagen: ihren Möglichkeiten) und ihrer mehr zufälligen Erscheinung (ihrem jeweiligen Zustand, in dem die Möglichkeiten nur unvollkommen verwirklicht sind):

„Wie die Philosophie dem Trug der Erscheinung mißtraute und auf Deutung aus war, so mißtraut die Theorie desto gründlicher der Fassade der Gesellschaft, je glatter diese sich darbietet. Theorie will benennen, was insgeheim das Getriebe zusammenhält" (81).

Das, wogegen Adorno sich wendet, ist eine Forschung, welche die Tatsachen als Naturgegebenheiten hinnimmt, ohne zu fragen, wie sie entstanden sind und wie man gegebenenfalls ihre Entstehung verhindern könnte. Weiter wird deutlich, daß Adorno die „Theorie der Gesellschaft" für die eigentlich belangvolle Variante der Soziologie hält. Ihr stellt er nun eine andere Art gegenüber, die er

„empirische Forschung"
„herrschende empiristische Gewohnheit"
„Meinungsforschung"
„zeitgenössische Sozialforschung"

nennt. Er gibt *nicht* an, welche Soziologen oder welche soziologischen Arbeiten er eigentlich dieser Richtung zurechnet. Seine Beschreibung paßt aber am ehesten auf das, was wir heute kommerzielle Meinungsforschung nennen.

1.2 Die „empirische Forschung“

Wie unser erstes Zitat schon andeutete, sind damit soziologische Detailforschungen gemeint, allerdings Detailstudien einer bestimmten Art. Unser Zitat war nämlich unvollständig. Es muß folgendermaßen heißen:

„Manche gelten der gesellschaftlichen Totalität und ihren Bewegungsgesetzen, andere, in pointiertem Gegensatz dazu, einzelnen sozialen Phänomenen, welche auf einen Begriff der Gesellschaft zu beziehen als spekulativ verfemt wird“ (81).

Adorno attackiert also nicht etwa *jede* Art soziologischer Detailforschung. Aufs Korn nimmt er nur diejenigen Forscher, die nicht fragen *wollen*, wie sich die von ihnen festgestellten Einzeltatbestände (Meinungen, Verhaltensgewohnheiten, Rechtsordnungen usw.) aus dem übergreifenden gesellschaftlichen Zusammenhang ergeben:

Soll in der Theorie der Gesellschaft „aus strukturellen Bedingungen ... Einsicht in den gesellschaftlichen Zusammenhang folgen“, – so wird in der empirischen Forschung „ein solches Bestreben ... als philosophischer Rückstand in der Entwicklung der Wissenschaft abgetan und soll der bloßen Feststellung dessen weichen, was der Fall sei“ (81).

Nicht auf alles, was sich empirische Forschung nennt, trifft diese sehr spezielle Beschreibung Adornos zu. Wenn in einer Untersuchung nur isolierte Tatbestände behandelt werden, nicht aber ihr Entstehen aus einem übergeordneten Zusammenhang, dann kann das sehr verschiedene Gründe haben. Es mag sein, daß der Forscher sich für einen derartigen Zusammenhang gar nicht interessiert. Hier trifft Adornos Vorwurf zu. Es kann aber auch sein, daß die Studie nur als ein Schritt in einer Serie von Untersuchungen betrachtet wird. Dann mag die vorliegende Arbeit vor allem dazu dienen, einen zum Problem gewordenen gesellschaftlichen Tatbestand im einzelnen zu beschreiben. Das allein ist schon wichtig, denn ohne genaue Kenntnis der Tatbestände bleibt die Suche nach ihren Ursachen ziellos (Vgl. Kap. I). Wissenschaftliche Tatsachenforschung ist dann wesentlich mehr als die von Adorno gerügte „Verdoppelung“ der Wirklichkeit (Begleittext 9.2, Schelsky). Dann muß die Untersuchung der Gesamtzusammenhänge späteren Studien und anderen Forschern vorbehalten bleiben. Schließlich kann es sein, daß wir noch zu wenig über den übergeordneten Zusammenhang wissen, als daß wir Einzelerscheinungen schon auf gesamtgesellschaftliche Prozesse zurückführen könnten. Wir werden noch sehen, wie auch Adornos Ausführungen über den gesamtgesellschaftlichen Mechanismus recht unbestimmt bleiben. Welcher der Gründe für den mangelnden gesamtgesellschaftlichen Bezug einer Einzeluntersuchung zutrifft, kann man bestenfalls an der Untersuchung selber ablesen. Daß es sich um eine empirische Einzeluntersuchung handelt, ist alleine kein ausreichendes Kriterium.

„Heute herrscht, nach der Enttäuschung sowohl an der geisteswissenschaftlichen wie an der formalen Soziologie, die Neigung vor, der empirischen Soziologie den Primat zuzuerkennen“ (84).

Diese Behauptung über die Vorherrschaft einer theoretisch desinteressierten Empirie belegt Adorno nicht weiter, und man muß fragen, ob sie nicht schon 1957, als er das Manuskript schrieb, überholt war. Spätestens seit Mitte der fünfziger Jahre hatte sich auf breiter Front die Überzeugung durchgesetzt, daß nur eine theoriegeleitete Forschung sinnvoll sein könne. Allerdings dachte man dabei noch nicht an eine so umfassende, historisch orientierte Gesamttheorie, wie Adorno sie im Auge hat. Im übrigen meint Adorno in seinem Aufsatz, daß die Popularität der empirischen Sozialforschung auf ihre Nützlichkeit für die Regierungsbürokratie, für Parteien, Unternehmen und andere Großorganisationen zurückzuführen sei.

„Ihre unmittelbar praktische Verwertbarkeit, ihre Affinität zu jeglicher Verwaltung spielt dabei sicher mit" (84).

Heute schätzt man die praktische Verwendbarkeit soziologischer Forschungsergebnisse eher skeptisch ein, und Adornos Urteil trifft wohl am ehesten für die allgemeine Markt- und Meinungsforschung zu, deren Ergebnisse sich Parteien und Großunternehmen zunutze machen, die aber mit *soziologischer* Forschung nicht identisch ist.
Daß die empirische Sozialforschung es ablehnt, gesellschaftliche Fakten und Mißstände aus der Gesamtstruktur der Gesellschaft zu erklären, bietet nach Adorno jenen gesellschaftlichen Gruppen Vorteile, die durch die gegebene Sozialordnung Privilegien genießen. Falsche, aber für Teilgruppen nützliche Vorstellungen über gesellschaftliche Verhältnisse nennt man auch „Ideologien". Eine Soziologie, die durch Außerachtlassen gesellschaftlicher Zusammenhänge zu unzureichenden Gesellschaftsvorstellungen beiträgt, produziert Ideologien. Genau diesen Vorwurf macht Adorno der „empirischen Sozialforschung". Soziologie, die nicht den Zusammenhang *aller* gesellschaftlichen Bereiche berücksichtigt,

„rechtfertigt, unterstützt was ist, im Übereifer, zu sagen was ist. Sie wird Ideologie im strengen Sinn, notwendiger Schein. Schein, weil die Vielfalt der Methoden an die Einheit des Gegenstandes nicht heranreicht ... notwendig, weil ... die Gesellschaft nichts so sehr fürchtet, wie beim Namen gerufen zu werden, und darum nur solche (ungefährlichen – d. Autor) Erkenntnisse fördert und duldet" (90).

Sicher sind privilegierte Gruppen daran interessiert, daß die Sozialforschung nichts zutage fördert, was ihre Position untergräbt. Was diese Gruppen aber wirklich unternehmen, um gefährliche Erkenntnisse zu unterbinden und ob solche Versuche Erfolg haben, sind Tatsachenfragen, deren Beantwortung Untersuchungen voraussetzt. Für derartige Untersuchungen führt Adorno keine Belege an.
Er wirft der empirischen Sozialforschung aber nicht nur vor, die wesentlichen Ursachen für die festgestellten Tatbestände im Dunkel zu lassen, sondern er meint auch, daß die gängige Forschungspraxis sich ihre Problemstellungen nur danach aussucht, ob die vorhandenen Erhebungsmethoden dafür geeignet sind – nicht aber nach der gesellschaftlichen Wichtigkeit des Problems:

„im empirischen Wissenschaftsbetrieb richten sich die Auswahl der Forschungsgegenstände und der Untersuchung, wenn nicht nach praktisch-administrativen Desideraten (Erfordernissen – d. Autor), weit mehr nach den verfügbaren und allenfalls weiterzuentwickelnden Verfahrensweisen als nach der Wesentlichkeit des Untersuchten" (86).

Daß die verfügbaren Methoden einen einengenden Einfluß darauf haben, was überhaupt in einer Wissenschaft untersucht werden kann, steht außer Frage. Ob es annehmbar ist, sich die Forschungsthemen nach ihrer methodologischen Zugänglichkeit auszusuchen, statt nach ihrer gesellschaftlichen Wichtigkeit, hängt allerdings vom Ziel der Untersuchung ab. Soll sie der Erprobung und Verbesserung der Erhebungsmethoden gelten – und solche Studien sind nötig

– dann kommt es auf gesellschaftliche Wichtigkeit nicht so sehr an. Lassen wir das einmal außer acht, dann ist Adorno sicherlich zuzustimmen: Wir sollten uns unsere Themen dort suchen, wo die größten Unzulänglichkeiten in unserer Gesellschaft zu finden sind.
Allerdings dürfen wir nicht glauben, es sei normalerweise leicht zu entscheiden, ob eine gegebene Untersuchung gesellschaftlich belangvoll ist. Kein nennenswertes Sozialproblem in einer modernen Gesellschaft läßt sich in einem Zug diagnostizieren. Man mag mit Hypothesen beginnen, dann auf widersprechende Ergebnisse stoßen und deshalb gezwungen sein, in ganz abgelegenen Bereichen und auf dem Umweg nicht praxisbezogener Grundlagenforschung voranzuschreiten. Das heißt natürlich nicht, daß man die Frage nach der gesellschaftlichen Bedeutsamkeit wissenschaftlicher Forschung nicht immer wieder stellen muß, aber man kann Untersuchungen, deren gesellschaftspolitische Bedeutung nicht erkennbar ist, nicht alleine wegen dieser Tatsache ablehnen.
Adornos Überzeugungen sind weitgehend Auslassungen darüber, wie Soziologie *eigentlich* beschaffen sein *sollte.* Ihre Verwirklichung, die Erarbeitung einer präzisen gesamtgesellschaftlichen Theorie, ist noch keineswegs in Sicht. Dessen ist sich auch Adorno bei seinen weiteren Überlegungen zur Theoriebildung und zum „richtigen" Verhältnis zwischen Theorie und Empirie offensichtlich bewußt. Bevor wir auf diese Fragen eingehen, noch einiges zu Adornos Auffassung vom Erkenntniswert der Empirie.

2. Der Erkenntniswert praktischer Sozialforschung

Zunächst entsteht der Eindruck, daß es für Adorno keine Verbindung zwischen den beiden Extremtypen der Soziologie gibt: „Die beiden Tendenzen verweigern sich dem gemeinsamen Nenner" (82). Begründet wird das damit, daß sich theoretische Gedanken über die Gesellschaft nicht wirklich durch praktische Forschungen überprüfen ließen. Wenn man sich nämlich mit der Gesellschaft als Ganzer, als Einheit, beschäftige, dann sei das etwas prinzipiell Anderes als die zerstreuten Tatsachen, die der empirischen Forschung zugänglich sind.

„Theoretische Gedanken über die Gesellschaft insgesamt sind nicht bruchlos durch empirische Befunde einzulösen ... Eine jede Ansicht von Gesellschaft transzendiert notwendig deren zerstreute Tatsachen. Die Konstruktion der Totale hat zur ersten Bedingung einen Begriff von der Sache, an dem die disparaten Daten sich orientieren" (82).

Der letzte, besonders schwierige Satz läßt sich so verstehen: Die gesamtgesellschaftliche Bedeutung vereinzelter Tatsachen kann man erst abschätzen, wenn man *vorher* eine Vorstellung vom gesamtgesellschaftlichen Zusammenhang entwirft – ohne das kann man nicht einmal beobachten. Das ist grundsätzlich richtig, doch gilt es für jeden theoretischen Begriff. Keine Theorie deckt sich vollständig mit Beobachtungstatbeständen. Insofern trennt auch hier nichts Prinzipielles die Theorie der Gesellschaft von anderen, auf den ersten Blick enger begrenzten Forschungen, es sei denn, diese arbeiteten ohne theoretische Orientierung, wie das in der Meinungsforschung oder Sozialstatistik freilich häufig der Fall ist.
Adorno glaubt aber, daß empirische Sozialwissenschaftler versuchten, durch bloße Tatsachenforschung und durch die Verallgemeinerung von deren Ergebnissen den Mechanismus der Gesellschaft zu erklären:

„Will man umgekehrt von Einzelerhebungen, nach allgemeiner wissenschaftlicher Sitte, zur Totalität der Gesellschaft aufsteigen, so gewinnt man bestenfalls klassifikatorische Oberbegriffe, aber nie solche, welche das Leben der Gesellschaft selber ausdrücken" (83).

Nun ist es seit langem in der Wissenschaft unbestritten, daß man durch bloße Verallgemeinerung von Einzelbeobachtungen niemals zu allgemeinen theoretischen Erklärungen kommt. Die Feststellung „Protestanten begehen häufiger Selbstmord als Katholiken“ ist eine Verallgemeinerung von Einzelbeobachtungen, von der man nicht *ohne weiteres* zu der theoretischen Überlegung „Selbstmord ist eine Folge mangelnder sozialer Bindung in Krisensituationen“ kommt. Das Theoretisieren vom Einzelnen zum Allgemeinen, die sogenannte „Induktion“, ist immer mit einem gedanklichen Sprung verbunden, der nur aufgrund einer abstrakten Idee zustandekommt (vgl. Kap. II).
Weitere Bemerkungen Adornos zum beschränkten Erkenntniswert der empirischen Forschung beziehen sich auf die *Befragungsmethode* und deren unbekümmerte Verwendung in der Soziologie. Der Vorwurf ist ernstzunehmen, denn die Forschung hat sich zu sehr auf diese eine Methode verlassen und beispielsweise viel zu wenig Gewicht auf direkte *Beobachtung* von Verhalten gelegt. Diese Einsicht ist heute allerdings allgemein akzeptiert.
Recht hat Adorno auch mit dem Hinweis, daß Meinungsbefragungen bei aller Objektivität in der Durchführung nur über das durchschnittliche Verhalten von Einzelpersonen informieren können, oft nur darüber, wie diese Personen sich und die Realität sehen – nicht aber darüber, wie Verhalten und Meinungen zustandegekommen sind.

„Durch die statistische Aufbereitung werden aus Ermittlungen über mehr oder minder zahlreiche einzelne Personen Aussagen abgeleitet, die, nach den Gesetzen der Wahrscheinlichkeit, generalisierbar ... sind. Aber die gewonnenen Durchschnittswerte, mag ihre Gültigkeit auch objektiv sein, bleiben meist doch objektive Aussagen über Subjekte; ja darüber, wie die Subjekte sich und die Realität sehen“ (84).

Natürlich dürfen Meinungen, die über die Befragung von Einzelpersonen erhoben worden sind, nicht als Erkenntnisquelle für die objektiven Lebensbedingungen der Gesellschaft verwendet werden, denn die Meinungen sind ja durch diese Bedingungen geprägt: was der Einzelne denkt, ist ihm weitgehend durch Erziehung vermittelt worden, die selbst das Resultat der gesellschaftlichen Verhältnisse ist. Das heißt allerdings nicht, daß Meinungen uninteressant sind, man kann sie unter Umständen sogar als Indiz für gesellschaftliche Zwänge werten. Adorno sagt freilich wenig Präzises über die Art und Weise, *wie* die Vorstellungswelt des Einzelnen durch die gesellschaftlichen Verhältnisse gesteuert wird:

„Wohl spiegeln in diesen Ansichten auch die Objektivitäten sich wider, aber sicherlich nicht vollständig und vielfach verzerrt“ (85).

„Sicherlich nicht vollständig und vielfach verzerrt“ – das ist ein sehr allgemeiner Eindruck, nicht mehr. Wir werden jetzt sehen, daß Adorno in seinen Beschreibungen des Vorgangs der Theoriebildung ebenfalls sehr unbestimmt bleiben muß.

3. Der Vorgang der Theoriebildung

Zur Methode, mit deren Hilfe man zu Theorien über die Gesellschaft kommt, finden sich nur wenige Bemerkungen, die wir hintereinander zitieren wollen:

„Sie (die Konstruktion einer gesamtgesellschaftlichen Theorie – d. Autor) muß, aus der lebendigen, nicht selber schon nach den gesellschaftlich installierten Kontrollmechanismen eingerichteten Erfahrung; aus dem Gedächtnis des ehemals Gedachten; aus der unbeirrten

Konsequenz der eigenen Überlegung jenen Begriff der Gesellschaft entwickeln und von ihm aus Forschung treiben (82).
Die Gedanken kommen nicht angeflogen, sondern kristallisieren sich, auch wenn sie plötzlich hervortreten, in langwährenden unterirdischen Prozessen. Das Jähe dessen, was Researchtechniker herablassend Intuition nennen, markiert den Durchbruch der lebendigen Erfahrung durch die verhärtete Kruste der communis opinio; es ist der lange Atem des Gegensatzes zu dieser (herrschenden Allgemeinauffassung, herrschenden Lehre – d. Autor), keinesweg das Privileg begnadeter Augenblicke, der dem unreglementierten Gedanken ... Fühlung mit dem Wesen gestattet ... Umgekehrt ist der wissenschaftliche Fleiß immer zugleich auch die Arbeit und Anstrengung des Begriffs, das Gegenteil jenes mechanisnischen, verbissen bewußtlosen Verfahrens, dem man ihn gleichsetzt" (97).

Gute Theorien erwachsen also aus unmittelbarer persönlicher Erfahrung, nicht aus standardisierten Techniken; aus der Auseinandersetzung mit früheren Theorien; aus systematischem, konsequenten Nachdenken, das stets die möglichen eigenen Vorurteile im Auge hat; aus so etwas wie disziplinierter Intuition. – Man wird das als eine ehrliche und plausible Stellungnahme empfinden, gegen die nichts einzuwenden ist, die aber auch in ihrer Allgemeinheit nicht viel weiter hilft. Es könnte scheinen als wolle Adorno der – wenn auch disziplinierten – Intuition die Hauptbedeutung im Prozeß der Theoriebildung zuschreiben. Das wird aber widerlegt durch seine Ausführungen über das anzustrebende Verhältnis von Theorie und Empirie. Mit ihnen wollen wir uns jetzt beschäftigen.

4. Das Verhältnis von Theorie und praktischer Forschung

Daß Einzelbeobachtungen die Theorie als solche nicht widerlegen können (wenn auch aus ihnen abgeleitete empirische Hypothesen), hatten wir bereits angemerkt. Theorie und Empirie können deshalb für Adorno niemals als Einheit gesehen werden, sie sind Gegensätze, die allerdings aufeinander angewiesen sind:

„Nicht darauf kommt es an, derlei Divergenzen zu glätten und zu harmonisieren ... sondern die Spannungen sind fruchtbar auszutragen" (83).

Wenn der Gegensatz genutzt werden muß, dann hat die empirische Forschung also doch eine Bedeutung, auch für die Theorie. Zunächst einmal zeigt gerade die gängige Meinungsforschung, die den Menschen als bloßes Reaktionswesen betrachtet, die Standardisierung des Denkens und damit die Unfreiheit des Menschen in der Gesellschaft auf.

„Insofern die Verhärtung der Gesellschaft die Menschen mehr stets zu Objekten herabsetzt ... sind Methoden, die sie eben dessen überführen, kein Sakrileg ... Die wütenden Brusttöne und raffinierten Abwehrgesten, welche die Untersuchungen Kinseys hervorgerufen haben, sind das stärkste Argument für Kinsey. Dort, wo die Menschen unter dem Druck der Verhältnisse ... (zu) Zwangskonsumenten von Massenmedien und anderen reglementierten Freuden (werden), paßt die Meinungsforschung, über welche sich der ausgelaugte Humanismus entrüstet, besser auf sie als etwa eine „verstehende" Soziologie" (87).

Außerdem betrachtet Adorno – obwohl er andererseits eine Überprüfung von Theorien durch praktische Forschung für unmöglich hält – die Empirie als Korrekturinstanz. Vor allem wohl deshalb, weil Theoriebildung ideologischen Einflüssen noch mehr unterliegt als praktische Tatsachenforschung.

„Angesichts der spezifischen Verflechtung sozialer Theorienbildung mit partikularen sozialen Interessen ist ein Korrektiv, wie es die Researchmethoden anbieten, heilsam, wie sehr diese im übrigen auch ihrerseits ... mit partikularen Interessenlagen verflochten sind" (weil beispielsweise Forschung Geld braucht – d. Autor) (93).

Schließlich muß die empirische Forschung verhüten, daß theoretische Einsichten in wesentliche gesellschaftliche Zusammenhänge als Mythen weiterbestehen, wenn die Verhältnisse selbst sich schon geändert haben.

„Hat die Theorie der Gesellschaft den Erkenntniswert der Erscheinung (der von der praktischen Forschung festgestellten Tatsachen, z.B. Meinungen – d. Autor) kritisch zu relativieren, so hat umgekehrt die empirische Forschung den Begriff des Wesensgesetzes vor der Mythologisierung zu behüten. Die Erscheinung ist immer auch eine des Wesens, nicht nur bloßer Schein. Ihre Änderungen sind dem Wesen nicht gleichgültig. Weiß in der Tat schon keiner mehr, daß er ein Arbeiter ist, so affiziert das die innere Zusammensetzung des Begriffs des Arbeiters, selbst wenn dessen objektive Definition – die durch die Trennung von den Produktionsmitteln – erfüllt bleibt" (99).

Hier fällt es nun wirklich schwer, noch zu sehen, wo sich die von Adorno geforderte Theorie der Gesellschaft prinzipiell von theoriegeleiteter, empirischer Forschung unterscheidet. Das Einzige, wodurch sie sich abzuheben scheint, ist die stärkere Orientierung an einem gesamtgesellschaftlichen Modell. Sehen wir uns an, was Adorno dazu schreibt!

5. Das Gesellschaftsbild

Zunächst einmal muß gesagt werden, daß er keineswegs eine gesamtgesellschaftliche Theorie vorlegen kann. Wahrscheinlich würde er das auch ablehnen, weil er darin eine voreilige Verfestigung von Vorstellungen sähe, die ohnehin von der geschichtlichen Entwicklung laufend überholt werden. Man kann Adornos Gesellschaftsbild höchstens durch einige Merkmale charakterisieren, die als Maßstäbe für die Beurteilung soziologischer Arbeiten auf Teilgebieten heranzuziehen wären. Man würde jeweils fragen: sind hier diese grundlegenden Gesellschaftsmerkmale berücksichtigt? Wir entdecken vier solcher Merkmale:
Erstens, die Überzeugung, daß die persönlichen Ansichten und Empfindungen der einzelnen Menschen in modernen Gesellschaften eher belanglos sind:

„Jedenfalls aber ist im Vergleich mit jenen Objektivitäten, wie der flüchtigste Blick auf das Funktionieren der Arbeitenden in ihren Berufen zeigt, das Gewicht subjektiver Meinungen, Einstellungen und Verhaltensweisen sekundär" (85).

Das *zweite* Merkmal der Gesellschaftsauffassung Adornos scheint zu sein, daß er die Gesellschaft und ihre Entwicklung als einen Konfliktzusammenhang sieht und zwar als Konflikt nicht nur zwischen sozialen Klassen, sondern auch zwischen Einzelnen und der Gesellschaft bzw. „den Anderen".

„Zentral ist der antagonistische Charakter der Gesellschaft, ... die Interessenlagen der je Einzelnen ... (sind) in der bürgerlichen Gesellschaft ... tendenziell bei aller Uniformität einander entgegengesetzt" (91).

Das *dritte* Merkmal besteht darin, daß für Adorno die Gesamtgesellschaft eine ganz andere Art von Sozialgebilde ist als etwa eine kleine Gruppe.

„In den Gesellschaftswissenschaften läßt darum nicht ebenso vom Sektor zum Ganzen sich fortschreiten wie in den Naturwissenschaften, weil ein vom logischen Umfang der Merkmaleinheit irgendwelcher Einzelelemente total verschiedenes Begriffliches jenes Ganze konstituiert, das gleichwohl, ... auch nichts gemein hat mit ‚Ganzheiten' und ‚Gestalten', die notwendig stets als unmittelbar vorgestellt werden; die Gesellschaft ähnelt eher dem System als dem Organismus" (95).

Schließlich ist – wie bereits erwähnt – für Adornos Gesellschaftsauffassung charakteristisch, daß jede Gesellschaft Entwicklungsmöglichkeiten enthält, die nicht realisiert sind und die es aufzuzeigen gilt, an denen die tatsächlichen Gegebenheiten gemessen werden müssen. Daraus ergibt sich dann einmal Kritik an den bestehenden Verhältnissen, zum anderen Einsicht in die Mechanismen, die die volle Entfaltung der Gesellschaft und der Menschen in ihr verhindern. Dies alles sind Gesichtspunkte, unter denen man einzelne Arbeiten in der Soziologie kritisch betrachten kann. Ob es allerdings Besonderheiten einer „kritischen Theorie" als eigene Schule der Soziologie sind, erscheint fraglich.

Übungsaufgaben zu Kapitel IX

1. „Früher nahm die ... Arbeitszeitverkürzung einen ... Teil der ... möglichen Verdienststeigerung in Anspruch. Derzeit bedeutet ein ähnliches Tempo an Arbeitszeitverkürzung, daß man unter Umständen eine Zeitlang auf jeden realen Einkommenszuwachs verzichten, möglicherweise sogar eine weitere Minderung des Lebensstandards in Kauf nehmen muß. Es verwundert daher auch nicht, daß so viele Menschen eher den Wunsch haben, länger zu arbeiten, als es der derzeit normalen 40-Stunden-Woche entspricht." (Aus der Stellungnahme des Sachverständigenrates zur Begutachtung der gesamtwirtschaftlichen Entwicklung 1983/84, S. 17.)
   Woran wäre zu erkennen, ob es sich hier um „naiven Realismus" oder „wissenschaftlich erfahrene Wirklichkeit" im Sinne Schelskys handelt (Begleittext 9.2, Schelsky)?

2. „Für die überwiegende Zahl der Musikkonsumierenden dürfte der Begriff Geschmack gar keinen Sinn mehr haben. Sie lassen einfach nur gelten, wovon sie behaupten, daß es ihnen Spaß mache" (Adorno, 1968 a: 23).
   „Unreflektiert wird Musik als angebotenes Konsumgut hingenommen, gleich der Kultursphäre insgesamt. ... Die Kontrolle von derlei Thesen stünde bei der empirischen Forschung. Sie wäre ein Teilaspekt ihrer umfassenderen Aufgabe, zu ermitteln, wieweit der sogenannte Musikgeschmack manipuliert, wieweit er der der Massen selbst ist ... (Adorno, 1968: 239).
   Diese Zitate belegen, daß Adorno empirische Forschung über menschliches Verhalten und auch über subjektive Einstellungen nicht schlechthin ablehnte, wohl aber eine besondere Denkperspektive für sie forderte. Bitte versuchen Sie, diese Konzeption unter Bezugnahme auf den Begleittext 9.1 Adorno zu erläutern.

3. Begriffe wie „Gruppe" oder „arbeitsteilige Gesellschaft" sind für Adorno unfruchtbarer als Konzepte wie „kapitalistische Gesellschaft" oder „Industriegesellschaft". Worin sehen Sie die Unterschiede zwischen den beiden Begriffsarten?

4. Für Adorno läuft eine nur beschreibende Sozialforschung Gefahr, zur Verfestigung überkommener – und unvollkommener – Gesellschaftszustände beizutragen. Wählen Sie eines der folgenden Ergebnisse empirischer Sozialforschung (Berelson/Steiner, 1972) aus

und erörtern Sie, unter welchen Bedingungen zu erwarten wäre, daß es einer Stabilisierung der bestehenden Sozialverhältnisse Vorschub leistet – und unter welchen Voraussetzungen es zu einem Wandel beitragen könnte.

Gruppen mittleren Alters sind politisch aktiver als junge oder alte Erwachsene (265).

Frauen vertreten eher als Männer konservative politische Einstellungen, besonders in Ländern, wo mit der Kirche verbundene politische Parteien aktiv sind (271)

In den meisten menschlichen Gesellschaften besteht eine Tendenz, ... ethnische Minoritäten ... in einer negativen Richtung zu stereotypisieren (814).

In welcher Weise wäre Adornos skeptische Einstellung gegenüber einer beschreibenden Sozialforschung gegebenenfalls zu modifizieren? Worin könnte er recht haben?

Weiterführende Literatur zu Kapitel IX

Zwei leichter verständliche Arbeiten Adornos, die an musiksoziologischen Überlegungen seine Denkweise veranschaulichen:

Adorno, Theodor W.: Einleitung in die Musiksoziologie. Reinbek, Rowohlt: (1962) ²1968, S. 31–48, 65–80.
Adorno, Theodor W.: Impromptus. Frankfurt/M., Suhrkamp: (1967) ²1968, S. 9–29.

Der Adorno wohl am nächsten stehende Kollege, der die Konzeption einer kritischen Gesellschaftstheorie entscheidend mitprägte und dessen Arbeiten leichter verständlich sind als die Adornos:

Horkheimer, Max: Traditionelle und kritische Theorie. Frankfurt/M., Fischer: (1937) ²1970.

Interessante Informationen über den Positionswandel Adornos gegenüber der empirischen Sozialforschung:

Lazarsfeld, Paul F.: Soziologie. Frankfurt/Berlin, Ullstein: (1970) ²1972, Kap. III.

Behandlung des Verhältnisses zwischen Theorie und Empirie aus der Sicht eines DDR-Marxisten:

Meyer, Hansgünter: Die ‚empirische' Sozialforschung und die Soziologie. In: Ludz, Peter C. (Hrsg.): Soziologie und Marxismus in der Deutschen Demokratischen Republik. (1966) ²1972, Bd. I, S. 401–431.

Begleittext 9.1:

Adorno, Th.W.: Soziologie und empirische Forschung. Aus: Adorno, Th.W. (Hrsg.): Der Positivismusstreit in der deutschen Soziologie. Luchterhand: Neuwied 1970, S. 81–101.

Die unter dem Namen Soziologie als akademische Disziplin zusammengefaßten Verfahrensweisen sind miteinander verbunden nur in einem höchst abstrakten Sinn: dadurch, daß sie allesamt in irgendeiner Weise Gesellschaftliches behandeln. Weder aber ist ihr Gegenstand einheitlich noch ihre Methode. Manche gelten der gesellschaftlichen Totalität und ihren Bewegungsgesetzen, andere, in pointiertem Gegensatz dazu, einzelnen sozialen Phänomenen, welche auf einem Begriff der Gesellschaft zu beziehen als spekulativ verfemt wird. Die Methoden variieren demgemäß. Dort soll aus strukturellen Grundbedingungen, wie dem Tauschverhältnis, Einsicht in den gesellschaftlichen Zusammenhang folgen; hier wird ein solches Bestreben, mag es auch keineswegs das Tatsächliche aus selbstherrlichem Geist rechtfertigen wollen, als philosophischer Rückstand in der Entwicklung der Wissenschaft abgetan und soll der bloßen Feststellung dessen weichen, was der Fall sei.

Beiden Konzeptionen liegen historisch divergente Modelle zugrunde. Die Theorie der Gesellschaft ist aus der Philosophie entsprungen, während sie zugleich deren Fragestellungen umzufunktionieren trachtet, indem sie die Gesellschaft als jenes Substrat bestimmt, das der traditionellen Philosophie ewige Wesenheiten hieß oder Geist. Wie die Philosophie dem Trug der Erscheinungen mißtraute und auf Deutung aus war, so mißtraut die Theorie desto gründlicher der Fassade der Gesellschaft, je glatter diese sich darbietet. Theorie will benennen, was insgeheim das Getriebe zusammenhält. Die Sehnsucht des Gedankens, dem einmal die Sinnlosigkeit dessen, was bloß ist, unerträglich war, hat sich säkularisiert in dem Drang zur Entzauberung. Sie möchte den Stein aufheben, unter dem das Unwesen brütet; in seiner Erkenntnis allein ist ihr der Sinn bewahrt.

Gegen solchen Drang sträubt sich die soziologische Tatsachenforschung. Entzauberung, wie noch Max Weber sie bejahte, ist ihr nur ein Spezialfall von Zauberei; die Besinnung aufs verborgen Waltende, das zu verändern wäre, bloßer Zeitverlust auf dem Weg zur Änderung des Offenbaren. Zumal was heute allgemein mit dem Namen empirische Sozialforschung bedacht wird, hat seit Comtes Positivismus mehr oder minder eingestandenermaßen die Naturwissenschaften zum Vorbild.

Die beiden Tendenzen verweigern sich dem gemeinsamen Nenner. Theoretische Gedanken über die Gesellschaft insgesamt sind nicht bruchlos durch empirische Befunde einzulösen: sie wollen diesen entwischen wie spirits der parapsychologischen Versuchsanordnung. Eine jede Ansicht von der Gesellschaft als ganzer transzendiert notwendig deren zerstreute Tatsachen. Die Konstruktion der Totale hat zur ersten Bedingung einen Begriff von der Sache, an dem die disparaten Daten sich organisieren. Sie muß, aus der lebendigen, nicht selber schon nach den gesellschaftlich installierten Kontrollmechanismen eingerichteten Erfahrung; aus dem Gedächtnis des ehemals Gedachten; aus der unbeirrten Konsequenz der eigenen Überlegung jenen Begriff immer schon ans Material herantragen und in der Fühlung mit diesem ihn wiederum abwandeln.

Will Theorie aber nicht trotzdem jenem Dogmatismus verfallen, über dessen Entdeckung zu jubeln die zum Denkverbot vorgeschrittene Skepsis stets auf dem Sprung steht, so darf sie dabei nicht sich beruhigen. Sie muß die Begriffe, die sie gleichsam von außen mitbringt, umsetzen in jene, welche die Sache von sich selber hat, in das, was die Sache von sich aus sein möchte, und es konfrontieren mit dem, was sie ist. Sie muß die Starrheit des hier und heute fixierten Gegenstandes auflösen in ein Spannungsfeld des Möglichen und des Wirklichen: jedes von beiden ist, um nur sein zu können, aufs andere verwiesen. Mit anderen Worten, Theorie ist unabdingbar kritisch. Darum aber sind aus ihr abgeleitete Hypothesen, Voraussagen von regelhaft zu Erwartendem ihr nicht voll adäquat. Das bloß zu Erwartende ist selber ein Stück gesellschaftlichen Betriebs, inkommensurabel dem, worauf die Kritik geht. Die wohlfeile Genugtuung darüber, daß es wirklich so kommt, wie sie es geargwöhnt hatte, darf die gesellschaftliche Theorie nicht darüber hinwegtäuschen, daß sie, sobald sie als Hypothese auftritt, ihre innere Zusammensetzung verändert. Die Einzelfeststellung, durch die sie verifiziert wird, gehört ihrerseits schon wieder dem Verblendungszusammenhang an, den sie durchschlagen möchte. Für die gewonnene Konkretisierung und Verbindlichkeit hat sie mit Verlust an eindringender Kraft zu zahlen; was aufs Prinzip geht, wird auf die Erscheinung eingeebnet, an der man es überprüft.

Will man umgekehrt von Einzelerhebungen, nach allgemeiner wissenschaftlicher Sitte, zur Totalität der Gesellschaft aufsteigen, so gewinnt man bestenfalls klassifikatorische Oberbegriffe, aber nie solche, welche das Leben der Gesellschaft selber ausdrücken. Die Kategorie ‚arbeitsteilige Gesellschaft überhaupt' ist höher, allgemeiner als die ‚kapitalistische Gesellschaft', aber nicht wesentlicher, sondern unwesentlicher, sagt weniger über das Leben der Menschen und das, was sie bedroht, ohne daß doch darum eine logisch niedrige Kategorie wie ‚Urbanismus' mehr darüber besagte. Weder nach oben noch nach unten entsprechen soziologische Abstraktionsniveaus einfach dem gesellschaftlichen Erkenntniswert. Deswegen ist von ihrer systematischen Vereinheitlichung durch ein Modell wie das „funktionelle" von Parsons so wenig zu erhoffen. Noch weniger aber von den seit soziologischen Urzeiten immer wieder gegebenen und vertagten Versprechungen einer Synthese von Theorie und Empirie, welche fälschlich Theorie mit formaler Einheit gleichsetzen und nicht Wort haben wollen, daß eine von den Sachgehalten gereinigte Gesellschaftstheorie sämtliche Akzente verrückt. Erinnert sei daran, wie gleichgültig der Rekurs auf die ‚Gruppe' gegenüber dem auf die Industriegesellschaft ist. Gesellschaftliche Theoriebildung nach dem Muster klassifikatorischer Systeme substituiert den dünnsten begrifflichen Abhub für das, was der Gesellschaft ihr Gesetz vorschreibt: Empirie und Theorie lassen sich nicht in ein Kontinuum eintragen. Gegenüber dem Postulat der Einsicht ins Wesen der modernen Gesellschaft gleichen die empirischen Beiträge Tropfen auf den heißen Stein; empirische Beweise aber für zentrale Strukturgesetze bleiben, nach empirischen Spielregeln, allemal anfechtbar. Nicht darauf kommt es an, derlei Divergenzen zu glätten und zu harmonisieren: dazu läßt bloß eine harmonistische Ansicht von der Gesellschaft sich verleiten. Sondern die Spannungen sind fruchtbar auszutragen.

Heute herrscht, nach der Enttäuschung sowohl an der geisteswissenschaftlichen wie an der formalen Soziologie, die Neigung vor, der empirischen Soziologie den Primat zuzuerkennen. Ihre unmittelbar praktische Verwertbarkeit, ihre Affinität zu jeglicher Verwaltung spielt dabei sicherlich mit. Aber die Reaktion auf sei's willkürliche, sei's leere Behauptungen über die Gesellschaft von oben her ist legitim. Dennoch gebührt den empirischen Verfahren kein Vorrang schlechthin. Nicht bloß gibt es außer ihnen noch andere: das bloße Vorhandensein von Disziplinen und Denkweisen rechtfertigt diese nicht. Sondern ihre Grenze wird ihnen von der Sache vorgezeichnet. Die empirischen Methoden, deren Attraktionskraft im Anspruch ihrer Objektivität entspringt, bevorzugen paradoxerweise, wie es ihr Ursprung in der Marktforschung erklärt, Subjektives, nämlich abgesehen von statistischen Daten des Zensustyps wie Geschlecht, Alter, Personenstand, Einkommen, Bildung und ähnlichem, Meinungen, Einstellungen, allenfalls Verhaltensweisen von Subjekten. Nur in diesem Umkreis bewährt sich bislang jedenfalls ihr Spezifisches: als Inventare sogenannter objektiver Tatbestände wären sie von vorwissenschaftlicher Information für administrative Zwecke nur schwer zu unterscheiden. Allgemein ist die Objektivität der empirischen Sozialforschung eine der Methoden, nicht des Erforschten. Durch die statistische Aufbereitung werden aus Ermittlungen über mehr oder minder zahlreiche einzelne Personen Aussagen abgeleitet, die, nach den Gesetzen der Wahrscheinlichkeitsrechnung, generalisierbar und von individuellen Schwankungen unabhängig sind. Aber die gewonnenen Durchschnittswerte, mag auch ihre Gültigkeit objektiv sein, bleiben meist doch objektive Aussagen über Subjekte; ja darüber, wie die Subjekte sich und die Realität sehen. Die gesellschaftliche Objektivität, den Inbegriff all der Verhältnisse, Institutionen, Kräfte innerhalb dessen die Menschen agieren, haben die empirischen Methoden: Fragebogen, Interview und was immer an deren Kombination und Ergänzung möglich ist, ignoriert, allenfalls sie als Akzidenzien berücksichtigt.

Schuld daran tragen nicht nur interessierte Auftraggeber, die bewußt oder unbewußt die Erhellung jener Verhältnisse verhindern und in Amerika schon bei der Vergebung von Forschungsprojekten etwa über Medien der Massenkommunikation darüber wachen, daß lediglich Reaktionen innerhalb des herrschenden ‚commercial system' festgestellt, nicht Struktur und Implikationen jenes Systems selbst analysiert werden. Vielmehr sind darauf bereits die empirischen Mittel objektiv zugeschnitten, mehr oder minder genormte Befragungen vieler Einzelner und deren statistische Behandlung, die vorweg verbreitete – und als solche präformierte – Ansichten als Rechtsquelle fürs Urteil über die Sache selbst anzuerkennen tendieren. Wohl spiegeln in diesen Ansichten auch die Objektivitäten sich wider, aber sicherlich nicht vollständig und vielfach verzerrt. Jedenfalls aber ist im Vergleich mit jenen Objektivitäten, wie der flüchtigste Blick auf das Funktionieren der Arbeitenden in ihren Berufen zeigt, das Gewicht subjektiver Meinungen, Einstellungen und Verhaltensweisen sekundär. So positivistisch die Verfahrensweisen sich gebärden, ihnen liegt implizit die etwa von den Spielregeln demokratischer Wahl hergeleitete und allzu bedenkenlos verallgemeinerte Vorstellung zugrunde, der Inbegriff der Bewußtseins- und Unbewußtseinsinhalte der Menschen, die ein statistisches Universum bilden, habe ohne weiteres Schlüsselcharakter für den gesellschaftlichen Prozeß. Trotz ihrer Vergegenständlichung, ja um dieser willen durchdringen die Methoden nicht die Vergegenständlichung der Sache, den Zwang zumal der ökonomischen Objektivität. Alle Meinungen gelten ihnen virtuell gleich, und so elementare Differenzen wie die des Gewichts von Meinungen je nach der gesellschaftlichen Macht fangen sie lediglich in zusätzlichen Verfeinerungen, etwa der Auswahl von Schlüsselgruppen, auf. Das Primäre wird zum Sekundären. Solche Verschiebungen innerhalb der Methode sind aber gegenüber dem Erforschten nicht indifferent. Bei aller Aversion der empirischen Soziologie gegen die gleichzeitig mit ihr in Schwung gekommenen philosophischen Anthropologien teilt sie mit diesen eine Blickrichtung derart, als käme es jetzt und hier bereits auf die Menschen an, anstatt daß sie die vergesellschafteten Menschen heute vorweg als Moment der gesellschaftlichen Totalität – ja überwiegend als deren Objekt – bestimmte.

Die Dinghaftigkeit der Methode, ihr eingeborenes Bestreben, Tatbestände festzunageln, wird auf ihre Gegenstände, eben die ermittelten subjektiven Tatbestände, übertragen, so als ob dies Dinge an sich wären und nicht vielmehr verdinglicht. Die Methode droht sowohl ihre Sache zu fetischisieren wie ihrerseits zum Fetisch zu entarten. Nicht umsonst – und aus der Logik der in Rede stehenden wissenschaftlichen Verfahren mit allem Recht – überwiegen in den Diskussionen der empirischen Sozialforschung Methodenfragen gegenüber den inhaltlichen. Anstelle der Dignität der zu untersuchenden Gegenstände tritt vielfach als Kriterium die Objektivität der mit einer Methode zu ermittelnden Befunde, und im empirischen Wissenschaftsbetrieb richten sich die Auswahl der Forschungsgegenstände und der Ansatz der Untersuchung, wenn nicht nach praktisch-administrativen Desideraten, weit mehr nach den verfügbaren und allenfalls weiterzuentwickelnden Verfahrensweisen als nach der Wesentlichkeit des Untersuchten. Daher die unzweifelhafte Irrelevanz so vieler empirischer Studien. Das in der empirischen Technik allgemein gebräuchliche Verfahren der operationellen oder instrumentellen Definition, das etwa eine Kategorie wie ‚Konservatismus' definiert durch bestimmte Zahlenwerte der Antworten auf Fragen innerhalb der Erhebung selbst, sanktioniert den Primat der Methode über die Sache, schließlich die Willkür der wissenschaftlichen Veranstaltung. Prätendiert wird, eine Sache durch ein Forschungsinstrument zu untersuchen, das durch die eigene Formulierung darüber entscheidet, was die Sache sei: ein schlichter Zirkel. Der Gestus wissenschaftlicher Redlichkeit, der sich weigert, mit anderen Begriffen zu arbeiten als mit klaren und deutlichen, wird zum Vorwand, den selbstgenügsamen Forschungsbetrieb vors Erforschte zu schieben. Vergessen werden mit dem Hochmut des Unterrichteten die Einwände der großen Philosophie gegen die Praxis des Definierens; was jene als scholastischen Restbestand verbannte, wird von den unreflektierten Einzelwissenschaften im Namen wissenschaftlicher Exaktheit weitergeschleppt. Sobald dann, wie es fast unvermeidlich ist, von den instrumentell definierten Begriffen auch nur auf die konventionell üblichen extrapoliert wird, macht sich die Forschung eben der Unsauberkeit schuldig, die sie mit ihren Definitionen ausrotten wollte.

Daß das naturwissenschaftliche Modell nicht frisch-fröhlich und uneingeschränkt auf die Gesellschaft übertragen werden kann, liegt in dieser. Aber nicht, wie die Ideologie es will und wie gerade die reaktionären Widerstände gegen die neuen Techniken in Deutschland es rationalisieren, weil die Würde des Menschen, an deren Abbau die Menschheit eifrig arbeitet, Methoden enthoben wäre, welche ihn als ein Stück Natur betrachten. Eher frevelt die Menschheit, indem ihr Herrschaftsanspruch das Eingedenken ihres Naturwesens verdrängt und dadurch blinde Naturwüchsigkeit perpetuiert, als wenn die Menschen an ihre Naturhaftigkeit gemahnt werden. Soziologie ist keine Geisteswissenschaft. Insofern die Verhärtung der Gesellschaft die Menschen mehr stets zu Objekten herabsetzt und ihren Zustand in ‚zweite Natur' verwandelt, sind Methoden, die sie eben dessen überführen, kein Sakrileg. Die Unfreiheit der Methoden dient der Freiheit, indem sie wortlos die herrschende Unfreiheit bezeugt. Die wütenden Brusttöne und raffinierten Abwehrgesten, welche die Untersuchungen Kinseys hervorgerufen haben, sind das stärkste Argument für Kinsey. Dort, wo die Menschen unter dem Druck der Verhältnisse in der Tat auf die „Reaktionsweise von Lurchen" heruntergebracht werden, wie als Zwangskonsumenten von Massenmedien und anderen reglementierten Freuden, paßt die Meinungsforschung, über welche sich der ausgelaugte Humanismus entrüstet, besser auf sie als etwa eine „verstehende" Soziologie: denn das Substrat des Verstehens, das in sich einstimmige und sinnhafte menschliche Verhalten, ist in den Subjekten selbst schon durch bloßes Reagieren ersetzt...

In dem Augenblick, in dem man den Zustand, den die Researchmethoden treffen zugleich und ausdrücken, als immanente Vernunft der Wissenschaft hypostasiert, anstatt ihn zum Gegenstand des Gedankens zu machen, trägt man, willentlich oder nicht, zu seiner Verewigung bei. Dann nimmt die empirische Sozialforschung das Epiphänomen, das, was die Welt aus uns gemacht hat, fälschlich für die Sache selbst. In ihrer Anwendung steckt eine Voraussetzung, die nicht sowohl aus den Forderungen der Methode als aus dem Zustand der Gesellschaft, also historisch, zu deduzieren wäre. Die dinghafte Methode postuliert das verdinglichte Bewußtsein ihrer Versuchspersonen. Erkundigt sich ein Fragebogen nach musikalischem Geschmack und stellt dabei die Kategorien ‚classical' und ‚popular' zur Auswahl, so hält er – mit Recht – dessen sich versichert, daß das erforschte Publikum nach diesen Kategorien hört, so wie man beim Einschalten des Radioapparats jeweils ohne Besinnung, automatisch wahrnimmt, ob man an ein Schlagerprogramm, an angeblich ernste Musik, an die Untermalung eines religiösen Akts geraten ist. Aber solange nicht die gesellschaftlichen Bedingungen derartiger Reaktionsformen mitgetroffen werden, bleibt der richtige Befund zugleich irreführend; er suggeriert, daß die Spaltung musikalischer Erfahrung in ‚classical' und ‚popular' ein Letztes, gleichsam natürlich wäre. Die gesellschaftlich relevante

Frage indessen hebt genau bei jener Spaltung, bei deren Verewigung zum Selbstverständlichen erst an und führt notwendig die mit sich, ob nicht die Wahrnehmung von Musik unterm Apriori von Sparten die spontane Erfahrung des Wahrgenommenen aufs empfindlichste tangiert... Über das isolierte Studium hinauszugehen, wäre aber heute um so dringlicher, als bei fortschreitender kommunikativer Erfassung der Bevölkerungen die Präformation ihres Bewußtseins so zunimmt, daß es kaum mehr eine Lücke läßt, die es erlaubte, ohne weiteres jener Präformation innezuwerden. Noch ein positivistischer Soziologe wie Durkheim, der in der Ablehnung des „Verstehens" mit dem Social Research einig ging, hat mit gutem Grund die statistischen Gesetze, denen auch er nachging, mit der contrainte sociale zusammengebracht, ja in ihr das Kriterium gesellschaftlicher Allgemeingesetzlichkeit erblickt.
Die zeitgenössische Sozialforschung verleugnet diese Verbindung, opfert damit aber auch die ihrer Generalisierungen mit konkreten Strukturbestimmungen. Werden jedoch solche Perspektiven, etwa als Aufgabe einmal anzustellender gesellschaftlichen Spezialuntersuchungen, abgeschoben, bleibt die wissenschaftliche Spiegelung in der Tat bloße Verdoppelung, verdinglichte Apperzeption des Dinghaften und entstellt das Objekt gerade durch die Verdoppelung, verzaubert das Vermittelte in ein Unmittelbares. Zur Korrektur genügt auch nicht, wie es schon Durkheim im Sinne lag, einfach deskriptiv „Mehrzahlbereich" und „Einzahlbereich" zu unterscheiden. Sondern das Verhältnis beider Bereiche wäre zu vermitteln, selbst theoretisch zu begründen. Der Gegensatz quantitativer und qualitativer Analyse ist nicht absolut: kein Letztes in der Sache. Wer quantifiziert, muß, wie man weiß, immer erst von qualitativen Differenzen der Elemente absehen; und alles gesellschaftlich Einzelne trägt die allgemeinen Bestimmungen in sich, denen die quantitativen Generalisierungen gelten. Deren eigene Kategorien sind allemal qualitativ. Eine Methode, die dem nicht gerecht wird und etwa die qualitative Analyse als mit dem Wesen des Mehrzahlbereichs unvereinbar verwirft, tut dem Gewalt an, was sie erforschen soll. Die Gesellschaft ist Eine; auch dort, wo heute die großen gesellschaftlichen Mächte noch nicht hinreichen, hängen die ‚unentwickelten' und die zur Rationalität und einheitlichen Vergesellschaftung gediehenen Bereiche funktionell zusammen. Soziologie, die das nicht beachtet und sich bei einem Pluralismus der Verfahrensweisen bescheidet, den sie dann etwa mit so mageren und unzulänglichen Begriffen wie Induktion und Deduktion rechtfertigt, unterstützt was ist, im Übereifer, zu sagen was ist. Sie wird Ideologie im strengen Sinn, notwendiger Schein. Schein, weil die Vielfalt der Methoden an die Einheit des Gegenstands nicht heranreicht und sie hinter sogenannten Faktoren versteckt, in die sie ihn der Handlichkeit wegen zerlegt; notwendig, weil der Gegenstand, die Gesellschaft, nichts so sehr fürchtet, wie beim Namen gerufen zu werden, und darum unwillkürlich nur solche Erkenntnisse ihrer selbst fördert und duldet, die von ihr abgleiten...
Jene Unstimmigkeit ist der Grund dafür, daß der Gegenstand der Soziologie, die Gesellschaft und ihre Phänomene, nicht die Art Homogenität besitzt, mit der die sogenannte klassische Naturwissenschaft rechnen konnte. In der Soziologie ist nicht im gleichen Maße von partiellen Feststellungen über gesellschaftliche Sachverhalte zu deren – sei's auch eingeschränkter – Allgemeingültigkeit fortzuschreiten, wie man von der Beobachtung der Eigentümlichkeiten eines Stück Blei auf die allen Bleis zu schließen gewohnt war. Die Allgemeinheit der sozialwissenschaftlichen Gesetze ist überhaupt nicht die eines begrifflichen Umfangs, dem die Einzelstücke bruchlos sich einfügten, sondern bezieht sich stets und wesentlich auf das Verhältnis von Allgemeinem und Besonderem in seiner historischen Konkretion. Das bezeugt, negativ, die Inhomogenität des gesellschaftlichen Zustands – die ‚Anarchie' aller bisherigen Geschichte – ebenso wie positiv das Moment von Spontaneität, das vom Gesetz der großen Zahl nicht sich einfangen läßt. Nicht verklärt die Welt der Menschen, wer sie von der relativen Regelhaftigkeit und Konstanz der Gegenstände mathematischer Naturwissenschaf-

ten, wenigstens des ‚Makrobereichs', abhebt. Zentral ist der antagonistische Charakter der Gesellschaft, und er wird von der bloßen Generalisierung eskamotiert. Der Aufklärung bedarf eher die Homogenität, soweit sie menschliches Verhalten dem Gesetz der großen Zahl unterwirft, als ihre Absenz. Die Anwendbarkeit jenes Gesetzes widerspricht dem principium individuationis; dem trotz allem nicht einfach zu Überspringenden, daß die Menschen keine bloße Gattungswesen sind. Ihre Verhaltensweisen sind vermittelt durch ihre Vernunft. Diese enthält zwar in sich ein Moment des Allgemeinen, das dann sehr wohl in der statistischen Allgemeinheit wiederzukehren vermag; es ist aber zugleich auch spezifiert durch die Interessenlagen der je Einzelnen, die in der bürgerlichen Gesellschaft auseinanderweisen und tendenziell bei aller Uniformität einander entgegengesetzt sind; zu schweigen von der gesellschaftlich zwangvoll reproduzierten Irrationalität in den Individuen.
Nur die Einheit des Prinzips einer individualistischen Gesellschaft bringt die zerstreuten Interessen der Individuen auf die einheitliche Formel ihrer ‚Meinung'. Die heute verbreitete Rede vom sozialen Atom wird zwar der Ohnmacht des Einzelnen gegenüber der Totale gerecht, bleibt aber gleichwohl gegenüber dem naturwissenschaftlichen Begriff des Atoms bloß metaphorisch. Die Gleichheit kleinster sozialer Einheiten, der Individuen, kann selbst vorm Fernsehschirm nicht im Ernst so strikt behauptet werden wie bei der physikalisch-chemischen Materie. Die empirische Sozialforschung aber verfährt so, als ob sie die Idee des sozialen Atoms wörtlich nähme. Daß sie damit einigermaßen durchkommt, sagt etwas Kritisches über die Gesellschaft. Die Allgemeingesetzlichkeit, welche die statistischen Elemente entqualifiziert, bezeugt, daß Allgemeines und Besonderes nicht versöhnt, daß gerade in der individualistischen Gesellschaft das Individuum dem Allgemeinen blind unterworfen, selber entqualifiziert ist. Die Rede von der gesellschaftlichen „Charaktermaske" hat das einmal bezeichnet; der gegenwärtige Empirismus hat daran vergessen. Die Gemeinsamkeit des sozialen Reagierens ist wesentlich die des sozialen Drucks. Nur darum vermag die empirische Sozialforschung in ihrer Konzeption des Mehrzahlbereichs so souverän über die Individuation sich hinwegzusetzen, weil diese bis heute ideologisch blieb, weil die Menschen noch keine sind. In einer befreiten Gesellschaft würde die Statistik positiv, was sie heute negativ ist, eine Verwaltungswissenschaft, aber wirklich eine zur Verwaltung von Sachen, nämlich Konsumgütern, und nicht von Menschen. Trotz ihrer fatalen Basis in der gesellschaftlichen Struktur jedoch sollte die empirische Sozialforschung der Selbstkritik insofern mächtig bleiben, als die Verallgemeinerungen, die ihr gelingen, nicht ohne weiteres der Sache, der standardisierten Welt, sondern stets auch der Methode zuzuschreiben sind, die allein schon durch die Allgemeinheit der an die Einzelnen gerichteten Fragen oder deren begrenzte Auswahl – die „cafeteria" – vorweg das Erfragte, etwa die zu ermittelnden Meinungen, so zurichtet, daß es zum Atom wird.
Die Einsicht in die Inhomogenität der Soziologie als eines Wissenschaftsgefüges, also der kategorialen, nicht bloß graduellen und beliebig zu überbrückenden Divergenz von Disziplinen wie Gesellschaftstheorie, Analyse objektiver sozialer Verhältnisse und Institutionen, und subjektiv gerichteter Sozialforschung im engeren Sinne, meint nicht, man solle es bei der sterilen Trennung jener Disziplinen belassen. Wohl ist die formale Forderung der Einheit einer Wissenschaft nicht zu respektieren, die selbst die Male willkürlicher Arbeitsteilung trägt und sich nicht so aufspielen kann, als erschaute sie umstandslos jene allbeliebten Ganzheiten, deren gesellschaftliche Existenz ohnehin fragwürdig ist. Die kritische Verbindung der auseinanderweisenden soziologischen Methoden wird jedoch inhaltlich, vom Erkenntnisziel gefordert. Angesichts der spezifischen Verflechtung sozialer Theorienbildung mit partikularen sozialen Interessen ist ein Korrektiv, wie es die Researchmethoden anbieten, heilsam, wie sehr diese im übrigen auch ihrerseits, ihrer „administrativen" Struktur nach, mit partikularen Interessenlagen verflochten sind. Zahllose handfeste Behauptungen sozialer Theorien –

genannt seien zum Beleg nur die Max Schelers über die typischen Bewußtseinsformen der Unterklasse – können durch strenge Erhebungen überprüft und widerlegt werden. Umgekehrt ist der Social Research auf die Konfrontation mit der Theorie und auf Kenntnis objektiver sozialer Gebilde verwiesen, wenn er nicht zur Irrelevanz verkommen oder apologetischen Parolen wie den zeitweise populären von der Familie willfahren will.

In den Gesellschaftswissenschaften läßt darum nicht ebenso vom Sektor zum Ganzen sich fortschreiten wie in den Naturwissenschaften, weil ein vom logischen Umfang, der Merkmaleinheit irgendwelcher Einzelelemente total verschiedenes Begriffliches jenes Ganze konstituiert, das gleichwohl, eben um seines vermittelten begrifflichen Wesens willen, auch nichts gemein hat mit ‚Ganzheiten' und Gestalten, die notwendig stets als unmittelbar vorgestellt werden; die Gesellschaft ähnelt eher dem System als dem Organismus. Gegen die Gesellschaft als System, ihr eigentliches Objekt, verblendet sich die theorielose, mit bloßen Hypothesen haushaltende empirische Forschung, weil dies Objekt nicht mit dem Inbegriff aller Sektoren zusammenfällt, die Sektoren nicht subsumiert, auch nicht, wie eine geographische Karte, aus ihrem Neben- und Miteinander, aus „Land und Leuten" sich zusammenfügt. Kein Sozialatlas, im wörtlichen und übertragenen Sinn, repräsentiert die Gesellschaft. Insofern diese nicht im unmittelbaren Leben ihrer Angehörigen und den darauf bezogenen subjektiven und objektiven Tatsachen aufgeht, greift eine Forschung daneben, die in der Ermittlung solcher Unmittelbarkeit sich erschöpft. Bei aller Dinghaftigkeit der Methode und gerade vermöge solcher Dinghaftigkeit, dem Idol des schlicht Feststellbaren, bringt sie einen Schein des Lebendigen, gleichsam Nachbarlichen von Angesicht zu Angesicht hervor, dessen Auflösung unter den Aufgaben gesellschaftlicher Erkenntnis nicht die letzte wäre, hätte man sie nicht längst gelöst. Heute aber wird sie verdrängt. Daran macht sich die verklärende Metaphysik vom Dasein und die sture Beschreibung dessen, was der Fall sei, gleich schuldig.

Im übrigen aber entspricht die Praxis der empirischen Soziologie im weitesten Maße nicht einmal ihrem eigenen Zugeständnis der Notwendigkeit von Hypothesen. Während man widerwillig das Bedürfnis nach diesen konzediert, begegnet man doch einer jeglichen mißtrauisch, weil sie zum „bias", zur Beeinträchtigung der unvoreingenommenen Forschung werden könne. Zugrunde liegt eine „Residualtheorie der Wahrheit"; die Vorstellung, Wahrheit sei, was nach Abzug der vorgeblich bloßen subjektiven Zutat, einer Art von Gestehungskosten, übrigbleibt. Die der Psychologie seit Georg Simmel und Freud vertraute Einsicht, daß die Bündigkeit der Erfahrung von Gegenständen, sofern diese ihrerseits, wie die Gesellschaft, wesentlich subjektiv vermittelt sind, mit dem Maß des subjektiven Anteils der Erkennenden steigt und nicht fällt, haben die Sozialwissenschaften sich noch nicht einverleibt. Man sucht, sobald man die eigene gemeine Menschenvernunft zugunsten des verantwortlichen Gestus des Forschers beurlaubt, sein Heil in möglichst hypothesenlosen Verfahren. Des Aberglaubens, daß die Forschung als tabula rasa zu beginnen habe, auf welcher die voraussetzunglos sich einfindenden Daten zugerichtet werden, müßte die empirische Sozialforschung gründlich sich entschlagen und dabei freilich längst durchgefochtener erkenntnistheoretischer Kontroversen sich erinnern, die das kurzatmige Bewußtsein unter Berufung auf die vordringlichen Erfordernisse des Betriebs nur zu gern vergißt.

Der skeptischen Wissenschaft ziemt Skepsis ihren eigenen asketischen Idealen gegenüber. Der Satz, ein Forscher benötige zehn Prozent Inspiration und neunzig Prozent Transpiration, der so gern zitiert wird, ist subaltern und zielt aufs Denkverbot. Längst schon bestand die entsagungsvolle Arbeit des Gelehrten meist darin, daß er gegen schlechte Bezahlung auf die Gedanken verzichtete, die er ohnehin nicht hatte. Heute, da der besser bezahlte Bürochef in die Nachfolge des Gelehrten einrückt, wird der Mangel an Geist nicht nur als Tugend dessen gefeiert, der uneitel und wohlangepaßt dem Team sich eingliedert, sondern obendrein durch die Einrichtung der Forschungsgänge institutionalisiert, welche die Spontaneität der

Einzelnen kaum anders kennen denn als Reibungskoeffizienten. Subaltern aber ist die Antithese von großartiger Inspiration und gediegener Forscherarbeit als solche. Die Gedanken kommen nicht angeflogen, sondern kristallisieren sich, auch wenn sie plötzlich hervortreten, in langwährenden unterirdischen Prozessen. Das Jähe dessen, was Researchtechniker herablassend Intuition nennen, markiert den Durchbruch der lebendigen Erfahrung durch die verhärtete Kruste der communis opinio; es it der lange Atem des Gegensatzes zu dieser, keineswegs das Privileg begnadeter Augenblicke, der dem unreglementierten Gedanken jene Fühlung mit dem Wesen gestattet, die von der aufgeschwollenen Apparatur, die sich dazwischenschaltet, oft unwiderstehlich sabotiert wird. Umgekehrt ist der wissenschaftliche Fleiß immer zugleich auch die Arbeit und Anstrengung des Begriffs, das Gegenteil jenes mechanischen, verbissen bewußtlosen Verfahrens, dem man ihn gleichsetzt. Wissenschaft hieße: der Wahrheit und Unwahrheit dessen innewerden, was das betrachtete Phänomen von sich aus sein will; keine Erkenntnis, die nicht kraft der ihr einwohnenden Unterscheidung von Wahr und Falsch zugleich kritisch wäre. Erst eine Soziologie, die die versteinerten Antithesen ihrer Organisation in Bewegung brächte, käme zu sich selbst.
Die kategoriale Differenz der Disziplinen wird dadurch bestätigt, daß das, worauf es eigentlich ankäme, die Verbindung empirischer Erhebungen mit theoretisch zentralen Fragestellungen, trotz vereinzelter Ansätze bis heute nicht gelungen ist. Die bescheidenste und zugleich, im Sinne immanenter Kritik, also nach den eigenen Spielregeln der ‚Objektivität', für die empirische Sozialforschung plausibelste Forderung wäre, alle ihre auf das subjektive Bewußtsein und Unbewußtsein von Menschen und Menschengruppen gerichteten Aussagen zu konfrontieren mit den objektiven Gegebenheiten ihrer Existenz. Was dem Bereich der Sozialforschung bloß akzidentell, bloße „background study" dünkt, macht die Bedingung der Möglichkeit dafür aus, daß sie überhaupt Wesentliches erreiche. Unvermeidlicherweise wird sie unter jenen Gegebenheiten zunächst das hervorheben, was mit dem subjektiven Meinen, Fühlen und Verhalten der Untersuchten zusammenhängt, obwohl gerade diese Zusammenhänge so weit gespannt sind, daß eigentlich eine solche Konfrontation sich gar nicht mit der Kenntnis einzelner Institutionen begnügen dürfte, sondern wiederum auf die Gesellschaftsstruktur zu rekurrieren hätte: die kategoriale Schwierigkeit ist durch den Vergleich bestimmter Meinungen und bestimmter Bedingungen nicht beseitigt. Noch unter diesem lastenden Vorbehalt jedoch gewinnen die Ergebnisse der Meinungsforschung veränderten Stellenwert, sobald sie gemessen werden können an der realen Beschaffenheit dessen, worauf die Meinungen gehen. Die dabei hervortretenden Differenzen von sozialer Objektivität und dem wie immer auch allgemein verbreiteten Bewußtsein von jener Objektivität markieren eine Einbruchstelle der empirischen Sozialforschung in die Erkenntnis der Gesellschaft: in die der Ideologien, ihrer Genese und ihrer Funktion. Solche Erkenntnis wäre wohl das eigentliche, wenn auch gewiß nicht das einzige Ziel der empirischen Sozialforschung. Isoliert genommen jedoch hat diese nicht das Gewicht gesellschaftlicher Erkenntnis: die Marktgesetze, in deren System sie reflexionslos verbleibt, sind noch Fassade.
Brächte auch etwa eine Befragung die statistisch überwältigende Evidenz dafür bei, daß die Arbeiter sich nicht mehr für Arbeiter halten und leugnen, daß es so etwas wie Proletariat überhaupt noch gibt, so wäre der Beweis für die Nichtexistenz des Proletariats keineswegs geführt. Es müßten vielmehr solche subjektiven Befunde mit objektiven, wie der Stellung der Befragten im Produktionsprozeß, ihrer Verfügung oder Nichtverfügung über die Mittel der Produktion, ihrer gesellschaftlichen Macht oder Ohnmacht verglichen werden. Dabei behielten freilich die empirischen Befunde über die Subjekte durchaus ihre Bedeutung. Nicht bloß wäre im Sinne der Ideologienlehre zu fragen, wie derlei Bewußtseinsinhalte zustande kommen, sondern auch, ob durch ihre Existenz nicht an der sozialen Objektivität etwas Wesentliches sich geändert habe... Korrektiv ist die empirische Sozialforschung nicht nur

insofern, als sie blinde Konstruktionen von oben her verhindert, sondern auch im Verhältnis von Erscheinung und Wesen. Hat die Theorie der Gesellschaft den Erkenntniswert der Erscheinung kritisch zu relativieren, so hat umgekehrt die empirische Forschung den Begriff des Wesensgesetzes vor Mythologisierung zu behüten. Die Erscheinung ist immer auch eine des Wesens, nicht nur bloßer Schein. Ihre Änderungen sind dem Wesen nicht gleichgültig. Weiß in der Tat schon keiner mehr, daß er ein Arbeiter ist, so affiziert das die innere Zusammensetzung des Begriffs des Arbeiters, selbst wenn dessen objektive Definition – die durch die Trennung von den Produktionsmitteln – erfüllt bleibt.
Die empirische Sozialforschung kommt darum nicht herum, daß alle von ihr untersuchten Gegebenheiten, die subjektiven nicht weniger als die objektiven Verhältnisse, durch die Gesellschaft vermittelt sind. Das Gegebene, die Fakten, auf welche sie ihren Methoden nach als auf ihr Letztes stößt, sind selber kein Letztes sondern ein Bedingtes. Sie darf daher nicht ihren Erkenntnisgrund – die Gegebenheit der Fakten, um welche ihre Methode sich müht – mit dem Realgrund verwechseln, einem Ansichsein der Fakten, ihrer Unmittelbarkeit schlechthin, ihrem Fundamentcharakter. Gegen diese Verwechslung kann sie insofern sich wehren, als sie durch Verfeinerung der Methoden die Unmittelbarkeit der Daten aufzulösen vermag. Daher die Bedeutung der Motivationsanalysen, obwohl sie im Bannkreis subjektiven Reagierens verbleiben. Sie können freilich kaum je auf direkte Fragen sich stützen, und Korrelationen zeigen funktionelle Zusammenhänge an, klären aber nicht über kausale Abhängigkeiten auf. Daher ist die Entwicklung indirekter Methoden prinzipiell die Chance der empirischen Sozialforschung, über bloße Feststellung und Aufbereitung von Fassadentatsachen hinauszugelangen. Das Erkenntnisproblem ihrer selbstkritischen Entwicklung bleibt, daß die ermittelten Fakten nicht getreu die darunterliegenden gesellschaftlichen Verhältnisse spiegeln, sondern zugleich den Schleier ausmachen, durch den jene, und zwar notwendig, sich verhüllen. Es gilt danach für die Befunde dessen, was nicht umsonst „Meinungsforschung" heißt, die Formulierung Hegels über die öffentliche Meinung schlechthin aus der Rechtsphilosophie: sie verdiene, ebenso geachtet als verachtet zu werden. Geachtet, weil auch Ideologien, das notwendige falsche Bewußtsein, ein Stück gesellschaftlicher Wirklichkeit sind, das kennen muß, wer diese erkennen will. Verachtet aber: ihr Wahrheitsanspruch kritisiert. Die empirische Sozialforschung wird selbst zur Ideologie, sobald sie die öffentliche Meinung absolut setzt.

Begleittext 9.2:

Helmut Schelsky: Ortsbestimmung der deutschen Soziologie. Eugen Diederichs: Düsseldorf 1959, S. 68–70.

Die zweite Frontenstellung der empirisch-sozialwissenschaftlichen Wirklichkeitserfassung ist gegen die primäre Erfahrung der handelnden und erlebenden Einzelperson gerichtet. In dem Versuch, eine entsubjektivierte, sich in einem experimentierenden Denken wissenschaftlich begründende und kontrollierende *Beschreibung der Wirklichkeit* zu geben, schafft die sozialwissenschaftliche Empirie eine sekundäre Wirklichkeit, die den unmittelbaren Erfahrungsumfang des einzelnen grundsätzlich überschreitet. Sie reproduziert damit die Tatsachen für das Bewußtsein, auf denen in einer modernen großräumigen Gesellschaftsverfassung das soziale Geschehen und seine Gesetzlichkeiten beruhen. Diese „zweite" Wirklichkeit, nämlich die wissenschaftlich bearbeitete und erfahrene, stellt in den wissenschaftlich-technischen Zivilisationen die soziale Wirklichkeit dar, mit der wir es entscheidend zu tun haben; erst die in ihr lokalisierten Erfahrungen sind als *„Fakten"* anzusehen.

Von dieser These aus ist der Einwand zu erörtern, der oft gegen die empirische Sozialforschung erhoben wird: daß sie „bloß die Fakten reproduziere"...
Die These einer „bloßen Reproduktion der Fakten", einer „bloßen Verdoppelung" der Erfahrung durch die empirische Sozialwissenschaft setzt eine primäre Erfahrung eben der gleichen Tatsachen und in der gleichen Wirklichkeitserfassung voraus. Diese bloße Faktenerfahrung primärer Art über soziale Gegenstände im unmittelbaren Leben anzunehmen, ist die Illusion dieser These. Jede Unterhaltung beliebiger Art über persönliche Erfahrungen im sozialen Bereich zeigt, in welch hohem Maße gerade die primären, an die Einzelperson gebundenen Erfahrungen bereits gedeutet, ideologisiert, mit Glaubensvoraussetzungen und Vorurteilen besetzt sind. Gerade die „erste Erfahrung" des Sozialen ist keine Tatsachenerfahrung, sondern erfolgt unter den Schleiern der vielfältigen Ideen, die uns seit einigen Jahrhunderten diese Wirklichkeit gedeutet und damit als Faktenerfahrung verhüllt haben. In dem Argument Adornos steckt die Annahme eines naiven Realismus der Primärerfahrung, die gerade für den Bereich des belangvoll Sozialen nicht zu halten ist. Man lasse einen xbeliebigen Zeitgenossen sich über „die Familie", „den Betrieb", „die Schule" äußern, und die hier gemeinten Verzerrungen der Primärerfahrungen springen einem geradezu ins Gesicht! Es ist also keineswegs so, daß die „Fakten" der Primärerfahrung so solide wären, daß sie wissenschaftlich einfach hingenommen und nur gesammelt zu werden brauchten, um dann eine „Deutung" oder Verallgemeinerung darauf zu setzen, sondern sie müssen erst einmal „entdeutet" werden, um „Fakten" zu sein. Die Aufgabe der empirischen Sozialforschung besteht darin, die „Fakten" zu enthüllen, sie, wenn man so will, für das Bewußtsein überhaupt erst zu schaffen.

X. Karl Poppers Wissenschaftskonzept

1. Forschungsziel: Kausale Erklärungen

Wissenschaftliche Arbeit läßt sich grundsätzlich als das Bemühen verstehen, die Ursachen für Gegebenheiten und Vorgänge in unserer Umwelt finden und benennen zu können. Als Soziologe will man etwas erfahren über mögliche Gesetzmäßigkeiten des gesellschaftlichen Miteinanders der Menschen. Man möchte nicht nur etwas über verschiedene Einzelereignisse wissen, sondern ist bestrebt, Zusammenhänge zu erkennen und Tatbestände zu erklären. Die Verwendung des Verbs *„erklären“* soll darauf verweisen, daß Wissenschaftler, die sich zu dieser Zielsetzung ihrer Arbeit bekennen, es nicht bei einer bloßen Deskription konkreter Umstände belassen wollen: Sie suchen nach allgemeinen, grundsätzlich gültigen Regeln, nach Gesetzmäßigkeiten, die sich hinter den beobachtbaren Tatbeständen verbergen.
Diese wissenschaftliche Grundhaltung oder Überzeugung kennzeichnet insbesondere auch den Denkansatz des „Kritischen Rationalismus“, eine theoretische Orientierung, wie sie vor allem von Karl Raimund Popper und Hans Albert vertreten wird. In dem Buch „Logik der Forschung“ (1969b) stellt Popper sein wissenschaftstheoretisches Konzept vor und formuliert zur Aufgabe der Forschung bereits eingangs des Buches als Forschungsziel die Suche nach „kausalen“ Erklärungen und Gesetzen:

„Einen Vorgang ‚kausal erklären‘ heißt, einen Satz, der ihn beschreibt, aus Gesetzen und Randbedingungen deduktiv ableiten. ... Die Theorie ist das Netz, das wir auswerfen, um die Welt einzufangen, sie zu rationalisieren, zu erklären und zu beherrschen...“ (1969b: 31).

In seiner Diskussion insbesondere der Frage, ob es eine einheitliche erfahrungswissenschaftliche Methode gibt, unabhängig davon, ob es sich um naturwissenschaftliche oder sozialwissenschaftliche Fragen handelt („Vom Elend des Historizismus“, 1969a) sagt er dies noch deutlicher und formuliert *seinen* methodischen Ansatz:

„Wenn wir die Soziologie als *theoretische Disziplin* bezeichnen, dann meinen wir, daß sie mit Hilfe von Theorien oder universalen Gesetzen Ereignisse zu erklären und vorauszusagen hat. Wenn wir die Soziologie als *empirisch* bezeichnen, meinen wir, daß sie sich auf Erfahrungen stützt, daß die Ereignisse, die sie erklärt und prognostiziert, beobachtbare Tatsachen sind und daß die Beobachtung über Annahme und Ablehnung jeder Theorie entscheidet“ (Popper, 1969a: 29).

Bevor wir uns mit der Frage befassen, welche Methode Popper und Albert vorschlagen, um zu solchen Gesetzesaussagen zu gelangen, wollen wir uns noch kurz mit der Voraussetzung, d.h. mit der Zielsetzung der „Suche nach kausalen Erklärungen“ beschäftigen.
Jede Frage nach einer Gesetzmäßigkeit schließt bereits die Annahme mit ein, daß überhaupt letztendliche Ursachen existieren, daß sich grundsätzliche, sinnvolle Zusammenhänge ermitteln lassen. Paradoxerweise ist eben diese Überzeugung des „Kritischen Rationalismus“

irrational und „nur" eine „Glaubenserklärung". Diese Feststellung ergibt sich aus dem einfachen Sachverhalt, daß man für jedes Ergebnis wissenschaftlich-rationaler Analyse mit der schlichten Frage „Woher weißt du das?" unvermeidbare Fallstricke legen kann. Denn auf eine solche Frage läßt sich im Grunde nur folgendes antworten: „Eigentlich weiß ich es so genau nicht. Einige meiner Ergebnisse sprechen für die Richtigkeit der Erklärung, aber ob sie wahr ist im Sinne eines unveränderbaren Gesetzes, dies kann ich nicht sagen."

Akzeptiert man also die Frage nach einer endgültigen Beweisführung – und dazu wäre man mit der Selbstverpflichtung zur „Suche nach Gesetzesaussagen" hier eigentlich gezwungen – dann stünde man vor der Notwendigkeit, über weitere Forschungsarbeit neue Gründe in Erfahrung zu bringen. Diese würden wiederum in Frage gestellt werden können, weil sie endgültig, d.h. „wahr" nicht sein können. Die Spirale endloser Forderungen nach weiterer Rechtfertigung der gefundenen Erklärungen kann nur dann unterbrochen werden, wenn man sich entschließt, einmal bei etwas innezuhalten, was nicht in Frage gestellt werden soll. Also muß auch die rationale Analyse, will sie den unendlichen Regreß vermeiden, bei einer Überzeugung verhalten, die sich *rational* nicht mehr begründen läßt (vgl. dazu Bartley, 1975: 64–102).

Popper spricht dementsprechend auch vom „metaphysischen Glauben" an die Existenz von invarianten Gesetzmäßigkeiten. Die Rationalität des „Kritischen Rationalismus" liege gerade in der Anerkennung des Umstandes, daß sie „auf einem irrationalen Entschluß oder auf dem Glauben an die Vernunft beruht" (Popper, 1975: 284).

Natürlich drängt sich hier zwangsläufig die Überlegung auf, weshalb Wissenschaftler überhaupt nach kausalen Erklärungen suchen sollen, wenn es doch keine Garantie dafür gibt, daß wirklich invariante Zusammenhänge existieren. Für den „Kritischen Rationalismus" stellt sich die Frage etwas anders. So wenig sich die Annahme, alles Geschehen in der Realität verlaufe nach strengen Gesetzen von Ursache und Wirkung, beweisen läßt, so wenig ist sie auch zu widerlegen (Popper, 1969: 32 f). Die Konsequenz des irrationalen Glaubens an kausale Prinzipien ist eben *nicht* resignierender Verzicht auf Erklärungen, sondern das Bemühen um eine wissenschaftlich, rationale Konzeption, die gewährleistet, daß man sich den letztgültigen Gesetzesaussagen jedenfalls annähern kann, auch wenn man ihrer nie endgültig gewiß sein wird.

Aus diesem eigenartigen Spannungsverhältnis zwischen Wissen und der Einsicht einer grundsätzlichen Unwissenheit ergibt sich für den „Kritischen Rationalismus" die Forderung nach einem Verzicht auf alle Versuche, endgültig wahre Aussagen über unsere Wirklichkeit machen bzw. beweisen zu wollen. Zentrale Aufgabe einer kritisch-rationalen Haltung ist es vielmehr, wissenschaftliche Aussagen einer immerwährenden Überprüfung auszusetzen, um jene Ergebnisse auszusondern, die – soweit sie sich bewähren – zumindest in die Richtung der angestrebten Gesetzesaussagen verweisen. Jeder wissenschaftliche Erklärungsversuch sollte sich sofort kritischen Widerlegungsversuchen aussetzen. „Wenn er der Kritik standhält, dann akzeptieren wir ihn vorläufig; und zwar akzeptieren wir ihn als würdig, weiter diskutiert und kritisiert zu werden" (Popper, 1969: 104). Hier deutet sich an, daß Kritik eine der zentralen Komponenten der Popperschen Wissenschaftskonzeption darstellt: Wissenschaftliche Aussagen müßten so formuliert werden, daß sie einer ständigen, theoretischen und empirischen Kritik ausgesetzt werden können, daß sie – wie Popper sagt – „an der Erfahrung scheitern können" (1969: 15; Begleittext 10.1 Popper).

2. Voraussetzungen zur Widerlegbarkeit wissenschaftlicher Aussagen

Nach dem so skizzierten Selbstverständnis ist es also vordringliche Aufgabe eines Wissenschaftlers zu prüfen, inwieweit gefundene Erklärungen einer Überprüfung standhalten. Die Möglichkeit des kritischen „In-Frage-Stellens" ergibt sich nach Popper jedoch nur dann, wenn der Wissenschaftler seine Aussagen in der *richtigen* Weise formuliert. Damit kausale wissenschaftliche Aussagen tatsächlich „an der Erfahrung scheitern", d.h. falsifiziert werden können, müssen sie eine bestimmte logische Struktur aufweisen.
Popper unterscheidet hierbei zwei Arten von Sätzen, die erst in ihrer Verbindung eine ursächliche Erklärung liefern:

- *Allgemeine* Sätze, dies meint Aussagen, die eine allgemein gültige Regel, ein universales Gesetz formulieren, und
- *besondere* Sätze (Randbedingungen), in denen konkrete Einzelphänomene beschrieben werden, die ihrerseits erklärt werden sollen.

„Eine kausale Erklärung eines bestimmten *spezifischen Ereignisses* geben bedeutet m.E. einen Satz, der dieses Ereignis beschreibt, aus zwei Arten von Prämissen ableiten: *Aus universalen Gesetzen* und aus singulären Sätzen, die wir die *spezifischen Randbedingungen* nennen können. Wir könnten beispielsweise sagen, daß wir für das Abreißen eines bestimmten Fadens eine kausale Erklärung gegeben haben, wenn wir finden, daß dieser Faden ein Gewicht von nur einem Kilogramm tragen konnte, daß er aber mit einem Gewicht von zwei Kilogramm belastet wurde. Wenn wir diese kausale Erklärung analysieren, dann finden wir, daß in ihr zwei verschiedene Bestandteile auftreten: 1.) Hypothesen, die den Charakter allgemeiner Naturgesetze haben, in diesem Fall etwa: „Für jeden Faden einer gegebenen Struktur s (die durch Material, Durchmesser usw. bestimmt ist) gibt es ein charakteristisches Gewicht w, so daß der Faden reißen wird, wenn man irgendein w übersteigendes Gewicht an ihm aufhängt", und: „Für jeden Faden der Struktur s1 beträgt das charakteristische Gewicht w ein Kilogramm". 2.) Singuläre Sätze – die *Randbedingungen* – die sich auf das besondere Ereignis beziehen. In unserem Fall haben wir vielleicht zwei Sätze: „Dies ist ein Faden der Struktur s1", und „das an diesem Faden aufgehängte Gewicht betrug zwei Kilogramm".
Somit haben wir zwei verschiedene Bestandteile, zwei verschiedene Arten von Sätzen, die zusammen eine vollständige kausale Erklärung liefern: *All-Sätze mit dem Charakter von Naturgesetzen* und *singuläre Sätze,* die sich auf den jeweiligen besonderen Fall beziehen und *„Randbedingungen"* genannt werden. Nun können wir aus den allgemeinen Gesetzen mit Hilfe der Randbedingungen den folgenden singulären Satz ableiten: Dieser Faden wird reißen, wenn...
Eine solche kausale Erklärung wird natürlich nur dann wissenschaftlich annehmbar sein, wenn die allgemeinen Gesetze gut geprüft und bewährt sind, und wenn wir auch unabhängiges Tatsachenmaterial haben, das für die Ursache, also die Randbedingungen spricht" (Popper, 1969 a: 96 f, Hervorhebungen v. Verf.).

Wenn man, wie Popper, die Frage nach allgemeinen Gesetzen und Regeln unserer Welt als *die* Frage wissenschaftlichen Vorgehens bezeichnet, dann entstehen daraus bestimmte Anforderungen an die Art und Weise solcher gesetzmäßigen Aussagen. Popper illustriert die Bedeutung einer „richtigen" gesetzesmäßigen Aussage durch die Unterscheidung von *„universellen Es-gibt-Sätzen"* und den *„universellen Es-gibt-nicht-Sätzen"* oder *All-Sätzen.* Er benutzt zur Veranschaulichung sehr allgemein gehaltene Beispiele (Begleittext 10.2 Popper), wir versuchen die Verdeutlichung anhand einer seiner sozialwissenschaftlich gewendeten Aussagen:

„Es gibt politische Reformen, die die Gegenkräfte stärken – diese wachsen annähernd im selben Maße wie der Umfang der Reform“ (1969 a: 50).

Eine solche in der „Es-gibt“-Form gemachte Feststellung ist im Grunde nicht zu widerlegen, auch wenn wir vermuten könnten, daß es möglicherweise Gesellschaften gibt, in denen derartige Prozesse nicht festzustellen sind. Andererseits ist uns bewußt, daß in allen bekannten Gesellschaften die in diesem Satz aufgeführten Sachverhalte auftreten. Der Satz vermittelt also eine Behauptung, für die wir Belege finden können, aber er ermöglicht keine kausale Erklärung. Die Formulierung „es-gibt...“ beinhaltet keine Gesetzmäßigkeiten, die falsifiziert werden könnten. In der vorliegenden Form ist diese Aussage allenfalls eine mehr oder weniger einleuchtende Behauptung. Eine solche Behauptung kann nicht *widerlegt,* sondern nur *belegt* werden. Auch wenn die Soziologie beispielsweise gegenwärtig nur von Gesellschaften weiß, die die obengenannten Sachverhalte aufweisen, so können wir nie sicher sein, ob es nicht irgendwo doch eine gibt oder gegeben hat, auf die die oben formulierte Behauptung nicht zutrifft. Popper nennt Sätze, die nur belegt, nicht aber widerlegt werden können, „nicht-empirisch“ oder „metaphysisch“. Sätze dieser Art sind

„... raum-zeitlich nicht beschränkt, auf kein durch Individualien ausgezeichnetes Koordinatensystem bezogen. Damit hängt die Nichtfalsifizierbarkeit der universellen Es-gibt-Sätze zusammen – wir können nicht die ganze Welt absuchen, um zu beweisen, daß es etwas nicht gibt...“ (Popper, 1969: 40).

Wenn man also voraussetzt, daß Wissenschaft nach überprüfbaren Gesetzen und Regeln sucht, dann wird deutlich, daß solche „Es-gibt-Sätze“ wissenschaftlich unfruchtbar sind, weil sie keinerlei Aussagen in diese Richtung ermöglichen. Eine Behauptung, die uns in unserem Wissen weiterbringen soll, muß die Möglichkeit haben, sich unter vielen denkbaren anderen Behauptungen als die „richtige“ zu erweisen. Diese Möglichkeit ist jedoch nur dann gegeben, wenn wir die Aussage als All-Satz oder „Es-gibt-nicht-Satz“ formulieren. Mit Sätzen dieser Art wird eine Regel aufgestellt, von der es definitionsgemäß (Popper spricht von All-Sätzen als Sätze „mit dem Charakter von Naturgesetzen“) keine Ausnahmen geben darf. In Verdeutlichung dieser Überlegung hieße die Aussage nun folgendermaßen:

„Es gibt keine politischen Reformen, bei denen sich nicht die Gegenkräfte stärken, und zwar annähernd im selben Maße wie der Umfang der Reform“;

oder als All-Satz formuliert:

„Alle politischen Reformen führen zu einer Stärkung der Gegenkräfte...“

Damit ist allerdings nur der erste Teil einer im Sinne der Überprüfbarkeit korrekten Erklärung erfüllt. Zweites Element ist die Nennung der spezifischen Randbedingungen, dies meint die Beschreibung der konkreten beobachtbaren Umstände, für die der All-Satz gelten soll. Prüfstein der theoretischen Aussage könnte also die aus der Kausalerklärung abgeleitete und über Beobachtung zu klärende Frage sein: Führen die umweltpolitischen Reformmaßnahmen in der Bundesrepublik Deutschland zur Einführung eines „Katalysator-Autos“ ab 1986 zu einer sich verstärkenden Formierung von Gegenkräften? (Vgl. dazu den Artikel „100 Prozent übertrieben“, in: Der Spiegel, Nr. 29 v. 16.7.1984, S. 22 f.)
Die drei Elemente zur Überprüfung einer Kausalerklärung werden gebildet aus einer

- *allgemeinen Gesetzesaussage:* „Alle politischen Reformen führen zu einer Stärkung der Gegenkräfte“,

- *der Randbedingung:* In der Bundesrepublik Deutschland kommt es im Jahr 1986 zu umweltpolitischen Reform-Maßnahmen,
- und dem *zu erklärenden Tatbestand:* Die umweltpolitischen Reform-Maßnahmen bezüglich der Einführung eines „Katalysator-Autos" führen zu einer Stärkung der Gegenkräfte.

Für Popper besteht also die erfahrungswissenschaftliche Methode darin, daß sich aus Gesetzesaussagen, die mit dem Anspruch formuliert werden, immer und überall zu gelten, empirisch überprüfbare Hypothesen ableiten lassen, die gewissermaßen der Prüfstand sind für „Annahme oder Ablehnung der Theorie" (1969 a: 29).
Die Ableitung der Hypothesen aus dem theoretischen Gesetz geschieht *deduktiv,* d.h. aus dem Allgemeinen wird eine Schlußfolgerung für das Besondere, für die konkrete Beobachtungssituation gezogen. Sollte sich nun im Rahmen der empirischen Überprüfung die Hypothese nicht bestätigen, dann gilt auch die Kausalerklärung als falsifiziert. In diesem Fall wird von den Gegebenheiten des Besonderen eine Konsequenz für die allgemeine theoretische Aussage abgeleitet, also in *induktiver* Richtung geschlossen. Diese Schlußfolgerung vom konkreten Anwendungsfall auf die Gültigkeit der Theorie wird als sogenannte „Erhöhungsregel", als *„modus tollens"* bezeichnet. Dieser Begriff kommt aus der klassischen Logik, also einer Wissenschaft, die sich mit Begriffen, Urteilen und Schlüssen des wissenschaftlichen Denkens befaßt. Der Gedankengang des „modus tollens" ist – vereinfachend gesagt – etwa folgender: Wenn ein Satz aus einem anderen logisch abgeleitet ist, dann kann nicht der eine Satz richtig sein, wenn sich der andere als falsch erwiesen hat (zur Problematik des „modus tollens" vgl. Bartley, 1975: 95 f).

„Ist p ein Folgesatz eines Satzsystems t, das aus Theorie + Randbedingungen bestehen möge (zwischen denen wir hier der Einfachheit halber nicht unterscheiden) so können wir das Ableitbarkeitsverhältnis ... zwischen t und p durch $t \rightarrow p$, zu lesen: „t impliziert p", symbolisieren. Wir nehmen nun an, p sei „falsch", was wir durch $\bar{p}$, zu lesen: „non-p", bezeichnen. Aufgrund des Ableitbarkeitsverhältnisses $t \rightarrow p$ und der Annahme $\bar{p}$ dürfen wir dann auf $\bar{t}$ schließen, also t als falsifiziert betrachten" (Popper, 1969: 45).

Die Falsifikation im konkreten Anwendungsfall ist gewissermaßen auch der Beleg für die Unrichtigkeit der Gesetzesaussage, die ja – definitionsgemäß – ausnahmslos gelten soll. Gewendet auf unser konkretes Beispiel hieße das: Wenn sich herausstellt, daß die umweltpolitischen Reformmaßnahmen sich auf einen breiten Konsens aller beteiligten Kräfte und Institutionen stützen können, dann wäre das von Popper formulierte theoretische Gesetz widerlegt.
Nun brauchen wir im vorliegenden Fall nicht einmal wissenschaftliche Untersuchungen, um feststellen zu können, daß es hinreichend Belege für den angenommenen Sachverhalt verstärkter Gegenkräfte gibt. Allein die aufmerksame Lektüre der Tageszeitungen verweist uns vielfach auf Beispiele, die für die Richtigkeit der Hypothese sprechen (vgl. exemplarisch Frankfurter Allgemeine Zeitung v. 16.7.1984, S. 1: „Uneinigkeit über Katalysator-Auto"). Allerdings stellt sich auch die Frage, ob mit dieser Art theoretischer Erklärung viel für das Verständnis unserer Wirklichkeit gewonnen ist. Nicht jede kausale Erklärung besitzt eine zur Bearbeitung oder Lösung anstehender Probleme hinreichende Erklärungskraft. Und es wäre sicher wert zu diskutieren, ob die von uns genutzte und von Popper angeführte Gesetzesaussage sonderlich hilfreich ist zur Erklärung sozialer Prozesse. Da es uns an dieser Stelle aber eher grundsätzlich um den Ansatz des Kritischen Rationalismus geht, soll hinsichtlich des Themas „Informationsgehalt und Erklärungskraft sozialwissenschaftlicher Aussagen" der Verweis auf Kapitel II genügen (vgl. auch Opp, 1970: 166–187).

Fassen wir zusammen, was der Kritische Rationalismus als Hauptaufgabe wissenschaftlicher Arbeit versteht. Wissenschaft soll nach Ursache-Wirkungs-Zusammenhängen in Natur und Gesellschaft suchen. Der Wissenschaftler formuliert gesetzesartige Aussagen (All-Sätze), von denen er wissen will, ob sie – unter gegebenen Umständen (Randbedingungen) – zur Erklärung konkreter Tatbestände taugen. Die Überprüfung geschieht in deduktiver und induktiver Weise: Es wird anhand einer deduktiv gewonnenen Hypothese an besonderen Einzelereignissen gemessen, ob sich die allgemein und universal geltende Regel bewährt.
Wird die aus der Gesetzesaussage logisch abgeleitete konkrete Hypothese (Einzelhypothese) durch die Erfahrungstatbestände widerlegt, dann gilt auch die im Hintergrund der formulierten Hypothese stehende Regel (Gesetzeshypothese) als widerlegt (induktiver Schluß), sie ist „an der Erfahrung gescheitert" (Abgrenzungskriterium).
Für Popper ist eine Arbeitsweise nur dann wissenschaftlich, wenn sie von der Absicht geleitet wird, grundsätzlich sich an der erfahrbaren Wirklichkeit zu messen. Dieses Messen darf nur in dem Sinne geschehen, daß das, was vom Wissenschaftler behauptet wird, in Widerspruch zur Erfahrung geraten kann.

„Wer daher den Zweck, die Aufgabe der empirischen Wissenschaft darin sieht, ein System von absolut gesicherten, unumstößlich wahren Sätzen aufzustellen, der wird die ... Vorschläge, die wir hier machen ... ablehnen müssen.
Wir geben ... offen zu, daß wir uns bei unseren Festsetzungen in letzter Linie von unserer Wertschätzung, von unserer Vorliebe leiten lassen. Wer wie wir ... praktische Anwendbarkeit sucht, wer gefesselt wird von dem Abenteuer der Forschung, die uns immer wieder vor neue, unvorhergesehene Fragen stellt und uns anregt, immer wieder neue, vorher ungeahnte Antworten zu erproben, der wird den Festsetzungen, die wir vorschlagen ... wohl zustimmen können" (Popper, 1969: 12–13).

Die Arbeit des Wissenschaftlers zielt deshalb nicht darauf ab, die Richtigkeit seiner Aussagen zu beweisen. Dieser Beweis kann bei universellen Aussagen nie erbracht werden. Wir können ja nicht wissen, ob die Gesetze, von denen wir behaupten, daß sie „wahr" seien, tatsächlich wahr sind oder wir bislang den entscheidenden Einwand nur noch nicht entdeckt haben. Die Naturwissenschaften bieten hierfür zahlreiche Beispiele: Für Aristoteles z.B. war die Welt ein einheitliches, geschlossenes Ganzes, in dem die Erde den Mittelpunkt bildete. Dieses Bild von der Wirklichkeit galt solange, bis Gesetzesmäßigkeiten entdeckt wurden, die eine völlig andere Sichtweise notwendig machten.
Nach Auffassung des Kritischen Rationalismus kann für alle derzeit gültigen Gesetzesaussagen deshalb nur die Feststellung gelten, daß sie bislang nicht widerlegt werden konnten. Paradoxerweise kann der Wissenschaftler nur mit weiteren Falsifikationsversuchen versuchen, die Argumentationsbreite einer Theorie zu erweitern.
Kommt es allerdings zu einer Widerlegung, und wenn es auch nur in einem einzigen Fall geschieht, dann heißt es, neue Theorien zu entwickeln, die – sollen sie gelten – natürlich auch alles, was von der bisherigen Regel erklärt werden konnte, erklären können müssen.

3. Der gesellschaftliche Wert von Wissenschaft: „Stückwerk-Sozialtechnik"

Für Popper ist diese Form wissenschaftlichen Vorgehens *jeder* empirischen Methode zu eigen, ganz gleich, ob es sich nun um Fragen der Naturwissenschaften, Geistes- oder Sozialwissenschaften handelt. Er spricht von der „Einheit der Methoden der Natur- und Sozialwissenschaften" (1969a: 107) und führt dazu aus, daß in beiden Disziplinen Hypothesen, theoretische

Konstrukte, geprüft werden – nicht, um sie zu verifizieren oder zu beweisen, sondern um sie gegebenenfalls zu widerlegen.

„Wir können zwar das Prinzip, nach dem bestimmte Phänomene erzeugt werden, erklären und aufgrund dieses Wissens die Möglichkeit bestimmter Ergebnisse ausschließen, z.B. die Möglichkeit, daß bestimmte Ereignisse zusammen auftreten, aber unser Wissen wird in gewissem Sinne nur negativ sein, d.h. es wird uns nur in die Lage versetzen, gewisse Ergebnisse auszuschließen, nicht aber, den Bereich des Möglichen genügend einzuengen, so daß nur *eine* Möglichkeit übrig bleibt“ (Popper zitiert hier als Beleg seiner Gedanken eine Textstelle von F.A. von Hayek: Scientism and the Study of Society, Economica, Band IX, S. 289. 1942–1944).

Popper führt dann selber weiter aus:

„Dieses Zitat beschreibt keineswegs eine Situation, die nur den Sozialwissenschaften eigentümlich wäre, sondern charakterisiert vollkommen zutreffend die Naturgesetze, die immer nur bestimmte Möglichkeiten ausschließen können. Insbesondere wirft der Satz, daß wir in der Regel nicht imstande sein werden, „das genaue Ergebnis irgendeiner konkreten Situation vorherzusagen“, das Problem der Ungenauigkeit der Vorhersage auf. Ich behaupte, daß sich genau das gleiche von der konkreten physischen Welt sagen läßt“ (1969a: 109).

Wenn Unterschiede zwischen den Natur- und den Sozialwissenschaften festzustellen sind, dann nicht hinsichtlich einer unterschiedlichen Komplexität, sondern im Bereich der quantitativen Meßmethoden, die für die Soziologie nur eingeschränkt die Bedeutung und Verwendungsmöglichkeiten haben können, wie sie sie im Sektor der naturwissenschaftlichen Forschung besitzen.
Worin nun sehen die Vertreter des Kritischen Rationalismus die Bedeutung ihres Wissenschaftskonzeptes für die gesellschaftliche Praxis? Provozierend fragt der Popper-Kritiker Paul Feyerabend:

„Rationalisten wollen, daß man immer rational handele; d.h., man soll Entschlüsse nach Regeln und Maßstäben fällen, die sie und ihre Freunde für wichtig und grundlegend halten. Das Beispiel der Naturwissenschaften zeigt, daß solches Handeln zu nichts führt: die physische Welt ist zu komplex, als daß sie mit Hilfe rationaler Methoden beherrscht und verstanden werden könnte. Aber die soziale Welt, die Welt des menschlichen Denkens, Fühlens und der menschlichen Phantasie, ... die Welt des politischen Beisammenseins ist noch viel komplizierter. Ist es zu erwarten, daß die Rationalisten in ihr Erfolg haben werden, nachdem sie in der physischen Welt versagt haben? Und ist es daher nicht besser, soziales Handeln auf die konkreten Entscheidungen von Menschen zu gründen, die ihre Umgebung sowie die Wünsche, Erwartungen, Hoffnungen, die Phantasien ihrer Mitmenschen genau kennen, statt auf die Regeln von Gelehrten, die dieser Umgebung höchstens in den Büchern ihrer Kollegen begegnet sind und auch dort in arg verzerrter Weise? ... Das Verhältnis von Vernunft und Praxis wird also in einer freien Gesellschaft nicht theoretisch, d.h. durch konstruieren einer Theorie gelöst, sondern praktisch, d.h. durch Entschlüsse...“ (1979: 22/23).

Popper setzt dagegen sein skeptisches Wissenschaftsverständnis, das sich auf die eingeschränkten Möglichkeiten gültigen Wissens gründet und spricht von einer „Stückwerk-Sozialtechnik“ (1969a: 47 ff). Damit meint er, daß das Vorgehen eines dem Kritischen Rationalismus verpflichteten Sozialwissenschaftlers von folgenden Einsichten bestimmt ist:

- Allgemeine Wert- und Zielvorstellungen werden als außerhalb der wissenschaftlichen Arbeit liegend gesehen (vgl. Kap. XI).

- Er ist sich der Begrenzheit seiner wissenschaftlichen Arbeit überaus bewußt, weil er durchgängig von der Ungewißheit und Fehlbarkeit seines Wissens ausgeht.
- Er fühlt sich einer nur schrittweisen Veränderung des Bestehenden verpflichtet, wobei Veränderungen vor allem hinsichtlich möglicher unerwarteter Nebenwirkungen und unüberschaubarer Konsequenzen zu überprüfen sind.

„Der typische Stückwerk-Ingenieur wird folgendermaßen vorgehen. Er mag zwar einige Vorstellungen von der idealen Gesellschaft „als Ganzem" haben – sein Ideal wird vielleicht die allgemeine Wohlfahrt sein, – aber er ist nicht dafür, daß die Gesellschaft als Ganzes neu geplant wird. Was immer seine Ziele sein mögen, er sucht sie schrittweise durch kleine Eingriffe zu erreichen, die sich dauernd verbessern lassen. ... Wie Sokrates weiß der Stückwerk-Ingenieur, wie wenig er weiß. Er weiß, daß wir nur aus unseren Fehlern lernen können. Daher wird er nur Schritt für Schritt vorgehen und die erwarteten Resultate stets sorgfältig mit den tatsächlich erreichten vergleichen, immer auf der Hut vor den bei jeder Reform unweigerlich auftretenden unerwünschten Nebenwirkungen. Er wird sich auch davor hüten, Reformen von solcher Komplexität und Tragweite zu unternehmen, daß es ihm unmöglich wird, Ursachen und Wirkungen zu entwirren und zu wissen, was er eigentlich tut" (1969a: 53/54).

Die von Popper vertretene und als rational bezeichnete „Stückwerk-Sozialtechnik" beruht ihrerseits auf der letztlich irrationalen Einstellung, daß Vernunft und Toleranz zu einer Reform der Gesellschaft befähigen und daß eben die Einsicht in die Vorläufigkeit und Fehlbarkeit des Wissens wissenschaftlichen Fortschritt ermöglicht.

„Der Glauben an die Vernunft ist nicht nur ein Glauben an unsere eigene Vernunft, sondern auch – und dies sogar noch mehr – ein Glauben an die Vernunft der anderen. Daher wird ein Rationalist, auch wenn er glaubt, daß er den anderen intellektuell überlegen ist, alle Autoritätsansprüche ablehnen; er weiß, daß diese Überlegenheit nur insofern besteht, als er fähig ist, von der Kritik sowie auch von den Fehlern zu lernen, die er und andere begehen... Schließlich ist der Rationalismus ... mit der Erkenntnis der Notwendigkeit sozialer Institutionen verbunden, die die Freiheit der Kritik, die Freiheit des Denkens und damit die Freiheit des Menschen schützen. Und er begründet so etwas wie eine sittliche Verpflichtung zur Unterstützung dieser Institutionen. Das ist der Grund, warum der Rationalismus eng mit der politischen Forderung nach praktischer Sozialtechnik – natürlich einer Technik der Einzelprobleme – im humanitären Sinn zusammenhängt, mit der Forderung nach der Rationalisierung der Gesellschaft, nach dem Planen für die Freiheit und ihrer Kontrolle durch die Vernunft; nicht durch die Wissenschaft, ... sondern durch jene sokratische Vernunft, die ihre Grenzen kennt und die daher den anderen Menschen respektiert und nicht so vermessen ist, ihn zu zwingen – nicht einmal zum Glück" (Popper, 1975: 293/294).

Popper ist sich also überaus bewußt, daß es praktisch unmöglich ist, außerwissenschaftliche Wertorientierungen aus dem Wissenschaftsbetrieb zu verbannen. Um so nachdrücklicher formuliert er die Forderung, die wissenschaftlichen Wertfragen, d.h. die Fragen nach Wahrheit und Relevanz von Gesetzesaussagen zu trennen von außerwissenschaftlichen Wertungen zu Zielen und Formen gesellschaftlicher Systeme. Die Möglichkeit, im Bereich falsifizierbarer Aussagen zu verbleiben und dogmatische, d.h. nicht widerlegbare Sätze zu vermeiden, sieht Popper in der Formulierung von prognostisch-technologischen Sätzen. Solche Aussagen sind als „ins Technische gewendete Urteile über kausale Beziehungen" (Weisser, 1951: 15) zu verstehen. Der Wissenschaftler befinde sich mit Aussagen dieser Art etwa in der Stellung eines Arztes, der einem Patienten zur Genesung die Beachtung seiner Ratschläge empfiehlt. Auch die wissenschaftliche Prognose beschränke sich darauf zu sagen, wenn das oder jenes unternommen werde unter genau beschriebenen Bedingungen, dann könne man mit folgenden prognostizierbaren Ergebnissen rechnen. Die wissenschaftlichen Aussagen des Kritischen Rationalismus wollen eine technisch-praktische Umsetzung der Erkenntnisse zwar ermöglichen, sie jedoch nicht grundsätzlich normativ festlegen[1]. Als Aussagen technologischer Art im Sinne der „Stückwerk-Technik" lassen sich keine endgültigen Entscheidungen und Festlegungen ableiten, sondern nur Vorschläge, die immer wieder in Frage zu stellen sind. Praktisches Handeln im Alltag setzt jedoch normative Orientierungen voraus. Vor diesem Hintergrund will der kritisch-rationale Ansatz seine Aussagen nur als vorläufige, der ständigen Korrektur unterworfene Erklärungen für gesellschaftlich relevantes Problemlösungsverhalten verstehen. Allerdings wird – bei aller Nachdrücklichkeit der werturteilsfreien Haltung, die hier angestrebt wird – eben an dieser Stelle nicht zu vermeiden sein, daß die wissenschaftlichen Aussagen „eine normierende Funktion für das praktische Handeln gewinnen" (Albert, 1972: 185; vgl. dazu auch Clever's kritische Anmerkungen zu Poppers Verständnis der Ziele wissenschaftlicher Arbeit: „Der Zweck der Wissenschaft – L'art pour l'art?, 1973: 24–27).

Übungsaufgaben zu Kapitel X

1. Übertragen Sie einige der von Popper angeführten Gesetzesaussagen (aus Begleittext 10.2) auf die logische Struktur rationaler Erklärungen:
   - Gesetzesaussage: ...
   - Randbedingungen: ...
   - zu erklärendes Ereignis: ...
2. Wie unterscheidet der Kritische Rationalismus empirische und theoretische Wissenschaft?
3. Worin besteht nach Auffassung von Popper der gesellschaftliche Wert von Wissenschaft? Erläutern Sie dies über die Zielsetzungen der sogenannten „Stückwerk-Sozialtechnik".

Weiterführende Literatur zu Kapitel X

Kreckel, R.: Soziologisches Denken. Opladen, Leske & Budrich: ²1976, S. 69–83.

Krüger, L.: Über das Verhältnis von Wissenschaftlichkeit und Rationalität. In: Duerr, H.P. (Hrsg.): Der Wissenschaftler und das Irrationale. Frankfurt/M., Syndikat Autoren und Verlagsgesellschaft: 1981, Bd. 2, S. 91–111.

Lakatos, Imre: Popper zum Abgrenzungs- und Indukationsproblem. In: Lenk, H. (Hrsg.): Neue Aspekte der Wissenschaftstheorie. Braunschweig, 1971, S. 75–110.

Popper, K.R.: Die Logik der Sozialwissenschaften. In: Adorno, Th.W., u.a. (Hrsg.): Der Positivismusstreit in der deutschen Soziologie. Neuwied, Luchterhand: 1969, S. 103–124.

1) Zur Übertragung des Denkansatzes des Kritischen Rationalismus auf die politische Philosophie und Praxis vgl. Böhr, 1977: 15–32, und Lühr et al., 1977: 23 ff.

Begleittext 10.1:

Karl R. Popper: Logik der Forschung. J. u. B. Mohr: Tübingen 1966, S. 14/15, 52 ff.

6. Falsifizierbarkeit als Abgrenzungskriterium. Das *induktionslogische* Abgrenzungskriterium, die Abgrenzung durch den positivistischen Sinnbegriff ist äquivalent mit der Forderung, daß alle empirisch-wissenschaftlichen Sätze (alle „sinnvollen Aussagen") *endgültig entscheidbar* sein müssen: Sie müssen eine solche Form haben, daß *sowohl ihre Verifikation als auch ihre Falsifikation* logisch möglich ist. So lesen wir z.B. bei Schlick: „... eine echte Aussage muß sich endgültig verifizieren lassen", und noch deutlicher bei Waismann: „Kann auf keine Weise angegeben werden, wann ein Satz wahr ist, so hat der Satz überhaupt keinen Sinn; denn der Sinn eines Satzes ist die Methode seiner Verifikation."
Nach unserer Auffassung aber gibt es keine Induktion. Der Schluß von den durch „Erfahrung" [was immer wir auch mit diesem Worte meinen] verifizierten besonderen Aussagen auf die Theorie ist logisch unzulässig. Theorien sind somit niemals empirisch verifizierbar. Wollen wir den positivistischen Fehler, die naturwissenschaftlich-theoretischen Systeme durch das Abgrenzungskriterium auszuschließen, vermeiden, so müssen wir diese so wählen, daß auch Sätze, die nicht verifizierbar sind, als empirisch anerkannt werden können.
Nun wollen wir aber doch nur ein solches System als empirisch anerkennen, das einer *Nachprüfung* durch die „Erfahrung" fähig ist. Diese Überlegung legt den Gedanken nahe, als Abgrenzungskriterium nicht die Verifizierbarkeit, sondern die *Falsifizierbarkeit* des Systems vorzuschlagen; mit anderen Worten: Wir fordern zwar nicht, daß das System auf empirisch-methodischem Wege endgültig positiv ausgezeichnet werden kann, aber wir fordern, daß es die logische Form des Systems ermöglicht, dieses auf dem Wege der methodischen Nachprüfung negativ auszuzeichnen: *Ein empirisch-wissenschaftliches System muß an der Erfahrung scheitern können.*
(Den Satz: „Hier wird es morgen regnen oder auch nicht regnen" werden wir, da er nicht widerlegbar ist, nicht als empirisch bezeichnen; wohl aber den Satz: „Hier wird es morgen regnen".)
Gegen das hier vorgeschlagene Abgrenzungskriterium können verschiedene Einwände erhoben werden: Zunächst wird es vielleicht befremden, daß wir von der empirischen Wissenschaft, die uns doch etwas Positives mitteilen soll, etwas Negatives, ihre Widerlegbarkeit postulieren.
21. Logische Untersuchung der Falsifizierbarkeit. Wir können ... die Falsifizierbarkeit einer Theorie als eine logische Beziehung zwischen ihr und den Basissätzen kennzeichnen.
Über die singulären Sätze, die wir Basissätze nennen, und die Frage ihrer Falsifizierbarkeit sprechen wir später ausführlich. Hier setzen wir voraus, daß es falsifizierbare Basissätze gibt; wir bemerken, daß wir unter Basissätzen nicht etwa ein System von anerkannten Sätzen verstehen; vielmehr enthält das System der Basissätze alle überhaupt nichtwiderspruchsvollen besonderen Sätze einer gewissen Form – sozusagen alle überhaupt denkbaren Tatsachenfeststellungen; es enthält daher auch Sätze, die einander widersprechen.
Man könnte zunächst vielleicht versuchen, eine Theorie dann empirisch zu nennen, wenn aus ihr besondere Sätze ableitbar sind; das läßt sich aber nicht durchführen, weil zur Deduktion besonderer Sätze, Randbedingungen substituiert werden müssen. Aber der Versuch, jene Theorien empirisch zu nennen, aus denen bei Substitution besonderer Sätze andere besondere Sätze ableitbar sind, mißlingt, denn aus nichtempirischen, z.B. tautologischen Sätzen können in Verbindung mit besonderen Sätzen immer besondere Sätze abgeleitet werden. (Nach den Regeln der Logik dürfen wir z.B. sagen: Aus der Konjunktion von „Zwei mal zwei ist vier" und „Hier ist ein schwarzer Rabe" folgt u.a. „Hier ist ein Rabe".) Aber es genügt nicht einmal

die Forderung, daß aus der Theorie in Verbindung mit einer Randbedingung *mehr* deduzierbar sein soll als aus der Randbedingung allein; denn das würde zwar tautologische Theorien ausschalten, jedoch nicht synthetisch-metyphysische Sätze. (Beispiel: Aus „Jedes Ereignis hat eine Ursache" und „Hier ereignet sich eine Katastrophe" folgt „Diese Katastrophe hat eine Ursache".)

Wir müßten also etwas verlangen, daß mit Hilfe der Theorie mehr *besondere* [singuläre] *empirische* Sätze deduziert werden können, als aus den Randbedingungen allein ableitbar sind, d.h., wir werden unsere Definition auf eine bestimmte Klasse von besonderen Sätzen, eben die Basissätze, stützen müssen. Mit Rücksicht darauf, daß es gar nicht durchsichtig ist, in welcher Weise ein kompliziertes theoretisches System bei der Deduktion von Basissätzen mitwirkt, wählen wir die folgende Definition: Eine Theorie heißt „empirisch" bzw. „falsifizierbar", wenn sie die Klasse aller überhaupt möglichen Basissätze eindeutig in zwei nichtleere Teilklassen zerlegt: in die Klasse jener, mit denen sie in Widerspruch steht, die sie „verbietet" – wir nennen sie die Klasse der *Falsifikationsmöglichkeiten* der Theorie, – und die Klasse jener, mit denen sie nicht in Widerspruch steht, die sie „erlaubt". Oder kürzer: Eine Theorie ist falsifiziert, wenn die Klasse ihrer Falsifikationsmöglichkeiten etwas aussagt. [Sie behauptet die Falschheit aller ihrer Falsifikationsmöglichkeiten.] Über die anderen, die erlaubten Basissätze, sagt sie nichts aus; insbesondere sagt sie nicht, daß diese Sätze etwa „wahr" sind.

22. Falsifizierbarkeit und Falsifikation. Wir müssen zwischen Falsifizierbarkeit und Falsifikation deutlich unterscheiden. Die Falsifizierbarkeit führen wir lediglich als Kriterium des empirischen Charakters von Satzsystemen ein; wann ein System als falsifiziert anzusehen ist, muß durch eigene Regeln bestimmt werden.

Wir nennen eine Theorie nur dann falsifiziert, wenn wir Basissätze anerkannt haben, die ihr widersprechen (vgl. *11,* Regel 2). Diese Bedingung ist notwendig, aber nicht hinreichend, denn nichtreproduzierbare Einzelereignisse sind, wie wir schon mehrfach erwähnt haben, für die Wissenschaft bedeutungslos; widersprechen also der Theorie nur einzelne Basissätze, so werden wir sie deshalb noch nicht als falsifiziert betrachten. Das tun wir vielmehr erst dann, wenn ein die Theorie widerlegender *Effekt* aufgefunden wird; anders ausgedrückt: wenn eine (diesen Effekt beschreibende) empirische Hypothese von niederer Allgemeinheitsstufe, die der Theorie widerspricht, aufgestellt wird und sich bewährt. Eine solche Hypothese nennen wir *falsifizierende Hypothese.* Wenn wir verlangen, daß diese Hypothese empirisch, also falsifizierbar sein muß, so ist damit nur ihre logische Beziehung zu möglichen Basissätzen gemeint, d.h. diese Forderung bezieht sich auf die logische Form der Hypothese. Die Bemerkung hingegen, daß sich die Hypothese bewährt, bezieht sich auf ihre Prüfung durch anerkannte Basissätze.

Begleittext 10.2:

Karl R. Popper: Die Logik der Sozialwissenschaften. Aus: Adorno, Th.W. u.a. (Hrsg.): Der Positivismusstreit in der deutschen Soziologie. Luchterhand: Neuwied 1969, S. 50 f.

Ich meine damit die Existenz soziologischer Gesetze oder Hypothesen, die den Gesetzen oder Hypothesen der Naturwissenschaften analog sind. Da die Existenz solcher soziologischen Gesetze oder Hypothesen (die nicht mit den sogenannten „historischen Gesetzen" identisch sind) oft bezweifelt worden ist, möchte ich hier eine Anzahl von Beispielen für solche Gesetze angeben: „Man kann nicht Zölle auf landwirtschaftliche Produkte einführen und zugleich die

Lebenshaltungskosten senken." – „In einer Industriegesellschaft kann man die ‚pressure groups' der Konsumenten nicht so wirksam organisieren wie die ‚pressure groups' bestimmter Produzenten." – „Man kann nicht zugleich eine zentral geplante Gesellschaft und ein Preissystem haben, das die wesentlichen Funktionen der freien Preisbildung erfüllt." – „Ohne Inflation keine Vollbeschäftigung." Eine andere Gruppe von Beispielen läßt sich dem Bereich der Machtpolitik entnehmen: „Man kann keine politische Reform durchführen, ohne dadurch Rückwirkungen zu verursachen, die vom Standpunkt der angestrebten Zwecke unerwünscht sind" (man richte sich daher auf solche Rückwirkungen ein). – „Man kann keine politische Reform durchführen, ohne die Gegenkräfte zu stärken, und zwar wachsen sie annähernd in demselben Maße wie der Umfang der Reform." (Dies kann man als das technologische Korollar des Satzes „Es gibt immer Gruppen, die am Status quo interessiert sind" betrachten.) – „Man kann keine Revolution machen, ohne eine Reaktion hervorzurufen." Diesen Beispielen können wir noch zwei anfügen, die man das „platonische Revolutionsgesetz" (aus dem achten Buch des *Staates)* und das „Lord Actonsche Korruptionsgesetz" nennen kann: „Man kann keine erfolgreiche Revolution durchführen, wenn die herrschende Klasse nicht durch innere Zwietracht oder eine Niederlage in einem Krieg geschwächt ist." – „Man kann einem Menschen nicht Macht über andere Menschen geben, ohne ihn in Versuchung zu führen, diese Macht zu mißbrauchen; die Versuchung wächst annähernd in demselben Maße wie die Menge der Macht, und sehr wenige können ihr widerstehen." Wir machen hier keinerlei Annahmen über die Beweiskraft des Tatsachenmaterials, das zur Stützung dieser Hypothesen verfügbar ist. Auch ließe sich ihre Formulierung sicher bedeutend verbessern. Es handelt sich nur um Beispiele für die Art von Sätzen, deren Diskussion und Erhärtung eine Stückwerk-Technologie versuchen könnte.

XI. Die Kritik am kritischen Rationalismus

Hört man heute das Wort *Positivismusstreit,* so denkt man in der Soziologie besonders an die Auseinandersetzung zwischen Jürgen Habermas als Kritiker des Positivismus und Hans Albert als Vertreter einer Wissenschaftsauffassung, die sich diesem Vorwurf zu Unrecht ausgesetzt fühlt. Die Kontroverse besteht in ihrem Kern aus vier Aufsätzen, die in der Kölner Zeitschrift für Soziologie und Sozialpsychologie erschienen:

Jürgen Habermas, „Analytische Wissenschaftstheorie und Dialektik" (1963)
Hans Albert, „Der Mythos der totalen Vernunft" (1964)
Jürgen Habermas, „Gegen einen positivistisch halbierten Rationalismus" (1964)
Hans Albert, „Im Rücken des Positivismus" (1965)

Habermas knüpft in seinen Thesen kritisch an Gedanken des Philosophen Karl Popper an, die dieser vor allem in seinen Büchern *Die Logik der Forschung* ^{3}1969 (1934), *Die offene Gesellschaft und ihre Feinde* ^{2}1970 (1944) und *Conjectures and Refutations* ^{3}1969 (1963) dargelegt hatte. Unmittelbarer Anlaß zu Habermas' erster Stellungnahme war die Diskussion auf einer Arbeitstagung der deutschen Gesellschaft für Soziologie im Oktober 1961 in Tübingen, auf der Popper ein Referat zu seiner Wissenschaftsauffasssung gehalten hatte. Popper bezeichnet seine Position als „kritischen Rationalismus", man könnte ergänzen: als selbstkritischen und undogmatischen Rationalismus. In einer Passage seines Buches *Die offene Gesellschaft und ihre Feinde* hat er allgemeinverständlich dargestellt, was er hierunter versteht (Begleittext 11.1, Popper).

Der Sekundärliteratur über den Positivismusstreit entnimmt man leicht den Eindruck, es habe sich um eine Konfrontation, wie in der Soziologie empirische Forschung zu betreiben sei, gehandelt. In Wirklichkeit ging die Auseinandersetzung viel mehr um erkenntnistheoretische Probleme als um solche soziologischer Art. In der ganzen Diskussion werden weder Soziologen genannt noch soziologische Arbeiten kritisiert. Es geht auch nicht mehr, wie noch in dem im Kapitel IX besprochenen Aufsatz von Adorno, um den Vorwurf, empirische Sozialforschung sei theoretisch ziellos. Ebenso wenig gibt es Streit über Zweck und Vorgehensweise der empirischen Forschung selbst. Auf beiden Seiten ist man sich einig, daß theoretische Aussagen anhand von Tatsachenfeststellungen überprüft werden müssen. Habermas' Kritik richtet sich lediglich gegen die Auffassung, Wissenschaft sei nichts anderes als Konstruktion und – vor allem – Überprüfung von Hypothesen, Theorien wiederum nicht mehr als Zusammenhänge von Gesetzmäßigkeiten, und Tatsachenaussagen letztlich reine Beobachtungsresultate.

Einige der hier zu behandelnden Diskussionspunkte berühren Fragen, die wir schon im Kapitel II angeschnitten haben: gibt es überhaupt beobachtbare Merkmale? bilden Tatsachenaussagen die Wirklichkeit so ab, wie sie ist? und wie begründen wir die Axiome einer Erfahrungswissenschaft?. – Wir hatten gezeigt, daß Tatsachenaussagen ebenso wie theoretische Grundbegriffe auf Überzeugungen fußen, die sich nicht beweisen lassen, sondern sich nur auf plausible Argumente stützen. Wir müssen uns *entscheiden,* welche Ausschnitte der

Wirklichkeit wir untersuchen wollen, welche Tatbestände wir für belangvoll und welche Ursachen wir für erwähnenswert halten. Eben diesen Entscheidungen – so meint Habermas – liegen Maßstäbe zugrunde, die meist unausgesprochen bleiben. Er plädiert dafür, sich ihrer Kriterien bewußt zu werden und er glaubt, daß dies ein notwendiger Bestandteil wissenschaftlicher Arbeit ist.
Im folgenden stützen wir uns vorwiegend auf Habermas' zweiten Text (1964), weil dieser, als Antwort auf Alberts Kritik, eine Klarstellung der im ersten Aufsatz (1963) skizzierten Gedanken bringt. Dem verbreiteten Eindruck, Habermas habe Popper eher als naiven Positivisten kennzeichen wollen, stellen wir den letzten Satz seiner Arbeit entgegen:

„Vielleicht gehört Poppers Werk gerade deshalb in die Reihe der großen philosophischen Theorien, weil er noch einen klugen Umgang mit Traditionen unterhält, die manche in seinem Gefolge kaum dem Namen nach kennen" (266).

Der zentrale Gedanke

Die deskriptiven und die theoretischen Aussagen der Wissenschaft sind, wenn auch indirekt, mit wertenden Entscheidungen verknüpft. Aus diesem Grunde sollte man nicht auf einer völligen Trennung von Tatsachen und Wertmaßstäben bestehen. So wie wir die kritische Prüfung von Hypothesen und Beobachtungen als einen Teil wissenschaftlicher Arbeit betrachten und kultivieren, sollten wir auch die Auseinandersetzung um normative Einstellungen in der Wissenschaft dazurechnen. Es gibt, wenn auch begrenzte, Chancen, über gegensätzliche normative Auffassungen („Standards") zu einer Einigung zu kommen. Sie sollten wir nutzen.

Erste Überlegung: Tatsachenerhebungen

Wann immer wir eine Hypothese anhand empirischer Fakten überprüfen wollen, stehen wir vor einem erkenntnistheoretischen Problem. Es gibt keine reinen Tatsachen, die uns unmittelbar zugänglich sind. Jede Beobachtung kann immer nur eine Auswahl aus der unendlichen Vielfalt vorhandener Tatbestände sein. Sie wird geleitet von dem, was uns interessiert, unterliegt unseren Vorurteilen und ist letztlich abhängig von unserer sprachlichen Ausdrucksfähigkeit. Ziehen wir also zur Prüfung oder Widerlegung einer Theorie Tatsachen heran, so sind diese bedingt durch Auswahlkriterien, deren Gültigkeit wir nicht beweisen, wohl aber durch Argumentation pro und kontra stützen können. Verzichtete man auf diesen Schritt, weil man derartige nicht zwingende Beweise als unwissenschaftlich betrachtet, so täte man so, als gäbe es rein objektive Tatsachenerfassung. Wenn wir aber eine Theorie empirisch überprüfen, so konfrontieren wir sie mit Erfahrung, die wir zu diesem Zwecke „auswählen".

Zweite Überlegung: der Zweck wissenschaftlicher Theorien

In einer Weise ist das bisher Gesagte paradox: wir wollen Theorien durch Tatsachenaussagen überprüfen, aber irgendwo bestimmen unsere Theorien auch, welche Beobachtungen wir uns aussuchen. Dies braucht nun allerdings nicht zu bedeuten, daß wir nur nach Fakten Ausschau halten, die unsere Hypothesen bestätigen, wohl aber, daß die Erfahrungstatbestände, zu denen uns wissenschaftliche Forschung führt, eingeengt sind. Wir registrieren nur die Tatsachen, die uns für unsere theoretischen Annahmen belangvoll erscheinen. Was wir sehen, ergibt sich aus der Art unserer Theorien und, so dürfen wir annehmen, aus ihrem Zweck. Welchen „Zweck" haben nun wissenschaftliche Theorien? *Eine* Antwort hatten wir auf diese Frage bereits gegeben: sie dienen letztlich dazu, praktische Probleme zu lösen (Vgl. Kap. I). Das gilt nun freilich nicht immer und für jede Theorie. Vielfach läßt sich gar keine Anwendung vorstellen, und generell dürfte die Entwicklung einer Theorie ohne Rücksicht auf ihre Anwendbarkeit erfolgen. Das sagt auch Habermas:

„Technische Verwertung des Wissens ist im Forschungsprozeß natürlich gar nicht intendiert; in vielen Fällen ist sie sogar praktisch ausgeschlossen" (247).

Formulieren wir erstmalig eine Hypothese, so liegen uns oftmals noch gar keine systematischen Beobachtungen vor. Trotzdem steht hinter unserer Zuversicht, Gesetzmäßigkeiten auf die Spur zu kommen, offenbar so etwas wie ein Vertrauen, daß die Wirklichkeit Ordnung und Regelmäßigkeit aufweist. Der Glaube an Immerwiederkehrendes, das uns voraussagen läßt, was unter welchen Bedingungen geschehen wird, ist primär nicht theoretisch oder wissenschaftlich, sondern eminent praktisch und alltäglich. Wie sollten wir überhaupt handeln, wenn wir uns nicht vorstellen könnten, was auf uns zukommt und wie die Folgen unseres Agierens sein werden? So gesehen, kommt die Suche der Wissenschaftler nach Gesetzesaussagen praktischen Bedürfnissen entgegen, entspricht ihnen. Theorien stellen also ein Werkzeug zum praktischen Handeln dar, ihre Aussagen sind in Art und Aufbau auf technische Verwertung angelegt. Dieser Umstand muß sich nun wieder auf die Erfahrungstatbestände auswirken, die wir zu ihrer Überprüfung heranziehen können. Das heißt, es können nur, relativ handfeste „Tatsachen" für die wissenschaftliche Forschung belangvoll sein; alles andere muß – als nicht greifbar – unberücksichtigt bleiben. Dieses ist nicht zu ändern, darf aber bei der Beurteilung von Forschungsergebnissen nicht außer acht gelassen werden.
Habermas kritisiert in seiner Arbeit, daß durch die von Popper vertretene Wissenschaftsauffassung eine Trennung (Dualismus) von empirischen Tatsachen und normativen Standards (Entscheidungen) eingeführt worden ist. Das hält er für bedenklich, weil die vermeintlich saubere Unterscheidung von Tatsachenfeststellungen und wertenden Urteilen Gefahr läuft, die deskriptiven Aussagen als etwas erscheinen zu lassen, was sie ja in Wirklichkeit gar nicht sein können: objektive Bilder der Realität. Popper wird deshalb von Habermas vorgeworfen, eine „Korrespondenztheorie der Wahrheit" zu vertreten:

„Der Dualismus von Tatsachen und Entscheidungen geht letztlich auf die Annahme zurück, daß es so etwas wie Tatsachen und Relationen zwischen Tatsachen gibt, denen Aussagen korrespondieren können" (256).

Es ist aber gerade die absolute Übereinstimmung zwischen der Realität und den Aussagen über sie, die von Popper entschieden in Abrede gestellt wird (vgl. Popper: 1964: 88 ff.). Wenngleich Habermas' Formulierungen an dieser Stelle uneindeutig sind, so meint er wohl, Popper vertrete die Korrespondenztheorie ungewollt. Man darf Habermas übrigens nicht so verstehen, daß er es für unmöglich oder sinnlos hielte, einen Unterschied zwischen Fakten und Normen zu machen; ihm ist es wichtig, sich der Grenzen einer solchen Unterscheidung bewußt zu bleiben. Tatsachenfeststellungen ruhen nun einmal auf Wertgesichtspunkten, deshalb ist eine *strenge* Trennung zwischen beiden nicht möglich, und die Wissenschaft muß eine Aufgabe darin erblicken, zur Klärung der normativen Grundlagen und Gedankengänge beizutragen.

„Ich leugne nicht jede Unterscheidung von Tatsachen und Standards; ich frage nur, ob die ... Unterscheidung, die einen Dualismus von Tatsachen und Entscheidungen und entsprechend einen Dualismus von Urteilen und Vorschlägen, das heißt von deskriptivem und normativem Wissen gestattet, angemessen getroffen ist (255).

Annahmen über empirische Gleichförmigkeiten können an den Tatsachen definitiv scheitern, während die Wahl von Standards durch hinzukommende Argumente allenfalls kritisch gestützt werden kann. Es liegt mithin nahe, einen Bereich wissenschaftlich zuverlässiger Informationen von jedem Bereich praktischen Wissens klar zu scheiden, dessen wir uns nur durch ... Argumentation vergewissern. Mir liegt daran, diese zuversichtliche Scheidung, traditionell ausgedrückt die Trennung von Wissenschaft und Ethik, in Frage zu stellen" (255).

Auch Habermas akzeptiert durchaus, daß erfahrungswissenschaftliche Aussagen (Hypothesen) wahre Urteile über die Realität beinhalten sollen und daß sich dieses nur als Korrespondenz von Aussagen (über Tatbestände) und Tatsachen (selbst) denken läßt. Aber er meint eben: als *eine* Korrespondenz, nämlich diejenige, die wir durch die Selektion der Tatsachen, wenn auch nicht beliebig, herstellen.

Dritte Überlegung: Argumentation und Rechtfertigung von Standards

Wir haben gezeigt, daß schon Tatsachenfeststellungen auf einer Auswahl beruhen; sie setzt Selektionskriterien voraus, die notfalls gegenüber einer Kritik zu rechtfertigen sind. Ähnlich ist es auch, wenn wir deskriptive Aussagen zur Hypothesenüberprüfung einsetzen; sie sind nur das Material, die Beweisführung ist noch etwas anderes; sie muß rechtfertigen, warum diese Tatsachen und keine anderen herangezogen wurden. Es geht also nicht nur um Tatsachen selbst, sondern sehr wesentlich auch um die Bedeutung, die wir ihnen im Einzelfall zumessen. Insofern kann man sagen, daß die Prüfung von Hypothesen nicht *nur* in der Konfrontation von Aussagen besteht, sondern, daß in sie auch die Auffassung eingeht, daß das herangezogene Material im vorliegenden Fall relevant ist:

„Denn in Kritik gehen nicht nur Sätze ein und deren logische Beziehungen, sondern ... Einstellungen, die mit Hilfe von Argumenten beeinflußt werden" (249).

Wann immer wir überlegen, anhand welcher Anzeichen wir feststellen können, ob ein theoretisches Merkmal vorliegt – ob etwa eine Bevölkerungsgruppe stark „integriert" ist, welcher Schicht eine bestimmte Person zuzurechnen wäre – müssen wir Entscheidungen treffen. Ähnlich ist es auch, wenn wir bei einer soziologischen Untersuchung vor der Wahl stehen, unser Material mit Hilfe einer Befragung oder einer Beobachtung zu erheben. Im allgemeinen haben beide Techniken für unseren Zweck Vor- und Nachteile; wir können sie abwägen, doch wird sich daraus nicht ergeben, daß nur eine der beiden Techniken infrage kommt; schließlich muß durch Überlegung und Diskussion einer der beiden Möglichkeiten der Vorzug eingeräumt werden. Es wird sich darum handeln,

„neue Standards der Beurteilung plausibel und neue ... Gesichtspunkte akzeptabel zu machen. ... Das zeigt sich bei jeder Wahl zwischen möglichen Ermittlungstechniken, zwischen mehreren theoretischen Ansätzen, zwischen verschiedenen Definitionen der Grundprädikate, es zeigt sich bei Entscheidungen über den linguistischen Rahmen, innerhalb dessen ich ein gegebenes Problem ausdrücke. ... Stets wiederholt sich eine Wahl von Standards und der Versuch, diese Wahl durch geeignete Argumente zu stützen" (250).

Habermas vertritt also die Auffassung, daß Wissenschaftler viele Fragen, die sich ihnen stellen, weder durch eindeutige Tatsachenbefunde noch durch logisch zwingende Schlußfolgerungen klären können. Popper würde Diskussionen, die über Tatsachen, überprüfbare Hypothesen und logische Überlegungen hinausgehen, keineswegs als sinnlos, wohl aber als nicht wissenschaftlich bezeichnen. Damit bekräftigt er im Grunde die Forderung nach Wertfreiheit in der Wissenschaft, die der Soziologe Max Weber schon Anfang des Jahrhunderts erhoben hatte (Begleittext 11.2, Weber; vgl. auch Geschichte des damaligen „Werturteilsstreits" in Christian von Ferber, 1965).

In gewissem Sinne ist Popper allerdings radikaler als Weber: Für ihn beruht nämlich schon die Grundhaltung des Wissenschaftlers, über Theorien nur aufgrund logischer und empirischer Prüfung zu entscheiden, auf einem in sich selbst irrationalen Beschluß. Hieran zweifelt Habermas, denn für ihn beruht jeder Entschluß auf Entscheidungskriterien, die, wie alle Gesichtspunkte in der Wissenschaft, der Kritik unterzogen werden können und dann der Rechtfertigung bedürfen. Eine solche Rechtfertigung, die für Habermas unverzichtbarer Teil wissenschaftlicher Forschung ist, findet sich denn auch bei Popper, wie Habermas wohl zu Recht aufzeigt (vgl. Popper, 1958, II: 284–296).

Bis zu diesem Punkt könnte man den Unterschied zwischen den beiden Wissenschaftspositionen als eher terminologisch bezeichnen. In gewisser Weise kommt Habermas Popper sogar entgegen, indem er die Art legitimierender Argumentation, die er hier im Auge hat, als „metatheoretische Erörterungen" bezeichnet. Für ihn gehören sie zur Wissenschaft, aber nicht zu den Theorien im engeren Sinne (Habermas, 1964: 249–50). Habermas' Diskussionsgegner Albert würde vermutlich auch dem folgenden Satz beipflichten:

„Die Zustimmung zu einer Verfahrensweise ... (kann) mit Argumenten gestützt oder geschwächt, jedenfalls ... abgewogen oder beurteilt werden" (251).

Aber an der Stelle der letzten Auslassungspunkte (...) steht im Originaltext das Wort „rational"! Für Habermas läßt sich eine Verfahrensweise rational beurteilen, und hier liegt wohl der eigentlich sachliche Unterschied zu Popper und Albert. Sie würden solche Entscheidungen als letztlich irrational bezeichnen, weil sich keine *festen* Maßstäbe für ihre Richtigkeit aufstellen lassen. Letzteres stellt Habermas nicht in Abrede, er glaubt aber, daß es möglich ist zwischen *vernünftigen* und *unvernünftigen* Standpunkten zu unterscheiden. Vernünftig sind Entscheidungen, die einer Kritik unter bestimmten Diskussionsbedingungen standhalten. Wir werden auf diese Form der Kritik im Nachfolgenden eingehen, möchten aber vorher darstellen, wie sich Habermas zur Frage fester Urteilskriterien äußert.

Ein für allemal feste Maßstäbe kann es für die Kritik, die er im Auge hat, nicht geben. Das heißt aber nicht, daß man sich für einen Standpunkt unüberlegt entscheiden muß. Man kann es vielmehr aufgrund von Überlegungen tun, die sich ihrerseits wieder kritisieren lassen. Habermas führt als Beispiel hierfür Poppers Rechtfertigung seiner Entscheidung für die rationalistische Grundhaltung an. Dieser verteidigt nämlich seinen Standpunkt, indem er zeigt, worin sein Nutzen besteht und welche Folgen sich vermutlich aus der Gegenhaltung ergeben werden. Popper geht so vor, daß er sich zunächst für etwas entscheidet und es dann in Gedanken „ausprobiert". Genau so sieht Habermas den Gang kritischer Überlegungen schlechthin:

„Die Argumentation nimmt ... einen reflexiven Gang; sie verwendet Standards, die sie erst in der Anwendung selber reflektieren kann. Die Argumentation zeichnet sich vor der bloßen Deduktion dadurch aus, daß sie die Prinzipien, nach denen sie verfährt, stets mit zur Diskussion stellt. Insofern läßt sich die Kritik nicht von vornherein auf Rahmenbedingungen möglicher Kritik festlegen. Was als Kritik gelten kann, darüber läßt sich immer nur anhand von Kriterien befinden, die im Prozeß der Kritik erst gefunden, geklärt und möglicherweise wieder revidiert werden" (253–54).

Für Habermas ist wichtig, daß bei der Kritik Maßstäbe angelegt werden, die ihrerseits – je nach dem Ergebnis der Kritik, also nach ihrer Fruchtbarkeit – wieder überdacht werden müssen. Das Ziel einer kritischen Argumentation kann zu ihrem Beginn noch nicht in allen

Einzelheiten bestimmt werden, dennoch weiß man, wohin gesteuert wird. Habermas zitiert hier Popper zu seiner eigenen Unterstützung:

„Die Frage, ‚was ist die Wahrheit' läßt sich nicht beantworten. Aber das Fehlen eines Wahrheitskriteriums macht den Wahrheitsbegriff ebensowenig bedeutungslos wie das Fehlen eines Kriteriums für Gesundheit den Begriff der Gesundheit sinnlos macht. Ein Kranker kann sehr wohl versuchen, gesund zu werden, obwohl er kein Kriterium dafür hat" (Open Society II, S. 373. Hier zitiert nach Habermas, 1964: 257, Übersetzung v. Autor).

In diesem Zitat erblickt Habermas einen Beleg dafür, daß Popper letztlich eine ähnliche Konzeption kritischer Argumentation hat wie er selbst. Er vergleicht diese Argumentationsform mit dem Entschlüsseln schwieriger Texte. Der Sinn des Textes im Ganzen muß bis zu einem gewissen Grade verstanden sein, sollen der Stellenwert und die Bedeutung einzelner Ausdrücke definitiv bestimmt werden. Dieses globale Vorausverstehen (Vorverständnis) bleibt im Verlauf der Analyse nicht auf der gleichen Stufe stehen; je mehr man mit seiner Hilfe dahin kommt, einzelne Ausdrücke in ihrem Gehalt zu erfassen, desto besser ist zu übersehen, wie weit das Vorverständnis dem Text adäquat war. Das Verfahren

„erlaubt ... eine fortlaufende Selbstkorrektur des diffusen Vorverständnisses im Fortschritt der Explikation vorliegender Texte. Die Interpretation wirft das Licht eines wachsenden Vorverständnisses vom Text auf die Maßstäbe, mit denen er zunächst erschlossen wird, zurück. Der ... Gang der Auslegung selbst erbringt mit der Anpassung der anfänglich angelegten Standards auch deren Rechtfertigung" (257).

Da man das Deuten schwieriger, insbesondere auch alter Texte der Philosophie und Geschichtswissenschaft, das für die beschriebene Vorgehensweise typisch ist, Hermeneutik nennt, bezeichnet Habermas auch die Verfahrensweise der kritischen Argumentation als hermeneutisch. Warum aber beansprucht er für diese, in der Tat äußerst unbestimmte und – außerhalb der Textanalyse – in ihrem Gang nicht vorhersehbare Methode das Prädikat „rational"? Nur, weil er glaubt, daß bei entsprechend offener, alle Möglichkeiten ausschöpfender Diskussion ein Abbau von Meinungsverschiedenheiten und eine Einigung erfolgen werden, die bei den jeweiligen Erkenntnisbedingungen ein Optimum darstellen. Letztlich hängt alles von der Qualität des Kommunikationsprozesses ab; es ist ein Zusammenhang „in dem sich methodologische Fragen nicht mehr sinnvoll von Fragen der Kommunikation trennen lassen" (254).
Habermas stellt sich eine Diskussion unter gleichberechtigten Partnern vor, die alle durch gleiche Bildungschancen befähigt sind, ihre Gedanken zu formulieren, in der niemand befürchten muß, aufgrund seines Standes oder seiner vorgetragenen Argumente nicht ernstgenommen zu werden.

„Wir können Kritik ... behelfsweise als einen Prozeß auffassen, der in herrschaftsfreier Diskussion eine fortschreitende Auflösung von Dissens einschließt. Eine solche Diskussion steht unter der Idee eines allgemeinen und ungezwungenen Konsensus derer, die an ihr teilnehmen" (254).

Habermas hat erst in einem späteren Aufsatz („Vorbereitende Bemerkungen zu einer Theorie der kommunikativen Kompetenz", 1971) versucht, *etwas* näher zu bestimmen, was er unter „herrschaftsfreier Diskussion" versteht. Er weiß, daß er eine Idealsituation („ideale Sprechsituation") meint, ist aber davon überzeugt, daß man sich ihr in der wissenschaftlichen Diskussion nähern kann, wenn man kritische Argumentation, statt sie als irrational zu vernachlässigen und aus dem wissenschaftlichen Denken zu verdrängen, als Medium fachwissenschaftlichen Denkens und als Gegenstand der Wissenschaftstheorie ins Bewußtsein hebt.

Vierte Überlegung: Soziologie als Orientierungshilfe

Soziologen gehören in der Regel der Gesellschaft, die sie untersuchen, selber als Mitglieder an. Dieser Umstand muß sich in ihrem Denken und in ihren Aussagen niederschlagen. In welcher Weise das geschieht, kann man aber nicht in Form von Tatsachenfeststellungen oder Hypothesen angeben, denn diese sind ja auch Produkte gesellschaftsgebundenen Denkens. Diese häufig zitierte, keineswegs einfache Überlegung liest sich bei Habermas so:

„... der von Subjekten (d.h. den Forschern – d. Autor) veranstaltete Forschungsprozeß (gehört) dem objektiven Zusammenhang, der erkannt werden soll (d.h. der Gesellschaft – d. Autor), durch die Akte des Erkennens hindurch (d.h. bis in sie hinein – d. Autor) selber zu. Die Dimension, in der sich dieser Zusammenhang des Forschungsprozesses mit dem gesellschaftlichen Lebensprozeß bildet, gehört weder zum Bereich der Tatsachen noch zu dem der Theorien; sie liegt diesseits eines Dualismus, der erst für erfahrungswissenschaftliche Theorien einen Sinn hat" (260).

Habermas knüpft damit an den schon erwähnten Gedanken an, daß alle Forschung – in einer noch kaum untersuchten Weise – von „erkenntnisleitenden Interessen" beeinflußt wird, die sich aus den Lebensumständen der Forscher ergeben. Das ist nicht etwa so zu verstehen, als seien wissenschaftliche Fragestellungen durch die soziale Herkunft des Gelehrten oder durch enge Gruppeninteressen festgelegt. Es kann aber nicht bezweifelt werden, daß in jede Forschungsoperation irgendwelche Vorstellungen darüber eingehen, wozu sie nützen soll. Man forscht, weil man etwas für *untersuchenswert* hält. Es sind wertende Gesichtspunkte („Interessen"), die bestimmen, welche Tatsachenerhebungen wir durchführen und welche Theorien wir konstruieren. Damit, das sei noch einmal betont, will Habermas keine Kritik an der empirischen Forschung formulieren:

„Überhaupt ist Albert entgangen, daß mir eine Kritik an der empirisch-analytischen Forschung selbst fernliegt (261). Ich bin mit Albert darin einig, daß wir in unserer Disziplin alle Anstrengungen darauf verwenden sollten, mehr und bessere Informationen dieser Art zu gewinnen. Nicht einig bin ich mit ihm darin, daß wir uns darauf beschränken könnten, sollten oder gar müßten" (261/62).

Er hält es für erforderlich, daß man in der Wissenschaft darüber nachzudenken beginnt, welche Ziele einer solchen Informationssuche zugrundeliegen, denn nur dann, so meint er, vermögen wir zu erkennen, welche Wissensform wir in unserer Forschung vernachlässigen:

„Freilich ist die Reflexion von Erkenntnisinteressen nicht folgenlos. Sie bringt uns Einstellungen zum Bewußtsein, von denen fundamentale Entscheidungen über den methodologischen Rahmen ganzer Forschungssysteme abhängen. Nur so lernen wir wissen, was wir tun; nur so wissen wir, was wir, wenn wir das tun, lernen können" (261).

Der systematischen Forschung hatte Habermas die Möglichkeit zugesprochen, technisch verwertbares Wissen (Tatsachenwissen, Erkenntnisse über Gesetzmäßigkeiten) zu liefern. Für sich genommen, kann Forschung uns aber nicht hinreichend helfen zu entscheiden, wofür wir die gewonnenen Erkenntnisse einsetzen sollen. Das kann nur kritische Argumentation, um die das empirische und theoretische Wissen ergänzt werden müssen.

Um handeln und mit anderen Menschen in Beziehung treten zu können, brauchen wir Handlungsziele und Maßstäbe dafür, was wir von unseren Beziehungspartnern erwarten dürfen bzw. was wir uns selbst schuldig sind. Solche orientierenden Vorstellungen bilden sich innerhalb der sozialen Beziehungen selbst und in menschlicher Kommunikation. Sie sind nicht ein für allemal da, existieren nicht leibhaftig, sondern haben ihren Ort einzig in unserem Bewußtsein, in dem sie immer wieder neu entstehen müssen. Störungen der Kommunikation können unser Selbstbild und unsere Handlungsfähigkeit gefährden. Wollen die Soziologen derartige Störungen beseitigen, ja wollen sie nur das Entstehen kultureller Normen rekonstruieren, dann müssen sie den Vorgang der Kommunikation über Werte und Normen nachvollziehen. Dabei kommen sie zwangsläufig zu Werturteilen, allerdings solchen, die aus diszipliniertem Denken selbst entstehen, das Ungeklärtes und Widersprüche in der Kritik bewußt macht und die Vernünftigkeit oder die Unvernunft normativer Standards daran demonstriert, wieweit sie der möglichen Kritik standzuhalten vermögen.

Zusammenfassung und Einordnung

Wie die vorangegangenen Darlegungen zeigen, berührt die Diskussion zwischen Albert und Habermas die konkrete Forschung überhaupt nicht. Habermas befaßt sich mit der Frage, welche Denkoperationen *neben* Beobachtungsaussagen und Theoriekonstruktionen in der wissenschaftlichen Arbeit eine Rolle spielen.

Gerade weil die Wissenschaft *in* ihren Hypothesen und deskriptiven Aussagen von den verwendeten Standards absehen und insofern auch auf einer Unterscheidung zwischen Tatsachen und Normen bestehen *muß,* erscheint es Habermas unerläßlich, daß sie *andererseits* auch die Verbindung zwischen den Standards und den durch sie ermöglichten Aussagen nicht aus dem Auge verliert. Mit Hilfe des Nachweises, daß auch die empirische Forschung eine sie rechtfertigende Argumentation voraussetzt, soll verdeutlicht werden, daß Entscheidungen über Zielsetzungen durchaus in das Aufgabengebiet der Wissenschaft fallen – der Wissenschaft, nicht jeder einzelnen Untersuchung. Habermas will zeigen, daß man bessere Wissenschaft machen kann, wenn man sich der normativen Diskussion nicht entzieht, und daß Wissenschaft nützlicher für die Gesellschaft ist, wenn sie sich Fragen der Sinngebung annimmt.

Übungsaufgaben zu Kapitel XI

1. Mit welcher Berechtigung spricht Popper statt von kritischem auch von bescheidenem Rationalismus?
2. Bitte wählen Sie einen Sachverhalt aus, der nach Ihrer Auffassung soziologischer Untersuchung bedarf (z.B. die Verständigung zwischen Ärzten, Krankenschwestern und Patienten). Erläutern Sie dann, wie man als Sozialforscher gezwungen ist, bei der Datenerhebung – mithilfe von Befragung oder Beobachtung – „selektiv" vorzugehen. Berücksichtigen Sie dabei auch die Ausführungen in den Kapiteln II und III.
3. Die Trennung von „Tatsachen" und „Entscheidungen" im Wissenschaftsverständnis des Kritischen Rationalismus und der Kritischen Theorie.
4. „Wer erkennt, daß Menschen wegen widriger, von ihnen nicht zu verantwortender Umstände straffällig werden können, dem erscheint es absurd, die vergeltende Funktion der Strafe hervorzuheben und auf Resozialisierung grundsätzlich zu verzichten" (Bellebaum, 1977: 35).
   „Es hat sich herumgesprochen, daß Erziehungsziele wandelbar sind und ihren Begründungen bestimmte Interessen zugrundeliegen. Aber trotz aller ideologiekritischen Untersu-

chungen . . . sind Politiker, Eltern und Pädagogen weithin ratlos, auf welche Erziehungsziele es denn vor allem ankommt, wie sie begründbar sind und was zu tun ist, um sie erfolgreich zu vermitteln" (Bellebaum, 1977: 104).
Bitte überlegen Sie vor dem Hintergrund dieser beiden Zitate, wieweit der Sozialwissenschaftler zwangsläufig zu wertenden Stellungnahmen kommt und in welcher Hinsicht er andererseits außerstande ist, eindeutige Empfehlungen zu geben.

Weiterführende Literatur zu Kapitel XI

Relativ leicht verständlicher Überblick über die Hauptgedanken des kritischen Rationalismus und der Dialektisch-kritischen Soziologie:

Kreckel, Reinhard: Soziologisches Denken. Opladen, Leske & Budrich: 1976, Kap. III.

Versuche, die Konsequenzen einer auch gegenüber den eigenen Erkenntniszielen kritischen Position des Forschers für die Praxis des Forschungsbetriebes zu konkretisieren:

Friedrichs, Jürgen: Methoden empirischer Sozialforschung. Reinbek, Rowohlt: 1973, S. 32–44.
Gouldner, Alvin W.: Explorations in Applied Social Science. In: Gouldner, A.W./Miller, S.M.: (Hrsg.): Applied Sociology. New York, Macmillan: 1965, S. 5–22.

Eine empirische Untersuchung, in der die Wahl der zu untersuchenden Variablen und ihre Operationalisierung im Hinblick auf das gesellschaftskritische Forschungsinteresse der Autoren diskutiert wird:

Habermas, Jürgen/Friedeburg, Ludwig v./Oehler, Christoph/Weltz, Friedrich: Student und Politik. Neuwied, Luchterhand: (1961) ^{2}1969.

Die Position des kritischen Rationalismus, auch zur Frage der Überprüfbarkeit von theoretischen Hypothesen durch empirische Belege. In Poppers Text findet sich die Begründung für die Wahl des Begriffs „Basissatz", der in der wissenschaftstheoretischen Diskussion eine wichtige Rolle spielt:

Albert, Hans: Traktat über politische Vernunft. Tübingen, Mohr: 1969, Kap. I–III und S. 173–182.
Popper, Karl R.: Logik der Forschung. Tübingen, Mohr: (1934) ^{2}1973, Kap. V.

Begleittext 11.1:

Karl Popper: Die offene Gesellschaft und ihre Feinde, Francke: Bern 1958, S. 275–282.

Die Ausdrücke „Vernunft" und „Rationalismus" sind vage; es ist daher notwendig, ungefähr zu erklären, wie sie hier verwendet werden. Sie werden erstens in einem weiten Sinn verwendet; sie werden so verwendet, daß sie nicht nur rein intellektuelle Tätigkeiten einschließen, sondern auch Beobachtungen und Experimente. Es ist notwendig, daß man sich stets dieser Bemerkung entsinnt, denn die Worte „Vernunft" und „Rationalismus" haben oft einen anderen und engeren Sinn, und sie stehen dann im Gegensatz, nicht zum „Irrationalismus", sondern zum „Empirismus"; der Rationalismus in diesem letzten Sinn erhebt den Verstand über Beobachtung und Experiment, und er würde daher besser als „Intellektualismus" beschrieben werden. Aber wenn ich von „Rationalismus" spreche, so verwende ich das Wort stets in einem Sinn, der beides umfaßt, den „Empirismus" und auch den „Intellektualismus", und das in derselben Weise, in der die Wissenschaft von Experimenten wie auch vom Denken Gebrauch macht. Zweitens verwende ich das Wort „Rationalismus" zur Bezeichnung einer Einstellung, die möglichst viele Probleme durch einen Appell an die Vernunft, das heißt an klares Denken und an die Erfahrung zu lösen versucht, statt Gefühle und Leidenschaften aufzurufen. Diese Erklärung ist natürlich nicht sehr befriedigend; denn Begriffe wie „Vernunft" oder „Leidenschaften" sind vage; wir besitzen nicht „Vernunft" oder „Leidenschaften" in dem Sinne, in dem wir bestimmte physische Organe besitzen, zum Beispiel ein Gehirn oder ein Herz oder in dem Sinn, in dem wir gewisse „Fähigkeiten" besitzen, zum Beispiel die Fähigkeit, zu sprechen oder mit unseren Zähnen zu knirschen. Es ist daher vielleicht besser, wenn man den Rationalismus durch Hinweis auf praktische Einstellungen oder Verhaltensweisen erklärt. Eine solche Erklärung würde den Rationalismus als eine Einstellung kennzeichnen, die bereit ist, auf kritische Argumente zu hören und von der Erfahrung zu lernen. Er ist im Grund eine Einstellung, die zugibt, daß *„ich mich irren kann, daß du recht haben kannst und daß wir zusammen vielleicht der Wahrheit auf die Spur kommen werden".* Er ist eine Einstellung, die die Hoffnung nicht leichtfertig aufgibt, daß man durch Argument und durch sorgfältiges Beobachten in vielen wichtigen Problemen zu einer Art Übereinstimmung kommen kann; und er glaubt, daß es sogar dort, wo verschiedene Interessen und Forderungen aufeinanderprallen, möglich ist, über diese Forderungen und Vorschläge zu *argumentieren* und – vielleicht durch Schiedsspruch – einen Kompromiß zu erreichen, der wegen seiner Billigkeit für die meisten, wenn nicht für alle annehmbar ist. Kurz gesagt: Die rationalistische Einstellung oder, wie ich sie vielleicht nennen darf, „die Einstellung der Vernünftigkeit" ist sehr ähnlich mit der wissenschaftlichen Einstellung, mit dem Glauben, daß wir zusammenarbeiten müssen, wenn wir die Wahrheit suchen, und daß wir mit Hilfe von Argumenten im Laufe der Zeit so etwas wie Objektivität erreichen können. Es ist von einigem Interesse, wenn wir die Ähnlichkeit zwischen dieser Einstellung der Vernünftigkeit und der Einstellung der Wissenschaft etwas eingehender analysieren. Im letzten Kapitel habe ich versucht, den sozialen Aspekt der wissenschaftlichen Methode mit Hilfe der Fiktion eines wissenschaftlichen Robinson Crusoe zu erklären. Eine genau analoge Überlegung vermag zu zeigen, daß auch die Vernünftigkeit (im Gegensatz zu Klugheit oder zum Besitz von intellektuellen Gaben) ein soziales Phänomen ist. Die Vernunft ist, wie auch die Sprache, ein Produkt des sozialen Lebens. Ein Robinson Crusoe, der in seiner frühen Kindheit ausgesetzt wurde, mag klug genug sein, um viele schwierige Situationen zu meistern; aber er würde weder die Sprache noch die Kunst des Argumentierens erfinden. Es muß eingeräumt werden, daß wir oft mit uns selbst argumentieren. Aber wir sind daran nur deshalb gewöhnt, weil wir gelernt haben, mit anderen zu argumentieren, und weil wir auf diese Weise gelernt haben, daß das Argument und nicht die argumentierende Person zählt. (Diese letzte Überlegung kann natürlich nicht den Ausschlag geben, wenn wir mit uns selbst argumentieren.) Wir können also sagen, daß wir unsere Vernunft, wie auch unsere Sprache, dem Verkehr mit anderen Menschen verdanken.

Der Umstand, daß die rationalistische Einstellung das Argument und nicht die argumentierende Person in Betracht zieht, hat weitreichende Folgen. Eine solche Einstellung führt zur Ansicht, daß wir jeden Menschen, mit dem wir uns verständigen, als eine potentielle Quelle von Argumenten und von vernünftiger Information betrachten müssen; und damit wird eine Verbindung zwischen den Menschen hergestellt, die man die „rationale Einheit der Menschheit" nennen könnte...

Die hier eingenommene Position unterscheidet sich wesentlich von der populären (ursprünglich platonischen) Ansicht, nach der die Vernunft eine Art „Vermögen" ist, daß die Menschen in sehr ungleichem Ausmaße besitzen und entwickeln. Es ist wahr, daß nicht alle Menschen dieselben intellektuellen Gaben haben, und es ist auch wahr, daß die intellektuelle Begabung eines Menschen zu seiner Vernünftigkeit beitragen kann; aber das braucht nicht unbedingt der Fall zu sein. Intelligente Menschen können sehr unvernünftig sein; sie können sich an ihre Vorurteile klammern und den Standpunkt einnehmen, daß die Gedanken anderer Menschen nicht der Rede wert sind. Nach unserer Auffassung ist es jedoch so, daß wir nicht nur unsere Vernunft unseren Mitmenschen verdanken, sondern wir können sie an Vernünftigkeit auch niemals so sehr übertreffen, daß ein Anspruch auf Autorität gerechtfertigt wäre. Autokratie und Rationalismus in unserem Sinne sind unvereinbar; denn das Argument (das die Kritik einschließt) und die Kunst, auf Kritik zu hören, sind die Grundlage der Vernünftigkeit. Somit steht der Rationalismus in unserem Sinne in diametralem Gegensatz zu all den modernen platonischen Träumen von prächtigen neuen Welten, in denen das Wachstum des Verstandes durch eine höhere Vernunft beherrscht oder „geplant" wird. Die Vernunft und die Wissenschaft wachsen beide durch gegenseitige Kritik; die einzig mögliche Weise, dieses Wachstum zu „planen", besteht in der Entwicklung von Institutionen, die die Freiheit dieser Kritik, das heißt die Freiheit des Denkens sichern. Es sei bemerkt, daß Platon trotz seiner autoritären Theorien und trotz seiner Forderung, das Wachstum der menschlichen Vernunft in seinen Wächtern genau zu kontrollieren, *durch seine Art der Darstellung* unserer interpersonellen Theorie der Vernunft seinen Tribut zollt; denn die meisten seiner frühen Dialoge beschreiben Argumente, die in einer sehr vernünftigen Gesinnung ausgeführt sind.

Die Weise, in der ich den Ausdruck „Rationalismus" verwende, wird vielleicht etwas klarer werden, wenn wir zwischen einem wahren Rationalismus und einem falschen oder Pseudorationalismus unterscheiden. Unter dem „wahren Rationalismus" verstehe ich den Rationalismus des Sokrates. Dieser Rationalismus besteht im Gewahrsein unserer Beschränkungen, in der intellektuellen Bescheidenheit jener Menschen, die wissen, wie oft sie sich irren und wie sehr sie sogar in bezug auf dieses Wissen von anderen abhängen. Er besteht in der Einsicht, daß wir von der Vernunft nicht allzuviel erwarten dürfen; daß Argumente kaum je eine Frage endgültig lösen können, obgleich sie das einzige Mittel zum Lernen sind – ein Mittel, das uns zwar nicht mit einem Schlage Klarheit verschafft, das uns aber die Möglichkeit gibt, klarer zu sehen als zuvor.

Was ich „Pseudorationalismus" nenne, ist der intellektuelle Intuitionismus Platons. Der Pseudorationalismus ist der unbescheidene Glauben an die Überlegenheit der eigenen intellektuellen Gaben; er erhebt den Anspruch, eingeweiht zu sein und mit Sicherheit und mit Autorität zu wissen. Nach Platon haben (wie wir im *Timaios* lesen können) „alle Menschen" an der Meinung, sogar an der „wahren Meinung" Anteil; „aber die Vernunft" (oder die „intellektuelle Intuition") „kommt nur den Göttern und sehr wenigen Menschen zu". Dieser autoritäre Intellektualismus, dieser Glauben an den Besitz eines unfehlbaren Instruments für

Entdeckungen oder einer unfehlbaren Methode; diese Unfähigkeit, einen Unterschied zu machen zwischen den geistigen Fähigkeiten eines Menschen und der Tatsache, daß er sein gesamtes Wissen sowie seine Fähigkeit zu verstehen dem Verkehr mit seinen Mitmenschen verdankt, dieser Pseudorationalismus tritt oft unter dem Namen des „Rationalismus" auf; er ist aber das glatte Gegenteil von dem, was wir so nennen.
Meine Analyse der rationalistischen Einstellung ist zweifellos sehr unvollständig und, wie ich gerne zugebe, ein wenig vage; sie wird aber für unsere Zwecke ausreichen. In ähnlicher Weise werde ich nun den Irrationalismus beschreiben; und ich werde zur gleichen Zeit andeuten, wie ein Irrationalist ihn aller Wahrscheinlichkeit nach verteidigen wird. . .
In dieser Auseinandersetzung stehe ich voll und ganz auf der Seite des Rationalismus. Dies ist so sehr der Fall, daß ich sogar dort mit dem Rationalismus sympathisiere, wo ich glaube, daß er zu weit gegangen ist; denn ich bin der Ansicht, daß ein Zuviel an Rationalismus (solange wir nur die intellektuelle Überheblichkeit des platonischen Pseudorationalismus ausschließen) harmlos ist im Vergleich zu einem Exzeß in der Richtung des Irrationalismus. Der einzige Schaden, den ein übertriebener Rationalismus meiner Meinung nach anrichten kann, besteht darin, daß er die eigene Position untergräbt und auf diese Weise der irrationalistischen Reaktion in die Hände arbeitet. Einzig diese Gefahr veranlaßt mich, die Ansprüche eines übertriebenen Rationalismus näher zu untersuchen, und sie ist auch der Grund, warum ich für einen bescheidenen und selbstkritischen Rationalismus eintrete, der gewisse Beschränkungen anerkennt. Ich werde daher im folgenden zwischen zwei rationalistischen Positionen unterscheiden, die ich den „kritischen Rationalismus" und den „unkritischen" oder „umfassenden Rationalismus" nenne. (Diese Unterscheidung ist unabhängig von der vorhergehenden Unterscheidung zwischen einem „wahren" und einem „falschen" Rationalismus, obgleich ein „wahrer" Rationalismus in meinem Sinne kaum anders als kritisch sein wird.)

Begleittext 11.2:

Max Weber: Die Objektivität sozialwissenschaftlicher und sozialpolitischer Erkenntnis. Aus: Johannes Winckelmann (Hrsg.): Gesammelte Aufsätze zur Wissenschaftslehre von Max Weber. Mohr: Tübingen 1968 (1904), S. 148–153.

Wir alle wissen, daß unsere Wissenschaft, wie mit Ausnahme vielleicht der politischen Geschichte jede Wissenschaft, deren Objekt menschliche Kulturinstitutionen und Kulturvorgänge sind, geschichtlich zuerst von *praktischen* Gesichtspunkten ausging. Werturteile über bestimmte wirtschaftspolitische Maßnahmen des Staates zu produzieren, war ihr nächster und zunächst einziger Zweck. Sie war „Technik" etwa in dem Sinne, in welchem es auch die klinischen Disziplinen der medizinischen Wissenschaften sind. Es ist nun bekannt, wie diese Stellung sich allmählich veränderte, ohne daß doch eine *prinzipielle* Scheidung von Erkenntnis des „Seienden" und des „Seinsollenden" vollzogen wurde. Gegen diese Scheidung wirkte zunächst die Meinung, daß unabänderlich gleiche Naturgesetze, sodann die andere, daß ein eindeutiges Entwicklungsprinzip die wirtschaftlichen Vorgänge beherrsche und daß also das *Seinsollende* entweder – im ersten Falle – mit dem unabänderlich *Seienden,* oder – im zweiten Falle – mit dem unvermeidlich *Werdenden* zusammenfalle. . .
Unsere Zeitschrift als Vertreterin einer empirischen Fachdisziplin muß, wie wir gleich vorweg feststellen wollen, diese Ansicht *grundsätzlich ablehnen,* denn wir sind der Meinung, daß es niemals Aufgabe einer Erfahrungswissenschaft sein kann, bindende Normen und Ideale zu ermitteln, um daraus für die Praxis Rezepte ableiten zu können.

Was folgt aber aus diesem Satz? Keineswegs, daß Werturteile deshalb, weil sie in letzter Instanz auf bestimmten Idealen fußen und daher „subjektiven" Ursprungs sind, der wissenschaftlichen Diskussion überhaupt *entzogen* seien. Die Praxis und der Zweck unserer Zeitschrift würde einen solchen Satz ja immer wieder desavouieren. Die Kritik macht vor den Werturteilen nicht Halt. Die Frage ist vielmehr: Was bedeutet und bezweckt wissenschaftliche Kritik von Idealen und Werturteilen? Sie erfordert eine etwas eingehendere Betrachtung.

Jede denkende Besinnung auf die letzten Elemente sinnvollen menschlichen Handelns ist zunächst gebunden an die Kategorien „Zweck" und „Mittel". Wir wollen etwas in concreto entweder „um seines eigenen Wertes willen" oder als Mittel im Dienste des in letzter Linie Gewollten. Der wissenschaftlichen Betrachtung zugänglich ist nun zunächst unbedingt die Frage der Geeignetheit der Mittel bei gegebenem Zwecke. Da wir (innerhalb der jeweiligen Grenzen unseres Wissens) gültig festzustellen vermögen, *welche* Mittel zu einem vorgestellten Zwecke zu führen geeignet oder ungeeignet sind, so können wir auf diesem Wege die Chancen, mit bestimmten zur Verfügung stehenden Mitteln einen bestimmten Zweck überhaupt zu erreichen, abwägen und mithin indirekt die Zwecksetzung selbst, aufgrund der jeweiligen historischen Situation, als praktisch sinnvoll oder aber als nach Lage der gegebenen Verhältnisse sinnlos kritisieren. Wir können weiter, *wenn* die Möglichkeit der Erreichung eines vorgestellten Zweckes gegeben erscheint, natürlich immer innerhalb der Grenzen unseres jeweiligen Wissens, die *Folgen* feststellen, welche die Anwendung der erforderlichen Mittel *neben* der eventuellen Erreichung des beabsichtigten Zweckes, infolge des Allzusammenhanges alles Geschehens, haben würde. Wir bieten alsdann dem Handelnden die Möglichkeit der Abwägung dieser ungewollten gegen die gewollten Folgen seines Handelns und damit die Antwort auf die Frage: was *„kostet"* die Erreichung des gewollten Zweckes in Gestalt der voraussichtlich eintretenden Verletzung *anderer* Werte? Da in der großen Überzahl aller Fälle jeder erstrebte Zweck in diesem Sinne etwas „kostet" oder doch kosten kann, so kann an der Abwägung von Zweck und Folgen des Handelns gegeneinander keine Selbstbesinnung verantwortlich handelnder Menschen vorbeigehen, und sie zu ermöglichen, ist eine der wesentlichsten Funktionen der *technischen* Kritik, welche wir bisher betrachtet haben. Jene Abwägung selbst nun aber zur Entscheidung zu bringen, ist freilich *nicht* mehr eine mögliche Aufgabe der Wissenschaft, sondern des wollenden Menschen: er wägt und wählt nach seinem eigenen Gewissen und seiner persönlichen Weltanschauung zwischen den Werten, um die es sich handelt. Die Wissenschaft kann ihm zu dem *Bewußtsein* verhelfen, daß *alles* Handeln, und natürlich auch, je nach den Umständen, das *Nicht*-Handeln, in seinen Konsequenzen eine *Parteinahme* zugunsten bestimmter Werte bedeutet, und damit – was heute so besonders gern verkannt wird – regelmäßig *gegen andere.* Die Wahl zu treffen, ist seine Sache.

Was wir ihm für diesen Entschluß nun noch weiter bieten können ist: *Kenntnis* der *Bedeutung* des Gewollten selbst. Wir können ihn die Zwecke nach Zusammenhang und Bedeutung kennen lehren, die er will, und zwischen denen er wählt, zunächst durch Aufzeigung und logisch zusammenhängende Entwicklung der „Ideen", die dem konkreten Zweck zugrunde liegen oder liegen können. Denn es ist selbstverständlich eine der wesentlichsten Aufgaben einer jeden Wissenschaft vom menschlichen Kulturleben, diese „Ideen", für welche teils wirklich, teils vermeintlich gekämpft worden ist und gekämpft wird, dem geistigen Verständnis zu erschließen. Das überschreitet nicht die Grenzen einer Wissenschaft, welche „denkende Ordnung der empirischen Wirklichkeit" erstrebt, so wenig die Mittel, die dieser Deutung geistiger Werte dienen, „Induktionen" im gewöhnlichen Sinne des Wortes sind. Allerdings fällt diese Aufgabe wenigstens teilweise aus dem Rahmen der ökonomischen Fachdisziplin in ihrer üblichen arbeitsteiligen Spezialisation heraus; es handelt sich um Aufgaben der *Sozialphilosophie.* Allein die historische Macht der Ideen ist für die Entwicklung des Soziallebens eine so gewaltige gewesen und ist es noch, daß unsere Zeitschrift sich dieser Aufgabe niemals entziehen, deren Pflege vielmehr in den Kreis ihrer wichtigsten Pflichten einbeziehen wird.

Aber die wissenschaftliche Behandlung der Werturteile möchte nun weiter die gewollten Zwecke und die ihnen zugrundeliegenden Ideale nicht nur verstehen und nacherleben lassen, sondern vor allem auch kritisch „beurteilen" lehren. *Diese* Kritik freilich kann nur dialektischen Charakter haben, d.h. sie kann nur eine formal-logische Beurteilung des in den geschichtlich gegebenen Werturteilen und Ideen vorliegenden Materials, eine Prüfung der Ideale an dem Postulat der inneren *Widerspruchslosigkeit* des Gewollten sein. Sie kann, indem sie sich diesen Zweck setzt, dem Wollenden verhelfen zur Selbstbesinnung auf diejenigen letzten Axiome, welche dem Inhalt seines Wollens zugrunde liegen, auf die letzten Wertmaßstäbe, von denen er unbewußt ausgeht oder – um konsequent zu sein – ausgehen müßte. Diese letzten Maßstäbe, welche sich in dem konkreten Werturteil manifestieren, zum *Bewußtsein* zu bringen, ist nun allerdings das letzte, was sie, ohne den Boden der Spekulation zu betreten, leisten kann. Ob sich das urteilende Subjekt zu diesen letzten Maßstäben bekennen *soll,* ist seine persönlichste Angelegenheit und eine Frage seines Wollens und Gewissens, nicht des Erfahrungswissens.

Eine empirische Wissenschaft vermag niemanden zu lehren, was er *soll,* sondern nur, was er *kann* und – unter Umständen – was er *will.*

Für diese Scheidung fällt nicht – wie oft geglaubt wird – entscheidend ins Gewicht die empirisch erweisliche Tatsache, daß jene letzten Ziele historisch wandelbar und streitig sind. Denn auch die Erkenntnis der sichersten Sätze unseres theoretischen – etwa des exakt naturwissenschaftlichen oder mathematischen – Wissens ist, ebenso wie die Schärfung und Verfeinerung des Gewissens, erst Produkt der Kultur. Allein wenn wir speziell an die praktischen Probleme der Wirtschafts- und Sozialpolitik (im üblichen Wortsinn) denken, so zeigt sich zwar, daß es zahlreiche, ja unzählige praktische *Einzelfragen* gibt, bei deren Erörterung man in allseitiger Übereinstimmung von gewissen Zwecken als *selbstverständlich* gegeben ausgeht – man denke etwa an Notstandskredite, an konkrete Aufgaben der sozialen Hygiene, der Armenpflege, an Maßregeln wie die Fabrikinspektionen, die Gewerbegerichte, die Arbeitsnachweise, große Teile der Arbeiterschutzgesetzgebung – bei denen also, wenigstens scheinbar, nur nach den *Mitteln* zur Erreichung des Zweckes gefragt wird. Aber selbst wenn wir hier – was die Wissenschaft niemals ungestraft tun würde – den Schein der Selbstverständlichkeit für Wahrheit nehmen und die Konflikte, in welche der Versuch der praktischen Durchführung alsbald hineinführt, für rein technische Fragen der Zweckmäßigkeit ansehen wollten – was recht oft irrig wäre – so müßten wir doch bemerken, daß auch dieser *Schein* der Selbstverständlichkeit der regulativen Wertmaßstäbe sofort verschwindet, wenn wir von den konkreten Problemen karitativ-polizeilicher Wohlfahrts- und Wirtschafts*pflege* aufsteigen zu den Fragen der Wirtschafts- und Sozial*politik.* Das Kennzeichen des sozial *politischen* Charakters eines Problems ist es ja geradezu, daß es nicht aufgrund bloß technischer Erwägungen aus feststehenden Zwecken heraus zu erledigen ist, daß um die regulativen Wertmaßstäbe selbst *gestritten* werden kann und *muß,* weil das Problem in die Region der allgemeinen *Kultur*fragen hineinragt.

XII. Marxistische Soziologie und die Auseinandersetzung mit Habermas

Zur Auseinandersetzung um unterschiedliche Theorieansätze gehört auch die Kritik, die von DDR-Wissenschaftlern als Marxisten an der westlichen, speziell der westdeutschen Soziologie geübt worden ist. Wie beim Positivismusstreit geht es auch hier nicht so sehr um eine Kritik an vorliegenden Forschungen, als vielmehr um Grundsätze für künftige soziologische Theorien. Überhaupt scheinen die Unterschiede zwischen marxistischer und nichtmarxistischer Soziologie vorerst mehr in den Zielen als in der alltäglichen Arbeit der Wissenschaftler zu liegen (vgl. Kap. VII, 3). Liest man Untersuchungsberichte aus der DDR, dann merkt man zwar, daß die Forschungen in einer Gesellschaft durchgeführt wurden, zu der sich die Soziologen in hohem Maße bekennen. Untersuchungsgegenstand sind vorzugsweise sozialistische Einrichtungen (wie etwa volkseigene Betriebe), und bestimmte Themen stehen stärker im Vordergrund als bei uns (vor allem Probleme der Arbeitswelt wie Betriebsgestaltung, Arbeitsmotivation, Fluktuation, Steuerung der Berufswahl). Im übrigen lassen sich aber kaum prinzipielle Unterschiede in der Art der erhobenen Tatbestände oder in den Techniken der Materialerhebung und -auswertung feststellen. Eine wirklich eindeutige Abgrenzung kann man nur anhand der Grundsätze vornehmen, nach denen marxistische Soziologen bei der Theoriebildung verfahren.

Eine der prominentesten Kritiker der westlichen Soziologie aus der DDR ist Erich Hahn. Wir wollen unsere Erläuterungen im wesentlichen auf sein 1968 veröffentlichtes Buch „Historischer Materialismus und marxistische Soziologie" stützen. In diesem Titel ist angedeutet, was nach Auffassung marxistischer Soziologen das unverzichtbare Fundament ihrer Wissenschaft ist – die enge Verbindung mit den Gesellschaftsauffassungen des historischen Materialismus. Diese, von Marx und Engels entwickelte Lehre bestimmt sowohl die „allgemeine Orientierung" der Soziologie als auch ihre gesellschaftlichen Aufgaben (Hahn, 1968: 15). Aus dem historischen Materialismus wird die Begründung für die bewußte Parteilichkeit marxistischer Soziologen abgeleitet.

1. Der historische Materialismus als Orientierungsrahmen

Vereinfachend versteht man unter historischem Materialismus eine Lehre, die gesellschaftliches Geschehen und individuelles Handeln auf die Eigentumsverhältnisse in einer Gesellschaft zurückführt. Das ist von marxistischer Seite immer wieder als Verflachung bezeichnet worden:

„Der Marxismus kämpft nicht nur gegen den Idealismus, sondern auch gegen vulgärmarxistische Auffassungen. Das Wesen dieser Auffassungen besteht in der Behauptung, daß alle gesellschaftlichen Ideen als direkte und unmittelbare Widerspiegelung der ökonomischen Verhältnisse zu betrachten seien" (Grundlagen der marxistischen Philosophie, 1966 Berlin, 598).

Nicht umsonst haben Marx und Engels, wie wir im Kapitel über das Gesellschaftsbild der Soziologen sahen, ihre Aussagen über die sozialen Zusammenhänge äußerst vorsichtig formuliert. Auch Hahn spricht nur davon, daß der historische Materialismus eine *allgemeine* Orientierung liefere. Es sind die materiellen gesellschaftlichen Verhältnisse im *weitesten* Sinne, aus denen das Handeln und Denken der Menschen hergeleitet werden soll, nicht etwa nur die ökonomischen Verhältnisse oder die Eigentumsordnung.
Mit Hilfe des Begriffs der materiellen Verhältnisse soll die gesellschaftliche Entwicklung aus sich selber heraus erklärt werden. Durch das Handeln der Menschen entstehen Bedingungen, die den Menschen selbst wieder prägen. Die gesellschaftlichen Verhältnisse sind „Produkt, Bedingung und Form menschlicher Tätigkeit" (Hahn, 1968: 64). Nach den Vorstellungen des historischen Materialismus ist also das soziale Geschehen eine Art Kreislaufprozeß. „Was immer in der Gesellschaft geschieht, ist auf bewußtes absichtsvolles menschliches Handeln zurückzuführen..." (Friedrich Engels, Ludwig Feuerbach und der Ausgang der klassischen deutschen Philosophie. Zitiert nach Hahn, 1968: 58). Das Handeln muß dann seinerseits aus den gesellschaftlichen Verhältnissen erklärt werden.

„... der gesuchte Faktor (soll) dieses *Handeln* und vor allem dessen *Bewußtheit* erklären. Das heißt, dieser Faktor muß in der Realität die Bewußtheit des Handelns determinieren, bedingen, bestimmen – sonst könnte sie nicht mit seiner Hilfe theoretisch erklärt werden – gleichzeitig aber *aus* diesem Handeln und nicht unabhängig von dessen Bewußtheit hervorgehen" (58, Hervorhebung durch die Autoren).

Solche Aussagen über wechselseitige Abhängigkeiten sind freilich unbestimmt; eindeutig werden sie erst, wenn *einem* der beiden Faktoren das Übergewicht zugesprochen wird. Der historische Materialismus versucht das Problem dadurch zu lösen, daß er die gesellschaftlichen Verhältnisse als gegenüber den handelnden Individuen dominant betrachtet. Zwar sind die Verhältnisse das Resultat menschlicher Tätigkeit, doch treten sie den einzelnen Personen und der jeweiligen Generation als vorgegebener Handlungsspielraum gegenüber. Hahn sagt, daß dabei die *wirtschaftlichen* Verhältnisse von besonderer Bedeutung sind, bleibt aber in seinen Formulierungen offen:

„Die Art und Weise, in der die Arbeit geleistet wird, ihre jeweilige konkrete Form, verleiht dem Inhalt, der Beschaffenheit, dem Charakter und der Gestalt der übrigen Bereiche des gesellschaftlichen Lebens *in den Grundzügen* wesentliche, inhaltliche Merkmale" (62, Hervorhebung durch die Autoren).
„Es geht uns um die Hervorhebung des Grundgedankens, daß bei der Entstehung der Totalität der verschiedenen Bereiche des gesellschaftlichen Lebens ... die Produktionsverhältnisse eine *relativ* selbständige, wesentliche Rolle spielen" (68, Hervorhebung durch die Autoren).

Sehr viel eindeutigere Aussagen sind auch gar nicht zu erwarten, denn der Begriff der materiellen Verhältnisse ist heterogen, er umfaßt Gegenstände (Werkzeuge) ebenso wie Menschen, menschliche Fähigkeiten und soziale Beziehungen:

„Dieses materielle Verhältnis schließt solche Gegebenheiten wie die Produktionsmittel, Arbeitsgegenstände, Arbeitsmittel, das menschliche Individuum und seine Lebenstätigkeit ebenso in sich ein wie die gesellschaftlichen, ökonomischen Beziehungen" (65).

Marxistische Soziologen versuchen diese Vielschichtigkeit des Begriffs zu reduzieren, indem sie sich auf die Herrschaftsverhältnisse innerhalb der Produktionssphäre konzentrieren, also auf die Frage, wer über die Verwendung der Produktionsmittel verfügt. Oft wird diese

Beschränkung in der Weise mißdeutet, daß lediglich vom Eigentum an Produktionsmitteln gesprochen wird. Es ist deshalb bezeichnend, wie Hahn Herrschaftsverhältnisse sehr viel umfassender sieht. Er spricht von der *Verfügungsgewalt* über Produktionsmittel, die sich ja nicht ausschließlich aus Eigentum ergibt:

„Ihr (d.h. der Menschen – d. Autor) Verhältnis zur Natur ist durch diese gesellschaftlichen Beziehungen . . . bedingt, was am augenfälligsten in der jeweiligen Form der Verfügungsgewalt über die materiellen Produktionsmittel zum Ausdruck kommt. Verfügungsgewalt über Produktionsmittel auf seiten bestimmter Individuen bedeutet zwangsläufig Ausschluß anderer Individuen aus dieser Verfügungsgewalt . . . welches weitgehende materiell-ökonomische und ideelle Konsequenzen hat" (67/68).

Daraus, daß jemand über Produktionsmittel und ihre Verwendung bestimmen bzw. nicht bestimmen kann, ergeben sich nach marxistischer Auffassung wesentliche Lebensinteressen, Denkweisen und Verhaltensformen. Freilich wird noch nicht gesagt, wie diese jeweils aussehen werden. Das soll erst die zu entwickelnde Soziologie erforschen.

2. Die gesellschaftlichen Verhältnisse als Abstraktion

Für den historischen Materialismus sind die gesellschaftlichen Verhältnisse zwar objektiv in der Realität vorhanden, doch lassen sie sich nicht beobachten, in einem gewissen Sinne gibt es sie überhaupt nicht.

„In der Realität existieren die materiellen ökonomischen gesellschaftlichen Verhältnisse nicht anders als im Verhalten wirklicher Menschen. Sie existieren nicht in einer selbständigen, abgesonderten, sinnlichen Gestalt neben dem wirklichen, tagtäglichen Verhalten der Individuen" (70/71).

Wenn also von gesellschaftlichen Verhältnissen die Rede ist, dann handelt es sich nicht um die Wirklichkeit direkt, sondern um eine Gedankenkonstruktion, die der Beschreibung (Abbildung, Widerspiegelung) der Realität dienen soll. Wie ist das zu verstehen? Machen wir uns einmal klar, wie wir ganz konkrete Gegenstände und Personen in unserer Umwelt bezeichnen und beschreiben. Wir kommen in ein Zimmer und sehen einen Tisch. Warum ist es ein „Tisch"? In erster Linie deshalb, weil wir daran schreiben oder essen, bzw. etwas daraufstellen können, weil wir in einer Gesellschaft leben, in der man für diese Zwecke ein besonderes Möbel entwickelt hat. Was ein Gegenstand *ist,* hängt davon ab, was *er für uns ist.* Nicht in allen Gesellschaften benutzt man Tische, und viele Tischarten sind in ihrem Gebrauchswert an ganz bestimmte soziale Situationen gebunden. Natürlich kann man versuchen, einen Tisch statt durch seine Beziehung zu unserem Leben (Eßtisch, Couchtisch, Schreibtisch) durch seine Form oder sein Material (Glastisch, Holztisch, Kunststofftisch) zu beschreiben. Doch auch dadurch wird er schon mit menschlicher Tätigkeit und gesellschaftlichen Verhältnissen in Verbindung gebracht: das Material beispielsweise sagt etwas über die Art menschlicher Tätigkeit, durch die der Tisch entstand (gegossen, geschreinert). Immer sind die Gegenstände unserer Umwelt in unsere soziale Existenz eingebettet. Es gibt keinen Tisch an sich.
Ähnlich ist es, wenn wir Personen oder ihr Verhalten beschreiben wollen. Selbst bei den simpelsten Merkmalen wie Körpergröße oder Augenfarbe werden schon Vergleiche und somit Beziehungen mitgedacht: jemand kann nur als groß bezeichnet werden, weil es Menschen gibt,

die kleiner sind. Bei anderen persönlichen Merkmalen werden überhaupt nur Beziehungen zu anderen Personen angesprochen (freundlich, hilfsbereit, redegewandt usw.). Wo immer wir Menschen wahrnehmen, treffen wir sie schon innerhalb sozialer Beziehungen an. Wir können niemals Verhalten allein wahrnehmen, sondern immer nur innerhalb von Situationen und einem gesellschaftlichen Rahmen. Nur in Gedanken, in der Theorie, vermögen wir das Verhalten von den Verhältnissen, in denen es sich abspielt, zu trennen. Wir meinen, Personen oder Verhalten im Gegensatz zu Verhältnissen beobachten zu können, doch es gibt keine Personen an sich. Sprechen wir von Personen oder Verhalten, dann sind das ebenso Abstraktionen, wie wenn von gesellschaftlichen Verhältnissen die Rede ist.

„Wir haben bereits gesehen, daß Verhalten und Verhältnisse zwei Aspekte ein und desselben empirischen Prozesses sind, man empirisch die wirklichen Individuen und ihre Verhaltensweisen nicht unabhängig von den sich in diesem Verhalten äußernden und sie bestimmenden Verhältnissen und die Verhältnisse nicht unabhängig von ersteren betrachten kann" (92).

Deshalb darf man sich nach Hahn bei der soziologischen Analyse nicht auf das beschränken, was man beobachten kann, denn für sich beobachten lassen sich weder das Verhalten noch seine Ursachen. Beide bilden eine *empirisch* nicht zu entwirrende Einheit. In dieser Einsicht erblickt Hahn einen wesentlichen Unterschied der marxistischen zu einer „positivistischen" Soziologie, die ihre Erkenntnisse angeblich in erster Linie auf systematische Verhaltensbeobachtungen stützen will. Für Hahn ist es völlig ausgeschlossen, daß man auf dieser empirischen Basis die Gesellschaft als Ganzes in den Griff bekommen oder die innere Ordnung des gesellschaftlichen Geschehens erfassen kann (vgl. auch Hahn, 1968: 38–41).

„Jede empirische Untersuchung hat es stets mit einem Ausschnitt, einem Moment, einem Aspekt der Gesamtgesellschaft zu tun. ... Eine empirische Erfassung der Gesellschaft als Ganzes ist schon deshalb unmöglich, weil ihre empirische Erscheinungsform jene innere Struktur und Systematik nicht offenbart, die auf dem Wege der Abstraktion aus ihr herausgeschält werden muß. Der Anschauung ... gegeben ist stets ein chaotisches Ganzes..." (87).

Damit will Hahn nicht die empirische Forschung in Bausch und Bogen verurteilen, er glaubt sogar, daß erst sie den Anstoß zu theoretischer Arbeit zu geben vermag. Er betont aber immer wieder, daß es einen prinzipiellen Unterschied zwischen Beobachungsergebnissen und theoretischen Konzeptionen gebe. Beobachtungsdaten seien zwar der Ausgangspunkt wissenschaftlicher Arbeit allgemein, nicht aber schon der Anfang der *Theorie*. Der Sprung zur theoretischen Idee komme nur durch gedankliche Leistung, durch die Bildung neuer Begriffsinhalte zustande.

„An dieser Stelle muß eine Bemerkung zum Begriff der Abstraktion eingeschoben werden. Unseres Erachtens hilft es wesentlich beim Verständnis der Begriffe und Kategorien des historischen Materialismus, wenn man sie nicht einfach als durch Herausheben von Merkmalen aus einer Summe von (beobachtbaren – d. Autor) Merkmalen entstanden sieht, sondern als Abstraktion durch Konstruktion, wie Klaus in „Semiotik und Erkenntnistheorie" schreibt. Er stellt am Beispiel des Begriffs Proletariat dar, daß Marx und Engels eben nicht nur aus einer Vielzahl von Proletariern bestimmte Eigenschaften heraushoben und so diesen Begriff bildeten. Sie haben vielmehr darüber hinaus eine Reihe ‚idealer und geschichtlich zukunftsträchtiger Momente ... bestimmt' und somit ‚durch schöpferische Abstraktion dem empirisch Gegebenen Wesentliches hinzugefügt" (Hahn, 1968: 89. Das Zitat aus Klaus bezieht sich auf die Seiten 150/51 in dessen Buch „Semiotik und Erkenntnistheorie" 1963, Berlin (DDR)).

3. Gesellschaftswissenschaft, nicht Verhaltenswissenschaft

Hahn kritisiert aber nicht nur – wie Adorno – die Vorstellung, man könne die soziologische Theorie aus der *empirischen* Erforschung des Verhaltens entwickeln, sondern er geht noch einen Schritt weiter. Ihm erscheint es prinzipiell unmöglich, die Gesellschaftsanalyse aus Erkenntnissen über individuelles Verhalten zu entwickeln, seien diese nun empirisch oder theoretisch. Zwar sei es richtig, daß die gesellschaftlichen Verhältnisse durch das Handeln von Menschen entstehen, doch erfolge dieses Handeln selbst unter gesellschaftlichen Bedingungen. Die gesellschaftlichen Verhältnisse, nicht das Handeln, müßten als das Primäre angesehen werden.

Dieses Argument erscheint nicht ohne weiteres als zwingend. Die Frage, was zuerst da war, die gesellschaftlichen Bedingungen menschlichen Handelns oder das Handeln, das diese Bedingungen erst schafft, läßt sich streng genommen nicht beantworten. Für Hahn gibt es dennoch keinen Zweifel, daß den gesellschaftlichen Verhältnissen und nicht dem Verhalten das Schwergewicht zukommt. Er erläutert das etwa so: Verhalten können sich nur Individuen und diese befinden sich immer schon in gesellschaftlichen Verhältnissen. Aber die Verhältnisse können sich den Individuen gegenüber in gewissem Sinne verselbständigen. Aus menschlicher Aktivität entstehen nämlich sowohl dauerhafte Gegenständlichkeiten (Verkehrswege, Häuser, maschinelle Anlagen, schriftlich fixiertes Wissen) als auch feste Verhaltensformen (Sprache, Sitten, Moral).

Deshalb, so meint Hahn, könne und müsse man die Verhältnisse jeweils als vorhanden betrachten. Bei Verhalten sei es dagegen grundsätzlich anders. Verhalten ist ein Prozeß, ein momentanes Geschehen. Wo immer wir das Verhalten eines Menschen beobachten, stellt sich die Frage: wie kommt es dazu? Warum handelt dieser Mensch so? Und darauf gibt es nur zwei mögliche Antworten: entweder wir erklären das Verhalten aus den äußeren Lebensumständen, dem Milieu – und dann sind wir wieder bei den materiellen gesellschaftlichen Verhältnissen, – oder wir führen zur Erklärung bestimmte Motive an; wir erklären das Verhalten (und damit alles, was sich an gesellschaftlichen Verhältnissen einmal daraus ergeben wird) aus den Absichten und Ideen der Menschen, ohne nach deren Entstehen zu fragen. Das wäre für Hahn eine „idealistische" Vorgehensweise, die er als Materialist nicht akzeptieren will.

4. Produktionssphäre und Klasseninteressen als Quellen der gesellschaftlichen Entwicklung

Hahn erkennt durchaus an, daß auch zahlreiche nichtmarxistische Soziologen das menschliche Verhalten als durch die Gesellschaft determiniert ansehen. In der Tat haben sich bisher auch die meisten Arbeiten westlicher Soziologen damit befaßt, wie Verhalten und Einstellungen (Meinungen) durch die bestehende soziale Umwelt bedingt sind. Untersuchungen über die Entstehung dieser Umwelt und über die Verfestigung sozialer Verhältnisse aus individuellem oder kollektivem Handeln gibt es dagegen kaum. In der nichtmarxistischen Soziologie kommt die Vorstellung von der gesellschaftlichen Prägung des Einzelnen vor allem im Kulturbegriff zum Ausdruck. *In gewissem Sinne entspricht der Kulturbegriff dem Begriff der materiellen gesellschaftlichen Verhältnisse.* Kultur umfaßt sowohl die Produkte menschlichen Schaffens als auch die Beziehungen, in die der Einzelne hineingeboren wird und die Verhaltensorientierungen, die ihm übermittelt werden. Diese Kulturinhalte sind Ergebnisse

menschlicher Aktivität, sie treten einzelnen Personen und Gruppen aber dann als unabhängige Bedingungen gegenüber.
Trotz dieser Ähnlichkeit mit dem Begriff der materiellen Verhältnisse betrachtet Hahn die Konzeption einer sozialen Determination durch die Kultur als unzulänglich, weil die nichtmarxistische Soziologie sich nicht auf eine Erklärung für das Zustandekommen des jeweiligen Kulturzusammenhanges festlegt. Die Kultur werde als gegeben angesehen. In Wirklichkeit sei aber jeder Einzelne ständig an der Herstellung und Veränderung der gesellschaftlichen Verhältnisse beteiligt. Dieser Tatbestand werde von der nicht-marxistischen Soziologie vernachlässigt. Dadurch könne sie den Menschen nur als geprägtes Wesen, als reines Objekt des Gesellschaftsprozesses sehen. Mit dem verwendeten Kulturbegriff könne man lediglich gesellschaftlich konformes Verhalten und soziale Stabilität, nicht aber sozial bedingte Abweichungen und gesellschaftlichen Wandel erklären.
Hahn wird der nichtmarxistischen Soziologie mit dieser Charakterisierung zweifellos nicht gerecht. Zwar haben sich die meisten Soziologen mehr für die Auswirkungen einer gegebenen Kultur als für den Entstehungsprozeß von Kulturen interessiert. Aber die Vorstellung, daß es nur eine einheitliche Kultur innerhalb einer Gesellschaft gibt, ist auch *innerhalb* der westlichen Soziologie seit langem kritisiert und mit Alternativen konfrontiert worden. Man geht heute davon aus, daß es jeweils mehrere, miteinander im Konflikt stehende Kulturen gibt und daß sich der soziale Wandel aus ihrer Konfrontation erklärt (Konfliktansatz – siehe Begleittexte 12.1 Coser und 12.2 Dahrendorf).
Wenn man so will, erklärt auch die marxistische Soziologie den gesellschaftlichen Wandel als Auseinandersetzung von Kulturen, nämlich als Kampf zwischen Klassen mit jeweils spezifischen Gesellschaftsauffassungen und Interessen. Hahn argumentiert, daß dieser Ansatz überlegen sei, weil er nicht nur den Bestand, sondern auch die Entstehung der „Kulturen“ berücksichtigt. Eine solche Erklärung kann seiner Meinung nach nur einen Ausgangspunkt haben: den Bereich der materiellen Produktion. Hier schaffe der Mensch die Bedingungen, unter denen er und seine Nachkommen leben. Hier arbeite er selbst in Verhältnissen, aus denen sich typische Interessen, Denk- und Verhaltensweisen ergeben; diese seien es, die letztlich das Gesicht einer Kultur bestimmen. Für Hahn sind nicht die kulturellen Werte und Normen das eigentlich Bestimmende, sondern produktive Tätigkeit und deren Bedingungen. Sie führen nach den Auffassungen des historischen Materialismus zu besonderen Interessenlagen (Klassenlagen) und bestimmen die Klassenbildung.

„Insofern ist die Klasse gerade jene gesellschaftliche Existenzform des menschlichen Lebens, die zugleich das entscheidende Subjekt der Erzeugung der entscheidenden gesellschaftlichen Normen und Wertsysteme darstellt. ... Die menschlichen Individuen haben als Angehörige von Klassen an dieser Produktion von Normen teil. Sie artikulieren in ihrem praktischen Handeln und Verhalten jene Interessen, Überzeugungen, Standpunkte, Ideen, die in den jeweiligen Normen und Werten konzentrierten Ausdruck finden“ (148).

Der Standpunkt erscheint plausibel. Wie alle Lebewesen, stehen auch wir Menschen unter Bedingungen, die unser Handeln, Fühlen und Denken prägen. Typisch ist, daß unsere Existenzbedingungen weitgehend von uns erschaffen, ständig neu geschaffen (reproduziert) oder verändert werden (vgl. Kap. VIII). Nichts ist daher natürlicher, als den Schlüssel zur gesellschaftlichen Entwicklung dort zu suchen, wo „Produktion“ und „Reproduktion“ kultureller Gehalte stattfinden. Fraglich ist nur, ob das ausschließlich der Bereich der wirtschaftlichen Güterproduktion sein kann, was Hahn letztlich doch anzunehmen scheint. Andererseits weist er immer wieder darauf hin, daß die materiellen gesellschaftlichen Verhältnisse eine Abstraktion darstellen. Sie, und damit auch die Sphäre der Produktion im engeren Sinne, sind eine nur theoretisch isolierbare Größe. In Wirklichkeit unterliegen die

materiellen gesellschaftlichen Verhältnisse auch dem Einfluß anderer gesellschaftlicher Bereiche. Man darf nie vergessen, daß die Aussage des historischen Materialismus, wonach die ökonomischen Verhältnisse letztlich alles übrige bestimmen, nicht wörtlich zu nehmen ist (Begleittext 12.3 Hahn).
Deshalb behauptet Hahn auch nicht, daß die jeweilige Arbeitssituation eines Menschen seine konkrete Persönlichkeit bis ins einzelne bestimmt. Nur die grundlegenden – von Hahn nicht präzisierten – Züge des menschlichen Charakters seien durch die Situation in der Arbeitswelt, durch die Klassenlage erklärbar. Hahn sagt nicht, daß alle gesellschaftliche Prägung der Person sich im Bereich der Produktion vollzieht. Er weiß, daß Menschen als soziale Persönlichkeiten verschieden, daß sie nicht nur Angehörige von Klassen sind.

„Insofern ist die Entwicklung der menschlichen Art und des sozialen Wesens des menschlichen Individuums ... nicht identisch mit der Entwicklung aller einzelnen Individuen. Wenn das bisher Gesagte für alle Individuen einer gegebenen ökonomischen Gesellschaftsformation oder einer Klasse zutrifft, insofern alle Individuen in ihrer Tätigkeit diesen Prozeß (der Aneignung der gesellschaftlichen Errungenschaften – d. Autor) realisieren und dadurch seinem Einfluß unterliegen, so müssen wir jetzt die Differenzierung dieses Prozesses bei einzelnen Unterabteilungen der Klasse ... betrachten (124/25).

Auch die marxistische Soziologie sucht also nach den Ursachen einer weitergehenden sozialen Differenzierung. Ähnlich wie nichtmarxistische Soziologen scheint Hahn diese Ursachen vornehmlich in der – nicht weiter erklärten – Existenz der verschiedenen Gruppen zu suchen, denen der Mensch neben seiner Klasse noch angehört. Er spricht in diesem Zusammenhang sowohl von „Makrogruppen" („Schichten, ideologische Gruppen, nationale Gruppen, regionale Gruppen, Geschlechtergruppen, Berufsgruppen, Schulgruppen und Altersgruppen") als auch von „Mikrogruppen" (z.B. Familie, Schulklasse). Diese Gruppen sind für ihn so etwas wie Zwischenglieder im Prozeß der sozialen Prägung des Individuums. Sie konfrontieren die Person in unterschiedlicher Weise mit der Kultur. Allerdings gehen nach Hahns Meinung die von den Gruppen übermittelten und modifizierten Kulturbestandteile (Normen, Gewohnheiten, Denkweisen) letztlich wieder auf die Klassenverhältnisse und die materielle Produktion zurück. Gegenüber den Klassen seien solche Gruppen daher von sekundärer Bedeutung. Freilich vermag Hahn nicht zu sagen, wie weit der modifizierende Einfluß der Gruppen reicht und wie sich die Gruppenzugehörigkeit tatsächlich auf das individuelle Verhalten auswirkt. Es müsse noch näher untersucht werden, „welche sozialen Einheiten einen Einfluß auf welche Seiten oder Aspekte des Verhaltens ausüben" (143). Ebenfalls untersucht werden müsse erst die *„Art und Weise,* in der die verschiedenen Existenzformen des sozialen Lebens (d.h. die Gruppen – d. Autor) verhaltensdeterminierend wirken" (146). Von besonderer Bedeutung sei sicher das Normensystem der einzelnen Gruppen, doch sei vorläufig noch gar nicht klar, was mit dem normativen Einfluß einer Gruppe eigentlich gemeint sei (147).
Weil die marxistische Soziologie sich im Grundsätzlichen an die These des historischen Materialismus anlehnt, ist für sie die Frage bereits beantwortet, wie sich die gesellschaftliche Formung des Einzelnen *in großen Zügen* und im wesentlichen vollzieht. Für Hahn gibt es keinen Zweifel: das Denken und Handeln der *meisten* Menschen ist *letztlich* durch ihre Klassenlage geprägt. Ungeklärt – und damit vorläufig auch unvorhersehbar – ist, in welchem Ausmaß die verschiedenen Individuen und Teilgruppen der Bevölkerung von den gesellschaftlichen Grundströmungen erfaßt werden. Insofern empfindet Hahn den Forschungsstand der marxistischen Soziologie als durchaus unbefriedigend. Der historische Materialismus wird als richtungsweisend empfunden, weil er den abstrakten Begriff der materiellen Verhältnisse

gebildet hat. Die Präzisierung allerdings steht noch an. Der historische Materialismus ist ein Ideenzusammenhang, dessen Aussagen einer inhaltlichen Ausfüllung noch bedürfen.

„Natürlich bietet die Beziehung zwischen Materiellem und Ideellem bzw. die Aufdeckung des bestimmenden Einflusses der materiellen auf den Inhalt, den Charakter, die Beschaffenheit bestimmter ideeller, politischer, kultureller usw. Prozesse nur den allgemeinen Rahmen der jeweiligen Analyse. Aber das ändert an dem allgemeinen Ausgangspunkt überhaupt nichts. Insbesondere muß in unserem Zusammenhang betont werden, daß die Orientierung der Analyse auf die Ermittlung und Identifizierung der jeweiligen materiellen gesellschaftlichen Beziehungen ... den wissenschaftlichen Anhaltspunkt dafür bietet, das Problem der Spezifik, der Besonderheit, der Differenzierung, der Entfaltung und Entwicklung zu lösen. ..“ (216).

Um den Unterschied zu charakterisieren, könnte man sagen, daß die nichtmarxistischen Soziologen ihren eigenen Erkenntnissen gegenüber noch mißtrauischer sind. Sie sind skeptisch, ob man überhaupt von einer gesellschaftlichen *Determination* des Menschen sprechen kann (vgl. auch Kap. XIV und Kap. XV). Sie halten es für möglich, daß es – z.B. aufgrund der verschiedenartigen Gruppenzugehörigkeiten und der widersprüchlichen sozialen Einflüsse auf das Individuum – erst gar nicht zur Entwicklung eindeutig klassenspezifischer Denkweisen und Verhaltensformen kommt. Gerade die Unbestimmtheit ist für Hahn nun ein weiterer Anlaß zur Kritik an der westlichen Soziologie, vor allem an der „Kritischen Theorie“ und dort besonders gegenüber Jürgen Habermas (Hahn, 1970).

5. Die Auseinandersetzung mit Habermas

Bei der Kritik an Habermas spielen sowohl politische als auch theoretische Bedenken eine Rolle. Politisch wirft er Habermas mangelnde bzw. falsche Parteinahme in der Auseinandersetzung zwischen sozialistischen und nichtsozialistischen Ländern vor, die er als Klassenkampf versteht. Er glaubt, daß Habermas eine negative Wirkung auf gesellschaftskritische Gruppen in westlichen Ländern ausüben könnte. Zweifellos würde Hahn sich aber dagegen verwahren, daß er Habermas nur aus politischen Gründen kritisiere. Er empfindet vielmehr dessen Theorieansatz als Fehlinterpretation von Marx und will zeigen, daß die politische Bedenklichkeit aus theoretischen Fehlern resultiert. Um das zu verstehen, müssen wir erörtern, inwiefern Habermas eine Neuinterpretation von Marx anstrebt.
Marx hatte den Motor der gesellschaftlichen Entwicklung in der ständigen Erweiterung menschlichen Wissens und produktiver Techniken, in der wachsenden Ausstattung mit Arbeitsmitteln aller Art gesehen, in der immer vollkommeneren Beherrschung der Natur oder, wie er es ausdrückte, in der Entfaltung der Produktivkräfte. Allerdings betrachtete er diese nicht als einzigen Faktor. Produktivkräfte können sich nur realisieren, wenn wir sie uns aneignen können (z.B. durch Ausbildung) und wenn wir sie einzusetzen wissen (z.B. durch sinnvolle Wirtschaftssteuerung und effiziente Betriebsorganisation). Die Entwicklung der Produktivkräfte hängt also auch von den Organisations- und Kooperationsformen einer Gesellschaft ab – wie Marx sagte, von den Produktionsverhältnissen. Diese Produktionsverhältnisse sind jedoch ihrerseits nicht unabhängig von den Produktivkräften. Es ist leicht einsehbar, daß sich beispielsweise die Lehrpläne der Schulen und der Arbeitsablauf in den Betrieben (Produktionsverhältnisse) mit der Entwicklung unseres Wissensstandes (Produktivkräfte) ändern. Insofern müssen die Produktionsverhältnisse schließlich dem Stand der Produktivkräfte entsprechen.

Andererseits kann – um bei den Beispielen zu bleiben – die Organisationsform eines Schulsystems die Einbringung neuer Lehrinhalte erschweren, kann die Betriebshierarchie die Einführung neuer Arbeitsmethoden verhindern, können Besitzverhältnisse auf dem Grundstückssektor die Realisierung von Stadtplanungen unmöglich machen. Die Produktionsverhältnisse haben ein Eigengewicht und können sich u.U. den in Entwicklung befindlichen Produktivkräften entgegenstellen. Insofern ist also auch das Gegenteil des oben Gesagten richtig: zu einem gegebenen Zeitpunkt entsprechen die Produktionsverhältnisse dem fortgeschrittenen Stand der Produktivkräfte nicht. Marx war davon überzeugt, daß gerade aus solchen Diskrepanzen – Widersprüchen, wie er es nannte – Kräfte erwachsen würden, die für eine Umwälzung der Produktionsverhältnisse und für deren Anpassung an den neuen Stand der Produktivkräfte sorgen. Wo ein Mißverhältnis zwischen Produktionsverhältnissen und Produktivkräften besteht, da gibt es auch Menschen, die ein Interesse an gesellschaftlicher Veränderung haben; unter geänderten Produktionsverhältnissen und stärkerer Entfaltung der Produktivkräfte könnten ihre Bedürfnisse besser befriedigt werden. Aus einer solchen Interessenlage ergibt sich nach Marx die Chance zur Entwicklung eines Gruppenbewußtseins, und damit ist auch die Wahrscheinlichkeit gegeben, daß es zu Gruppenbildungen, zu sozialen Konflikten und Auseinandersetzungen kommt, die zu einer Beseitigung der herrschenden Produktionsverhältnisse führen. Allerdings sprach Marx nicht von beliebigen Gruppen und Interessenkonflikten, sondern von Klassen, Klassenbewußtsein und Klassenkampf. Für ihn war das Privateigentum an Produktionsmitteln das Haupthindernis für die Entwicklung der Produktivkräfte. Seiner Meinung nach war damit wirtschaftliche Ausbeutung verbunden (siehe Kapitel VII), die zum Fundament von Klassenbewußtsein und Klassenbildung werden mußte.

Was Hahn nun als falsche Interpretation von Marx kritisiert, sind Habermas' Überlegungen zur Rolle der Produktivkräfte in der Gegenwart. Man tut Marx sicher kein Unrecht, wenn man sagt, daß er die Entwicklung der Produktivkräfte als etwas eindeutig Positives sah, da er sich davon die Beseitigung von Hunger und Elend versprach (Begleittext 12.4, Marx). Dem würde Habermas kaum widersprechen, aber er sieht – für die Gegenwart – auch andere Wirkungen. Er glaubt, daß die durch die Entwicklung der Produktivkräfte ermöglichte Steigerung des Konsums zu politischer Gleichgültigkeit führt. Der hohe Stand der Versorgung mit Konsumgütern bewirkt, daß sich die Masse der Bevölkerung zufrieden wähnt und die bestehenden Herrschaftsverhältnisse nicht mehr in Frage stellt. So kann die Entwicklung der Produktivkräfte – zumal von Wissenschaft und Technik – auch zur Aufrechterhaltung der jeweiligen Gesellschaftsordnung dienen.

Die Entfaltung der Produktivkräfte kann deshalb für Habermas nur dann Fortschritt bedeuten, wenn sie von kritischer Reflexion über ihre sinnvolle Anwendung begleitet wird. Ohne Anleitung durch eine bewußte Zielkonzeption bleiben Wissenschaft und Technik, die wesentlichen Produktivkräfte unserer Zeit, blind. Diese Zielkonzeption kann nur in einem besonderen Prozeß der Argumentation (siehe Kapitel XI) entwickelt werden, und der ergibt sich heute nicht mehr automatisch aus den Ungerechtigkeiten der Produktionsverhältnisse. Sie werden nämlich durch die Wirtschafts- und Sozialpolitik weitgehend entschärft und stellen kein ausreichendes Konfliktpotential mehr dar. Kritische Argumentation muß sich daher unabhängig von den Produktionsverhältnissen herausbilden.

So gibt es für Habermas eigentlich drei Ursachen, von denen die gesellschaftliche Entwicklung abhängt:

1. Die Erweiterung unseres Wissens und die Entwicklung neuer Techniken (entspricht in etwa der Entfaltung der Produktivkräfte)

2. Die bestehenden gesellschaftlichen Verhältnisse, innerhalb derer die Produktivkräfte sich entwickeln müssen (entspricht in etwa den Produktionsverhältnissen)
3. Das kritische Bewußtsein, das uns erkennen läßt, wann sich die Produktivkräfte innerhalb der bestehenden Produktionsverhältnisse nicht mehr sinnvoll entfalten.

Auch bei Hahn lassen sich drei Faktoren ausmachen: die Produktivkräfte, die Produktionsverhältnisse und das Klassenbewußtsein. Letzteres hat für ihn eine ähnliche Funktion, wie sie Habermas dem kritischen Bewußtsein zuschreibt. Dennoch ist „Klassenbewußtsein" keineswegs dasselbe wie „kritisches Bewußtsein". Klassenbewußtsein ergibt sich für Hahn aus der besonderen Lage einer ganzen Bevölkerungsgruppe im Produktionsprozeß (Begleittext 12.5, Hahn).

Für Hahn ist menschliche Arbeit niemals nur körperliche oder geistige Leistung, sie ist immer mit sozialen Beziehungen verbunden. Wo produziert wird, kommt es zu Arbeitsteilung, Kooperation und Austausch der Arbeitsprodukte. Daraus wird nun offenbar gefolgert: *weil* die Produktion ein zwischenmenschlicher Vorgang ist und weil sie sich um die Erhaltung unserer Existenz, also das Wichtigste in unserem Leben dreht, *deshalb* müssen auch alle übrigen sozialen Beziehungen von der Arbeit und ihren Bedingungen geprägt sein. Auch die Bewußtseinsinhalte der Menschen! Da der Produktionsprozeß – vor allem aufgrund der Eigentumsverhältnisse – große Bevölkerungsgruppen in eine jeweils ähnliche Lage, Klassenlage, bringt, muß sich alles Denken als Klassenbewußtsein entwickeln.

„Das Klassenbewußtsein bildet sich ... auf der Grundlage der objektiv gegebenen Existenz von Klassen im System der Produktionsverhältnisse, die ihrerseits dem Entwicklungsstand der Produktivkräfte entsprechen" (Hahn, 1970: 81).

Dahinter steht die Zuversicht: es muß sich zwangsläufig aus ungerechten und unzureichenden Produktionsverhältnissen ein Interesse an Veränderung der Gesellschaft entwickeln, letzten Endes ein solidarisches, revolutionäres Klassenbewußtsein. Habermas ist in diesem Punkt skeptisch, weil er davon überzeugt ist, daß die Produktionsverhältnisse mit Hilfe hochentwickelter Produktivkräfte auch für die Benachteiligten erträglich gemacht werden können, er glaubt nicht, daß sich aus den privatwirtschaftlichen Produktionsverhältnissen und der mit ihnen verbundenen Klassenlage unbedingt ein systemsprengendes Bewußtsein entwickeln muß.

„... die Produktivkräfte ... sind zwar von Anbeginn der Motor der gesellschaftlichen Entwicklung gewesen, aber sie scheinen nicht, wie Marx angenommen hat, *unter allen Unständen* ein Potential der Befreiung zu sein und emanzipatorische Bewegung auszulösen – jedenfalls nicht mehr, seitdem die kontinuierliche Steigerung der Produktivkräfte von einem wissenschaftlich-technischen Fortschritt abhängig geworden ist, der auch *herrschaftslegitimierende* Funktionen übernimmt" (Habermas, 1968: 92).

Hahn scheint diesen Überlegungen zu entnehmen, daß Habermas sich die Bildung eines gesellschaftskritischen Bewußtseins als unabhängig von allen materiellen Verhältnissen vorstellt:

„Seinen Hauptangriff richtet er (Habermas – d. Autor) ... gegen den *gesellschaftlichen* Charakter der Produktion, ... gegen die *materielle* Grundlage der Klassen und des Klassencharakters, die Produktionsverhältnisse" (Hahn, 1970: 73).
„Da Habermas die Produktion nicht als von vornherein gesellschaftlich begreift und die gesellschaftliche Produktion demzufolge auch nicht als die ursprüngliche Realität des

gesellschaftlichen Wesens des Menschen, ist er genötigt, einen neben der Produktion verlaufenden Gesellschaftsprozeß zu konstituieren, dessen Dynamik aus Quellen gespeist wird, die nicht in der materiellen Produktion wurzeln" (Hahn, 1970: 80).

Nun wird man kaum sagen können, daß Habermas als Soziologe glaubt, die Bewußtseinsbildung erfolge unabhängig von gesellschaftlichen und damit auch ökonomischen Umständen. Das ist an anderer Stelle auch von Hahn anerkannt worden (1968: 53/54). Allerdings erscheinen Habermas die geschichtlichen Bedingungen, von denen Marx die Bildung eines revolutionären Klassenbewußtseins erwartete, als unter den gegenwärtigen Umständen nicht gegeben (Begleittext 12.6, Habermas). Er vermag Hahns Überzeugung nicht zu teilen, wonach unterprivilegierte Gruppen letztendlich gar nicht umhin können, zu Trägern eines solidarischen, gesellschaftskritischen Bewußtseins zu werden. Im Gegenteil, Habermas hat diese Idee schon bei Marx als zu unpräzise kritisiert (vgl. Habermas, 1968: 45/46).
Die hier referierten Gedankengänge haben zwangsläufig auch einen politischen Aspekt. Habermas sieht das für Humanisierung und Fortschritt entscheidende, kritische Bewußtsein nicht allein durch die Beseitigung bestimmter Eigentumsverhältnisse (Produktionsverhältnisse) oder Klassenstrukturen gewährleistet. Deshalb kann er sich auch nicht dazu entschließen, die wesentlichen emanzipatorischen Veränderungen der Gegenwart von klassenkämpferischen Auseinandersetzungen zu erwarten (Habermas, 1968: 86/87). Hahn vertritt genau den entgegengesetzten Standpunkt. Für ihn gibt es keinen Zweifel, daß die Interessen, die auf wirklichen Fortschritt gerichtet sind, bei einer heute identifizierbaren Klasse liegen.

„Der gesamtgesellschaftliche Zusammenhang der Gegenwart ist praktisch und theoretisch heute so weit identifiziert, daß ganz bestimmte „erkenntnisleitende" Interessen ganz bestimmten *sozialen* Subjekten, Klassen zugewiesen werden können. Die jeweiligen sozialen Subjekte der entscheidenden erkenntnisleitenden Interessen wurden eindeutig als die beiden Hauptklassen der Gegenwart, Arbeiterklasse und Bourgeosie, identifiziert" (Hahn, 1968: 54).

Mit Arbeiterklasse dürfte Hahn hier nicht so sehr die Arbeiterschaft westlicher Gesellschaften meinen, als vielmehr diejenigen Arbeiterklassen, die sich seiner Meinung nach wirklich organisiert haben, nämlich die der sozialistischen Länder. In den marxistischen Parteien dieser Länder sieht er die entscheidenden Träger des Klassenkampfes. Da Habermas seine kritischen Überlegungen nicht auf die privatwirtschaftlich organisierten Länder beschränkt, sondern auch die gegenwärtigen sozialistischen Staaten einbezieht (Habermas, 1968: 96), empfindet Hahn seine Überlegungen als politisch gefährlich.

„... Habermas (übt) zur Zeit eine desorientierende Wirkung auf den Kampf jener Teile der Intelligenz aus, die sich auf eine demokratische Bewegung orientieren und deren Herausbildung Habermas ehemals beeinflußt hat. Diese Kräfte bedürfen einer klaren klassenmäßigen Orientierung..." (Hahn, 1970: 89).
„... Habermas (verbaut) sich und seinen Anhängern das Verständnis eben dieses Klassencharakters des staatsmonopolistischen Kapitalismus durch sein, um mich sehr höflich auszudrükken, stark getrübtes Verhältnis zum existierenden Sozialismus" (Hahn, 1970: 87).
„... den Standpunkt der Arbeiterklassen einnehmen bedeutet heute, den gegen ... das sozialistische Weltsystem gerichteten Antikommunismus vorbehaltlos zu bekämpfen" (Hahn, 1970: 87).
„Die ganze Art und Weise der Argumentation ... das skizzierte Zukunftsbild weisen Habermas als Ideologen aus, der *zwischen* den entscheidenden Fronten des Klassenkampfes steht" (Hahn, 1970: 86).

Will man dieser Sichtweise gerecht werden, muß man berücksichtigen, daß für Soziologen wie Hahn die staatstragende Partei nicht nur eine politische Organisation, sondern auch eine Instanz des philosophischen und moralischen Denkens ist (vgl. Vera Wrona, 1970). Deshalb ist in sozialistischen Ländern der kommunistischen Partei ja auch die Schlüsselrolle in der praktischen Gesellschaftsgestaltung zugesprochen, wird der Führungsanspruch von den übrigen Parteien sogar in deren Satzungen anerkannt. Die gesellschaftliche Praxis ist aber für Hahn das letzte und entscheidende Kriterium, an dem sich die Angemessenheit von Theorien erweisen kann. Wahre Erkenntnis wird dort gewonnen, wo praktisch gehandelt wird. Deshalb ist auch wissenschaftliche Erfahrung der gesellschaftlichen Praxis, der ,,sozialen Erfahrung" untergeordnet (Hahn, 1968: 38–41). Für den Marxisten Hahn kann nur das Denken, das in der Klassenorganisation Partei entwickelt wird, die Funktion des von Habermas beschriebenen ,,kritischen Bewußtseins" haben.

Übungsaufgaben zu Kapitel XII

1. Bitte erläutern Sie den Begriff der ,,materiellen gesellschaftlichen Verhältnisse" und seine Abgrenzung gegen die Begriffe Produktionsverhältnisse, Produktivkräfte und Kultur.
2. In den sozialistischen Ländern gibt es nach der dort herrschenden Selbstauffassung keine unversöhnlichen gesellschaftlichen Konflikte zwischen sozialen Gruppen. An die Stelle der ,,antagonistischen Widersprüche" der kapitalistischen Klassengesellschaft sind Widersprüche ,,nichtantagonistischer Natur" getreten, die aufgrund der ,,moralisch-politischen Einheit und gemeinsamen Interessen" so bewältigt werden können, daß sie zur ,,Erhöhung der Stabilität beitragen" (vgl. Klaus/Buhr, 1972: 1167).
   Verdeutlichen Sie in einem Vergleich zu den Überlegungen Cosers (Begleittext 12.1), welche Annahmen dieser Auffassung zugrundeliegen.
3. Versuchen Sie bitte, eine Verbindung zwischen Dahrendorfs Vorstellung von den Ursachen sozialer Konflikte (Begleittext 12.2) und der Marxschen Auffassung herzustellen, wonach die Entfaltung der Produktivkräfte der eigentliche Motor der gesellschaftlichen Entwicklung ist.
4. Diskutieren Sie die Vorzüge und die Schwächen der Begriffe ,,kritisches Bewußtsein" und ,,Klassenbewußtsein" für die Analyse der mit der Frage der Umweltgefährdung verbundenen Konflikte.

Weiterführende Literatur zu Kapitel XII

Eine von Wissenschaftlern aus der DDR verfaßte Einführung in die Soziologie und zwei in der Sowjetunion bzw. der DDR ministeriell anerkannte Standardlehrbücher. Der letzte Titel vermittelt einen guten Einblick in das offiziell anerkannte Selbstbild eines Landes wie der DDR:

Assmann, Georg/Stollberg, Rudhard (Hrsg.): Grundlagen der marxistisch-leninistischen Soziologie. Frankfurt, Verlag Marxistische Blätter: 1977.

Autorenkollektiv (Konstantinow, F.W.): Grundlagen der marxistisch-leninistischen Philosophie. Frankfurt, Verlag Marxistische Blätter: 1972.

Autorenkollektiv (Grosser, G.): Wissenschaftlicher Kommunismus. Berlin, VEB Deutscher Verlag der Wissenschaften: 1974, Kap. XIII–XVII.

Darstellungen der Sozialwissenschaft sozialistischer Länder aus der Bundesrepublik:

Helberger, Christof: Marxismus als Methode. Frankfurt/M., Athenäum Fischer: 1974, Teil I und II.
Kiss, Gabor: Marxismus als Soziologie. Reinbek, Rowohlt: 1971, S. 106–126, 145–201.
Ludz, Peter C. (Hrsg.): Soziologie und Marxismus in der Deutschen Demokratischen Republik. Neuwied, Luchterhand: 1972, Bd. 1, Kap. XII–XXXII.

Frühe empirische Arbeiten aus der DDR:

Bernhard, Günter/Wolf, Herbert F.: Soziologische Gesichtspunkte zur Einschränkung der gesellschaftlich nicht notwendigen Fluktuation. In: Ludz, Peter C.: Soziologie und Marxismus in der Deutschen Demokratischen Republik. Neuwied, Luchterhand: 1972, Bd. 2, S. 19–37.
Voigt, Otto: Einige Bemerkungen zur Einstellung von Produktionsarbeitern zur beruflichen Qualifizierung. In: Ludz, Peter C.: Soziologie und Marxismus in der Deutschen Demokratischen Republik. Neuwied, Luchterhand: 1972, Bd. 2, S. 150–164.

Begleittext 12.1:

Coser, Lewis A.: Sozialer Konflikt und die Theorie des sozialen Wandels. Aus: Heinz Hartmann: Moderne amerikanische Soziologie, Enke: Stuttgart 1967, S. 392–393).

Jedes soziale System impliziert eine Verteilung der Macht, des Reichtums und der sozialen Positionen unter den einzelnen Mitgliedern des Systems und unter seinen Untergruppen. Wie schon beton wurde, besteht nie volle Übereinstimmung zwischen dem Verteilungsschlüssel und dem, was die einzelnen und die Gruppen innerhalb des Systems als gerechten Anteil betrachten; Konflikte ergeben sich aus den Bemühungen der einzelnen und der Gruppen, den eigenen Anteil entsprechend ihrem enttäuschten Anspruch zu steigern. Ihre Forderungen treffen auf den Widerstand derer, die vorher schon ein etabliertes Interesse an einer gegebenen Form der Verteilung von Ansehen, Reichtum und Macht erworben haben.
Ein Angriff gegen die etablierten Interessen erscheint diesen zwangsläufig als Angriff auf die soziale Ordnung. Wer einem gegebenen Schlüssel für die Verteilung von Positionen, Reichtum und Macht Vorteile verdankt, wird einen Angriff auf diese Vorrechte als einen Angriff auf das System selbst betrachten.
„Enttäuschte Ansprüche" allein werden jedoch nicht zur Kritik an der Legitimität der etablierten Interessen und somit zum Konflikt führen. Das Anspruchsniveau wie auch das Gefühl, benachteiligt zu sein, beziehen sich auf institutionalisierte Erwartungen und entstehen durch Vergleiche. Wenn soziale Systeme das Verhalten der Mitglieder durch institutionalisierte Ziele und Werte lenken, aber einigen Mitgliedern der Gesellschaft den Zugang zu diesen Zielen und Werten beschränken, so muß man „Abweichungen von institutionalisierten Forderungen" erwarten. In ähnlicher Weise entsteht wahrscheinlich Unzufriedenheit, wenn bestimmte Gruppen innerhalb eines sozialen Systems ihren Anteil an der Macht, an Reichtum und Positionsprestige mit demjenigen anderer Gruppen vergleichen und die Legitimität dieser Aufteilung in Frage stellen. Falls keine institutionalisierten Vorkehrungen für die Äußerung dieser Unzufriedenheit bestehen, können Abweichungen von dem durch die Normen des sozialen Systems geforderten Verhalten auftreten. Diese Abweichungen können sich auf „Innovation" beschränken oder zur Ablehnung der institutionalisierten Ziele führen. Solche „Rebellion" „bedeutet eine echte Umwertung, bei der die direkte Enttäuschung oder das Miterleben der Enttäuschungng eines anderen eine vollkommene Ablehnung der vorher hochgeschätzten Werte zur Folge hat". Darum sollte man wohl unterscheiden zwischen solchen Abweichungen von den Normen, die nur eine „Abweichung" bedeuten und denjenigen, die zur Bildung eigener Verhaltensmuster und neuer Wertsysteme führen.

Begleittext 12.2:

Ralf Dahrendorf: Die Funktionen sozialer Konflikte, aus: R. Dahrendorf: Pfade aus Utopia, Piper: München 1967, S. 272–276.

Es ist meine These, daß die permanente Aufgabe, der Sinn und die Konsequenz sozialer Konflikte darin liegt, den Wandel globaler Gesellschaften und ihrer Teile aufrechtzuerhalten und zu fördern. Wenn man so will, könnte man dies als die „Funktion" sozialer Konflikte bezeichnen...
... Als ein Faktor im allgegenwärtigen Prozeß des sozialen Wandels sind Konflikte zutiefst notwendig. Wo sie fehlen, auch unterdrückt oder scheinbar gelöst werden, wird der Wandel verlangsamt und aufgehalten. Wo Konflikte anerkannt und geregelt werden, bleibt der Prozeß

des Wandels als allmähliche Entwicklung erhalten. Immer aber liegt in sozialen Konflikten eine hervorragende schöpferische Kraft von Gesellschaften. Gerade weil sie über ja bestehende Zustände hinausweisen, sind Konflikte ein Lebenselement der Gesellschaft – wie möglicherweise Konflikt überhaupt ein Element allen Lebens ist...

... Wenn hier von Konflikten die Rede ist, so sind damit alle strukturell erzeugten Gegensatzbeziehungen von Normen und Erwartungen, Institutionen und Gruppen gemeint. Entgegen dem Sprachgebrauch müssen diese Konflikte keineswegs gewaltsam sein. Sie können latent oder manifest, friedlich oder heftig, milde oder intensiv auftreten. Parlamentarische Debatte und Revolution, Lohnverhandlung und Streik, Machtkämpfe in einem Schachklub, einer Gewerkschaft und einem Staat sind sämtlich Erscheinungsformen der einen großen Kraft des sozialen Konflikts, die überall die Aufgabe hat, soziale Beziehungen, Verbände und Institutionen „lebendig zu erhalten" und „voranzutreiben".

In merkwürdiger Verkennung sozialer Gesetzlichkeiten haben viele Soziologen seit Marx, insbesondere aber seit Ogburns schlimmem und einflußreichem Werk über ‚Social Change', die Faktoren des Wandels in metasozialen Gegebenheiten gesucht. Immer wieder wurde vor allem die technische Entwicklung als Triebkraft der gesellschaftlichen Entwicklung beschworen, bis schließlich die Vorstellung eines Überbaus sozialer „Produktionsverhältnisse" über dem eigentlichen Motor technischer „Produktivkräfte" fast zum Gemeingut soziologischen Denkens geworden ist. Nun liegt in der technischen Entwicklung zweifellos ein Faktor des sozialen Wandels; doch ist dies weder der einzige noch auch nur der wichtigste Faktor. Mindestens ebenso wichtig ist hier die eigentümlich soziale Tatsache, daß alle Gesellschaften in sich ständig Antagonismen erzeugen, die weder zufällig entstehen noch willkürlich beseitigt werden können. Die Explosivität von mit widersprüchlichen Erwartungen ausgestatteten sozialen Rollen, die Unvereinbarkeit geltender Normen, regionale und konfessionelle Unterschiede, das System sozialer Ungleichheit, das wir Schichtung nennen, und die universelle Schranke zwischen Herrschenden und Beherrschten sind sämtlich soziale Strukturelemente, die notwendig zu Konflikten führen. Von solchen Konflikten aber gehen stets starke Impulse auf das Tempo, die Radikalität und die Richtung sozialen Wandels aus.

Die Beziehung zwischen Konflikt und Wandel liegt im Grunde auf der Hand. Was folgt denn aus dem Gegensatz von Regierung und Opposition? Zur bloßen Erhaltung des bestehenden Systems reicht eine Gruppe. Wäre die Opposition nur ein pathologisches Element, ein Faktor der Instabilität, dann wäre sie überflüssig. Doch ist es der offenbare Sinn des Widerspiels von Regierung und Opposition, den politischen Prozeß lebendig zu erhalten, in Widerspruch und Diskussion neue Wege zu erkunden und damit die schöpferische Qualität menschlicher Gesellschaften zu erhalten. Das gleiche gilt für Konflikte im wirtschaftlichen Bereich, aber auch im Rechtswesen und in allen anderen Organisationen und Institutionen. Immer also liegen der Sinn und die Konsequenz sozialer Konflikte darin, den historischen Wandel wachzuhalten und die Entwicklung der Gesellschaft voranzutreiben.

Es ist klar, daß eine solche Funktionsbestimmung andere para-theoretische Voraussetzungen hat als die strukturell-funktionale Theorie. Für diese ist das soziale System letzter Bezugspunkt der Analyse. Die Dynamik des Systems erschöpft sich in Prozessen, die das Gleichgewicht des Bestehenden erhalten. Elemente des Systems haben eine Funktion, insofern sie zum gleichgewichtigen Funktionieren des Ganzen beitragen. Die These aber, daß die Konsequenz sozialer Konflikte in der Erhaltung des historischen Wandels liegt, setzt voraus, daß jede Gesellschaft zu jeder Zeit in allen ihren Teilen dem Wandel unterliegt...

... Das gleichgewichtige Funktionssystem ist als Idealvorstellung ein schrecklicher Gedanke. Es ist die Gesellschaft, in der jeder und jedes seinen festen Ort hat, seine Rolle spielt, seine Funktion ausübt; die Gesellschaft, in der alles wie am Schnürchen klappt und nichts sich daher je zu verändern braucht; die ein für allemal richtig geordnete Gesellschaft. Weil dies so ist, bedarf die strukturell-funktionale Gesellschaft gar keiner Konflikte; weil sie andererseits keine Konflikte kennt, ruft sie das furchtbare Bild einer perfekten Gesellschaft wach. Ein solches Modell mag als Produkt utopischer Phantasie hingehen, doch kann es als Programm oder Ideologie wirklicher Verhältnisse nur illiberale Konsequenzen haben. Wenn die Utopie wirklich wird, dann wird sie immer totalitär; denn nur die totalitäre Gesellschaft kennt de facto – jedenfalls scheinbar – jene allgemeine Übereinstimmung und Einigkeit, jenes graue Einerlei der Gleichen, das die perfekte Gesellschaft kennzeichnet. Wer eine Gesellschaft ohne Konflikte herbeiführen will, muß dies mit Terror und Polizeigewalt tun; denn schon der Gedanke einer konfliktlosen Gesellschaft ist ein Gewaltakt an der menschlichen Natur.

Daß dies so ist, scheint einen Grund zu haben, den man beinahe als erkenntnistheoretisch bezeichnen möchte. Eine vollkommene menschliche Gesellschaft setzt die Möglichkeit voraus, daß mindestens ein Mensch in der Lage ist, das Vollkommene in seiner ganzen Fülle zu erkennen. Sie setzt Gewißheit voraus. Nun ist aber die philosophische Annahme zumindest plausibel, daß wir konstitutionell in einer Welt der Ungewißheit leben, d.h. daß kein Mensch je in der Lage sein wird, auf alle Fragen die ein für allemal richtigen Antworten zu geben. Was immer wir aussagen mögen – über die Welt, über die menschliche Gesellschaft, über die akuten Probleme der Außen- und Innenpolitik – steht unter dem kritischen Vorbehalt eines „Soviel wir wissen" oder „Soweit wir erkennen können". Immer fehlt es uns an Information, um ganz gewiß sein zu können; immer fehlt es uns an Erkenntniskraft, um das Wesen der Dinge verbindlich zu erfahren. Die Welt mag vollkommen sein und die Möglichkeit der Gewißheit in sich tragen. Die Menschen aber sind ihrer Natur nach zu unvollkommen, um solche Gewißheit zu gewinnen.

Aus der Ungewißheit der menschlichen Existenz in der Welt könnte man den anthropologischen Sinn des Konfliktes in der Gesellschaft, aber auch im Einzelnen begründen. Weil niemand alle Antworten weiß, kann jede Antwort nur zum Teil und nur in einem gegebenen Zeitpunkt richtig sein. Weil wir die vollkommene Gesellschaft nicht kennen können, muß menschliche Gesellschaft geschichtlich sein, d.h. ständig zu neuen Lösungen streben. Weil in der geschichtlichen Gesellschaft das heute Richtige morgen falsch sein kann (und vielleicht sogar muß), und weil in der ungewissen Welt die Antwort des einen nicht richtiger sein kann als die des anderen, beruht aller Fortschritt auf der Vielfalt und Widersprüchlichkeit der menschlichen Gesellschaft, d.h. darauf, im Widerstreit der Normen und Gruppen die jeweils annehmbare Lösung zu finden, um sie sogleich wieder kritisch zu relativieren. Konflikt und Wandel, Vielfalt und Geschichte beruhen in diesem Sinne auf der konstitutionellen Ungewißheit der menschlichen Existenz.

Begleittext 12.3:

Erich Hahn: Historischer Materialismus und marxistische Soziologie, Dietz: Berlin 1968, S. 85, 117–118.

Die „Idee" der Produktionsverhältnisse ist nicht nur eine Abstraktion von dem Verhalten der Individuen, von ihnen selbst, von den dinglichen Gegenständen des gesellschaftlichen Lebens, sondern schließlich auch eine Abstraktion von der jeweils gegebenen Totalität der Gesellschaft. Die Produktionsverhältnisse konstituieren keinen abgeschlossenen Bereich des gesellschaftlichen Lebens, demgegenüber die Individuen als stumme und passive Träger irgendwelcher Beziehungen fungieren, ohne Bewußtsein, ohne bewußte Handlungen, ohne Zwecksetzungen, Absichten usw. Die ökonomischen Verhältnisse existieren in der Realität in enger Verflechtung mit juristischen Verhältnissen, denken wir nur an das Eigentum als ökonomische und als juristische Einrichtung. Diese Verflechtung ist nicht nur so vorzustellen, als seien etwa die juristischen Aspekte des Eigentums oder die politischen Erscheinungsformen des Handelns lediglich Ausdrucksformen des gegebenen ökonomischen Inhalts. Die Totalität der gesellschaftlichen Beziehungen oder einzelne Bereiche des gesellschaftlichen Lebens vermögen die ökonomischen Verhältnisse wesentlich zu modifizieren, ihre konkrete Erscheinungsform und Entwicklung wesentlich zu beeinflussen...

... Die ursprüngliche Realität dieser Einheit von Individuum und Gesellschaft ist die gesellschaftliche Produktion der Individuen. Die Art und Weise der materiellen gesellschaftlichen Produktion prägt grundlegend den jeweiligen gesellschaftlichen Zustand und insofern das gesellschaftliche Wesen der menschlichen Persönlichkeit unter diesen Bedingungen. Sie macht die entscheidende, konkrete, empirisch feststellbare Qualität des Menschen als eines gesellschaftlichen Wesens aus. Hier wäre die entscheidende Differenz zu der oben charakterisierten Konzeption zu sehen. Das Wesen der Gesellschaft sind eben nicht primär die jeweiligen Institutionen, sondern die Art und Weise der materiellen Produktion als Lebensäußerung und Betätigungsweise konkreter Individuen. Die gesellschaftlichen Institutionen (auch in dem umfassenden Sinne, den dieser Terminus bei König oder bei Parsons hat, also nicht eingeschränkt auf Organisationen oder Verbände oder gar Einrichtungen des Staatsapparates, sondern verstanden als Inbegriff, als Objektivierung von Rollen) sind stets ihrem Wesen und gesellschaftlichem Inhalt nach, ihrem Charakter, ihrer Zielstellung, ihrer Funktion im gesellschaftlichen Geschehen nach geprägt von der Art und Weise der materiellen gesellschaftlichen Produktion.

Die These von der gesellschaftlichen Produktion als ursprüngliche Realität der Einheit von Individuum und Gesellschaft ist natürlich nicht so zu verstehen, daß jedes einzelne gegebene menschliche Individuum, um seinen Zusammenhang mit der Gesellschaft zu realisieren, in eine Fabrik gehen und eine Tätigkeit im materiellen Produktionsprozeß aufnehmen muß, daß etwa nur die unmittelbar in der materiellen Produktion beschäftigten Werktätigen einen Zusammenhang mit der Gesellschaft, ein gesellschaftliches Wesen, aufzuweisen hätten. Sie besagt ebensowenig, daß die unmittelbare Wechselwirkung zwischen Maschine und Mensch in einem beliebigen konkreten Arbeitsprozeß das gesellschaftliche Wesen dieses betreffenden Individuums bestimme. Diese These besagt vielmehr, daß der jeweilige gesellschaftliche, allgemeine, durchschnittliche Entwicklungsstand der materiellen Produktion, der sich unter Verwendung ganz bestimmter Produktionsmittel vollzieht, der ganz bestimmte menschliche Fähigkeiten, Fertigkeiten, Einsichten und wissenschaftliche Erkenntnisse voraussetzt und als wesentliches Attribut ganz bestimmte direkte und indirekte Formen der sozialen Kooperation und der zwischenmenschlichen Beziehungen aufweist, daß dieser Entwicklungsstand der gegebenen Produktivkräfte und Produktionsverhältnisse die soziale und historische Spezifik des gesellschaftlichen Gesamtzustandes bedingt und bestimmt. Und daß dieser so verstandene gesellschaftliche Gesamtzustand gleichzeitig die grundlegende Spezifik des jeweiligen gesellschaftlichen Wesens, der jeweiligen sozialen Komponente der menschlichen Persönlichkeit ausmacht.

Begleittext 12.4:

Karl Marx: Grundrisse zur Kritik der politischen Ökonomie, aus: Günter Hillemann (Hrsg.): Karl Marx, Texte zu Methode und Praxis III, Rowohlt: Hamburg 1967, S. 174–176, 209–210.

Die universelle Tendenz des Kapitals erscheint hier, die es von allen früheren Produktionsstufen unterscheidet. Obgleich seiner Natur nach selbst borniert, strebt es nach universeller Entwicklung der Produktivkräfte und wird so die Voraussetzung neuer Produktionsweise, die gegründet ist nicht auf die Entwicklung der Produktivkräfte, um einen bestimmten Zustand zu reproduzieren und höchstens auszuweiten, sondern wo die – freie, ungehemmte, progressive und universelle Entwicklung der Produktivkräfte selbst die Voraussetzung der Gesellschaft und daher ihrer Reproduktion bildet; wo die einzige Voraussetzung das Hinausgehen über den Ausgangspunkt...

... Alle bisherigen Gesellschaftsformen gingen unter an der Entwicklung des Reichtums – oder was dasselbe ist, der gesellschaftlichen Produktivkräfte. Bei den Alten, die das Bewußtsein hatten, wird der Reichtum daher direkt als Auflösung des Gemeinwesens denunziert. Die Feudalverfassung ihrerseits ging unter an städtischer Industrie, Handel, moderner Agrikultur (sogar an einzelnen Erfindungen, wie Pulver und Druckerpresse). Mit der Entwicklung des Reichtums – und daher auch neuer Kräfte und erweiterten Verkehrs der Individuen – lösten sich die ökonomischen Bedingungen auf, worauf das Gemeinwesen beruhte, die politischen Verhältnisse der verschiedenen Bestandteile des Gemeinwesens, die dem entsprachen: die Religion, worin es idealisiert angeschaut wurde (und beides beruhte wieder auf einem gegebenen Verhältnis zur Natur, in die sich alle Produktivkraft auflöst); der Charakter, Anschauung etc. der Individuen. Die *Entwicklung der Wissenschaft allein* – i.e. der solidesten Form des Reichtums, sowohl Produkt wie Produzent desselben – war hinreichend diese Gemeinwesen aufzulösen. Die *Entwicklung der Wissenschaft,* dieses ideellen und zugleich praktischen Reichtums, ist aber nur eine Seite, eine Form, worin die *Entwicklung der menschlichen Produktivkräfte,* i.e. des Reichtums erscheint.

Ideell betrachtet reichte die Auflösung einer bestimmten Bewußtseinsform hin, um eine ganze Epoche zu töten. Reell entspricht diese Schranke des Bewußtseins einem *bestimmten Grad der Entwicklung der materiellen Produktivkräfte* und daher des Reichtums. Allerdings fand Entwicklung statt nicht nur auf der alten Basis, sondern *Entwicklung dieser Basis selbst.* Die höchste Entwicklung dieser *Basis* selbst (die Blüte, worin sie sich verwandelt; es ist aber doch immer *diese* Basis, *diese* Pflanze als Blüte; daher Verwelken *nach* der Blüte und als Folge der Blüte) ist der Punkt, worin sie selbst zu der Form ausgearbeitet ist, worin sie mit der *höchsten Entwicklung der Produktivkräfte* vereinbar, daher auch der reichsten Entwicklung der Individuen. Sobald dieser Punkt erreicht ist, erscheint die weitere Entwicklung als Verfall und die neue Entwicklung beginnt von einer neuen Basis...

... Das Kapital setzt die *Produktion des Reichtums* selbst und daher die universelle Entwicklung der Produktivkräfte, die beständige Umwälzung seiner vorhandenen Voraussetzungen, als Voraussetzung seiner Reproduktion...

... Resultat ist: die ihrer Tendenz und *dynámei* nach allgemeine Entwicklung der Produktivkräfte – des Reichtums überhaupt – als Basis, ebenso die Universalität des Verkehrs, daher der Weltmarkt als Basis. Die Basis als Möglichkeit der universellen Entwicklung des Individuums, und die wirkliche Entwicklung der Individuen von dieser Basis aus als beständige Aufhebung ihrer *Schranke,* die als Schranke gewußt ist, nicht als *heilige Grenze* gilt. Die Universalität des Individuums nicht als gedachte oder eingebildete, sondern als Universalität seiner realen und ideellen Beziehungen.

Daher auch Begreifen seiner eignen Geschichte als eines *Prozesses* und Wissen der Natur (ebenso als praktische Macht über sie vorhanden) als seines realen Leibes. Der Prozeß der Entwicklung selbst als Voraussetzung desselben gesetzt und gewußt. Dazu aber nötig vor allem, daß die volle Entwicklung der Produktivkräfte *Produktionsbedingung* geworden; nicht bestimmte *Produktionsbedingungen* als Grenze für die Entwicklung der Produktivität gesetzt sind. – ...

... In dem Maße aber, wie die große Industrie sich entwickelt, wird die Schöpfung des wirklichen Reichtums abhängig weniger von der Arbeitszeit und dem Quantum angewandter Arbeit, als von der Macht der Agentien, die während der Arbeitszeit in Bewegung gesetzt werden und die selbst wieder – deren powerful effectiveness – selbst wieder in keinem Verhältnis steht zur unmittelbaren Arbeitszeit, die ihre Produktion kostet, sondern vielmehr abhängig vom allgemeinen Stand der Wissenschaft und dem Fortschritt der Technologie, oder der Anwendung dieser Wissenschaft auf die Produktion. (Die Entwicklung dieser Wissenschaft, besonders der Naturwissenschaft, und mit ihr alle andren, steht selbst wieder im Verhältnis zur Entwicklung der materiellen Produktion.) Die Agrikultur z.B. wird bloße Anwendung der Wissenschaft des materiellen Stoffwechsels, wie er am vorteilhaftesten zu regulieren für den ganzen Gesellschaftskörper. Der wirkliche Reichtum manifestiert sich vielmehr – und dies enthüllt die große Industrie – im ungeheuren Mißverhältnis zwischen der angewandten Arbeitszeit und ihrem Produkt...

... Die Arbeit erscheint nicht mehr so sehr als in den Produktionsprozeß eingeschlossen, als sich der Mensch vielmehr als Wächter und Regulator zum Produktionsprozeß selbst verhält. (Was von der Maschinerie, gilt ebenso von der Kombination der menschlichen Tätigkeiten und der Entwicklung des menschlichen Verkehrs.) Es ist nicht mehr der Arbeiter, der modifizierten Naturgegenstand als Mittelglied zwischen das Objekt und sich einschiebt; sondern den Naturprozeß, den er in einen industriellen umwandelt, schiebt er als Mittel zwischen sich und die unorganische Natur, deren er sich bemeistert. Er tritt neben den Produktionsprozeß, statt sein Hauptagent zu sein. In dieser Umwandlung ist es weder die unmittelbare Arbeit, die der Mensch selbst verrichtet, noch die Zeit, die er arbeitet, sondern die Aneignung seiner eigenen allgemeinen Produktivkraft, sein Verständnis der Natur und die Beherrschung derselben durch sein Dasein als Gesellschaftskörper – in einem Wort die Entwicklung des gesellschaftlichen Individuums, die als der große Grundpfeiler der Produktion und des Reichtums erscheint.

... Sobald die Arbeit in unmittelbarer Form aufgehört hat, die große Quelle des Reichtums zu sein, hört und muß aufhören die Arbeitszeit sein Maß zu sein und daher der Tauschwert [das Maß] des Gebrauchswerts...

... Damit bricht die auf dem Tauschwert ruhende Produktion zusammen, und der unmittelbare materielle Produktionsprozeß erhält selbst die Form der Notdürftigkeit und Gegensätzlichkeit abgestreift. Die freie Entwicklung der Individualitäten, und daher nicht das Reduzieren der notwendigen Arbeitszeit um Surplusarbeit zu setzen, sondern überhaupt die Reduktion der notwendigen Arbeit der Gesellschaft zu einem Minimum, der dann die künstlerische, wissenschaftliche etc. Ausbildung der Individuen durch die für sie alle freigewordene Zeit und geschaffenen Mittel entspricht.

Begleittext 12.5:

Erich Hahn: Historischer Materialismus und marxistische Soziologie. Dietz: Berlin 1968, S. 67/68, 147/148.

Die Ideen der Menschen über das gesellschaftliche Leben bilden sich nicht schlechthin als Reflex ihres in den Produktivkräften kristallisierten Verhältnissen zur Natur, besser ihres in den Produktivkräften kristallisierten Grades der Beherrschung der Natur, der Einwirkung auf die Natur, der Veränderung der Naturkräfte. Sie bilden sich vielmehr primär aus der gesellschaftlichen Form dieses Verhältnisses zur Natur, daraus, daß die Einwirkung auf die Natur kollektiv erfolgt, daß die Menschen gegenseitige, zwischenmenschliche Beziehungen eingehen. Ihr Verhältnis zur Natur ist durch diese gesellschaftlichen Beziehungen vermittelt, bedingt, was am augenfälligsten in der jeweiligen Form der Verfügungsgewalt über die materiellen Produktionsmittel zum Ausdruck kommt. Verfügungsgewalt über Produktionsmittel auf seiten bestimmter Individuen bedeutet zwangsläufig Ausschluß anderer Individuen aus dieser Verfügungsgewalt und insofern ein gesellschaftliches Verhältnis. Ein gesellschaftliches Verhältnis, welches weitgehende materiell-ökonomische und ideelle Konsequenzen hat. Es bringt eine bestimmte Position und Stellung des betreffenden Individuums mit sich. Im Maßstab der Gesellschaft gesehen, ergibt sich aus den Produktionsverhältnissen die Sozialstruktur. Damit hängen unmittelbar bestimmte Interessenstrukturen zusammen. „Die ökonomischen Verhältnisse einer gegebenen Gesellschaft stellen sich zunächst dar als *Interessen*“[1]. Die Interessen der betreffenden Individuen, die sich durch eine gleiche Stellung in dem gegebenen System von Produktionsverhältnissen auszeichnen, sind der unmittelbarste ideelle Ausdruck der gegenseitigen Beziehungen zwischen diesen Individuen und Gruppen. Interessen wiederum verdichten sich zu bestimmten Ideen, Standpunkten, Überzeugungen, die um ihrer Verfechtung, Verteidigung oder Verbreitung willen geschaffen werden. Eine andere Form der Behauptung bestimmter, sich aus den materiellen ökonomischen Beziehungen ergebenden Interessen sind Organisationsformen des gemeinschaftlichen Handelns bestimmter Kollektive bis zum Staat als dem höchstentwickelten Ausdruck und Machtinstrument der Interessen einer herrschenden Klasse auf politischem Gebiet...

... Zur Bezeichnung dieser Funktion der Gruppe werden in der – vor allem sozialpsychologischen – Literatur stets solche Begriffe gebraucht wie „die Gruppe *vermittelt* gesellschaftliche Normen an den einzelnen“, „die Gruppe *modifiziert* den Einfluß gesellschaftlicher Normen...“, „die Gruppe *bricht* den Einfluß der gesellschaftlichen Normen“ usw.. Was ist jedoch darunter im einzelnen zu verstehen?

Erstens: Primär entstehen gesellschaftliche Normen und Wertsysteme als Widerspiegelung gesamtgesellschaftlicher Verhältnisse und Beziehungen. Und der Einfluß der Gruppe besteht darin, diese an das einzelne Individuum weiterzuleiten, zu vermitteln. Allerdings ergibt sich hier eine entscheidende Differenz zwischen den sogenannten Makrogruppen und Mikrogruppen, bzw. innerhalb verschiedener Arten dieser beiden Mengen. Unseres Erachtens kann hinsichtlich dieses Bezugrahmens die Rolle und Funktion der sozialen Klassen mit keiner anderen Gruppe oder Gruppenart gleichgesetzt werden. Das hängt damit zusammen, daß die Zugehörigkeit bestimmter Individuen zu bestimmten Klassen primär durch ihre Stellung und Rolle in dem gegebenen System von Produktionsverhältnissen bedingt ist, d.h. durch ein Merkmal der Person, welches unmittelbar ein Moment der grundlegenden und bestimmenden gesellschaftlichen Verhältnisse ist, die über die gesamten Lebensbedingungen des betreffenden

---

1 Friedrich Engels: Zur Wohnungsfrage. In: Marx/Engels: Werke. Bd. 18, S. 274.

Individuums entscheiden und in den ausschlaggebenden materiellen Interessen Niederschlag finden. Insofern ist die Klasse gerade jene gesellschaftliche Existenzform des menschlichen Lebens, die zugleich das entscheidende Subjekt der Erzeugung der entscheidenden gesellschaftlichen Normen und Wertsysteme darstellt. Und dies nicht in einer mystischen Abgeschiedenheit und isolierten Existenz von den „zu determinierenden" Individuen. Die menschlichen Individuen haben als Angehörige von Klassen an dieser Produktion von Normen teil, sie artikulieren in ihrem praktischen Handeln und Verhalten jene Interessen, Überzeugungen, Standpunkte, Ideen, die in den jeweiligen Normen und Werten konzentrierten Ausdruck finden. Wobei wir hier von der unterschiedlichen Funktion, dem unterschiedlichen Anteil der einzelnen Angehörigen einer Klasse an diesen geistigen Schöpfungen, auf den Marx z.B. mit der Hervorhebung der aktiven Ideologen einer Klasse aufmerksam macht, absehen. Hinzu kommt, daß die von Klassen erzeugten Normen diejenigen sind, die in der gesellschaftlichen und geschichtlichen Entwicklung die dominierende Rolle spielen, die das Verhalten und Handeln der Menschen in den entscheidenden Dimensionen des wirtschaftlichen, kulturellen, politischen und ideologischen Lebens prägen und regulieren.
In dieser Hinsicht also läßt sich die Klasse nicht nur mit keiner Mikrogruppe, sondern auch mit keiner anderen Makrogruppe vergleichen. Die „Normenproduktion" aller anderen Existenzformen des gesellschaftlichen Lebens der Menschen ist dieser gegenüber abgeleitet, sekundär.

Begleittext 12.6:

Jürgen Habermas: Technik und Wissenschaft als „Ideologie". Aus: J. Habermas (Hrsg.): Technik und Wissenschaft als Ideologie. Suhrkamp: Frankfurt 1968, S. 86–87.

Die an der Erhaltung der Produktionsweise haftenden Interessen sind im Gesellschaftssystem nicht mehr als Klasseninteressen „eindeutig lokalisierbar". Denn das auf die Vermeidung von Systemgefährdungen gerichtete Herrschaftssystem schließt gerade „Herrschaft" (im Sinne unmittelbarer politischer oder ökonomisch vermittelter sozialer Herrschaft) aus, soweit sie in der Weise ausgeübt wird, daß ein Klassensubjekt dem anderen als identifizierbare Gruppe *gegenübertritt.*
Das bedeutet nicht eine Aufhebung, aber eine *Latenz der Klassengegensätze.* Immer noch bestehen die klassenspezifischen Unterschiede fort in Form subkultureller Überlieferungen und entsprechender Differenzen nicht nur des Lebensniveaus und der Lebensgewohnheiten, sondern auch der politischen Einstellungen. Zudem ergibt sich die sozialstrukturell bedingte Wahrscheinlichkeit, daß die Klasse der Lohnabhängigen von den gesellschaftlichen Disparitäten härter getroffen wird als andere Gruppen. Und schließlich ist das verallgemeinerte Interesse an der Erhaltung des Systems auf der Ebene unmittelbarer Lebenschancen auch heute noch in einer Privilegienstruktur verankert: der Begriff eines gegenüber den lebendigen Subjekten *vollständig* verselbständigten Interesses müßte sich selbst aufheben. Aber die politische Herrschaft im staatlich geregelten Kapitalismus hat mit der Abwehr von Systemgefährdungen ein über die latenten Klassengrenzen hinweggreifendes Interesse an der Aufrechterhaltung der kompensatorischen Verteilerfassade in sich aufgenommen.
Auf der anderen Seite bedeutet die Verschiebung der Konfliktzone von der Klassengrenze auf die unterprivilegierten Lebensbereiche keineswegs die Beseitigung von schwerwiegendem Konfliktpotential. Wie der Rassenkonflikt in den USA als extremes Beispiel zeigt, können sich in bestimmten Gebieten und Gruppen soviele Disparitätsfolgen kumulieren, daß es zu bürgerkriegsähnlichen Explosionen kommt. Ohne Verbindung mit Protestpotentialen anderer

Herkunft sind aber alle aus solchen *Unterprivilegierungen* hervorgehenden Konflikte dadurch ausgezeichnet, daß sie das System womöglich zu scharfen, mit formaler Demokratie nicht mehr zu vereinbarenden Reaktionen herausfordern, aber nicht eigentlich umwälzen können. Denn unterprivilegierte Gruppen sind keine sozialen Klassen. Sie stellen auch potentiell niemals die Masse der Bevölkerung dar. Ihre *Entrechtung* und ihre Pauperisierung fällt nicht mehr zusammen mit *Ausbeutung,* weil das System nicht von ihrer Arbeit lebt. Sie können allenfalls eine vergangene Phase der Ausbeutung repräsentieren. Aber die Ansprüche, die sie legitimerweise vertreten, können sie nicht durch Kooperationsentzug erzwingen: deshalb behalten sie appellativen Charakter. Auf die langfristige Nichtbeachtung ihrer legitimen Ansprüche können unterprivilegierte Gruppen im Extremfall mit desparater Zerstörung und Selbstzerstörung reagieren: Einem solchen Bürgerkrieg fehlen jedoch die revolutionären Erfolgschancen des Klassenkampfes, solange keine Koalitionen mit privilegierten Gruppen zustande kommen.

XIII. Der reduktionistische Ansatz

1. Zielsetzung

Jede Wissenschaft, schreibt George C. Homans in dem Aufsatz „The Sociological Relevance of Behaviorism“ (Homans, 1969) hat zwei Aufgaben: Entdeckung und Erklärung. Von einer „Entdeckung“ könne dann gesprochen werden, wenn jemand Tatbestände und Beziehungen zwischen Tatbeständen entdeckt, die bislang noch unbekannt waren.

„Ich möchte dies an einem einfachen Beispiel verdeutlichen. Ich bin in meiner Jugend häufig vor der Atlantikküste geschwommen. Dabei habe ich entdeckt, was natürlich andere vor mir entdeckt haben, daß – bei gleichen Bedingungen – im Sommer die oberen Wasserschichten in der Nähe der Küste bei Seewind (Wind weht landwärts) wärmer sind als bei Landwind. Diese Entdeckung erstellt eine Beziehung zwischen Windrichtung und Wassertemperatur“ (Homans, 1969: 1).

Die „Erklärung“ wird als eine Aussage verstanden, die die beobachtbaren besonderen Tatbestände aus allgemeineren Beziehungen ableitet und damit verstehbar macht.

„So besteht beispielsweise die Erklärung dafür, daß es zwei Gezeiten gibt – eine Erklärung, die man erst lang nach der Entdeckung der Tatsache selbst gefunden hat – im Nachweis der Ableitbarkeit der Phänomene aus dem Gravitationsgesetz unter den spezifischen Bedingungen, daß die Erde großteils mit Wasser bedeckt ist, daß sich die Erde um ihre Achse dreht und daß sich der Mond in einer Bahn um die Erde bewegt“ (Homans, 1972: 59).

Versuche dieser Art, nämlich allgemeinere, grundlegendere Zusammenhänge zur Begründung von Einzelaussagen heranzuziehen, kennzeichnet natürlich auch die soziologische Theorie. Einige Aspekte solcher Vorgehensweise haben wir bereits in dem Kap. VIII kennengelernt. Hier waren es Überlegungen, die versuchten, das geordnete menschliche Miteinander aus biologischen oder physikalischen Gesetzmäßigkeiten zu erklären. Hinter den konkreten Abläufen in Gesellschaften werden von diesen Wissenschaftlern grundlegendere Prozesse vermutet, denen sie als „Erklärung“ einen höheren Stellenwert einräumen als der Beschreibung einzelner sozialer Vorgänge. Eine andere, in der Soziologie lebhaft diskutierte Form einer solchen reduktionistischen Erklärung ist der Versuch, soziologische Aussagen auf psychologische Erklärungen zurückzuführen (Hummel/Opp, 1973; Homans, 1969).
Der Kern dieses reduktionistischen Ansatzes läßt sich über die Annahmen charakterisieren, daß erstens singuläre sozialwissenschaftliche Tatbestände (wie z.B. die unterschiedlich hohe Selbstmordrate in verschiedenen Städten) unter Rückgriff auf individuelle Verhaltensweisen erklärt werden können, und daß dieser gleiche Erklärungsansatz auch für sozialwissenschaftliche Generalisierungen gelte. Entscheidend ist also die Absicht, über Verwendung von Hypothesen über individuelles Verhalten nicht allein dieses, sondern auch kollektive Phänomene wie Streiks, Wahlen, Machtstrukturen u.ä. zu erklären. Entsprechend dieser

Grundüberlegung haben Hummel/Opp (1971) in dem Bemühen, den Informationsgehalt theoretischer Aussagen zu maximieren, versucht, soziologische Aussagen und Begriffe auf psychologische Aussagen zurückzuführen. Dieses Programm geht von drei Thesen aus, die diesen Reduktionismus-Ansatz charakterisieren:

- Begriffe der Soziologie sind durch Begriffe der Psychologie definierbar;
- singuläre Ereignisse, die durch soziologische Aussagen beschrieben werden, können durch psychologische Hypothesen erklärt werden;
- soziologische gesetzesartige Aussagen sind in ihrer ursprünglichen oder in modifizierter Form aus psychologischen Aussagen logisch ableitbar (Hummel/Opp, 1971: 7).

Anstoß zu diesem Verfahren der Reduktion gaben die nicht unerheblichen Präzisionsdefizite soziologischer Begriffe und Aussagen. Opp betont in verschiedenen Arbeiten (1970a; 1978) die Probleme z.B. unklarer Zusammenhänge zwischen den vorliegenden Hypothesen, er kritisiert eine weitgehend theorielose empirische Forschung und moniert ganz allgemein eine starke Desintegration soziologischen Wissens (1970a: 10–11). Aus dieser „wissenschaftlich wenig wünschenswerten Situation" wird eine gewisse Programmatik abgeleitet, die auf eine Verhaltenstheorie zielt, die einen hohen Allgemeinheitsgrad hat und möglichst viele Hypothesen in sich zusammenfassen kann. Ein Beispiel für eine solche Theorie bieten nach Opp die folgenden Ausführungen (1970a: 21):

„Ein Akteur, der eine *Handlung* ausführt, hat ein bestimmtes *Ziel,* und er befindet sich in einer Situation, in der das Ziel nicht realisiert ist. In der Situation, in der der Akteur sich befindet, stehen ihm *Mittel* zur Verfügung, die er zur Erreichung seines Zieles manipulieren kann. *Die Mittel sind normativ reguliert,* d.h. wenn alternative Mittel vorliegen, hängt die Entscheidung für ein bestimmtes Mittel von den Normen des Akteurs ab. Offenbar ist gemeint, daß die Ziele, Mittel und normativen Vorstellungen eines Akteurs *Bedingungen* für die Ausführung einer Handlung sind, d.h. wenn ein Akteur bestimmte Ziele, Mittel und normative Vorstellungen hat, dann wird dadurch sein Handeln beeinflußt".

Für die Umsetzung dieser theoretischen Aussage im Sinne des reduktionistischen Ansatzes ist vorausgesetzt, daß die individuellen menschlichen Handlungen die grundlegenden Einheiten *aller* sozialen Prozesse sind. Gesellschaften und Institutionen entstehen und bestehen aus menschlichen Handlungen. Wenn wir nun Aussagen haben, die individuelles Verhalten erklären können, dann haben wir – so Opp – damit auch die Voraussetzung, größere soziale Prozesse zu verstehen (Begleittext 13.1 Opp): „Greifen wir willkürlich eine Reihe von Phänomenen heraus, zu deren Erklärung eine mehr oder weniger große Zahl von Schriften vorliegt: Innovation, Kaufverhalten, sozialer Wandel, Wahlverhalten, abweichendes Verhalten. ... Eine große Zahl dieser Begriffe bezeichnet Aktivitäten, die gelernt werden. ... Es erscheint also – wenn man eine allgemeine Verhaltenstheorie formulieren will – sinnvoll, zu untersuchen, lernbare Aktivitäten mittels einer einzigen Theorie zu erklären" (Opp, 1970a: 20).

2. Ein Versuch der Rückführung der Soziologie auf Psychologie

Um das individuelle Verhalten interpretieren zu können, müssen nach Homans die folgenden fünf Hypothesen der psychologischen Verhaltenstheorie, als die allgemeinsten Hypothesen der Sozialwissenschaft überhaupt, immer wieder herangezogen werden (Homans, 1972: 61–69).

1. *Erfolgshypothese:* Je häufiger die Aktivität einer Person belohnt wird, mit um so größerer Wahrscheinlichkeit wird diese Person die Aktivität ausführen.
2. *Reizhypothese:* Wenn in der Vergangenheit ein bestimmter Reiz oder eine Menge von Reizen eine Aktivität begleitet hat, belohnt worden ist, dann wird eine Person um so eher diese oder eine ähnliche Aktivität ausführen, je ähnlicher die gegenwärtigen Reize den vergangenen sind.
3. *Werthypothese:* Je wertvoller die Belohnung einer Aktivität für eine Person ist, desto eher wird sie die Aktivität ausführen.
4. *Entbehrungs-Sättigungs-Hypothese:* Je häufiger eine Person in der nahen Vergangenheit eine bestimmte Belohnung erhalten hat, desto weniger wertvoll wird für sie jede zusätzliche Belohnungseinheit.
5. *Frustrations-Aggressions-Hypothese:* Wenn die Aktivität einer Person nicht, wie erwartet, belohnt oder unerwartet bestraft wird, wird die Person ärgerlich, und im Ärger sind die Ergebnisse aggressiven Verhaltens belohnend.

Die reduktionistische Vorgehensweise kann, sehr vereinfacht, zusammenfassend etwa so beschrieben werden: Soziologie und Psychologie sind zwei Wissenschaften, die einander insofern gleichen, als sie beide menschliches Verhalten beschreiben. Sie unterscheiden sich allerdings dadurch, so Hummel/Opp (1973: 14), daß die Soziologie ihre Begriffe Kollektiven zuschreibt, während die Psychologie mit ihren Begriffen individuelles Verhalten erfaßt. Da nun generell die Annahme gemacht wird, daß *jeder* soziale Prozeß auf Individualverhalten zurückgeführt werden kann, und soziologische Begriffe sich logisch und empirisch auf psychologische rückführen lassen und psychologische Theorien strenger geprüft seien, kann tatsächlich von einer Reduzierung der Soziologie auf die Psychologie gesprochen werden.

Allerdings ist diese Vorgehensweise in der Soziologie selbst sehr umstritten (Bühl, 1974; Westmeyer, 1977; Spinner, 1973). Wir können im Zusammenhang einer solchen Einführung nicht alle Argumente dieser Diskussion aufzählen, deshalb sollen eher schlagwortartig die zentralen Thesen genannt werden. Hummel/Opp sind der Überzeugung, daß ihre reduktionistische Vorgehensweise der richtige Weg zur Erweiterung theoretischer Kenntnisse sei. Aus dieser Position heraus argumentieren sie, daß die „Beweislast" jetzt bei denen liege, die diese Form des reduktionistischen Erklärens ablehnen. Diese müßten nachweisen, daß soziologische Begriffe *nicht* auf psychologische zurückzuführen seien. Diese Haltung setzt allerdings voraus, daß die von den Autoren gemachten Annahmen, insbesondere die zur Abgrenzung der beiden Wissenschaftsbereiche Soziologie und Psychologie, und die benutzten Verfahren jeder Kritik standhalten. Dies scheint jedoch nicht gegeben zu sein. Spinner und Westmeyer betonen, daß Hummel/Opp keine befriedigenden Kriterien für eine Abgrenzung der Soziologie von der Psychologie angegeben hätten. Überdies kommen beide bei der Analyse der formalen Probleme der reduktionistischen Vorgehensweise zu dem Ergebnis, daß eine Beschäftigung mit den inhaltlichen Resultaten der Arbeit von Hummel/Opp allein nicht ausreiche, weil auch die formalen Mängel erheblich seien (Begleittext 13.2 Westmeyer).

Darüberhinaus kritisiert Westmeyer auch die inhaltliche Verwendung lerntheoretischer Hypothesen. Entgegen der Annahmen von Homans und Opp ließen sich mit den Hypothesen der Lerntheorie lediglich die Reaktionen einzelner Personen, nicht aber die Vorgänge in Kollektiven erklären. Dazu ein Beispiel:

In seinem Buch „Verhaltenstheoretische Soziologie" versucht Opp (1972: 129) eine „stark vereinfachte" lerntheoretische Begründung für die Abwanderung von Arbeitskräften aus Betrieben:

Lerntheoretische Hypothese:	Wenn eine Reaktion belohnt wird, dann steigt die Häufigkeit dieser Reaktion (vgl. Erfolgs- und Werthypothese bei Homans)
Randbedingung:	Die Reaktion ‚Verlassen des Betriebes a' wird belohnt.
also:	
Zu erklärender Tatbestand:	In dem Betrieb a wandern die Arbeitskräfte ab.

Als Belohnung wird die Tatsache gesehen, daß der Betrieb b höhere Löhne anbietet.
Zu diesem Versuch, mit Hilfe einer lerntheoretischen Hypothese ein soziologisches Problem zu erklären, schreibt Westmeyer (1977: 60):

„In der Verhaltenstheorie ist G (die Erfolgs- und Werthypothese, W.T.) eine Hypothese, die jeweils für die Reaktionen *einzelner* Personen gilt und lediglich geeignet ist, die Erhöhung von Reaktionen zu erklären. Ihre Anwendung setzt voraus, daß die Reaktion auftritt und dann belohnt wird. Da die Reaktion im Verlassen des Betriebes a besteht, muß eine derartige Abwanderung erst einmal erfolgen und dann belohnt werden."

Damit ist also über die Gründe der Abwanderung selbst nichts gesagt worden. Wenn überdies der Einwand ernst genommen wird, daß sich im Rahmen der Verhaltenstheorie nur etwas über das individuelle Verhalten aussagen läßt, bleibt in diesem Beispiel unklar, warum es zu einer kollektiven Abwanderung kommt, zumal die individuellen Gründe für dieses Verhalten sehr heterogen sein können.
Ein weiterer Kritikpunkt an der Verwendbarkeit reduktionistischer Erklärungen dieser Art läßt sich aus der Forschungspraxis der Verhaltenstenstheorie selbst ableiten. Alle Gesetze der Lern- und Verhaltenstheorie sind in kontrollierten Experimentalsituationen gewonnen und bestätigt worden. Das Alltagsverhalten, mit dem sich in besonderer Weise die Soziologie befaßt, geschieht jedoch in unkontrollierter Umgebung. Erklärungen aus der verhaltenstheoretischen Perspektive sind damit nur dann zulässig, wenn die Alltagswelt – gleich über welche Maßnahmen – der experimentellen Realität anzugleichen wäre.

„Daraus folgt, daß soziologische Ereignisse, die ja fast ausnahmslos unter weitgehend unkontrollierten Bedingungen in unprogrammierter Umgebung auftreten, aus methodischen Gründen aus dem Bereich der Ereignisse herausfallen, die im Rahmen der ... Verhaltenstheorie erklärt und vorhergesagt werden können" (Westmeyer, 1977: 60).

Damit wäre der gesamte Versuch, soziologische Begriffe auf Begriffe der Verhaltenstheorie, der Psychologie, zurückzuführen, in Frage gestellt.
Ein letzter, wichtiger Kritikpunkt wird von Bühl in der Diskussion der von Homans aufgestellten Hypothesen aufgeführt (Bühl, 1974: 45 ff.). Die Rückführung menschlichen Verhaltens auf – wie hier angenommen wird – elementare, grundsätzliche Aussagen läuft auch Gefahr, *zu grundsätzlich* zu werden; d.h. die verhaltenstheoretischen Aussagen haben einen Allgemeinheitsgrad, der es möglich macht, diese Hypothesen für *jedes* Verhalten zu verwenden. Der Erkenntnisgewinn jedoch ist dann sehr gering. So läßt sich sicher jedes Verhalten irgendwie *nachträglich* mit den Annahmen der Verhaltenstheorie ordnen – dagegen lassen uns die aufgeführten Hypothesen im Stich, wenn wir sehr konkret in einem bestimmten Gemeinwesen, bei bestimmten Menschen bestimmte Verhaltensweisen prognostizieren wollen. Und gerade die Fülle von besonderen Bedingungen, die das Verhalten zu beeinflussen vermögen, sind ein zentrales Problemfeld in der Soziologie:

„Die Soziologie hat sich konventionellerweise mit der Variation des menschlichen Verhaltens in verschiedenen gesellschaftlichen Situationen ... beschäftigt. Dabei spielen selbstverständlich die Invariablen ... eine große Rolle; aber Invariable gibt es nur im Vergleich mit Variablen. Die Behauptung, daß sich soziologische Erklärungen immer und stets mit Gewinn auf ‚verhaltenstheoretische' Erklärungen zurückführen ließen, weil diese irgendwie ‚elementarer' seien als soziologische, ist in dieser Form nicht zu halten. Individuen sind für die Soziologie immer vergesellschaftlichte Individuen und Gesellschaften sind sozusagen immer individuierte (historische) Gesellschaften. Einmal handelt es sich um die ‚Gesellschaft im Individuum', das andere Mal um die ‚Individuen in der Gesellschaft'.... Was hier ‚einfacher' ist, und was damit den Vorrang zu erhalten habe, das ist mit wissenschaftlichen Mitteln nicht zu entscheiden. Die Soziologie schwankt zwischen beiden Sichtweisen hin und her; aber es hat keinen Sinn, sich für den ‚Wald' und gegen die ‚Bäume' oder für die ‚Bäume' gegen den ‚Wald' entscheiden zu wollen" (Bühl, 1974: 54 f.).

Gegen die allgemeine Zielsetzung des reduktionistischen Ansatzes ist schließlich eingewandt worden, eine Akkumulierung wissenschaftlicher Erkenntnis sei auf diesem Weg nicht möglich, wie letztlich auch die Wissenschaftsgeschichte beweise. Die durch Reduktion erreichte neue theoretische Aussage müsse logisch verträglich sein mit ihrer Vorgängerin und die Bedeutung der Begriffe auf andere, allgemeinere Begriffe dürfe sich durch die Reduktion nicht verändern. Unter Rückgriff auf Kuhn (1978) versucht Spinner (1973: 43 ff.) nun zu zeigen, daß diese Voraussetzungen in der Wissenschaftsgeschichte nie realisiert werden konnten (und wie die Kritik von Westmeyer zeigt, auch bei Hummell/Opp nicht erreicht werden). Vielmehr gelte, daß theoretischer Erkenntnisfortschritt häufig nur durch Verletzung der in Frage stehenden Aussagen und Begriffe erreicht werden konnte (Begleittext 13.3 Kuhn).

Übungsaufgaben zu Kapitel XIII

1. Versuchen Sie Beispiele aus Ihrem alltäglichen Leben für die von Homans angeführten Hypothesen zu finden (Erfolgshypothese; Reizhypothese; Werthypothese u.a.).
2. Erläutern Sie anhand des Begleittextes 13.1 die von Opp vertretene reduktionistische Vorgehensweise.
3. Was sind die wesentlichen kritischen Einwände gegenüber dem verhaltenstheoretischen Reduktionismus?

Weiterführende Literatur zu Kapitel XIII

Umfassende, nicht immer leicht verständliche Übersichten zu verschiedenen reduktionistischen Ansätzen:

Bühl, Walter L.: Einleitung: Reduktionismus – die Soziologie als Naturwissenschaft? München, Nymphenburger: 1974, S. 9–91.

Raub, Werner/Voss, Thomas: Individuelles Handeln und gesellschaftliche Folgen. Das individualistische Programm in den Sozialwissenschaften. Darmstadt/Neuwied, Luchterhand: 1981, (Soziologische Texte 120), S. 14–87.

Drei Beispiele für reduktionistische Soziologie:

Homans, George C.: Grundlegende soziale Prozesse. In: Homans, G.C.: Grundfragen soziologischer Theorie. Opladen, Westdeutscher Verlag: 1972, S. 59–105.

Malewski, Andrzej: Elemente einer Verhaltenstheorie. In: Bühl, Walter L. (Hrsg.): Reduktionistische Soziologie. Soziologie als Naturwissenschaft? München, Nymphenburger: 1974, S. 125–148.

Opp, Karl-Dieter/Hummel, Hans J.: Soziologie ohne Soziologie? Zur Reduzierbarkeit von Soziologie auf Psychologie. In: Opp, K.-D./Hummel, H.J. (Hrsg.): Soziales Verhalten und soziale Systeme. Probleme der Erklärung sozialer Prozesse? Frankfurt/M., Athenäum: 1973, S. 11–38.

Kritische Auseinandersetzungen zum Reduktionsproblem:

Spinner, Helmut F.: Science without Reduction. A Criticism of Reductionism. In: Inquiry 1973, Bd. 16, S. 16–94.

Begleittext 13.1:

Karl-Dieter Opp: Verhaltenstheoretische Soziologie. Rowohlt: Hamburg 1972, S. 132–134.

Soziologen versuchen z.B. zu erklären, warum Städte eine unterschiedlich hohe Selbstmordrate haben, warum Gesellschaften in unterschiedlich hohem Grade industrialisiert sind und warum manche sozialen Systeme ‚untergehen'. Problematisch erscheint hier folgendes. Lerntheoretische Hypothesen können Reaktionen von *Personen* erklären und voraussagen. In Hypothesen, die Eigenschaften von sozialen Systemen erklären wollen bzw. in Beziehung zueinander setzen, werden jedoch normalerweise Personen nicht erwähnt. Wenn lerntheoretische Hypothesen zur Erklärung von Merkmalen sozialer Systeme angewendet werden können, dann müssen die folgenden beiden Bedingungen gegeben sein. *Erstens* müßten Begriffe, die Eigenschaften von sozialen Systemen bezeichnen, durch Begriffe definierbar sein, die Eigenschaften von Personen bezeichnen. Ungenauer gesagt: Eigenschaften von sozialen Systemen ‚sind' nichts anderes als Eigenschaften von Individuen; denn sonst sind die ‚individuellen' lerntheoretischen Aussagen nicht anwendbar. Wenn diese Bedingung erfüllt ist, müßten *zweitens* die Begriffe, die sich auf Eigenschaften von sozialen Systemen beziehen, *Reaktionen* von Personen bezeichnen; denn lerntheoretische Hypothesen können nur Reaktionen erklären.

Fragen wir zunächst, ob sich Systembegriffe durch Begriffe definieren lassen, die Eigenschaften von Individuen bezeichnen. Analysiert man Definitionen des Begriffs des sozialen Systems, so zeigt sich überraschenderweise, daß hierbei explizit auf Personen Bezug genommen wird. Diese bilden die ‚Elemente' oder ‚Bestandteile' eines Systems. Ein soziales System ist jedoch nicht definiert als irgendeine beliebige Menge von Personen, sondern als Menge von Personen *mit bestimmten Eigenschaften.* Eine solche Eigenschaft ist die relativ starke Interaktionshäufigkeit. D.h. zuweilen wird ein soziales System definiert als eine Menge von Personen, die relativ häufig miteinander interagieren. ‚Interaktionshäufigkeit' ist nur eine Eigenschaft von Personen. Die verschiedenen Systembegriffe unterscheiden sich nun darin, daß Personen unterschiedliche Eigenschaften haben müssen, damit sie als ein soziales System bezeichnet werden können. So wird zuweilen ein soziales System definiert als eine Personengruppe mit einheitlichen Werten oder mit einer bestimmten Rollendifferenzierung. In jedem Falle ist also der Systembegriff definierbar durch Begriffe, die Merkmale von *Personen* bezeichnen.

Wenn der Begriff des sozialen Systems durch Begriffe definierbar ist, die Eigenschaften von Personen bezeichnen, dann müßten auch beliebige *Arten sozialer Systeme* – z.B. Städte, Gesellschaften, Organisationen, Betriebe, Familien – definierbar sein durch Begriffe, die Eigenschaften von Personen bezeichnen, genauer: es müßten zusätzliche Eigenschaften der Individuen, die die Eigenschaft haben, ein soziales System zu bilden, spezifiziert werden. Wenn z.B. Personen, die relativ häufig miteinander interagieren, als soziales System bezeichnet werden, dann müßten bestimmte Arten sozialer Systeme definiert werden als Individuen, die relativ häufig miteinander interagieren *und weitere Merkmale haben.* So könnte der Begriff ‚Stadt' definiert werden als eine Menge von Individuen, die relativ häufig miteinander interagieren, relativ nahe zusammen wohnen, die relativ groß ist usw.

Sind nun Begriffe, die *Eigenschaften* sozialer Systeme bezeichnen, ebenfalls definierbar durch Begriffe, die Eigenschaften von Individuen bezeichnen? Wenn ein soziales System definierbar ist als eine Menge von Personen mit bestimmten Eigenschaften, dann müßten Eigenschaften sozialer Systeme ebenfalls definierbar sein als Personenmengen mit bestimmten Eigenschaften, die wiederum bestimmte Eigenschaften haben. So ist etwa die Eigenschaft einer Stadt, eine bestimmte Selbstmordrate zu haben, in folgender Weise definierbar: Eine Personenmenge mit

bestimmten Eigenschaften (aufgrund deren also dieses ‚Personenaggregat' als ‚Stadt' bezeichnet wird), die zusätzlich die Eigenschaft hat, daß eine Teilmenge dieser Personen in einer Zeiteinheit Selbstmord begeht.
Wenn unsere Analyse zutrifft, dann sind Eigenschaften sozialer Systeme nur dann durch lerntheoretische Hypothesen erklärbar, wenn die individuellen Merkmale, durch die die Systemeigenschaften definierbar sind, auch *Reaktionen* von Personen sind. Auch dies scheint der Fall zu sein. Eine Vielzahl von Systemmerkmalen kann als Aktivitäten von Personen rekonstruiert werden. Dies gilt etwa für den Begriff der Kohäsion, der häufig durch die Zahl der Personen eines Systems definiert wird, die sich in soziometrischen Tests gegenseitig wählen. Andere Systembegriffe wiederum dürften ‚psychische' Begriffe sein. Dies gilt etwa für den Begriff der Innovationsbereitschaft einer Gemeinde, der konstruiert werden kann als Prozentsatz der Mitglieder einer Gemeinde, die positiv gegenüber bestimmten Neuerungen eingestellt sind.
Unsere Analyse legt also die Vermutung nahe, daß zumindest die weitaus meisten Tatbestände, an deren Erklärung Soziologen interessiert sind, zu dem Bereich derjenigen Gegenstände gehören, die lerntheoretische Hypothesen erklären können. Es konnte bisher jedenfalls nicht gezeigt werden, daß diese Behauptung falsch ist. Dies gilt besonders für die Erklärbarkeit von Eigenschaften sozialer Systeme, die den meisten Soziologen am fragwürdigsten erscheint.

Begleittext 13.2:

Heinz Westmeyer: Zur Reduzierbarkeit von Soziologie auf Psychologie. Aus: Eberlein/Kondratowitz (Hrsg.): Psychologie statt Soziologie? Campus: Frankfurt 1977, S. 48–68.

Es ist nun bezeichnend für den reduktionistischen Ansatz von Hummell und Opp, daß weder im Rahmen des reduktionistischen Programms, noch im Rahmen des verhaltenstheoretischen Programms von in der Soziologie üblichen Meßverfahren für die in die Reduktionen eingehenden soziologischen Begriffe die Rede ist. Nun stellen diese Meßverfahren z.T. gerade die entscheidenden semantischen Regeln für die soziologischen Begriffe dar, so daß sie bei einer Beurteilung der Adäquatheit einer angegebenen definitorischen Koordination *auf jeden Fall* herangezogen werden müssen. Das wird im Rahmen des reduktionistischen Ansatzes an keiner Stelle getan.
Bei Hummell und Opp bestehen soziologische Theorien aus einzelnen Sätzen. Zuordnungsregeln, in denen eine partielle Interpretation der theoretischen Terme der entsprechenden Theorien vorgenommen wird, scheint es, folgt man Hummell und Opp, in der Soziologie nicht zu geben. Man gewinnt den Eindruck, daß die Soziologie aus einzelnen Sätzen besteht, die bestimmte Worte enthalten, denen, da semantische Regeln fehlen, eigentlich im Kontext der Soziologie gar keine rechte Bedeutung zukommt. Erst durch die Reduktion der Soziologie auf die Psychologie gewinnen diese Worte eine halbwegs präzise Bedeutung. Das stützt unsere früher geäußerte Vermutung, daß sich viele der Reduktionsversuche von Hummell und Opp am ehesten als vollständige oder partielle Interpretation *von als uninterpretierte Kalküle aufgefaßten soziologischen Theorien begreifen lassen,* wobei diesen Theorien deshalb das Attribut „soziologisch" zukommt, weil sie Worte enthalten, die sonst zur Bezeichnung soziologischer Begriffe gebräuchlich sind.
Mit anderen Worten: Hummell und Opp erschaffen sich zunächst eine Soziologie, um sie dann auf die Psychologie zu reduzieren; dabei verwenden sie als Bausteine Worte, die sonst

als Bezeichnungen für soziologische Begriffe auftreten. *Die Reduktion wird zwischen Worten bzw. Wortsequenzen, nicht zwischen Begriffen bzw. Aussagen vorgenommen.*
Eine soziologische Hypothese wie etwa „Je größer die Kohäsion einer Gruppe ist, desto größer ist das Ausmaß der Konformität in dieser Gruppe“ steht immer im Kontext einer umfassenderen Theorie, die auch Zuordnungsregeln etwa für die Begriffe der Kohäsion und Konformität enthalten wird. Aus diesem Grund kann man nicht einfach die definitorische Koordination „Die Kohäsion einer Gruppe ist groß dann, und nur dann, wenn von denjenigen Personen, die relativ häufig miteinander interagieren (d.h. eine Gruppe bilden), die Zahl der Personen, die belohnen, groß ist und/oder wenn das Ausmaß, in dem belohnt wird, groß ist“ festsetzen, wie Hummell und Opp das tun.
Man muß zunächst prüfen, wie innerhalb der betreffenden soziologischen Theorie *das Ausmaß der Kohäsion gemessen wird* und wie man innerhalb der psychologischen Theorie die Zahl der Personen, die belohnen, unter denjenigen Personen, die die Gruppe bilden und das Ausmaß dieser Belohnung, bestimmt. Nur wenn sich ergibt, daß beide Meßverfahren identisch sind, ist eine derartige definitorische Koordination möglich. Andernfalls handelt es sich um eine empirische Koordination, ein cross-connection law, das erst noch zu prüfen ist. Zu diesem Zweck wird man bei einer Reihe von Gruppen jeweils durch soziometrische Techniken das Ausmaß der Kohäsion und durch entsprechende psychometrische Verfahren die Zahl der Personen, die belohnen, in den jeweiligen Gruppen und das Ausmaß dieser Belohnung, feststellen. Ein Vergleich der Ergebnisse erlaubt dann eine Beurteilung der empirischen Koordination. Ein derartiges Vorgehen nennt man in der psychologischen Methodenlehre konvergente Validierung.
Da sich die Meßverfahren in der Soziologie z.T. wesentlich von denen unterscheiden, die in der Psychologie, speziell in der Verhaltenstheorie, üblich sind, wird man, berücksichtigt man die semantischen Regeln für soziologische und psychologische Begriffe, nur höchst selten eine definitorische Koordination vornehmen können; in den meisten Fällen wird dagegen eine konvergente Validierung notwendig sein, die, wie viele Beispiele aus der Psychologie beweisen, selten mehr als eine probabilistische empirische Koordination erlaubt.
Vollständige Reduktion von soziologischen Aussagen auf psychologische dürften deshalb höchst selten, deskriptive oder totale Emergenz im Sinne von Hummell und Opp die Regel sein, es sei denn, man versteht unter Soziologie lediglich eine Menge von bestimmt gearteten Worten und Wortsequenzen.

Begleittext 13.3:

Thomas S. Kuhn: Die Struktur wissenschaftlicher Revolutionen. Suhrkamp: Frankfurt 1978, S. 90/91, 103.

Wir wollen also annehmen, daß Krisen eine notwendige Voraussetzung für das Auftauchen neuer Theorien sind, und fragen als nächstes danach, wie die Wissenschaftler auf sie reagieren. Einen ebenso offenkundigen wie wichtigen Teil der Antwort können wir finden, indem wir erst einmal festhalten, was Wissenschaftler niemals tun, wenn sie mit Anomalien konfrontiert werden, und seien diese noch so schwerwiegend und lang andauernd. Wenn sie auch beginnen mögen, den Glauben zu verlieren und an Alternativen zu denken, so verwerfen sie doch nicht das Paradigma, das sie in die Krise hineingeführt hat. Das heißt also, sie behandeln die Anomalien nicht als Gegenbeispiele, obwohl Anomalien im Vokabular der Wissenschaftstheorie genau das sind. Diese Verallgemeinerung ist zum Teil nur eine Feststellung aufgrund geschichtlicher Tatsachen, die sich auf Beispiele wie die bereits genannten und die

umfangreicheren späteren stützt. Diese deuten auf das hin, was unsere Untersuchung der Paradigma-Ablehnung noch genauer aufzeigen wird: wenn eine wissenschaftliche Theorie einmal den Status eines Paradigmas erlangt hat, wird sie nur dann für ungültig erklärt, wenn ein anderer Kandidat vorhanden ist, der ihren Platz einnehmen kann. Kein bisher durch das historische Studium der wissenschaftlichen Entwicklung aufgedeckter Prozeß hat irgendeine Ähnlichkeit mit der methodologischen Schablone der Falsifikation durch unmittelbaren Vergleich mit der Natur. Die Bemerkung bedeutet nicht, daß Wissenschaftler nicht wissenschaftliche Theorien ablehnten oder daß Erfahrung und Experiment für den Prozeß, in welchem sie es tun, nicht wesentlich seien. Sie bedeutet aber – was letztlich ein Kernpunkt sein wird, – daß der Urteilsakt, der die Wissenschaftler zur Ablehnung einer vorher anerkannten Theorie führt, niemals nur auf einem Vergleich jener Theorie mit der Natur beruht. Die Entscheidung, ein Paradigma abzulehnen, ist immer gleichzeitig auch die Entscheidung, ein anderes anzunehmen, und das Urteil, das zu dieser Entscheidung führt, beinhaltet den Vergleich beider Paradigmata mit der Natur *und* untereinander.
Dazu kommt ein zweiter Grund für Zweifel daran, daß Wissenschaftler Paradigmata ablehnen, weil sie mit Anomalien oder Gegenbeispielen konfrontiert werden. Wenn ich ihn entwickle, wird meine Argumentation selbst auf eine weitere Hauptthese dieses Essays vorausweisen. Die eben umrissenen Gründe für Zweifel sind rein faktischer Art; das heißt, sie sind ihrerseits Gegenbeispiele gegen eine bestimmte einflußreiche Erkenntnistheorie. Als solche können sie, wenn meine Behauptung richtig ist, bestenfalls zur Auslösung einer Krise beitragen oder, genauer gesagt, eine schon recht weit fortgeschrittene verstärken. Sie selbst können und werden jene philosophische Theorie nicht falsifizieren, denn deren Verteidiger werden das tun, was wir die Wissenschaftler schon haben tun sehen, wenn sie mit einer Anomalie konfrontiert werden. Sie werden sich zahlreiche Artikulierungen und ad hoc-Modifizierungen ihrer Theorie ausdenken, um jeden scheinbaren Konflikt zu eliminieren. Viele der entsprechenden Modifizierungen und Differenzierungen sind tatsächlich bereits in der Literatur vorhanden. Wenn also diese erkenntnistheoretischen Gegenbeispiele mehr als ein geringfügiges Ärgernis sein sollen, dann müssen sie das Auftauchen einer neuen und unterschiedlichen Analyse der Wissenschaft ermöglichen helfen, in welcher sie keine Störungsquelle mehr sind. Wenn hier außerdem ein typisches Schema, das wir später bei wissenschaftlichen Revolutionen beobachten werden, anwendbar ist, dann werden diese Anomalien nicht mehr als einfache Tatsachen erscheinen. Aus einer neuen Theorie der wissenschaftlichen Erkenntnis heraus mögen sie eher Tautologien ganz ähnlich sein, Feststellungen von Verhältnissen, die gar nicht anders denkbar gewesen wären...
Der Übergang von einem krisenhaften Paradigma zu einem neuen, aus dem eine neue Tradition der normalen Wissenschaft hervorgehen kann, ist weit von einem kumulativen Prozeß entfernt, wie ihn eine Artikulation oder eine Erweiterung des alten Paradigmas darstellen würde. Es ist vielmehr der Neuaufbau des Gebietes auf neuen Grundlagen, ein Neuaufbau, der einige der elementarsten theoretischen Verallgemeinerungen des Gebiets wie auch viele seiner Paradigmamethoden und -anwendungen verändert. Während der Übergangsperiode gibt es viele Probleme – aber nie sind es alle, – die sowohl durch das alte wie durch das neue Paradigma gelöst werden können. Es gibt aber auch einen entscheidenden Unterschied in den Lösungsmethoden. Wenn der Übergang abgeschlossen ist, hat die Fachwissenschaft ihre Anschauungen über das Gebiet, ihre Methoden und ihre Ziele geändert. Ein scharfsichtiger Historiker, der einen klassischen Fall von Neuorientierung einer Wissenschaft durch Paradigmawechsel betrachtete, beschrieb vor kurzem diesen Vorgang mit der Wendung „den Stock am anderen Ende aufheben", ein Prozeß, bei dem „das gleiche Paket Daten wie vorher behandelt wird, die Daten aber in ein neues System gegenseitiger Beziehungen gestellt werden, indem man ihnen einen anderen Rahmen gibt". Andere, die

diesen Aspekt des wissenschaftlichen Fortschritts bemerkt haben, betonten die Ähnlichkeit mit einem Wechsel der visuellen Gestalt: die Zeichen auf dem Papier, die erst als Vogel gesehen wurden, werden jetzt als Antilope gesehen, oder umgekehrt. Diese Parallele kann irreführend sein. Wissenschaftler sehen nicht das eine *für* das andere an, sie *sehen* es einfach.

Gerade weil eine neue Theorie mit der hergebrachten Tradition wissenschaftlicher Praxis bricht und eine neue begründet, die unter anderen Regeln und innerhalb einer anderen Begriffswelt steht, kann sie offenbar nur dann auftauchen, wenn man den Eindruck hat, daß die alte Tradition sehr weit in die Irre geführt hat. Diese Bemerkung ist aber nichts weiter als eine Einleitung für die Untersuchung des Krisenstadiums, und unglücklicherweise fallen die Fragen, zu denen sie führt, eher in das Fachgebiet des Psychologen als des Historikers. Wie sieht außerordentliche Forschung aus? Wie wird eine Anomalie gesetzeskonform? Wie gehen Wissenschaftler vor, wenn sie sich lediglich darüber klar sind, daß etwas grundlegend falsch gelaufen ist, und zwar auf einer Ebene, für die ihre Ausbildung sie gar nicht gerüstet hat?

XIV. Verstehende Soziologie

1. Voraussetzungen

Es gibt einen hartnäckigen, in Praktikerkreisen nicht selten formulierten Vorwurf gegenüber den Soziologen: Daß gerade sie, die sie sich mit Hilfe ausgeklügelter empirischer Verfahren und kunstvoller theoretischer Konstrukte mit unserer Alltagswelt befassen, über die Realität des Lebens kaum besser Bescheid wissen, als alle jene, denen diese Mittel und Techniken erst gar nicht zur Verfügung stehen. Diese Kritik resultiert nicht nur aus den Schwierigkeiten, die sich aus der Differenziertheit und Vielfältigkeit sozialer Beziehungen ergeben. Sie hat ihre Ursache auch in den sozialwissenschaftlichen Methoden selbst. Quantifizierende empirische Sozialforschung und soziologische Theorie scheinen sich nicht selten durch Begriffsraster und methodische Verfahren gleichsam zu immunisieren gegen das, was man reale soziale Welt nennen könnte. Daß diese Überlegungen eine begründete Basis haben, mögen die folgenden Textstellen belegen, die allein durch Diktion deutlich machen, was hier gemeint ist:

„Enkulturation, unabhängig davon, ob als Teilprozeß der Sozialisation oder als Eigenprozeß aufgefaßt, bezeichnet den Anpassungsvorgang des einzelnen an die Kultur als die vom Menschen geschaffene sekundäre Umwelt, das Bekanntwerden mit dem ihm umgebenden Wert- und Normensystem so wie umgekehrt die verinnerlichende Hineinnahme von Kulturgütern als Orientierungsgefügen und regulativen Denken und Handeln in das menschliche Subjekt mit dem Effekt fortschreitenden Wachstums der Person zur sozialkulturellen Persönlichkeit“ (Wallner, 1972: 70).
„Die soziale Beziehung beruht daher auf einer verhältnismäßig dauerhaften Einstellung der sozialen Person, ... deren Handlungsmuster oder Handlungsformen im Kontakt mit anderen Personen sich als Erwartungen voraussagen lassen“ (Wössner, 1971: 45).

Menschliches Verhalten erscheint hier als Ergebnis eindeutig feststellbarer Faktoren, deutlich belastet mit dem Risiko, diese zu verdinglichen, sie als die Sache selbst zu nehmen (Heinemann, 1975: 53). Die kritische Haltung gegenüber solchen Tendenzen innerhalb der Sozialwissenschaften, eher Begriffskataloge und eine sich stets verfeinernde, gleichsam naturwissenschaftlich „objektive“ Methodik zur Richtschnur zu nehmen als das unmittelbare und sensible Interesse für das Unvorhersehbare und für die konkreten Vorgänge im Alltagsleben, entwickelte sich natürlich auch unter den Soziologen selbst. Luckmann (1974: 15–32) z.B. benennt die Abtrennung der wissenschaftlichen Konstrukte und Erklärungen von der lebensweltlichen Praxis recht drastisch als „skandalös“. Auch die Vorstellung empirischer Sozialforschung, daß eine festgestellte durchschnittliche Gemeinsamkeit im Verhalten einer bestimmten Population typisch sei für das Verhalten der durch diese Population repräsentierten Bevölkerungsgruppe scheint so fundiert nicht, wie es die empirisch gewonnenen und gesicherten Daten ausdrücken.

Worin begründet sich eigentlich die Verläßlichkeit der Annahme, „daß ein durchschnittliches häufiges Verhalten einen gesetzhaft strukturierten Sachverhalt darstellt? Dagegen könnte allein schon die Alltagserfahrung sprechen, daß vieles, was ähnlich oder gar gleich aussieht, nicht gleicher Natur zu sein braucht“ (Bude, 1984: 23).
Soziologischer Forschung, die den Anspruch vertritt, unter Anwendung quantifizierbarer und objektivierbarer Aussagen kausale Erklärungen über die soziale Wirklichkeit liefern zu können, wurde schon sehr früh in der Geschichte der Soziologie der Vorwurf gemacht, sie verwende zwar eine Vielzahl von Begriffen und Konzepten, verfüge aber über einen geringen Umfang von Wissen:

„Das Ergebnis ist ein pompöses und formales Gebäude, welches jedoch so hohl und leer ist wie eine Muschel. Die Fehlerhaftigkeit solcher Systeme liegt in dem Umstand, daß ihre Ausgangsbegriffe reine Konstrukte waren, die nicht in getesteter empirischer Erfahrung gründen. Die Sinngehalte und Bedeutungen, die solche Wissenschaftler deduktiv extrahieren, haben von Anfang an keine Relevanz in Bezug auf Erfahrungen und auf Handeln und sind darum nichts als ein Spinngewebe ohne Wert für das Verstehen und die Kontrolle der empirischen Wirklichkeit“ (Blumer, zitiert nach Helle, 1977: 116).

Diese Kritik stammt aus dem Jahre 1931. In der hier zitierten Arbeit von Blumer („Science without Concepts“ in der Zeitschrift Journal of Sociology) setzt sich eine Auseinandersetzung fort, die in ihrem Ertrag zur theoretischen Grundlage des „Symbolischen Interaktionismus“ wurde. In betonter Distanzierung zu den Sozialtheorien von Comte, Durkheim oder Spencer, in denen die Überzeugung vorherrschte, daß soziale Tatsachen unabhängig bestehen vom erfahrenen und erkennenden Subjekt, entwickelten sich in Nordamerika und in Deutschland theoretische Ansätze, die vorrangig dem Aspekt des „Verstehens“ Bedeutung zumaßen. Max Weber (1864–1920), Georg Simmel (1858–1918) sind auf deutscher Seite die bedeutendsten „Väter“ der Verstehenden Soziologie. Auf nordamerikanischer Seite sind es vor allem George Herbert Mead (1863–1931), William Isaac Thomas (1863–1947) und der schon genannte Herbert Blumer. Gewissermaßen als Vermittler europäischer Philosophie, insbesondere der Phänomenologie, in den USA ist unbedingt auch noch Alfred Schütz zu nennen (1889–1959). Wenn sich recht grob verallgemeinernd sagen läßt, daß die Ansätze der Verstehenden Soziologie sich hier wie dort als eine theoretische Gegenbewegung zur „physique sociale“, d.h. zur positivistischen Ausrichtung der Soziologie entwickelt haben, so werden sie aufgrund der unterschiedlichen sozialhistorischen Hintergründe durch sehr eigenständige Überlegungen geprägt (vgl. zu diesem Aspekt Helle, 1977: 23–34 und Bühl, 1972: 31–76). Die verschiedenen Schulen werden wir am Ende dieses Kapitels skizzieren, vorab versuchen wir die gemeinsame Grundhaltung dieses theoretischen Ansatzes zu kennzeichnen.
Die Grundannahme der Verstehenden Soziologie bzw. der Theorie des Symbolischen Interaktionismus ist, daß soziales Handeln immer *sinn*bezogen geschieht, daß dieser Sinn Handeln bestimmt oder zumindest mitbestimmt. Deshalb muß diese Sinnkomponente auch einbezogen werden in die soziologische Analyse sozialer Prozesse. D.h. – so z.B. die Forschungsmaxime von Blumer – der Soziologe „muß die Situation so sehen, wie sie vom Handelnden gesehen wird, er muß beobachten, was der Handelnde berücksichtigt ... er muß versuchen, der Interpretation zu folgen, die zu der Auswahl und der Ausführung einer dieser Handlungen führte“ (Blumer, 1973: 140). Die Art und Weise, in der Menschen ihre eigenen Handlungen, die Handlungen der anderen und ihre Umwelt sehen und interpretieren, ist also für die Soziologen dieses theoretischen Ansatzes entscheidend für die Gestaltung menschlichen Verhaltens und grundlegend auch für das Verstehen menschlichen Handelns.
Um diese soziologische Perspektive gewissermaßen hautnah zu verdeutlichen, wollen wir hier eine Konkretisierung nachvollziehen, wie sie Berger/Kellner (1984: 23 ff.) vornehmen. Die

beiden Autoren zitieren eine ein wenig verblüffende Situation. Eine amerikanische, graduierte Studentin der Soziologie nimmt an einem Soziologie-Kongreß teil. Sie wird dort während einer Pause zwischen den Arbeitssitzungen unvermutet von einer ihr bis dahin unbekannten Kollegin zu einer Orgie im 14. Stock des Tagungshotels eingeladen. Lassen wir nun die geschilderte innere Reflexion der Studentin sprechen:

„In der Tat, sobald ich mich vom steilen Anstieg meines Adrenalin-Spiegels erholt habe, versammelt sich in meinem Geist eine Anzahl verschiedener möglicher Interpretationen. „Das ist ein Spaß." Oder: „Das ist in Wirklichkeit keine Einladung zu einer Orgie, sondern ein lesbischer Verführungsversuch." Oder auch: „Vielleicht habe ich das nicht richtig verstanden." Jede dieser möglichen Interpretationen würde, sofern man ihr Glauben schenkt, die Situation aus der scheußlichen Fremdheit in die Sicherheit des Vertrauten zurückversetzen – : Einige Menschen haben einen etwas seltsamen Sinn für Humor; ich bin schon mal von Lesbierinnen angesprochen worden; einige Kalifornier sprechen ein wenig eigenartig. Doch lassen Sie uns weiter annehmen, ich lasse die oben erwähnten Interpretationen fallen – : Nichts läßt erkennen, daß sie Spaß macht; Lesbierinnen, die auf Verführung aus sind, sprechen nicht von netten Männern; Kalifornierin oder nicht, sie sprach amerikanisches Standardenglisch, und mit meinem Gehör ist auch alles in Ordnung. Ich komme daher zu dem Schluß, daß die Kommunikation sagt, was sie zu sagen scheint: Ich bin tatsächlich zu einer Orgie eingeladen worden. Diese Schlußfolgerung machte mich auf sehr konkrete Weise mit einer sozialen Welt vertraut, die mir neu ist" (Berger/Kellner, 1984: 24).

Bis zu diesem Punkt verhält sich die Studentin ganz so wie jeder andere Betroffene, der vor der Notwendigkeit steht, einen bestimmten Ausschnitt sozialer Realität zu verstehen. Sie handelt allerdings bereits auch im Rahmen der Begrifflichkeit des Symbolischen Interaktionismus:

- Das Bemühen, das Wirklichkeitsverständnis der einladenden Kollegin zu verstehen ist im Sinne von Schütz, Blumer, Turner u.a. der Versuch eines Angleichens der *Relevanzstrukturen* der beiden Interaktionspartner.
- Die Studentin wird überdies versuchen, ihre Ansprechpartnerin zu *typisieren* (vgl. Berger/Luckmann, 1971: 31 f.):

„So werde ich beispielsweise mehr tun können, als sie lediglich als Kalifornierin zu klassifizieren (eine augenscheinlich ungenaue Typisierung, wenn es um Leute geht, die sich an Orgien beteiligen – man denke nur an all die Reagan-Wähler), sondern werde vielmehr in der Lage sein, einen viel genaueren Typ des Menschen zu konstruieren, der sich solchen Aktivitäten hingibt" (Berger/Kellner, 1984: 27).

Die Haltung eines Soziologen in dieser Situation wäre, so Berger/Kellner, weitgehend ähnlich, wenn auch mit bedeutsamen Akzentverschiebungen. Der Soziologe verhält sich in einer solchen Lage zum ersten bewußt distanzierter. Unter Anwendung seines *systematischen* Hintergrundwissens, das bei seinen Interpretationsakten durchgängig relevant ist, kommt er zweitens zu Typisierungen, die abhängig sind von seiner wissenschaftlichen Fragestellung, also abhängig z.B. von der Frage, ob es ihm hier um die Frage der Promiskuität in bestimmten Berufsgruppen geht oder um veränderte sexuelle Normen von Angehörigen protestantischer Mittelschichtfamilien u.ä.
Wichtig an diesem anregenden, wie vielleicht auch ärgerlichen Beispiel ist das auch auf die Soziologie bezogene Resümee der Autoren, das direkt auf die theoretische Orientierung des Symbolischen Interaktionismus zielt:

Im gewöhnlichen Leben „haben wir es nicht mit ‚Rohfakten' zu tun, sondern mit Fakten, die sich in Relevanz- und Bedeutungsstrukturen einfügen. D.h., auch das gewöhnliche Leben ist in den Köpfen aller, die daran teilhaben, organisiert, und diese Organisation vollzieht sich mit Hilfe eines begrifflichen Bezugsrahmens, wie simpel oder unlogisch er auch sein mag und wie dumpf sich die Teilhaber seiner auch bewußt sein mögen.... Soziologische Konzepte können keine Gedankenmodelle sein, die Dingen von außen aufgeprägt werden, sondern sie müssen sich vielmehr auf die in der untersuchten Situation bereits wirksamen Typifizierungen beziehen. Das Ziel der soziologischen Interpretation besteht darin, diese Bedeutungen klarer herauszuarbeiten und sie mit anderen Bedeutungen in Beziehung zu setzen. ... Mit den Worten von Weber müssen soziologische Konzepte sinnadäquat sein – d.h. sie müssen in verständlicher Beziehung zu den sinnvollen Intentionen der Akteure in der Situation stehen" (Berger/Kellner, 1984: 39/41).

2. Das Handlungsmodell des Symbolischen Interaktionismus

In einer systematisierenden Zusammenfassung der theoretischen Annahmen des Symbolischen Interaktionismus hat Rose (1971: 3–19) u.a. folgende Gesichtspunkte als zentral hervorgehoben:

Annahme 1: Der Mensch lebt in einer natürlichen *und* in einer *symbolischen Umwelt.* Dies meint, menschliches Verhalten reagiert sowohl auf physische Reize als auch auf Bedeutungen und Werte. Bedeutungen und Werte werden vor allem über die Interaktion mit anderen Menschen gelernt. Es entwickelt sich eine Gemeinsamkeit hinsichtlich der Interpretation der Symbole.

Annahme 2: Über Symbole können Menschen bei ihren Interaktionspartnern andere Reaktionen auslösen, als die, die diese Symbole bei ihnen selbst verursacht haben. Um dies zu erläutern, bedarf es einer begrifflichen Differenzierung, wie sie von Mead (1969: 213 f.) vorgeschlagen wird: Gesten, die mehr sind als eine physisch gesteuerte Ausdruckshandlung, sondern vom Individuum absichtsvoll vollzogen werden, sind Symbole. Besteht über die Bedeutung dieser Symbole eine allgemeine Übereinstimmung spricht Mead von signifikanten Symbolen. Man vermag also mit den anderen im Rahmen eines Bedeutungskonsens zu handeln, übernimmt – in Kenntnis dieses Konsens – bei bestimmten Aktionen gewissermaßen die Haltung des/der anderen. Diese konsensträchtige Haltung faßt Mead mit dem Begriff des „generalisierten Anderen", was bedeutet, daß das Individuum sich in seinen Handlungen nicht nur auf jeweils spezifische Partner, sondern auch auf verallgemeinerte, typologisierte Interaktionspartner (wie im Beispiel oben ausgeführt) beziehen kann.

Annahme 3: Der Mensch schreibt nicht nur seinen Interaktionspartnern und deren Handlungen Bedeutungen zu, sondern auch sich selber. D.h., wiederum in Vereinfachung der Überlegungen von Mead, der einzelne verfügt über ein Interpretationswissen bezogen auf die anderen. Er weiß, was sie von ihm wollen oder versucht, dies interpretativ zu erschließen. In seiner Reaktion auf die anderen spielt aber auch noch ein ganz individuelles Element eine Rolle, das „Ich an sich". Die begriffliche Unterscheidung von Mead lautet hier „Me" (als Kennzeichnung der Reaktion des Individuums auf die Haltungen der anderen, dadurch daß es sie selbst annimmt) und „I" (dies als der Ausdruck für ein individuelles Selbstverständnis, das Reaktionen verursachen kann, die nicht vorhersehbar sind) (Begleittext 14.1 Mead).

Die genannten Prämissen des Symbolischen Interaktionismus, die besagen, daß soziales Handeln durch einen interaktiven Prozeß der Wahrnehmung, Interpretation und eigenen Handlungsentwürfe aufgebaut wird, legen für die Vertreter dieser theoretischen Orientierung auch weitgehend fest, wie soziales Handeln zu erforschen sei. In deutlicher Distanzierung von soziologischen Ansätzen, die dazu tendieren, empirisch gewonnene Zahlen und deduktiv abgeleitete Begriffe schlicht als Aussagen über soziale Wirklichkeit zu nehmen, fordern die Vertreter der Verstehenden Soziologie veränderte methodologische Grundsätze, ohne damit empirisches Vorgehen grundsätzlich in Frage stellen zu wollen (Cicourel, 1974: Blumer, 1973: 101–130). Die hier angedeuteten unterschiedlichen Posititionen faßt Wilson mit dem Gegensatzpaar eines „normativen" vs. „interpretativen" Paradigmas in der Soziologie (1973: 54–79).

Das *„normative"* Paradigma steht für soziologische Erklärungen, die menschliches Verhalten vorwiegend als „verursacht" beschreiben. Erklärungen dieser Art fassen Gesellschaft in Begriffen wie „Struktur" und „Funktion", und sie verstehen soziales Handeln als einen Ausdruck dieser Strukturen und Funktionen. Das „normative" Paradigma umgreift dabei so unterschiedliche Ansätze wie die von Parsons, Merton und Homans. Ihnen gemeinsam erscheint – nach Wilson – der einzelne einerseits als ausgestattet mit bestimmten erworbenen Dispositionen, andererseits als bestimmten Erwartungen ausgesetzt, die durch Sanktionen abgestützt werden (Wilson, 1973: 55). Das Handeln in konkreten Situationen wird durchgängig bestimmt durch ein vorausgesetztes regelhaftes Zusammenspiel von Erwartungen und Dispositionen.

„Der Handelnde behandelt also spezifische Ereignisse als Beispielfälle von Situationen und konkrete Verhaltensweisen als Beispielfälle von Handlungen. Wenn soziale Interaktion dauerhaft und beständig sein soll, müssen die verschiedenen Teilnehmer Situationen und Handlungen in gleicher Weise definieren, denn sonst können die Regeln nicht in der Weise wirksam werden, daß sie über Zeitabläufe hinweg zusammenhängende Interaktionen hervorbringen könnten" (Wilson, 1973: 57).

Für die theoretische Orientierung innerhalb des *„interpretativen"* Paradigmas stellt sich der Sachverhalt genau umgekehrt dar. Soziales Handeln ist *nicht* durch eine gelungene Synchronisation von Erwartungen und Dispositionen gleichsam gewährleistet, sondern ist immer erst eine zu erbringende interaktive Konsensleistung der Beteiligten. „Der eine Handelnde nimmt das Handeln des anderen wahr als ein bedeutungs- und sinnvolles Handeln, in dem sich eine Absicht oder eine Haltung ausdrückt. Auf der Grundlage dieser Wahrnehmung davon, auf was der andere aus ist, entwirft der Handelnde dann Richtung und Ablauf seines eigenen Handelns" (Wilson, 1973: 59). Der Normalfall ist also die Strukturierung einer ursprünglich vagen Interaktionssituation; dies ist möglich durch beständige Interpretationen und Re-Interpretationen der Handlungen durch die beteiligten Interaktionspartner.

Um die Gegensätzlichkeit der beiden Paradigmen noch einmal hervorzuheben: Innerhalb der soziologischen Konzeption des normativen Paradigmas geschieht in den zwischenmenschlichen Interaktionen kaum mehr als die Aktualisierung und Anwendung bereits bestehender Bedeutungen. Während hier der aktive Vorgang von Bedeutungszuweisungen gar nicht mehr zum Thema wird, steht für die Vertreter des Symbolischen Interaktionismus der Interpretationsakt im Zentrum der Betrachtung als ein „formender Prozeß, in dessen Verlauf Bedeutungen als Mittel für die Steuerung und den Aufbau von Handlungen gebraucht und abgeändert werden (Blumer, 1973: 84). Die Frage „Wie sind die geordneten sozialen Beziehungen zwischen Menschen überhaupt möglich?" beschäftigt beide Ansätze. Was aber im normativen Paradigma der Tendenz der Verdinglichung unterliegt (etwa durch die

Konzepte/Begriffe wie Bedürfnisse, Struktur, Rolle), versucht das interpretative Paradigma aus den Formen und Prozessen der Interaktion zu rekonstruieren: die Bildung und Aufrechterhaltung sozialer Ordnung.

3. Unterschiedliche Ansätze und Kritik

Die unterschiedlichen theoretischen Akzentuierungen des Symbolischen Interaktionismus verbindet die gemeinsame Absicht,

- daß sie Handeln weniger kausal erklären, sondern in erster Linie *verstehen* wollen;
- daß sie in den Mittelpunkt ihres wissenschaftlichen Interesses die Frage stellen, wie sich soziale Ordnung überhaupt herstellt, und
- daß sie die sozial konstruierte Wirklichkeit vor allem durch eine genaue Analyse der Alltagshandlungen der Menschen erschließen wollen.

Unabhängig von dieser generellen Programmatik aber haben sich innerhalb des Symbolischen Interaktionismus verschiedene Richtungen herausgebildet. In Anlehnung an den Beitrag von Petras/Meltzer (1973: 1–9) wollen wir vier Forschungsrichtungen unterscheiden, die mit unterschiedlichem Gewicht auch die deutsche Soziologie beeinflussen:

- Die Chicago-Schule
- Die Iowa-Schule
- Der „dramaturgische" Ansatz
- Der ethnomethodologische Ansatz

Die „Chicago-Schule" folgt in ihren Überlegungen noch am ausgeprägtesten den Gedanken von G.H. Mead (vgl. dazu auch die Ausführungen von Petras/Meltzer, 1972: 43–56) und ist vor allem durch die Arbeiten von Herbert Blumer bekannt geworden, dessen zentrale Überlegungen wir im Begleittext 14.2 (Blumer) vorstellen. Die „Iowa-Schule" wird am stärksten durch die Arbeiten von Manford H. Kuhn bestimmt. Der Unterschied zu den Überlegungen von Blumer und anderen der Chicagoer Interaktionisten besteht darin, daß Kuhn zum einen die Übersetzung interaktionistischer Überlegungen in empirische Fragestellungen besonders forciert, und daß er – sehr im Gegensatz zu Blumer – gerade die Determinierung menschlichen Verhaltens während der Interaktion betont (vgl. Begleittext 14.3 Kuhn).
Der „dramaturgische" Ansatz ist fast ausschließlich an den Namen von Erving Goffman gebunden. Goffmans Hauptinteresse gilt den alltäglichen „face-to-face"-Interaktionen und den in ihnen zur Geltung kommenden Regeln menschlichen Verhaltens. Das soziologische Grundmodell bei Goffman läßt sich mit den Begriffen „Schauspieler" und „Theater" fassen (Goffman, 1973[2]). Goffman analysiert und beschreibt in kühler, zum Teil zynisch wirkender Distanz die Tricks alltäglicher Interaktionsverläufe: „Die Gesichtspunkte . . . sind die einer Theatervorstellung, d.h. sie sind von der Dramaturgie abgeleitet. Ich werde darauf eingehen, wie in normalen Arbeitssituationen der einzelne sich selbst und seine Tätigkeit anderen darstellt, mit welchen Mitteln er den Eindruck, den er auf jene macht, kontrolliert und lenkt, welche Dinge er tun oder nicht tun darf, wenn er sich in seiner Selbstdarstellung vor ihnen behaupten will" (Goffman, 1973: 3).
Um in den unterschiedlichen Alltagssituationen angemessen handeln zu können, müssen die Interaktionsteilnehmer bestimmte Spielregeln beachten. Sie dürfen ihren Partnern nicht zu vage und auch nicht zu eindeutige Informationen über die eigenen Absichten zukommen

lassen. Jeder Teilnehmer an einer Interaktionssituation muß seine wahren Absichten wenigstens teilweise verbergen und sich gemeinsam mit den anderen auf jeweils vorläufige Situationsdefinitionen einlassen. Deshalb spricht Goffman auch von Darstellern und Zuschauern, von gelungenen und mißlungenen Darbietungen, von Bühnenbildern, Hinterbühnen und dramaturgischen Techniken, wenn er menschliches Verhalten analysiert.
Goffmans vielfältige Beschreibungen vom Alltagshandeln sind durchgängig anregend – aber, so fragen seine Kritiker (vgl. dazu beispielhaft Reynolds/Reynolds, 1977: 79–99), inwiefern machen sie Handeln besser verstehbar? „Wenn also Handeln Schauspiel ist, wer hat dann das Stück geschrieben, wer führt die Regie, wer kauft die Eintrittskarten, und wer kontrolliert die Sache hinter den Kulissen?"(McNall/Johnson, 1975: 62, zitiert nach Steinert, 1977: 96).
Ähnlich wie bei Goffman konzentrieren sich die Vertreter der ethnomethodologischen Fragerichtung auch auf die Vorgänge im Alltagsleben. Ihnen geht es jedoch nicht so sehr um die Interaktionsspiele zwischen den Handlungspartnern, sondern stärker um die Frage, „wie Sinn konstruiert und wie die soziale Wirklichkeit im Handeln der miteinander verbundenen Akteure geschaffen wird" (Psathas, 1972: 295). Gegenstand ethnomethodologischer Forschung ist das Alltagsleben, so wie es von den jeweils Handelnden erlebt wird. Sozialwissenschaftler wie Garfinkel (1973) und Psathas versuchen in Erfahrung zu bringen, wie die Menschen die soziale Wirklichkeit, in der sie leben, wahrnehmen, erfahren und konstruieren (Begleittext 14.4 Psathas). Die eingangs dieses Kapitels behauptete grundsätzliche Parallelität von Problemen des Soziologen zu den Problemen des in Alltagshandlungen einbezogenen Akteurs wird in der Ethnomethodologie zum Programm: Jeder Handelnde hat die Schwierigkeit, dem, was mit ihm und um ihn herum geschieht, einen Sinn zu geben, und darin unterscheidet er sich in nichts vom Soziologen:

„Im Gebrauch der Regeln identifizieren die Mitglieder Verhaltensweisen und konkrete Situationen als Konkretisierungen von Handlungen und Situationen – und leisten dabei viel Arbeit zum Nutzen der Analytiker. Beim Gebrauch von Regeln erklären die Gruppenmitglieder Handlungen in so ziemlich derselben Art und Weise wie die Sozialwissenschaftler. Indem sie Regeln anführen, zeigen sie die Vernünftigkeit und oft den geforderten oder notwendigen (und daher gerechtfertigten) Sinn ihres Tuns" (Wieder/Zimmermann, 1976: 116).

Die Kritik an den verschiedenen Ansätzen des Symbolischen Interaktionismus richtet sich vor allem auf die gewissermaßen kontemplative Haltung dieser theoretischen Orientierung. Die Analyse zwischenmenschlichem Verhaltens erfolge gewissermaßen aus der Position des unbeteiligten, deshalb aber umso scharfsinnigeren Betrachters (Steinert, 1977: 80). Das Handlungsmodell des Interaktionismus sei deshalb grundsätzlich *formal:* „Gesellschaftliche Verhältnisse (werden) als gemachte und durch bestimmte Prozesse aufrechterhaltene dargestellt. Hier endet aber die Analyse. Es wird nicht mehr gefragt, was die sozialen Prozesse sind, die die jeweilige historisch konkrete Gesellschaftsformation ausmachen, es bleibt irrelevant, wer dabei besser oder schlechter wegkommt. Dabei bleibt bei diesen formalen Betrachtungen, eben weil Inhalte ausgeklammert werden, immer nur die Ordnung selbst als Funktion und Ziel übrig. . . . Damit wird vernachlässigt, daß es im sozialen Leben nicht um irgendeine, sondern immer um eine ganz bestimmte Ordnung geht. . ." (Steinert, 1977: 94).
Es mag zum Schluß offen bleiben, ob Gouldner's nachfolgende zitierte Attacke gegenüber dem Forschungskonzept des Symbolischen Interaktionismus nicht auch Anerkennung und Kompliment einbeschließt: „Die empirische Sensibilität und Liebe zum Detail, die diese Schule auszeichnet, hat Ursprung wie Begrenzung in der Faszination des Kenners durch das seltene Exemplar: Ihr empirischer Reichtum ist von der ästhetischen Haltung des Sammlers inspiriert" (Gouldner, 1968: 106, zitiert nach Steinert, 1977: 95).

Übungsaufgaben zu Kapitel XIV

1. Erörtern Sie bitte anhand des nachfolgenden Textes aus dem Roman „Steppenwolf" von Hermann Hesse das Handlungsmodell des Symbolischen Interaktionismus, wie es mit den drei Grundsatzannahmen von Rose in diesem Kapitel dargestellt wurde.

„... Wünschen Sie Unterricht über den Aufbau Ihrer Persönlichkeit" – wird Harry Haller im magischen Theater gefragt und antwortet: – „Ja, bitte."
„Dann stellen Sie mir freundlichst ein paar Dutzend Ihrer Figuren zur Verfügung."
„Meiner Figuren..."
„Der Figuren, in welche Sie Ihre sogenannte Persönlichkeit haben zerfallen sehen. Ohne Figuren kann ich ja nicht spielen."
Er hielt mir einen Spiegel vor, wieder sah ich darin die Einheit meiner Person in viele Ichs zerfallen, ihre Zahl schien noch gewachsen zu sein. Die Figuren waren aber jetzt sehr klein, so groß etwa wie handliche Schachfiguren, und der Spieler nahm mit stillen, sicheren Fingergriffen einige Dutzend davon und stellte sie neben dem Schachbrett auf den Boden. Eintönig sprach er dazu, wie ein Mann, der eine oft gehaltene Rede oder Lektion wiederholt: „Die fehlerhafte und Unglück bringende Auffassung, als sei ein Mensch eine dauernde Einheit, ist Ihnen bekannt. Es ist Ihnen auch bekannt, daß der Mensch aus einer Menge von Seelen, aus sehr vielen Ichs besteht...
Wir zeigen demjenigen, der das Auseinanderfallen seines Ichs erlebt hat, daß er die Stücke jederzeit in beliebiger Ordnung neu zusammenstellen und daß er damit eine unendliche Mannigfaltigkeit des Lebensspiels erzielen kann. Wie der Dichter aus einer Handvoll Figuren ein Drama schafft, so bauen wir aus den Figuren unseres zerlegten Ichs immerzu neue Gruppen, mit neuen Spielen und Spannungen, mit ewig neuen Situationen" (Hesse, 1970: 209).

2. Erläutern Sie über eine detaillierte Beobachtung bzw. Protokollierung eines Interaktionsverlaufs zwischen zwei Personen (z.B. Gespräch zwischen Fahrgast und Taxifahrer) den „dramaturgischen" Ansatz von Erving Goffman.
3. Versuchen Sie über kontrollierte Beobachtungen in Gaststätten, Restaurants o.ä. festzustellen, in welcher Weise die räumliche Situation das Kommunikationsverhalten der Gäste steuert. Versuchen Sie, verschiedene Typen von räumlichen Restaurant-Strukturen zu entwickeln. Als Anregung für diese Aufgabe sollte der Aufsatz von Klaus Laermann „Kommunikation an der Theke" (1978: 420–430) verwendet werden.
4. Versuchen Sie in verschiedenen Bereichen mit einer Anregung von Watzlawick (1983: 82) den ethnomethodologischen Ansatz der Aufdeckung von unausgesprochenen Alltagsregeln zu realisieren:

   „Sagen Sie oder tun Sie etwas, das man sowohl ernsthaft wie scherzhaft auffassen kann. ‚Beschuldigen' Sie dann Ihren Partner, je nach seiner Reaktion, eine ernsthafte Sache ins Lächerliche ziehen zu wollen, oder keinen Sinn für Humor zu haben".

   Prüfen Sie die Reaktionen auf Merkmale der verdeckten Regelhaftigkeit.

Weiterführende Literatur zu Kapitel XIV

Verständliche Darstellungen zum theoretischen Konzept der Verstehenden Soziologie:

Blumer, Herbert: Der methodologische Standort des Symbolischen Interaktionismus. In: Arbeitsgruppe Bielefelder Soziologen (Hrsg.): Alltagswissen, Interaktion und gesellschaftli-

che Wirklichkeit. Hamburg, Rowohlt: 1973, Bd. 1 (Symbolischer Interaktionismus und Ethnomethodologie), S. 80–146.
Helle, Horst-Jürgen: Verstehende Soziologie und Theorie der Symbolischen Interaktion. Stuttgart, Teubner-Studienskripten: 1977.
Schütz, Alfred: Don Quichotte und das Problem der Realität. In: Schütz, A.: Gesammelte Aufsätze 2: Studien zur soziologischen Theorie. Den Haag, Martinus Nijhoff: 1971, S. 102–128.
Wilson, Thomas G.: Theorien der Interaktion und Modelle soziologischer Erklärung. In: Arbeitsgruppe Bielefelder Soziologen (Hrsg.): Alltagswissen, Interaktion und gesellschaftliche Wirklichkeit. Hamburg, Rowohlt: 1973, Bd. 1 (Symbolischer Interaktionismus und Ethnomethodologie), S. 54–79.

Systematisierende und kritische Darstellungen zu den verschiedenen Ansätzen des Symbolischen Interaktionismus:

Archibald, Peter E.: Symbolic Interaction Theory: Critical Review and Reformulation. In: Zeitschrift für Soziologie Jg. 1 H.3 (1972), S. 193–208.
Mayrl, William W.: Ethnomethodology: Sociology without Society. In: Catalyst No. 7. Ontario, Trend University: 1972, S. 15–28.
Meltzer, Bernhard N./Petras, John W.: Theoretical and Ideological Variations in Contemporary Interactionism. In: Catalyst No. 7. Ontario, Trend University: 1973, S. 1–9.
Meltzer, Bernhard N./Petras, John W.: The Chicago and Iowa Schools of Symbolic Interactionism. In: Manis, J.G./Meltzer, B.N. (Hrsg.): Symbolic Interaction. Boston, Allyn/Bacon: 1972, S. 43–56.
Steinert, Heinz: Das Handlungsmodell des Symbolischen Interaktionismus. In: Lenk, H. (Hrsg.): Handlungstheorien – interdisziplinär. München, Fink: 1977, Bd. 4, S. 79–99.
Wolff, Stefan: Der rhetorische Charakter sozialer Ordnung. Selbstverständlichkeit als soziales Problem. Berlin, Duncker & Humblot: 1976, Bd. 17 (Soziologische Schriften), S. 129–191.

Beispiele für empirische Studien der Verstehenden Soziologie:

Berger, Peter L./Kellner, Hansfried: Die Ehe und die Konstruktion der Wirklichkeit. In: Soziale Welt Jg. 16 (1965), S. 220–235.
Goffman, Erving: Das Individuum im öffentlichen Austausch. Mikrostudien zur öffentlichen Ordnung. Frankfurt/M., Suhrkamp: 1974.
Goffman, Erving: Asyle. Über die soziale Situation psychiatrischer Patienten und anderer Insassen. Frankfurt/M., Suhrkamp: 1972.
Smith, Dorothy E.: K. ist geisteskrank. Die Anatomie eines Tatsachenberichtes. In: Weingarten E./Sack, F./Schenkein, J. (Hrsg.): Ethnomethodologie. Beiträge zu einer Soziologie des Alltagshandelns. Frankfurt/M., Suhrkamp: 1976, S. 368–415.
Stone, Gregory P.: Appearance and the Self. In: Rose, A.M. (Hrsg.): Human Behaviour and Social Processes. An Interactionist Approach. London, Routledge & Kegan: 1971, S. 86–118.

Begleittext 14.1:

George Herbert Mead: Sozialpsychologie. Aus: Heinz Maus (Hrsg.): Soziologische Texte. Luchterhand: Neuwied 1969, S. 287–290.

Das Spiel ist also ein Beispiel für die Situation, aus welcher eine organisierte Persönlichkeit entsteht. In dem Maße, in dem das Kind tatsächlich die Haltung des anderen übernimmt und die Haltung des anderen darüber bestimmen läßt, was es, bezogen auf ein gemeinsames Ziel, tun wird, wird es ein organisches Mitglied der Gesellschaft. Es übernimmt die sittlichen Normen dieser Gesellschaft und wird zu einem wirklichen Mitglied. Es gehört ihr an, sofern es der Haltung des anderen gestattet, seine eigenen unmittelbaren Äußerungen zu kontrollieren. Damit kommt es zu einer Art organisiertem Prozeß. Was sich im Spiel ausdrückt, äußert sich natürlich unaufhörlich im sozialen Leben des Kindes; dieser weitergehende Prozeß geht jedoch über die unmittelbare Erfahrung des Kindes selbst hinaus. Die Bedeutung des Spiels beruht darauf, daß es ganz innerhalb der eigenen Erfahrung des Kindes liegt, und unsere moderne Form der Erziehung ist deshalb wichtig, weil sie soweit als möglich auf diesen Bereich eingeht. Die verschiedenen Haltungen, die ein Kind annimmt, sind so organisiert, daß sie seine Reaktion genauso kontrollieren, wie die Haltungen in einem Spiel seine eigene, unmittelbare Reaktion kontrollieren. Im Spiel erhalten wir ein organisiertes Gegenüber, einen generalisierten Anderen, der sich auch im Wesen des Kindes findet und sich in dessen unmittelbarer Erfahrung äußert. Und genau diese organisierte Aktivität im Wesen des Kindes, die die einzelne Reaktion kontrolliert, bewirkt Einheit und formt das Ich des Kindes.

Wir können unser Grundkonzept durch einen Hinweis auf den Eigentumsbegriff erläutern. Wenn wir sagen: „Das ist mein Eigentum. Ich werde darüber wachen", dann ruft diese Behauptung eine bestimmte Reihe von Reaktionen hervor, die in jeder Gemeinschaft, in der es Eigentum gibt, die gleiche sein muß. Das setzt eine organisierte Haltung gegenüber dem Eigentum voraus, die allen Mitgliedern der Gemeinschaft gemeinsam sein muß. Man muß eine bestimmte Haltung der Kontrolle über sein Eigentum besitzen und das Eigentum des anderen respektieren. Diese Haltungen (als organisierte Reaktionsketten) muß es bei allen geben, so daß eine Person, die so etwas sagt, bei sich selbst nur die Haltung der anderen hervorruft. Sie ruft die Reaktion eines generalisierten Anderen hervor, wie ich das genannt habe. Gesellschaft ist also nur möglich aufgrund solcher gemeinsamen Reaktionen, solcher organisierten Haltungen zu dem, was wir Eigentum, religiöse Riten, den Prozeß der Erziehung und die familiären Beziehungen nennen.

Der Mensch nimmt die verschiedenen Rollen, die alle anderen ausfüllen, in sich auf, bis er schließlich die Haltung der Mitglieder dieser Gemeinschaft übernimmt. So sieht die Struktur der Persönlichkeit eines Menschen aus. Es gibt bestimmte gemeinsame Reaktionen, die jedes Individuum gegenüber bestimmten gemeinsamen Dingen zeigt. In dem Maße, in dem diese Reaktionen im Individuum selbst geweckt werden, wenn es sich an andere Menschen wendet, trägt es zur Entstehung seines Ich bei. Die Struktur, auf der das Ich aufgebaut ist, ist also diese Reaktion, die allen gemeinsam ist, denn um ein Ich zu sein, muß man einer Gemeinschaft angehören.

Solche Reaktionen sind abstrakte Haltungen, aber sie sind gleichwohl konstitutiv für das, was wir den Charakter eines Menschen nennen. Sie verschaffen ihm das, was wir seine Prinzipien nennen, die anerkannten Haltungen der Mitglieder der Gemeinschaft zu den Werten dieser Gemeinschaft. Das Individuum versetzt sich in die Lage des generalisierten Anderen, der die Reaktionen aller Mitglieder der Gruppe repräsentiert. Genau dadurch wird ein Verhalten, das unter der Kontrolle von Prinzipien steht, gelenkt; von einem Menschen, der über eine solche organisierte Gruppe von Reaktionen verfügt, sagen wir, daß er im ethischen Sinne Charakter habe.

Es ist also – im Gegensatz zu einer Gruppe von Gewohnheiten – eine Struktur von Haltungen, die ein Ich ausmachen. Jeder von uns hat bestimmte Gewohnheiten, etwa einen bestimmten Tonfall beim Sprechen. Man besitzt eine Reihe von Gewohnheiten beim sprachlichen Ausdruck, deren man sich jedoch nicht bewußt ist. Viele unserer Gewohnheiten haben für uns keine Bedeutung; wir hören nicht auf unseren Tonfall beim Sprechen, auf den andere hören, es sei denn, wir achten eigens darauf. Genauso ist es mit unseren emotionalen Äußerungen. Wir wissen vielleicht, daß wir unserer Freude Ausdruck gegeben haben, aber Einzelheiten dieses Prozesses entgehen unserem bewußten Ich. Es gibt ein ganzes Bündel solcher Gewohnheiten, die nicht in ein bewußtes Ich eingehen, die jedoch das bilden, was man das unbewußte Ich nennt.

Bei alledem ist das, was wir unter Selbstbewußtsein verstehen, ein Erwachen der Gruppe von Haltungen in uns selbst, die wir bei anderen hervorrufen, besonders wenn es sich um eine Reihe von wichtigen Reaktionen handelt, die gemeinschaftsbildend wirken. Es ist nicht gut, Bewußtsein in dem Sinne, in dem wir diesen Begriff gewöhnlich gebrauchen, mit Selbstbewußtsein zu verwechseln oder zu vermengen. Der Begriff Bewußtsein bezieht sich so, wie er häufig gebraucht wird, einfach auf den Bereich der Erfahrung; Selbstbewußtsein bezieht sich dagegen auf die Fähigkeit, bei uns selbst eine Reihe von bestimmten Reaktionen hervorzurufen, die für die anderen Mitglieder der Gruppe charakteristisch sind. Bewußtsein und Selbstbewußtsein liegen nicht auf der gleichen Ebene.

Begleittext 14.2:

Herbert Blumer: Der methodologische Standort des Symbolischen Interaktionismus. Aus: Arbeitsgruppe Bielefelder Soziologen (Hrsg.): Alltagswissen, Interaktion und gesellschaftliche Wirklichkeit. Bd. 1. Rowohlt: Hamburg, 1973, S. 95/96.

Diese Auffassung, daß der Mensch sein Handeln dadurch ausrichtet, daß er sich selbst etwas anzeigt, steht in scharfem Gegensatz zu der Auffassung vom menschlichen Handeln, die die gegenwärtige Psychologie und Sozialwissenschaft bestimmt. Diese vorherrschende Auffassung schreibt, wie schon erwähnt, menschliches Handeln auslösenden Faktoren oder einer Kombination derartiger Faktoren zu. Das Handeln wird auf solche Dinge wie Motive, Einstellungen, Bedürfnis-Dispositionen, unbewußte Komplexe, Stimulus-Anordnungen, Statusanforderungen, Rollenerfordernisse und Situationsforderungen zurückgeführt. Das Aufzeigen der Verbindung des Handelns mit einer oder mehreren solcher auslösenden Ursachen wird als Erfüllung der wissenschaftlichen Aufgabe angesehen. Solch ein Ansatz ignoriert jedoch und hat keinen Platz für den Prozeß der Selbst-Interaktion, durch den das Individuum seine Welt handhabt und seine Handlung ausbildet. Die Tür zu dem notwendigen Interpretationsprozeß ist verschlossen, in dessen Verlauf das Individuum das, was ihm dargeboten wird, wahrnimmt und abschätzt, und in dessen Verlauf er einen Plan sichtbaren Verhaltens vor seiner Ausführung entwirft.

Im wesentlichen besteht das Handeln eines Menschen darin, daß er verschiedene Dinge, die er wahrnimmt, in Betracht zieht und auf der Grundlage der Interpretation dieser Dinge eine Handlungslinie entwickelt. Die berücksichtigten Dinge erstrecken sich auf solche Sachen wie seine Wünsche und Bedürfnisse, seine Ziele, die verfügbaren Mittel zu ihrer Erreichung, die Handlungen und die antizipierten Handlungen anderer, sein Selbstbild und das wahrscheinliche Ergebnis einer bestimmten Handlungslinie. Sein Verhalten wird durch solch einen Prozeß des Anzeigens und der Interpretation geformt und gesteuert. In diesem Prozeß können gegebene Handlungslinien in Gang gesetzt oder gestoppt werden, sie können aufgegeben oder verschoben werden, sie können auf reine Planung oder auf das innerliche Leben einer Träumerei beschränkt werden, und sie können, falls sie schon ausgelöst sind, umgeformt werden. Es ist nicht meine Absicht, diesen Prozeß zu analysieren; ich möchte lediglich auf sein Vorhandensein und sein Wirken in der Ausbildung menschlichen Handelns aufmerksam machen. Wir müssen erkennen, daß die Aktivität der Menschen darin besteht, daß sie einem ständigen Fluß von Situationen begegnen, in denen sie handeln müssen, und daß ihr Handeln auf der Grundlage dessen aufgebaut ist, was sie wahrnehmen, wie sie das Wahrgenommene einschätzen und interpretieren und welche Art geplanter Handlungslinien sie entwerfen. Dieser Prozeß wird nicht eingefangen, wenn man die Handlung irgendeiner Art von Faktoren zuschreibt (z.B. Motiven, Bedürfnis-Dispositionen, Rollenerfordernissen, sozialen Erwartungen oder sozialen Regeln), von denen man annimmt, daß sie die Handlung auslösen und zu ihrem Abschluß vorantreiben; solch ein Faktor, oder irgendeine seiner Ausprägungen ist ein Umstand, den der menschliche Handelnde beim Entwurf seiner Handlungslinie in Rechnung stellt. Der auslösende Faktor umfaßt oder erklärt nicht die Art und Weise, in der er selbst und andere Dinge in der Situation, in der gehandelt werden muß, berücksichtigt werden. Man muß den Definitionsprozeß des Handelnden erschließen, um sein Handeln zu verstehen.

Begleittext 14.3:

M.H. Kuhn: Die Bezugsgruppe – neu überdacht. Aus: Heinz Steinert: Symbolische Interaktion. Klett: Stuttgart 1973, S. 251–252.

Die soziale Gruppe ist für die Theorie ausschlaggebend, indem sie sowohl die Sprache, in der die Interaktionen stattfinden, als auch die verschiedenen „anderen", mit denen die Interaktionen stattfinden, beistellt. Die Gruppe und ihre Sprache sind dem Individuum vorgeordnet. (Von einem grundsätzlichen Standpunkt aus ist das redundant, da ja die Gruppe in ihrer Kommunikation existiert.) Kommt ein neues Individuum in die Gruppe, so übernimmt es ihre Objekte, deren Eigenschaften sich aus den Kommunikationskategorien der Gruppe ableiten. Die Eigenschaften der Objekte, die für die Gruppe und für ihre ständige Aktivität von Bedeutung sind, müssen als Unterscheidungen in ihrem Wortschatz enthalten sein. Wenn es anders wäre, könnte man Objekte nicht als verschieden wahrnehmen. Die wichtigsten Objekte der andauernden reziproken Rollenaktivität der Gruppe sind Menschen. Die lexikalischen Kategorien, die sich auf sie beziehen, machen die Unterscheidung der Arten von Leuten möglich, die es gibt, und die der unterschiedlichen Aktivitäten, die es ihnen gegenüber gibt, oder die sich auf sie beziehen. Universelle Kategorien, die sich in allen Gruppen finden, sind Alter und Geschlecht. Tausende von anderen Kategorien existieren, viele davon nur in ganz speziellen Gruppen. Tatsächlich gibt es für die mögliche Anzahl von Kategorien keine logische Grenze. Der Begriff des kulturellen Relativismus kann sehr wohl in den von kulturell einzigartigen Kategorien spezifischer menschlicher Gesellschaften aufgelöst werden – speziell Kategorien zur Einteilung menschlicher Akteure. Das Selbst einer gegebenen Person besteht zum Teil aus einem Satz von Zugehörigkeit zu relevanten Kategorien. Aber diese Zuteilungen spiegeln Gruppeneinschätzungen wider: im *allgemeinen,* weil nur ein Wortschatz verwendet wird, und im *besonderen,* weil man nicht mit anderen zusammen handeln kann ohne Konsens über seine Zugehörigkeit zu Kategorien (oder anders gesagt, ohne Konsens über die rollenrelevanten Eigenschaften, die man besitzt).
Demgemäß ist die Zugehörigkeit zu bestimmten Kategorien in allen gesellschaftlichen

Systemen etwas Abgeleitetes. Eine oder mehrere Gruppen, mit denen man sich identifiziert, sind der Ursprung des besonderen Wortschatzes, der diese Kategorien und ihre Bedeutung begründet. Daher ist der „andere", mit dem man durch ein Wir-Gefühl verbunden ist, das heißt, durch ein Selbst, das ihn miteinschließt, durchaus verschieden von jenem „anderen", mit dem man Alter, Geschlecht oder den Militärdienst in Übersee gemeinsam hat. Die dynamischen Kräfte für Stabilisierung oder Veränderung des Selbst, damit auch die Determinanten von Organisation und Umorganisation von Handeln, liegen in den *Gruppenbeziehungen,* die man hat. Auf die Kategorienzugehörigkeit wird durch sie nur *verwiesen.*
Es ist schwierig, im Wortschatz seiner eigenen Gesellschaft mit Aussicht auf Erfolg Gattungsunterschiede zwischen Kategorien zu finden, die anschaulich die Vorgänge abbilden, die ich gerade erwähnt habe. Die Muttersprache enthält eine Fülle von Begriffen, mit deren Hilfe wir regelmäßig die „anderen" und die Formen der Begegnung mit ihnen differenzieren. Eine kleine und völlig unsystematisch zusammengestellte Auswahl aus meiner eigenen oberflächlichen Erinnerung ergibt folgendes[1]: Patenonkel, dumme Gans, Tippelbruder, Blutsbruder, Verräter, Pharisäer, Angeber, Prolet, Liebhaber, Milchgesicht, Mann, Mannschaftskamerad, Prüfungssenat, altes Weib (beiderlei Geschlechts), jemand im selben Boot (kommt im „American Sodier" vor), Feigling, „man", Schwein, Held, Clown, Muttersöhnchen, Löwe, Maus, Kumpel, Finanzgenie, Eckensteher, Kunde, jemand, dessen „Anhänger" man ist, Spekulant, „Anschieber". Worte für Kollektive von „anderen" sind etwa: Publikum, Forum, Clique, die Kumpels, Leute wie wir, Komitee, Kabinett, Haufen, Rettungsmannschaft, diese Hippies, die Beamtenschaft, Passanten, Mob, Mannschaft, diese Hinterweltler. Wie kann man daraus irgendwelche gattungsmäßig bestimmten Klassen von „anderen" ableiten? Ich glaube nicht, daß es möglich ist. Man kann jedoch mit elementaren Unterscheidungen, wie nach Zeit, Kontinuität, physischer oder sozialer Distanz und ähnliches einen Anfang machen. Wir können etwa anwesende „andere" von abwesenden unterscheiden, nahe von fernen, zeitgenössische von vergangenen, ständig anwesende von wechselnden, positiv von negativ definierten, unmittelbare, impulsiv gewählte, vorübergehende von wohlüberlegt gewählten Anderen.
Hinter diesen vorgeschlagenen Unterscheidungen stehen aber überprüfbare Hypothesen von beträchtlicher Bedeutung für die Ausweitung der Theorie des Symbolischen Interaktionismus. Es ist leicht zu sehen, wie diese aussehen könnte, daher will ich uns hier eine genaue Ausformulierung ersparen. Man muß die Bedeutung der Bezugsgruppentheorie für den Symbolischen Interaktionismus anerkennen, und sei es nur insofern, als sie gezeigt hat, daß man über den „anderen" auch systematisch und empirisch arbeiten kann.

Begleittext 14.4:

Georges Psathas: Verstehen, Ethnomethodologie und Phänomenologie. Aus: Walter L. Bühl: Verstehende Soziologie. Nymphenburger: München 1972: S. 297/298.

Aus meiner eigenen Forschungsarbeit möchte ich kurz über eine Untersuchung berichten, wie Taxifahrer ihnen unbekannte Adressen ermitteln. Um diese Aktivität zu verstehen, muß man nicht nur den Taxifahrer und seine Welt verstehen, sondern man muß auch das Phänomen der Adresse selbst und ganz allgemein das Phänomen der Lokalisierung im Raum erfassen

1 Bei den idiomatischen Ausdrücken, die Kuhn hier anführt, ist direkte Übersetzung weitgehend unmöglich (und auch unnötig bis unsinnig). Es wurde versucht, deutsche Ausdrücke in annähernd demselben Bereich von Eigenschaften zu finden (Anm. d. Übers.).

können. Eine phänomenologische Analyse kann uns dazu führen, erst einmal das Wesen der „Lokalisierung“ zu erfassen. Darin eingeschlossen sind dann sozusagen – auf verschiedenen Bedeutungsebenen – die speziellen Elemente und Beziehungen zwischen diesen Elementen, die das Ausfindigmachen von Adressen für den Taxifahrer in einer bestimmten soziokulturellen Umwelt, z.B. in städtischer Umgebung, ermöglichen. In dieser Studie haben wir bisher die Konstituion der Adressen durch per Funk übermittelte Anweisungen an den Fahrer untersucht. Diese Anweisung repräsentiert eine Konstiuante der Ortsbeschreibung, wie sie vom Funksprecher ausgegeben und vom Taxifahrer verstanden wird. Es gibt hier also ein gemeinsames System von Relevanzen. Dem Modell der Komponenten-Analyse folgend, versuchten wir, die den einzelnen Anweisungen zugrundeliegenden Komponenten zu ermitteln. Auf einem häufig frequentierten Platz z.B. können mehrere potentielle Fahrgäste zur gleichen Zeit auf ein Taxi warten, es gibt mehrere mögliche Stellen, an denen Fahrgäste warten und die durch einen geeigneten Namen bezeichnet werden können. Die ausgegebenen Mitteilungen müssen also Angaben über den Namen des Platzes, möglicherweise über den genauen Standort (um ihn auf dem Platz zu finden) und möglicherweise noch den Namen des Fahrgastes (zur Unterscheidung von anderen möglichen Fahrgästen) enthalten. Dagegen kann bei Einzel- oder Mehrfamilien-Häusern, wo es keinen Zweifel in bezug auf die Ein- und Ausgänge gibt und wo wahrscheinlich nicht mehr als ein Fahrgast warten wird, eine vollständige Anweisung lediglich in der Angabe des Straßennamens und der Hausnummer bestehen.

Wir fanden bei der Analyse einer großen Anzahl solcher Funkanweisungen, daß bei unzweifelhaften und gut bekannten Plätzen der Name des Platzes genügt und die obigen Kriterien nicht angegeben zu werden brauchen. Handelt es sich um einen Platz mit regelmäßig zusteigenden Fahrgästen, dann genügt schon der Name des Fahrgastes. Handelt es sich um ein Wohngebiet oder besteht kein Problem in der Lokalisierung des Fahrgastes, dann sind Beschreibungen des Fahrgastes oder des Ortes, wo er zu finden ist, nicht erforderlich. Wir können so die Bedeutung der Begriffe „Komplexität“ oder „Schwierigkeit“ bei der Bestimmung eines Standortes und eines Fahrgastes als eine *durch die Welt des Taxifahrers bedingte Komplexität* definieren. Eine phänomenologische Analyse könnte zudem die wesentlichen Beziehungen zwischen den Elementen des Phänomens erfüllen, d.h. der Adresse, und davon abgeleitet, welche prinzipiellen Möglichkeiten es für die Benennung solcher Adressen gibt. D.h. durch die Bestimmung der wesentlichen Grundzüge einer Adresse können wir verstehen, wie die Lokalisierung solcher Adressen vor sich geht. Die Lokalisierung einer Adresse z.B. *auf einer* Seite der Straße oder *zwischen* anderen Bauten erfolgt in bezug auf andere Straßen und andere Gebäudekomplexe, was erst eine Lokalisierung aufgrund von Nummern (wenn die einzelnen Gebäude mit Nummern versehen werden) und Straßennamen (wenn Straßen benannt werden) möglich macht. Wenn solche Nummern und Namen nicht bekannt sind, kann der Standort aufgrund von charakteristischen Merkmalen, die sie von anderen Lokalitäten unterscheiden, dennoch bestimmt werden (z.B. durch Angabe der Größe, Farbe, Form, der Oberflächenstruktur von Häusern), und Straßen können aufgrund bestimmter Charakteristika (Entfernung, Richtung, rechts oder links von einer anderen Straße usw.) unterschieden werden. Ich beanspruche nicht, diese Analyse zu einem sinnvollen Ende gebracht zu haben, aber diese kurze Beschreibung kann die Möglichkeiten einer solchen Untersuchung wenigstens illustrieren.

XV. Ein pragmatischer Versuch zur Klassifizierung soziologischer Ansätze

Die bisher referierten Beiträge befassen sich mit Grundsatzfragen soziologischer Forschung und Theoriebildung, sie bieten dem Studenten aber kaum Hilfe bei dem Bemühen, eine gegebene soziologische Arbeit in die Vielfalt möglicher Theorieansätze einzuordnen. Der amerikanische Soziologe Walter L. Wallace hat nun ein Schema entwickelt, das in dieser Richtung eine gewisse Hilfe sein kann und dessen wesentlichste Züge hier erläutert werden sollen. Dabei halten wir uns nicht eng an Wallace' Argumentationsführung und ziehen insbesondere andere Beispiele heran (Wallace, 1969).
Das zu betrachtende Schema ist zwar nicht so aufgebaut, daß man jede beliebige Theorie ohne Schwierigkeiten einordnen könnte, aber es hilft dem Leser einer soziologischen Studie, sich über einige ihrer grundlegenden Eigenschaften klarzuwerden. Das Schema liefert auch keinen Bewertungsmaßstab, es sagt nicht, welche Theorieansätze die besten sind. Diese „Wertneutralität" seiner Typologie begründet der Autor, indem er selbst eine wertende Stellung bezieht:

„... no single current viewpoint adequately represents the full range of sociological interest; ... none is wholly ‚right' about all aspects of social life; ... each is ‚right' about some of these aspects..." (1).

Für Wallace kommt es also darauf an festzustellen, wie sich die Verwendungsmöglichkeiten der verschiedenen Ansätze *ergänzen.* Zu einer ganz ähnlichen Einschätzung kommen zwei englische Sozialwissenschaftler, die sich einer marxistischen Denkperspektive verpflichtet fühlen:

„It can be confidently asserted that the interpretation of almost any piece of social evidence is controversial as between different sociological schools" (Coulson/Riddell, 1970: 6).

Wo über verschiedene Theorieansätze gesprochen wird, erwartet man zunächst Kennzeichnungen wie „phänomenologisch", „dialektisch", „positivistisch", „systemtheoretisch", „bürgerlich", „marxistisch" usw., denn das ist das Vokabular, mit dem man üblicherweise sozialwissenschaftliche Richtungen klassifiziert hat. Der große Nachteil solcher Einordnungen besteht aber darin, daß sie jeweils ganz andere und damit nichtvergleichbare Merkmale zur Charakterisierung eines Theorieansatzes herausheben. Bezeichnet man beispielsweise eine Richtung der Soziologie als „materialistisch", weil ihre Vertreter die wirtschaftlichen Verhältnisse als Ursache und Basis für die meisten anderen gesellschaftlichen Erscheinungen betrachten, dann wäre es sinnlos, dieser Richtung etwa eine „phänomenologische" Soziologie gegenüberzustellen. Deren Charakteristikum liegt nämlich nicht in den sozialen *Ursachen,* die für besonders wichtig gehalten werden, sondern in der *Vorgehensweise,* durch die der phänomenologisch arbeitende Wissenschaftler zu seinen Erkenntnissen gelangen will. Man kann nur Vergleichbares gegeneinander abwägen, und einer materialistischen Sozialwissenschaft kann man deshalb streng genommen auch nur eine „idealistische" gegenüberstellen.

Die konventionellen Typisierungen theoretischer Ansätze haben noch einen weiteren Nachteil. Sie beziehen sich nicht eigentlich auf die *soziologischen* Zusammenhänge, die jeweils erfaßt werden. „Materialistisch“, „systemtheoretisch“, „positivistisch“ usw. können Richtungen in den verschiedensten Wissenschaften sein. Diese Charakterisierungen (die durchaus auch ihren Wert haben) sagen also noch wenig über die Auswirkungen des gewählten Ansatzes auf die soziologischen Ergebnisse. Um ein Ordnungsschema zu bieten, das sich speziell für die Charakterisierung soziologischer Arbeiten eignet, hat Wallace daher ganz andere Zuordnungskriterien herangezogen. Er geht theoretisch eher bescheiden vor und fragt: Welche Art sozialer Erscheinungen werden in einer Arbeit berücksichtigt? Welche möglichen Kausalfaktoren werden in Betracht gezogen? Was wird beobachtet, worüber werden Verallgemeinerungen angestellt, für welche Phänomene werden Erklärungen gesucht? Dabei geht Wallace von folgender Überlegung aus: Jede wissenschaftliche Theorie ist durch ihren Forschungsgegenstand begrenzt (vgl. Kapitel II); sie will nur bestimmte Phänomene untersuchen und auch zur Erklärung nur ausgewählte Faktoren heranziehen. Insofern kann man sagen, daß sich alle Theorien mit zwei Gruppen von Erscheinungen befassen, den zu erklärenden und denen, mit denen erklärt werden soll. Diese Unterscheidung wird üblicherweise durch Begriffspaare wie abhängige bzw. unabhängige Variable und Explanandum bzw. Explanans bezeichnet. Es klingt nun zunächst recht banal, wenn man mit Wallace definiert, daß soziologische Theorien Aussagenkomplexe sind, in denen das zu *Erklärende* gesellschaftliche Tatbestände sind. Dennoch bietet diese Formulierung eine erste Orientierungshilfe, denn es gibt ja auch Untersuchungen, die sich – wie etwa die psychosomatische Medizin – zwar mit sozialen Vorgängen befassen, diese aber nicht erklären, sondern zur Erklärung anderer Erscheinungen benutzen wollen. Es wäre nicht sehr sinnvoll, solche Forschungen als soziologisch zu bezeichnen, nur weil sie gesellschaftliche Zusammenhänge in irgendeiner Weise berücksichtigen.

Die Vorgehensweise, nur diejenigen Theorien als soziologisch zu klassifizieren, in denen das zu *Erklärende* gesellschaftliche Vorgänge sind, hat noch einen weiteren Vorteil. Sie führt uns zu der Überlegung, daß die Verschiedenheit soziologischer Ansätze einmal darin bestehen muß, *worauf* sie die zu erklärenden sozialen Tatbestände zurückführen, zweitens aber auch darin, *was* sie überhaupt unter gesellschaftlichen Erscheinungen verstehen, welche sie für belangvoll halten. Die Eigenart eines theoretischen Ansatzes in der Soziologie können wir am eindeutigsten beschreiben, wenn wir herausarbeiten, welche Phänomene innerhalb dieses Ansatzes als soziale bestimmt („definition of the social“) und welche Faktoren als deren Ursachen berücksichtigt werden („explanation of the social“). Daß es zur Charakterisierung einer Theorie nicht genügen kann nur anzugeben, für welche gesellschaftlichen Vorgänge sie sich interessiert, dürfte ohne weiteres klar sein: das eben macht ja unterschiedliche Ansätze aus, daß sie ein und dasselbe Phänomen mit unterschiedlichen Ursachen erklären. Daß es andererseits aber auch nicht ausreicht, Theorien nur nach den Ursachen zu unterscheiden, die sie zur Erklärung heranziehen, wird deutlich, wenn man sich klarmacht, in wie unterschiedlicher Weise man den Bereich der (zu erklärenden) Phänomene des „Sozialen“ abgrenzen kann.

1. Die Abgrenzungen des Sozialen: „objektive“ und „subjektive“ Tatbestände

Was immer man unter „sozial“ und „gesellschaftlich“ versteht, es geht um Beziehungen zwischen mehreren Personen, um ihr Verhalten, ihr Handeln. Aber was ist eigentlich mit Verhalten gemeint? Spazierengehen, ein Buch lesen, eine Wand streichen, eine Rechenaufga-

be lösen? oder: für den Schauspieler X schwärmen, der Meinung sein, daß es in Krankenhäusern keine unterschiedlichen Pflegeklassen geben sollte, Operettenmusik langweilig finden?
Das erste sind Beispiele für etwas, das wir auch „objektives" Verhalten nennen könnten, während das zweite „subjektive" Verhaltensweisen sind – oft sagen wir statt dessen auch „Einstellungen" oder „Attitüden". Nicht immer sind diese unterschiedlichen Verhaltenstypen leicht auseinanderzuhalten: eine Meinung zu *haben,* ist sicher als subjektives Verhalten anzusprechen, sie zu *äußern* könnte bereits als objektives Handeln angesprochen werden.
Wenn der berühmte deutsche Soziologe Max Weber „soziales Verhalten" daran erkannte, daß der Handelnde einen subjektiven Sinn damit verbindet und sich an den Erwartungen der jeweiligen Beziehungspartner orientiert (Begleittext 15.1, Weber), dann zeigt das, wie er „das Soziale" in erster Linie in den subjektiven Komponenten des Handelns suchte. Ähnliches gilt für die meisten Untersuchungen, die sich mit den Werten oder Normen einer Gesellschaft bzw. bestimmter Teilgruppen befassen. Auf „objektives" Verhalten konzentrieren sich dagegen viele Arbeiten über schichtenspezifisches Verhalten, über Interaktionsprozesse in Betrieben oder über Freizeitverwendung.
Freilich ist die Unterscheidung zwischen subjektivem und objektivem Verhalten für theoretische Erörterungen belangvoller als für die empirische Forschungspraxis, denn wir haben ja gar keine Möglichkeit, subjektives Verhalten direkt zu beobachten. Alle Aussagen über Wertvorstellungn, normative Orientierungen und andere Einstellungen sind Schlußfolgerungen, die wir aus beobachtbarem, objektivem Verhalten ziehen, und sei es aus Antworten auf Interviewfragen. Die meisten soziologischen Arbeiten charakterisieren menschliches Verhalten sowohl nach objektiven (beobachtbaren) als auch nach subjektiven (unterstellten) Merkmalen. Deshalb läßt sich nicht immer ohne weiteres erkennen, ob eine Beschreibung objektiven Verhaltens dieses selbst untersuchen will oder ob die beobachteten Eigenschaften nur als Beleg für die subjektiven Einstellungen der betreffenden Personen herangezogen werden.
Dennoch sieht Wallace eine Lösung. Da subjektive Verhaltenselemente nicht direkt beobachtbar sind, fußen alle Analysen auf Merkmalen objektiven Verhaltens. Nicht alle Untersuchungen leiten jedoch aus diesen Beobachtungen Aussagen über subjektive Verhaltenstatbestände ab. Auf diese Weise wird es möglich, soziologische Theorieansätze danach zu unterscheiden, ob sie ihren Forschungsgegenstand ausschließlich in objektivem Verhalten suchen oder ob sie darüber hinaus auf eine Untersuchung und Erklärung subjektiver Tatbestände gerichtet sind, wie etwa Riesmans Studie über den amerikanischen Charakter (Begleittext 15.2, Riesman). Die Unterscheidung nach objektivem und subjektivem Verhalten ist natürlich nicht die einzig mögliche. Theorien heben sich auch dadurch voneinander ab, daß die einen sich für die großen, gesamtgesellschaftlichen Zusammenhänge interessieren (Makrosoziologie), während andere das wesentlich und charakteristisch Soziale in den direkten Kontakten zwischen Einzelpersonen suchen (Mikrosoziologie). Solche Unterscheidungen betreffen aber – genau wie die zwischen speziellen Soziologien, z.B. zwischen Familiensoziologie, Stadtsoziologie und Soziologie der Massenmedien – mehr das unterschiedliche Forschungsinteresse einzelner Wissenschaftler, nicht gegensätzliche Theorieansätze.

2. Faktoren, die soziale Tatbestände erklären

Wenn wir als Sozialwissenschaftler nach den Ursachen menschlichen Verhaltens forschen, dann richten wir unsere Aufmerksamkeit vor allem auf die Umwelt, die den Einzelnen in seinem Denken, Wollen und Handeln prägt und beeinflußt. So überlegen wir etwa, ob sich die Schulschwierigkeiten von Arbeiterkindern aus dem Erziehungsverhalten ihrer Eltern oder aus Vorurteilen ihrer Lehrer erklären lassen. Oder wir suchen die Gründe für kriminelles Verhalten in der Desorientierung von Bevölkerungsgruppen, denen im Sozialisationsprozeß weitreichende Konsumansprüche aber nur geringe Qualifikationen vermittelt worden sind. Ähnlich verfahren wir, wenn wir nicht das Verhalten einzelner Personen, sondern Probleme in sozialen Gruppen oder den Wandel in größeren Teilbereichen unserer Gesellschaft analysieren. Geht es um Konflikte in einer informellen Kleingruppe im Betrieb, dann fragen wir vielleicht nach widersprüchlichen Anforderungen, die seitens der Unternehmensorganisation als der übergreifenden „Umwelt" an diese Gruppe gestellt werden; machen wir das Gesamtunternehmen zum Gegenstand unserer Untersuchung, dann werden wir uns dessen „Umwelt" zuwenden – den Unternehmensverbänden und Gewerkschaften, mit denen es zu tun hat, den politischen Einflußzentren auf kommunaler und nationaler Ebene, dem „System" der überkommenen Wirtschaftsordnung. Auch Karl Marx' berühmter Ausspruch aus der Einleitung zur Kritik der politischen Ökonomie, „Es ist nicht das Bewußtsein der Menschen, das ihr Sein, sondern umgekehrt ihr gesellschaftliches Sein, das ihr Bewußtsein bestimmt" (Karl Marx und Friedrich Engels, 1971: 9) ist in diesem Sinne „milieutheoretisch" und damit charakteristisch für soziologisches Denken schlechthin.

2.1 Natürliche oder kulturelle Umweltfaktoren

Freilich ist der Begriff des gesellschaftlichen Seins (oder des „Milieus" oder der „Umwelt") außerordentlich global und umfaßt eine nahezu unbegrenzte Vielfalt von Tatbeständen. Gerade deshalb regt er aber dazu an, die Eigenart einer soziologischen Arbeit danach zu bestimmen, *welche* Aspekte der Umwelt als Hauptursache für die zu erklärenden gesellschaftlichen Erscheinungen herangezogen werden. Dies ist auch der Weg, den Wallace bei der Entwicklung seiner Typologie soziologischer Ansätze gegangen ist. Um seine Vorgehensweise zu veranschaulichen, beginnen wir mit einigen besonders augenfälligen Beispielen, die er schon zur soziologischen Theorie rechnen, die man aber gemeinhin eher zu den Nachbardisziplinen zählen würde. Zunächst ein Textausschnitt aus einer bekannten völkerkundlichen Studie über Urformen der Kultur:

„Ihre Zivilisation beruhte auf unerschöpflichen, durch nicht allzu großen Arbeitsaufwand gewonnenen Mitteln für den Lebensunterhalt. . . . Der reich gegliederten Küste sind zahlreiche Inseln vorgelagert, die nicht nur die Küstenlinie praktisch verdreifachen, sondern auch große geschützte Wasserflächen bilden und die Schiffahrt vor dem ununterbrochenen Wellengang des Pazifischen Ozeans schützen. . . . Der Verkehr zwischen den einzelnen Siedlungen wurde durch seefeste Boote unterhalten. Die Leute waren abenteuerlustig, und ihre Seefahrer stießen weit nach Norden und Süden vor. Standespersonen holten sich ihre Frauen aus adeligen Kreisen in anderen Stämmen. Einladungen zu den großen festlichen Veranstaltungen . . . wurden auf Hunderte von Meilen entlang der Küste versandt, und ganze Bootsladungen von Angehörigen weit entfernt wohnender Stämme leisteten ihnen Folge" (Benedict, 1955: 136/37).

Keine Frage, als entscheidende Ursache sowohl für die Wirtschaftsweise wie für die Heiratsbeziehungen und andere Sozialkontakte der amerikanischen Küstenindianer wird hier die geographische Beschaffenheit des Siedlungsgebietes zwischen Alaska und dem Pudget-Sund betrachtet. Die Umwelt, auf die alles bezogen wird, ist selbst nicht gesellschaftlicher Art, sondern von der Natur vorgegeben. WALLACE spricht deshalb von einem ,,ökologischen Ansatz" (ecologism). Diese Betrachtungsweise, die wir in ethnologischen Arbeiten sehr häufig antreffen, ist in den eigentlich soziologischen Untersuchungen, die sich vor allem mit industrialisierten Gesellschaften befassen, verhältnismäßig selten. Vermutlich liegt das daran, daß wir uns bis in die jüngste Vergangenheit angewöhnt hatten, die Natur als beliebig veränderbar und durch Technik beherrschbar zu begreifen. Zwar steht für viele Soziologen die materielle Umwelt im Zentrum ihrer Betrachtungen, aber meistens geht es dabei gerade um die vom Menschen selbst geschaffenen, im gesellschaftlichen Prozeß entstandenen Tatbestände:

,,Gesellschaften, die nur wenig Energie verbrauchen können (low-energy societies), bewegen sich innerhalb eines so engen Spielraumes, daß ausgedehnte Konflikte und die damit verbundenen Reibungsverluste nicht toleriert werden können. Deshalb finden wir hier vor allem komplementäre und kaum konkurrierende Institutionen" (Cottrell, 1955, hier zitiert nach Wallace, 1969: 159).

Wallace nennt solche Untersuchungen, in denen die technische Basis als hauptsächliche Ursache für gesellschaftliche Strukturen und Prozesse hervorgehoben wird, ,,technologische Ansätze" (technologism) und begreift sie als extremen Gegensatz zu den ökologischen Modellen. Das erste Klassifizierungsmerkmal für seine Typologie sozialwissenschaftlicher Ansätze ist somit das Gewicht, das der gesellschaftlich bedingten im Gegensatz zur natürlichen Umwelt für die Erklärung sozialer Tatbestände beigemessen wird. Kritisch ist hier anzumerken, daß sich die ,,natürliche" Umwelt von der gesellschaftlich bedingten gar nicht immer scharf unterscheiden läßt. Im Kapitel VIII hatten wir gezeigt, daß menschliche Gesellschaften die Natur typischerweise in einem solchen Ausmaß verändern, daß die Grenzen zwischen ,,System" und ,,Umwelt" unscharf werden und sich nicht mehr eindeutig sagen läßt, woran sich ein Sozialsystem anpaßt. Wenn wir heute von Umweltverschmutzung bzw. Umweltgefährdung sprechen, dann setzen wir im Grunde voraus, daß es eine ,,natürliche Umwelt" gar nicht mehr gibt. Dennoch erscheint uns Wallace' Unterscheidung unverzichtbar, weil die technologische Entwicklung gerade in der Gegenwart derjenige Faktor ist, auf den sich die Veränderungen menschlicher Beziehungen am eindeutigsten zurückführen lassen. Die technischen Möglichkeiten der Datenspeicherung ermöglichen neue Formen der Herrschaftsausübung; (Diskussion um Datenschutz und Volkszählung); die Anwendung von Mikroprozessoren und Robotern macht Arbeitskräfte überflüssig (Konflikte um die ,,Neuverteilung der Arbeit"), Kabel- und Satellitentechnik ermöglichen nicht nur technisch besseren Fernsehempfang, sondern führen auch neue Anbieter auf den Plan und verändern das Programmangebot.

2.2 Materielle oder soziale Umwelt

Trotz der Bedeutung, die Wallace der ,,technologischen Perspektive" zumißt, sieht er natürlich, daß Sozialwissenschaftler sehr viel häufiger die soziale als die materielle Umwelt vor Augen haben. Die äußeren Einflüsse, denen wir unterliegen, rühren ja in ganz besonderem Maße von unseren Mitmenschen her, und es erscheint sehr unwahrscheinlich, daß sich eine eigenständige Soziologie hätte entwickeln können, wenn das gesellschaftliche Milieu sich nicht auf so handgreifliche Weise als ursächlicher Faktor und Bestimmungsgrund sozialer Probleme unserem Bewußtsein aufgedrängt hätte.

Zu dieser Umwelt gehören zunächst einmal die demographischen Grundtatbestände, die Größe der Bevölkerung, ihre Altersstruktur und ihre Entwicklungsdynamik, die Siedlungsdichte und die Wanderungsbewegungen. Zwar hat die bevölkerungswissenschaftliche Forschung, die sich mit diesen Faktoren beschäftigt, als eigene Disziplin eher ein Schattendasein an unseren Universitäten geführt, doch hat demographisches Denken zum Beispiel in der Stadtsoziologie und der Gemeindeforschung, aber auch in der Familiensoziologie und der Kleingruppenforschung stets eine wichtige Rolle gespielt. Auch die folgende Hypothese läßt sich als Ergebnis „demographisch" orientierter Untersuchungen in der Gruppenforschung begreifen (die *Zahl* der Gruppenmitglieder ist der entscheidende Faktor):

„Je größer die informelle Gruppe, von zwei bis drei bis zu fünfzehn oder zwanzig Mitgliedern, um so größer sind die Anforderungen an den Führer und um so mehr läßt sich die Gruppe vom Führer leiten und um so zentralisierter sind die Gruppenvorgänge. . ." (Berelson/Steiner, 1972: 224/225).

Daß demographische Faktoren aber nicht nur in kleineren sozialen Gebilden, sondern vor allem auf gesamtgesellschaftlicher Ebene bedeutsam sind, sehen wir gerade in jüngster Zeit an den Schwierigkeiten bei der Rentenfinanzierung, den Studienplatzbeschränkungen und der Jugendarbeitslosigkeit – sie alle hängen mehr oder weniger direkt mit der Bevölkerungsdynamik zusammen (Vgl. Kap. I).
Für Wallace sind Analysen, die gesellschaftliche Entwicklungen auf die Bevölkerungsstruktur und ihre Dynamik zurückführen, dem ökologischen Denken insofern verwandt, als die bevölkerungsbiologischen Gegebenheiten Teil einer der Gesellschaft vorgegebenen und insofern „natürlichen" Umwelt sind. Der Unterschied zwischen ökologischen und demographischen Ansätzen liegt nur darin, daß letztere sich auf die soziale Umwelt richten, während die Ökologie („ecologism") Aspekte der nichtmenschlichen Umwelt in den Mittelpunkt rückt. Gegen diese Zuordnung läßt sich einwenden, daß die demographischen Faktoren letzten Endes keine natürlichen, der Gesellschaft vorgegebenen Umstände sind. Das gilt ja nicht einmal für die Größe der Bevölkerung, geschweige denn für solche Tatbestände wie die Siedlungsdichte oder die geographische Mobilität. Die Größe der Bevölkerung hängt ganz wesentlich von den sozialen Bedingungen der Familiengründung und des Fortpflanzungsverhaltens ab, aber auch von der wirtschaftlichen Produktivität, der gesellschaftlich bestimmten und organisierten Güterverteilung und nicht zuletzt auch vom Stand der medizinischen Versorgung. Es bleibt aber die Tatsache, daß sich diese sozialen Bedingungen nur *über* die biologische Reproduktion, gewissermaßen als deren Randbedingungen in demographische Tatbestände umsetzen können. Außerdem handelt es sich bei den für die Größe und Altersstruktur maßgebenden Reproduktionsprozessen ja um so langfristig wirkende, sich nachfolgenden Eingriffen entziehende Vorgänge, daß es durchaus vertretbar ist, die gegebene bzw. voraussehbare Bevölkerungssituation als vorerst unabänderliches und „vorgegebenes" Faktum zu sehen.
Zur Unterscheidung der bisher skizzierten ökologischen, technologischen und demographischen Ansätze hat Wallace zwei Kriterien benutzt: erstens, natürliche oder kulturelle Umwelt? zweitens, materielle oder soziale Umwelt? Aus ihnen lassen sich als weitere Variante Untersuchungsansätze ableiten, die die Ursachen gesellschaftlicher Entwicklungen – genau wie das technologische Denken – in „kulturellen", durch menschliches Handeln entstandenen Tatbeständen suchen, jetzt aber nicht in technisch-materiellen Gegebenheiten, sondern in den sozialen Beziehungen selbst, in den Formen und *Strukturen,* die sich in einer Gesellschaft historisch entwickelt und verfestigt haben (Figur 1).

Figur 1: Typologie unterschiedlicher Theorieansätze nach den Ursachen, auf die gesellschaftliche Vorgänge zurückgeführt werden

URSACHEN (Dimensionen der „Umwelt")	„Natürliche" Faktoren	„Kulturelle" Faktoren
Materielle Bedingungen	Ökologische Ansätze	Technologische Ansätze
Soziales Milieu	Demographische Ansätze	Struktur-Ansätze

Wallace spricht bei dieser vierten Variante ganz allgemein von strukturalistischer Analyse (structuralism). Er rechnet auch sie im weiteren Sinne zu einer „Milieutheorie", weil die sozialen Strukturen gewissermaßen äußere Bedingungen für das Handeln des Individuums darstellen. Wir meinen aber, daß es sinnvoller ist, die Strukturanalyse der Milieutheorie als eigenständigen Typus zur Seite zu stellen, der, wie gleich deutlich werden wird, eine weitere Differenzierung nach besonderen Merkmalen erforderlich macht.

2.3 Erklärungen aus der Struktur der Gesellschaft

Strukturalistisch nennt Wallace diese Ansätze, weil sie die in der Gesellschaft entstandene Struktur von Positionen und Rollen, die Organisationsformen und institutionellen Muster zum Ausgangspunkt für ihre Erklärungen nehmen. Zwei Beispiele aus der neueren Fachliteratur mögen diese Denkweise veranschaulichen:

„Die Identitätssuche des Jugendlichen führt mit der zunehmenden Schwächung des Familienverbandes gegenüber den sekundären gesellschaftlichen Systemen zur wachsenden Bedeutung der Gruppe der Gleichaltrigen" (Dreitzel, 1972: 237).

Die Hypothese besagt, daß Jugendliche sich in ihren Denkweisen und Verhaltensgewohnheiten zunehmend weniger an ihren Eltern und immer mehr an anderen Jugendlichen orientieren. Dies wird darauf zurückgeführt, daß die Eltern den größeren Problemzusammenhängen in der Politik, der technisch-wissenschaftlichen Entwicklung und des Arbeitslebens mehr oder weniger ratlos gegenüberstehen. Die familiäre Umwelt vermittelt dem Jugendlichen keine praktikablen Verhaltensleitbilder, also wendet er sich anderen Bezugspersonen zu, die vielleicht auch keine Lösungen wissen, aber doch wenigstens die gleichen Probleme haben. Daß Jugendliche sich heute andere Vorbilder als ihre Eltern wählen, liegt nach Dreitzel nicht so sehr an den Jugendlichen selbst als vielmehr an ihrem familiären Milieu. Als entscheidend wird die „Schwäche des Familienverbandes" betrachtet, die Tatsache beispielsweise, daß Jugendliche ihre Ausbildung nicht mehr zu Hause sondern in der Schule erhalten, daß die Familie nicht mehr Produktionsstätte ist und somit dem Heranwachsenden auch keine Arbeitserfahrungen vermitteln kann, daß sie gegenüber politischen Vorgängen eine passive und fast nur rezeptive Stellung einnimmt. Es besteht nun keinerlei Grund zur Annahme, daß der Autor diese „Schwächen" der modernen Familie als unveränderliche, in der Natur der Familie begründete Merkmale auffaßt, sie sind vielmehr erst in einem bestimmten Stadium

der gesellschaftlichen Entwicklung entstanden und machen sich nur dadurch als „Schwächen“ bemerkbar, daß andere gesellschaftliche Einrichtungen ein größeres Gewicht bekommen haben.
Es sind also die Besonderheiten historisch veränderlicher Sozialbeziehungen und nicht biologisch vorgegebene Bedingungen, die hier als Ursache des Verhaltens Jugendlicher erscheinen, und in diesem Sinne repräsentiert das Zitat den Typus „strukturalistischer“ Ansätze. Auf die gesellschaftlich bedingte zwischenmenschliche Umwelt nimmt auch die folgende Aussage Bezug, die sich im Bericht über eine neuere Untersuchung zum Einfluß des Fernsehens auf die Familie findet:

„Fernsehen ist Anlaß oder Auslöser einer gemeinsamen Tätigkeit in der Familie, zu der es ohne Fernsehen vielleicht nicht käme, obgleich sie möglicherweise gewünscht wird; Fernsehinhalte lösen Gespräche mit oft ganz anderer Thematik aus, die sonst vielleicht nicht stattgefunden hätten“ (Kellner, 1976: 303).

Nach dieser These wird in Familien über Themen kommuniziert, die ohne die vom Fernsehen ausgehenden Impulse gar nicht zum Gesprächsstoff geworden wären; es wird sogar unterstellt, daß eventuell überhaupt mehr gesprochen wird, weil die Familie durch das Fernsehen zu einer „gemeinsamen Tätigkeit“ kommt. Auch hier ist es die Umwelt, durch die das Verhalten in der Gruppe ausgelöst erscheint, und wieder handelt es sich nicht um die natürliche, sondern um eine gesellschaftlich produzierte, und auch nicht um eine materielle, sondern eine soziale Umwelt – es sind ja die Programminhalte, das Verhalten und die Äußerungen der Fernsehakteure, die als gesprächsauslösend betrachet werden, nicht die technische Apparatur des Fernsehmediums. Ein ausführliches Beispiel für strukturalistische Betrachtungsweise bieten die Überlegungen des amerikanischen Soziologen Robert K. Merton zur Rollentheorie (Begleittext 15.5, Merton).

2.3.1 *Funktionalistische Strukturtheorie*

Nun fallen wahrscheinlich die meisten zeitgenössischen Arbeiten der Soziologie in die Kategorie der „strukturalistischen Ansätze“; die Erklärung sozialer Tatbestände aus den historischen Bedingungen der jeweiligen Gesellschaft ist heute das Standardmodell soziologischen Vorgehens. Damit zeichnen sich die Grenzen des Versuchs von Wallace ab: sein Schema ist vor allem geeignet, ein Wesensmerkmal moderner Soziologie überhaupt zu verdeutlichen, für eine Differenzierung der unterschiedlichen Varianten dieses strukturtheoretischen Grundtypus ist es dagegen nur bedingt brauchbar und muß ergänzt werden. Das hat zweifellos auch Wallace gesehen, denn nicht umsonst unterteilt er die strukturalistischen Ansätze – und nur diese – noch einmal in drei Untertypen, funktional-strukturelle Theorie, Austauschtheorie und Konflikttheorie.
Dabei spielen die bisher zugrundegelegten Unterscheidungskriterien für unterschiedliche „Milieufaktoren“ keine Rolle mehr – die Betrachtung ist auf eine neue Ebene verlagert.
Um uns zunächst klarzumachen, was hier unter funktionalistischer Strukturtheorie (functional structuralism) zu verstehen ist, betrachten wir wieder ein Beispiel:

„Die Genese dieser Fähigkeit zur subjektiven Interpretation angebotener Situationsdefinitionen und Erwartungen muß mit Hilfe des bereits im frühkindlichen Sozialisationsprozeß auftretenden Erfordernisses, sich im sozialen System der Familie mit teilweise diskrepanten Anforderungen der Eltern auseinanderzusetzen, erklärt werden“ (Krappmann, 1971: 42).

Mit „Fähigkeit zu subjektiver Interpretation" ist hier im wesentlichen die Fähigkeit zu Auseinandersetzung und Widerstand gemeint. Der Autor geht davon aus, daß die an einer Interaktion Beteiligten sich nicht einfach passiv den seitens ihrer Umwelt an sie herangetragenen Forderungen und Stereotypisierungen unterwerfen, daß sie gar nicht in der Lage sind, nach einem vorgegebenen, „fertigen" Rollenschema zu handeln, sondern daß sie dieses Schema im Hinblick auf ihre besondere Situation und ihre anderweitigen Bindungen abwandeln und die Modifikation auch ihren Handlungspartnern gegenüber durchsetzen müssen.

Die funktionalistische Komponente in Krappmanns Aussage zeigt sich in der Art, wie die Entstehung dieses Durchsetzungsvermögens erklärt wird. Sie wird nämlich darauf zurückgeführt, daß der Mensch ein solches Durchsetzungsvermögen schon als kleines Kind in der Familie braucht. Mit anderen Worten, die Ursache der Fähigkeit liegt in ihrer Nützlichkeit (Funktionalität). Wir können auch sagen, daß funktionalistische Erklärungen soziale Tatbestände (in unserem Beispiel: Interpretationsfähigkeit) aus ihren Folgen (hier: für die Stellung des Kindes gegenüber seinen Eltern) „erklären". Wie das im einzelnen geschieht, wird innerhalb der funktionalistischen Argumentation gewöhnlich nicht untersucht, sondern als Gegebenheit vorausgesetzt.

Ein Beispiel, in dem die strukturelle Komponente noch etwas deutlicher wird, entnehmen wir einer anderen Arbeit des schon erwähnten Strukturfunktionalisten Merton:

„Eine Grundhaltung, die der Wissenschaftler sich von Anbeginn seiner beruflichen Ausbildung zu eigen macht, bezieht sich auf die Unabhängigkeit („Reinheit") der Wissenschaft: Forschung darf nicht zur Handlangerin der Kirche, der Wirtschaft oder des Staates werden. Diese Einstellung des Wissenschaftlers zu seiner Arbeit hat vor allem die Funktion, die Autonomie der Forschung zu sichern. Wenn nämlich außerwissenschaftliche Kriterien wie die Übereinstimmung mit religiösen Doktrinen, wirtschaftlichen Interessen oder politischen Ideologien maßgebend werden, dann werden wissenschaftliche Erkenntnisse unannehmbar, die diesen Kriterien widersprechen. Mit anderen Worten, wenn das Ideal der reinen Wissenschaft aufgegeben wird, dann gerät die Forschung immer mehr unter den Einfluß anderer gesellschaftlicher Instanzen und ihre Position in der Gesellschaft wird zunehmend unsicherer" (Merton, 1957: 543 – Übersetzung v. Autor).

Hier wird die Wertfreiheit der Wissenschaft (der Merton im weiteren durchaus auch negative Folgen zuschreibt) aus den Funktionsbedingungen der Wissenschaft erklärt: das Ideal der politischen Ungebundenheit *dient* der Autonomie der Forschung und diese ist für den wissenschaftlichen Fortschritt *unerläßlich.* Deshalb, so wird *unausgesprochen* unterstellt, haben sich Strukturen der beruflichen Sozialisation entwickelt, die dafür sorgen, daß der junge Wissenschaftler das Leitbild einer autonomen Wissenschaft verinnerlicht.

2.3.2 *Konflikttheorie*

Die funktionalistische Betrachtungsweise lenkt unsere Aufmerksamkeit vor allem auf die Fälle, in denen sich soziale Tatbestände so entwickeln, daß sie gewissen vom Fortschritt angenommenen Umweltbedingungen optimal entsprechen. Man könnte auch sagen, daß funktionalistische Ansätze so etwas wie eine *Tendenz* zur wechselseitigen Anpassung gesellschaftlicher Erscheinungen unterstellen und damit eher zu einer harmonistischen Sichtweise neigen. Sie bilden insofern den Gegensatz zu einer zweiten Form struktureller Analysen, der Konflikttheorie. Diese zeichnet sich dadurch aus, daß sie Interessengegensätze als zum Wesen der Gesellschaftsstruktur gehörig und als Hauptursache einer großen Zahl gesellschaftlicher Vorgänge, vor allem des sozialen Wandels, betrachtet. Zur Veranschaulichung zitieren wir einige Sätze aus Ralf Dahrendorfs Buch „Konflikt und Freiheit" (1972):

„Gesellschaft ist Konflikt um menschliche Lebenschancen" (7).
„Wo Herrschaftsverhältnisse bestehen – und Gesellschaften ohne Herrschaft sind uns bisher nur in der Phantasie utopischer und ethnologischer Autoren bekannt – gibt es auch aus diesen hervorwachsende Konflikte, deren allgemeinster Gegenstand in der Veränderung der je bestehenden Herrschaftsverhältnisse gesehen werden kann" (33).
„Es besteht ein unmittelbarer Zusammenhang zwischen Intensität und Gewaltsamkeit des (Interessengruppen-)Konfliktes einerseits, Radikalität und Rapidität des (Struktur-)Wandels andererseits" (13).

Stellen die ersten beiden Zitate mehr axiomatische, theoriebegründende Überlegungen dar, so haben wir es bei der dritten Aussage schon mit einer aus diesen Vorüberlegungen entwickelten Hypothese zu tun, das Ausmaß und die Geschwindigkeit der gesellschaftlichen Entwicklung werden aus den strukturimmanenten Konflikten erklärt.
Dahrendorfs Bemühungen sind darauf gerichtet, der Marxschen Klassentheorie durch Verallgemeinerung eine breitere Grundlage zu geben und sie zugleich in eine Form zu bringen, die für die Analyse moderner Industriegesellschaften fruchtbarer ist. Wie Marx leitet er die Konflikte und die sich darauf aufbauende Bildung von Konfliktgruppen aus Interessengegensätzen zwischen Herrschenden und Beherrschten ab, doch sieht er den Konfliktgegenstand nicht nur in der ungleichen Verteilung des Eigentums an Produktionsmitteln, sondern in der ungleichen Verteilung von Anordnungsbefugnissen überhaupt, ob sie sich nun aus Eigentumsrechten oder aus anderen Legitimationen herleiten (z.B. aus der Wahl in eine Spitzenposition einer Organisation). Während sich nach marxistischer Auffassung Klassenpositionen aus Eigentumsrechten ergeben (und infolgedessen mit der Abschaffung des Privateigentums an Produktionsmitteln klassenlose Gesellschaften entstehen, in denen Herrschaftsbefugnisse dennoch ungleich verteilt sein können), gibt es für Dahrendorf Klassen, wo immer Herrschaftspositionen bestehen – und das heißt für ihn: überall und in jeder Gesellschaft. Eine soziale Organisation ohne die Differenzierung in Führer und Geführte scheint ihm undenkbar, er hat sich auch kaum mit der Entstehung von Machtverhältnissen befaßt. Es gibt jedoch einen sozialwissenschaftlichen Ansatz, der sich gerade mit dieser Frage beschäftigt, und er stellt für Wallace die dritte und letzte, in gewisser Hinsicht auch die umfassendste Variante strukturalistischer Ansätze dar. Er ist unter dem Namen Austauschtheorie bekannt geworden.

2.3.3 *Austauschtheorie*

Das Hauptanliegen dieser Richtung ist die Erklärung sozialer Strukturen aus dem gesellschaftlichen Handeln selbst, nicht aus vorausgesetzten Interessenkonflikten und auch nicht aus den in einer Gesellschaft herrschenden Wertvorstellungen und Normen. Peter Blau, der wesentlich zur Entwicklung einer Austauschtheorie beigetragen hat (1964), leugnet zwar nicht die Bedeutung gesellschaftlicher Normen als Voraussetzung für menschliches Handeln, er weist aber darauf hin, daß andererseits dieses Handeln selbst zwangsläufig zu einem strukturbildenden Element wird. Den Schlüssel zu dieser Einsicht liefert ihm die Vorstellung, daß soziale Interaktionen als Austauschvorgänge zu betrachten sind. Wo immer wir mit anderen Menschen zu tun haben, erbringen oder erhalten wir „Leistungen": wir gewähren Hilfe, erteilen Ratschläge, liefern Informationen, zollen Anerkennung. Derartige „Leistungen" erfordern irgendeine Form der Gegenleistung, erfolgen oftmals erst im Hinblick auf diese. Weil wir auf die Hilfe anderer Menschen angewiesen sind, richten wir uns auch nach ihren und nicht nur nach unseren Bedürfnissen: weil wir darauf vertrauen, daß Leistungen mit Gegenleistungen honoriert werden, sind wir auch bereit, Vorleistungen zu erbringen, Initiativen zu entwickeln. So dient der gegenseitige Austausch in den sozialen Beziehungen dazu, das gesellschaftliche System zusammenzuhalten und seine Entwicklung voranzutreiben. Nun unterstellt aber die Austauschtheorie nicht etwa ein gleichgewichtiges Spiel von Leistung und Gegenleistung und damit eine harmonistische Entwicklung. Im Gegenteil, es ist charakteristisch für diesen Ansatz, daß er von der Voraussetzung ausgeht, daß es normalerweise gar nicht möglich ist, alle Leistungen durch Gegenleistungen abzugelten. Dies ist bestenfalls beim Kauf von Waren und Dienstleistungen gegeben. Wo ich aber auf Hilfe oder Informationen angewiesen bin, die nicht verkäuflich sind, dürfte im Regelfall auch zunächst einmal ein Ungleichgewicht gegenüber dem Partner entstehen, dessen Hilfe oder Ratschläge ich in Anspruch nehme. Die mit Interaktionen verbundenen Austauschvorgänge können also Ungleichgewichte ebenso zur Folge haben wie Gleichgewichte, und eine der interessantesten Überlegungen der Austauschtheorie besteht in der Hypothese, daß Ungleichgewichtigkeiten im „Leistungsaustausch" durch Status- bzw. Machtgewinne kompensiert werden:

„Beamte, die regelmäßig einen besonders kompetenten Kollegen um Rat fragen, zahlen dafür nicht nur dadurch, daß sie ihm durch ihre Bitte Respekt erweisen; zusätzlich geraten sie für den empfangenen Rat in die Schuld des anderen".
„... Die auf diese Weise entstehenden Verpflichtungen bilden die Hauptursache der informellen Statusunterschiede innerhalb der Gruppe. ... Wenn ein Beamter keine spezifischen Dienste anzubieten hat, mit denen er sich für empfangenen Rat in angemessener Weise erkenntlich zeigen kann, zwingen ihn seine allgemeinen Verpflichtungen, sich im gesellschaftlichen Umgang mit seinem ‚Gläubiger' dessen Wünschen und Vorschlägen zu beugen" (Blau, 1976: 115).

Wichtig und für den Ansatz typisch ist diese Hypothese deshalb, weil sie die Entstehung gesellschaftlicher Strukturen (Macht- und Statusdifferenzierungen) aus den Prozessen der sozialen Interaktion selbst erklärt. Allerdings liegen ihr gewisse Annahmen über psychische Grunddispositionen des Menschen zugrunde. Zunächst einmal muß die Austauschtheorie unterstellen, daß Menschen das Bedürfnis haben, mit anderen in Kontakt zu treten, denn die strukturbildenden Konsequenzen von Austauschvorgängen können sich ja nur einstellen, wo es überhaupt zu sozialen Beziehungen kommt. Außerdem muß vorausgesetzt werden, daß Menschen bestimmte Handlungen als Belohnungen empfinden, andere aber als „Kosten", die möglichst gering zu halten sind. Schließlich beruht die Plausibilität der austauschtheoretischen Argumentation auf der psychologischen Annahme, daß die am sozialen Austausch Beteiligten bestrebt sind, Leistung und Gegenleistung ins Gleichgewicht zu bringen und daß dabei Ansehen und Autorität (die im übrigen nicht exakt gegeneinander abgegrenzt werden) kompensatorische Wirkung haben. Man könnte daher gegen den austauschtheoretischen Ansatz (bzw. seine Charakterisierung durch Wallace als Milieutheorie) sagen, daß die eigentliche Erklärung gar nicht in der sozialen Struktur bzw. den Interaktionsprozessen gesucht wird, sondern in der Natur des Menschen. Wir berühren damit eine grundsätzliche Frage, aus der eine Erweiterung des Wallaceschen Schemas mit Hilfe eines zusätzlichen Differenzierungskriteriums verständlich wird. Bisher haben wir nur Ansätze behandelt, von denen menschliches Handeln aus Merkmalen der Umwelt abgeleitet wird (milieutheoretische Ansätze), sei sie nun natürlich oder künstlich, materiell oder sozial. Für sich allein genommen verdeckt der Begriff „Umwelt" aber einen wesentlichen Zusammenhang, nämlich den zwischen – fließenden – Handlungen und ihren – verfestigten – Ergebnissen, zwischen Prozeß und Struktur.

2.4 „Individualistische“ Ansätze

Wo immer wir gesellschaftliche Vorgänge und das Verhalten einzelner Personen durch Umweltbedingungen erklären, verfahren wir zwangsläufig einseitig: wir blenden die Frage aus, wie diese Umwelt überhaupt entstanden ist, vor allem – wieweit die Menschen selbst an deren Entstehung und Reproduktion mitwirken. Das bedeutet nicht, daß Milieuerklärungen unsinnig wären, denn die Verfestigung der Formen und Resultate individuellen Handelns zu überpersönlichen „Umwelt“-Bedingungen ist geradezu der Ausgangspunkt für soziologische Betrachtung.

Aber diese Sichtweise bedarf der Ergänzung durch Denkansätze, die sich bei der Untersuchung sozialer Vorgänge auf die daran beteiligten Individuen konzentrieren, die also soziale Strukturen aus dem menschlichen Handeln herleiten und nicht nur dieses auf bereits vorausgesetzte Strukturbedingungen zurückführen. Eine derartige Denkperspektive ist in den Sozialwissenschaften keineswegs neu, sondern eher archaisch (vgl. Platons „Staat“); in der Elitentheorie des italienischen Soziologen und Ökonomen Vilfredo Pareto (1848–1923) oder in der Massenpsychologie George Sorels (1847–1922) werden soziale Vorgänge wesentlich auf menschliche Charakterzüge und Handlungsantriebe zurückgeführt. Auch die marxistische Gesellschaftstheorie hat stets berücksichtigt, daß die Strukturbedingugen *für* das Handeln der Individuen *durch* diese selbst reproduziert werden. In der neueren Literatur lassen sich, Wallace folgend, drei Varianten dieser Denkweise unterscheiden, „Materialismus“, Psychologismus und Symbolischer Interaktionismus.

2.4.1 *Biologismus und Psychologismus in der Soziologie*

Die beiden ersten Arten suchen die Ursachen gesellschaftlicher Phänomene in universellen, als „natürlich“ und der Gesellschaft vorgegeben aufgefaßten Charakterzügen des Menschen. Besonders augenfällig geschieht das in den Arbeiten der von der Zoologie kommenden Verhaltensforscher (Ethologen, Soziobiologen). Sie glauben, daß sich für menschliches Sozialverhalten wie in der Tierwelt eine Reihe von angeborenen Dispositionen nachweisen läßt. Wir wollen solche Ansätze im Gegensatz zu Wallace, der hier von „Materialismus“ spricht, unter der Bezeichnung Biologismus zusammenfassen einige kurze Beispiele aus einem Buch von I. Eibl-Eibesfeldt (1971) mögen diese Denkweise veranschaulichen:

„Die Ausbildung einer Rangordnung setzt zwei Bereitschaften voraus, die wir bei einzelgängerisch lebenden Tierarten vermissen. Die Tiere müssen erstens Rangstreben zeigen, zweitens aber auch die Bereitschaft, sich unterzuordnen, wenn sie die Spitze nicht erreichen können. Beim Menschen ist beides nachweisbar“ (103).

„Vergleichbare Konflikte ergeben sich auch im menschlichen Verhalten, Mitleid kann mit Gehorsamsforderungen in Konflikt geraten. Beide sind ethische Werte, und für beide dürfte . . . eine angeborene Disposition vorliegen“ (110).

„Ich glaube, daß wir nur deshalb Grund zum Optimismus haben, weil wir der Anlage nach gesellige Wesen sind und uns bei der Normensuche und Normenkorrektur auch an unseren stammesgeschichtlichen Anpassungen orientieren können. Wir müssen nicht alle ethischen Normen kulturell ableiten, manche sind in unserer Konstitution verankert. . .“ (271/272).

Die Arbeiten solcher Verhaltensforscher sind bis in die Gegenwart von Sozialwissenschaftlern mit Skepsis, ja sogar Feindseligkeit betrachtet worden, finden aber zunehmend ernste Beachtung. Insofern erscheint auch Wallace’ Vorschlag, Ansätze, die soziale Tatbestände auf angeborene Dispositionen des Menschen zurückführen, nicht von vornherein aus dem Kreis der Sozialwissenschaften auszuschließen, durchaus bedenkenswert. Das gilt um so mehr, als zahlreiche soziologische Arbeiten Gedankengänge enthalten, die im Grunde nach einem ähnlichen Prinzip verfahren, aber niemals solchen Angriffen ausgesetzt waren wie die „Soziobiologen". Wir meinen diejenigen Soziologen bzw. Sozialpsychologen, die sich bemühen, soziale Tatbestände auf elementare und universelle psychologische Gesetzmäßigkeiten zwischenmenschlichen Verhaltens zurückzuführen und die sich teilweise auch das Ziel gesetzt haben, soziologische Aussagen möglichst weitgehend auf psychologische Erkenntnisse zurückzuführen (vgl. Kapitel XIII). Betrachten wir einige Hypothesen über elementare Verhaltenszusammenhänge:

„Je mehr Ego mit Alter interagiert und je häufiger diese Interaktionen belohnt werden, desto mehr steigen die Gefühle der Zuneigung von Ego und Alter" (Homans, 1961: 181 f., hier zitiert nach Hummell und Opp, 1971: 58).
„Je mehr sich die Mitglieder einer Gruppe bei ihren Interaktionen gegenseitig belohnen, desto häufiger interagieren diese Personen" (Homans, 1961: 54 f., hier aus Hummell und Opp, 1971: 54).
„Die in erhöhten Kommunikationen zum Ausdruck kommenden gegenseitigen Beeinflussungsversuche der Mitglieder einer Gruppe werden um so erfolgreicher sein, je stärker für jeden Empfänger einer solchen beeinflussenden Aktivität die Kräfte sind, die ihn veranlassen, in der Gruppe zu bleiben" (Festinger, 1950: 277).

Gemeinsam ist diesen Aussagen erstens, daß sie sich nicht auf bestimmte Gesellschaften oder Gesellschaftstypen beziehen, sondern auf menschliche Gruppen schlechthin. Zweitens wird die Ursache in allen drei Fällen in einem psychischen „Grundbedürfnis" nach Belohnung gesucht, einem zweifellos als natürlich und nicht etwa gesellschaftsbedingt geltenden Motiv. Insofern ist der Psychologismus, wie Wallace ihn hier nennt, der Denkperspektive der Soziobiologie stark verwandt, nur daß die psychischen Grundbedürfnisse als eigenständiger Tatbestand postuliert und nicht etwa auf entwicklungsbiologisch entstandene Erbanlagen zurückgeführt werden. Die Verbindung zwischen den beiden Ansätzen wird bei Homans streckenweise recht deutlich, wenn er begründet, warum er den psychologischen Elementargesetzen so große Bedeutung zumißt (Begleittext 15.3 Homans).
Wallace würde den Psychologismus von soziobiologischen Ansätzen unterscheiden, weil die letzteren vor allem auf körperliche Anlagen und Bedürfnisse abstellen, während bei Theoretikern wie Homans die menschliche Psyche ein entscheidender Faktor für soziale Gegebenheiten ist. Uns erscheint die Unterscheidung zwischen biologischen und psychischen Anlagen nicht eindeutig genug, um danach mehrere Ansätze, die allesamt angeborene Eigenschaften des Menschen zur letzten Grundlage ihrer Erklärungsversuche machen, zu differenzieren. Wir meinen, daß Wallace' Argumentation in dieser Beziehung nicht sehr überzeugend ist, zumal er aufgrund eines einziges Zitats aus Marx' „Deutscher Ideologie" (1845) praktisch den Historischen Materialismus in seiner Gesamtheit zusammen mit biologisch orientierten Anlagetheorien in eine Rubrik ordnet und diese Variante dann „Materialismus" nennt, womit er dem wesentlichen Bedeutungsgehalt des Materialismusbegriffs zweifellos nicht gerecht wird. Charakteristisch für die materialistische Betrachtungsweise ist es ja, menschliches Verhalten aus gesellschaftlichen Strukturgegebenheiten herzuleiten. Auch wenn die gesellschaftlichen Verhältnisse durch das Handeln der Individuen reproduziert werden, muß bei der Verhaltensanalyse nach marxistischer Auffassung immer von der gegebenen Gesellschaftsstruktur ausgegangen werden. Deshalb kann die materialistische Gesellschaftslehre sinnvollerweise nur dem strukturalistischen Denken zugeordnet werden, und hier zweifellos der „Konflikttheorie". Daß in Marx' Denken auch funktionalistische Überlegungen eine wichtige Rolle spielen, läßt sich leicht zeigen (Stinchcombe, 1968: Kap.

3), schließt aber nicht aus, daß seine Gesellschaftsanalyse in ihrem Kern konflikttheoretisch orientiert ist. Es zeigt sich hier im übrigen, daß sich Wallace' Vorgehen weniger zur Charakterisierung komplexer Theorien mit unterschiedlichen Denkperspektiven eignet als zur Analyse einzelner Aussagenkomplexe.

2.4.2 *Symbolischer Interaktionismus*

Fruchtbarer als Wallace' Unterscheidung zwischen psychologistischen und „materialistischen" Ansätzen scheint uns seine Abgrenzung des Symbolischen Interaktionismus zu sein. Wie der Psychologismus und die Soziobiologie setzt auch dieser Ansatz bei den Eigenschaften der handelnden Menschen und nicht bei Umweltphänomenen an. Die Merkmale jedoch, die er für ausschlaggebend hält, sind keine vorgegebenen biologischen Anlagen oder psychischen Dispositionen, es sind vielmehr Persönlichkeitsmerkmale, die nur innerhalb gesellschaftlicher Beziehungen entstehen und aufrechterhalten werden können. Hierin ähnelt dieser Ansatz dem strukturalistischen Erklärungstyp, nur daß er sich eben weniger dafür interessiert, wie gesellschaftliches Verhalten durch die Umweltstruktur geprägt ist als dafür, wie soziales Handeln Strukturen entstehen läßt. In dem Kapitel „Verstehende Soziologie" haben wir die wichtigsten Merkmale dieses Ansatzes schon herausgearbeitet, so daß wir uns hier auf einen Aspekt beschränken können. In ihrer zeitgenössischen Variante ist die Verstehende Soziologie auch als Symbolischer Interaktionismus bekannt, und mit diesem Namen soll hervorgehoben werden, daß Menschen es in ihren sozialen Beziehungen kaum mit eindeutigen, keiner Interpretation bedürftigen „Tatsachen" zu tun haben, sondern daß Handeln nur aufgrund einer gedanklichen Verarbeitung der wahrgenommenen Gegebenheiten möglich wird. Das tatsächliche Verhalten hängt nicht so sehr von „Dingen" ab als vielmehr von deren Widerspiegelungen im Bewußtsein der Handelnden, also von Prozessen der Informationsverarbeitung und Sinngebung. Diese werden zwar durch die „Realität" ausgelöst, aber das Resultat hängt in erster Linie von der Persönlichkeit des Handelnden ab, und diese „Persönlichkeit" wird im Symbolischen Interaktionismus nicht als etwas Feststehendes und Unveränderliches betrachtet, das den Vorgang der Informationsverarbeitung von vornherein determiniert, sondern als Einheit, die sich im Prozeß der Wirklichkeitsinterpretation und des sozialen Handelns ständig neu herausbildet und modifiziert.
Wir wollen diesen analytischen Ansatz jetzt an zwei Textpassagen vorstellen, von denen der erste die Arbeitsbedingungen des Sozialwissenschaftlers, also methodische Fragen berührt. Es geht darum, daß wir es als Soziologen eigentlich niemals mit „den Tatsachen" selbst zu tun haben, sondern mit Rekonstruktionen, die unsere Informanten, z.B. die von uns befragten Personen, für uns – und auch für sich selbst – erst erstellen. Dieses Hindernis läßt sich kaum umgehen. Der einzige Weg, uns ein Bild von den verhaltensrelevanten Tatsachen zu machen, besteht in der Analyse des Rekonstruktionsvorganges:

„In dieser Analyse wird das Interview nicht als Bericht angesehen, aus welchem Rückschlüsse auf das zu ziehen wären, was tatsächlich vor sich ging...
Was sich tatsächlich ereignete – was immer das gewesen sein mag – wurde von der Befragten, auch noch während des Interviews, verarbeitet und in eine intelligible Form gebracht, eine Form, in der sie die Gestalt und die Richtung dieser Ereignisse sehen konnte. Die tatsächlichen Ereignisse können als Rohmaterial gesehen werden, welches die Befragte benützte, um für sich selbst und den Interviewer einen Bericht darüber, was geschehen war, herzustellen" (Smith, 1976: 374/75).

Der zweite Text befaßt sich mit dem Phänomen der sozialen Schichtung und plädiert dafür, die jeweiligen Schichtungsstrukturen und ihre Kriterien nicht einfach als gegeben zu betrachten, sondern sich darüber klarzuwerden, daß ein System der Schichtung nur so lange „Tatsache" ist, wie es von den in der betreffenden Gesellschaft lebenden Menschen als solche akzeptiert und reproduziert wird. Geändertes Verhalten wird – unter mehr oder weniger erschwerenden Bedingungen – auch eine veränderte Schichtenstruktur produzieren:

„Auch hier haben wir davon auszugehen, daß Schichtung ... nicht notwendig an bestimmte Merkmale gebunden ist. Es ist durch nichts vorgegeben, daß mehr Reputation haben muß, der mehr gelernt hat oder aus einer adligen Familie stammt oder mehr finanzielle Mittel zur Verfügung hat. Es könnte auch der sein, der die unangenehmere Arbeit tut oder in seinem Handeln stärker die langfristigen Folgen bedenkt.
Tatsächlich werden wir für jedes der angeführten möglichen Statuskriterien ... (Sub)-Kulturen vorfinden, in denen sich der Status in der Tat an diesem Merkmal mißt. Die Kunst des Statusmanagements besteht unter anderem darin, sich in die passende Subkultur zu integrieren, sich gegen andere abzuschirmen und in der Interaktion mit diesen anderen die eigenen Kriterien durchzusetzen" (Falk und Steinert, 1973: 18).

Selbstverständlich erlauben diese beiden Überlegungen noch keine Formulierung präziser Hypothesen, geschweige denn die Ableitung von Prognosen; es handelt sich eher um vortheoretische Erörterungen, die zur Hypothesenbildung anregen sollen. Ihre Stärke liegt in erster Linie darin, auf – tatsächliche oder denkbare – Handlungs*spielräume* innerhalb verfestigter Sozialverhältnisse zu verweisen. Damit werden wir gleichzeitig auf Problemfelder aufmerksam gemacht, für deren Erschließung strukturalistische und andere milieutheoretische Ansätze kaum verwendbar sind. (Dieser Gedanke wird in dem Begleittext 15.6, Blumer vertieft). Die beiden Ansatztypen – Erklärungen menschlichen Verhaltens aus verfestigten Strukturen einerseits und die Ableitung von Strukturen aus der Dynamik sozialer Beziehungen andererseits – sind aufeinander angewiesen, einer nicht ohne den anderen sinnvoll. Wir müssen uns stets vor Augen halten, daß soziales Verhalten in unterschiedlichem Grade gesellschaftlich determiniert ist. Je festgelegter das Handeln durch gesellschaftliche Zwänge ist, desto sinnvoller ist ein milieutheoretischer Ansatz, je offener der Spielraum menschlichen Verhaltens, desto vielversprechender für die Kausalanalyse werden Modelle, die den Menschen als Handlungsträger in den Mittelpunkt stellen.

Übungsaufgaben zu Kapitel XV

1. Ein Vergleich ergab: „Politisch stark Interessierte werden von Fernsehnachrichten 1980 etwas weniger, von sonstiger politischer Information deutlich weniger erreicht als 1974, ... politisch schwach Interessierte werden von beiden Angeboten im Fernsehen etwas besser erreicht" (Berg/Kiefer, 1982: 79). Ein ähnlicher Trend zeigte sich bei Hörfunk und Tageszeitung. Vor allem jüngere Bürger werden von den Informationsangeboten der Medien schlechter erreicht.
   Versuchen Sie, mit Hilfe des Schemas von Wallace zwei verschiedene Ansätze zu einer Erklärung dieser Entwicklung zu skizzieren.
2. Wieweit läßt sich der Text Arnold Gehlens (15.4) in die von Wallace aufgestellte Typologie einordnen?
3. Vergleichen Sie Mertons Erklärungsstrategie (15.5) mit den Denkansätzen Riesmans und Homans (15.2 und 15.3).
4. Kann die folgende Aussage aus einem einführenden Lehrbuch marxistisch-leninistischer Soziologie als „materialistisch" bezeichnet werden?

„Tempo und Umfang der Annäherung von Arbeiterklasse und Intelligenz hängen wesentlich davon ab, wie das politisch-ideologische Entwicklungsniveau der Arbeiterklasse sowie die Bildung und berufliche Qualifikation der Werktätigen systematisch erhöht ... werden können" (Asmann/Stollberg, 1977: 180).

Weiterführende Literatur zu Kapitel XV

Überblicke über unterschiedliche Ansätze

Griese, Hartmut: Sozialwissenschaftliche Jugendtheorien. Weinheim, Beltz: 1977. – Zeigt die Möglichkeit unterschiedlicher Denkansätze an einem Spezialgebiet der Soziologie auf.

Hondrich, Karl Otto/Matthes, Joachim (Hrsg.): Theorienvergleich in den Sozialwissenschaften. Darmstadt/Neuwied, Luchterhand: 1978. – Für eine spätere Studienphase besonders geeignet: enthält vor allem Erörterungen über die Methodik des Theorienvergleichs, aber auch über die Konsequenzen ausgewählter Ansätze für die Analyse bestimmter sozialer Probleme und Gesellschaftsbereiche (z.B. abweichendes Verhalten, politische Struktur, Wahlverhalten)

Käsler, Dirk: Wege in die soziologische Theorie. München, Nymphenburger Verlagshandlung: 1974. – Faßt die unterschiedlichen Theorieansätze prägnant nach drei Forschungsschwerpunkten zusammen (Handlungstheorie – Strukturtheorie – Systemtheorie). Durch die komprimierte Darstellung nützlich für eine erste Orientierung in der allgemeinen Soziologie, aber auch für die spätere Ordnung der im Verlauf des Studiums erarbeiteten Literatur.

Kiss, Gabor: Einführung in die soziologischen Theorien: 1975. – Historisch geordnet; berücksichtigt auch die Anfänge soziologischen Denkens.

Lüschen, Günter (Hrsg.): Deutsche Soziologie seit 1945. Opladen, Westdeutscher Verlag: 1979. – Bietet – in zahlreichen Beiträgen – einen Überblick über die Entwicklung unterschiedlicher Richtungen der deutschen Soziologie und ihre Repräsentanten.

Matthes, Joachim: Einführung in das Studium der Soziologie. Reinbek, Rowohlt: 1973, S. 199–211, (Neuauflage: Opladen, Westdeutscher Verlag: 1981). – Bietet eine erste Orientierung durch die Erläuterung gängiger Bezeichnungen und Schwerpunkte unterschiedlicher Richtungen in der Soziologie.

Reimann, Horst (Hrsg.): Basale Soziologie: Theoretische Modelle. München, Goldmann: 1975 ²1979. – Relativ leicht verständliche, zusammenfassende Darstellung der Besonderheiten von Verhaltens- und Lerntheorie, Handlungstheorie, Funktionalismus und Systemtheorie, Konflikttheorie und Materialistischer Gesellschaftstheorie.

Stinchcombe, Arthur L.: Constructing Social Theories. New York, Harcourt, Brace & World: 1968, Kap. III. – Verständlich geschriebene und durch echte Beispiele aus der soziologischen Literatur sehr einprägsame Abhandlung über grundsätzliche Fragen der Theoriebildung. Besonders klar in der Charakterisierung funktionalistischer Erklärungsmuster.

Einige Beispiele zur Veranschaulichung unterschiedlicher Denkansätze:

Becker, Howard: Becoming a Mariuhuana User. In: Manis, J.G./Meltzer, B.N. (Hrsg.): Symbolic Interaction. Boston, Allyn & Bacon: 1967, S. 411–422.

Eibl-Eibesfeld, Irenäus: Die !Ko-Buschmann-Gesellschaft. München, Piper: 1972. – Soziobiologie.

Malewski, Andrzej: Verhalten und Interaktion. Tübingen, Mohr: (1967) ²1977. – Psychologisch orientierte Verhaltenstheorie.

Merton, Robert K.: Science and Economy of 17th Century England. In: Merton, R.K.: Social Theory and Social Structure. Glencoe, The Free Press: 1957, S. 607–627. – Funktionalistische Strukturtheorie.

Smith, Dorothy E.: K. ist geisteskrank. Die Anatomie eines Tatsachenberichtes. In: Weingarten, E./Sack, F./Schenkein, J. (Hrsg.): Ethnomethodologie. Beiträge zu einer Soziologie des Alltagshandelns. Frankfurt/M., Suhrkamp: 1976, S. 368–415.

Begleittext 15.1:

Max Weber aus: Wirtschaft und Gesellschaft, Bd. 1. Hrsg. von Johannes Winckelmann, Kiepenheuer & Witsch: Köln/Berlin 1956, S. 3–4 und S. 16.

§ I. Soziologie (im hier verstandenen Sinn dieses sehr vieldeutig gebrauchten Wortes) soll heißen: eine Wissenschaft, welche soziales Handeln deutend verstehen und dadurch in seinem Ablauf und seinen Wirkungen ursächlich erklären will. „Handeln" soll dabei ein menschliches Verhalten (einerlei ob äußeres oder innerliches Tun, Unterlassen oder Dulden) heißen, wenn und insofern als der oder die Handelnden mit ihm einen subjektiven *Sinn* verbinden. „Soziales" Handeln aber soll ein solches Handeln heißen, welches seinem von dem oder den Handelnden gemeinten Sinn nach auf das Verhalten *anderer* bezogen wird und daran in seinem Ablauf orientiert ist.

I. „Sinn" ist hier entweder a) der tatsächlich α. in einem historisch gegebenen Fall von einem Handelnden oder ß. durchschnittlich und annähernd in einer gegebenen Masse von Fällen von Handelnden oder b) in einem begrifflich konstruierten *reinen* Typus von dem oder den als Typus *gedachten* Handelnden subjektiv *gemeinte* Sinn. Nicht etwa irgendein objektiv „richtiger" oder ein metaphysisch ergründeter „wahrer" Sinn. Darin liegt der Unterschied der empirischen Wissenschaften vom Handeln: der Soziologie und der Geschichte, gegenüber allen dogmatischen: Jurisprudenz, Logik, Ethik, Ästhetik, welche an ihren Objekten den „richtigen", „gültigen" Sinn erforschen wollen.

2. Die Grenze sinnhaften Handelns gegen ein bloß (wie wir hier sagen wollen:) reaktives, mit einem subjektiv gemeinten Sinn nicht verbundenes, Sichverhalten ist durchaus flüssig. Ein sehr bedeutender Teil alles soziologisch relevanten Sichverhaltens, insbesondere das rein traditionale Handeln (s.u.) steht auf der Grenze beider. Sinnhaftes, d.h. verstehbares, Handeln liegt in manchen Fällen psychophysischer Vorgänge gar nicht, in andren nur für den Fachexperten vor; mystische und daher in Worten nicht adäquat kommunikable Vorgänge sind für den solchen Erlebnissen nicht Zugänglichen nicht voll verstehbar. Dagegen ist die Fähigkeit, auf Eignem ein gleichartiges Handeln zu produzieren, nicht Voraussetzung der Verstehbarkeit: „man braucht nicht Cäsar zu sein, um Cäsar zu verstehen." Die volle „Nacherlebbarkeit" ist für die Evidenz des Verstehens wichtig, nicht aber absolute Bedingung der Sinndeutung. Verstehbare und nicht verstehbare Bestandteile eines Vorgangs sind oft untermischt und verbunden...

... I. Soziales Handeln (einschließlich des Unterlassens oder Duldens) kann orientiert werden am vergangenen, gegenwärtigen oder für künftig erwarteten Verhalten anderer (Rache für frühere Angriffe, Abwehr gegenwärtigen Angriffs, Verteidigungsmaßregeln gegen künftige Angriffe). Die „anderen" können Einzelne oder Bekannte oder unbestimmt Viele und ganz Unbekannte sein („Geld" z.B. bedeutete ein Tauschgut, welches der Handelnde beim Tausch deshalb annimmt, weil er sein Handeln an der Erwartung orientiert, daß sehr zahlreiche, aber unbekannte und unbestimmt viele Andere es ihrerseits künftig in Tausch zu nehmen bereit sein werden).

Nicht jede Art von Handeln – auch von äußerlichem Handeln – ist „soziales" Handeln im hier festgehaltenen Wortsinn. Äußeres Handeln dann nicht, wenn es sich lediglich an den Erwartungen des Verhaltens sachlicher Objekte orientiert. Das innere Sichverhalten ist soziales Handeln nur dann, wenn es sich am Verhalten anderer orientiert. Religiöses Verhalten z.B. dann nicht, wenn es Kontemplation, einsames Gebet usw. bleibt. Das Wirtschaften (eines Einzelnen) erst dann und nur insofern, als es das Verhalten Dritter mit in Betracht zieht. Ganz allgemein und formal also schon: indem es auf die Respektierung der eigenen faktischen Verfügungsgewalt über wirtschaftliche Güter durch Dritte reflektiert. In materialer Hinsicht:

indem es z.B. beim Konsum den künftigen Begehr Dritter mitberücksichtigt und die Art des eigenen „Sparens“ daran mitorientiert. Oder indem es bei der Produktion einen künftigen Begehr Dritter zur Grundlage seiner Orientierung macht usw.
3. Nicht jede Art von Berührung von Menschen ist sozialen Charakters, sondern nur ein sinnhaft am Verhalten des andern orientiertes eigenes Verhalten. Ein Zusammenprall zweier Radfahrer z.B. ist ein bloßes Ereignis wie ein Naturgeschehen. Wohl aber wären ihr Versuch, dem andern auszuweichen, und die auf den Zusammenprall folgende Schimpferei, Prügelei oder friedliche Erörterung „soziales Handeln“.

Begleittext 15.2:

David Riesman: Die einsame Masse. Rowohlt: Hamburg 1966 (mit HG von Luchterhand, Neuwied), S. 23–25, 30–32, 34–35.

Da ich versuchsweise gewisse soziale und charakterologische Entwicklungen mit gewissen Bevölkerungsvorgängen der abendländischen Gesellschaft seit dem Mittelalter ursächlich in Beziehung setzen will, werden einige der von mir verwendeten Begriffe der Bevölkerungslehre entnommen, jener Wissenschaft, die sich mit Geburts- und Sterblichkeitsziffern, mit der absoluten Anzahl von Menschen und den prozentualen Zahlenverhältnissen in einer Gesellschaft sowie ihrer Aufteilung nach Alter, Geschlecht und anderen Variablen befaßt. Es läßt sich mit einiger Sicherheit nachweisen, trotz fehlender verläßlicher Zahlen aus früheren Jahrhunderten, daß die Kurve der Bevölkerungsbewegung seit dem Mittelalter in den westlichen Ländern in einer S-Form besonderer Art verlaufen ist. (Entsprechend dem Hineinwachsen anderer Länder in das Netz der westlichen Zivilisation zeigen auch diese Völker eine Tendenz, sich nach der S-förmigen Bevölkerungskurve zu entwickeln.) Die untere Horizontale des S stellt einen Zustand dar, in dem die Gesamtbevölkerung überhaupt nicht oder nur sehr langsam wächst, da die Geburtenziffer ungefähr der Sterblichkeitsziffer gleich ist und beide sehr hoch sind. In solchen Gesellschaften ist ein hoher Prozentsatz der Bevölkerung jung, die Lebenserwartung ist niedrig und die Generationsfolge äußerst schnell. Man bezeichnet solche Gesellschaften als in einer Phase ‚hohen Bevölkerungsumsatzes‘ befindlich. Treten jedoch irgendwelche Ereignisse ein, durch die die sehr hohe Sterblichkeit abnimmt (erhöhte Nahrungsmittelproduktion, neue hygienische Maßnahmen, Entdeckung von Krankheitsursachen u.ä.), so setzt eine ‚explosive Bevölkerungszunahme‘ ein, die Bevölkerung wächst sehr schnell. Am markantesten war ein solches plötzliches Anwachsen in Europa und den im 19. Jahrhundert von Europäern besiedelten Ländern. Die Vertikale des S kennzeichnet diesen Vorgang, der von den Bevölkerungswissenschaftlern als die ‚Bevölkerungswelle‘ bezeichnet wird. Dann gleichen sich die Geburtenziffern und die rückläufigen Sterblichkeitsziffern wieder einander an. Das Bevölkerungswachstum stagniert, und die Bevölkerungswissenschaftler stellen eine stärker Besetzung der mittleren und hohen Jahrgänge in der Bevölkerung fest, worin sie die Kennzeichen einer dritten Phase, der ‚beginnenden Bevölkerungsschrumpfung‘, sehen. Die obere Horizontale des S kennzeichnet Gesellschaften, die sich in diesem Stadium befinden, wobei wiederum, wie in der 1. Phase, das Wachstum der Gesamtbevölkerung gering ist, was jetzt jedoch darauf zurückzuführen ist, daß die Geburten- und Sterblichkeitsziffern gleich niedrig sind...
Diese S-Kurve soll nun nicht als Theorie über das Bevölkerungswachstum, sondern als empirische Darstellung der Vorgänge dienen, die sich in Europa und in den in der Einflußsphäre Europas liegenden Ländern abgespielt haben. Was geschieht nun, wenn die Phasen der S-Kurve durchlaufen sind? Die in den letzten Jahrzehnten vor sich gegangene

Entwicklung in den Vereinigten Staaten und anderen Ländern westlicher Zivilisation scheint eine so bequeme und einfache Zusammenfassung nicht mehr zuzulassen. Die ‚beginnende Bevölkerungsschrumpfung' ist nicht zu einer Bevölkerungsschrumpfung schlechthin geworden, und die Geburtenrate zeigt eine unbestimmte Tendenz, wieder anzusteigen, was die meisten Bevölkerungswissenschaftler allerdings als vorübergehend bezeichnen.
Es wäre nun wirklich sehr erstaunlich, wenn Veränderungen in den Grundbedingungen der Fortpflanzung, Lebenshaltung und Lebenserwartungen den Charakter unbeeinflußt ließen. Eine Veränderung der Versorgungslage und der Nachfrage nach Arbeitskräften wird zur Folge haben, daß sich der Lebensraum der Bevölkerung, die Größe der Märkte, die Rolle der Kinder, die Gefühle für Vitalität und Senilität in der Gesellschaft und viele andere, nicht ohne weiteres faßbare Faktoren ebenfalls ändern. So geht meine These in der Tat dahin, daß jedem dieser drei Stadien der Bevölkerungskurve eine Gesellschaft entspricht, die jeweils eine bestimmte Art von Verhaltenskonformität erzwingt und einen bestimmten sozialen Charakter formt, und zwar jeweils auf ganz verschiedene, aber durchaus erkennbare Art und Weise. Die dem ‚hohen Bevölkerungsumsatz' entsprechende Gesellschaft wird in ihren typischen Vertretern einen sozialen Charakter formen, dessen Verhaltenskonformität durch die Tendenz, der Tradition zu folgen, gesichert wird. Es sind Menschen, die ich im folgenden als ‚traditions-geleitet' bezeichnen werde, und die Gesellschaft, in der sie leben, ist eine auf ‚Traditions-Lenkung' beruhende Gesellschaft.
Die Gesellschaft der ‚Bevölkerungswelle' dagegen entwickelt in ihren typischen Vertretern eine Verhaltenskonformität, die durch die Tendenz, sich frühzeitig ein Schema von verinnerlichten Lebenszielen anzueignen, gesichert wird. Dieser Typ wird von mir als ‚innengeleitet' bezeichnet, und die entsprechende Gesellschaft beruht auf ‚Innen-Lenkung'. Die in der Phase der ‚beginnenden Bevölkerungsschrumpfung' befindliche Gesellschaft schließlich formt in ihren typischen Vertretern eine Verhaltenskonformität, die durch die Tendenz, für die Erwartungen und Wünsche anderer empfänglich zu sein, gesichert wird. Diese Menschen werde ich mit ‚außen-geleitet' bezeichnen, die Gesellschaft, in der sie leben, beruht auf ‚Außen-Lenkung'...
Der Wechsel in dem relativ stabilen Verhältnis von Geburten- und Sterbefällen, das die Phase des hohen Bevölkerungsumsatzes auszeichnet, ist gleichzeitig Ursache und Folge anderer tiefgreifender sozialer Veränderungen. In den meisten uns bekannten Fällen findet der Rückgang der Sterblichkeit vor dem Rückgang der Fruchtbarkeit statt; daraus erklärt sich das zu einer gewissen Zeit auftretende rapide Anwachsen der Bevölkerung. Der Rückgang der Sterblichkeitsziffer folgt aus mehreren voneinander abhängigen Faktoren, als da sind: hygienische Maßnahmen, bessere Verkehrsmöglichkeiten (was den Regierungen einerseits einen weiteren Einflußbereich einräumt, andererseits den Transport von Nahrungsmitteln aus Überschuß- in Mangelgebiete ermöglicht), ferner dem aufgrund von Verboten oder anderen Faktoren erfolgenden Rückgang der Kindestötung, des Kannibalismus und anderer überkommener Gewaltmaßnahmen. Durch die verbesserten landwirtschaftlichen Methoden kann das Land mehr Menschen ernähren, die ihrerseits wieder mehr Kinder zeugen.
Diese Bevölkerungswelle ist ziemlich heftig. Plötzlich werden die Geleise, in denen sich das Leben der Gesellschaften vollzog, deren wichtigste Art der Konformitätssicherung die Traditions-Lenkung war, aufgerissen. Durch das gestörte Gleichgewicht von Geburten und Todesfällen weichen die herkömmlichen Verhaltensweisen einem Druck, der ein neues Charaktergefüge erforderlich macht, bzw. findet ein solches nunmehr Gelegenheit, sich in dem rapiden Wechsel der sozialen Organisation – und in dem Streben nach immer weiteren Veränderungen – zu bewähren.
Definition der Innen-Lenkung. Die mit der Renaissance und der Reformation in der abendländischen Geschichte in Erscheinung tretende und erst jetzt im Schwinden begriffene

Gesellschaft dient uns als Beispiel für eine Gesellschaftsform, in der die Innen-Lenkung die vorherrschende Art der Konformitätssicherung darstellt. Ein hohes Maß von sozialer Mobilität, hervorgerufen durch die schnelle Ansammlung von Kapital (welche mit umwälzenden technologischen Entwicklungen einhergeht) und eine geradezu unaufhörliche Expansion, die einmal mit der Produktion von Verbrauchsgütern und Menschen nach innen und mit der Forschung, Kolonisierung und Weltmachtpolitik nach außen wirkt, kennzeichnen diese Gesellschaft. Die größten Chancen, die diese Gesellschaft zu vergeben hat – und die größte Initiative, die sie denen abverlangt, die mit den neuen Problemen fertig werden wollen – werden von Charaktertypen verwirklicht, denen es gelingt, ihr Leben in der Gesellschaft ohne strenge und selbstverständliche Traditions-Lenkung zu führen. Dieses sind die innengeleiteten Typen.

Der Begriff der Innen-Lenkung soll hier auf eine ganze Reihe von Typen ausgedehnt werden. Während die Unterscheidung zwischen protestantischen und katholischen Ländern und ihren spezifischen Charaktertypen, zwischen den Auswirkungen der Renaissance und denen der Reformation, zwischen der puritanischen Ethik des europäischen Nordens und Westens und der mehr hedonistischen Ethik des europäischen Ostens und Südens für die Untersuchung gewisser Probleme von größter Bedeutung ist, da sich hieraus berechtigte und wichtige Unterschiede ergeben, erlaubt uns die vorliegende Untersuchung, die sich auf die Entwicklung von verschiedenen Arten der Verhaltenskonformität konzentriert, daß wir sie außer acht lassen. So können wir diese sonst zu unterscheidenden Entwicklungstendenzen hier auf einen gemeinsamen Nenner bringen. Alle weisen auf ein gemeinsames Merkmal hin: *Die Kraft, die das Verhalten des Individuums steuert, wird verinnerlicht, d.h. sie wird frühzeitig durch die Eltern in das Kind eingepflanzt und auf prinzipiellere, aber dennoch unausweichliche Ziele gerichtet.*

Um die Bedeutung dieses Vorgangs zu erfassen, vergegenwärtigen wir uns noch einmal die Gesellschaft, in der die Traditions-Lenkung als Art der Konformitätssicherung dominierte. Hier konzentriert sich die Aufmerksamkeit auf die Sicherstellung einer äußerlich bestimmten Verhaltenskonformität. Wenn die Verhaltensweisen in allen Einzelheiten vorgeschrieben sind, bedarf es keiner stark entwickelten charakterlichen Eigenständigkeit, um den in Ritus und Etikette objektivierten Vorschriften zu folgen – was allerdings einen sozialen Charakter voraussetzt, der gerade der ständigen Beachtung der äußerlichen Verhaltensregeln und einer gewissen Abhängigkeit von diesen fähig ist.

Im Gegensatz dazu kann sich eine Gesellschaft, in der die Innen-Lenkung die Herrschaft übernimmt (und obgleich auch diese ihre Verhaltenskonformität entwickelt), nicht mit der äußerlichen Verhaltenskonformität allein zufriedengeben. Immer wieder ergeben sich neue Situationen, die ein festgelegter Kodex von Regeln nicht im voraus umfassen kann. So wird das Problem des Verhaltens nach eigenem Ermessen, das in der vorangegangenen Periode des hohen Bevölkerungsumsatzes dem Menschen dadurch abgenommen wurde, daß das Verhalten immer durch die starre soziale Ordnung in die richtigen Kanäle geleitet wurde, in der Phase der Bevölkerungswelle dadurch gelöst, daß ein starrer, aber in hohem Maße eigenständiger Charakter das Verhalten ‚kanalisiert'...

Wenn sich die Geburtenziffer der rückläufigen Sterblichkeitsziffer angleicht, dann tritt die Gesellschaft in die Epoche der beginnenden Bevölkerungsschrumpfung ein. Immer weniger Menschen sind in der Landwirtschaft oder in der Grundstoffindustrie beschäftigt – selbst in der industriellen Güterproduktion nimmt die Beschäftigungsziffer relativ ab. Der Arbeitstag ist kurz, er ermöglicht außerdem materiellen Überfluß und Freizeit. Aber die Menschen zahlen für diese Wandlungen – denn hier wie überall werden die gelösten Probleme durch neue, ungelöste ersetzt –: sie befinden sich nun in einer zentralisierten und bürokratisierten Gesellschaft und in einer durch den (von der Industrialisierung her noch beschleunigten)

Kontakt mit anderen Rassen, Nationen und Kulturen zusammengeschrumpften und durcheinandergewirbelten Welt. Beharrlichkeit und Unternehmungsgeist, wie sie der innengeleitete Mensch besaß, sind unter diesen neuen Gegebenheiten in geringerem Maße erforderlich, dagegen wächst der Umfang, in dem anstelle der materiellen Bedingungen nun *die anderen Menschen* zum Problem werden. Menschen verschiedenster Klassen- und Gesellschaftszugehörigkeit kommen jetzt miteinander in Berührung und stellen sich aufeinander ein, wodurch der Einfluß der noch aus dem Stadium des hohen Bevölkerungsumsatzes überlebenden Traditionen, nachdem er bereits durch den unaufhaltsamen Verlauf der Industrialisierung gewaltsam erschüttert wurde, noch mehr abgeschwächt wird. Die Steuerung des Verhaltens durch den Kreiselkompaß ist jetzt zu starr, und ein neuer psychologischer Mechanismus muß gefunden werden.
Auch müssen jetzt das Sparbedürfnis und das dauernde ‚Knappheits-Bewußtsein' vieler innen-geleiteter Menschen, die in der Epoche der Kapitalansammlung, die mit der Bevölkerungswelle auftrat, eine Form der sozialen Anpassung darstellten, einem Verbrauchsbedürfnis und dauerndem ‚Überfluß-Bewußtsein' weichen, durch die der Mensch zum verschwenderischen Luxus und Verbrauch seiner Freizeit und des Produktionsüberschusses fähig wird. Wenn die Menschen ihre Überproduktion nicht in Kriegen zerstören wollen (was jedoch noch immer hohe Kapitalinvestitionen erfordert), müssen sie lernen, sich jener Güter zu erfreuen und sich selbst in deren Dienst zu stellen, die viele Arbeitskräfte binden, aber wenig Kapital erfordern, etwa wie Dichtung und Philosophie. In der Tat ist in der Phase der beginnenden Bevölkerungsschrumpfung die Bevölkerungskurve stark mit unproduktiven Verbrauchern besetzt, also der wachsenden Anzahl von alten Menschen und der rückläufigen Anzahl von jungen, noch unausgebildeten, und diesen muß einerseits wirtschaftlich Gelegenheit gegeben werden, an dem Überfluß teilzunehmen, andererseits müssen sie die hierfür erforderliche Charakterstruktur besitzen.

Begleittext 15.3:

George C. Homans: Elementarformen sozialen Verhaltens. Westdeutscher Verlag: Köln und Opladen 1968, S. 328–332.

In jeder Gesellschaft müssen es einige Leute, nicht alle, belohnend finden, irgendwelche Schreie auszustoßen, wenn ein ihnen Nahestehender stirbt. Wenn dem nicht so wäre, wenn das kein allgemein menschlicher Zug wäre, sondern einfach etwas, das von den Mitgliedern bestimmter Gesellschaften als Konvention angenommen worden ist, würden wir Trauer beim Tode kaum so weit in der Menschheit verbreitet finden, wie es der Fall ist. Kulturen können nicht irgendwelche alten Formen des Verhaltens aufgreifen und hoffen, sie ohne weitere Umstände von Generation zu Generation tradieren zu können. Was sie übernehmen, muß mit einem bestimmten fundamentalen Repertoire der menschlichen Natur vereinbar sein, obwohl diese Vereinbarkeit natürlich komplex sein kann.
Irgendwann einmal hat eine Anzahl von Leuten bei einer Reihe von Todesfällen wiederholt geweint; sie beginnen daraus eine Norm zu machen, indem sie sagen, daß man das tut oder tun sollte – und die verbale Aufstellung einer Regel ist der erste Schritt zur Schaffung einer Institution. Dann mögen sich andere Mitglieder ihrer Gruppe, deren Augen sonst trockengeblieben wären, gefunden haben, die ebenfalls weinten, weil andere Belohnungen und Strafen zu Sanktionen des Verhaltens geworden sind. Wenn sie es nicht tun, versäumen sie es, dem Toten Ehrerbietung zu erweisen und verlieren so die Wertschätzung der Leute, die aufrichtig weinen. Da sie selbst nicht viel empfinden, werden sie bereit sein, sich jeder Ausdrucksform

von Trauer, die ihnen die anderen anbieten, als einer Konvention anzupassen. Und so ist das erste, das man kennt, der formale Ausdruck von Trauer bei einem Todesfall, zu einer Institution geworden, die den jüngeren Mitgliedern der Gesellschaft als Teil ihres guten Benehmens gelehrt wird.

Zweifellos ist der Ursprung vieler Institutionen von dieser Art. Das Verhalten, das einmal bei manchen Leuten auf die Weise verstärkt worden ist, die ich primär nenne, wird bei einer großen Zahl von Leuten durch andere Formen der Verstärkung aufrechterhalten, besonders durch so allgemeine Verstärker wie beispielsweise soziale Anerkennung. Da sich das Verhalten bei diesen anderen nicht auf natürliche Weise einstellte, mußte ihnen gesagt werden, wie sie sich zu verhalten haben – daraus folgt die verbale Beschreibung des Verhaltens, die Norm.

Wir können tatsächlich sehen, wie sich der Prozeß vor unseren Augen abspielt, und wir haben ihn in einem früheren Teil des Buches gestreift – allerdings nur gestreift, da unser Hauptinteresse nicht den Instituionen galt. Die Beschränkung der Produktionsleistung in einer industriellen Gruppe entstand am Anfang zweifellos deshalb, weil einige Mitglieder deren Ergebnisse belohnend fanden. Aber diese Beschränkung zeitigt ihre Ergebnisse nur dann, wenn sich eine ziemlich große Zahl der Mitglieder der Leistungsnorm anpaßt, und daher entziehen Nonkonformisten den übrigen eine Belohnung. Deshalb werden sich die Mitglieder, denen die primäre Belohnung gleichgültig ist, wahrscheinlich dennoch konform verhalten, aus Angst, die Wertschätzung ihrer Kollegen zu verlieren; und dann befindet sich die Beschränkung der Produktion auf dem besten Wege, um zur Institution und neuen Mitgliedern, ja sogar den folgenden Generationen als eine der Gesetzmäßigkeiten des Lebens in der Fabrik eingeprägt zu werden. Solche kombinierten Prozesse können lawinenartig zu immensen institutionellen Gebilden anwachsen. Tatsächlich können die sekundären Sanktionen einer Institution so zahlreich und markant werden, daß die Leute, die den Normen folgen, unter Umständen aufhören, sich der primären Belohnung bewußt zu sein, die sich zwar immer noch auswirkt, aber außer Sicht geraten ist.

Bei zwanglosen Unterhaltungen haben sich einige Anthropologen mir gegenüber dahingehend geäußert, als seien sie der Ansicht, die Mitglieder einer Gesellschaft oder einer gesellschaftlichen Untergliederung hielten sich einfach deshalb an eine institutionelle Vorschrift, weil es eine Vorschrift ist, von der sie in ihrer Jugend gelernt haben, daß man sie befolgen muß und die durch soziale Anerkennung sanktioniert wird. Wäre das wirklich der Fall, würden wir meiner Ansicht nach weit weniger Wandel in der menschlichen Gesellschaft beobachten als wir tatsächlich feststellen können. Denn soziale Anerkennung kann nur solange als zusätzlicher Verstärker des Gehorsams einer Vorschrift gegenüber funktionieren, wie einige Mitglieder der Gruppe den Gehorsam weiterhin aufgrund anderer Dinge belohnend finden als nur der Anerkennung wegen, die er ihnen verschafft. Sobald sie aufhören, ihn deshalb belohnend zu finden, entzieht ihnen ein Mitglied, das den Gehorsam verweigert, in keiner Weise mehr etwas und büßt so auch nicht ihre Wertschätzung ein. Zweifellos kann eine Norm für eine Weile das Verhalten lenken, nachdem ihre primäre Belohnung ihre Kraft verloren hat, und sei es nur deshalb, weil jeder Konformist das Opfer einer Verschwörung des Schweigens ist. Es wird zum Beispiel niemand wagen, zuzugeben, daß er keine Trauer empfindet, aus Furcht, andere zu verletzen, die ihm aus demselben Grunde keinen Hinweis geben, daß sie ihrerseits unaufrichtig sind.

Aber eine Institution, die dieses Stadium erreicht hat, steht auf schwachen Füßen und bricht leicht zusammen, wenn sich ein alternatives Verhalten mit einer neuen primären Belohnung als Möglichkeit bietet. Dann bricht jemand von sehr hohem oder von sehr niedrigem Status, der durch Konformität wenig zu gewinnen oder durch ihr Gegenteil wenig zu verlieren hat, aus ihr aus, und dann erweist sich bald die Falschheit der Annahme, daß Ungehorsam überwältigende soziale Mißbilligung auslösen wird. Sicherlich mag sich über lange Zeit keine solche Alternative bieten, weil die Gesellschaft aus dem einen oder anderen Grund vor Veränderung in der physikalischen und sozialen Umgebung bewahrt blieb. Die erste Feststellung, die ich gern über die Beziehungen zwischen Institutionen und Elementarformen des sozialen Verhaltens treffen würde, lautet folgendermaßen: Institutionen, als ausführlichen Vorschriften für das Verhalten vieler Menschen, wird deshalb Gehorsam geleistet, weil darauf andere Belohnungen als die primären ausgesetzt worden sind; aber diese anderen Belohnungen können nicht allein die gewünschte Wirkung erzielen. Früher oder später müssen auch die primären Belohnungen zur Verteilung gelangen. Institutionen können nicht ewig von ihrem eigenen Impuls existieren.

Ersucht man Anthropologen um eine Erklärung dafür, warum Institutionen so sind, wie sie sind, scheint es manchem zu widerstreben, auf die Übereinstimmung zwischen den primären Belohnungen des Verhaltens und den institutionellen Vorschriften hinzuweisen. Statt dessen weisen sie, wie ich es vermutet habe, wahrscheinlich auf die Tatsache hin, daß die Vorschriften neuen Mitgliedern der Gesellschaft, so wie sie nur in Erscheinung treten, eingeprägt werden. Auf die Frage, warum es diese Vorschriften sind, die eingeprägt werden und warum keine anderen, berufen sich die Anthropologen auf den Zusammenhang zwischen den einzelnen Regeln. Um ein absolut hypothetisches Beispiel zu nehmen: wenn in einer matriarchalischen Gesellschaft die Vorschrift besteht, daß der Besitz des Mannes sich auf den Schwestersohn vererbt, dann könnte eine Heiratsvorschrift, nach der ein Schwestersohn die Tochter seines Mutterbruders heiraten soll, falls sie befolgt wird, den Sinn haben, daß der Tochter des Mannes etwas vom Besitz ihres Vaters zugute käme. Die erste Regel, die Vererbungsvorschrift, stellt eine Belohnung für die Befolgung der zweiten, der Heiratsvorschrift, in Aussicht. Soweit diese Argumentation reicht, ist sie auch begründet; dennoch läßt sie stillschweigend etwas unerklärt. Warum findet der Vater es belohnend, daß seiner Tochter etwas von seinem Besitz zufiele, oder warum sieht auch nur die Tochter eine Belohnung darin, daß ihr der Besitz ihres Vaters zugute käme? Solche Fragen sind für die Anthropologen schwerer zu beantworten. Sie mögen wie zuvor argumentieren, daß die Gesellschaft – genaugenommen sind es bestimmte Mitglieder der Gesellschaft – einem Mann eingeprägt hat, daß er seine Tochter lieben und für sie sorgen muß, aber das ist keine Erklärung, sondern nur eine weitere Beschreibung des Vorgangs. Wieder können wir mit Recht fragen, warum die Gesellschaft dem Mann gerade das eingeprägt hat und nicht etwas anderes.

Manche Anthropologen sind eben von der kulturellen Einzigartigkeit besonderer Gesellschaften derartig befangen, daß sie aus den Augen verloren haben, was die Menschen gemeinsam haben. Wollen sie sich mit ihren Überlegungen nicht im Kreis drehen, so müssen sie, denke ich, zugeben, daß sie ihre eigenen Ergebnisse nicht vollständig erklären können, ohne gewisse Annahmen darüber zu machen, was die Menschen belohnend finden, und zwar nicht nur als Angehörige einer ganz bestimmten Gesellschaft, sondern als Angehörige einer Spezies. Ich kann mir zum Beispiel nicht denken, daß irgend jemand erklären kann, warum in so vielen Gesellschaften, in denen die gesetzliche Autorität über die Familie beim Vater liegt, ein Junge ein vertrauliches Verhältnis zu seinem Mutterbruder entwickelt, wenn man nicht von der Annahme ausgeht, daß Menschen als Menschen auf Autorität in irgendeiner Weise so reagieren, wie wir es ... beschrieben haben. Natürlich prägt man in den betreffenden Gesellschaften den Jugendlichen ein, wie sie sich ihrem Mutterbruder gegenüber zu verhalten haben, aber warum leitet man sie zu Vertraulichkeit an statt zu irgend etwas anderem? Weil „Vertraulichkeit" unter diesen Umständen eine Belohnung darstellt, und für viele Menschen sogar eine Belohnung unabhängig von der Norm und den mit ihr verbundenen Sanktionen. Denn wie wäre die Norm sonst zustande gekommen?

Aus meiner Argumentation folgt nicht, daß Sozialwissenschaftler ein besonderes Interesse an

„kulturellen Universalien" haben sollten, sofern darunter bestimmte Institutionen verstanden werden, die in allen Gesellschaften vorkommen, wie das mit Ehe und Inzesttabu der Fall sein soll, obwohl ihre Form von Gesellschaft zu Gesellschaft tatsächlich sehr variierte. Aber es folgt daraus, daß sie sehr an den grundlegenden Mechanismen menschlichen Verhaltens interessiert sein sollten, wie wir einige in Kapitel IV beschrieben haben, denn diese grundlegenden Mechanismen können sich in einer großen Vielzahl von jeweiligen Institutionen auswirken. Die menschliche Natur ist die einzige wirkliche „kulturelle Universalie".

Wir Sozialwissenschaftler reden so, als wenn die „Gesellschaft" ein Ding an sich wäre. Aber eine Institution ist für eine Gesellschaft nur funktional, weil sie für die Menschen funktional ist. Es gibt keine funktionale Grundvoraussetzung für den Bestand einer Gesellschaft, außer der, daß sie ihre individuellen Mitglieder mit ausreichenden Belohnungen versorgt, um weiterhin zu garantieren, daß sie ihre Aktivitäten zur Aufrechterhaltung der Gesellschaft beitragen, und daß sie sie nicht nur als Mitglieder dieser Gesellschaft belohnt, sondern als Menschen.

Selbst wenn wir so sprechen, als böte die „Gesellschaft" die Belohnungen, dann meinen wir doch immer letzten Endes, daß die Menschen sie bieten. Ohne Zweifel sind es Menschen, deren Vorfahren und die selbst gelernt haben, bestimmte Verhaltensweisen unter bestimmten historischen Bedingungen, von denen manche längst vergangen sind, belohnend zu finden; und sie haben wohl nicht aufgehört, manche davon bis auf den heutigen Tag lohnend zu finden. Da ihre geschichtliche Erfahrung anders gewesen sein mag als die von Mitgliedern einer anderen Gesellschaft, mögen sich auch ihre gegenwärtigen Institutionen von denen der anderen unterscheiden. Aber was sie auch gelernt haben, sie haben es gelernt, weil sie ebenso Menschen waren wie Mitglieder einer bestimmten Gesellschaft; die institutionellen Unterschiede oder Ähnlichkeiten sind deshalb durch das Zusammentreffen zwischen der Natur des Menschen und der Natur der jeweiligen Umstände zu erklären. Das ist natürlich leichter gesagt als getan.

Wenn man lange genug nach dem Geheimnis der Gesellschaft Ausschau hält, wird man es in der schlichten Einsicht finden: das Geheimnis der Gesellschaft besteht darin, daß sie von Menschen gemacht ist, und daß es nichts in ihr gibt, das nicht von Menschen geschaffen wäre.

Begleittext 15.4:

Arnold Gehlen: Die Seele im technischen Zeitalter, Rowohlt: Hamburg 1957, S. 11–14, S. 23–27.

2. Neuzeit: Die Superstruktur

Wir haben alle das Gefühl, daß seit der Zeit der Steinwerkzeuge oder der Bogenwaffe bis heute eine *qualitative* Veränderung in dem vor sich gegangen sein muß, was Technik heißt. Diese qualitative Veränderung besteht aber nicht etwa, wie man oft denkt, in dem Übergang vom bloßen Werkzeug zur Maschine. Wenn Maschine eine Vorrichtung zur Übertragung von Kräften heißen soll, die eine nutzbare Arbeit leisten, so ist die Tierfalle mit ihrem Mechanismus zur Auslösung, die man schon in der Steinzeit kannte, auch eine Maschine. Selbst die hin- und hergehende Drehbewegung findet sich schon in dem Fiedelbohrer aus derselben Zeit, die kontinuierliche Drehbewegung einer Arbeitsmaschine (Wasserrad) ist immerhin römisch. In dem Unterschied von Werkzeug und Maschine besteht also die qualitative Veränderung nicht, die man zwischen der älteren und der modernen Technik in der Tat feststellen muß.

Man kommt den wirklichen Verhältnissen zweifellos näher, wenn man nicht von einzelnen

Maschinen, Geräten oder Entdeckungen ausgeht, sondern von Strukturveränderungen ganzer Kulturzweige. Die Naturwissenschaften erhalten im 17. und 18. Jahrhundert die oben erwähnte moderne Form, d.h. sie werden im strengen Sinne analytisch-experimentell. Das Experiment besteht, kurz gesagt, in dem Verfahren, Naturvorgänge so zu isolieren, daß sie beobachtbar und meßbar werden. Man hat damit in doppeltem Sinne die Naturwissenschaften, die vorher im wesentlichen aus Zufallsbeobachtungen und Spekulationen bestanden, der technischen Praxis genähert: einmal sind physikalische Experimentalanordnungen mit Maschinen vergleichbar und zwar solchen, die keine Nutzeffekte, sondern reine, abstrakt isolierte Naturphänomene produzieren. Schon die schiefe Ebene, auf der Galilei den verlangsamten Fall beobachete, ist eine ‚einfache Maschine' dieser Art. Und zweitens hat man kraft der Logik des Experiments einen Naturvorgang, den man isoliert und unter wechselnden Bedingungen beobachtet, *eo ipso* in der Hand, das Experiment ist der erste Schritt zu seiner technischen Verwendung. Zwei Kulturzweige, die bisher nur auf wenigen Gebieten (so vor allem im Bau nautischer Instrumente, von optischen Geräten und Präzisionswaffen) kooperiert hatten, aber im wesentlichen unabhängig voneinander betrieben wurden, traten nun in die engste methodische Verbindung. Die Technik übernahm von den neuen Naturwissenschaften das atemberaubende Tempo des Fortschritts, diese wieder von jener den praktischen, konstruktiven, unspekulativen Zug.
Trotzdem wäre es nicht zu den staunenswerten Ergebnissen der Neuzeit ohne die Dazwischenkunft eines dritten Faktors gekommen: das ist die gleichzeitig entstehende ‚kapitalistische' Produktionsweise, die in ihrem Geiste, wie Max Weber zeigte, durchaus auch ein Kind des 17. Jahrhunderts ist. Die Erfindung, d.h. die durchgreifende Verbesserung der Dampfmaschine durch James Watt ist bereits von einem Kapitalisten finanziert worden, dem an der industriellen Verwertung lag. Entweder Unternehmer oder die kriegstechnisch interessierten Staaten selbst (Beispiel: die erste Verwendung der drahtlosen Telegraphie auf Kriegsflotten) haben die Mittel bereitgestellt, um die experimentellen Entdeckungen weiterzutreiben und praktisch zu fruktifizieren.
Heute ist der Zustand erreicht, in dem man die Naturwissenschaften, die Technik und das Industriesystem funktionell im Zusammenhang sehen muß. Die Naturforschung selbst wird durch immer neue technische Hilfsmittel weitergetrieben, die Natur wird technisch aufgebrochen, der Gelehrte muß sich mit dem Techniker verständigen, denn sein Problem definiert die noch nicht vorhandene Apparatur mit, die man braucht um es zu lösen. Die theoretische Physik z.B. geht nicht weniger in den Köpfen der Physiker als in den elektrischen Rechenmaschinen vor sich, und die Messungen am Zyklotron, in dem Energien von vielen Millionen Elektronenvolt erreicht werden, gehen in die Rechenwerte und damit in die Theorien mit ein. Andererseits wieder haben die großen Industriewerke ihre eigenen Forschungsinstitute, die Naturwissenschaft ist nicht mehr ein Monopol der Universitäten, und die Zuschüsse der Industrie wiederum erhalten manches karg ausgestattete Institut der Technischen Hochschulen arbeitsfähig. Die Vorstellung, als ob die Technik ‚angewandte Naturwissenschaft' wäre, ist überholt und altmodisch, vielmehr setzen sich alle drei Instanzen – Industrie, Technik und Naturwissenschaft – gegenseitig voraus. Was ist in der Heilmittelchemie die Grundlage – die biologisch-chemische Forschung, der Industriebetrieb, der sie anstellt, oder dessen technische Produktions- und Vertriebsorganisation? Die Frage ist nicht sinnvoll zu stellen.

3. Die übernatürliche Technik: Magie

Der stürmische Fortschritt der modernen Technik ist also in engstem Zusammenhang mit den Naturwissenschaften und mit der kapitalistischen Produktionsweise erfolgt, die sich in ähnlich schnellem Tempo ausbreiteten – diese Faktoren stimulierten sich gegenseitig. Niemand wird

erwarten, daß diese geschichtlich einmaligen und weltumgestaltenden Vorgänge das Bewußtsein, den Geist der darin entwickelten Menschen unbeeinflußt gelassen haben. Eine praktisch-positivistische Einstellung, wie sie im Sinne dieses ‚Industriesystems' liegt, hat sich daher mit eindrucksvoller Unbeirrbarkeit auch über die Grenzen jenes Systems hinaus verbreitet, innerhalb dessen sie entwickelt worden war, z.B. in die politischen und, in noch weiterem Sinne, in die zwischenmenschlichen Bereiche hinein. Mit diesen Erscheinungen werden wir uns im Verlaufe noch zu beschäftigen haben, hier liegen ja die eigentlich sozialpsychologischen Probleme der industriellen Gesellschaft. Zuerst müssen wir aber noch einen neuen Gedanken entwickeln, der die in der Technik wirksamen menschlichen Antriebe betrifft und der uns eine nicht unwichtige anthropologische Einsicht vermitteln soll.
Über den unvergleichlich größten Teil ihrer bisherigen Geschichte hinweg hat die Menschheit, wie wir sahen, sich mit ziemlich bescheidenen technischen Hilfsmitteln begnügt, wenn auch diese elementaren Erfindungen jeweils in hohem Grade geistreich waren. Diese im Grund recht einfachen Werkzeuge und Apparaturen konnten, wie die Erfindung des Streitwagens, der Feuerwaffe, des Pfluges zeigen, ganz außerordentliche geschichtliche und soziale Auswirkungen haben, aber die Technik rückte nicht bis in den Mittelpunkt der menschlichen Weltauslegung und damit auch seiner Selbstauffassung vor, so wie das heute möglich ist, wo wir von der ‚Kybernetik', der Theorie der Regelungstechnik, Aufschlüsse über das Funktionieren unserer eigenen Gehirn- und Nerventätigkeit erwarten...

1. Die Entsinnlichung

Jede Beschäftigung mit den gegenwärtigen gesellschaftlichen und kulturellen Verhältnissen setzt eine Klärung unserer Vorstellungen über die Technik voraus, die in ihrer Verschwisterung mit der industriellen Produktionsform die Voraussetzung des Bestandes der Menschheit ist. Diese ‚Maschinenkultur' entstand auf dem Erdball da, wo die analytischen Naturwissenschaften entwickelt wurden, wo man die ersten Kraft- und Arbeitsmaschinen fand und wo auch der Geist des rationalen Kapitalismus erwuchs, der diese Keime entwickelte. Aber die rasante Ausbreitung dieser Kultur von ihrem westeuropäisch-amerikanischen Entstehungszentrum aus über den Erdball hinweg wäre unverständlich, wenn bloß rationale Motive sie erklären sollten. Eben deshalb haben wir vorhin die Tiefenverwurzelung der Technik, die unbewußte Triebhaftigkeit dargestellt, die hinter der technischen Entwicklung arbeitet: der Mensch *muß* danach streben, seine Macht über die Natur zu erweitern, denn dies ist sein Lebensgesetz, und notfalls genügt ihm – und hat ihm über Jahrzehntausende genügt – eine imaginäre Macht, die Magie, solange er den Weg zur realen nicht fand...
Bemerkt man, wie sehr weitgehend das primitive Denken von den Gesetzen der ‚übernatürlichen Technik' besetzt war, so wird niemand erwarten, daß das Seelenleben des Menschen von dem Übergang zur Industriekultur unergriffen geblieben ist. Wir haben es mit einer Umwälzung zu tun, die man an Tiefgang nur mit der ‚neolithischen Revolution' vergleichen kann – mit jener prähistorischen Epoche, da die Menschheit das Jägerdasein verließ und mit Ackerbau und Viehzucht die Seßhaftigkeit wählte und mit ihr in der Folge die dichtbevölkerte Großsiedlung, die Reichtumsdifferenzierung, die Herrschaft, die Arbeitsteilung und nicht zuletzt die selbst seßhaft werdenden Götter mit ihren Tempeln und Kulten. Ähnlich durchgreifend wird die Verwandlung der Welt durch die Industriekultur sein, wenn die Menschheit eine stählerne und drahtlose Hülle um den Erdball spinnt – wir stehen erst am Anfang dieses Vorganges und in seinen ersten beiden Jahrhunderten.
Immerhin kann man einige deutliche Charaktereigenschaften der Kultur, die auf uns zukommt oder in deren Übergangszone wir schon leben, an den gegenwärtigen Verhältnissen bereits ablesen. Dabei fällt zuerst die durchgreifende *Intellektualisierung* in den eigentlich geistigen Bereichen der Künste und Wissenschaften auf, mithin der Abbau an Anschaulich-

keit, Unmittelbarkeit und unproblematischer Zugänglichkeit. Die künstlerische und wissenschaftliche ‚Spitzenproduktion' in den Feldern, wo sozusagen die Frontereignisse sich abspielen, wird immer abstrakter und unsinnlicher. Weiteren Kreisen wurde das seit der allgemeinen Relativitätstheorie klar. Es entstand damals, um 1916, eine eigene Popularisierungsliteratur mit der Bemühung, grundsätzlich der anschaulichen Vorstellbarkeit sich entziehende mathematische Konzeptionen dennoch irgendwie der Allgemeinverständlichkeit zu nähern. Man trennte sich noch ungern von der Vorstellung, daß die Welt, in der alle Leute leben, auch allen Leuten begreiflich sein müsse – aber inzwischen haben uns nicht nur die Physiker, sondern auch die Politiker und Techniker in diesem Punkte zur Resignation erzogen. Um aber auf die Physik zurückzukommen, so hat man uns inzwischen belehrt, daß wir es mit dem gekörnten Raum, dem absolut kleinsten Zeitintervall und mit Elementarteilchen zu tun haben, die ihre Identität wechseln – kurz, das sind bloß noch den Fachleuten zugängliche Vorstellungen, so daß schließlich auch die populäre Literatur versiegt – man läßt die Kenner unter sich.

Um ein anderes Beispiel zu bringen, so zeigt sich in der Psychologie, wo auf Strenge der Begriffsbildung Wert gelegt wird, eine zunehmende Neigung zur Verwendung mathematischer Methoden. Fragen wie die, ob Geisteskrankheiten und Körperbaumerkmale gekoppelt sind, ob Intelligenzleistungen mit anderen Eigenschaften der Person korrelieren oder ob Intelligenz überhaupt ein mehrdimensionales Gebilde aus voneinander unabhängigen Faktoren ist, lassen sich nur mit quantitativen Messungen und dann korrelationsstatistisch behandeln. Das Verfahren, aus beobachteten Korrelationen von Fähigkeiten auf die zugrundliegenden, steuernden Faktoren zurückzuschließen, die sog. Faktorenanalyse, wird dann zu einem ‚Abenteuer des Geistes' (Hofstätter), dem dieser sich nur zuwenden kann, wenn er im Besitz überdurchschnittlicher mathematischer Kenntnisse und einer spezifischen Begabung ist. Natürlich waren gerade in der Psychologie intuitive Methoden und Einsichten stets weit verbreitet, aber man bemerkt heute, wie sogar die Psychoanalyse, die immer auf quantitative Methoden zugunsten intuitiver verzichtete und die anfangs von bemerkenswerter und schockierender Anschaulichkeit war, deutlich immer abstrakter wird. Ein in seiner Art ausgezeichnetes neueres Buch[1] arbeitet mit Begriffen wie Lernquantum, kognitive Umstrukturierung, Frustrationstoleranz, Motivsattelung usw. – also mit einer Art höherer Mechanik.

Man kann diese Tendenz zur Verbegrifflichung und Entsinnlichung, wenn möglich zu mathematischen Methoden, in der Volkswirtschaftslehre beobachten, die sich frühher mit ebenso einfachen wie eingängigen mechanischen Modellen wie dem des Gleichgewichts begnügte, man kann sie in der Soziologie an der Richtung der ‚Soziometrie' nachweisen und sogar in der Ethnologie, also in Wissenschaften, die früher ausschließlich beschreibend waren. Und wo eine Wissenschaft, wie die Geschichtsschreibung, diesen Schritt nicht tun kann, erscheint sie gerade wegen der intakt gebliebenen Anschaulichkeit leicht als unrealistisch und flächenhaft. Zum mindesten verlangen wir heute von einem Historiker, daß er die Vieldimensionalität seines Gegenstandes zur Geltung kommen läßt: neben den politischen fordern die soziologischen, wirtschaftlichen, psychologischen Faktoren Berücksichtigung, und wo das versucht wird, muß der Historiker seinen Gegenstand sozusagen innerhalb wechselnder Bezugssysteme interpretieren. Die eindimensionalen oder allenfalls ‚dialektischen' Ableitungen des geschichtlichen Reichtums im Sinne eines Hegel oder Spengler empfindet man heute schon als überlebt, sie haben etwas Unmittelbares und Poetisches.

1 Walter Toman, Dynamik der Motive, 1954.

Poetisch allerdings nicht im Sinne der neuen Poesie. Diese hat ihrerseits längst den Weg zur Intellektualisierung und Entsinnlichung beschritten, sie verwirft mit Gottfried Benn ein ‚Gedicht mit Trennung und Gegenüberstellung von angedichtetem Gegenstand und dichtendem Ich'. Man kann es nicht vermeiden, bei diesem Zitat an gewisse aufregende Theorien der Physik oder der mehrwertigen Logik zu denken, nach denen die Bezugnahme auf das Subjekt selber zum Inhalt eines Satzes gehören kann. Das naive Objektivieren von Wahrnehmungen wird für den Physiker ebenso fragwürdig, wie für den Poeten das naive Objektivieren von Stimmungen. Man hält es mit Mallarmé, der bereits sagte: ein Gedicht entsteht nicht aus Gefühlen, sondern aus Worten. Das bedeutet zunächst, man distanziert sich von der unmittelbaren inneren und äußeren Natur, denn ‚Farben und Klänge gibt es in der Natur, Worte nicht' (Benn). Wie es dann also zugeht, das hat dieser bedeutende Dichter klar beschrieben: sind ein paar Worte oder Verse herausgeschleudert, so beginnt die eigentlich künstlerische Zurichtung, man ‚legt sie in eine Art Beobachtungsapparat, ein Mikroskop, prüft sie, färbt sie, sucht nach pathologischen Stellen' – ein skeptischer und raffinierter Prozeß, dessen Resultat eine chiffrierte Erregungsladung ist, ein ‚Wellenpaket', wie die Physiker sagen. Die innere Stilähnlichkeit dieser Lyrik mit der abstrakten Malerei, mit der atonalen Musik ist frappant, und wieder die Familienähnlichkeit der Künste mit den neuen Wissenschaften. Da brauchen wir kaum noch den Hinweis, daß die modernen konkaven Gewölbeformen in der Architektur mit ihren gekrümmten und doppeltgekrümmten Flächen mit der Geometrie eines Riemann oder Lobatschewski verschwistert sind. Die ‚gekrümmten Räume' der Physiker haben Schule gemacht, schon gibt es rotierende Wohnhäuser, und man ändert die Bezugspunkte der Orientierung, so wie es die Theorie Einsteins vorschreibt.

Wir behaupten nun keineswegs, daß alle diese Erscheinungen mit dem ‚Geist der Technik' unmittelbar, etwa gar kausal, zusammenzubringen wären. Immerhin kann man nicht verkennen, daß den einzelnen Disziplinen der Kultur ein machtvollerer Partner vorausging, der die Bresche schlug, indem er die Gesamtgesellschaft auf Beton und Stahl umpflanzte, die Natur aus den Augen schob und die Chancen des Lebenkönnens an die kühnsten, unwahrscheinlichsten Entwürfe der Intelligenz knüpfte. Die Bereitschaft zum Umkehren aller Voraussetzungen, die Unwiderstehlichkeit der ‚reinen' Lösungen, die Emanzipation vom Selbstverständlichen und von dem, was als ‚natürlich' eingewöhnt war – das sind die Motive, die in den modernen Künsten und Wissenschaften am Werke sind. Geheime und seltene Antriebe in der Menschheitsgeschichte, im Dunkeln immer schon am Werke, konnten doch nicht eher sich so laut und offen und ungehemmt und allseitig durchsetzen, wie sie es jetzt tun, bevor ihnen die technische Kultur nicht den Außenhalt gegeben hatte, eine Seite des lebenswichtigen, siegreich Erfolgreichen und handgreiflich Reellen, Mehr-als-Geistigen. Der antinatürliche Effekt, der aus den nichteuklidischen Räumen oder dreiwertigen Logiken ebenso herausspringt wie aus der Malerei Picassos, er ist gewollt, gewollt wie jede beliebige technische Problemlösung: nämlich mit einer triebhaften, unbewußten Logik, mit einer prozeßförmigen Unwiderstehlichkeit, die sich des wachsten, höchstgezüchteten Bewußtseins bedient, das sich souverän vorkommt und das sie vor sich herschiebt. Es handelt sich da um eine der ganz seltenen, großen Veränderungen des Zustandes, Mensch zu sein, um eine der säkularen Veränderungen nicht etwa nur der Lebensführung oder Wirtschaftsweise, sondern weit tiefer der Bewußtseinsstrukturen selber, ja der menschlichen Antriebsdynamik.

Begleittext 15.5:

Robert K. Merton: der Rollen-Set: Probleme der soziologischen Theorie. Aus: Heinz Hartmann (Hrsg.): Moderne amerikanische Soziologie. Enke: Stuttgart 1967, S. 259–266.

Die Problematik des Rollen-Set

So sehr sich die zeitgenössischen soziologischen Theoretiker in anderer Hinsicht auch unterscheiden mögen, sie sind sich weitgehend einig in der Voraussetzung, daß der soziale Status und die soziale Rolle wesentliche Bausteine der sozialen Struktur darstellen. Diese Übereinstimmung besteht seit der Veröffentlichung der einflußreichen Schriften von R. Linton zu diesem Thema, die vor einer Generation erschienen. Unter dem Begriff Status, dessen große, bis in die Zeiten von Maine zurückgehenden Bedeutungsunterschiede T.H. Marshall aufgezeigt hat, versteht Linton eine Position in einem sozialen System, die designierte Rechte und Pflichten umfaßt; unter Rolle versteht er das Verhalten, das sich an diesen kulturell vorgeformten Erwartungen anderer orientiert...

... *Linton* betonte außerdem die längst erkannte und grundlegende Tatsache, daß jedes Mitglied einer Gesellschaft immer mannigfaltige Positionen innehat, und daß zu jeder Position eine entsprechende Rolle gehört...

... im Gegensatz zu Linton beginne ich mit der Voraussetzung, daß zu jeder sozialen Position nicht nur eine einzige zugeordnete Rolle gehört, sondern eine Reihe von Rollen. Dieser grundlegende Zug der sozialen Struktur kann mit dem eigenen, wenn auch nicht eben überwältigenden Ausdruck Rollen-Set benannt werden. Um zu wiederholen: unter Rollen-Set verstehe ich die Kombination von Rollen-Beziehungen, in die eine Person aufgrund ihrer Inhaberschaft eines bestimmten sozialen Status verwickelt ist. So haben wir in unseren derzeitigen Untersuchungen von Medizinischen Hochschulen von Anfang an die Ansicht vertreten, daß Status eines Medizinstudenten nicht nur die Rolle Student gegenüber seinen Lehrern mit sich bringt, sondern auch eine Reihe anderer Rollen, die ihn verschiedentlich mit anderen Studenten, Ärzten, Krankenschwestern, Sozialarbeitern und medizinisch-technischen Assistenten u.ä. verbinden. Ebenso besitzt der Status des Lehrers in den USA seinen bestimmten Rollen-Set, der Schüler, Kollegen, Schuldirektor, Schulinspektor (Superintendent), Schulkommission (board of education), Fachverbände und gelegentlich vaterländische Vereine am Schulort enthält...

... die Vorstellung des Rollen-Set ruft uns ins Gedächtnis zurück (falls man überhaupt an diese aufdringliche Tatsache erinnert werden muß), daß sogar die uns einfach erscheinende Sozialstruktur ziemlich komplex ist. Alle Gesellschaften stehen unter dem funktionalen Zwang, die Zusammensetzung zahlreicher Rollen-Sets des näheren zu bestimmen, dann die Bestandteile so zu koordinieren, daß ein merklicher Grad sozialer Ordnung erreicht wird, der den meisten Menschen mindestens ermöglicht, den größten Teil ihrer Zeit Beschäftigungen im täglichen Leben nachzugehen, ohne daß in ihren Rollen-Sets extreme Konflikte schon ein Normalfall (statt Sonderfall) wären.

Falls diese relativ einfache Vorstellung des Rollen-Set irgendeinen theoretischen Wert hat, dann zumindest den, daß sie die soziologische Theorie vor ganz besondere Fragen stellt, die nur aus der durch diese (oder eine ähnliche) Idee gewährten Sicht erfaßt werden können. Diese Leistung wird vom Begriff des Rollen-Set erbracht. Er stellt uns vor das allgemeine Problem der Identifizierung derjenigen sozialen Mechanismen, die eine Verschränkung zwischen den Erwartungen derer in einem Rollen-Set herbeiführen, so daß der Inhaber einer sozialen Position sich geringerem Konflikt gegenübersieht, als wenn diese Mechanismen nicht am

Werk wären. Eben diesen sozialen Mechanismen möchte ich den Rest der Erörterung widmen...

... es geht nicht in erster Linie um die bekannte Frage, wie der Statusinhaber es fertigbringt, den vielen an ihn gestellten und manchmal sich widersprechenden Anforderungen zu genügen. Es handelt sich also um ein Problem der sozialen Struktur, nicht aber um eine Erklärung der ohne Zweifel wichtigen, aber andersartigen Frage, wie wohl der einzelne jeweils mit den komplexen Strukturen von Beziehungen fertig wird, in denen er sich befindet. Um schließlich das analytische Problem anzureißen: die Logik der Analyse, wie sie sich in diesem Fall darstellt, wird ganz im Hinblick auf die Elemente der Sozialstruktur entwickelt, und nicht im Hinblick auf die Absicht, eine konkrete historische Definition eines sozialen Systems zu liefern.

Das alles setzt selbstverständlich voraus, daß unter den Personen in einem Rollen-Set immer die *Möglichkeit* unterschiedlicher und manchmal entgegengesetzter Verhaltenserwartungen gegenüber dem Statusinhaber besteht. Die grundlegende Ursache für die Konfliktmöglichkeiten liegt vermutlich darin – hier gehen wir mit so verschiedenen Theoretikern wie *Marx* und *Spencer, Simmel* und *Parsons* einig – daß die Mitglieder eines Rollen-Set mit einer gewissen Wahrscheinlichkeit dahin tendieren, sich in ihren sozialen Positionen von der des betreffenden Statusinhabers zu unterscheiden. In dem Maße aber, wie sie unterschiedliche Stellungen in der Sozialstruktur einnehmen, sind ihnen wahrscheinlich auch andere Interessen und Empfindungen, Wertvorstellungen und moralische Vorstellungen eigen als dem Statusinhaber. Das ist schließlich eine der Grundvoraussetzungen der marxistischen, wie auch aller soziologischen Theorie: Soziale Differenzierung erzeugt bei den Inhabern unterschiedlicher Positionen in der Sozialstruktur auch unterschiedliche Interessen. Um eines unserer Beispiele weiterzuführen: die Mitglieder einer Schulkommission *(school board)* leben oft in sozialen und wirtschaftlichen Schichten, die sich stark von der des Lehrers unterscheiden; ihre Interessen, Wertungen und Erwartungen werden sich deshalb wahrscheinlich in gewissem Ausmaß von denen des Lehrers unterscheiden. Der Lehrer kann auf diese Weise widersprüchlichen Rollenerwartungen unter verschiedenen Mitgliedern seines Rollen-Set, also etwa den Berufskollegen, einflußreichen Mitgliedern des *school board* und etwa der Amerikanischen Legion und ihres Ausschusses für Amerikanismus unterworfen werden. Was für den einen von erzieherischer Bedeutung ist, beurteilt der andere als pädagogischen Firlefanz, der dritte als rundheraus subversiv. Diese unvereinbaren und widersprüchlichen Einschätzungen durch Mitglieder des Rollen-Set erschweren sehr die Aufgabe, auf sie alle einzugehen. Der bekannte Fall des Lehrers mag als allgemeines Muster dienen. Was für diesen Status besonders deutlich zutrifft, hat in verschiedenen Abstufungen auch Geltung für die Inhaber aller anderen Positionen, die durch ihren Rollen-Set strukturell mit anderen Personen verbunden sind, die selbst Positionen verschiedener Art in der Gesellschaft einnehmen.

Dies ist also die strukturelle Grundlage für mögliche Störungen im Rollen-Set und gibt seinerseits Anlaß zu einer doppelten Frage: Welche sozialen Mechanismen (wenn überhaupt irgendwelche) treten in Tätigkeit, um solcher Labilität des Rollen-Set entgegenzuwirken? Und entsprechend: Unter welchen Umständen versagen diese sozialen Mechanismen und lassen Verwirrung und Konflikt entstehen? Das heißt selbstverständlich nicht, daß jeder Rollen-Set immer mit hohem Wirkungsgrad arbeitet. Wir haben es hier nicht mit einer weitreichenden historischen Verallgemeinerung zu tun, die die Existenz sozialer Ordnung nachweist, sondern mit dem analytischen Problem der Identifizierung von sozialen Mechanismen, die ein höheres Maß an Ordnung hervorbringen, als ohne diese Mechanismen bestehen würde. Mit anderen Worten, wir interessieren uns hier nicht für Geschichte, sondern für soziologische Theorie.

Soziale Mechanismen, die eine Verschränkung im Rollen-Set herbeiführen

1. Relative Bedeutsamkeit verschiedener Positionen

Der erste Mechanismus ergibt sich aus dem oft festgestellten soziologischen Umstand, daß soziale Strukturen einigen Positionen größere Bedeutung zuordnen als anderen. Familiäre und berufliche Verpflichtungen zum Beispiel haben in der amerikanischen Gesellschaft Vorrang gegenüber der Mitgliedschaft in freiwilligen Vereinigungen. Daraus ergibt sich, daß eine bestimmte Rollenbeziehung für einige zweitrangig, für andere dagegen zentral sein kann. Dieser Umstand ermöglicht vielleicht jemandem wie dem Lehrer in unserem Beispiel, für den sein Status als Lehrer außerordentliche Bedeutung besitzt, den Forderungen nach Konformismus gegenüber den unterschiedlichen Erwartungen der Mitglieder seines Rollen-Set eher Widerstand zu leisten: denn zumindest einige Mitglieder betrachten die Beziehung als periphär. Das heißt natürlich nicht, daß Lehrer nicht von Forderungen betroffen werden könnten, die ihren Verpflichtungen gegenüber dem eigenen Beruf widersprechen. Es bedeutet nur, daß Lehrer immer dann weniger „verwundbar" sind, als sie sonst wären (und gelegentlich sind), wenn einflußreiche Mitglieder ihres Rollen-Set sich nur wenig um diese besondere Beziehung kümmern. Wären die Mitglieder des Rollen-Set *gleichermaßen* an dieser Beziehung interessiert, dann würde die bedauerliche Lage der Lehrer noch bedeutend trauriger sein als sie oft ist. Was für den Sonderfall des Lehrers gilt, trifft vermutlich auch für Inhaber anderer Positionen zu. Der Aufprall verschiedenartiger Erwartungen seitens derer in einem Rollen-Set wird gemildert durch die grundlegende strukturelle Tatsache, daß diese Personen unterschiedlich stark in die Beziehung verwickelt sind.

2. Machtunterschiede zwischen den Personen in einem Rollen-Set

Ein zweiter Mechanismus, der den Rollen-Set stabilisieren kann, liegt in der Verteilung von Macht und Autorität. In diesem Zusammenhang bedeutet Macht die sichtbare und voraussehbare Fähigkeit, in einer sozialen Handlung den eigenen Willen durchzusetzen, selbst gegen den Widerstand anderer Teilnehmer an dieser Aktion. Mit Autorität ist die kulturell legitimierte Organisation der Macht gemeint.

Infolge sozialer Schichtung besitzen die Mitglieder eines Rollen-Set wahrscheinlich nicht alle den gleichen Einfluß auf die Gestaltung des Verhaltens von Statusinhabern. Daraus folgt jedoch nicht, daß die Individuen, Gruppe oder Schicht im Rollen-Set, die *für sich* betrachtet besonders einflußreich sind, bei der Durchsetzung ihrer Forderungen gegenüber dem Statusinhaber, etwa dem Lehrer, immer Erfolg haben. Das wäre nur dann möglich, wenn ein Mitglied des Rollen-Set in einer gegebenen Situation entweder ein Machtmonopol besitzt oder mächtiger ist als die vereinigte Macht der anderen. Jenseits dieser speziellen, aber selbstverständlich nicht seltenden Situation können sich *Machtkoalitionen* zwischen einigen Mitgliedern des Rollen-Set ausbilden, die den Positionsinhabern ermöglichen, eigene Wege zu gehen. Das vertraute Muster eines Gleichgewichts der Kräfte findet sich natürlich nicht nur im politischen Handeln konventioneller Art. In weniger sichtbarer Form kann man es in den Rollen-Sets allgemein beobachten, wie der Sohn wohl weiß, der die Entscheidung seines Vaters durch die entgegengesetzte Entscheidung seiner Mutter aufheben konnte. Soweit sich entgegengesetzte Kräfte in seinem Rollen-Set neutralisieren, kann der Positionsinhaber in gewissen Grenzen so weitermachen, wie er selbst sowieso wollte.

So ist der Statusinhaber sogar in solchen latent labilen Strukturen, in denen die Mitglieder eines Rollen-Set gegensätzliche Vorstellungen von erwünschten Verhaltensweisen unterhalten, nicht einmal den einflußreichsten Mitgliedern völlig preisgegeben. Weiterhin können die strukturellen Unterschiede der Anteilnahme an der Rollenstruktur, auf die ich oben hingewiesen habe, die relative Macht des Positionsinhabers verstärken; denn insoweit machtvolle Mitglieder des Rollen-Set nicht zentral an dieser besonderen Beziehung interessiert sind, verspüren sie weniger Anreiz, ihren Einfluß voll und ganz einzusetzen. Innerhalb eines unterschiedlichen Aktivitätsspielraumes kann der Positionsinhaber dann so handeln wie er möchte.

Um nochmals den sich anbietenden Mißverständnissen vorzubeugen: ich sage nicht, daß der Positionsinhaber im Falle widersprüchlicher Erwartungen seitens der Mitglieder seines Rollen-Set in Wirklichkeit gegen ihre Kontrolle immun ist. Ich meine nur, daß die Einfluß- und Autoritätsstruktur eines Rollen-Set ihm oft ein größeres Maß von Selbstbestimmung gewährt, als er hätte, wenn diese Einflüsse nicht im Widerstreit lägen.

3. Abschirmung des Rollen-Handelns gegenüber der Beobachtung durch Mitglieder des Rollen-Set

Man steht nicht in dauernder Interaktion mit allen Mitgliedern seines Rollen-Set, und diese Tatsache ist kein Zufall, den man wegen seiner Vertrautheit unbeachtet lassen darf, sondern sie ist ein wesentlicher Teil des Geschehens innerhalb von Sozialstruktur. In fast allen Fällen setzt die Interaktion mit jedem Mitglied des Rollen-Set immer wieder aus. Diese fundamentale Tatsache läßt Rollen-Verhalten, das nicht mit den Erwartungen einiger Mitglieder des Rollen-Set übereinstimmt, ohne übermäßige Spannungen weiterlaufen; denn wie ich an anderer Stelle näher ausgeführt habe, gehört zu den Voraussetzungen wirksamer sozialer Kontrolle eine soziale Ordnung, die Verhalten sichtbar, „übersehbar" werden läßt. (Mit Übersehbarkeit, einer Vorstellung, die ich von Simmel übernommen und weiter zu entwickeln versucht habe, meine ich das Ausmaß, in dem soziale Normen und Rollen-Leistungen anderen in einem sozialen System leicht bekannt werden können. Darin liegt meines Erachtens eine Variable, die für die Strukturanalyse von kritischer Bedeutung ist. Leider kann ich diese Ansicht hier nicht näher verteidigen.)

Je mehr die Sozialstruktur das Individuum davor schützt, daß seine Handlungen den Mitgliedern seines Rollen-Set bekannt werden, desto weniger wird es widerstreitenden Forderungen ausgesetzt. Es sollte jedoch betont werden, daß wir es hier mit strukturellen Anordnungen für solche Abschirmung zu tun haben, und nicht mit der Tatsache, daß dieser oder jener *zufällig* sein Rollen-Verhalten teilweise vor anderen verbirgt. Die strukturelle Tatsache besteht daraus, daß soziale Positionen sich dadurch unterscheiden, in welchem Umfang das Verhalten der Positionsinhaber regelmäßig der Beobachtung durch Mitglieder des Rollen-Set entzogen wird. Manche Positionen bieten eine funktional bedeutsame Abschirmung dieser Art, wie zum Beispiel der Status des Hochschullehrers; denn nach den geltenden Normen ist das, was er vom Katheder herab äußert, sein gutes Recht. In diesem vertrauten Fall hat die Norm ganz deutlich die Funktion, dem Dozenten ein gewisses Maß von Selbstbestimmung zu erhalten; denn wenn die Lehrer ständig Objekt der Beobachtung aller Personen in seinem Rollen-Set mit ihren oft unterschiedlichen Erwartungen wären, würden sie vielleicht bald davon abgehalten, das vorzutragen, was sie wissen oder was ihr Material sie glauben läßt, und sie könnten sich bewegen lassen, statt dessen das zu lehren, was die vielen verschiedenen, angeblich mit „der Erziehung der Jugend" beschäftigten Leute zufriedenstellt. Daß das manchmal geschieht, ist klar. Aber es würde häufiger vorkommen, wären die Lehrer nicht relativ geschützt vor der Beobachtung des Volks und Völkchens, das ihnen den eigenen Willen aufzuzwingen versuchen könnte.

In allgemeinerem Zusammenhang kann man darauf hinweisen, daß das Konzept der exklusiven Information und der vertraulichen Mitteilung bei den freien Berufen die gleiche Funktion hat: die Klienten werden gegen die Beobachtung ihres Verhaltens und ihrer Ansichten durch andere in ihrem Rollen-Set abgeschirmt. Wenn es Ärzten oder Priestern freigestellt wäre, über das Privatleben der ihnen Anvertrauten alles ihnen Bekannte weiterzuerzählen, bekämen sie die benötigten Informationen nicht mehr und könnten ihre Aufgaben nicht angemessen erfüllen. Wenn, noch allgemeiner gesagt, alle Tatsachen über Verhalten und Ansichten eines jeden jedermann frei zugänglich wäre, könnten soziale Strukturen nicht funktionieren. Was oft als Bedürfnis nach „Privatsphäre" bezeichnet wird, d.h. als Abschirmung von Handlungen und Ansichten gegen die Beobachtung durch andere, ist das individuelle Gegenstück zu der funktionalen Voraussetzung der Sozialstruktur, daß ein gewisses Maß an Freiheit vor ungehinderter Beobachtung gewährleistet werden muß...

5. Gegenseitige soziale Unterstützung zwischen den Statusinhabern
Wenn er auch das Gegenteil glauben mag – der Statusinhaber steht nicht allein. Schon die Tatsache, daß er in eine soziale Position hineingestellt ist, bedeutet, daß andere in mehr oder weniger gleichen Situationen stehen. Insofern ist die wirkliche oder mögliche Erfahrung, sich einem Konflikt zwischen den Erwartungen der Mitglieder des Rollen-Set gegenüberzusehen, allen Statusinhabern auf irgendeine Weise gemeinsam. Die diesen Konflikten jeweils ausgesetzten Positionsinhaber brauchen ihm also deshalb nicht wie einem rein privaten Problem zu begegnen, das auf ganz private Weise gelöst werden müßte.
Eben diese bekannte Grundtatsache der sozialen Struktur ist natürlich der Ausgangspunkt für die Entwicklung von Organisationen gleichgestellter Statusinhaber. In einem pluralistischen System bilden diese Organisationen ein Bindeglied zwischen dem Individuum und der Gesellschaft. Sie bilden eine Reaktion (in struktureller Hinsicht) auf das Problem, wie man mit den tatsächlichen oder möglicherweise widersprüchlichen Forderungen der verschiedenen Personen in einem Rollen-Set fertig werden kann. Unabhängig von ihrer speziellen Zielsetzung helfen diese sozialen Formationen dem einzelnen bei seinem Widerstand gegen die Macht des Rollen-Set; der einzelne ist nun nicht mehr nur den Forderungen des Rollen-Set unterworfen, sondern erhält die Möglichkeit, eigenen Einfluß auf diese Forderungen auszuüben. Diese Organisationen – ein so vertrauter Bestandteil der sozialen Landschaft in differenzierten Gesellschaften – bilden auch normative Systeme aus, die solche widersprüchlichen Erwartungen vorwegnehmen und dadurch abschwächen sollen. Sie geben dem einzelnen in seiner bedrängten Position soziale Unterstützung. Sie verringern den Bedarf an improvisierender persönlicher Anpassung an immer wieder vorkommende Typen widersprüchlicher Erwartungen. Auch neu aufkommende Regeln, die im voraus das gesellschaftlich sanktionierte Verhalten des Statusinhabers spezifizieren, erfüllen diese soziale Funktion. Sie wird vor allem in solchen strukturellen Umständen bedeutsam, wo Positionsinhaber darum in hohem Maße dem Druck ihres Rollen-Set ausgesetzt sind, weil sie in relativer Isolierung voneinander leben. So finden mehrere tausend Bibliothekare, die in den Städten und Dörfern Amerikas weit verstreut sind und nicht selten den Druck einer Zensur spüren, starke Hilfestellung in den Regeln über Zensur, die von der American Library Association entwickelt wurden. Das beleuchtet nur die allgemeinen Mechanismen, mit deren Hilfe gleichgestellte Positionsinhaber dem auf sie individuell ausgeübten Druck begegnen: sie bedienen sich der organisatorischen und normativen Unterstützung der ihnen Gleichgestellten.

Begleittext 15.6:

Herbert Blumer: Der methodologische Standort des symbolischen Interaktionismus. Aus: Alltagswissen, Interaktion und gesellschaftliche Wirklichkeit. Hrsg. von der Arbeitsgruppe Bielefelder Soziologen, Rowohlt: Hamburg 1973, S. 90–94.

3. Die Beschaffenheit von Objekten

Der symbolische Interaktionismus vertritt den Standpunkt, daß die „Welten", die für die Menschen und ihre Gruppen existieren, aus „Objekten" zusammengesetzt sind, und daß diese Objekte das Produkt symbolischer Interaktion sind. Zu den Objekten ist alles zu zählen, was angezeigt werden kann, alles, auf das man hinweisen oder auf das man sich beziehen kann – eine Wolke, ein Buch, eine gesetzgebende Versammlung, ein Bankier, eine religiöse Lehrmeinung, ein Geist und so weiter. Der Einfachheit halber kann man Objekte in drei Kategorien einordnen: (a) physikalische Objekte, wie Stühle, Bäume oder Fahrräder; (b) soziale Objekte, wie Studenten, Priester, ein Präsident, eine Mutter oder ein Freund; und (c) abstrakte Objekte, wie moralische Prinzipien, philosophische Lehrmeinungen, oder Ideen, wie Gerechtigkeit, Ausbeutung oder Mitleid. Ich wiederhole, daß ein Objekt jedes beliebige Ding sein kann, das man anzeigen oder auf das man sich beziehen kann. Die Beschaffenheit eines Objektes – und zwar eines jeden beliebigen Objektes – besteht aus der Bedeutung, die es für die Person hat, für die es ein Objekt darstellt. Diese Bedeutung bestimmt die Art, in der sie das Objekt sieht; die Art, in der sie bereit ist, in bezug auf dieses Objekt zu handeln; und die Art, in der sie bereit ist, über es zu sprechen. Ein Objekt kann eine unterschiedliche Bedeutung für verschiedene Individuen haben: ein Baum wird ein jeweils unterschiedliches Objekt darstellen für einen Botaniker, einen Holzfäller, einen Dichter und einen Hobby-Gärtner; der Präsident der Vereinigten Staaten kann ein sehr unterschiedliches Objekt sein für ein treues Mitglied seiner politischen Partei und für ein Mitglied der Opposition; die Mitglieder einer ethnischen Gruppe können von den Mitgliedern anderer Gruppen als eine von ihnen verschiedene Art von Objekten angesehen werden. Die Bedeutung von Objekten für eine Person entsteht im wesentlichen aus der Art und Weise, in der diese ihr gegenüber von anderen Personen, mit denen sie interagiert, definiert worden sind. So lernen wir allmählich durch das Anzeigen von anderen, daß ein Sessel ein Sessel ist, daß Ärzte eine bestimmte Art von Fachleuten sind, daß die Verfassung der Vereinigten Staaten eine bestimmte Art eines Aktenstückes ist, und so weiter. Aus einem Prozeß gegenseitigen Anzeigens gehen gemeinsame Objekte hervor – Objekte, die dieselbe Bedeutung für eine gegebene Gruppe von Personen haben und die in derselben Art und Weise von ihnen gesehen werden.

Verschiedene bemerkenswerte Folgerungen ergeben sich aus der vorangegangenen Diskussion von Objekten. Zunächst gibt sie uns eine neue Vorstellung von der Umwelt oder dem Milieu der Menschen. Von deren Standpunkt aus gesehen besteht die Umwelt nur aus den Objekten, die die jeweiligen Menschen wahrnehmen und die sie kennen. Der Charakter dieser Umwelt wird durch die Bedeutung bestimmt, die die Objekte, die diese Umwelt ausmachen, für jene Menschen haben. Individuen wie auch Gruppen, die denselben räumlichen Standort einnehmen oder in ihm leben, können dementsprechend sehr unterschiedliche Umwelten „besitzen"; wie man zu sagen pflegt, können Menschen Seite an Seite und doch in unterschiedlichen Welten leben. Tatsächlich trifft der Begriff „Welt" eher zu als der der „Umwelt", um die Einbettung, die Umgebung und die Verflechtung der Dinge zu bezeichnen, die den Menschen entgegentreten. Es ist die Welt ihrer Objekte, mit der die Menschen sich auseinandersetzen müssen und auf die hin sie ihre Handlungen entwickeln. Es folgt daraus, daß, will man das Handeln von Menschen verstehen, man notwendigerweise ihre Welt von Objekten bestimmen muß – dies ist ein wichtiger Punkt, der später noch weiter ausgearbeitet werden wird.

Zweitens müssen Objekte (in bezug auf ihre Bedeutung) als soziale Schöpfung betrachtet werden – als in einem Definitions- und Interpretationsprozeß, wie er in der Interaktion zwischen Menschen abläuft, geformt und aus ihm hervorgehend. Die Bedeutung von allem und jedem muß in einem Prozeß des Anzeigens geformt, erlernt und vermittelt werden – in einem Prozeß, der zwangsläufig ein sozialer Prozeß ist. Das menschliche Zusammenleben auf der Ebene der symbolischen Interaktion ist ein unermeßlicher Prozeß, in dem die Menschen die Objekte ihrer Welt bilden, stützen und abändern, indem sie Objekten Bedeutung zuschreiben. Objekte haben keinen festgelegten Status, es sei denn, ihre Bedeutung wird durch Anzeigen und Definitionen, die die Menschen von diesen Objekten vornehmen, aufrechterhalten. Nichts ist offensichtlicher, als daß Objekte in allen Kategorien einen Bedeutungswandel durchlaufen können. Ein Stern am Himmel ist ein sehr unterschiedliches Objekt für einen modernen Astrophysiker und für einen Schäfer der biblischen Zeit; Heirat war ein sehr unterschiedliches Objekt für die späten und die frühen Römer; der Präsident einer Nation, dem es in kritischen Zeiten nicht gelingt, erfolgreich zu handeln, mag für die Bürger seines Landes ein im Vergleich zu früher sehr unterschiedliches Objekt werden. Vom Standpunkt des symbolischen Interaktionismus aus ist, kurz gesagt, das menschliche Zusammenleben ein Prozeß, in dem Objekte geschaffen, bestätigt, umgeformt und verworfen werden. Das Leben und das Handeln von Menschen wandeln sich notwendigerweise in Übereinstimmung mit den Wandlungen, die in ihrer Objektwelt vor sich gehen.

4. Der Mensch als ein handelnder Organismus

Der symbolische Interaktionismus erkennt an, daß die Menschen von einer Beschaffenheit sein müssen, die dem Charakter der sozialen Interaktion entspricht. Der Mensch wird als ein Organismus betrachtet, der nicht nur auf andere auf der nichtsymbolischen Ebene reagiert, sondern der anderen etwas anzeigt und der deren Anzeigen interpretiert. Er kann dies, wie Mead eindringlich gezeigt hat, nur aufgrund der Tatsache tun, daß er ein „Selbst" besitzt. Mit diesem Ausdruck ist nichts Geheimnisvolles gemeint. Es bedeutet lediglich, daß ein Mensch Gegenstand seiner eigenen Handlung sein kann. So kann er sich z.B. als einen Mann betrachten, als jung an Jahren, als Student, als verschuldet, als jemanden, der versucht, Arzt zu werden, als aus einer unbekannten Familie kommend, und so weiter. In allen jenen Gelegenheiten ist er für sich selbst ein Objekt; und er handelt sich selbst gegenüber und leitet sein Handeln anderen gegenüber auf der Grundlage dessen, wie er sich selbst sieht. Diese Wahrnehmung der eigenen Person als ein Objekt stimmt mit der obigen Diskussion von Objekten überein. Wie die anderen Objekte, so entwickelt sich auch das „Selbst-Objekt" aus einem Prozeß sozialer Interaktion, in dem andere Personen jemandem die eigene Person definieren.

Mead hat den Weg, in dem dies geschieht, in seiner Diskussion der Rollenübernahme verfolgt. Er hat darauf hingewiesen, daß eine Person sich von außerhalb ihrer selbst betrachten muß, um für sich selbst zum Objekt zu werden. Man kann dies nur, indem man sich in die Position anderer hineinversetzt und von dieser Position aus sich selbst betrachtet oder in bezug auf sich selbst handelt. Die Rollen, die die Person übernimmt, reichen von derjenigen eines bestimmten Individuums (das Stadium des Spielens) über diejenige einer bestimmten organisierten Gruppe (das Stadium des Zusammenspielens, v.a. im Wettkampf) zu derjenigen einer abstrakten Gemeinschaft (der „generalisierte Andere"). Indem sie solche Rollen übernimmt, ist die Person in einer Position, in der sie sich selbst ansprechen oder sich selbst zuwenden kann – wie in dem Fall eines jungen Mädchens, das, während es „Mutter spielt", zu sich selbst so spricht, wie seine Mutter es tun würde; oder wie in dem Fall eines jungen Priesters, der sich selbst durch die Augen des Priesteramtes sieht. Wir bilden uns unsere Objekte von uns selbst durch einen derartigen Prozeß der Rollenübernahme. Es folgt daraus, daß wir uns selbst so sehen, wie andere uns sehen oder definieren – präziser ausgedrückt, wir sehen uns, indem wir eine der drei erwähnten Typen von Rollen anderer einnehmen. Es wird heute in der Literatur ziemlich allgemein anerkannt, daß man sich von sich selbst ein Objekt bildet nach der Art und Weise, in der andere uns uns selbst gegenüber definieren, so daß ich auf diesen Aspekt trotz seiner großen Bedeutung nicht weiter eingehen werde.

Es gibt einen noch wichtigeren Aspekt, der aus der Tatsache herrührt, daß der Mensch ein Selbst hat, nämlich, daß dieses ihn in die Lage versetzt, mit sich selbst zu interagieren. Diese Interaktion erfolgt nicht in der Form einer Interaktion zwischen zwei oder mehr Teilen eines psychologischen Systems, wie zwischen Bedürfnissen, zwischen Gefühlen, zwischen Ideen oder zwischen dem Es und dem Ich im Freudschen Schema. Die Interaktion ist vielmehr sozialer Art – ist eine Kommunikationsform, in der die Person sich selbst als eine Person anspricht und darauf antwortet. Wir können eindeutig solch eine Interaktion in uns selbst wahrnehmen, da jeder von uns feststellen kann, daß er auf sich selbst ärgerlich ist, oder daß er sich selbst zu seinen Aufgaben antreiben muß, oder daß er sich selbst daran erinnert, dieses oder jenes zu tun, oder daß er zu sich selbst spricht, wenn er einen Handlungsplan entwirft. Die Interaktion mit sich selbst besteht, wie solche Beispiele nahelegen, im wesentlichen als ein Prozeß, in dessen Verlauf man sich selbst etwas anzeigt. Dieser Prozeß läuft während der wach verbrachten Zeit ständig ab, wenn man die eine oder andere Angelegenheit wahrnimmt und bedenkt, oder wenn man beobachtet, wie dieses oder jenes geschieht. Tatsächlich ist es für den Menschen gleichbedeutend, einer Sache bewußt oder gewahr zu sein, und sich diese Sache anzuzeigen – er identifiziert sie als eine bestimmte Art von Objekt und zieht ihre Bedeutung für seine Handlungsabsicht in Betracht. Das wach verbrachte Leben besteht aus einem Ablauf solchen Anzeigens, das die Person sich selbst gegenüber vornimmt, das sie benutzt, um ihre Handlung auszurichten.

Wir haben jetzt eine Vorstellung vom Menschen als eines Organismus, der mit sich selbst durch einen sozialen Prozeß interagiert, in dem er sich selbst etwas anzeigt. Dies ist eine grundsätzlich andere Betrachtungsweise vom Menschen als diejenige, die die zeitgenössische Sozialwissenschaft und Psychologie beherrscht. Die vorherrschende Sichtweise betrachtet den Menschen als einen komplexen Organismus, dessen Verhalten eine Reaktion auf Faktoren ist, die auf die Organisation des Organismus einwirken. Die Denkansätze in den Sozialwissenschaften und in der Psychologie gehen in bezug auf jene Faktoren, die sie für wichtig erachten, enorm auseinander, wie sich in der umfangreichen Reihe von Stimuli, organischen Trieben, Bedürfnis-Dispositionen, bewußten Trieben, unbewußten Trieben, Gefühlen, Einstellungen, Ideen, kulturellen Vorschriften, Normen, Werten, Statusanforderungen, sozialen Rollen, Anschluß an Bezugsgruppen und institutionellen Zwängen zeigt. Die Denkansätze unterscheiden sich auch in bezug darauf, wie sie die Organisation des Menschen betrachten: als eine Art biologischer Organisation, als eine Art psychologischer Organisation, oder als eine Art „importierter" gesellschaftlicher Organisation, die von der sozialen Struktur der jeweiligen Gruppe übernommen wurde. Diese Schulen gleichen sich jedoch darin, daß sie den Menschen als einen reagierenden Organismus betrachten, dessen Verhalten das Produkt von Faktoren darstellt, die auf seinen Organismus einwirken, oder ein Ausdruck des Zusammenspiels von Teilen seiner Organisation ist. In dieser allgemein geteilten Ansicht ist der Mensch nur in dem Sinne „sozial", als er entweder ein Mitglied einer sozialen Gattung ist, oder als er auf andere reagiert (soziale Stimuli), oder als er die Organisation seiner Gruppe in sich verkörpert.

Die Auffassung, die der symbolische Interaktionismus vom Menschen hat, ist hiervon grundsätzlich unterschieden. Der Mensch wird in einem sehr viel tiefergehenden Sinne als sozial angesehen – in dem Sinne eines Organismus, der mit sich selbst soziale Interaktion eingeht, indem er sich selbst gegenüber Anzeigen vornimmt und auf solche Anzeigen reagiert. Aufgrund der Tatsache, daß der Mensch Interaktionen mit sich selbst eingeht, steht er in einer deutlich andersgearteten Beziehung zu seiner Umgebung, als es in der weitverbreiteten herkömmlichen Ansicht, die oben beschrieben wurde, vorausgesetzt wird. Anstatt nur ein Organismus zu sein, der auf das Spiel von Faktoren antwortet, die auf ihn einwirken oder durch ihn wirken, wird der Mensch als ein Organismus gesehen, der sich mit dem, was er wahrnimmt, auseinanderzusetzen hat. Er begegnet den Dingen, die er wahrnimmt, indem er einen Prozeß des „Selbst-Anzeigens“ eingeht, in dessen Verlauf er das Wahrgenommene zu einem Objekt macht, ihm eine Bedeutung gibt und diese Bedeutung als Grundlage für seine Handlungsausrichtung benutzt. Sein Verhalten ist in bezug auf das, was er wahrnimmt, nicht eine Reaktion, die durch die Darstellung des Wahrgenommenen hervorgerufen wurde, es ist vielmehr eine Handlung, die aus der Interpretation hervorgeht, die in dem Prozeß des Selbst-Anzeigens vorgenommen wurde. In diesem Sinne ist der Mensch, der eine Interaktion mit sich selbst eingeht, nicht ein rein reaktiver, sondern ein handelnder Organismus – ein Organismus, der auf der Grundlage dessen, was er in Betracht zieht, eine Handlungslinie ausformen muß, anstatt nur eine Reaktion auf das Einwirken einiger Faktoren auf seine Organisation freizusetzen.

Literaturverzeichnis

Adato, Albert, 1976: Alltägliche Ereignisse – ungewöhnlich erfahren. Eine vergleichende Untersuchung von Erfahrungen des Abschiednehmens. In: Weingarten, E./Sack, F./ Schenkein, J. (Hrsg.): Ethnomethodologie. Frankfurt/M.: Suhrkamp-Verlag. S. 179–202

Adorno, Theodor W., 1957: Soziologie und empirische Forschung. In: Th. W. Adorno u.a., 1970: S. 81–101

Adorno, Theodor W., 1968 (1962): Einleitung in die Musiksoziologie. Hamburg: Rowohlt (Neuaufl. 1975 Suhrkamp)

Adorno, Theodor W., 1968 (1967): Anmerkungen zum deutschen Musikleben. In: Th. W. Adorno: Impromptus. Frankfurt: Suhrkamp

Adorno, Theodor W., 1969: Spätkapitalismus oder Industriegesellschaft? (Verhandlungen des 16. deutschen Soziologentages). Stuttgart: Enke

Adorno, Theodor W., u.a. (Hrsg.), 1970[2] (1969): Der Positivismusstreit in der deutschen Soziologie. Neuwied: Luchterhand (Neuauflage 1981)

Aganbegjan, A.G. u.a., 1970: Quantitative Methoden in der Soziologie. Berlin (DDR): Verlag Die Wirtschaft

Albert, Hans, 1965: Im Rücken des Positivismus. In: Th.W. Adorno u.a., 1970, S. 267–305

Albert, Hans 1964: Der Mythos der totalen Vernunft. In: Th.W. Adorno u.a., 1970, S. 193–234

Albert, Hans, 1969[2]: Traktat über kritische Vernunft. Tübingen: Mohr (Neuauflage 1980)

Albert, H., 1972: Wertfreiheit als methodisches Prinzip. Zur Frage einer normativen Sozialwissenschaft: In: Topitsch, E. (Hrsg.): Logik der Sozialwissenschaften (8. Auflage). S. 181–212. Köln: Verlag Kiepenheuer & Witsch

Albert, Hans, 1972[2]: Theorie und Realität. Tübingen: Mohr

Arbeitsgruppe Bielefelder Soziologen (Hrsg.), 1973: Alltagswissen, Interaktion und gesellschaftliche Wirklichkeit, Bd. I und II. Hamburg: Rowohlt (Neuauflage 1981, Westdeutscher Verlag)

Arbeitsgruppe Soziologie, 1978: Denkweisen und Grundbegriffe der Soziologie. Frankfurt: Campus

Archibald, Peter E., 1972: Symbolic Interaction Theory: Critical Review and Reformulation. In: Zeitschrift für Soziologie. Heft 3. S. 193–208. Stuttgart: Enke Verlag

Aristoteles, 1965: Politik. Herausgegeben von N. Tsonyopoulos und E. Grassi. Hamburg: Rowohlt

Aronson, Elliot/Lindsay, Gardner, 1968: Handbook of Social Psychology, Reading/Mass. Addison – Wesley

Assmann, Georg/Stollberg, Rudhard (Hrsg.), 1977: Grundlagen der marxistisch-leninistischen Soziologie. Frankfurt: Verlag Marxistische Blätter

Autorenkollektiv (Konstantinow), 1966: Grundlagen der marxistischen Philosophie. Berlin (DDR): Dietz Verlag

Autorenkollektiv (Konstantinow), 1972: Grundlagen der marxistisch-leninistischen Philosophie. Frankfurt: Verlag Marxist. Blätter

Autorenkollektiv (G. Grosser), 1974: Wissenschaftlicher Kommunismus. Berlin (DDR), VEB Deutscher Verlag der Wissenschaften

Autorenkollektiv (Richter), 1975: Politische Ökonomie des Kapitalismus und des Sozialismus. Berlin (DDR): Dietz

Autorenkollektiv IMSF, 1973–1975: Klassen- und Sozialstruktur der BRD 1950–1970. Frankfurt: Verlag Marxistische Blätter

Baacke, Dieter/Schulze, Theodor (Hrsg.), 1979: Aus Geschichten lernen. München: Juventa

Badura, Bernhard (Hrsg.), 1976: Seminar: Angewandte Sozialforschung. Frankfurt: Suhrkamp

Bahrdt, Hans-Paul, 1969 (1961): Die moderne Großstadt. Hamburg: Wegner

Baldamus, Wilhelm, 1973: Relevanz und Trivialität in der soziologischen Forschung. In: Zeitschrift für Soziologie. Jahrgang 2. Heft 1. S. 7–20

Bandura, Albert/Walters, Richard H., 1967 (1963): Social Learning and Personality Development. N.Y.: Holt, Rinehart & Winston

Barley, Delbert, 1973[6]: Grundzüge und Probleme der Soziologie. Neuwied: Luchterhand (Neuauflage 1978)

Bartley, W.W., 1975: Wissenschaft und Glaube. Die Notwendigkeit des Engagements: In: Gadamer, H.-G./Vogler, P. (Hrsg.): Philosophische Anthropologie Bd. 7, 2. Teil. S. 64–101. Stuttgart: Thieme-Verlag/dtv

Barton, Allen H./Lazarsfeld, Paul F., 1979: Einige Funktionen von qualitativer Analyse in der Sozialforschung: In: Hopf, G./Weingarten, E. (Hrsg.): Qualitative Sozialforschung. S. 41–90 Stuttgart: Klett-Verlag

Bauer, Helmut, 1976: Soziologie der Fruchtbarkeit: In: Schmid, Josef (Hrsg.): Einführung in die Bevölkerungssoziologie. S. 161–203. Hamburg: Rowohlt Verlag

Beck, Ulrich (Hrsg.), 1982: Soziologie und Praxis. Soziale Welt, Sonderband 1. Göttingen: Verlag O. Schwartz & Co.

Beck-Gernsheim, Elisabeth, 1980: Auswirkungen des Geburtenrückgangs auf familiale Lebensverhältnisse und Persönlichkeitsentwicklung. In: Bevölkerungsentwicklung und nachwachsende Generation. Schriftenreihe des Bundesministers für Jugend, Familie und Gesundheit. Bd. 93. Stuttgart. S.186–207

Becker, G., 1960: An Economic Analysis of Fertility: In: National Bureau of Economic Research (Hrsg.): Economic Change in Developed Countries. S. 209–231. Princeton

Becker, Howard, 1953: Becoming a Marihuana User. In: J.G. Manis and B.N. Meltzer, 1967: p. 411–422

Becker, Howard, 1972 (1950): Typologisches Verstehen. In: W. Bühl (Hrsg.), 1972: S. 214–252

Beishon, John/Peters, Geoff. (Hrsg.),1972: System Behavior. New York: The Open University Press (Harper & Row)

Bellebaum, Alfred, 1973: Soziologische Grundbegriffe. Stuttgart: Kohlhammer (Neuauflage 1983[9])

Bellebaum, Alfred/Braun, Hans, 1974: Reader Soziale Probleme I: Empirische Befunde. Frankf./M./New York: Herder + Herder

Bellebaum, Alfred/Braun, Hans, 1974a: Soziale Probleme: Ansätze einer sozialwissenschaftlichen Perspektive. In: Bellebaum/Braun, 1974: S. 1–19

Bellebaum, Alfred, 1977: Handlungswert der Soziologie. Vermittlungs- und Verwertungsprobleme. Meisenheim am Glan: Verlag Anton Hain

Bendix, Reinhard, 1974: Inequality and Social Structure: A Comparison of Marx and Weber. In: American Sociological Review 39 (April), p. 149–161

Benedict, Ruth, 1955 (1934): Urformen der Kultur. Hamburg: Rowohlt

Bensman, Joseph/Gerver, Israel, 1973: Vergehen und Bestrafung in der Fabrik: Die Funktion abweichenden Verhaltens für die Aufrechterhaltung des Sozialsysstems. In: H. Steinert (Hrsg.), 1973: S. 126ff.

Berelson, Bernard/Steiner, Gary A., 1969 u. 1972 (1964): Menschliches Verhalten. 2. Bd. Weinheim: Beltz

Berg, Klaus/Kiefer, Marie-Luise, 1982: Massenkommunikation II: Eine Langzeitstudie zu Mediennutzung und Medienbewertung 1964–1980, Frankfurt: Metzner

Berger, Joseph/Zelditch, Morris jun./Anderson, Bo, 1972 (1966): Sociological Theories in Progress. Bd. I, Boston: Mifflin
Berger, Peter L., 1969 (1963): Einladung zur Soziologie. Olten: Walter (Taschenbuchausgabe 1971: München: List) (Neuauflage 1977, dtv)
Berger, Peter L./Berger, Brigitte, 1974: Individuum & Co., Soziologie beginnt beim Nachbarn. Stuttgart: dva
Berger, Peter L./Berger, Brigitte, 1976: Wir und die Gesellschaft. Reinbek: Rowohlt
Berger, Peter L./Kellner, Hansfried, 1965: Die Ehe und die Konstruktion der Wirklichkeit. In: Soziale Welt. 16. Jg. S. 220–235
Berger, Peter L./Kellner, Hansfried, 1984: Für eine neue Soziologie. Ein Essay über Methode und Profession. Frankfurt/Main: Fischer Verlag
Berger, Peter L./Luckmann, Thomas, 1970: Die gesellschaftliche Konstruktion der Wirklichkeit. Frankfurt: Fischer (Neuauflage 1982)
Bergmann, Werner, 1981: Lebenswelt, Lebenswelt des Alltags oder Alltagswelt: In: Kölner Zeitschrift für Soziologie und Sozialpsychologie. 33 Jg. Heft 1. S. 50–72. Köln: Westdeutscher Verlag
Bernard, Gunter/Wolf, Herbert F., 1967: Soziologische Gesichtspunkte zur Einschränkung der gesellschaftlich nicht notwendigen Fluktuation. In: Peter Christian Ludz, 1972, Band II, S. 19–37
Bernstein, Basil, 1959: Sozio-kulturelle Determinanten des Lernens. In: Peter Heintz (Hrsg.), 1959: S. 52–79
Bernstein, Basil, 1972 (1971): Studien zu sprachlicher Sozialisation. Düsseldorf: Schwann (Neuauflage 1980, Ullstein)
Bernstein, Basil, (Hrsg.), 1973: Class, Codes and Control, 2 vols.. London: Routledge & Kegan Paul
Bevölkerungsentwicklung und nachwachsende Generation, 1980: Bericht eines Arbeitskreises der Gesellschaft für sozialen Fortschritt. Schriftenreihe des Bundesministers für Jugend, Familie und Gesundheit. Bd. 93. Stuttgart: Kohlhammer
Biddle, Bruce J./Thomas Edwin J. (Hrsg.) 1966: Role Theory: Concepts and Research. New York: Wiley + Sons, Inc.
Bischoff, Joachim u.a., 1982: Jenseits der Klassen? Gesellschaft und Staat im Spätkapitalismus. Hamburg: VSA-Verlag (Sozialistische Studiengruppen/Sost)
Blalock, Hubert M., 1969: Theory Construction. Englewood Cliffs, N.J.: Prentice-Hall
Blau, Peter, 1964: Exchange and Power in Social Life. New York: John Wiley and Sons
Blau, Peter, 1976 (1972): Konsultationen unter Kollegen. In: W. Conrad und W. Streeck, 1976: S. 102–121
Blücher, Viggo G., 1974: Theoretische und empirische Befunde zur Entwicklung der wachsenden Freizeit. In: Kölner Zeitschrift für Soziologie und Sozialpsychologie. 26. Jg. S. 29–53
Blumer, Herbert, 1973 (1969): Der methodologische Standort des symbolischen Interaktionismus. In: Arbeitsgruppe Bielefelder Soziologen (Hrsg.), 1973: S. 80–146
Blumer, Herbert, 1931: Science Without Concepts: In: American Journal of Sociology, Bd. 36., abgedruckt in: Blumer, H. (1969): Symbolic Interactionism. Perspective and Method. Prentice-Hall: Englewood Cliffs
Böhr, Christoph, 1977: Zur politischen Philosophie des Kritischen Rationalismus. In: Aus Politik und Zeitgeschichte, Beilage zur Wochenzeitung „Das Parlament“, B 35/77 vom 3.9.1977 S. 15ff. Bonn-Bad Godesberg
Bolte, Karl Martin/Hradil, Stefan, 1984: Soziale Ungleichheit in der Bundesrepublik Deutschland. Opladen: Leske + Budrich
Bolte, Karl Martin/Kappe, Dieter/Neidhardt, Friedhelm, 1974[3] (1966): Soziale Ungleichheit. Opladen: Leske (Neuauflage 1975)
Bolte, Karl-Martin/Kappe, Dieter/Schmid, Josef, 1980[4]: Bevölkerung. Opladen: Leske-Verlag

Bosetzky, Horst/Fischer, Klaus-Dieter/Tiefensee, Joachim, 1973: Soziologie. Herford: Maximilian (Neuauflage 1975)
Bottomore, Thomas B./Bolte, Karl M./Recker, Helga/Horstmann, Kurt, 1976: Soziale Schichtung und Mobilität. Band 5 d. Handbuches d. empirischen Sozialforschung. Herausgegeben v. René König. Stuttgart: Enke
Bredemeier, Harry C./Stephenson, Richard M., 1962: The Analysis of Social Systems. New York: Holt, Rinehart and Winston
Brim, Orville/Wheeler, Stanton, 1974: Erwachsenen-Sozialisation – Sozialisation nach Abschluss der Kindheit, herausgegeben von Heinz Hartmann. Stuttgart: Enke
Brim, Orville G., 1960: Personality Development in Children. Austin, Texas: University of Texas Press
Bronfenbrenner, Urie, 1976: Ökologische Sozialisationsforschung, herausgegeben von Kurt Lüscher. Stuttgart: Klett
Bronfenbrenner, Urie, 1957: Socialization and Class Through Time and Space. In: Maccoby, E./Newcomb, Th. M./Hartley, E.L., 1958: p. 400–425
Bronfenbrenner, Urie, 1971: Two Worlds of Childhood, US and USSR. London: Allen & Unwin
Broom, Leonard/Selznick, Philip/Broom Darroch, Dorothy, 1981 (1955): Sociology, New York: Harper & Row
Brose, Hanns-Georg, 1984: Arbeit auf Zeit – Biographie auf Zeit? In: Kohli M./Robert, G. (Hrsg.): Biographie und soziale Wirklichkeit. S. 192–316. Stuttgart: Metzler
Brumlik, Micha, 1973: Der symbolische Interaktionismus und seine pädagogische Bedeutung. Frankfurt/M.: Fischer Athenäum
Buckley, Walter, 1967: Sociology and Modern Systems Theory. Englewood Cliffs, N.J.: Prentice-Hall, Kapitel 2 und 3
Bude, Heinz, 1984: Rekonstruktion von Lebenskonstruktionen – Eine Arbeit auf die Frage, was die Biographieforschung bringt. In: Kohli, M./Robert, G. (Hrsg.): Biographie und Soziale Wirklichkeit, S. 7–28
Bühl, Walter L. (Hrsg.), 1972: Verstehende Soziologie. Grundzüge und Entwicklungstendenzen. München: Nymphenburger
Bühl, Walter L., 1972: Einleitung: Die alte und die neue Verstehende Soziologie. In: W.L. Bühl (Hrsg.), 1972: S. 7–76
Bühl, Walter L., 1972: Konflikt und Konfliktstrategie. München: Nymphenburger
Bundesminister für Jugend, Familie und Gesundheit, 1979: Ursachen des Geburtenrückgangs – Aussagen, Theorien und Forschungsansätze zum generativen Verhalten. Stuttgart: Kohlhammer Verlag
Bungard, Wolfgang/Lück, Hans E., 1974: Forschungsartefakte und nicht-reaktive Meßverfahren. Stuttgart: Haupt
Burgess, Robert L./Bushell, Don jr., 1969[8]: Behavioral Sociology: The Experimental Analysis of Social Processes. New York: Columbia University Press
Burkhart, Gunter, 1982: Strukturtheoretische Vorüberlegungen zur Analyse universitärer Sozialisationsprozesse. In: Kölner Zeitschrift für Soziologie und Sozialpsychologie. S. 444–468
Campbell, Norman, 1952 (1921): What is Science? New York: Dover
Carey, H.C., 1863 (engl. 1860): Die Grundlagen der Socialwissenschaft. München: E.A. Fleischmann
Carroll, Lewis, 1963: Alice im Wunderland. Frankfurt/M.: Insel
Christen, Hans R., 1970: Grundlagen der organischen Chemie. München: Hager
Cicourel, Aaron V., 1974: Methode und Messung in der Soziologie. Frankfurt/M.: Suhrkamp Verlag
Claessens, Dieter, 1962: Familie und Wertsystem. Berlin: Duncker & Humblot (Neuauflage 1979)
Claessens, Dieter, 1968: Instinkt, Psyche, Geltung. Köln und Opladen: Westdeutscher Verlag

Clever, Peter, 1973: Über den Informationsgehalt sozialwissenschaftlicher Theorien. Schriftenreihe des Forschungsinstituts der Friedrich-Ebert-Stiftung. Bd. 101. Bonn-Bad Godesberg: Verlag Neue Gesellschaft
Conrad, Wolfgang/Streeck, Wolfgang (Hrsg.), 1976: Elementare Soziologie. Hamburg: Rowohlt (Neuauflage 1982, Westdeutscher Verlag)
Cooley, Charles Horton, 1964[4] (1902): Human Nature and the Social Order. New York: Charles Scribners Sons
Cornish, 1957: Die Entwicklung eines professionellen Selbstbildes. In: Th. Luckmann und W. Sprondel, 1972: S. 255–257
Coser, Lewis, 1957: Sozialer Konflikt und die Theorie des sozialen Wandels. In: H. Hartmann, 1967: S. 392/393
Cottrell, Fred, 1955: Energy and Society. New York: McGraw-Hill
Coulson, Margaret A./Riedel, David S., 1970: Approaching Sociology: A Critical Introduction. London: Routledge & Kegan Paul
Dahrendorf, Ralf, 1957: Soziale Klassen und Klassenkonflikt in der industriellen Gesellschaft. Stuttgart: Enke
Dahrendorf, Ralf, 1959: Class and Class Conflict in an Industrial Society. London: Routledge & Kegan Paul
Dahrendorf, Ralf, 1965[5] (1959): Homo Sociologicus. Köln/Opladen: Westdeutscher Verlag (Neuauflage 1977)
Dahrendorf, Ralf, 1967: Pfade aus Utopia. München: Piper
Dahrendorf, Ralf, 1971 (1965): Gesellschaft und Demokratie in Deutschland. München: Deutscher Taschenbuchverlag
Dahrendorf, Ralf, 1972: Konflikt und Freiheit. München: Piper
Darkow, Michael/Eckhardt, Josef, 1982: Massenmedien und Ausländer in der Bundesrepublik. In: Media-Perspektiven. Heft 7. S. 462–473
Davis, Kingsley/Moore, Wilbert E., 1945: Einige Prinzipien der sozialen Schichtung. In: H. Hartmann, 1967: S. 347–357
Davis, Kingsley, 1960: Human Society. N.Y.: Maxmillan
Dechmann, Birgit/Ryffel, Christiane, 1981: Soziologie im Alltag. Weinheim: Beltz
Deckmann, Manfred D., 1978: Teilnahme und Beobachtung als soziologisches Basisverhalten. Bern: Verlag Haupt
Deichsel, Alexander u.a., 1974: Politische Sozialisation von Studenten. Stuttgart: Enke
Deichsel, Alexander, 1982: Soziologie. Eine Einführung. Gütersloh: Lexikothek Verlag
Dewey, John, 1931 (1922): Die menschliche Natur. Ihr Wesen und ihr Verhalten. Stuttgart/Berlin: Deutsche Verlagsanstalt
Dörner, C.Dietrich, 1975: Zerstörung einer Welt. In: Bild der Wissenschaft. Jg. 12. Heft 2 (Febr.). S. 48–53
Dray, William, 1979 (1957): Laws and Explanation in History. Westport, Ct.: Greenwood Press
Dreitzel, Hans-Peter, 1972 (1968): Die gesellschaftlichen Leiden und das Leiden an der Gesellschaft. Vorstudien zu einer Pathologie des Rollenverhaltens. Stuttgart: Enke
Dubin, Robert, 1969: Theory Building. New York: The Free Press
Durkheim, Emile, 1974 (1897): Der Selbstmord. Neuwied: Luchterhand
Eberlein, G./Kondratowitz, H.-J.v. (Hrsg.), 1977: Psychologie statt Soziologie? Frankfurt: Campus
Ehlert, Willy u.a. (Hrsg.), 1969: Wörterbuch der Ökonomie-Sozialismus. Berlin (DDR): Dietz
Eibl-Eibesfeld, Irenäus, 1972: Die !Ko-Buschmann-Gesellschaft. München: Piper
Elias, Norbert, 1976 (1968): Über den Prozess der Zivilisation, 2 Bde. Frankfurt: Suhrkamp
Elias, Norbert, 1971 (1970): Was ist Soziologie? München: Juventa (Neuauflage 1981)
Elias, Norbert, 1978: Zum Begriff des Alltags: In: Materialien zur Soziologie des Alltags, Sonderheft 20 der Kölner Zeitschrift für Soziologie und Sozialpsychologie, hrsg. von Hammerich, K./Klein, M. Köln: Westdeutscher Verlag. S. 22–29

Engels, Friedrich, 1975 (1925): Dialektik der Natur. In: Karl Marx/Friedrich Engels Werke, Bd. 20. Berlin (DDR): Dietz
Engels, Friedrich, 1975 (1894): Herrn Eugen Dühring's Umwälzung der Wissenschaft «Anti-Dühring«. In: Karl Marx/Friedrich Engels Werke, Bd. 20. Berlin (DDR): Dietz
Engels, Friedrich, 1973a (1884): Ludwig Feuerbach und der Ausgang der klassischen deutschen Philosophie. Karl Marx/Friedrich Engels Werke, Bd. 21. Berlin (DDR): Dietz
Engels, Friedrich, 1973 (1884): Der Ursprung der Familie, des Privateigentums und des Staats. Karl Marx/Friedrich Engels Werke, Bd. 21. Berlin (DDR): Dietz
Engelsing, Rolf, 1973: Zur Sozialgeschichte deutscher Mittel- und Unterschichten. Göttingen: Vandenhoek & Ruprecht (Neuauflage 1978)
Erikson, E., 1957 (1950): Kindheit und Gesellschaft. Zürich/Stuttgart: Klett Verlag (Neuauflage 1982)
Etzioni, Amitai, 1969: Elemente einer Makrosoziologie. In: Wolfgang Zapf (Hrsg.), 1970: S. 147–176
Falk, Gunter/Steinert, Heinz, 1973: Über den Soziologen als Konstrukteur von Wirklichkeit. Das Wesen der sozialen Realität, die Definition sozialer Situationen und die Strategien ihrer Bewältigung. In: H. Steinert, 1973: S. 13–45
Feest, Johannes, 1973: Die Situation des Verdachts. In: J. Friedrichs, 1973: S. 151–173
Ferber, Christian v., 1965: Der Werturteilsstreit 1909/1959. Versuch einer wissenschaftsgeschichtlichen Interpretation. In: E. Topitsch (Hrsg.), 1972: S. 165ff.
Festinger, Leon, 1978: Theorie der kognitiven Dissonanz. Bern: Huber
Feyerabend, Paul, 1979: Erkenntnis für freie Menschen. Frankfurt/M.: Suhrkamp Verlag (2. veränderte Auflage 1980)
Fijalkowski, Jürgen, 1967: Methodologische Grundorientierungen soziologischer Forschung, In: Manfred Thiel (Hrsg.): Enzyklopädie der geisteswissenschaftlichen Arbeitsmethoden. München/Wien: Oldenbourg. S. 131–162
Freeman, Derek, 1983: Margaret Mead and Samoa. Cambridge, Mass.: Harvard University Press
Friedrichs, Jürgen, 1973: Methoden empirischer Sozialforschung. Hamburg: Rowohlt (Neuauflage 1982, Westdeutscher Verlag)
Friedrichs, Jürgen (Hrsg.), 1973: Teilnehmende Beobachtung abweichenden Verhaltens. Stuttgart: Enke
Fuchs, Werner u.a., 1973: Lexikon zur Soziologie. Opladen: Westdeutscher Verlag (Neuauflage 1978)
Fürstenberg, Friedrich, 1972 (1967): Die Sozialstruktur der Bundesrepublik Deutschland. Opladen: Westdeutscher Verlag (Neuauflage 1978)
Gardiner, Patrick, 1978 (1952): The Nature of Historical Explanation. Oxford: Oxford University Press
Garfinkel, Harold, 1973 (1959): Das Alltagswissen über soziale und innerhalb sozialer Strukturen. In: Arbeitsgruppe Bielefelder Soziologen (Hrsg.), 1973: S. 189–262
Garfinkel, Harold, 1973a (1967): Studien über die Routinegrundlagen von Alltagshandeln. In: H. Steinert (Hrsg.), 1973: S. 280–293
Gehlen, Arnold, 1970 (1961): Anthropologische Forschung. Reinbek: Rowohlt
Gehlen, Arnold/Schelsky, H. (Hrsg.), 1955: Soziologie. Düsseldorf: Diederichs
Gehlen, Arnold, 1957: Die Seele im technischen Zeitalter. Hamburg: Rowohlt
Geiger, Theodor, 1967 (1932): Die soziale Schichtung des deutschen Volkes. Stuttgart: Enke
Gerhardt, Uta, 1971: Rollenanalyse als kritische Soziologie. Ein konzeptueller Rahmen zur empirischen und methodologischen Begründung einer Theorie der Vergesellschaftung. Neuwied/Darmstadt: Luchterhand
GfK (1984). Die GfK-Fernsehzuschauerforschung. Ein neues Instrument zur Beobachtung und Analyse des Zuschauerverhaltens. Nürnberg
Giddens, Anthony, 1979 (1973): Die Klassenstruktur fortgeschrittener Gesellschaften. Frankfurt: Suhrkamp

Giddens, Anthony, 1984: Interpretative Soziologie. Frankfurt: Campus

Glass, David V./König, René (Hrsg.), 1961: Soziale Schichtung und soziale Mobilität. Köln/Opladen: Westdeutscher Verlag

Glatzer, Wolfgang/Zapf, Wolfgang, 1984: Lebensqualität in der Bundesrepublik. Frankfurt: Campus

Goffman, Erving, 1971: Verhalten in sozialen Situationen. Strukturen und Regeln der Interaktion im öffentlichen Raum. Gütersloh: Bertelsmann

Goffmann, Erving, 1971a: Interaktionsrituale. Über Verhalten in direkter Kommunikation. Frankfurt/M.: Suhrkamp (Neuauflage 1975)

Goffmann, Erving, 1972: Asyle. Über die soziale Situation psychiatrischer Patienten und anderer Insassen. Frankfurt: Suhrkamp

Goffman, Erving, 1972[2]: Stigma. Über Techniken der Bewältigung beschädigter Identität. Frankfurt/M.: Suhrkamp Verlag

Goffman, Erving, 1973[2] (1969): Wir alle spielen Theater. Die Selbstdarstellung im Alltag. München: Piper (Neuauflage 1983)

Goffman, Erving, 1974: Das Individuum im öffentlichen Austausch. Mikrostudien zur öffentlichen Ordnung. Frankfurt/M.: Suhrkamp (Neuauflage 1982)

Goode, William J., 1973: Eine Theorie des Rollen-Streß. In: Hartmann, Heinz (Hrsg.): Moderne amerikanische Soziologie. S. 336–360. Stuttgart: Enke Verlag

Goode, William J./Hatt, Paul K., 1952: Methods in Social Research. New York: McGraw-Hill

Gottschalch, Wilfried/Neumann-Schönwetter, Marina/Soukup, Gunther, 1972: Sozialisationsforschung, Frankfurt: Fischer (Neuauflage 1981)

Gouldner, Alvin W., 1970: The Coming Crisis of Western Sociology. New York/London: Basic Books

Gouldner, Alvin W., 1965: Explorations in Applied Social Sience. In: A.W. Gouldner and S.M. Miller (Hrsg.): Applied Sociology. 1965. p. 5–22. N.Y./London: Macmillan

Gouldner, Alvin W., 1974 (1970): Die westliche Soziologie in der Krise, Bd. II. Hamburg: Rowohlt

Grathoff, Richard, 1978: Alltag und Lebenswelt als Gegenstand der phönomenologischen Sozialtheorie. In: Materialien zur Soziologie des Alltags, Sonderheft 20 der Kölner Zeitschrift für Soziologie und Sozialpsychologie, hrsg. v. Hammerich/Klein. S. 67–85. Köln: Westdeutscher Verlag

Griese, Hartmut M., 1977: Sozialwissenschaftliche Jugendtheorien. Weinheim: Beltz

Günther, Dietrich, 1935: Die Überbevölkerungs- und die Wohlstandstheorie im Spiegel der deutschen Bevölkerungsbewegung 1840–1933. Dissertation. Berlin

Habermas, Jürgen, 1963: Analytische Wissenschaftstheorie und Dialektik. In Th. W. Adorno u.a., 1970: S. 155–191

Habermas, Jürgen, 1964: Gegen einen positivistisch halbierten Rationalismus. In Th. W. Adorno u.a., 1970, S. 235–266

Habermas, Jürgen, 1968: Erkenntnis und Interesse. Frankfurt/M.: Suhrkamp (Neuauflage 1975)

Habermas, Jürgen, 1968a: Technik und Wissenschaft als Ideologie. Frankfurt/M.: Suhrkamp (Neuauflage 1975)

Habermas, Jürgen/Von Friedeburg, Ludwig/Oehler, Christoph/Weltz, Friedrich, 1969 (1961): Student und Politik. Neuwied: Luchterhand

Habermas, Jürgen, 1971: Vorbereitende Bemerkungen zu einer Theorie der kommunikativen Kompetenz. In: J. Habermas und N. Luhmann, 1971: S. 101–141

Habermas, Jürgen/Luhmann, Niklas, 1971: Theorie der Gesellschaft oder Sozialtechnologie? Frankfurt/M.: Suhrkamp (Neuauflage 1974)

Habermas, Jürgen, 1973: Legitimationsprobleme im Spätkapitalismus. Frankfurt/M.: Suhrkamp

Hagener, Caesar u.a. (Hrsg.), 1972: Diagnose sozialen Verhaltens. Ein Kurs im Medienverbund. Hamburg: Hoffmann und Campe
Hahn, Erich, 1967: Historischer Materialismus und marxistische Soziologie. Berlin (DDR): Dietz
Hahn, Erich, 1970: Die theoretischen Grundlagen der Soziologie. In: H. v. Heiseler, R. Steigerwald und J. Schleifstein, 1970: S. 70–89
Hahn, Erich, 1972 (1965): Bürgerliche und marxistische Gruppensoziologie. In: P. Chr. Ludz, 1972, I.: S. 51–71
Hahn, Erich, 1972a (1968): Zum Gegenstand der marxistischen Soziologie und ihrer Beziehung zur Praxis. In: P. Chr. Ludz. 1972, I.: S. 280–299
Hainke, Axel, 1970: Politische Sozialisation. Hamburg. Dissertation
Hammerich, Kurt/Klein, Michael (Hrsg.), 1978: Materialien zur Soziologie des Alltags, Sonderheft 20 der Kölner Zeitschrift für Soziologie und Sozialpsychologie. Opladen: Westdeutscher Verlag
Hammerich, Kurt/Klein, Michael, 1978a: „Alltag und Soziologie". In: Hammerich/Klein, 1978: S. 7–21
Hartfiel, Günter/Hillmann, Karl-Heinz, 1982[3]: Wörterbuch der Soziologie. Stuttgart: Alfred Kröner Verlag
Hartmann, Heinz (Hrsg.), 1973 (1967): Moderne amerikanische Soziologie. Stuttgart: Enke
Van Heek, Frederik, 1961: Soziale Faktoren in den Niederlanden, die einer optimalen Nachwuchsauslese für akademische Berufe entgegenstehen. In: D.V. Glass und R. König, 1961: S. 243–258
Heinemann, K., 1975: Soziologie. Von der Opposition zur Allgemeinbildung. Trierer Universitätsreden 2. Trier
Heintz, Peter (Hrsg.), 1959: Soziologie der Schule. Köln und Opladen: Westdeutscher Verlag
Heiseler, Heinrich/v. Steigerwald, Robert/Schleifstein, Josef, 1970: Die Frankfurter Schule im Lichte des Marxismus. Frankfurt: Verlag Marxistische Blätter
Helberger, Christof, 1974: Marxismus als Methode. Frankfurt/M.: Athenäum Fischer
Helle, Horst Jürgen, 1977: Verstehende Soziologie und Theorie der Symbolischen Interaktion. Stuttgart: Teubner Studienskripten
Hempel, Carl G., 1965: Aspects of Scientific Explanation. New York: The Free Press
Hempel, Carl G., 1977: Aspekte wissenschaftlicher Erklärung. Berlin: de Gruyter (enthält den Titelbeitrag von Hempel, 1965)
Hempel, Carl G., 1974 (1952): Grundzüge der Begriffsbildung in der empirischen Wissenschaft, Opladen: Westdeutscher Verlag
Hermanns, Harry, 1984: Ingenieurleben – Der Berufsverlauf von Ingenieuren in biographischer Perspektive. In: Kohli, M./Robert, G. (Hrsg.): Biographie und soziale Wirklichkeit, S. 164–191
Herodot, 1959: Die Bücher der Geschichte. Reclam-Auswahl. Stuttgart: Reclam
Herz, Thomas A., 1983: Klassen, Schichten, Mobilität, Stuttgart: Teubner
Herzog, Walter, 1980: Antecedenzien der Rolleninternalisierung: Eine begriffliche und empirische Analyse. In: Kölner Zeitschrift für Soziologie und Sozialpsychologie. 32. Jg. Heft 2. S. 240–261. Köln: Westdeutscher Verlag
Hesse, Hermann, 1970: Der Steppenwolf. Frankfurt/M.: Suhrkamp
Hirsch, Fred, 1980 (1976): Die sozialen Grenzen des Wachstums. Reinbek: Rowohlt
Hörning, Karl H. (Hrsg.), 1971: Der „neue" Arbeiter. Frankfurt/M.: Fischer
Hofstätter, Peter R., 1973: Einführung in die Sozialpsychologie. Stuttgart: Kröner
Hofstätter, Peter R. (Hrsg.), 1957: Psychologie (Fischer Lexikon A–Z, Band 6). Frankfurt: Fischer
Hollingshead, August B./Redlich, Fredrick, 1975 (1958): Der Sozialcharakter psychischer Störungen. Frankfurt/M.: Fischer
Holm, Kurt, 1970[2]: Der Intra-Rollenkonflikt des Werkmeisters. In: Claessens, Dieter (Hrsg.), 1970[2]: Rolle und Macht. München: Juventa

Homans, George C., 1950: The Human Group. New York: Harcourt Brace & World

Homans, George C., 1967/70: Grundlegende soziale Prozesse. In: G. Homans, 1972: S. 59–105

Homans, George C., 1968 (1961): Elementarformen sozialen Verhaltens. Köln und Opladen: Westdeutscher Verlag (Neuauflage 1972)

Homans, George C., 1969: The Sociological Relevance of Behaviorism. In: R.L. Burgess/D. Bushell (Hrsg.), 1969: p. 1–24

Homans, George C., 1969a: Was ist Sozialwissenschaft? Köln und Opladen: Westdeutscher Verlag

Homans, George C., 1970[V] (1950): Theorie der sozialen Gruppe. Köln und Opladen: Westdeutscher Verlag (Neuauflage 1978)

Homans, George C., 1972: Grundfragen soziologischer Theorie. Köln und Opladen: Westdeutscher Verlag

Hondrich, Karl Otto/Matthes, Joachim (Hrsg.), 1978: Theorienvergleich in den Sozialwissenschaften. Darmstadt/Neuwied: Luchterhand

Hondrich, Karl-Otto, 1970: Wirtschaftliche Entwicklung, soziale Konflikte und politische Freiheiten, Frankfurt/M.: Suhrkamp

Horkheimer, Max, 1970[2] (1937): Traditionelle und kritische Theorie. Frankfurt/M.: Fischer (Neuauflage 1981)

Horowitz, Irving Louis/Strong, Mary Symons (Hrsg.), 1971: Sociological Realities. New York: Harper & Row

Huaco, George A., 1974: Die funktionalistische Schichtungstheorie. In: Claus Mühlfeld und Michael Schmid (Hrsg.): Soziologische Theorie. 1974. S. 505–531. Hamburg: Hoffmann und Campe

Hummell, Hans J./Opp, Karl-Dieter, 1971: Die Reduzierbarkeit von Soziologie auf Psychologie. Braunschweig: Vieweg

Inglehart, Ronald, 1981[2]: Wertwandel in den westlichen Gesellschaften. Politische Konsequenzen von materialistischen und postmaterialistischen Prioritäten. In: Klages, Helmut/Kmieciak, Peter (Hrsg.): Wertwandel und gesellschaftlicher Wandel. S. 279–316. Frankfurt/M.: Campus Verlag

Institut für Sozialforschung 1968 (1956): Soziologische Exkurse. Frankfurt/M.: Europäische Verlagsanstalt (Neuauflage 1974)

Israel, Joachim, 1966: Problems of Role Learning. In: J. Berger/M.Zelditch jun./B. Anderson (Hrsg.), 1966: p. 199ff.

James, William, 1950[3] (1890): The Principles of Psychology. New York: Dover

Janis, Irving L., 1971 (1963): Persönlichkeitsstruktur und Beeinflußbarkeit. In: Wilbur Schramm, 1971: S. 71–83

Janowitz, Morris, 1958: Soziale Schichtung und Mobilität in Westdeutschland. In: Kölner Zeitschrift für Soziologie und Sozialpsychologie. Jg. 10. Heft 1. S. 1–38

Jürgens, Hans Wilhelm, 1975: Motive, Möglichkeiten und Kritik einer Bevölkerungspolitik. In: Kaufmann, Franz-Xaver (Hrsg.): Bevölkerungsbewegung zwischen Quantität und Qualität. S. 45–71. Stuttgart: Enke Verlag

Jürgens, Hans Wilhelm/Pohl, Katharina, 1975: Kinderzahl – Wunsch und Wirklichkeit. Stuttgart: Kohlhammer

Käsler, Dirk, 1979: Einführung in das Studium Max Webers. München: Beck

Käsler, Dirk, 1974: Wege in die soziologische Theorie. München: Nymphenburger

Käsler, Dirk, 1984: Die frühe deutsche Soziologie 1909–1934 und ihre Entstehungsmilieus. Opladen: Westdeutscher Verlag

Kaufmann, Franz-Xaver (Hrsg.), 1975: Bevölkerungsbewegung zwischen Quantität und Qualität. Stuttgart: Enke

Kaufmann, Franz-Xaver, 1975a: „Makrosoziologische Überlegungen zu den Folgen eines Geburtenrückganges in industriellen Gesellschaften". In: F.-X. Kaufmann, 1975: S. 45–71

Kaufmann, Franz-Xaver, 1975b: „Legitimationsprobleme der Bevölkerungspolitik". In: F.-X. Kaufmann, 1975: S. 201–314

Kaufmann, Franz Xaver/Herlth, A., 1982: Zur Einführung: Familiale Probleme und sozialpolitische Intervention. In: Kaufmann, F.X. (Hrsg.): Staatliche Sozialpolitik und Familie. München – Wien. S. 3ff.

Kellner, Hella, 1976: Fernsehen als Sozialisationsfaktor. In: Media-Perspektiven. Heft 7. S. 297–310. Frankfurt/M.

Kern, Horst/Schumann, Michael, 1970: Industriearbeit und Arbeiterbewußtsein. Frankfurt/M.: Europäische Verlagsanstalt

Kiss, Gabor, 1971: Marxismus als Soziologie. Hamburg: Rowohlt

Kiss, Gabor, 1974: Einführung in die soziologischen Theorien. 2 Bde. Köln und Opladen: Westdeutscher Verlag (3. Auflage 1977)

Klages, Helmut, 1975: Die unruhige Gesellschaft. München: Beck

Klages, Helmut, 1981: Überlasteter Staat – Verdrossene Bürger? Zu den Dissonanzen der Wohlstandsgesellschaft. Frankfurt: Campus

Klages, Helmut/Kmieciak, Peter (Hrsg.), 1981: Wertwandel und gesellschaftlicher Wandel. Frankfurt: Campus

Klaus, Georg/Buhr, Manfred, 1972/1964: Marxistisch-leninistisches Wörterbuch der Philosophie. Reinbek: Rowohlt

Kleining, Gerhard, 1975: Soziale Mobilität in der Bundesrepublik Deutschland. Teil I: Klassenmobilität. In: Kölner Zeitschrift für Soziologie und Sozialpsychologie. 27. Jg. S. 97–121

Kleining, Gerhard, 1975a: Soziale Mobilität in der Bundesrepublik Deutschland. Teil II: Status- oder Prestigemobilität. In: Kölner Zeitschrift für Soziologie und Sozialpsychologie. 27. Jg. S. 273–292

Kleining, Gerhard, 1971: Struktur- und Prestigemobilität. In: Kölner Zeitschrift für Soziologie und Sozialpsychologie. Jg. 23. Heft 1. S. 1–33

Kleining, Gerhard, 1971a: Die Veränderungen der Mobilitätsraten in der Bundesrepublik Deutschland. In: Kölner Zeitschrift für Soziologie und Sozialpsychologie. 23. Jg. S. 789–807

Kmieciak, Peter, 1976: Wertstrukturen und Wertwandel in der Bundesrepublik Deutschland. Göttingen: Verlag O. Schwartz

Kob, Janpeter, 1963: Erziehung in Elternhaus und Schule. Stuttgart: Enke

Kob, Janpeter, 1976: Soziologische Theorie der Erziehung. Stuttgart: Kohlhammer

König, René, 1978: Die Familie der Gegenwart, München: Beck

König, René (Hrsg.), 1958: Fischer-Lexikon Soziologie. Frankfurt/M.: Fischer

König, René, 1973/74 (1967/1969): Handbuch der empirischen Sozialforschung, 2 Bde. Stuttgart: Enke

Kohli, Martin/Robert, Günther (Hrsg.), 1984: Biographie und Soziale Wirklichkeit. Neue Beiträge und Forschungsperspektiven. Stuttgart: Metzler

Kohli, Martin, 1973: Studium und berufliche Laufbahn. Stuttgart: Enke

Kohli, Martin, 1981: Zur Theorie der biographischen Selbst- und Fremdthematisierung. In: Lebenswelt und Soziale Probleme. Verhandlungen des 20. Deutschen Soziologentags, hrsg. v. Joachim Matthes. Frankfurt/M.: Campus. S. 502–520

Krämer, Hans Leo, 1983: Soziale Schichtung. Einführung in die moderne Theoriediskussion. Frankfurt: Diesterweg

Kraft, Victor, 1960: Erkenntnislehre. Wien: Springer

Krappmann, Lothar, 1971 (1969): Soziologische Dimensionen der Identität. Strukturelle Bedingungen für die Teilnahme an Interaktionsprezessen. Stuttgart: Klett Verlag

Kreckel, Reinhard, 1975: Soziologisches Denken. Opladen: Leske (2. Auflage 1976)

Krüger, Lorenz, 1981: Über das Verhältnis von Wissenschaftlichkeit und Rationalität. In: Duerr, Hans-Peter (Hrsg.): Der Wissenschaftler und das Irrationale, Bd. 2, S. 91–111. Frankfurt/M.: Syndikat Autoren- und Verlagsgesellschaft

Kuhn, Manford H./McPartland, Thomas S., 1954: An Empirical Investigation of Self-Attitudes. In: J.G. Manis und B.N. Meltzer, 1967: p. 120–133

Kuhn, Manford H., 1973: Die Bezugsgruppe – neu überdacht. In: H. Steinert (Hrsg.), 1973: S. 243–259

Kuhn, Thomas S., 1978: Die Struktur wissenschaftlicher Revolutionen. Frankfurt/M.: Suhrkamp – Wissenschaft 25 (6. Auflage 1983)

Laing, Ronald D., 1969: Knoten. Hamburg: Rowohlt

Laermann, Klaus, 1978: Kommunikation an der Theke. Über einige Interaktionsformen in Kneipen und Bars. In: Hammerich/Klein, 1978: S. 420–430

Lakatos, Imre, 1971: Popper zum Abgrenzungs- und Induktionsproblem: In: Lenk, H. (Hrsg.): Neue Aspekte der Wissenschaftstheorie. S. 75–110. Braunschweig: Vieweg

Lane, David, 1971: The End of Inequality? Stratification under State Socialism. Harmondsworth: Penguin

Laucken, Uwe, 1974: Naive Verhaltenstheorie. Stuttgart: Klett Verlag

Lazarsfeld, Paul F., 1972 (1970): Soziologie. Frankfurt/M./Berlin: Ullstein

Legnaro, Aldo, 1974: Wenn einer neben dem Common Sense herläuft – zum Beispiel Till Eulenspiegel. In: Kölner Zeitschrift für Soziologie und Sozialpsychologie. 26. Jg. 3. S. 630–636

Leggewie, Claus, 1983: Lieb und Teuer. Eine Nachwuchskostenanalyse. In: Kursbuch 72: Die neuen Kinder. Berlin: Kursbuch-Verlag S. 95–110

Leisewitz, Andre, 1977: Klassen in der Bundesrepublik Deutschland heute. Frankfurt: Verlag Marxistische Blätter

Lengsfeld, Wolfgang/Pohl, Katherina, 1979: „Theoretischer Ansatz und Ergebnisse einer Längsschnitt-Untersuchung des Bundesinstituts für Bevölkerungsforschung über das generative Verhalten in den Familien“. In: Bundesminister für Jugend, Familie und Gesundheit, 1979: S. 61–76

Lenski, Gerhard, 1973 (1966): Macht und Privileg. Frankfurt/M.: Suhrkamp

Liebow, Elliot, 1973: Über die schlechte Arbeitsmoral und die mangelnde Zukunftsperspektive der sozial Ausgeschlossenen. In: H. Steinert (Hrsg.), 1973: S. 213–226

Linton, Ralph, 1973: Rolle und Status. In: H. Hartmann (Hrsg.), 1973^2: S. 308–315

Luckmann, Thomas, 1974: Das kosmologische Fiasko der Soziologie: In: Mitteilungsblatt der Deutschen Gesellschaft für Soziologie 2. S. 15–32

Luckmann, Thomas/Sprondel, Walter M. (Hrsg.), 1972: Berufssoziologie. Köln: Kiepenheuer & Witsch

Ludz, Peter Christian (Hrsg.), 1972: Soziologie und Marxismus in der Deutschen Demokratischen Republik. Neuwied: Luchterhand

Lührs, Georg/Sarrazin, Thilo/Spreer, Frithjof/Tietzel, Manfred, 1977: Kritischer Rationalismus und politische Praxis. In: Aus Politik und Zeitgeschichte, Beilage zur Wochenzeitung „Das Parlament“, B 2/77 vom 15.1.1977 S. 23ff. Bonn-Bad Godesberg

Lüschen, Günter, (Hrsg.), 1979: Deutsche Soziologie seit 1945. Opladen: Westdeutscher Verlag

Lüscher, Kurt, 1972: Berufliche Sozialisation. In: Th. Luckmann/W. Sprondel, 1972: S. 219–238

Lütgens, Charlotte, 1959: Die Schule als Mittelklasseninstitution. In: Heintz, 1959: S. 22–39

Luhmann, Niklas, 1968: Vertrauen. Ein Mechanismus der Reduktion sozialer Komplexität. Stuttgart: Enke (2. Auflage 1973)

Luhmann, Niklas, 1968: Zweckbegriff und Systemrationalität. Tübingen: Mohr (2. Auflage 1973)

Luhmann, Niklas, 1969: Moderne Systemtheorien als Form gesamtgesellschaftlicher Analyse. In: Th. W. Adorno, 1969: S. 253–266

Luhmann, Niklas, 1970: Soziologische Aufklärung, Bd I. Köln und Opladen: Westdeutscher Verlag, S. 113–136 und 137–153 (Neuauflage: Bd. I 1980, Bd. II 1982, Bd. III 1981)

Luhmann, Niklas, 1971: Systematische Argumentationen. Eine Entgegnung auf Jürgen Habermas. In: J. Habermas und N. Luhmann, 1971: S. 291–405
Maccoby, Eleanor E./Newcomb, Theodore M./Hartley, Eugene L. (Hrsg.), 1958: Readings in Social Psychology. New York: Rinehart & Winston
Mackenroth, Gerhard, 1955: Bevölkerungslehre. In: A. Gehlen/H. Schelsky, 1955: S. 44–90
McNall, S.G./Johnson, J.C.M., 1975: The New Conservatives: Ethnomethodologists, Phenomenologists and Symbolic Interactionists. In: The Insurgent Sociologist. vol. 5. No. 4. S. 49–65
Malewski, Andrzej, 1967: Verhalten und Interaktion. Tübingen: Mohr
Malinowski, Bronislaw, 1975 (1944): Eine wissenschaftliche Theorie der Kultur. Frankfurt/M.: Suhrkamp
Malthus, Robert Thomas, 1977 (1924): Eine Abhandlung über das Bevölkerungsgesetz. München: dtv
Manis, Jerome G./Meltzer, Bernard N. (Hrsg.), 1972: Symbolic Interaction. Reader in Social Psychology. Boston: Allyn/Bacon
Marschalk, Peter, 1984: Bevölkerungsgeschichte Deutschlands im 19. und 20. Jahrhundert. Frankfurt/M.: Suhrkamp-Verlag
Marx, Karl, 1956 (1849): Lohnarbeit und Kapital. Karl Marx, Friedrich Engels, Werke, Bd. 6, Berlin (DDR): Dietz
Marx, Karl, 1960 (1850): Klassenkämpfe in Frankreich. Karl Marx, Friedrich Engels, Werke, Bd. 7. Berlin (DDR): Dietz
Marx, Karl, 1965 (1852): Der 18. Brumaire des Louis Bonaparte. Frankfurt/M.: Insel Verlag
Marx, Karl/Engels, Friedrich, 1969 (1848): Manifest der Kommunistischen Partei. Stuttgart: Reclam
Marx, Karl, 1970 (1894): Das Kapital, 3. Bd. In: Karl Marx, Friedrich Engels, Werke, Bd. 25. Berlin (DDR): Dietz
Marx, Karl, 1971 (1862/63): Theorien über den Mehrwert. Karl Marx, Friedrich Engels, Werke, Bd. 26. Berlin (DDR): Dietz
Marx, Karl, 1972 (1867): Das Kapital, 1. Bd. Karl Marx, Friedrich Engels, Werke, Bd. 23 Berlin (DDR): Dietz
Matthes, Joachim, 1973: Einführung in das Studium der Soziologie. Hamburg: Rowohlt (3. Auflage 1981)
Mayer, Karl Ulrich/Müller, Walter, 1971: Trendanalyse in der Mobilitätsforschung. Eine Replik auf Gerhard Kleinings „Struktur- und Prestigemobilität in der Bundesrepublik Deutschland." In: Kölner Zeitschrift für Soziologie und Sozialpsychologie. 23. Jg. S. 761–788
Mayer, Kurt B./Buckley, Walter, 1976: Soziale Schichtung. Stuttgart: Enke
Mayhew, Leon, 1971: Society – Institutions and Activity. Glenview, III./London: Scott, Foresman
Mayntz, Renate, 1961: Kritische Bemerkungen zur funktionalistischen Schichtungstheorie. In: D. Glass und R. König (Hrsg.), 1961: S. 10–28
Mayntz, Renate/Holm, Kurt/Hübner, Peter, 1969: Einführung in die Methoden der empirischen Soziologie. Köln und Opladen: Westdeutscher Verlag (5. Auflage 1978)
Mayrl, William W., 1972: Ethnomethodology: Sociology without Society. In: Catalyst. No. 7. Trend University, Ontario. S. 15–28
McGee, Reece, 1976 (1972): Soziologie, die uns angeht. Gütersloh: Bertelsmann
Mead, George Herbert, 1968 (1934): Geist, Identität und Gesellschaft. Frankfurt/M.: Suhrkamp
Mead, George Herbert, 1969: Sozialpsychologie. Eingeleitet und herausgegeben von Anselm Strauss. Neuwied/Berlin: Luchterhand
Mead, Margaret, 1970 (1935): Geschlecht und Temperament in drei primitiven Gesellschaften. München: Deutscher Taschenbuch Verlag

Meltzer, Bernhard N./Petras, John W., 1972: The Chicago and Iowa Schools of Symbolic Interactionism. In: Manis, J.G./Meltzer, B.N. (Hrsg.): Symbolic Interaction. Boston: Allyn/Bacon. S. 43–56

Meltzer, Bernhard N./Petrus, John W., 1973: Theoretical and Ideological Variations in Contemporary Interactionism. In: Catalyst. S. 1–9

Merton, Robert K., 1957 (1949): Social Theory and Social Structure. Glencoe, III.: The Free Press

Merton, Robert, K., 1957a: Der Rollen-Set: Probleme der soziologischen Theorie. In: H. Hartmann, 1967: S. 255–267

Merton, Robert K./Nisbet, Robert, 1971[3]: Contemporary Social Problems. New York: Harcourt Brace Jovanovich

Merton, Robert K., 1971a: Social Problems and Sociological Theory. In: Robert K. Merton/Robert Nisbet, 1971[3]: p. 789ff.

Meyer, Hansgunter, 1966: Die ‚empirische' Sozialforschung und die Soziologie. In: P. Chr. Ludz, 1972[1]: S. 401–431

Miller, Henry, 1957 (1939): Lachen, Liebe, Nächte. Hamburg: Rowohlt

Mills, C. Wright, 1956: The Power Elite. N.Y.: Oxford University Press. dtsch.: Die amerikanische Elite, 1962, Hamburg

Mollenhauer, Klaus, 1972: Theorien zum Erziehungsprozeß. München: Juventa (3. Auflage 1976)

Moore, Harriet/Kleining, Gerhard, 1960: Das soziale Selbstbild der Gesellschaftsschichten in Deutschland. In: Kölner Zeitschrift für Soziologie und Sozialpsychologie. 12. Jg. Heft 1. S. 86– 119

Mühlfeld, Claus/Schmid, Michael (Hrsg.), 1974: Soziologische Theorie. Hamburg: Hoffmann und Campe

Münch, Richard, 1976: Theorie sozialer Systeme, Opladen: Westdeutscher Verlag

Nagel, Ernest, 1961: The Structure of Science. New York: Harcourt, Brace & World

Napp-Peters, Anneke, 1983: Geschlechtsrollen-Stereotype und ihr Einfluß auf Einstellungen zur Ein-Elternteil-Situation: In: Kölner Zeitschrift für Soziologie und Sozialpsychologie. 35. Jg. Heft 2. S. 321–334. Köln: Westdeutscher Verlag

Neidhardt, Friedhelm, (Hrsg.), 1983: Gruppensoziologie. Opladen: Westdeutscher Verlag.

Neumann, Michael, 1976: Methoden der Klassenanalyse. Frankfurt: Europäische Verlagsanstalt

Niepold, Wulf, 1970: Sprache und soziale Schicht,Darstellung und Kritik der Forschungsliteratur seit Bernstein. Berlin: V. Spiess (8. Auflage 1981)

OECD, 1979: Demographic Trends 1950–1990. Paris

Oevermann, Ulrich u.a., 1976: Die sozialstrukturelle Einbettung von Sozialisationsprozessen. In: Zeitschrift für Soziologie. Jg. 5. S. 167–199

Oevermann, Ulrich, 1972: Sprache und soziale Herkunft. Frankfurt/M.: Suhrkamp Edition

Olson, Mancur J., 1968 (1965): Die Logik des kollektiven Handelns. Tübingen: Mohr

Opp, Karl-Dieter, 1978: Abweichendes und konformes Verhalten – zum Vergleich einiger Hypothesen des marxistischen und des verhaltenstheoretischen „Ansatzes". In: Hondrich, Karl-Otto/Matthes, Joachim (Hrsg.): Theorienvergleich in den Sozialwissenschaften. S. 21–36. Darmstadt/Neuwied: Luchterhand-Soziologische Texte 108

Opp, Karl-Dieter, 1970: Methodologie der Sozialwissenschaften. Hamburg: Rowohlt

Opp, Karl-Dieter, 1970a: Soziales Handeln, Rollen und soziale Systeme. Ein Erklärungsversuch sozialen Verhaltens. Stuttgart: Enke-Verlag

Opp, Karl-Dieter, 1976: Verhaltenstheoretische Soziologie. Hamburg: Rowohlt

Opp, Karl-Dieter/Hummel, Hans J. (Hrsg.), 1973: Soziales Verhalten und soziale Systeme, Bd. I und II. Frankfurt/M.: Fischer Athenäum

Opp, Karl-Dieter/Hummel, Hans J., 1973a: Soziologie ohne Soziologie? Zur Reduzierbarkeit von Soziologie auf Psychologie. In: K.-D. Opp/H. Hummel (Hrsg.), 1973: S. 11–38

Ossowski, Stanislaw, 1962 (1957): Klassenstruktur im sozialen Bewußtsein. Neuwied: Luchterhand

Parsons, Talcott/Bales, Robert F., 1956: Family, Socialization and Interaction Process. London: Routledge & Kegan Paul

Parsons, Talcott, 1976: Zur Theorie sozialer Systeme. Hrsg. v. Stefan Jensen. Köln und Opladen: Westdeutscher Verlag

Petras, John W./Meltzer, Bernard, 1973: Theoretical and Ideological Variations in Contemporary Interactionism. In: Catalyst. Winter 1973. No. 7. p. 1–8

Piaget, Jean, 1973 (1954): Das moralische Urteil beim Kinde. Frankfurt/M.: Suhrkamp (2. Auflage 1983)

Platon, 1939: Der Staat. Eingel. v. Kurt Hildebrandt. Stuttgart: Kröner

Popitz, Heinrich, 1968: Prozesse der Machtbildung. Tübingen: Mohr

Popper, Karl R., 1969 (1963): Conjectures and Refutations. London: Routledge & Kegan Paul

Popper, Karl R., 1969a: Das Elend des Historizismus. Tübingen: Verlag J.C.B. Mohr (5. Auflage 1979)

Popper, K.R., 1969b: Logik der Forschung. Tübingen: Verlag J.C.B. Mohr (8. Auflage 1984)

Popper, Karl R., 1970 (1961): Die Logik der Sozialwissenschaften. In: Th. W. Adorno u.a. (Hrsg.), 1969: S. 103–124

Popper, Karl R., 1975 (1944): Die offene Gesellschaft und ihre Feinde. 2 Bde. Bern: Francke/UTB

Popper, Karl R., 1972 (1957): Die Zielsetzung der Erfahrungswissenschaft. In: H. Albert (Hrsg.), 1972: S. 29–42

Portmann, Adolf, 1969^3: Biologische Fragmente zu einer Lehre vom Menschen. Basel: Schwabe & Co.

Prewo, Rainer/Ritsert, Jürgen/Stracke, Elmar, 1973: Systemtheoretische Ansätze in der Soziologie. Hamburg: Rowohlt

Prim, Rolf/Tilmann, Heribert, 1975: Grundlagen einer kritisch-rationalen Sozialwissenschaft. Heidelberg: Quelle & Meyer (5. Auflage 1983)

Psathas, Georges, 1968: Verstehen, Ethnomethodologie und Phänomenologie. In: W.L. Bühl (Hrsg.), 1972: S. 284–303

Raub, Werner/Voss, Thomas, 1981: Individuelles Handeln und gesellschaftliche Folgen. Das individualistische Programm in den Sozialwissenschaften. Darmstadt/Neuwied: Luchterhand-Soziologische Texte 120

Rees, John, 1974 (1971): Soziale Gleichheit. Frankfurt/M.: Herder & Herder

Reimann, Horst (Hrsg.), 1975: Basale Soziologie. 2 Bde. München: Goldmann

Rex, John, 1970: Grundprobleme der soziologischen Theorie. Freiburg: Rombach

Reynolds, Janice M./Reynolds, Larry T., 1973: Interactionism, Complicity and the Astructural Bias. In: Catalyst. No 7. S. 76–85

Riesman, David u.a., 1950: Die einsame Masse. Hamburg: Rowohlt (Neuauflage 1974)

Rilke, Rainer Maria, 1962 (1910): Die Aufzeichnungen des Malte Laurids Brigge. München: dtv (Neuauflage 1982, Insel)

Rodax, Klaus/Spitz, Norbert, 1977: Sozialstatus und Schulerfolg. Heidelberg: Quelle & Meyer

Rokeach, Milton, 1968: Beliefs, Attitudes and Values. A Theory of Organization and Change. San Francisco

Rose, Arnold N. (Hrsg.), 1971: Human Behavior and Social Processes. An Interactionist Approach. London: Routledge/Kegan Paul

Roth, Heinrich (Hrsg.), 1969: Begabung und Lernen. Stuttgart: Klett

Rudolph, Hilge, 1972: Der Außenseiter. In: Caesar Hagener u.a., 1972: S. 49–70

Rudolph, Hilge, 1976: Soziale Wahrnehmung und Erziehungsstile. Weinheim: Beltz

Rückert, Gerd-Rüdiger, 1979: Schicht-Indikatoren des generativen Verhaltens. In: Bundesminister für Jugend, Familie und Gesundheit, 1979: S. 137–154
Runciman, W.G., 1972 (1966): Relative Deprivation and Social Justice. Harmondsworth: Penguin
Russell, Bertrand, 1967 (1912): Probleme der Philosophie. Frankfurt/M.: Suhrkamp
Sartre, Jean-Paul, 1968 (1964): Die Wörter. Reinbek: Rowohlt
V. Savigny, Eike, 1970: Grundkurs im wissenschaftlichen Definieren. München: Deutscher Taschenbuchverlag
Schäfers, Bernhard, 1981 (1976): Sozialstruktur und Wandel in der Bundesrepublik Deutschland. Stuttgart: Enke (dtv)
Schattat, Bettina, 1976: Demo-ökonomische Modelle. Bevölkerungswachstum und wirtschaftliche Entwicklung. In: Schmid, Josef (Hrsg.): Einführung in die Bevölkerungssoziologie. Reinbek: Rowohlt
Schelsky, Helmut, 1959: Ortsbestimmung der deutschen Soziologie. Düsseldorf: Diederichs
Schelsky, Helmut, 1977 (1975): Die Arbeit tun die anderen. Klassenkampf und Priesterherrschaft der Intellektuellen. München: Deutscher Taschenbuch-Verlag
Scheuch, Erwin K./Daheim, Hansjürgen, 1961: Sozialprestige und soziale Schichtung. In: D. Glass und R. König, 1961: S. 65–103
Scheuch, Erwin K., 1969: Methodische Probleme gesamtgesellschaftlicher Analysen. In: Th. W. Adorno, 1969: S. 153–182
Scheuch, Erwin K./Kutsch, Thomas, 1972: Grundbegriffe der Soziologie 1. Grundlegung und elementare Phänomene. Stuttgart: Teubner Studienskripten
Schmid, Josef (Hrsg.), 1976: Einführung in die Bevölkerungssoziologie. Hamburg: Rowohlt
Schmid, Josef, 1979: „Zur soziologischen Konzeption menschlicher Fruchtbarkeit". In: Bundesminister für Jugend, Familie und Gesundheit. 1979: S. 77–92
Schmidt, Gunter/Sigusch, Volkmar, 1971: Arbeitersexualität. Neuwied: Luchterhand
Schneider, Hans K. u.a., 1980: Wirtschaftspolitische Implikationen eines Bevölkerungsrückganges. Gutachten des Wissenschaftlichen Beirates beim Bundesministerium für Wirtschaft. Göttingen: Verlag Schwartz & Co.
Schoeck, Helmut, 1969: Kleines Soziologisches Wörterbuch. Freiburg: Herder (2. Auflage 1982)
Schrader, Achim, 1971: Einführung in die empirische Sozialforschung. Stuttgart: Kohlhammer
Schramm, Wilbur (Hrsg.), 1964 (1963): Grundfragen der Kommunikationsforschung. München: Juventa
Schubkin, W.N. u.a., 1970: Quantitative Methoden bei der soziologischen Erforschung von Problemen der Arbeitskräfteplanung und der Berufswahl. In: A.G. Aganbegjan u.a., 1970: S. 187–254
Schubnell, Hans, 1978: Sterben die Europäer aus? In: Franke, L./Jürgens, H.W. (Hrsg.): Keine Kinder – Keine Zukunft? Boppard: Boldt. S. 16ff.
Schütz, Alfred, 1960^2 (1932): Der sinnhafte Aufbau der sozialen Welt. Wien: Springer (Neuauflage 1981)
Schütz, Alfred, 1971: Gesammelte Aufsätze, Bd. I–III. Den Haag: Martinus Nijhoff
Schütze, Fritz u.a., 1973: Grundlagentheoretische Voraussetzungen methodisch kontrollierten Fremdverstehens. In: Arbeitsgruppe Bielefelder Soziologen (Hrsg.), 1973: S. 433–495
Schwarz, Karl, 1984: Brauchen wir eine bevölkerungsorientierte Familienpolitik? In: Frankfurter Allgemeine Zeitung vom 15.5.1984, S. 8
Schwarz, Karl, 1979: Regionale Unterschiede der Geburtenhäufigkeit. In: Ursachen des Geburtenrückganges, 1979: S. 155–168
Schwemmer, Oswald, 1976: Theorie der rationalen Erklärung. München: Beck
Scott, Richard W. (Hrsg.), 1970: Social Processes and Social Structures. N.Y.: Holt, Rinehart and Winston

Selltiz, Claire/Jahoda, Marie/Deutsch, Morton/Cook, Stuart W., 1972 (1959): Untersuchungsmethoden der Sozialforschung I. Neuwied/Darmstadt: Luchterhand
Semjenow, W.S., 1973 (1969): Kapitalismus und Klassen. Köln: Pahl-Rugenstein
Simmel, Georg, 1970³ (1917): Grundfragen der Soziologie. Individuum und Gesellschaft. Berlin/Leipzig
Simmel, Georg, 1983: Schriften zur Soziologie, herausgegeben von H.J. Dahme und O. Rammstedt. Frankfurt: Suhrkamp
Simmel, Georg, 1958⁴ (1908): Soziologie. Untersuchungen über die Formen der Vergesellschaftung. Berlin
Smith, Dorothy E., 1976: K ist geisteskrank. Die Anatomie eines Tatsachenberichtes. In: E. Weingarten, F. Sack und J. Schenkein, 1976: S. 368–415
Soeffner, Hans-Georg (Hrsg.), 1979: Interpretative Verfahren in den Sozial- und Textwissenschaften. Stuttgart: Metzler
Sorokin, Pitirim A., 1927: Social Mobility. Reprint in Sorokin, 1964: Social and Cultural Mobility, Glencoe, III.: The Free Press.
Spinner, Helmut F.: Science without Reduction. A Criticism of Reductionism, with special Reference to Hummel and Opp's „Sociology without Sociology". In: Inquiry 1973. vol. 16. p. 16-94
Spitz, René, 1969² (1965): Vom Säugling zum Kleinkind. Stuttgart: Klett Verlag (7. Auflage 1983)
Stegmüller, Wilhelm, 1969: Wissenschaftliche Erklärung und Begründung. Berlin: Springer
Stegmüller, Wolfgang, 1970: Theorie und Erfahrung. Berlin/Heidelberg/New York: Springer
Steinbuch, Karl, 1974: Kurskorrektur. München: Deutscher Taschenbuchverlag
Steinert, Heinz, 1977: Das Handlungsmodell des symbolischen Interaktionismus. In: Lenk, H. (Hrsg.): Handlungstheorien – Interdisziplinär. Bd 4. S. 79–100. München: Fink Verlag
Steinert, Heinz (Hrsg.), 1973: Symbolische Interaktion. Stuttgart: Klett Verlag
Stinchcombe, Arthur, 1968: Constructing Social Theories. New York: Harcourt, Brace & World
Stone, Gregory P., 1971: Appearance and the Self; in: Rose, A.M. (ed.): Human Behavior and Social Processes. An Interactionist Approach, London: Routledge and Kegan. S. 86–118
Strodtbeck, Fred L./Sussman, Marvin B., 1973: Über die Zeit, die Stadt und die „Ein-Jahres-Garantie". Die Beziehung zwischen Uhrmachern und ihren Kunden. In: H. Steinert (Hrsg.), 1973: S. 47–61
Tarski, Alfred, 1969³: Einführung in die mathematische Logik. Göttingen: Vandenhoeck & Ruprecht (5. Auflage 1977)
Tenbruck, Friedrich H., 1961: Zur deutschen Rezeption der Rollentheorie. In: Kölner Zeitschrift für Soziologie und Sozialpsychologie. Jg. 13. 1960/1. S. 1–40
Thomas, William I., 1965 (1951): Person und Sozialverhalten. Neuwied: Luchterhand
Thurn, Hans Peter, 1978: Literatur und Alltag im 20. Jahrhundert. In: Hammerich, K./Klein, M., 1978: S. 325–352
Tjaden, K.H. (Hrsg.), 1971: Soziale Systeme. Neuwied: Luchterhand
Tönnies, Ferdinand, 1965 (1931): Einführung in die Soziologie. Stuttgart: Enke
Toulmin, Stephen, 1975: Der Gebrauch von Argumenten. Kronberg/Ts.: Scriptor
Topitsch, Ernst, 1972⁸: Logik der Sozialwissenschaften. Köln: Kiepenheuer & Witsch (Neuauflage 1984)
Touraine, Alain, 1976: Was nützt die Soziologie? Frankfurt/M.: Suhrkamp Verlag
Trauberg, Ursula, 1970: Vorleben. Hamburg: Rowohlt
Tumin, Melvin T., 1968: Schichtung und Mobilität. München: Juventa
Tumin, Melvin T. (Hrsg.), 1970: Readings on Social Stratification. Englewood Cliffs, N.Y.: Prentice-Hall
Turner, Ralph H., 1966: Role-Taking, Role Standpoint, and Reference-Group Behavior. In: B. Biddle/E. Thomas (Hrsg.), 1966: p. 151–158

Ursachen des Geburtenrückgangs, 1979: Aussagen, Theorien und Forschungsansätze zum generativen Verhalten. Schriftenreihe des Bundesministers für Jugend, Familie und Gesundheit. Band 63. Stuttgart: Kohlhammer

Voigt, Otto, 1968: Einige Bemerkungen zur Einstellung von Produktionsarbeitern zur beruflichen Qualifizierung. In: P. Chr. Ludz, 1972: Bd. II, S. 150–164

Wallace, Walter, 1961: Sociological Theory. London: Heinemann

Wallace, Walter L., 1983: Principles of Scientific Sociology. New York/Berlin: Aldine/de Gruyter

Wallner, Ernst M., 1973³: Soziologie, Einführung in Grundbegriffe und Probleme. Heidelberg: Quelle & Meyer (6. Auflage 1979)

Wander, Hilde, 1979: Ökonomische Theorien des generativen Verhaltens. In: Ursachen des Geburtenrückganges, S. 61–76

Watzlawick, Paul, 1983: Anleitung zum Unglücklichsein. München: Piper Verlag

Watzlawick, Paul/Beavin, Janet H./Jackson, Don D., 1971: Kommunikationsstrukturen im Theaterstück „Wer hat Angst vor Virginia Woolf?“ In: Watzlawick, u.a.: Menschliche Kommunikation. Formen, Störungen, Paradoxien. Bern: Huber. S. 138–169

Weber, Max, 1909: Energetische Kulturtheorien. In: Max Weber, 1968: S. 400–426

Weber, Max, 1968 (1922): Gesammelte Aufsätze zur Wissenschaftslehre, herausgegeben von Johannes Winkelmann. Tübingen: Mohr

Weber, Max, 1972 (1921): Wirtschaft und Gesellschaft, 2 Bde. Tübingen: Mohr

Weber, Norbert, 1973: Privilegien durch Bildung. Frankfurt/M.: Suhrkamp

Weingarten, Elmar/Sack, Fritz/Schenkein, Jim (Hrsg.), 1976: Ethnomenthodologie – Beiträge zu einer Soziologie des Alltagshandelns. Frankfurt/M.: Suhrkamp

Weisser, G. 1951: Politik als System aus normativen Aussagen. Göttingen: Verlag Schwartz & Co.

Westmeyer, Hans, 1977: Zur Reduzierbarkeit von Soziologie auf Psychologie. In: Eberlein, G./Kondratowitz, H.-J. v. (Hrsg.): Psychologie statt Soziologie? Frankfurt/M.: Campus S. 48–68

Wieder, D. Lawrence/Zimmermann, Don H., 1976: Regeln im Erklärungsprozeß. Wissenschaftliche und ethnowissenschaftliche Soziologie. In: Weingarten, E./Sack, F./Schenkein, J. (Hrsg.): Ethnomethodologie. Frankfurt: Suhrkamp. S. 105–129

Wilson, Thomas P., 1973: Theorien der Interaktion und Modelle soziologischer Erklärung. In: Arbeitsgruppe Bielefelder Soziologen (Hrsg.), 1973: S. 54–79 (Neuauflage 1981)

Winiarski, Léon, 1898: Essai sur la mécanique sociale. Revue philosophique de la France et de l'étranger, XLV, 23 ième année, pp. 351–386

Woessner, Jakobus, 1971²: Soziologie. Einführung und Grundlegung. Wien: Böhlaus Nachf. (8. Auflage 1979)

Wolff, Stefan, 1976: Der rhetorische Charakter sozialer Ordnung. Selbstverständlichkeit als soziales Problem. Soziologische Schriften Bd. 17. Berlin: Duncker/Humblot

Wrona, Vera, 1970: Lenins Lehre von der Partei. Philosophenkongreß der DDR 1970. Teil III. Berlin: VEB Verlag der Wissenschaften, 1970: S. 33–39

Wrong, Dennis H., 1973 (1961): Das übersozialisierte Menschenbild in der modernen Soziologie. In: H. Steinert (Hrsg.), 1973: S. 227–242

Wurzbacher, Gerhard (Hrsg.), 1963: Beiträge zu Begriff und Theorie der Sozialisation (Band 1 von: Der Mensch als soziales und personales Wesen, herausgegeben von G. Wurzbacher). Stuttgart: Enke (Neuauflage 1968)

Wurzbacher, Gerhard, 1963: Der Mensch als soziales und personales Wesen. Stuttgart: Enke (Neuauflage 1982)

Wurzbacher, Gerhard, 1968: Die Familie als Sozialisationsfaktor. Stuttgart: Enke (Neuauflage 1982)

Young, Kimball/Mack, Raymond W., 1959: Social Life. New York: American Book Company

Zapf, Wolfgang (Hrsg.), 1970: Theorien des sozialen Wandels. Köln: Kiepenheuer & Witsch (Neuauflage 1979, Hain)

Zetterberg, Hans L., 1963: On Theory and Verification in Sociology. Totowa, N.J.: The Bedminster Press

Zetterberg, Hans L., 1962: Theorie, Forschung und Praxis in der Soziologie. In: R. König, 1973/74: S. 72–84. Stuttgart: Enke

Zigler, Edward/Child, Irving L.: Socialization. In: E. Aronson and G. Lindsey, 1968: p. 450–589

Zimmermann, Don H./Pollner, Melvin, 1976: Die Alltagswelt als Phänomen. In: Weingarten, E./Sack F./Schenkein, J., 1976: S. 64–104

Zingg, Walter/Zipp, Gisela, 1983 (1979): Basale Soziologie: Soziale Ungleichheit. Opladen: Westdeutscher Verlag

Zirwas, Johannes, 1972: Der Neuling im Betrieb. In: C. Hagener u.a., 1972: S. 25–48